"十四五"时期国家重点出版物出版专项规划项目

当代马克思主义哲学研究文库

主编 杨 耕

国家出版基金项目
NATIONAL PUBLICATION FOUNDATION

Dialectics of Enlightenment:
The Contemporary Interpretations of
Marx's Dialectic of Enlightenment

刘森林 著

启蒙的辩证

马克思启蒙辩证法的当代阐释

中国人民大学出版社
·北京·

总序　理论的深度与思想的容量

　　历史常常出现这样一种现象，即一个伟大哲学家的某个理论以至整个学说往往在其身后，在经历了较长时期的历史运动之后，才充分显示出它的本真精神和内在价值，重新引起人们的关注，促使人们"重读"。可以说，"重读"是哲学史乃至整个思想史上的常见的现象，黑格尔重读柏拉图、皮尔士（又译皮尔斯）重读康德、歌德重读拉菲尔……在一定意义上说，一部哲学史就是后人不断"重读"前人的历史。所以，哲学史被不断地"重写"。

　　马克思哲学的历史命运也是如此。20 世纪的历史运动以及当代哲学的发展困境，使马克思哲学的本真精神、内在价值和当代意义凸显出来了，当代哲学家不由自主地把目光再次转向马克思，重读马克思。历史和现实都告诉我们，每当世界发生重大历史事件、产生重大社会问题时，人们都不由自主地把目光转向马克思，重读马克思。在一定意义上说，在伦敦海格特公墓安息的马克思，比在伦敦大英博物馆埋头著述的马克思，更加吸引世界的目光。当代著名哲学家德里达甚至发出这样的感叹："不去阅读且反复阅读和讨论马克思……而且是超越学者式的'阅读'和'讨论'，将永远都是一个错误，而且越来越成为一个错误，一个理论的、哲学的和政治的责任方面的错误。"

　　呈现在读者面前的《当代马克思主义哲学研究文库》，就是当代中国学者重读马克思的理论成果。正是以当代实践、科学以及哲学本身的发展为基础重读马克思，我们深深地体会到，马克思主义哲学的确是我们这个时代不可超越的哲学。在当代，无论是用实证主义哲学、结构主义哲学、新托马斯主义哲学，还是用存在主义哲学、解构主义哲学、弗洛伊德主义哲学乃至现代新儒学，来对抗马克思主义哲学，都注定是苍白无力的。在我看来，这种对抗犹如当年的庞贝城与维苏威火山岩浆的对抗。

我断然拒绝这样一种观点，即马克思主义哲学产生于"维多利亚时代"，距今170多年，因而已经过时。这是一种"傲慢与偏见"。我们不能依据某种学说创立的时间来判断它是不是过时，是不是真理。实际上，"新"的未必就是真的，"老"的未必就是假的；既有最新的、时髦的谬论，也有古老的、千年的真理。阿基米德定理创立的时间尽管很久远了，但今天的造船业无论多么发达，也不能违背这一定理。如违背这一定理，那么，造出的船无论多么"现代"化，多么"人性"化，也无法航行；如航行，也必沉无疑。真理只能发展，不可能被推翻；而科学之所以是真理，就是因为它发现和把握了某种规律。正是由于发现并深刻地把握了人类社会发展的一般规律、资本主义生产方式的运动规律，正是由于发现并深刻地把握了人与世界的总体关系，正是由于所关注并力图解答的问题深度契合着当代世界的重大问题，所以，产生于19世纪中叶的马克思主义哲学又超越了19世纪这个特定的时代，依然是我们这个时代的真理和良心，依然占据着真理和道义的制高点。正如美国著名思想家海尔布隆纳所说，"我们求助于马克思，不是因为他毫无错误之处，而是因为我们无法回避他。每个想从事马克思所开创的研究的人都会发现，马克思永远在他前面"。

我不能同意这样一种观点，即在当代中国，随着市场经济体制的确立，马克思主义哲学研究越来越趋于"冷寂"以至衰落。这种观点看到了某种合理的事实，但又把这种合理的事实融于不合理的理解之中。我不否认哲学研究目前在社会生活中较为冷清，一些人对马克思主义哲学持一种冷漠、疏远的态度。但是，我又不能不指出，这种所谓的马克思主义哲学研究的"冷寂"，实际上是人们对马克思主义哲学本身的一种深刻反思，是对马克思主义哲学"本性"的一种回归。具体地说，国内哲学界通过对现代西方哲学的批判反思，通过对中国传统哲学的批判反思，通过马克思主义哲学的自我批判反思，以及通过对哲学的重新定位，完成了这种回归。在我看来，正是这三个"批判反思"以及"重新定位"，促使中国的马克思主义哲学研究走向成熟。换言之，目前，马克思主义哲学研究的"冷寂"并不意味着马克思主义哲学研究在中国的衰落，相反，它标志着中国马克思主义哲学研究的成熟。

实际上，市场经济与马克思主义哲学的关系并非如同冰炭，不能相溶。没有市场经济也就没有马克思主义哲学，马克思主义哲学本身就是在市场经济的背景下产生的。无论是对资本主义市场经济历史性的肯定，还是对资本主义市场经济局限性的批判，马克思主义哲学都为社会主义市场经济的实践提供了理论支撑。随着社会主义市场经济实践的不断深化和拓展，我们真正理解了市场经济不仅是资源配置的现代形式，而且是人的生存的现代方式；真正理解了市场经济是以"物的依赖性"为基础的"人的独立性"的时代，从而深刻地理解了在市场经济中人与人的关系何以转化为物与物的关系；真正理解了市场经济是从"人的依赖性"向"人的自由个性"过渡的时代，从而深刻地理解了"以所有人的富裕为目的"（马克思）、实现每个人的全面而自由发展的重要性；真正理解了社会主义公有制以及"重建个人所有制"（马克思）的重要性，从而深刻地理解了人"成为自己的社会结合的主人""成为自然界的主人""成为自身的主人——自由的人"（恩格斯）的真实含义……随着社会主义市场经济实践的不断深化和拓展，一个"鲜活"的马克思正在向我们走来，马克思主义哲学不是离我们越来越远，而是越来越近了。马克思仍然"活"着，并与我们同行。

当然，马克思主义哲学没有也不可能包含关于当代中国问题的现成答案。自诩为包含一切问题答案的学说，只能是神学，而不可能是科学或哲学。历史已经证明，凡是以包罗万象、无所不知、无所不能自诩的思想体系，如同希图万世一系的封建王朝一样，无一不走向没落。"马克思主义是我们这个时代'必要的'哲学。它为我们生活的历史和社会难题提供了至关重要的见解。这并不意味着，马克思主义为我们的历史难题提供了全能的解释，就跟柏拉图无法回答存在和认识的所有问题，以及弗洛伊德无法解释潜意识思维所有过程一样。能够带来启发但并不是无所不能，它只不过是看得更长远一些，理解得更深刻一些而已。这正是马克思及其后继的马克思主义学者们的著作能帮助我们的事情。"海尔布隆纳的这一观点正确而深刻。我们应当明白，马克思是普罗米修斯，而不是"上帝"；马克思主义是科学，而不是启示录；马克思主义哲学是方法，而不是教义。正如恩格斯所说："马克思的整个世界观不是教义，而是方法。它提供的不是现成的教条，而是进一步研究的出发点和**供**这种研究**使用**的方法。"卢卡奇甚至认为，即使"放弃马克思的所有全部论点"，但只要坚持、"发展、扩大和深化"了马克思主义的方法，就仍然是"正统"的马克思主义者，因为"马克思主义问题中的正统仅仅是指方法"。马克思主义哲学是科学的世界观和方法论的高度统一。我们只能按照马克思主义哲学的"本性"期待它做它所能做的事，而不能要求它做它不能做或做不到的事。

实际上，早在马克思主义哲学创立之初，马克思就以其远见卓识"告诫"后辈马克思主义者：马克思主义哲学"是从对人类历史发展的考察中抽象出来的最一般的结果的概括。这些抽象本身离开了现实的历史就没有任何价值。它们只能对整理历史资料提供某些方便，指出历史资料的各个层次的顺序。但是这些抽象与哲学不同，它们绝不提供可以适用于各个历史时代的药方或公式。相反，只是在人们着手考察和整理资料——不管是有关过去时代的还是有关当代的资料——的时候，在实际阐述资料的时候，困难才开始出现。这些困难的排除受到种种前提的制约，这些前提在这里是根本不可能提供出来的，而只能从对每个时代的个人的现实生活过程和活动的研究中产生"。因此，我们必须立足当代的"现实生活过程和活动"坚持和发展马克思主义哲学。这种坚持和发展包括学理上的坚持和发展。

正因为如此，受中国人民大学出版社的委托，我主编了《当代马克思主义哲学研究文库》。首批列入《当代马克思主义哲学研究文库》的20部著作分别从哲学观、哲学史、理论前提、理论形态、存在论、唯物主义形态、辩证法基础，以及经济哲学、政治哲学、道德哲学、历史哲学、社会发展理论等方面深入而较为全面地研究了马克思主义哲学，向我们展示了一幅色彩斑斓的思想史画面。

从这些著作的作者来看，他们分别来自北京大学、中国人民大学、北京师范大学、南开大学、吉林大学、复旦大学、同济大学、南京大学、华中科技大学、武汉大学、浙江大学、山东大学等。这是一个特殊的学术群体。其中，一部分作者出生在20世纪50年代，他们经历了共和国的风风雨雨，尔后在70年代末那个"解冻"的年代走进大学校园，其学术生涯几乎是与改革开放同步的；之前，他们曾被驱赶到生活的底层，其身受磨难的程度、精神煎熬的强度、自我反省的深度，是任何一代大学生都未曾经历过的。正是这段特殊的经历，使这些作者对马克思主义哲学有了深刻的体认。另一部分作者出生在 20 世纪 60—70 年代，成长于改革开放时期，正是改革开放，使这一部分作者的学术生涯一开始就"睁眼看世界"，形成了宽广的理论视野、合理的知识结构，从而对马克思主义哲学有了独特的体认。

从这些著作的内容来看，它们分别涉及马克思主义哲学的本体论、辩证法、历史观、实践论、认识论以及马克思主义哲学史，包括西方马克思主义。这些著作或者对已经成为"常识"的马克思主义哲学的基本观点讲出新内容，从而赋予其深刻的当代含义；或者深入挖掘本来是马克思主义哲学的基本观点，但由于种种原因，未被现行的哲学教科书涉及或重视的观点，从而"发现"马克思；或者深入分析、系统论证马克思有所论述，但又未充分展开、详尽论证，同时又深度契合着当代重大问题的观点，使其上升为马克思主义哲学的基本观点，从而"发展"马克思。

马克思主义哲学是由马克思创立的，但马克思主义哲学并非仅仅属于马克思。实际上，马克思主义哲学是由马克思所创立、为他的后继者所发展的关于无产阶级和人类解放的学说。所以，列宁提出了"马克思的哲学"和"马克思主义哲学"这两个概念。我们不能以教条主义的态度对待马克思主义哲学，认为只有马克思所阐述的哲学思想才是马克思主义哲学。按照这种标准，马克思主义哲学就必然终止于 1883 年；同时，我们又不能以虚无主义的态度对待作为马克思主义哲学主要创始人马克思的哲学思想，奉行没有马克思的马克思主义哲学。"马克思主义是马克思的观点和学说的体系"。列宁的这一定义表明，离开了马克思主义的马克思，是虚构的马克思；离开了马克思的马克思主义，同样是虚构的马克思主义。坚持和发展马克思主义哲学，首先就要准确理解和把握马克思主义哲学主要创始人马克思的哲学思想。

在我看来，这些著作既无压倒千古大师的虚骄之气，也无自我否定的卑贱之心，相反，这些著作是作者们上下求索、深刻反思的结果，是他们哲学研究的心灵写照和诚实记录，展示出一种广博的科学知识和高超的哲学智慧，有着惊人的理论深度和足够的思想容量。从中，我们可以看到，中国的马克思主义哲学研究是"在希望的田野上"。

我并不认为这些著作完全恢复了马克思主义哲学的"本来面目"，这些解释完全符合马克思主义哲学的文本，因为我深知解释学的合理性，深知这些著作受到作者本人的人生经历、知识结构、哲学修养以及价值观念，即"理解的前结构"的制约。中国有句古诗："春潮带雨晚来急，野渡无人舟自横"（韦应物），表面上说的是"无人"，实际上是"有人"，至少春潮、急雨、野渡、孤舟的画面体现了人对物、主体对客体的感受。因此，《当代马克思主义哲学研究文库》中的著作既反映了作者对马克思主义哲学文本的忠实，又体现出作者研究马克思主义哲学的不同视域和不同方法，并凝聚着作者的特定感受和思维个性。

当然，我注意到，人们对马克思主义哲学的认识并非一致，而且存在着较大的分歧和争论。从历史上看，一个伟大的哲学家逝世之后，对他的学说产生分歧和争论，并不罕见。但是，像马克思主义哲学这样在世界范围内进行如此持久的研究，产生如此重大的分歧，却是罕见的。而且，马克思离我们的时代越远，对他的认识的分歧也就越大，就像行人远去，越远越难以辨认一样。美国社会学家米尔斯由此认为，"正如大多数复杂的思想家一样，马克思并没有得到人们统一的认识。我们根据他在不同发展阶段写出的书籍、小册子、论文和书信对他的著述做出什么样的说明，取决于我们自己的观点，因此，这些说明中的任何一种都不能代表'真正的马克思'"。

米尔斯所描述的问题是真实的，但他对问题的回答却是错误的，即不存在一个客观意义上的、真正的马克思，存在的只是不同的人所理解的不同的马克思。有人据此把马克思与哈姆雷特进行类比，认为犹如一千个观众的眼中有一千个哈姆雷特一样，一千个读者心中有一千个马克思，不存在一个"本来如此"的马克思主义。在我看来，这是一个似是而非、"不靠谱"的类比和说法。问题的关键就在于，哈姆雷特是莎士比亚塑造的艺术形象，马克思主义是由马克思创立的科学理论；艺术形象可以有不同的解读，而科学理论揭示的是客观规律，这种认识正确与否要靠实践检验，而不是依赖认识主体的解读。实际上，即使是艺术形象，也不能过度解读。合理的解读总是有"底线"的。例如，同一首萨拉萨蒂创作的小提琴曲《流浪者之歌》，德国小提琴演奏家穆特把它诠释成悲伤、悲凉、悲戚，美国小提琴演奏家弗雷德里曼把它诠释成悲愤、悲壮、悲怆，但无论是悲伤、悲凉、悲戚，还是悲愤、悲壮、悲怆，都具有"悲"的内涵，而没有"喜"的意蕴。

从认识论的角度看，对马克思主义哲学认识的分歧，是由认识者生活的历史环境和"理解的前结构"决定的。人们总是生活在特定的历史环境中，并在特定的意识形态氛围中进行认识活动的。问题就在于，历史环境的不可复制性，历史进程的不可逆转性，历史事件的不可重复性，使认识者不可能完全"回到"被认识者生活的特定的历史环境，不可能完全"设身处地"地从被认识者的角度去理解他的文本，因而也就不可能完全恢复和再现被认识者思想的"本来面目"。特定的历史环境和"理解的前结构"支配着理解的维度、深度和广度，即使是最没"定见"的认识者也不可能"毫无偏见"。人的认识永远是具体的、历史的，不可能超出认识者的历史环境，必然受到认识者的"理解的前结构"的制约。

但是，我们又能够通过"自我批判"达到对事物的"客观的理解"。"基督教只有在它的自我批判在一定程度上，可说是在可能范围内完成时，才有助于对早期神话作客观的理解。同样，资产阶级经济学只有在资产阶级社会的自我批判已经开始时，才能理解封建的、古代的和东方的经济。"马克思的这一观点具有普遍意义，同样适合哲学史、马克思主义哲学史研究。具体地说，我们能够站在当代实践、科学和哲学本身发展的基础上，通过"自我批判"，通过对马克思主义哲学产生的历史背景的考察，通过对马克思主义哲学文本的分析，通过对马克思主义哲学历史的梳理，使作为认识者的我们的视域和作为被认识者的马克思的视域融合起来，不断走向马克思，走进马克思哲学的深处，从而对马克思的哲学做出"客观的理解"，即准确理解和把握"真正的马克思"，准确理解和把握马克思主义哲学的本真精神、本质特征和理论体系，准确理解和把握"本来如此"的马克思主义哲学。这正是《当代马克思主义哲学研究文库》所追求的理论目标和理论境界。

我注意到，收入《当代马克思主义哲学研究文库》的这些著作的观点并非一致，甚至存在着这样或那样的错误。问题在于，"不犯错误的人没有"（邓小平）。科学研究更是如此。"科学的历史，正如所有人类的观念史一样，是一部不可靠的猜测的历史，是一部错误的历史。"（波普尔）因此，我们应当"从错误中学习"。只有当我们从对错误的"错误"理解中摆脱出来，只有当错误不再成为我们的思想包袱的时候，我们才能少犯错误，才能在求索真理的过程中发现更多的真理。在今后的研究中，我们将不断地修正错误，从而使《当代马克思主义哲学研究文库》不断完善。但是，我们永远也不可能达到完善。在我看来，追求完善，这是学者应有的品格；要求完善，则是对学者的刻薄。实际上，这是一种形而上学的要求。"一切发展中的事物都是不完善的，而发展只有在死亡时才结束。"（马克思）因此，向学者以至任何人要求完善，实际上是向他索取生命。

杨耕

2021 年 7 月于北京世纪城

目　录

引言　重审启蒙 ………………………………………………………… 1

1. 何为启蒙：从理性运用到人的科学 …………………………… 2
2. 统合批判与建构，区分启蒙与启蒙运动 …………………… 9
3. 立足本土的新启蒙：本土性与马克思主义 ………………… 14
4. 德国古典哲学中的两种启蒙辩证法 ………………………… 19
5. 对激进启蒙的批判与历史唯物主义的创建 ………………… 24
6. 历史唯物主义对浪漫派启蒙批判的超越 …………………… 28
7. 历史唯物主义的启蒙辩证法 ………………………………… 32

第一篇　马克思、恩格斯与启蒙

第一章　历史唯物主义与合理启蒙 …………………………… 39

1. 推进启蒙与反思启蒙的张力 ………………………………… 40
2. 激进启蒙、温和启蒙与合理启蒙 …………………………… 45
3. 启蒙形而上学的三个表现 …………………………………… 50
4. 启蒙的推进：从思想、政治到经济、社会 ………………… 54
5. 极端启蒙的拒斥与超越 ……………………………………… 57

第二章　走向理性启蒙与德性启蒙的统一 ………………… 65

1. 启蒙主体性视域下的自然 …………………………………… 66
2. 启蒙理性与文化传统的张力 ………………………………… 78
3. 启蒙与神灵之隐蔽 …………………………………………… 87

第三章　从上帝之死到真诚信仰：恩格斯与克尔凯郭尔 ……… 109

　　1. 肯定中的否定：克尔凯郭尔对基督教世界的批判 ……… 110

　　2. 否定中的肯定：恩格斯论基督教的实践价值 ……… 114

　　3. 走向真诚信仰的关键 ……… 119

第四章　启蒙视域下的理想：形而上学与理想主义 ……… 127

　　1. 传统形而上学塑造单纯的理想主义 ……… 127

　　2. 单纯理想主义的出场路径：传统本体论建构与绝对必然性

　　世界 ……… 133

　　3. 实践的理想主义：超越单纯与懒惰 ……… 140

第五章　超越作为启蒙怪胎的现代犬儒主义 ……… 148

　　1. 两种犬儒主义：在古典与现代之间 ……… 149

　　2. 现代犬儒主义的几个转变 ……… 153

　　3. 伪善与敉平：现代犬儒主义的两个特质 ……… 161

　　4. 知行分裂与犬儒主义 ……… 165

　　5. 现代犬儒主义：启蒙怪胎 ……… 167

第二篇　启蒙辩证法的根基与性质

第六章　辩证法：存在论与现实性 ……… 175

　　1. 辩证法的两种简单区分 ……… 175

　　2. 认识论转向及其与形而上学的纠葛 ……… 177

　　3. 作为存在论的辩证法 ……… 178

　　4. 辩证法的现实性与开放性 ……… 180

第七章　主体性理论视野内的现代辩证法 ……… 184

　　1. 现代启蒙辩证法：范围与根基的拓宽 ……… 186

　　2. 现代辩证法的主体性根基 ……… 191

　　3. 整合与裂变：现代辩证法的两种状态 ……… 195

第八章　恩格斯的自然辩证法是一种启蒙辩证法 ……… 201

　　1. 自然辩证法是辩证法根基变更后亟待解决的问题 ……… 202

　　2. 区分恩格斯的三种"自然"概念 ……… 205

　　3. 自然辩证法是一种启蒙辩证法 ……… 210

第九章　《资本论》辩证法的开放性······················216

  1. 辩证法的两个面向：存在论与开放性 ··············216

  2. 现实先于逻辑：开放性的存在论基础 ············218

  3. 现实与事实的相互开放：兼评莱文割裂马克思与恩格斯 ··220

  4. 方法论的开放性：立足普遍规律对特殊、非同一性的

    开放性 ·······································222

  5. 对更大整体、更大视野的诉求是一种重要的开放性 ·······225

  6. 永无止境的理想追求：永远向未来的可能性开放 ·······228

第十章　辩证看待"形而上学"：重思马克思、恩格斯的

"形而上学"·······································232

  1. "形而上学"：作为方法与作为哲学学科分支 ·······233

  2. 不同类型"形而上学"的识别 ··················239

  3. 形而上学的正当性之特例 ·····················242

  4. 区分与超越 ·······························246

第三篇　启蒙辩证法的表现与展开

第十一章　作为启蒙辩证法范畴的"矛盾"··············253

  1. 矛盾的本质：自否定 ·························253

  2. 启蒙工程引发、促生矛盾 ·····················258

  3. 矛盾在"轻—重、必然—可能、盲目乐观—积极作为"

    框架中的定位 ·····························265

  4. 盯住被推远的"矛盾"：扩展视野、增强学科融合 ·······271

第十二章　物化：启蒙辩证法的重要范畴··············278

  1. 作为经济—哲学范畴的物化 ···················279

  2. 作为社会—哲学范畴的物化 ···················281

  3. 作为文化—哲学范畴的物化 ···················287

  4. 物化：哲学与经济学的平衡 ···················291

  5. 从文化之思回到社会经济文化的整体之思：从卢卡奇回到

    马克思 ·································296

  6. 辩证地看待物化 ···························301

第十三章 外推：辩证法的退隐与追踪 ………………… 304

　　1. 拉近与推远：外推概念的确立 ……………… 305

　　2. 外推空间的现代性拓展 …………………… 309

　　3. 时空挖掘与时空挤兑 ……………………… 313

　　4. 越推越远的外推：从个体、群体到国际、自然界 ……… 321

第十四章 自然及其解放：上帝之死视域下的马克思与赫斯 …… 325

　　1. 主体性的确立：从贬低自然到弥合自然与自由 ……… 326

　　2. 上帝之死与自然的解放 …………………… 329

　　3. 赫斯：自然仍是上帝笼罩下的自然 ………… 334

　　4. 马克思：走出黑格尔哲学，自然获得真正解放 …… 340

第十五章 启蒙、实践辩证法与虚无主义的超克 ………… 346

　　1. 启蒙的极致化导致虚无主义 ………………… 346

　　2. 观念论内含虚无主义 ……………………… 351

　　3. 历史主义导致虚无主义 …………………… 360

　　4. 实践辩证法对虚无主义的遏制：从劳动到实践 ……… 367

　　5. 实践辩证法对虚无主义的超克：东方的启示 …… 374

第四篇　比较与延伸

第十六章 启蒙的合理定位：马克思批判施蒂纳 ………… 383

　　1. 启蒙内在张力中谢林与黑格尔争论的继续 ……… 384

　　2. 何种启蒙：马克思与施蒂纳的不同选择 ……… 389

　　3. 极端启蒙加剧虚无主义的蔓延 ……………… 395

　　4. 维护、提升超越性维度 …………………… 401

第十七章 从"劳动"概念看马克思主义与无政府主义在中国的

　　　　 本质区别 ………………………………… 407

　　1. 什么样的"劳动"：无政府主义与马克思主义的论争 …… 408

　　2. 理想化的"劳动"：从无政府主义到马克思主义 …… 415

　　3. "劳动"面貌的还原及其意蕴 ……………… 424

第十八章 合理启蒙与激进启蒙：马克思与尼采 ………… 430

　　1. 何种启蒙：定义与态度 …………………… 430

2. 尼采对知性启蒙的四个批判 ·················· 435

3. 比较视域中马克思启蒙观的三个方面 ········· 454

4. 积极、健康地推进启蒙 ···················· 465

第十九章　合理启蒙的调适：恩格斯与尼采 ········· 468

1. 激进的启蒙批判：青年恩格斯与尼采 ········· 468

2. 永恒轮回与形而上学：回归自然 ············ 473

3. 辩证看待历史传统 ······················ 478

4. 道德与自然正当 ························· 484

第二十章　三种辩证法：《启蒙辩证法》与《资本论》 ··· 491

1. 苏格拉底式辩证法的情感基础 ·············· 491

2. 追求绝对形而上学的辩证法 ··············· 495

3. 自否定、自悖谬的辩证法 ················· 498

4. 扬弃自否定的积极辩证法 ················· 503

5. 开放性辩证法对形而上学的拒斥 ············ 507

主要参考文献 ······························ 516

引言　重审启蒙

近代以来，不管是在中国还是在全世界，"启蒙"都是最受关注的问题之一。面对全世界范围内不断兴起的民粹主义、狭隘民族主义、犬儒主义等思潮，启蒙重新成为中外学术界关注的重心。传统启蒙的弊端、当今世界启蒙的新方向、启蒙到底意味着什么、我们如何进一步推进启蒙等，都是学者们广泛关注的问题。有学者指出，国际学术界已经历了从 20 世纪末唱衰启蒙到如今重申启蒙的转变，而国内学界似乎还没完成这种转变。[①] 把启蒙局限为西方化的、特定时代化的，以及把特定和极端的启蒙作为一般和普遍的启蒙的代表，都会导致对启蒙的局限性理解甚至负面化理解。如果把对启蒙的内部反思和对启蒙的外部否定区别开来，除去极少的激进后现代思想家、复古主义者，对于绝大多数人来说，"启蒙"都是一个绝对正面的词语。启蒙及其促生的事业建构起现代社会的基本框架，奠定了现代性运动的根本基础。托马斯·奥斯本（Thomas Osborne）在《启蒙面面观》一书中，干脆模仿《共产党

---

① 徐贲在《与时俱进的启蒙》一书中列举了甘阳（中国的启蒙话语里有对西方的迷信）、许纪霖（传统启蒙逻辑中包含的先知先觉、后知后觉的逻辑在网络互动时代需要重新加以认识）、冯克利（习惯大于启蒙）的观点作为否定启蒙的例子。参见：徐贲. 与时俱进的启蒙. 上海：上海三联书店，2021；503 - 507。我更愿意把这三种观点视为启蒙的内在反思，而不是外在否定。三位作者分别是在提醒注意启蒙的中国内涵、网络时代启蒙路径的变化，以及极端启蒙对礼法习俗、德性的否定并非标准的启蒙立场。在经过了更新、扩展变得更合理的"启蒙"概念中，他们的观点完全能够被容纳进启蒙内部，再更新、扩展对启蒙的合理理解。与其说他们批评的是启蒙，不如说批评的是特定的、有局限的那种启蒙。

宣言》用"一个幽灵，共产主义的幽灵，在欧洲游荡"来开头。其实，何止是在社会科学领域，在人文科学领域同样如此（虽然传统人文科学对启蒙以来新生的一些社会科学抱有复杂的态度）。启蒙固然在中国抑或全世界都经历过在热与冷、建构与批判之间的变化，甚至人们经常把启蒙的批评者理解成启蒙的反对者①，但启蒙始终是我们关注的重心。对人们来说，"启蒙是我们唯一的希望，仅仅去批判启蒙就是故意向堕落屈服"②。启蒙号称要用理性原则重新理解和改造人、社会甚至包括自然在内的整个世界，想不出生活世界中的什么存在能躲避启蒙之光的照耀，能被启蒙遗漏掉。所以，"只要人们意图争辩或纠缠于真理和权力、信念和伦理、知识和社会、专业知识和自由、表达和拯救等这样一些概念对子之间的关联，只要他们试图就这样一些问题采取某种立场……人们就在谈论启蒙"③。何为启蒙？我们被启蒙的程度如何？启蒙是否充分，还需要怎样推进？马克思如何对待启蒙？在何种意义上继承又在何种意义上批评启蒙？如何进一步推进启蒙？立足当下，我们该如何看待启蒙？启蒙本身还蕴含着哪些问题？启蒙过程中又孕育着什么问题？这些都值得我们深入探究。

1. 何为启蒙：从理性运用到人的科学

虽然"启蒙"在不同的传统和文化中可以有不同的解释，但通常意义上的"启蒙"系指推动现代性变革的世界性事件——"启蒙运动"。给它下一个确切定义很难，也不一定有什么意义，以至于汉普生（Norman Hampson）说，给启蒙运动"下任何一般性定义无甚意义。如果我们下这样一个定义，它一定会包含许多限制与矛盾，以至于变得毫无意义"④。不过，作为批判和建构的统一，它首先是对偏见、迷信、独断、特权、压迫的批判，同时通过教化提升公众智识、道德和审美能力，也

---

① 比如常见的后现代主义和法兰克福学派对启蒙的批评。前者的确有否定启蒙的倾向，后者如《启蒙辩证法》的作者却显然是启蒙内部的反思批评者。与《启蒙辩证法》作者类似的还有尼采。对此我们将在本书第四部分予以关注，将其与马克思进行比较研究。

② 奥斯本. 启蒙面面观：社会理论与真理伦理学. 北京：商务印书馆，2007：12.

③ 同②12－13.

④ Norman Hampson. The Enlightenment. London：Penguin Books，1990：ii.

是对社会正义、自由、平等的建构性追求。启蒙运动试图通过对新知识的广泛传播，动摇旧的世界观、信仰和制度，为新的世界观、价值观、思维方式、行为方式、制度的确立奠定基础或开辟空间。如吉隆·奥哈拉（Kieron O'Hara）所说，"知识是公共财富，不是私人物品，所以不应被埋藏，而应人人共享。这也许是启蒙运动时代出现的最具革命色彩的思想"①。按照安东尼·帕戈登（Anthony Pagden）的说法，启蒙运动通常"是指欧洲历史上 17 世纪末到 19 世纪初的那段时期，与此所有智识变革相比，启蒙运动对现代世界的影响都要更为重大而深远"②。用芭芭拉·施多尔贝格-雷林格（Barbara Stollberg-Rilinger）的话说，"'启蒙'意味着：用光明驱散非理性的黑暗、迷信的迷雾、偏见和家长式的专制，并且创造出万事万物独特的、清晰的、可检验的概念"；启蒙的乐观主义"认为一切理性在原则上都能使人类辨明偏见、迷信和权威，并通过理性的方式重新组织人类社会秩序"③。这种启蒙运动试图重新理解、重新规定人自身的本质与活动样式，重新规定社会发展的目标和模式。即使它没有把现代化、工业化作为自己的内涵，却也直接提出了导向现代化、工业化的一系列要求，至少是期盼，殷切而强烈的期盼。所以，"启蒙运动已被确认为是一种人类合理性和人类善行的崇高境界，是一种对进步和人类自我改善能力的信念——虽然还有保留并时有怀疑。启蒙运动被普遍理解为主张所有人有权由自己而不是他人来决定自己的命运，主张（差不多是同样的意思）每个人尽可能地过自己的美好生活，不得由神谕来帮助或妨碍。自由、宽容、非教条、世俗化等对政治的现代理解，普遍主义的各种现代形式，从对人类本质上统一性以及对奴隶制和种族主义的罪恶性的认识，直至'无国界医生组织'背后的人文情怀，都被认为起源于启蒙运动"④。人的能力特别是理性能力的提高、知识和德行水平的提升、平等权利的拥有与行使、社会组织的合理化、物质条件的改善，都是启蒙的诉求。虽然这些诉求被更多人认可并非那么容易，比如犹太人、奴隶、底层民众、妇女，更不用说殖民地人民，他们获得平等权利是一个非常漫长的过程，伴随着矛盾和斗

① 奥哈拉．人人都该懂的启蒙运动．杭州：浙江人民出版社，2018：22-23.
② 帕戈登．启蒙运动：为什么依然重要．上海：上海交通大学出版社，2017：序言 1.
③ 雷林格．百年启蒙．北京：社会科学文献出版社，2022：1.
④ 同②序言 1-2.

争，付出过历史代价，远非 18 世纪这个启蒙时代所能完成。同时，启蒙运动的辐射面在 18 世纪也不能无限扩大，"在面对启蒙运动的一切言论自由时，都不能忘记它其实是一场范围相对狭窄的知识精英运动，而大部分人还是精神未开化的欧洲农民和'蒙昧'大众"①。但启蒙的优点在于内含自我批判能力，能通过自我批判调整改善自身，即使并不那么容易，也可在经历挫折和付出代价后得以展开。

托尔·弗兰斯米尔（Tore Frängsmyr）在《寻找启蒙》中区分了对启蒙运动的三种理解：将它看作一种哲学态度，视为人类历史上的一个特别时期，以及视为一场以法国为核心的思想运动。而艾玛·罗斯柴尔德（Emma Rothschild）则进一步提出第四种理解，将其看作一种观察与思考的方式，一种人类思维的新状态、新趋向，它意味着一种思维方式的更新与变革。②这种思维方式跟反思③、批判，跟力主个人自主与自由，跟鼓励、保护、推进这种基于反思与自主性的社会和世界观内在相关；并且势必导向一种行为方式，致使一种新世界和新世界观开启。恰如李宏图指出的，近年来，随着对启蒙运动研究的不断推进，学界对启蒙运动思想内涵的认识也发生了改变，开始将其思想核心从原先康德所说的"敢于运用理性"转向苏格兰启蒙思想家休谟所说的"人的科学"，认为 18 世纪启蒙运动的本质是对"人"的理解和阐发，对人是什么、该生活在何种状态等问题的一种新理解和新规定。④恰如罗伊·波特（Roy Porter）指出："在启蒙思想家追求的种种目标中，最为重要的就是寻找一种真正的'人的科学'。"这个问题才"触及了启蒙运动这一思想冒险活动的核心"⑤。在这种人的科学中，给予人新的主体性地位的人的哲学具有独特地位，但不能替代人的科学。因为新的哲学必须与新的科学建构一种密切的关系，必须建立在人文知识和新生的社会科

---

① 雷林格. 百年启蒙. 北京：社会科学文献出版社，2022：282.

② 罗斯柴尔德. 经济情操论：亚当·斯密、孔多塞与启蒙运动. 北京：社会科学文献出版社，2013：11.

③ 根据迈克尔·L. 弗雷泽的观点，启蒙时代理性主义学派和情感主义学派对反思有不同理解。前者把反思视为理性认知专属的；后者"将反思看作包含了感情、想象和认知的过程"，反思离不开情感，"正是通过同情，经修正的反思性情感才得以在个体之间被分享"。参见：弗雷泽. 同情的启蒙：18 世纪与当代的正义和道德情感. 南京：译林出版社，2016：6，2.

④ 李宏图. 评《创造现代世界》：从"启蒙理性"到"人的科学". (2022 - 08 - 18). https://www.sohu.com/a/577768148_121119371.

⑤ 波特. 启蒙运动. 北京：北京大学出版社，2018：21，22.

学知识相统一的基础之上，而不能再局限于传统人文科学的范围，不能排斥随着启蒙运动新生的社会科学以及自然科学，相反，应该更多地向研究具体领域、具体对象的学科开放。启蒙不只是运用理性，它要面对和处理激情、欲望、利益、理性及其之间的复杂关系，而这远非单纯的理性所能涵盖。在这种人的科学中，撇开与情感、利益的内在关联，仅仅立足于理性，是无法真切理解启蒙及其事业的。从某种意义上说，启蒙就是要把原来高度推崇的传统理性与经验、日常结合，使得包括哲学在内的思想越来越接近日常、融合经验，而不是越来越理性，"因此，启蒙运动的'理性主义'变得越来越少理性，越来越多经验。这样一种基于常识的'民众'哲学的扩展，使得重新定义哲学的要求变得越来越迫切，从而哲学应该呈现为一门科学"。以至于，"启蒙哲学是作为健全理智和常识的大众哲学而出现的"①。把启蒙等于理性，可能只是从哲学与宗教的二元关系中看待启蒙的结果。如果进一步扩展到人文科学与社会科学相统一的更大视角来看，情况就会有很大不同。就此而论，康德把启蒙视为理性的运用的定义，就显得有所局限了。启蒙不能仅仅在哲学上理解，它是一个比哲学宽泛得多的社会事件，需要在包括哲学在内的多种学科的融合中、在跨学科视域中才能获得确切理解。晚期谢林曾提出哲学不能仅仅是否定哲学，还必须是肯定哲学才能完善的主张，这会进一步释放肯定哲学通向各种具体社会科学的潜力，从而提升其地位和重要性；因为否定哲学是用理性、传统形而上学来研究一般的存在（was），而肯定哲学则要研究不尽合乎理性的具体存在（das）。不那么符合传统理性的具体存在，恰恰是启蒙以来新生的各种社会科学所致力于研究的对象。当然，这需要将谢林的主张进一步扩展。对此，我们将在适合之处展开。

　　还有的思想家把启蒙视为不局限于特定时期、特定地域的更广泛的事件，如以赛亚·伯林（Isaiah Berlin）"认为启蒙运动不专属于18世纪：这不是一个历史时期，而是一种思想结构。启蒙运动表达着一种基于普遍价值的理性文化，是属于每一个历史时期的"②。

　　据张芝联的说法，由于"在法语中找不到一个专指启蒙或启蒙运动

---

① 布尔乔亚. 德国古典哲学. 北京：人民出版社，2013：34，54.

② 斯汤奈尔. 反启蒙：从18世纪到冷战. 上海：华东师范大学出版社，2021：678.

的名词或动名词，通常只是用'Lumières'（光——复数）来表述"①。当时人们把科学发现、知识、智慧、理性甚至启示称为带来光明的东西，"光"成了启蒙运动所追求的东西的一种象征、效果②，后来人们在英语中用 enlightenment 来翻译它，这一译法就被固定下来。日语用 keimou 表示"启蒙"，中文从日语引进这一术语，但中文中早就有把入门称为"启蒙"的说法。由此，汪堂家说，中文"启蒙"与英文 enlightenment 及德文 Aufklärung 都是对这个法文的翻译；"18 世纪的法国学者们用 les lumiere 这个词来表示一场遵从理性，怀疑权威，追求自由、民主和进步的思想文化运动，不仅是出于修辞上的考虑，而且也是出于学理上的考虑，因为这个词通过典雅的诗意化表达既显示了 17—18 世纪那场思想文化运动与柏拉图以来的视觉中心主义哲学的深刻联系（从而显示其渊源有自己的历史底蕴），又显示出启蒙思想承继过去同时又昭示未来、烛照未来的勃勃雄心"③。不过，托马斯·L.汉金斯（Thomas L. Hankins）却把启蒙运动这个术语的发明权授予康德，认为"选用这个术语的不是法国数学家而是德国形而上学家伊马努埃尔·康德"④。康德所谓"敢于运用自己的理性"曾长期被视为启蒙运动的一般定义。⑤

　　当然，由于各国的基础、传统、所面临的问题各不相同，不同时期和地区出现的启蒙，绝非千篇一律的行动，而是在多样性声音中的某种和声。泽夫·斯汤奈尔（Zeev Sternhell）指出，"知识的丰富性、多元化、多样性及其内部的矛盾构成了启蒙思想的基本特征"⑥。彼得·盖伊（Peter Gay）认为，18 世纪的启蒙运动是一个大合唱，其中有不和谐的声音，但也有整体上的和谐。就整体上的和谐而言，"这是一个提

①　张芝联. 关于启蒙运动的若干问题//陈崇武. 法国史论文集. 上海：学林出版社，2000：2.

②　徐前进. 启蒙全球史的起源与方法：兼论哲学家的启蒙与历史学家的启蒙. 世界历史评论，2019（4）：75-82.

③　汪堂家. "启蒙"概念及其张力. 学术月刊，2007（10）：42.

④　汉金斯. 科学与启蒙运动. 上海：复旦大学出版社，2000：2.

⑤　康德的说法是："启蒙运动就是人类脱离自己所加之于自己的不成熟状态。……要有勇气运用你自己的理智！这就是启蒙运动的口号。"参见：康德. 历史理性批判文集. 北京：商务印书馆，1990：22. 值得注意的是，在认识论意义上界定启蒙时，康德用的词是"理智"（Verstand），即"知性"；而在超出认识论的意义上，用的词是"理性"（Vernunft）。

⑥　斯汤奈尔. 反启蒙：从 18 世纪到冷战. 上海：华东师范大学出版社，2021：引言 8.

倡世俗主义、人道、世界主义，尤其是自由的纲领。这里所说的自由包括许多具体形式：免于专横权力、言论自由、贸易自由、发挥自己才能的自由、审美的自由，总之，一个有道德的人在世界上自行其是的自由"①。启蒙家族里有很多兄弟姐妹，"这些启蒙家族聚在一起，缘于政治策略的需要、教会和国家的敌意以及文人争取提高声望和增加收入的斗争"。他们之间有共同经验，此即"他们对古代的追慕、他们与基督教的矛盾以及他们对现代性的追求这三者之间的辩证互动。……启蒙运动乃是古典主义、对宗教的亵渎以及科学三者的变幻混合；启蒙哲人可以说是现代的异教徒"②。对此，茨维坦·托多罗夫（Tzvetan Todorov）概括为，"启蒙运动既是理性主义的又是经验论的，同时继承自笛卡尔和洛克。启蒙运动接受泥古派和崇今派、普遍论者和本位主义者，钟情故事和永恒、细节和抽象、自然和艺术、自由和平等。成分是旧的，但组合是新的：不仅成分间彼此配合，而且最为重要的是，这些思想正是启蒙运动的时刻从书中走出来过渡到现实世界中去"③。的确，摈弃盲目信仰与迷信而强调反思和理性探究的精神，在古代印度、中国、伊斯兰世界甚至非洲的反奴隶运动中都曾出现过，甚至"中国知识和思想在启蒙运动中引起了巨大的思想震动"④，"这各式各样的发展证明启蒙思想的普遍性，根本不是欧洲独有的特权。然而，这种运动确实是在 18世纪的欧洲加速发展和巩固起来，在那里形成了随后在所有大陆传播开去的思想轮廓"⑤。现代启蒙的欧洲起源使得启蒙的历史溯源多定位在欧洲。于尔根·奥斯特哈默（Jürgen Osterhammel）指出，虽然"启蒙主义被设计成为一种放之四海而皆准的运动"，启蒙运动时期欧洲知识分子具有世界主义倾向，甚至还有人批评殖民主义，说明启蒙有一定的自我批判能力，并未全部陷入自我封闭式妄自尊大，但发生在欧洲的启蒙明显欠缺对陌生文化的平等理解，没有"将其他文化当成平等对象看

----

① 盖伊．启蒙时代（上）：现代异教精神的兴起．上海：上海人民出版社，2015：1.
② 同①5.
③ 托多罗夫．启蒙的精神．上海：华东师范大学出版社，2012：13-14.
④ 张西平，李颖．启蒙的先声：中国文化与启蒙运动．北京：北京大学出版社，2020：序言二9.
⑤ 同③144.

待，更不会站在对方的立场来打交道"①。农业文明曾是"欧亚共同扩张的过程"，工业文明却由欧洲首创并长期主导，促使欧洲启蒙文化对其他文明持有一种自大高傲的态度，并且从 18 世纪末至今没有根本改变。② 虽然一直有学者质疑工业化只能出自西欧的看法，"主张亚洲尤其是东亚一直到 19 世纪初曾经和欧洲一样高度发达并且经历了早期工业化"，但确如杜赞奇所说，与其纠结东亚能否自主实现现代化，不如探究东亚传统现在如何改善现代性，能为当今的可持续性发展提供什么可行的思想资源和社会资源。他用"流转"和"超越性"两个概念来重新解释现代性，认为正是"流转历史和制度化的超越之间的互动模式在其自身的产物——资本主义和民族国家的影响下发生了激烈的变化"③。这种变化而非启蒙运动才是现代性第一个阶段的历史大背景："现代性的第一个阶段的历史大背景既不是商业扩张所带来的世俗主义的宗教宽容，也不是'文艺复兴'甚至'启蒙运动'。相反，这个大背景是某种激进式超越的尖锐化，它对教派民族主义，纪律革命以及社会和政治动员的贡献尤其明显。"④ 但欧洲知识分子用边界明显的民族国家模式解释启蒙和现代化，遮蔽了欧洲对世界其他地方的资源、技术的利用。如果说"文艺复兴之所以可能，并非是仅仅通过跳跃回到古希腊，而是借助了欧亚思想的贡献和流转。那些思想在保存和发展古希腊知识的同时，也保存了发展了来自伊斯兰、中国和印度等文明传统的知识"⑤，那么启蒙运动更是如此。"迦太基、腓尼基贸易者、波斯、埃及、印度，特别是中国和伊斯兰世界在西方历史中起到的作用，都超过了任何最激进的历史分析所承认的程度。因此，虽然不可否认 18 世纪后期的工业革命是一项欧洲的成就，但理解这场革命却离不开这个大背景：在中国发展出的纺织、陶瓷和纸张以及在印度发展出的棉花的'产业化、机械

---

① 奥斯特哈默 . 亚洲的去魔化：18 世纪的欧洲与亚洲帝国 . 北京：社会科学文献出版社，2016：9，75，28.

② 同①5 - 6，1.

③ 杜赞奇 . 全球现代性的危机：亚洲传统和可持续的未来 . 北京：商务印书馆，2017：11.

④ 同③11 - 12.

⑤ 同③79.

化和大规模生产'后来被西方和近东所采用。"①欧亚大陆早就是一体化发展的了，不能孤立看待一个国家的发展。边界清晰的独立民族国家是现代产物，并非自古以来的事实。徐前进指出，启蒙的全球史研究正在跨越国家和民族边界，形成全球史视野，在超越民族国家的意义上发掘观念及其背后的世界联系，探讨在普适性、长时段和实践意义上构建启蒙全球史的方法。② 这将进一步拓宽启蒙研究在时空两个维度上的视野。

2. 统合批判与建构，区分启蒙与启蒙运动

文明之间的诸多流转和借鉴被抽离掉后，欧洲塑造的启蒙话语就局限于欧洲范围了，也就只能在古代欧洲寻找先驱了。古希腊和古罗马启蒙都曾具有显著影响。马克思在博士论文中研究古希腊启蒙思想家伊壁鸠鲁，试图从其思想中探寻促进当时德国启蒙的思想资源。尼采对古代就已有的所谓知性启蒙的批判③，则明显喻示着对真正启蒙的向往。这意味着，启蒙在欧洲早就有一个长期发展的过程，是一个复杂的叙事。在追溯启蒙的源头时，霍克海默、阿多诺甚至越过苏格拉底及之前的早期希腊哲学，在古希腊神话中确定启蒙的源头，把奥德修斯视为理性的化身。在法兰克福大学 1959—1960 学年冬季学期的"启蒙"课程中，霍克海默区分了两种启蒙：一是 18 世纪在英国、法国和德国发生的，反对神学观点并为法国大革命奠定基础，开启德国观念论的近代思想和社会运动；二是古希腊以来就与神话对立的哲学，它不断追求一种在概念和判断中达到的清晰和光明。在此意义上，哲学作为同谬误、信仰的斗争总是一种启蒙。④ 显然，《启蒙辩证法》中的"启蒙"概念其范围明显超过了这第二种启蒙。

---

① 杜赞奇. 全球现代性的危机：亚洲传统和可持续的未来. 北京：商务印书馆，2017：88-89.

② 徐前进. 启蒙全球史的起源与方法：兼论哲学家的启蒙与历史学家的启蒙. 世界历史评论，2019（4）.

③ 具体参见本书第十八章.

④ Max Horkheimer. Gesammelte Schriften：Band 13. Frankfurt am Main：S. Fischer Verlag，1989：571.

托多罗夫把启蒙运动解读为三点：自主、人类行为的终极目的、普遍性。自主在哲学上意味着主体性；在目的方面，世俗化倾向非常明显；而普遍性则意味着启蒙运动的世界性品格。尤为重要的是，"无休止的批判、自我省察和持续的警醒"一向被视为启蒙运动的灵魂，对此，他强调，启蒙运动不只是批判，更是一场批判和重建的双重运动，"一面是批判的，一面是建设的"①；如果一味地批判，"批判就变成一种无所产出的免费游戏……过多的批判谋杀批判"。所以，虽然"启蒙思想发展出批判精神"，但"这并不意味着任何批判姿态本身都是令人赞赏的……在启蒙运动的传统中，批判只是一种批判和重建的双重运动的初始阶段"②。可惜，人们对启蒙运动的印象中，批判性往往太多，建设性往往太少，从而给人启蒙等于批判的印象。实际上，重建对启蒙来说才更为根本，批判只是重建的基础和手段；质疑、怀疑、批判、反思都是促进一种合理建构的手段。或者如霍克海默与阿多诺在《启蒙辩证法》中所说的，"对启蒙的批判，目的是要准备好一种积极的启蒙概念，以便把启蒙从盲目宰制的桎梏中解脱出来"③。对人性、德性、社会发展、文明进化，提出新理解，做出新规划，这才是启蒙运动更重要的方面。批判本来就是激进启蒙过分偏重的，20世纪末兴盛起来的后现代主义更加凸显了这个方面，使启蒙批判变成对启蒙的批判。当后现代主义者声称所有的差异都平等、所有的价值观都同等有效时，就走到了陀思妥耶夫斯基早就反思过的伊凡·卡拉马佐夫所主张的"什么都可以做""一切皆被允许"的地步，而这多么可怕！简直就是对突破底线的恶行发放通行证！不仅是历史传统，理性主义、本质主义、现代秩序也成了后现代解构的对象。像查尔斯·格瑞斯沃德（Charles L. Griswold）所说，"若不严格限定，几乎没有人还在保卫我们的遗产。在学院内外，关于我们的智识与精神生活，一个主题就是批评现代与造就现代的启蒙"④。偏激的启蒙批判于是就导致了如下的情形："自由明显蜕化为自发；多元主义蜕化为相对主义；知识蜕化为技术，并因此变成我们破坏

① 托多罗夫. 启蒙的精神. 上海：华东师范大学出版社，2012：14.

② 同①62.

③ Max Horkheimer. Gesammelte Schriften：Band 5. Dialektik der Aufklärung und Schriften 1940—1950. Frankfurt am Main：S. Fischer Verlag，1987：21.

④ 格瑞斯沃德. 亚当·斯密与启蒙德性. 北京：生活·读书·新知三联书店，2021：2.

的自然的主人；科学蜕化为由给定历史环境产生的'世界观'；文化教养蜕化为粗俗；理性蜕化为想象，然后就变成了幻想——简而言之，启蒙蜕化为大众口中的'后现代主义'。"① 甚至启蒙运动被当作一种传统形而上学，一种柏拉图主义。面对这种殊为偏激的启蒙批判，呼唤批判与建构的统一、理性启蒙与德性启蒙的统一就更有意义。对启蒙来说，在怀疑与建构之间保持平衡是必要的，一旦怀疑过头，就会沦为解构和否定，失去应有的建设性作用；进而破坏文明秩序，解构德性启蒙，陷入虚无主义，致使斯密到马克思以来在批判与建设、理性启蒙与德性启蒙之间建立的平衡关系面临被打破的风险。"保存启蒙德性，我们需要更直接地攻击非理性、相对主义，以及庸俗化的怀疑主义。斯密自己令启蒙德性得到了很好的发展。"② 对斯密来说，怀疑是一种建构德性的手段，解构德性不是目的。对于马克思来说更是如此。片面理解启蒙的激进批判，不注意批判的目的所在，不注意批判的规范性基础，就很容易过度释放批判和解构的潜能，损害启蒙的规范性建构。恰如丹尼尔·布鲁德尼（Danil Brudney）指出的，考察马克思的意识形态批判，不能仅仅把关注点放在批判和解构上，而更应关注这一批判的规范性根基，关注规范性的完善即建构方面。③

看来，得把"启蒙"与"启蒙运动"做适当区分。"启蒙运动"往往不加区分地把"启蒙"推广和普及到一切人身上，常常对场合、条件和时间考虑不多，甚至设想一种理想环境，清除一切阻力，获得全面助力，实现彻底贯彻。由于极力推广，对条件、场合、对象不予重视，"启蒙运动"就可能具有这样那样的不足，具有多种可能样式和解释模式。我们可以把极为重视对象、场合、条件因而更加慎重而不轻易推广为广泛运动的启蒙称作"启蒙"，它常常意味着对运动化启蒙的反思。由此，我们就需要"在反思启蒙运动的同时""拯救启蒙的精神"，并

① 格瑞斯沃德．亚当·斯密与启蒙德性．北京：生活·读书·新知三联书店，2021：3.
② 同①445.
③ 布鲁德尼在《马克思告别哲学的尝试》（北京：中国人民大学出版社，2019）一书中力图与过度渲染马克思批判维度的倾向区分开来，并努力激活马克思的批判的规范性基础，努力开拓、发展马克思批判资本主义的规范性根基，这是非常值得肯定的。

且"对启蒙运动的反思是紧迫的，对启蒙精神的拯救却是高贵的"①。

通常的"启蒙运动"是对启蒙的政治化推广。"启蒙运动首先是一场政治运动"，启蒙时代"所有哲学家都将政治视为唯一能够改变生活的手段。……政治成了所有人的事"，这种政治运动化的启蒙"并不旨在构建结构始终严密的思想体系，更准确地说，它是有着直接实践目的的思想传统"②。对启蒙的运动化推广把启蒙从哲学—宗教的关系框架扩展为哲学—政治的框架。运动化的启蒙招致了对它的运动化反抗，"和启蒙运动完全一样，反启蒙也是一场政治活动"③。启蒙运动引发的后果所招致的批评，除了以法国启蒙运动与政治恐怖的关系体现出来，还有其他形式。本来，"启蒙运动对其捍卫者来说，意味着一项能有效防止宗教战争一经爆发便会摧毁集体和国家的方案"，但各国为争夺商业统治权而进行的战争并没有比宗教战争更少，使得 18 世纪这个启蒙时代成了"战争的世纪"，英国和法国在这个世纪发起和介入的战争就有 5 次之多，"战争和启蒙运动是一对孪生兄弟"④ 之说不虚。启蒙运动会带来和平这种乐观主义的期望并没有实现，"尤其是在 18 世纪危机四伏的最后几十年里，启蒙运动被视为衰落、失败和最终的悲剧"⑤。同时，在政治、经济等层面获得广泛推广的启蒙，往往得降低自己的高度和严格要求。列奥·施特劳斯（Leo Strauss）和亚历山大·科耶夫（Alexandre Kojève）对这种启蒙运动导致的价值降低、德性变差多有分析。前者认为，"启蒙根本上是庸俗的，因为它在追求大众化的成功时，降低了道德或精神修养的标准"⑥（这里的"启蒙"更应该译为"启蒙运动"）；后者甚至认为，启蒙运动"是一种无内容的空虚"，它"针对

---

① 杨子飞. 反启蒙运动的启蒙：列奥·施特劳斯政治—哲学研究. 北京：中国社会科学出版社，2016：65.

② 斯汤奈尔. 反启蒙：从 18 世纪到冷战. 上海：华东师范大学出版社，2021：引言 2，4，8.

③ 同②引言 7. 因此，把书名译为"反启蒙运动"比译为"反启蒙"更恰当.

④ 沃特莫尔. "启蒙终结"的观念. 华东师范大学学报（哲学社会科学版），2022（4）：38.

⑤ 同④36.

⑥ 罗森. 作为政治的解释学//刘小枫. 施特劳斯与古典政治哲学. 上海：上海三联书店，2002：223.

群众，更确切地说，针对这些群众的无知，以便扬弃无知"①。他们都对面向大众的启蒙抱着反思、质疑的态度。按照这种态度，启蒙运动使得哲学—政治的同盟表现为哲学对政治的妥协和低头。"在现代启蒙运动中，哲学本身完全地政治化了"；这"意味着哲学的堕落，因为哲学降低了自己的诉求以迎合政治社会的需要；同时它也意味着哲学的疯狂，因为它使得政治哲学化了，它试图通过全面的启蒙以达到对政治社会的彻底改造"②。哲学往往喻示着启蒙的高度和深度，政治则喻示着启蒙的底线。

运动化的启蒙总有缺陷，值得总结、改进、提高，而"启蒙"就是对启蒙运动的再评估，因此它总是开放性和反思性的，而启蒙运动相比之下会有更多的建构和扩展，也就经常具有受时代、条件影响的局限性，在某些方面极端、过火和不足。这样就有不同于启蒙运动的三种意义上的"启蒙"：一是未经历政治—经济运动，往往局限于传统人文学科甚至单纯哲学意义上的"启蒙"；二是经过政治—经济—社会推广后，对运动化启蒙有所反思但力主积极推进的"启蒙"；三是对启蒙运动过分批判否定，有重新回归人文思考并排斥经济—社会倾向的"启蒙"。马克思主张的应是第二种。它经历了一个从单纯的哲学到政治再到经济—社会的历练过程。这个过程不但更充分地展现了启蒙的运动化效果，而且体现了进一步对启蒙运动进行总结、反思，也就是对启蒙运动进行再启蒙的价值和必要性。在此意义上，"启蒙"与"启蒙运动"应适当区分，但也难以完全分开。与马克思相比，这种区分对尼采更重要，他会更加倾向于反思"启蒙运动"的"启蒙"。就像斯坦利·罗森（Stanley Rosen）总结的，尼采提醒"该是我们睁大眼睛重新审视启蒙运动的时候了，不带任何意识形态和行话"，否则就会把我们导向末人时代，"这正是尼采尽其所能为我们指出的方向"③。不过从马克思的角度来说，尼采对启蒙运动的反思虽富有启发，但缺陷也非常明显。反思启蒙运动是为了进一步推进启蒙，而非否定启蒙。所以，区分启蒙与启

---

① 科耶夫. 黑格尔导读. 南京：译林出版社，2005：160，161.

② 杨子飞. 反启蒙运动的启蒙：列奥·施特劳斯政治—哲学研究. 北京：中国社会科学出版社，2016：84.

③ 罗森. 启蒙的面具：尼采的《查拉图斯特拉如是说》. 沈阳：辽宁教育出版社，2003：284.

蒙运动，反思启蒙运动，是为了更好地推进和完善启蒙。

3. 立足本土的新启蒙：本土性与马克思主义

当然，启蒙的辩证法不仅系指批判和建构的互动、辩证关系，也体现在这种对启蒙的新理解、新规划、新建构所引发的诸多对立、冲突、矛盾和各种复杂的结构性运动中。考虑到辩证法对于马克思、恩格斯来说已不再是语言、思想层面的活动，而是社会实践在各个层面展开的活动，启蒙运动及其随后的工业化、现代化运动无论是在拓展教育、征服自然、变革社会，还是在对外殖民、国际斗争、世界一体化运动之中，都可能会引发一系列的辩证现象，促成诸种复杂的辩证运动，孕育多种形式的辩证法。启蒙及随后的现代化事业，正是在解决这些冲突、矛盾、问题的过程中不断发现发展契机的。当然，解决有时可能并不是真正的解决，可能是以某种方式推至遥远之处、使人们看不见为是，或以某种其他方式内化、掩藏起来为是。这就使启蒙辩证法变得更加复杂，更需要辨析澄清，更需要追踪和批判。

启蒙在中国的命运与现代化和革命密切相关。启蒙归根结底是为了促成中国的现代化事业，绝不单单是思想、文化之事，更与政治变革、经济社会变革深度相关。早期现代化遭遇的挫折往往导致激进的政治革命，以至于"在中国，启蒙运动是在政治革命之后发生的，更确切地说，它过去是，（现在仍然是）政治革命幻灭后的宣言"①，这一点直到改革开放以后经历了经济—社会层面的启蒙，才有明显改变。不过，中国启蒙运动中蕴含着的"中国性""人民性"与"西方性""精英性"之间的张力依然存在，并可能采取新的形式。在现代化建设取得重大成就、现代性分化日益明显的背景下，当代中国启蒙事业取得诸多进展，也面临新的问题和任务。经济理性的启蒙效应得到了广泛的社会释放，也引发了一系列问题。对此，自由主义、后现代主义、保守主义、马克思主义都有不同看法。反启蒙和极端启蒙的各种立场由此而生，值得审视和分析。如何在复杂背景下进一步推进启蒙，并在"新启蒙"旗帜下

---

① 舒衡哲.中国启蒙运动：知识分子与五四遗产.北京：新星出版社，2007：356.

通过融合、创新获得新发展，成为需要深入讨论的重要问题。许纪霖早就提醒，"在当今中国，有三股思潮同时从不同的方向在解构启蒙。第一股思潮是国家主义"①，第二股是古典主义，第三股是多元现代性。与解构启蒙的倾向同样需要提防的，是脱离时代基础和中国传统，不顾一切推进西方启蒙的倾向。后现代主义及各种极端思潮对启蒙的解构，使得启蒙面临一种"合法性危机"。"面对复杂的局面，我们不仅需要重新确立启蒙的合法性基础，适应时代的变化而更新启蒙的理念，而且必须解开'古今中外'相互缠绕的死结，这样的启蒙应该是一种真正的'新启蒙'"②，即继五四时期的启蒙、20世纪80年代的启蒙之后的再一次启蒙。这种新启蒙，不少学者从不同角度称之为"第三次启蒙"或"第二次启蒙"。③ 合理、审慎地推进启蒙，需要吸收、综合各种思想资源，需要反思以往启蒙的成果和缺憾。马克思主义的启蒙观是多种思想资源中非常重要的一种；其自身的发生和发展也经历过复杂的历程，有许多经验和教训需要总结、提炼和进一步提升。"马克思对旧启蒙的批

① 许纪霖. 启蒙如何虽死犹生？//许纪霖. 启蒙的遗产与反思. 南京：江苏人民出版社，2010：17.

② 张志伟. 启蒙的合法性危机：当代中国启蒙所遭遇的挑战. 中国人民大学学报，2009(1)：132.

③ 立足于中国启蒙进程一般划分为三次启蒙，立足于近现代启蒙总体可以确定为两种启蒙。除许纪霖外，对启蒙历程进行类型区分的还有王治河、黄保罗。王治河与樊美筠立足整个启蒙传统，针对以往启蒙立场强调新启蒙即"第二次启蒙"。在他们看来，传统启蒙系"第一次启蒙"，它有七个局限性：对自然的帝国主义态度、对他者的种族主义立场、对传统的虚无主义姿态、对科学的盲目崇拜、对理性的过分迷信、对自由的单向度阐释、对民主的均质化理解。第二次启蒙要针对这七个局限性进行革新和转变。参见：王治河，樊美筠. 第二次启蒙. 北京：北京大学出版社，2011. 从芬兰回国任教的黄保罗教授虽然主张从马丁·路德出发，却直接立足于中国倡导第三次启蒙。第三次启蒙是在全球化和"人工智能"的新背景下，以路德来改变知识结构，匡正错误观念，更新思维范式，探讨汉语世界的具体问题，希望解决"现代性"、"西方性"和"中国特色性"之间的冲突，使人摆脱虚假权威的束缚，而进入"真理的自由"之中为成为主体而努力。这种努力要超越中国第一、二次启蒙对待本国传统和对待现代西方的态度，经过20世纪中国人文学术的两次范式转型（从民国学术到共和国学术的转变、从"以阶级斗争为纲"到"以现代化为纲"的方向性转变）后，启动从"以西方化的现代化为纲"向"以中国化的现代化为纲"的根本方向性转变。在此理念指导下，黄保罗在上海大学组织了50次"路德与第三次启蒙"的学术讲座，产生了一定影响。显然，他对中国现代第二次启蒙的认定与学者们通常认为其系指20世纪80年代的启蒙略有不同。

判中蕴含着对新启蒙的呼唤与建构。"[①] 马克思对近代启蒙的反思、推进、超越，对启蒙过程中矛盾、传统的分析及其解决，对新启蒙的规划和建构，我们称之为"马克思的启蒙辩证法"，这种启蒙辩证法构成探究当代中国新启蒙的重要资源。而马克思主义作为中国现代思想非常重要的一个启蒙思想资源，20 世纪 30 年代就发生过关于"新启蒙运动"[②]的讨论，有值得总结的经验。这都是中国启蒙未来深化、拓展需要梳理和充分汲取的思想资源。

长期以来，我们对历史唯物主义的启蒙观、历史唯物主义与启蒙的关系持有不少有待商榷的观点。第一，马克思主要继承了启蒙运动对外部权威、独断、特权、压迫的批判，且认为这种批判越激进越好。第二，马克思的启蒙观就是对资产阶级启蒙的批判，没有建构，或者建构处于一个非常次要的地位。第三，唯物史观就是对启蒙、启蒙主义的批判和超越，似乎启蒙只能在前唯物史观的水平和层次上理解。

第一个问题，我们将在第一章中做出分析讨论。第二和第三个问题，近年来已得到越来越多的学者的重视。MEGA² 中《德意志意识形态》的新版编者认定马克思、恩格斯跟施蒂纳的关系（而不是与费尔巴哈的关系）主导了《德意志意识形态》，且这一结论是立足于当时德国后期启蒙运动的问题，从启蒙推进的视角，把施蒂纳和马克思、恩格斯视为最先突破启蒙运动的一般框架的代表得出的。这就使得马克思与启蒙运动的关系重新成为一个令人瞩目的关键问题。

青年黑格尔派的启蒙立场主要是以哲学批判宗教—神学。但是，1842—1843 年德国晚期启蒙运动出现了危机。青年黑格尔派曾经跟当时很多进步思想家们一样期待民主宪法，借助国家力量推行启蒙，实现自由和平等。在新上位的威廉四世放松书报检查制度的宽松环境下，这种期待变得更加明显。但随着改革派文化部部长卡尔·阿尔滕斯泰因的去世，书报检查制度收紧，倡导启蒙的《莱茵报》面临停刊风险，而且关停《莱茵报》并没有激起多属于资产阶级民主派的报纸赞助者和读者

① 郗戈. 马克思的启蒙批判与当代中国的"新启蒙". 中共中央党校学报，2017（3）：26.

② 相关讨论可参见：陈亚杰. 当代中国意识形态的起源：新启蒙运动与"马克思主义中国化"的生成语境. 北京：新星出版社，2009；庞虎. 中国化视阈下的新启蒙运动论析. 北京：人民出版社，2018. 原始文献可参见：张申府. 什么是新启蒙运动. 北京：生活·读书·新知三联书店，2014；何干之. 近代中国启蒙运动史. 北京：大有书局，2022.

的愤怒，使得青年黑格尔派仅立足于哲学批判宗教的启蒙立场面临困境。启蒙如何进一步拓展和深化？按照乌尔里希·帕格尔（Ulrich Pagel）的看法，这种启蒙危机驱使青年黑格尔派发生进一步分化，布鲁诺·鲍威尔由此更加强调自我意识，不再信任自我利益当头的民众，施蒂纳和马克思则由此另寻出路。① 施蒂纳以个体对抗普遍（费尔巴哈的"类"和鲍威尔的"自我意识"都是这种"普遍"）、以经验存在对抗自我意识、以无中介的联盟对抗僵化的制度结构，最先进行了启蒙思想的转变，并提出了唯一者从"无"（拒斥一切物质和精神偶像后的创造性空间）中创造一个个性、自由获得充分实现的理论。马克思、恩格斯跟施蒂纳的争论代表着当时青年黑格尔派的思想前沿和发展走向，并构成《德意志意识形态》的主题和核心。争论过程中发生的分歧、对立、碰撞，才是历史唯物主义产生的契机。正是由于对施蒂纳的批判和超越，使得启蒙仅从哲学批判进展到政治批判已明显不足，必须进一步进展到政治经济学批判才能更好地向前拓展。由此，启蒙的辩证过程才能找到正确方向。

马克思的启蒙辩证法追求人的自由和解放。如果从个人自主取代上帝、皇帝的角度理解启蒙，那么马克思进一步批评了资产阶级启蒙解放的个人其实只是特定个人，扩展不到更大范围，没有足够的普遍性，因为还有不少禁锢普通民众的社会枷锁在压抑、限制、威胁、否定着无产阶级的自由与解放；如果从批判意识形态教条和社会禁锢的角度理解启蒙，那么马克思更是进一步揭示了资产阶级启蒙的教条和禁锢，力欲促成一种更深层、更普遍的自由与解放。在这样的意义上，马克思就是更进一步地推进启蒙辩证法，把启蒙辩证法推进到更高的层次。只有通过政治、经济、思想、社会方面的深度变革，释放更多的自主性和创造性潜力，给更多人以自由与解放，才能进一步推进启蒙运动，让更多人深度参与启蒙并享受其成果。马克思期望的自由和解放的达成，不仅涉及理论、科学，更涉及实践、价值。从理论与实践、科学与价值相统一的角度看，启蒙不仅意味着科学、理性及其相应的原则、精神，而且意味着基本的价值及其相应的原则、精神。比如就人道主义来说，这种价值

---

① Ulrich Pagel. Der Einzige und die Deutsche Ideologie. Berlin/Boston：Walter de Gruyter，2020. 相关介绍参见：魏博."施蒂纳冲击"与《德意志意识形态》的形成. 国外理论动态，2021（6）：28 - 31。

不会因为马克思的历史唯物主义超越了人道主义历史观就舍弃、否定了启蒙人道主义价值观。区分作为世界观、历史观的人道主义与作为伦理原则、道德规范的人道主义，是最基本的一种立场。胡乔木早在1984年的《关于人道主义和异化问题》一书中就旗帜鲜明地对此做了阐明。凯·尼尔森（Kai Nielsen）也强调，在启蒙人道主义价值观方面，马克思也是启蒙的继承者。这跟马克思在历史观上超越人道主义并无矛盾。"马克思依然属于启蒙人道主义，但在某些方面有所调整。"① 他强调，无产阶级不但需要科学，而且需要自己的价值体系、信仰（他称之为"意识形态"），有了科学历史观并不妨碍价值体系存在和产生作用。在这方面"科学和意识形态未必发生冲突，同样，道德和意识形态也未必发生冲突。因此，马克思主义的核心原则，不与启蒙运动的理想发生冲突。……这意味着马克思非但不是启蒙人道主义的敌手，反倒是其核心代表人物"②。这启示我们，启蒙具有非常丰富的内涵，启蒙在当代中国喻示着很多。它不仅意味着理性对偏见、迷信、独断、特权、压迫的批判，意味着通过教化提升公众智识、道德和审美能力以及对社会正义、自由、平等的期盼，意味着经济理性、社会民主，也意味着一系列的人文价值和信仰，意味着在公序良俗、礼法习俗、传世经典等方面实现现代与传统的有机融合和进一步的综合创新。就此而言，启蒙事业的推进和提升在当代中国仍然任重而道远。"启蒙要获得新的生命，重要的是从复杂的历史传统之中，从启蒙的内在理路之中重新发掘启蒙的丰富资源，从而让现代性获得继续提升的空间。"③

对启蒙与马克思主义的关系，恩格斯曾经指出，从理论形式上说，科学社会主义表现为"18世纪法国伟大的启蒙学者们所提出的各种原则的进一步的、据称是更彻底的发展"④。这既喻示着历史唯物主义与启蒙的内在联系，也喻示着历史唯物主义对启蒙的批判、推进、发展和超越是多么重要。这个"彻底"意味着什么？到底如何理解马克思与启蒙之间既内在联系又批判超越的关系？在何种意义上马克思继承和发展

---

① 尼尔森. 马克思与启蒙计划//南京师范大学法学院《金陵法律评论》编辑部. 金陵法律评论. 北京：法律出版社，2014（2）：211.

② 同①222.

③ 许纪霖. 启蒙如何虽死犹生？//许纪霖. 启蒙的遗产与反思. 南京：江苏人民出版社，2010：27.

④ 马克思恩格斯选集：第3卷. 北京：人民出版社，2012：391.

了启蒙，又在什么意义上批判和超越了它？在这种继承、发展、批判和超越中，启蒙接受了怎样的锤炼，遭遇了哪些对手和挫折，并在历练中积累了怎样的经验和教训？启蒙辩证法在其中获得了怎样的提升和深化？跟之前、之后的启蒙辩证法相比，马克思的启蒙辩证法其特质和贡献何在？

4. 德国古典哲学中的两种启蒙辩证法

在思考历史唯物主义对启蒙运动的批判和推进，并展示其中的启蒙辩证法之前，必须首先追问启蒙运动本身是否已有辩证法，如有，是什么样的辩证法？跟之后的相比有了怎样的变化，这个问题更具有优先性。鉴于历史唯物主义主要诞生于德国，德国启蒙运动就成为思考这一问题的首要切入点，虽然苏格兰和法国的启蒙运动对于历史唯物主义同样具有重要性。

正如瓦尔特·耶施克（Walter Jaeschke）指出的，在德国古典哲学特别是谢林和黑格尔时代，启蒙运动是"一个从英国开始，通过法国直到德国的划时代运动"，"这样一个图景在当时却并不流行"①。黑格尔有时用启蒙运动（Aufklärung）来称呼德国哲学。② 当时的哲学家们对启蒙运动有各不相同的态度。康德哲学跟启蒙运动联系非常密切，以至于"他自己的一只脚就站在启蒙运动之中"，"认为自己属于那个后期的、以德国形式表达出来的启蒙运动"③。费希特、谢林和黑格尔的哲学作品都是在法国大革命后出版的。他们把之前的哲学叫作"近代哲学"（neuere Philosophie），之后的哲学才与"启蒙运动"联系起来。但法国大革命之后的德国哲学家，有的却对法国启蒙运动显示出的极端性心有余悸，开始对启蒙采取反思和批评态度。黑格尔与雅可比（又译雅各比），就批评启蒙运动"以一种抽象的理性概念工作，这种理性概念总是倾向于消灭一切固定的规定性，这一点尤其在两个领域显示出来：

---

① 耶施克.德国古典哲学视野中的启蒙运动//邓安庆.伦理学术：第4卷.上海：上海教育出版社，2018：105.

② 黑格尔.哲学史讲演录：第四卷.北京：商务印书馆，1978：258.

③ 同①.

在启蒙运动和宗教的关系上，以及在启蒙运动和政治生活的关系上。前者尤为明显"①。结果，在对德国启蒙运动的讨论中，就出现了各种各样的观点，其中需要注意的是，德国启蒙运动展开之时对启蒙运动的反思批判尤为明显。在 1783 年 12 月《柏林月刊》刊登的一篇文章提出"什么是启蒙？"这个问题之后，哲学家摩西·门德尔松和伊曼努尔·康德于一年后提供了各自的回答。此后大约十年内，德国思想界展开了关于启蒙的本质与限度的争论。这场讨论涉及的问题之广度与深度，几乎在迄今为止有关启蒙的讨论中都没有被根本性地超越，以至于二百年后的詹姆斯·施密特（James Schmidt）在编辑《启蒙运动与现代性》文集时这样评价："在这个过程中，启蒙运动的理想和抱负受到了如此透彻的审视，以致我们几乎可以毫不夸张地说：随后的批评者很少提出在 18 世纪 80 年代期间还不曾考虑过的要点"；"'什么是启蒙？'这个问题，却独一无二地是一个地地道道的德国问题。"②

　　正如贝尔纳·布尔乔亚（Bernard Bourgeois）所指出的，德国思想一直致力于探究和把握"大全"，德国古典哲学则以理性的形式建构这种大全，也就是根据一种体系的风格来进行哲学建构；或者根据一种主体性来把握大全、绝对者，相信"思想在思考自身的同时，亦思考绝对者"。由于相信知性把握不到绝对者和大全，必须要超越知性才能把握到绝对者与大全，理性就被赋予了把握大全的任务。"这种理性得以（通过知性）以推论的方式来建构（被直观到的）大全，也就是说根据一种体系的风格来进行从事哲学。"③ 在完成这个任务的过程中，理性、知性与感性，普遍性、特殊性与个别性，统一、对立与差异，善、公正与恶，存在、变化与行动等众多维度的东西，都将处在一种复杂多变的辩证关系与结构之中。一种辩证法就这样必然存在于德国哲学的根本特质和结构之中。由此就可以发现"在德国哲学之中反复出现的重大主题：存在与变化、变化与行动、行动与显现、显现与对立等的同一性，众多对立者的辩证法"④。启蒙就是要在这种理性、知性与感性，普遍性、

---

　　① 耶施克. 德国古典哲学视野中的启蒙运动//邓安庆. 伦理学术：第 4 卷. 上海：上海教育出版社，2018：108.

　　② 施密特. 启蒙运动与现代性：18 世纪与 20 世纪的对话. 上海：上海人民出版社，2005：前言 1.

　　③ 布尔乔亚. 德国古典哲学. 北京：人民出版社，2013：3.

　　④ 同③31.

特殊性与个别性，统一、对立与差异，善、公正与恶，存在、变化与行动的结构中日益重视后者，并由此进行调整和重构。在这个意义上，启蒙不是从无到有地创造辩证法，而是从彼至此地调整、重构辩证法，使辩证法不断获得某种新的形式和结构，获得新的动力和方向。

根据耶施克的看法，黑格尔和雅可比分别针对启蒙已经展示出的问题进行明察，做出警示，提出了两种启蒙辩证法。

雅可比的理性批判针对的问题是直到 20 世纪讨论启蒙运动才受到广泛重视的核心问题：理性谋求统治一切。雅可比"将这种启蒙理性揭露为一种错误的理性，这种理性想要，并且只想要统治，它的目标虽然是好的，但它为了自己的统治不惜欺骗和诽谤，并认为用暴力打倒一切有悖于好目标的东西是合法的"①。雅可比继承了德国传统的思路，立足于从大全、传统理性、绝对者、永恒者的角度来看当下的现实世界，当下的现实世界中的存在就是转瞬即逝的、碎片化的、不可靠的存在，是虚无；而反过来观视，传统的至高存在则将成为虚无。"当这种非存在不存在，当这种非存在乃是对自身的否定，对虚无的虚无化，简言之：绝对的虚无，唯有此时，这种存在——完美的全福——才有可能存在。就此意义而言，绝对存在就是绝对虚无。在这里，神秘主义的思辨似乎要求将辩证法加以绝对化，因此，人们能够在艾克哈特的讲道之中看到黑格尔充满思辨的各种讲演录的最初萌芽，德国古典哲学正是在黑格尔的各种讲演录中得以最终完成。"② 立足于对大全、绝对的确信，延续艾克哈特的思路，雅可比对启蒙运动立足于感性、经验、变化、差异对传统存在及信仰的消解抱着非常敏感的态度，认为那是陷入虚无主义的表现。通过揭示主体性、理性与现代虚无主义的内在联系，雅可比强烈谴责康德、费希特的启蒙哲学内含着严重的现代虚无主义问题。③如果这就是启蒙辩证法，那么启蒙辩证法就是造成现代虚无主义的根源。

雅可比对理性专制统治的警告似乎就是后来《启蒙辩证法》的先

---

① 耶施克. 德国古典哲学视野中的启蒙运动//邓安庆. 伦理学术：第 4 卷. 上海：上海教育出版社，2018：110.

② 布尔乔亚. 德国古典哲学. 北京：人民出版社，2013：14.

③ 拉德利扎尼. 虚无主义和哲学：雅各比与费希特之争. 济南：山东大学"望岳海外名家讲坛（第 9 期）"讲演稿，2022.

声。他的警告跟黑格尔的一样：理性不端正态度就会走向自己的反面。其实，在《资本论》及其手稿中，马克思已对资本驱动的理性体系在谋取更多剩余价值的过程中力图排挤一切，只把物化价值当作唯一的价值追求，只把物化体系当作唯一的合理化体系并予以推进的趋势，做了深刻分析。理性在其中越来越发展成工具性存在，而日益失去目的性理想的意义。

跟雅可比警告启蒙理性谋求统治会走向自己的反面类似，黑格尔也揭露了一种走向自己反面的启蒙辩证法，一种极力推进自己结果却唤来自己否定的东西并给其提供某种必要性的辩证法。启蒙与信仰的斗争就引出了这样一种启蒙辩证法。"启蒙运动是如何在反对非真理和非理性的斗争中变成了自己的斗争对象：变成了非真理和非理性，变成了谎言和虚伪。启蒙运动从它的理性视角（即'纯粹明察'的视角）出发，硬说宗教性意识的对象（它的'绝对本质'）是自造的偶像。但正是启蒙运动通过自己的解释和论战，才将对于宗教信仰而言是'永生和圣灵的东西，变成了一个现实短暂的事物'，并从而搞错了宗教信仰的特征。启蒙运动认为宗教信仰的根基在于偶然的历史事件，但它没有把握到，信仰基于对其对象之真性的内在见证——恰恰是在信仰受到启蒙运动批判的影响之后，它才通过这些历史见证获得合法性。因此，启蒙运动歪曲了信仰；它将异于信仰的东西强加给信仰，为的是让自己对信仰的斗争更合法。但它最终仍然获得了对信仰的胜利。"① 启蒙运动所要求的"纯粹明察"也力欲摧毁一切不符合自己要求的东西，这种激进的否定性会带来一种虚无主义结局。虽然黑格尔把上帝之死视为上帝转化成人的必然环节，即肉身的"上帝"发展成人身上"精神性的上帝"，通过这种积极事件，原本在上帝身上存在的东西落实到现实的人身上了，因而这是一种"上帝"在更大范围、规模、程度上的实现而不是死亡。这样来理解"上帝"，就把"上帝"的某种死亡解释成更有意义的新生。但是，由此可能造成的后果就是后来青年黑格尔派成员们思考的那种尖锐问题："上帝"并没有死亡，而是变成多种复杂甚至世俗化的形式，从教堂、形而上学层次坠落到日常社会生活的各个层面，以政治生活中的各种神灵、经济生活中的拜物教神灵等形式存在。所以，与其说是上

---

① 耶施克.德国古典哲学视野中的启蒙运动//邓安庆.伦理学术：第 4 卷.上海：上海教育出版社，2018：109 - 110.

帝的死亡，不如说是上帝的转型；与其说是上帝的消失，不如说是上帝隐秘的广泛存在。就像米歇尔·艾伦·吉莱斯皮（Michael Allen Gillespie）所说，"神的属性逐渐转移到了人（一种无限的人的意志）、自然界（普遍的机械因果性）、社会力量（公意、看不见的手）和历史（进步的观念、辩证的发展、理性的狡计）之上"①。如果上帝并未死亡，只是被掩盖起来了，那要去寻找那些隐藏在社会、政治、经济等各领域中的神灵，把它们揭示出来。用耶施克的话说就是，启蒙的"纯粹明察"的高要求导致的只是纯粹神灵的消失而非不那么纯粹的"神灵"的消失，却可能是这种神灵的广泛化。"'纯粹明察'为了达到自己的对'纯粹性'的彻底要求，便消灭了所有宗教内容，因为没有任何内容能经得起纯粹性这一彻底的要求。"②"纯粹性"的要求达不到，不纯粹性的却容易达到。去除"纯粹性"的"上帝"，唤来的是不那么"纯粹"的隐蔽的"上帝"。甚至如诺瓦利斯所说，真神死后，魔鬼横行。

其实，说雅可比与黑格尔代表两种启蒙辩证法，应该是以在《启蒙辩证法》中展现的那种启蒙运作中出现自否定性辩证法为标准而言的。根据我们的观点，这只是《启蒙辩证法》展现的第二种辩证法，而且也不是作者推崇的辩证法。除此之外，还有另外两种意义上的辩证法，同样值得关注。一是追求一种固定、绝对、永恒的"形而上学"王国的辩证法，最后与"形而上学"同流合污；二是保持开放性，积极突破传统形而上学和自否定性的积极辩证法。③ 不过仅就这第二种辩证法而言，稍微延伸一下，仍然可以发现其他形式的"启蒙辩证法"。比如安东尼·J. 卡斯卡迪（Anthony J. Cascardi）就谈及康德力图把理论和实践融通起来所产生的那种关于启蒙的辩证法，理查德·罗蒂（Richard Rorty）则要在启蒙的理论梦想与实践梦想之间区分出哪个真实可靠、哪个虚幻不可靠，从而走向对通往"形而上学"的第一种辩证法的拒斥。通过"假设诗歌和小说的反讽洞见优于哲学对'绝对真理'的关注"④，罗蒂继承了德国早期浪漫派以诗学补充、改造传统哲学并致力于统一哲学与

---

① 吉莱斯皮. 现代性的神学起源. 长沙：湖南科学技术出版社，2012：354.

② 耶施克. 德国古典哲学视野中的启蒙运动//邓安庆. 伦理学术：第4卷. 上海：上海教育出版社，2018：110.

③ 具体参见本书第二十章.

④ 卡斯卡迪. 启蒙的结果. 北京：商务印书馆，2006：284.

诗学的方案。与康德的方案一样，这仍然是在传统人文学科中思考启蒙并解决启蒙而引发矛盾的方案。但这并不是启蒙辩证法中占主导地位的方案。解决理论与实践之间的矛盾，追求一种更大、更复杂的弥合，不是局限在人文学科中解决问题，而是进一步拓展到人文学科与社会科学的统一中，通过追求一种更大、更复杂的整体性来推进启蒙，并寻求更积极的启蒙辩证法，这才应该是占主导性的方案。启蒙的进一步推进，要求必须从单纯的人文式思考转向对经济社会整体的思考，必须首先把经济学、社会学等随着启蒙运动发展起来的新型学科考虑进来。马克思的政治经济学批判就是这种方案的代表，这也是本书将进一步展开的核心问题。

如果采用我们在本书最后一章区分的三种辩证法之标准，雅可比阐述的理性试图统括一切的辩证法可大体解读为第一种，是一种理性形而上学，而黑格尔所阐述的自否定、自悖谬的辩证法是第二种，马克思所阐发的是第三种。前两种都是马克思要规避和超越的。黑格尔提醒启蒙理性不能是一种主观理性，而必须是出于对象自身内部的客观理性，马克思应该是赞成并深感意犹未尽的。只有真正从现实出发，才能进一步贯彻启蒙理性的内在要求，达到对事物本身真理性的认识，而不是把一种主观理性赋予现实事物。不过无论如何，黑格尔和雅可比对启蒙辩证法的揭示和提醒，都对马克思有积极影响，即对启蒙本身蕴含的问题进行批判性反思，构成真正的启蒙辩证法。马克思在创建历史唯物主义、推进对启蒙的思考中，都以或逻辑或历史的方式触及这两种启蒙辩证法。雅可比和黑格尔提醒启蒙理性不要走向自己的反面，启蒙对理性的承认和肯定不能过度极端，这都对马克思有积极意义。雅可比的提醒后来主要是由法兰克福学派继承并发扬光大了。从雅可比的启蒙批判到霍克海默、阿多诺的《启蒙辩证法》，德国哲学贡献的启蒙辩证法思考可谓丰富多彩，值得我们倾力探究。

5. 对激进启蒙的批判与历史唯物主义的创建

在传统的印象里，谈及近代启蒙运动似乎首推法国启蒙运动，而苏格兰启蒙运动、德国启蒙运动则相对不受重视。但就马克思、恩格斯生长于德国后来又长期生活在英国而言，在探究马克思与启蒙运动的关系对更多对准法国启蒙运动是不妥的。至于说马克思主要继承了启蒙运动对外部权威、独断、特权、压迫的批判，且认为这种批判越激进越好，则更值得商榷。

实际上，仅仅就哲学、思想和政治层面来说，从语词和形式来说，青年黑格尔派一些成员的激进性比马克思、恩格斯丝毫不差，甚至在某些领域和方面有过之而无不及。比如施蒂纳，他会把一切物质、精神的偶像，一切社会组织、权威都视为个人自由实现的障碍，因而主张把宗教、国家、组织、权威及具有普遍性的物质和精神存在都视为个性、自由、解放的障碍。按照他的理解，启蒙完成的标志是一切神灵的死亡。在他看来，费尔巴哈那种具有类本质的"人"还是一种变相的神，所以必须予以批判、取代。只有具有独立性、唯一性的个性自我，才是"现实的人"，其实这才是启蒙追求的最终目标。由此，除了个性自我（唯一者），一切都是应该被批判和消解的对象。按照施蒂纳的这种逻辑，在哲学、思想、政治层面的革命性变革，越激进就越有成果，越激进就越领先。与之联系在一起的是，启蒙起先只是哲学对宗教的批判，尔后是政治批判，最后才到达政治经济学批判。仅在哲学和政治层面上，就极易发生激进的偏向与膨胀。启蒙从哲学批判进展到政治批判，再进展到政治经济学批判，是这条线索的几个主要环节。随着这种转变，启蒙批判的激进性得以调整和改变，这种调整和改变与历史唯物主义的产生直接相关。

众所周知，马克思、恩格斯把施蒂纳的这种激进批判视为软弱无力的德国小资产阶级缺乏社会物质基础的幻想，一种在物质层面无法做到只能在思想层面展开的幻觉，就像尼采批评的基督教那样：越是把自己推崇的神灵视为完美无缺的存在，就越意味着设想者、推崇者本人内在的欠缺和贫弱；被设想出来、替自己实现理想的神灵，其超能恰恰就是自己无能的印证和表现。所以，问题的关键不在于批判的激进程度，而在于批判的方向与结构调整，在于批判的合理性达成，在于批判的合理根基与目标的调适。

青年黑格尔派的某些成员在形式上非常激进，一派要把启蒙批判彻底推进的气势。但他们主要是在思想、哲学、政治上用力，相互较劲，比谁更激进。正如更早到达英国的恩格斯发现，德国人是靠长期且痛苦的哲学批判，从哲学体系中引申出共产主义。与法国的一些共产主义者一样，还并不懂得那其实是历史和政治经济学的必然结果，所以，"不过在有关实践、有关影响现存社会的**实际**状况方面所做的一切，我们发现，英国社会主义者远远超过了我们"①。特别是在 1843 年底撰写了《政治经济学批判大纲》的恩格斯影响下，马克思也很快发现，作为哲学革命、政治革命的启蒙具有局限性，必须把启蒙的关注视角转向社会和经济层面，方能更好地理解启蒙。启蒙必须向社会和经济层面推进，而不能仅仅执着于思想、哲学、政治层面，这是恩格斯首先发现和实施、尔后马克思做了重要推进的正确方向。这应该是恩格斯更早参与社会经济生活，更早来到现代化程度更高的英国，更早感受到苏格兰启蒙运动对社会生活、市场经济的重视所致。的确，在深入社会和经济层面理解和推进启蒙事业方面，马克思晚于恩格斯。就像柄谷行人所说，"这种'落后'来自于马克思身处黑格尔左派之中而执著于'宗教批判'。他试图把国家和货币作为另一种宗教来把握"②。恩格斯的提醒和启示迅速激发了马克思头脑中处于沉睡状态的那些思想，促使马克思向社会和经济层面快速转变，并在政治经济学批判层面取得一系列重大成果。不从哲学批判转向政治经济学批判，很难想象马克思主义理论的创建和发展。这也充分说明，启蒙把重心置于社会经济层面予以推进的理论意义有多大，对于历史唯物主义的创建和完善有多么关键。

通过政治经济学批判，马克思超越了仅在思想和政治层面理解启蒙的路子，更深刻地认识到启蒙运动的社会和经济意义，从而认识到早先某些激进见解的不合理性，如取消分工与货币、消灭国家等。正是通过凸显社会和经济层面，在哲学、经济学、社会学的统一中理解启蒙，马克思才把握住了启蒙的完整性和全面性，并使极端、片面的启蒙得到了遏制。

实际上，启蒙是无法完全彻底化的。一些从历史上流传下来的文化、制度、思维方式并不都失去了存在的合理性。极端启蒙把一切历史传统都虚无化为无用的垃圾，"以往的一切社会形式和国家形式、一切传统观念，都被当做不合理性的东西扔到垃圾堆里去了；到现在为止，世界所遵循的只是一些成见；过去的一切只值得怜悯和鄙视。只是现在

①　马克思恩格斯全集：第 3 卷．北京：人民出版社，2002：493 - 494．
②　柄谷行人．跨越性批判：康德与马克思．北京：中央编译出版社，2011：102．

阳光才照射出来。从今以后，迷信、非正义、特权和压迫，必将为永恒的真理、永恒的正义、基于自然的平等和不可剥夺的人权所取代"①。早期浪漫派已经对这种极端的启蒙进行了反思批评，并为众多地方性知识、传统的合法性与价值进行有效的辩护。这对于启蒙批判的极端化是一种很有价值的矫正。国家、货币、某种形式和范围的私有制，都不能被激进的启蒙批判彻底否定。甚至形而上学的思维方式也是这样。恩格斯在《反杜林论》中就指出，形而上学并不因为辩证法的出现而失去全部合理性。"辩证思维对形而上学思维的关系，总的说来和变数数学对常数数学的关系是一样的。"② 对于尚未接受高等数学教育的人特别是中小学生来说，他们使用形而上学思维方式是合理的、自然的。形而上学在一些场合还是必要的、合理的，这就跟国家、货币、分工、物化制度在一定范围和程度上具有存在的合理性是一样的。恩格斯对作为初级思维方式的形而上学的肯定，虽然不如尼采为形而上学做的历史辩护广泛，却为形而上学也为进一步启蒙的合理边界确定了现实空间。③ 不论我们把马克思、尼采视为启蒙的批判者还是推进者，他们对启蒙的现实洞见、对启蒙所能追求的目标的现实性提醒、对启蒙的推进和批判都极为必要。启蒙内在的批判性潜力是一份宝贵的遗产，不可不顾一切地激进化。无论是马克思、恩格斯还是尼采，对不顾一切地激进启蒙都明确予以拒斥。

看来，历史唯物主义的创立意味着确立了一种更加现实的思维方式，马克思不再过于理想化地看待对私有制、国家、货币、资本的否定，逐步走向更加温和、更加实际的方案。这种调整，不是凭空的思想创造，而是在现实的刺激和论争中逐步确立和发展起来的。事实上，马克思的理论进展，历史唯物主义的思想推进，是与反思启蒙的激进性，并将其适当降低且达到一种合理化水平直接联系在一起的。启蒙批判绝不是越激进越好，而应是越合理越好。所谓合理，就是在启蒙推动的经济和社会发展中发现不可替代的成就，并在认可和肯定这些成就的基础上拒绝极端浪漫主义现代性批判的尖锐性，并保持启蒙内在冲突的张力。

---

① 马克思恩格斯选集：第 3 卷．北京：人民出版社，2012：392.
② 同①499－500.
③ 详见本书第十九章第二节。

6. 历史唯物主义对浪漫派启蒙批判的超越

历史唯物主义诞生于德国，自然与德国启蒙运动关系密切。与苏格兰启蒙运动、法国启蒙运动相比，德国启蒙运动特点鲜明。"德国的市民阶层没有或者很少受到文艺复兴和启蒙运动的沾溉。……较之于西方的国家，在德国没有一种可以回溯到18世纪和17世纪的国家传统，即没有一种根植于这个时代的自然法和启蒙观念的、受到一种胜利的市民运动承负的并且携带这种运动的政治人文主义，曾发生作用。只有这种有缺陷的对极的形成，才让历史的相对论在德国完全发挥如此深刻的影响。"① 虽然对启蒙运动的批评开始时有助于约束启蒙的边界，防止过度与极端的现象出现，但阻碍启蒙的传统势力过于强大，也可能会导致启蒙的难产。青年黑格尔派比较充分地体现了这一点。这种极端和偏颇又容易导向激进的理论方案，历史唯物主义是通过舍弃、否定这些激进方案才形成的。经过启蒙批判激进性的合理调适，才使唯物史观的产生以可能的空间形式呈现出来。

批评启蒙，或激进与偏颇地理解、推进启蒙，与马克思主义理论的产生和发展密切相关的就是德国早期浪漫派以及施蒂纳。针对自满的理性主义及由此衍生的简单乐观主义，狂飙运动曾指出这是启蒙运动的一大弱点。早期浪漫派对德国启蒙运动的批评继承了这一点。在早期浪漫派的影响下，德国启蒙运动推行过程中启蒙遭受的审视、批判、质疑比英国、法国的启蒙运动更加明显。这种批评与启蒙主义内部衍生出来的批评，也就是启蒙主义逻辑中内含的批评有不同的来源和表现。早期浪漫派对德国启蒙的审视、批判、矫正，虽然在理论上对反思启蒙有一定意义，但由于当时德国社会缺少合理的启蒙传播，反对和妨碍启蒙的势力较大，导致整个社会的思想很容易极端、偏颇。青年黑格尔派就体现了这种偏颇，并提出了种种激进的理论方案。有观点认为，德国对启蒙的这种反思批判构成一种独特的德意志意识形态，其出生地区的开放性

---

① 克罗科夫．决定．上海：上海人民出版社，2016：35.

和他后来的流亡经历，促使马克思更多地超越这种德意志意识形态。[①]
历史唯物主义的产生是对这些德意志意识形态及其衍生的各种激进方案
进行否定之否定后的舍弃，并在对启蒙内在矛盾的准确把握中实现对浪
漫派启蒙批判的超越。

　　早期浪漫派对启蒙运动的批评进一步揭示了启蒙自身内含的冲突与
张力。其中最重要的就是启蒙对偏见、迷信、外部权威、独断、特权、
压迫的批判，与在智识、道德和审美能力方面对民众的教化和提升之间
的冲突与张力。过度地启蒙批判，完全可能走向怀疑主义、相对主义和
虚无主义，不但会消解原有的道德价值，而且还会进一步把启蒙教化所
建构起来的道德价值原则消解掉。要防止这种极端化，就需要让启蒙内
在的冲突保持一种非极端（一边不能压倒另一边）的状态，防止"它的
批判似乎必然以怀疑主义和虚无主义为终点，但它的教化理想却以信奉
某些确定的道德、政治和美学原则为前提"[②]。这是早期浪漫派批评启
蒙运动所揭示的启蒙运动内在冲突之所在。德国早期浪漫派是要维持这
种启蒙运动的温和状态，防止极端化的偏蒙。因为极端化的启蒙会消解
普遍化的崇高价值，消解社群意识和集体归属感。把崇高价值的判定交
给独立的原子化个人，从而把启蒙运动自身的内在冲突之火点燃，这种
火如果烧伤结构双方的另一方，就会破坏自身的结构，从而最终烧伤自
己。早期浪漫派的最高理想是一种伟大的综合，是它们向往的诸多美好
价值的和谐共存。如弗雷德里克·C.拜泽尔（Frederick C. Beiser，又
译拜塞尔）指出的，至善对于黑格尔和早期浪漫派来说就是生活的统一
性（Einheit des Lebens）。"至善、生活的目的，在于统一性、整体性，
或者我们存在的所有方面的和谐一致。这种统一性一以贯之地体现在三
个层面：与自己、与他人，以及与自然。对这种统一性的主要威胁在于
二元分裂和异化。"[③] 在现代性的冲击下，把传统中流传下来的诸多美
好价值与新生的一些现代性价值协调统一起来，建设一个伟大的理想国

　　① 托匹茨. 马克思主义与灵知//刘小枫. 灵知主义与现代性. 上海：华东师范大学出版
社，2005：100-101. 他指出，只有少数德国思想家能够摆脱反启蒙思想的影响，但把这种倾
向称为"反启蒙"不甚确切，至于说马克思"也从未完全摆脱反启蒙的观念"更是如此。实
际上，这种对启蒙的反思批判有些属于启蒙内部的反思批判，有些则外在地否定启蒙。一
概称为"反启蒙"过于泛化，易引起误解。
　　② 拜泽尔. 浪漫的律令. 北京：华夏出版社，2019：74.
　　③ 拜塞尔. 黑格尔. 北京：华夏出版社，2019：42.

度，是早期浪漫派树立的至高理想。这个理想也吸引了黑格尔和马克思，在某种意义上得到了他们的赞同。虽然黑格尔没有完全接受浪漫派，而且在《精神现象学》的序言中他声称已经跟浪漫派分了手，但"他从未完全摆脱浪漫主义的影响"，"黑格尔的早期理想产生于早期德国浪漫主义"，他"受到了浪漫主义者的极大影响"①。正如对浪漫派和黑格尔都深有研究的拜泽尔所说，"黑格尔的绝对唯心主义、他的有机自然概念、他对自由主义的批判、他提倡社群主义的理想、他对斯宾诺莎主义的重新激活、他的辩证法概念、他综合社群主义和自由主义的努力——所有这些理念有时被视为黑格尔独具的；但它们其实是浪漫主义共同遗产的一部分"②。甚至黑格尔尝试把实体与主体、斯宾诺莎与费希特连接起来，这也正是那些浪漫主义者共同的追求。早期浪漫派实现这种伟大综合的主要手段是浪漫自我的唤醒、觉知、磨炼、壮大，特别是打磨成熟后的人文艺术创作，靠浪漫自我作为主体的反讽与创作感染更多的人，吸引更多的人参与，一同改造出问题的世界，并共建美好的新世界。对新生的工业化、现代化事业多有偏见，另眼相看甚至冷眼相看，很容易给人以复古和浪漫的感觉。早期浪漫派的理论、方案的不切实际和效果有限性，促使黑格尔构建新的更有效的方案；而黑格尔的仍然效果有限的理论方案又促使马克思开辟新的思路，建构新的理论，探寻新的更有效的方案。从某种意义上说，早期浪漫派、黑格尔和马克思通过不断探寻理论方案实现生活统一性的努力，就是不断消化吸收启蒙运动以来工业化、现代化的成果，并对其进一步整合、提升的持续性工程。从早期浪漫派开始的现代性批评就是一种如何合理理解和吸收启蒙运动、工业化、现代化成果的理论事业，不断地合理化、越来越现实，成为这个历史事业的基本倾向。以启蒙运动为主流，致力于启蒙运动及其现代化工程的合理化实现，是现代性批判的真实目的和最终结果。

在这个意义上，我们同意文森佐·费罗内（Vincenzo Ferrone）的看法，以新的方式思考和回答德国浪漫派所提出的问题的马克思，并不会赞同对启蒙运动的刻薄批评，"毕竟他仍是现代化和人自己解放自己这种观念的支持者。他自己对启蒙运动做辩证批判的目的在于一种'扬弃'，并让现实获得一种更深刻的合理化。马克思着迷于工业和商业贸

---

① 拜塞尔. 黑格尔. 北京：华夏出版社，2019：40.
② 同①.

易的迅猛发展，将资本主义看作人类迈向共产主义的一个基础性的甚至史诗性的阶段。他应该不会像卢卡奇、布洛赫以及马尔库塞那样，对科学和技术所具有的实际的解放作用持保留意见"①。

其实，德国早期浪漫派并不拒绝启蒙运动，而只是对引发和促生了偏颇的启蒙有所反思和批评而已。这种反思批评可视为一种纠偏，而非否定。汉斯·昆（Hans Kung）就这么认为。在他看来，启蒙运动引发了浪漫主义，浪漫主义是对启蒙运动的反思或者纠正："浪漫主义……产生于启蒙运动。"与雅可比、黑格尔类似，早期浪漫派的代表诺瓦利斯也认为启蒙运动太理性了。要修正这种过分的理性，就需要补充上它所忽视掉的东西，把各种美好的东西结合起来，才是最理想的。所以，他不是反启蒙、反理性，而只是矫正片面夸大理性和滥用理性的现象。如果启蒙只能造就眼里只有庸俗利益而无崇高追求、只有冷酷规制而无自由创造、只有千人一面而无百花齐放、只有自然被污染而无人与自然的有机统一，那么浪漫派会认为启蒙走错了路，这并非真正的启蒙。

启蒙还内含个人与社会之间的矛盾。为保障、促进、提高公平、正义、自由、平等的进一步实现，需要不断完善社会制度。当社会制度完善到滴水不漏的水平时，个人反倒被制度塑造成一种模式化的存在，成为后来海德格尔所谓"常人"，失去主动性、积极性。为了发展生产力、提高生产效率、实现社会公平，生产关系势必越来越规范化、法制化、精确化、程序化、严格化。个人会在这种社会生产关系体系中感受到一种不得不遵从的程序化力量，越来越不由自主。不管是康德的"有勇气运用你自己的理智"意义上的个人，还是行使自我创造性意义上的个人，都可能会与理性的普遍、公共使用，或者与这种使用体现的制度产生一种内在的对立，形成一种张力。从最早的早期浪漫派思想家到施蒂纳，再到后来的卡夫卡等现代作家，都在反复为这种被严格规制了的个人摇旗呐喊，呼吁现代制度体系给个人的自由、个性、尊严留出足够的空间。如果这种空间过小，就会被批评为严重的"异化"与"物化"。在这方面与马克思、恩格斯发生直接关联的就是声称一切物质的、精神的、社会的普遍规制都是个人自我实现之障碍的施蒂纳。按照施蒂纳的观点，一切跟与众不同的个人不同的普遍性存在，不管是物质性、精神

---

①　费罗内．启蒙观念史．北京：商务印书馆，2018：55 - 56.

性还是社会性的，一概是负面性的东西、敌视人的东西，都应该加以虚无化，使之变成"无"，即没有任何约束的、可以自由创造的可能性空间。启蒙批判沿着保护个性化个人的单一方向走到否定一切普遍化制度这个极端，就沦为一种缺乏任何现实基础的小资产阶级幻想了。马克思、恩格斯在批评施蒂纳时明确肯定，当法的关系随着市民社会的发展"不再被看作是个人的关系，而被看作是**一般的**关系"后，"它们的表现方式也变文明了"①。法律规范的社会关系的程序化、严格化，是促进社会生产力发展的积极存在，是为个性实现奠定基础而不是阻碍个性实现的存在。

7. 历史唯物主义的启蒙辩证法

通过历史唯物主义，马克思为启蒙及其推进规定了一个合理的空间。这个空间造就了防止极端的启蒙辩证法，为合理理解现代性奠定了基础。这种合理性不仅体现为在启蒙对迷信、偏见的批判与通过教化提升人们的智识、德性能力之间保持一个张力结构，也体现为在运用理性、追求自由的个人与保证公正、自由的制度之间存在一个合理的张力结构。历史唯物主义对后者尤为重视。在《资本论》及其手稿中，马克思看到，现代生产体系的运作越来越依赖于规模、复杂性、合理性日益提高的物化系统，而不是具体的人和人际关系。"人们信赖的是物（货币），而不是作为人的自身"，人们依赖的也是物象化的（versachlicht）关系，而不是人自身，"物的社会性离开人而独立"② 了。独立性越来越强的物化系统意味着更严格的程序化和理性化，意味着更高的生产效率和更高的社会公平。由此而论，"这种物的（sachlich）联系比单个人之间没有联系要好，或者比只是以自然血缘关系和统治从属关系为基础的地方性联系要好"③。于是，启蒙的合理化、理性化更多地体现在社会组织、社会管理制度之中，而不仅存在于个人身上。这种合理化越来越成为社会关系"物化"的本质内涵，并获得历史必然性和合理性。只

---

① 马克思恩格斯全集：第 3 卷．北京：人民出版社，1960：395.
② 马克思恩格斯全集：第 30 卷．北京：人民出版社，1995：110.
③ Karl Marx. Ökonomische Manuskripte 1857/58. Berlin：Dietz Verlag，1976：94.

有立足于更高社会发展阶段的更高要求，才能对它提出批判。如果像施蒂纳那样，将一切妨碍个人的现代制度视为自由和解放的障碍，就陷入极端了。实际上，履行社会管理职能的"国家"也不会消亡而只能调整完善，正如伊格尔顿所说，"马克思本人其实并没有寄望于一个乌有之乡。在他构想的共产主义社会中，并没有摈弃以中央管理的方式建立国家的理念。任何一个复杂的现代文明都需要这种方式。……马克思所希望的，是作为暴力工具的国家能够消亡"①，列斐伏尔在《论国家》中也表达过类似的观点。

　　合理的启蒙辩证法还体现在很多方面，如自由与必然性、理性与情感等之间。如果仅从理性和必然性方面理解启蒙，正如仅从社会制度的规范化和严格化方面、从教化和建构方面理解启蒙一样有失偏颇。当然反过来也一样。如果我们仅从个性自由、批判与解构方面、情感与直觉方面理解启蒙，也会是极端、偏颇的。显然，马克思是在批判与教化、个人与制度、理性与情感、自由与必然性之间的内在张力结构中合理理解启蒙及其推进的。正是在这种对启蒙的合理理解中，历史唯物主义理论得以创建，马克思主义基本原理得以不断发展。马克思主义对启蒙无论是继承还是批判，都不采取极端的方式。激进、全面、不顾一切展开的那种"彻底"，不是马克思对待启蒙的合理方式。任何抓住一点不及其余的启蒙理解，不管出发点和动机多么好，都可能走向偏颇和极端，从而偏离马克思主义的立场。

　　立足于历史唯物主义立场，在现代启蒙所引发的种种问题及其求解中推进启蒙，可能会遭遇和呈现多方面的辩证法，从而构成历史唯物主义启蒙辩证法的重要内涵。如何对待启蒙内在的各种张力结构，如何解决启蒙推进过程中必然遭遇到的诸多对立面，以怎样的结构和方式协调相互冲突的各方，防止它们之间产生自否定，防止因为结构的破损出现极端的问题，以及如何对待形而上学，如何解决极端启蒙引发的崇高价值和意义的丧失，如何看待启蒙在经济、社会等各层面引发的问题，是启蒙力量的本质展现，也是启蒙辩证法的关键所在。

　　合理的启蒙辩证法还包括对陷入极端启蒙的揭露和批判，防止启蒙走向歧途、坠入悖谬和徒有其表。这方面最值得注意的就是造成启蒙被

---

　　①　伊格尔顿. 马克思为什么是对的. 北京：新星出版社，2011：195-196.

蚕食的理想主义丧失、虚无主义泛滥等。

启蒙辩证法的批判功能在不同时代具有不同的任务。马克思对启蒙的批判分析，是揭示他所处的时代启蒙所面临的问题。这种批判跟《启蒙辩证法》时代的启蒙批判一样，都是为了及时发现启蒙当下的困境和问题，更好地推进和实现启蒙的目标，而不是推翻启蒙，另起炉灶推倒重来。只有在不断的历史批判和澄清中，启蒙才能不断地推进和提升。马克思揭示过的问题包括：第一，自然被过度征服、开发、污染、破坏。第二，制度的固化。特别是向着利润扩大化的唯一方向，资本逻辑不顾一切地追求自我利益最大化，来固化制度结构，并把问题与麻烦推到看不见的远处了事，而不是直面问题、解决问题。第三，完全丧失理想信念，把一切崇高价值都换算成物化价值，造成一种"没有任何绝对的价值，因为对货币来说，价值本身是相对的。没有任何东西是不可让渡的，因为一切东西都可以为换取货币而让渡。没有任何东西是高尚的、神圣的等等，因为一切东西都可以通过货币而占有"① 的状况，以物化价值代替一切价值。第四，走向过于理想化、浪漫化的不切实际之路。马克思对浪漫主义、无政府主义的批判分析不可遗忘，必须给予高度重视。

承续马克思时代的无政府主义传统，后现代主义在 20 世纪末以来对启蒙辩证法的冲击尤大。现代犬儒主义对启蒙事业的伤害和歪曲，就是个典型例证。后现代主义，至少是极端后现代主义具有一定颓废性，非常容易转向犬儒主义。它没有更高的追求，只是批判和嘲讽，批判完了也提供不出更高更好的替代性价值。跟《启蒙辩证法》明显蕴含着但无法表达一种更高更好的价值选择不同，从极端后现代主义中是读不出任何更高更好的价值追求的。极端后现代主义可以视为现代犬儒主义的一种表现，至少是通往犬儒主义的一座驿站，一座稍事休息就可以马上到达、如果一鼓作气不用休息继续往前走一点就足以到达的驿站。

防止思路、视野的狭隘化，防止过于自负、目空一切，不去追查新出现的问题，过于自负地认定自己已经看到了一切、看穿了一切、看透了一切，这是一种非常需要关注的倾向。由此，历史唯物主义之后尼采的启蒙批判，以《启蒙辩证法》为代表的法兰克福学派的启蒙辩证法，

---

① 马克思恩格斯全集：第 31 卷．北京：人民出版社，1998：252.

甚至福柯等其他现当代启蒙批判者的相关思想等，都需要被高度关注和具体分析，予以吸收，进而丰富完善自身。在本书中，我们选取无政府主义者、尼采、法兰克福学派思想家三者，通过其与历史唯物主义的比较，来展现历史唯物主义的这种开放性态度。之所以选取这三者，主要是因为他们与马克思主义具有更为直接或密切的联系。与无政府主义者的联系是因为马克思、恩格斯与施蒂纳在《德意志意识形态》中就已发生的争论，以及20世纪初中国马克思主义与无政府主义之间的历史互动；与尼采的联系是因为马克思、恩格斯与尼采同处德国的同一时代，而且恩格斯与尼采对同一问题有过类似的思考；与法兰克福学派思想家的联系是因为他们都是社会批判理论的代表，思考的问题具有高度的延续性和内在统一性。

马克思的启蒙辩证法是通过解释启蒙的内在矛盾与问题致力于继续推进启蒙的进步事业。它没有过多滞留于对启蒙的一味批判上，也没有局限于启蒙的特定区域和特定问题上，而是着眼于启蒙的拓展、深化、纠偏与合理发展。跟霍克海默、阿多诺的《启蒙辩证法》相比，马克思思考的重点在于对启蒙事业内在潜力的进一步挖掘、展现，以及对启蒙事业进一步更好地实现。关注启蒙面临的严重问题和困境，以及历史性追溯所能追溯到的启蒙本身蕴含的根本问题和困境，揭示和分析这些困境、问题、矛盾，都是为了更好地促成启蒙的进步事业。也就是说，马克思的启蒙批判并不认为启蒙遭遇到了无法突破的严重困境，启蒙的进步潜力并没有被相反的趋势和形式掩盖起来无法获得进展。启蒙是遭遇到了问题，甚至是严重的问题，但这些问题是可以进一步求解的，而且求解的条件、机会已展现出来，需要我们去努力揭示，努力促成。启蒙预示和象征着的前景，只是暂时被资本主义的结构、形式困围了，需要解开困围它的绳索，重新打造、转化、革新它的结构，进一步释放启蒙蕴含的各种潜力和可能性。只有在这种潜力和可能性的呈现与释放中，启蒙才能进一步实现，历史唯物主义追求的自由和解放才能进一步实现。

启蒙运动是现代性转向的根本性事件。马克思主义就诞生于启蒙运动及其进一步推进之中。反思、批判启蒙运动的各种思潮，与马克思主义具有这样那样的关系。历史唯物主义是否受到以及如何受到这些思潮的影响，在吸收其思想精华后又如何超越？应如何看待历史唯物主义与这些思潮之间的复杂关系？在批判与重建的变奏中，马克思主义与同样继承和反思启蒙的其他思潮相比，具有何种特质？在本书范围内，我们将探讨历史唯物主义启蒙辩证法，通过跟无政府主义者、尼采和法兰克福学派（《启蒙辩证法》）的比较，进一步展示马克思启蒙辩证法的特质与贡献。

第一篇
马克思、恩格斯与启蒙

第一章　历史唯物主义与合理启蒙

历史唯物主义是在一种浓重的启蒙氛围中诞生并发展的。恰如恩格斯所说，"现代社会主义……就其理论形式来说，它起初表现为 18 世纪法国伟大的启蒙学者们所提出的各种原则的进一步的、据称是更彻底的发展"①。如何理解启蒙、启蒙的进展，启蒙的哪些原则和精神应予肯定，哪些应予反思、批评、修正，对于历史唯物主义来说都是非常关键的问题。这些问题本来就有基础性和关键性，再加上 20 世纪末期以来大力强化这种批判性的后现代主义思潮，以各种怀疑主义的立场和方法展示对于其真理的解构主义威力，甚至宣扬一种批判启蒙越激进越好的立场。它在唤醒历史唯物主义历史上拒斥极端启蒙论调的重要性的同时，也把如何合理确定历史唯物主义的启蒙立场，如何确立历史唯物主义启蒙的"温和性"或"合理性"，如何确立启蒙在历史唯物主义理论中的地位和立场这些问题提了出来。近年来国内外关于激进启蒙与温和启蒙的讨论，使得历史唯物主义与启蒙的关系问题再次凸显出来：历史唯物主义是一种激进启蒙的产物，还是约束这种激进性，并把这种激进性转换为某种"温和性"或"合理性"的产物？激进启蒙成就了历史唯物主义，还是危害了历史唯物主义？

---

① 马克思恩格斯选集：第 3 卷．北京：人民出版社，2012：391.

1. 推进启蒙与反思启蒙的张力

　　马克思哲学诞生于德国。德国启蒙运动深深地影响了马克思。稍晚于苏格兰启蒙运动和法国启蒙运动的德国启蒙运动，跟历史上后来发生的众多事件一样，很容易形成一个吸收以往经验教训、整合已发生的类似运动的倾向。恰如盖伊所说，"德国启蒙运动从根本上说是一个结合和发展其他民族文化的尝试"①。启蒙文化的后发、外部促动以及德国封建传统深厚等诸特点，造就了德国启蒙运动既需要快速推进又招致诸多反思批判的局面，也就是具有推进启蒙与反思启蒙并存的特点。启蒙的本质与启蒙的限度同时得到讨论。推进启蒙和反思启蒙哪种倾向占据主导地位，取决于当下现实因素的促动和复杂的互动。在 18 世纪末德国关于启蒙的讨论中，启蒙的本质与限度得到了充分的讨论，"在这个过程中，启蒙运动的理想和抱负受到了如此透彻的审视，以致我们几乎可以毫不夸张地说：随后的批评者很少提出在 18 世纪 80 年代期间还不曾考虑过的要点"②。

　　推进启蒙与反思启蒙同时并存，既可以解释为更好地贯彻启蒙，使启蒙更合理、更不偏狭、更周全地推进，也可以解释为在推进启蒙与反思启蒙之间撕扯，两者争辩启蒙的主调，争夺对德国启蒙的主导权，谁占据了主导地位谁就成为德国启蒙的主流，甚至由此导致双方容易急躁和产生激进倾向。而德国启蒙传统中一直存在的反思、批评启蒙的倾向，随着德国法西斯主义的出现，以及 20 世纪 60 年代以来一度影响甚大的后现代主义思潮，被人们抓住、放大，形成一种反对、否定启蒙运动的解释模式，不但深刻影响了对德国早期浪漫派的解释，而且也进一步影响了对马克思和尼采的解释，使得早期浪漫派、马克思、尼采对启蒙（特定形式、特定问题）的批判否定进一步延伸扩展为对启蒙本身的批判否定。本意是促进、完善、纠正启蒙的努力，在某些特定历史背景和潮流的影响下，被解释为对启蒙本身的反对和否定；本意是对特定启

---

　　① 盖伊，时代生活图书公司. 启蒙时代. 北京：中国言实出版社，2005：152.
　　② 施密特. 启蒙运动与现代性：18 世纪与 20 世纪的对话. 上海：上海人民出版社，2005：前言 1.

蒙形式的否定、批判，对启蒙过程中呈现的特定问题的担忧和批评，被解释为对启蒙全部和整体的担忧和批评甚至全部否定。理查德·沃林（Richard Wollin）在《非理性的魅惑》一书中表达的观点，代表了从德国出现法西斯主义回溯启蒙反思思潮并视之为某种意义上主导德国启蒙思想的立场。与《启蒙辩证法》认定德国法西斯主义起源于西方启蒙古老传统蕴含着的那种出于焦虑与恐惧而对异在他者不遗余力的宰制以及某些情况下为达到目的不惜一切的残酷不同，沃林在反思、批判启蒙的德国传统中看到了一种借反对平庸而对民主政治、理性的拒斥，进而走向非理性主义、法西斯主义的可怕暗流。于是，按照沃林的看法，法西斯主义不是启蒙自身内在的问题所致，反而是对启蒙的批判、否定所致。从反思启蒙到反启蒙，从反思理性到反对理性，从批评自满的理性主义、简单乐观主义到否定理性主义并主张悲观主义，从反启蒙到支持后现代主义，仿佛就是过渡到法西斯主义的道路。这种解释模式呈现了德国法西斯主义成为启蒙反思批评的必然结果这一立场所能产生的巨大效应。

　　而一度甚嚣尘上的后现代主义也曾经支配对有关马克思思潮的阐释。依照后现代主义模式对德国早期浪漫派所做的众多解释①，对马克思和尼采所做的一系列后现代式解释，一度影响甚大，甚至构成主流，至今仍热度不减。比如托匹茨就认为，18 世纪至 19 世纪初的德国更受前科学意识形态的滋养，因而反启蒙意识更明显。"这种反启蒙成为'德意志意识形态'，以致在很长时间里，只有少数思想家能够完全摆脱它的影响。就连青年时代由柏林浪漫派和黑格尔哲学塑造的马克思，尽管由于其莱茵兰地区的出身以及后来的流亡而比其大多数德国同时代人与西方的精神世界有更密切的接触，也从未完全摆脱反启蒙的观念。诸如其青年作品中的'异化'、其全部著作中的辩证法这样的基本概念和思维形式，都出自——这已经多次被认识到，以下的研究也

---

① 拜泽尔指出，关于早期浪漫派的后现代解释 20 世纪 70 年代以来较为盛行。德曼（Paul de Man）、弗兰克（Manfred Frank）、伯林、贝勒（Ernst Behler）、拉巴特（Phillipe Lacoue-Labarthe）、南希（Jean-Luc Nancy）都是对早期浪漫派持后现代解释的代表。"他们在本质上将早期浪漫派理解为一种对于后现代主义的展望，并将当代的问题强加在它身上。"参见：拜泽尔. 浪漫的律令. 北京：华夏出版社，2019：译序 3. 他们都没有从当时的历史处境出发确切地解释早期浪漫派，而是用当代的处境和问题替代了早期浪漫派的处境和问题。因而，拜泽尔认为"他们对于早期浪漫派的解释是片面且时代错误的"（同上书，2019：前言 2）。

将继续证实——古老的新柏拉图主义—灵知主义、终末论和启示文学传统。"① 这使我们不得不对德国启蒙运动中反思批判启蒙的倾向做些适度的分析说明。

的确，自赫尔德、哈曼以来，对启蒙的反思、批评在德国一度具有不可忽视的地位。狂飙运动曾对德国启蒙运动自满的理性主义和简单的乐观主义提出批评，认为这是德国启蒙运动的一大弱点。德国早期浪漫派对德国启蒙运动的批评，应该是继承了狂飙运动的这一特点，并对马克思产生了较重要的影响。但学人们不分浪漫派的早期与后期，一概而论地斥责浪漫派，甚至认定所有时期的浪漫派都跟狂飙运动一样是持反启蒙立场的。郭绍棠说，"浪漫主义的前身是狂飙运动，对帝国政治文化传统的塑造曾发挥关键性作用，注入了'反西方'、'排外'的情绪，及一种强烈的主观、非理性的理想主义。浪漫主义继承了这种文化特质，结合保守主义的传统来反对理性、急进的变革"② 。早期浪漫派反思、纠正偏颇启蒙的做法被解释成反对和否定启蒙了。

进一步，在浪漫主义的影响下，德国启蒙运动对启蒙的审视、批判、质疑比苏格兰、法国的启蒙运动更加明显。这是由于德国浪漫派立足于本国深厚传统对现代性的批评与英、法两国相比明显强烈得多，也是非常不同的。这种批评与启蒙主义内部衍生出来的批评，也就是启蒙主义逻辑中内含的批评有不同的来源和表现。虚无主义的批评与异化、物化的批评，可以相互强化，更可以相互融合。异化、物化既是启蒙主义逻辑衍生出来的批判概念，也是浪漫主义理论内含或孕育出的概念。但启蒙主义和浪漫主义有所不同：启蒙主义强调的是作为主体的人遭到了遮蔽和否定，物化、资本化否定了人性化，客体性遮蔽了主体性；而浪漫主义强调的是富有个性和创造力的个人被启蒙主义建构的现代化制度限制了。但德国早期浪漫派并不否定启蒙运动，不是反启蒙，而是反对极端片面的启蒙，是纠正偏颇的启蒙。比如诺瓦利斯，不但不反对启蒙，反而在根本原则上认可启蒙。他与荷尔德林一样，"也对哲学、诗歌和政治，甚至对自然科学怀有浓厚的兴趣。和荷尔德林一样，他也阅

---

① 托匹茨.马克思主义与灵知//刘小枫.灵知主义与现代性.上海：华东师范大学出版社，2005：101.

② 郭绍棠.权力与自由：德国现代化新论.上海：华东师范大学出版社，2001：55.

读卢梭，并为法国大革命所带来的世界变化而欢欣鼓舞"①。这个法律系毕业生还曾在矿业学院学习，做过工程师；在费希特引发的关于无神论的争论中，诺瓦利斯是明显站在费希特这一边的，他主张建立一个"理智的骑士团"，绝对不否定理性，而是明确捍卫理性的权利。昆甚至认为诺瓦利斯"在他的内心深处本来就是一个启蒙主义者"②。就像谷裕所总结的，他不是反启蒙、反理性，"他所做的一切努力，不过是在矫正对理性的片面夸大以及对理性的滥用。诺瓦利斯在 18、19 世纪之交面临着两种悲哀：法国大革命动摇了欧洲的政治秩序，破坏了欧洲精神和文化统一的传统；普鲁士晚期启蒙造成了实用主义和科学理性的泛滥，阻碍了艺术发展。在这种前提下，诺瓦利斯试图重新把理性纳入信仰和启示的框架，提醒世人，世间不止有理性和光明的白昼，同时也存在人的理性所不能达到和认识的黑夜——一个充满奥秘的精神和经验世界。在这个夜的世界，人的想象力驰骋，爱欲流动。与理性的'祛魅'的光明世界相比，夜是一个神秘的诗意的世界。两个世界才构成了完整，而完全的完整仍然是启蒙所追求的目标"③。

浪漫派反对启蒙的说法来自"青年德意志"的知识分子（如海涅），以及自由主义派别的思想家，还有卢卡奇这样的西方马克思主义者，"在他们看来，浪漫主义即是政治上的反动。与此相反，无论是向本世纪转折时期的'新浪漫主义者'还是两次世界大战间的浪漫主义研究（如诺瓦利斯专家鲁道夫·翁格尔和保罗·克鲁克霍恩），都把浪漫主义看作只是对 18 世纪启蒙运动的一个反动"④。启蒙运动引发了浪漫主义，浪漫主义是对启蒙运动的反思和批评，或者纠正。"浪漫主义——正如荷尔德林、黑格尔、费希特、弗里德里希·施莱格尔和诺瓦利斯的传记作者所揭示的——产生于启蒙运动。浪漫主义逃避现实是一种粗糙低劣的陈词滥调。启蒙运动和早期的浪漫主义，在反对诸侯和僧侣的专制主义统治、拒绝偏见、迷信、伪善、压制和火刑，总而言之，在肯定人的自我解放方面，完全是一致的。换句话说，浪漫主义与非理性最初

---

①　昆.浪漫主义诗歌中的宗教//昆，延斯.诗与宗教.北京：生活·读书·新知三联书店.2005：161.

②　同①163.

③　谷裕.隐匿的神学：启蒙前后的德语文学.上海：华东师范大学出版社，2008：280.

④　同①163.

只有一种间接的关系；对它来说，重要的是把理性与非理性，即人类灵魂、自然和历史中尚未被意识所达及的领域加以调和。因此，浪漫主义首先应被理解为是对启蒙运动的批判性的继承和发展；在没有转向反动和复辟之前，它是现代范式中自主性运动的更进一步的阶段。"①

在诺瓦利斯看来，启蒙运动太理性了，应该还要补充上这一运动所忽视掉的东西——信仰和爱；并用爱来唤醒、提升、丰富启蒙运动所带来的利益，用诗来唤醒唯利是图的心灵。只有把利益与爱、理性与信仰等联合起来，才能出现黄金时代。恰如拜泽尔所说，"浪漫主义是一次针对启蒙运动狭隘的理智主义的反叛，守护情感的权利以反对理性的霸权。但把浪漫派对感性的守护当作他们教化理想的特性就错了"②。

重要的是，二战结束以来，"反启蒙思想的信条在德国沦为禁忌，因为它与法西斯主义的渊源太过明显……"③ 与此相反，在欧洲特别是法国，"反启蒙思想与后现代主义信条之间的志同道合"④ 日渐明显。对启蒙运动的反思批判日益占据了重要地位，产生了更大影响。"19 世纪虽然极力批判启蒙运动，但仍然保持着这个前辈对于世界不断改善进步的可能性的信念"，20 世纪特别是二战之后，"有时甚至比 19 世纪浪漫主义时期的人更完全地抛弃启蒙运动的所有文化遗产"⑤。20 世纪 60 年代以来，对现代启蒙的怀疑影响了很多人。福柯认为理性是一种疯狂，德里达认为理性本质上是一种压迫机制，其运作方式不外乎排斥、限制和禁止等见解影响甚广。这反映和迎合了 20 世纪 60 年代深感虚幻的那一批思想家的观点。费瑞与雷诺说，"我们这个世代的学生从 1960 年代踏上求学之路；对我们而言，启蒙思想的观念只是个蹩脚的笑话、乏善可陈的骗人把戏；至少我们是受到这样的教诲"⑥。到 20 世纪 80 年代，法国的后现代主义才成为明日黄花，被新人文主义取代；但在美国，后现代主义却有更长期的巨大影响。这使得从后现代主义立场解读近现代

---

① 昆.浪漫主义诗歌中的宗教//昆，延斯.诗与宗教.北京：生活·读书·新知三联书店，2005：163-164.

② 拜泽尔.浪漫的律令.北京：华夏出版社，2019：48.

③ 沃林.非理性的魅惑.台北：立绪文化事业有限公司，2006：6.

④ 同③10.

⑤ 布林顿语，参见：盖伊，时代生活图书公司.启蒙时代.北京：中国言实出版社，2005：5。

⑥ 同③60-61.

启蒙进程的做法一直具有不可忽视的重要影响。如上所述，恰如拜泽尔指出的，关于德国浪漫派的研究，后现代主义的解读一直占据主导性地位。对尼采的解释只会过犹不及，对马克思的解释也会如此吗？后现代主义的解释模式能进一步扩展到对马克思的解释吗？

正如德国早期浪漫派对启蒙运动的反思批评是为了纠正简单极端的启蒙一样，马克思受浪漫派影响的程度不能过分解读。因为马克思在受到早期浪漫派影响之后，很快就倾心于自康德到黑格尔的启蒙哲学了。对启蒙的反思、批评、调整，都是为了对启蒙的合理贯彻和推进，都是为了汇聚到启蒙的积极推进和实现上来，而绝不是为了阻止、否定启蒙。马克思对启蒙终生赞赏的态度还是如何更好地推进启蒙。由此，我们必须强调，马克思对启蒙的积极态度是明确的，积极推进启蒙在马克思的早期思想和成熟思想中都占主导地位。

为此，马克思才不惜从历史中调动启蒙的力量注入现实，来壮大现实的启蒙，这就是马克思把大学的学位论文主题选定为"德谟克利特的自然哲学和伊壁鸠鲁的自然哲学的差别"，并在其中为摆脱宗教负担的伊壁鸠鲁积极伸张辩护，还立足于宗教批判的立场称赞"伊壁鸠鲁是最伟大的希腊启蒙思想家"[1] 的原因所在。马克思由此把鼓舞过他父亲的近代启蒙运动与古代启蒙联系起来了。就像柏拉威尔所指出的，马克思喜欢伊壁鸠鲁以及卢克莱修，是由于"他在他们的著作里找到一种手段，可以借以排除单纯的宗教信仰；这项任务他同费尔巴哈和黑格尔左派都认为是当前时代最迫切的任务之一"[2]。这里显然说明，马克思没有局限于近代意义上理解启蒙，他是在自古以来的思想进程中看待启蒙事业。古希腊的启蒙同样拿来为他所用，虽然探究古希腊启蒙的用意仍然是面向当时的德国现实。

2. 激进启蒙、温和启蒙与合理启蒙

伊斯雷尔在 2010 年出版的《思想的革命》(*A Revolution of the Mind*) 一书中区分了激进与温和两种启蒙。他认为，斯宾诺莎缔造了

---

① 马克思恩格斯全集：第 1 卷. 北京：人民出版社，1995：63.

② 柏拉威尔. 马克思和世界文学. 北京：生活·读书·新知三联书店，1980：37.

激进启蒙运动，按照对斯宾诺莎的态度，两种启蒙得以区分开来：一是爱尔维修、狄德罗、霍尔巴赫所代表的激进启蒙，他们认同斯宾诺莎的一元实体论，持无神论和反教会权威的立场，支持共和主义、人权、平等和代议制民主，在政治上导向现代性。二是洛克、休谟、孟德斯鸠、伏尔泰、杜尔哥以及卢梭所代表的温和启蒙。他们支持自然宗教和自然神论的命定论，相信实体二元论；他们在政治上要么跟保守的政治立场结合，要么跟危险的政治立场（如直接民主）结合。[①]

按照这个标准，历史唯物主义显然得划入激进启蒙之列。但是，长期以来，人们对激进启蒙有着令人忧虑、迫切需要反思的见解，主要包括：第一，启蒙越激进越好。越激进的启蒙越有利于历史唯物主义的产生和发展，似乎历史唯物主义的产生和发展都得益于一种激进程度不断提高的思想社会环境，激进程度的降低对历史唯物主义不利，因而，温和启蒙与历史唯物主义不沾边。其实，历史唯物主义在产生过程中就遭遇过比自己激进得多的施蒂纳无政府主义思潮，它要把一切物质偶像和精神偶像都消解掉，把作为启蒙目标的自由与解放理解为抛弃了任何物质偶像与精神偶像只把自己当作偶像来对待的"唯一者"的自我实现。马克思、恩格斯在《德意志意识形态》中与施蒂纳的争论就是检验这种激进性的最好例证。无政府主义的激进性现在又被后现代主义承续下来，这尤其值得我们关注。第二，启蒙越纯粹越好。没有历史传统的阻碍最好，没有任何牵扯，径直按照启蒙的逻辑纯粹、完全地展开，似乎是最好的启蒙之路。按照这种逻辑，不符合启蒙原则和精神的历史传统，应该都是启蒙的对立面，都是启蒙的障碍，不仅无法与启蒙精神相协调，而且更是直接否定、破坏、消解启蒙精神。这样一种看法也许没有上述越激进越好的理念的影响大，但也不可忽视，因为它就是激进启蒙立场的直接应用，也就是对温和启蒙的贬斥。

看来，激进启蒙与温和启蒙的区分不但没那么简单，而且对于分析历史唯物主义与启蒙的关系也不够充分。这促使我们不采用伊斯雷尔的划分标准，而是针对激进启蒙进一步提出合理启蒙的概念。我们说的合理启蒙有一定激进性，但绝不是越激进越好。由此它具有明显的"温和性"，但这种温和不一定是与既有的历史传统相妥协，而是十分看重实

---

① 费罗内. 启蒙观念史. 北京：商务印书馆，2018：276.

在的条件；不是从思想逻辑、从应然角度看问题，而是从现实的条件出发，根据人的自然基础和自然限制、社会基础和社会限制来确定自己的启蒙目标。它是理性的、冷静的，而不是基于某个热点从而激进、偏执地贯彻自身。它明白，事情的进展并不完全取决于被选中、被看重的哪一个因素或力量，还有另外的因素或力量在对事物的发展起着不可忽视的实际作用。为此，就必须在一种综合的、统筹性的视野中思考和设计，而不能只顾一点、不及其余。所谓"合理"，我们采纳施奈德巴赫的如下看法，"理性并不是宇宙或历史的本质或基本规律，同样也不是人的灵魂的本质或基本规律。这样就剩下了一个可能：理性是人的理智地存在的能力，所以，说理智（或明智）比说理性要好一些，而人们更喜欢讲的是'合理性'"①。"合理性"系指包括康德所谓知性、理性和判断力意义上的"理性"。不过，如果不加反思的话，"合理性"往往是一种预先的假设，只有具备反思性，才是哲学意义上的"合理性"，也就是说，"什么是反思，以及什么是哲学反思，这便成了衡量一种合理性理论的哲学特征的依据"②。换个角度，我们也可以接受罗蒂的见解，即合理性"指的是一系列的道德德性：容忍、尊敬别人的观点，乐于倾听，依赖说服而不是压服。这些是一个文明的社会如果要持续下去其成员必须拥有的德性。在'合理性'的这样一种意义上，这个词与其说是指'有条理'不如说'有教养'"③。由此，合理的启蒙起码有两个基本标志：第一，必须勇于自我反思和自我批判，而不是以真理自居并强迫别人接受；第二，合理的启蒙不是走向极端与偏执，而是力主和解。这是一种温和、合理的立场，不是为否定而否定，不是为了达到某个目标而不惜牺牲很多正面价值的极端做法。合理启蒙的对立面是极端的启蒙，即不顾具体历史条件、不顾有无消极后果一概强行推进的启蒙；它以真理自居，从不自我反思和批评，更不与外界对话和接受批评。就像帕戈登指出的，"……它是冷酷、呆板、乏味并且精于计算的。它试图抹掉所有人类的差异、英雄精神和欲望。它用礼貌代替激情，用风趣代替智慧。它甚至还更坚决残暴地试图消灭宗教，只留下黑格尔所说的

---

① 施奈德巴赫. 作为合理性之理论的哲学//德国哲学：第7辑. 北京：北京大学出版社，1989：171.

② 同①172.

③ 罗蒂. 哲学和自然之镜. 北京：生活·读书·新知三联书店，1987：410.

'无法满足的欲望的污点'"①。最极致的启蒙，从思想理论上说，就是看透一切真相，把一切真理、价值及其依据都看穿看透因而不屑一顾的态度。这种态度否定一切真理与善良，认可一种很残酷或很无聊的东西。此即我们在第五章探究的新犬儒主义。

我们认为，历史唯物主义就是一种合理的启蒙。它主要体现在：第一，根据历史特定境遇确定启蒙的目标、范围、程度和具体举措，而不是从某种单纯理念出发，不顾现实条件，仅按照理性的内在逻辑去贯彻推进。用马克思、恩格斯的话来说就是，不能"唯心主义"地理解和推进启蒙，而应该"唯物主义"地理解和推进启蒙。第二，反对并超越仅仅局限于哲学或哲学—政治立场，以真理占有者自居，贬抑、否定他者，以至于把民众一概看成被动接受启蒙的对象的启蒙立场；反对把任何意识形态都视为启蒙否定、铲除的对象，而必须在一种更大的视野、更高的高度上看待启蒙。在青年黑格尔派的发展过程中，当"民众对启蒙的消极态度使得失望情绪在青年黑格尔派中蔓延，哲学启蒙面临着巨大危机"② 之时，青年黑格尔派陷入越来越激进的启蒙。鲍威尔立足于哲学启蒙的"精神""理性"原则，斥责跟利益、热情纠缠在一起的"群众"。施蒂纳更是把执迷于物质和精神偶像的人们认定为不成熟的儿童与少年，斥责其执迷于崇拜偶像的意识形态存在。与鲍威尔仍然坚持传统哲学启蒙的立场不同，"面对哲学启蒙的失败，施蒂纳和马克思开始另寻出路"③。如果说鲍威尔是传统启蒙的立场，那施蒂纳就是虽新颖但异常激进的立场，唯独马克思表达了既超越传统立场又纠正这种激进的合理立场。他批评鲍威尔代表的"绝对的批判宣布'**群众**'是**精神的真正敌人**"，通过纯化思想、精神来对抗对利益的追逐，滞于经验和世俗利益而上升不到理性水平，开始强调"历史活动是群众的活动，随着历史活动的深入，必将是群众队伍的扩大"④。从哲学或哲学—政治角度看，在某些方面缺乏自我意识和主动性的民众，并不就只能是启蒙的对象，完全可以在经济—社会层面接受、支持、介入启蒙事业，并在

①　帕戈登 . 启蒙运动：为什么依然重要 . 上海：上海交通大学出版社，2017：436.
②　魏博 . "施蒂纳冲击"与《德意志意识形态》的形成 . 国外理论动态，2021（6）：29.
③　同②.
④　马克思恩格斯文集：第 1 卷 . 北京：人民出版社，2009：289，287.

这种接受、支持、介入中使自己发生重要的蜕变。启蒙绝不只是在思想和自觉意识方面进行，也可以在经济—社会生活层面展开和实施。哪一个方面、哪一个方式效果更好，是取决于特定时期的特定状况的。青年黑格尔派的主流成员们当时并不理解这一点。苏格兰启蒙运动力主每个人都有不依赖上帝指引和皇帝安排而自行解决问题的能力，所以才特别强调通过经济—社会的调整和变革来实现和推进启蒙事业的潜力，丰富了启蒙的多重路径。只有站在政治经济学批判的高度，才能看清这一点。施蒂纳虽然在某种意义上看到了当时德国晚期启蒙运动的某些弊端，意识到以个体替代普遍、以经验自我替代理性自我、以自由人联盟替代僵化制度的必要性和先进性，但是仍然没有进展到政治经济学批判的高度，没能立足于这一立场看待问题。进入政治经济学批判视域的马克思、恩格斯，也必定批评施蒂纳拒斥对物质存在和精神存在的崇敬，竟然认为可以在脱离社会经济基础，不要任何精神超越性的情况下，就可以获得自由和解放，以至于陷入空无、偶然和虚妄。这种批评把马克思的启蒙立场限定在合理的程度和范围之内。第三，从既定的历史传承出发来思考启蒙。对于一个晚外发现代化的国家来说，思考启蒙问题必须高度重视本国传统与启蒙的复杂关系。这一点类似于温和启蒙的如下特点，但又不完全一致："温和启蒙运动曾经席卷整个欧洲，其目的在于捍卫神圣的上帝在历史中的角色，这是一种牛顿或洛克式的理性主义，保留了基督教和君主政体。"[①] 历史唯物主义不是这样的温和启蒙，因为它没有也不可能捍卫上帝，但却不再像马克思、恩格斯早期那样绝对否定基督教，反而开始论证基督教在某种意义上的历史合理性，如晚年恩格斯在无产阶级平等观与基督教的关系、早期基督教对早期工人运动发展的启示等方面，都肯定了基督教的贡献和价值。他认为无产阶级平等观的发展，"起初采取宗教的形式，借助于原始基督教，以后就以资产阶级的平等理论本身为依据了"[②]；甚至把原始基督徒说成"纯粹由奴隶构成的当时的工人阶级"，把基督教说成"社会主义"，只是它囿于历史原因"只能希望在彼岸世界，在天国，在死后的永生中，在即将来临的'千年王国'中实现社会改造，而不是在现世里"[③] 而已。由

---

① 费罗内. 启蒙观念史. 北京：商务印书馆，2018：275.
② 马克思恩格斯选集：第3卷. 北京：人民出版社，2012：484.
③ 马克思恩格斯选集：第4卷. 北京：人民出版社，2012：327，328.

此，他非常重视欧洲早期工人运动与早期基督教运动的类似性，认为"最初的基督徒也像我们最初的共产主义工人支部那样，对于一切投合他们口味的东西都无比轻信，这就使我们甚至无法肯定，我们的新约中是否没有掺杂着佩雷格林给基督徒们写的'大批圣书'中的某个片断"①。这意味着，恩格斯不再像早期那样激进地否定一切传统了。

3. 启蒙形而上学的三个表现

告别极端启蒙观是经历了一个过程才实现的。极端启蒙观的第一个表现是越快越好，不顾条件和前提地激进推进。极端启蒙观的第二个表现是，哲学、思想层面的启蒙是根本，社会经济层面的启蒙或者是次要的，或者就根本没有顾及这个层面。由于德国特殊的历史处境，这两点曾困囿过马克思、恩格斯。启蒙传统在德国相对缺乏，德国固有旧传统的厚重，在向往合理推进启蒙的人们那里进一步引发了急躁的情绪，致使人们总容易走入极端。"德国的市民阶层没有或者很少受到文艺复兴和启蒙运动的沾溉。……较之于西方的国家，在德国没有一种可以回溯到 18 世纪和 17 世纪的国家传统，即没有一种根植于这个时代的自然法和启蒙观念的、受到一种胜利的市民运动承负的并且携带这种运动的政治人文主义，曾发生作用。只有这种有缺陷的对极的形成，才让历史的相对论在德国完全发挥如此深刻的影响。"② 虽然德国启蒙运动开始时有约束启蒙的边界，防止过度、极端启蒙的现象出现，但由于整个社会缺少合理的启蒙传播与进程，才导致整个社会很容易极端、偏颇。青年黑格尔派比较充分地体现了这种偏颇。在这种极端和偏颇中，涌现出种种激进的理论方案。历史唯物主义的产生是与这些激进方案告别并对之进行否定后才形成的。

德国落后的现状曾促使马克思向往激进的革命、激进的启蒙，他说"我们没有同现代各国一起经历革命，却同它们一起经历复辟。……我们，在我们的那些牧羊人带领下，总是只有一次与自由为伍，那就是**在**

① 马克思恩格斯选集：第 4 卷 . 北京：人民出版社，2012：333.
② 克罗科夫 . 决定 . 上海：上海人民出版社，2016：35.

自由被埋葬的那一天"① 时，他对封建制度的革除、进行革命、个体自由的向往和期盼，对以牧羊人—羊的关系类比统治者与被统治者的关系的憎恶，对德国尽快进行启蒙和革命的诉求，对法国大革命只是解放了有产阶级、没有进一步实现更普遍的人的解放的不满，希望德国来完成这种解放的期望，已显露无遗。对法国资产阶级革命更进一步的无产阶级革命，起初是以德国革命、尔后就是以超越民族国家的无产阶级革命的形式被固定下来。如上所述，这个革命不只是政治革命，同时也是思想革命和经济社会结构的革命，因而是法国革命、德国革命和苏格兰经济社会革命的融合统一。只有在这种融合统一中，思想的、政治的、经济社会的革命才能完成。只有在这种统一中，启蒙才能全面、合理地实现。

极端启蒙观的第三个表现是，对启蒙的理想目标有极为简单的想象。不顾实际情况只是从理论逻辑上把某种存在理解为绝对的完满，没有一点瑕疵、缺陷、矛盾和问题。这其实就是传统形而上学、柏拉图主义所塑造的纯粹的理想型存在，不过被说成了最本质的存在，经验现实中没那么纯粹的真实存在却被因此视为非本质的粗糙的存在。当我们把这样的存在视为历史发展的最终理想目标时，即使不是把它视为当下能达到的目标，而是把它视为未来理想的目标，这也是把历史形而上学化的表现和标志。启蒙如果总停留在这种水平上，就是延续传统形而上学"用纯思辨的方法来阐述经验以外的各种问题"，也就很容易走到这种方向和道路上去了。这是固化的启蒙形而上学，而不是启蒙辩证法。

比如特洛尔奇认为，马克思的价值追求与一种弥赛亚主义相关，与历史性东西是对立的。弥赛亚主义意味着一种绝对的彼岸，即完美的乌托邦存在。这就是对马克思启蒙立场的过度解释和极端解释。"马克思主义的价值、信仰马克思运动的乌托邦，根本上不是从历史中获得的，真正说来，它们恰恰在'彻底弥赛亚主义的奇特性'中与历史对立……在马克思主义中，各种价值既没有一种形而上学的，也没有一种先验的，更没有一种历史的根据。于是它留下的只有一种乌托邦式的对未来形态的希望和当前的对这样一些价值的热情：据称这些东西'符合一个

---

① 马克思恩格斯选集：第 1 卷. 北京：人民出版社，2012：3.

受到压迫且受各种关系损害的阶级的某种确定的历史情境'。"① 实际上，即使我们接受马克思的价值设定中有某种意义上的弥赛亚主义，这种弥赛亚主义的价值框架与具体历史环境之间的结构关系也才是问题的根本。单纯的弥赛亚主义维度是无法存在的。这个关系性构架依赖于一般原理与具体历史现实性之间的互动调适，并通过这种调适进一步获得具体而非抽象的内涵。说马克思的价值设定仅仅依赖于抽象的一种原则、原理是不符合实际的，说马克思的价值设定依赖于完全具体历史的特定环境，更是把他定在了相对主义甚至随时随地随意主张的荒唐之义上去了。这两种情况都是马克思反对和拒斥的。马克思在《资本论》中谈到未来理想社会所用的"彼岸"一词，应该是修饰词，不能作为基督教原义来理解和使用。② 如果在基督教原义上理解"彼岸"与"此岸"，那势必把马克思超越传统形而上学的努力全部否定掉，就会像后来的霍克海默那样，重新认定在现实的大地与遥远的彼岸之间存在无限的鸿沟，只有射程无限远的导弹才能穿越这个鸿沟。只有把"彼岸"视为一个形容词，意指从现实大地延伸出去的远方，其含义更多是不断超越和延伸的过程，才能贴近马克思的原本含义。

仅仅从逻辑、理念、应然出发构建启蒙理想，很容易陷入启蒙形而上学。真正从经验、现实、感性存在出发，才能告别启蒙形而上学。正是因为我们与身处于其中的社会都无法避免的限制，我们能够达到的未来状况才永远是不完美的。我们与不完满、有缺陷、受限制永远同在。任何基于限制的消除、完满的实现而期许的那些理想，都是该遏止的"形而上学"。该遏止的"形而上学"是完满的理想。能容许的"形而上学"是单纯、简略、级别不高的思维方式。知晓其不足的单纯是自然的和无法超越的"形而上学"，不知其不可能的完美与完满才是真正该消除和遏止的"形而上学"。启蒙在一定条件下容许前者的自然存在，也在一切条件下谨防后者的自然存在。容许前者是一种启蒙理性的清醒，容许后者是一种启蒙理性的沉睡；否定前者的合法存在是一种启蒙理性的沉睡与失效，肯定后者的天然合理是一种启蒙理性的迷茫与昏沉。

---

① 约阿斯．人之神圣性．上海：上海人民出版社，2017：141.
② 对此可参见：刘森林．回归自然与超越自然：重思"自然历史过程"．哲学研究，2016（7）。

我们知道，马克思和尼采都坚决否定启蒙拥有一个完美结局。马克思坚决反对把共产主义理解为这么一种绝对完满的固定结果，认为"共产主义对我们来说不是应当确立的**状况**，不是现实应当与之相适应的**理想**。我们所称为共产主义的是那种消灭现存状况的**现实的**运动。这个运动的条件是由现有的前提产生的"①。现实不可能完美，根植于现实的"理想"也是如此。完美的"理想"只能是脱离现实的幻想。就此而论，"工人阶级不是要实现什么理想，而只是要解放那些在旧的正在崩溃的资产阶级社会里孕育着的新社会因素"②。尼采更是把这种完美存在视为一无是处、一事无成的人所设想的"幻觉"，认为对完美结局设想得越完美，越反映出设想者的虚弱与贫瘠。能力越强、态度越积极的行动者，越不会如此简单地设想未来。所以，不能如此理想地理解启蒙理想及其结局。把启蒙诠释为绝对真理的发现、传播和贯彻，是一种保持警惕的启蒙形而上学，早已受到马克思、恩格斯的批评。

个体自由、解放是启蒙的基本价值，理性是启蒙的主要手段和工具。但启蒙的贯彻和所追求价值的实现需要进一步具体化为路径、制度、方式、方法，而且有待在各个具体领域和方面展开，还要在具体的限度、水平、相互协调融合等方面把握好恰如其分的合理性。一成不变地因袭传统、固守已有的一切固然不足取，越激进越好的做法更可能引发糟糕的结果。在我看来，历史唯物主义的创立意味着一种更加现实地对待启蒙现代性的方式的发现和确立，马克思不再那么简单地看待启蒙理性与传统（主要是宗教）之间的对立关系，不再简单地把不合乎激进理性的东西如私有制、国家、货币、分工、资本，看成宗教残余力欲尽快加以否定和消灭，而是把原来简单化、过分激进化的主张逐步调整为更温和、更加实际、更具合理性的方案。虽然这种更温和、更加实际、更具合理性的策略和方案也不是一下子就能想出来的，而往往需要一些实际的场合、实际的刺激和实际的逐步思考。

鉴于马克思新思想的创立发生在一个激进启蒙的背景之下，有多种殊为激进的思想方案登上历史舞台并吸引受众，根据具体现实合理拓展启蒙，确立批评反思资产阶级启蒙的界限就非常关键。

---

① 马克思恩格斯选集：第1卷．北京：人民出版社，2012：166．
② 马克思恩格斯全集：第17卷．北京：人民出版社，1963：363．

4. 启蒙的推进：从思想、政治到经济、社会

推进启蒙的主要方向何在？如何推进启蒙呢？

从德国启蒙运动、法国启蒙运动与苏格兰启蒙运动的区别和视界拓展来看，推进启蒙运动的主要方向之一就是，把启蒙从思想、政治层面推进到经济、社会层面；就是突破仅仅从人文视角理解启蒙和仅仅从政治视角理解启蒙，进一步在经济、社会诸层面来理解和推进启蒙，不再仅仅把启蒙运动视为人文和政治事业，而是进一步把启蒙运动视为一种经济、社会的变革、建构和进步。这就意味着，不能仅仅在德国启蒙运动和法国启蒙运动的范围和视域中理解启蒙，更应该在苏格兰启蒙运动的意义上理解启蒙，把苏格兰启蒙运动融入对启蒙运动的理解之中并作为贯彻启蒙运动的基础和根本。这才是马克思、恩格斯迈入历史唯物主义的主要方向所在。对此，恩格斯曾以独特方式做过说明。他说，德国人是靠哲学批判，从哲学体系中引申出共产主义，"对抽象原则的偏好，对现实和私利的偏废，使德国人在政治上毫无建树"[1]；法国人是靠政治得出共产主义结论的；他们都不懂得那其实是"历史和政治经济学而必然产生的"，所以，"不过在有关实践、有关影响现存社会的**实际**状况方面所做的一切，我们发现，英国社会主义者远远超过了我们"[2]。的确，就像研究启蒙运动的波特所说，"英国第一流的知识分子更为关注实际，而非抽象的方案"[3]。拓展和超越德国和法国启蒙学者的哲学和政治视角，从"历史和政治经济学的必然性"来理解启蒙运动的前景，对于马克思和恩格斯殊为关键。

康德深受苏格兰启蒙运动的影响，期望一种自由的政治秩序。费希特、早期浪漫派思想家也受到了苏格兰启蒙运动的影响。但他们受苏格兰启蒙运动的影响，接受这种启蒙运动更多是在思想和政治层面上。对经济社会现代化的不接受，使得德国早期浪漫派受苏格兰启蒙运动的影响较为有限。"而早期浪漫派成员几乎没有受到苏格兰或英国观念的影

---

① 马克思恩格斯全集：第3卷.北京：人民出版社，2002：493.

② 同①480，493-494.

③ 波特.启蒙运动.北京：北京大学出版社，2018：89.

响。如果说有的话，那就是他们特别倾向于将英国的观点看作粗暴的、俗气的、纯粹商业性的，因而看不到'更高'的真理。"① 他们期望一个当时广受推崇的"真正的共和国"，其中有精神家园，有对同胞的爱，有拥有美德和学识的统治者。德治在他们看来是国家的绝对美德。甚至诺瓦利斯还把美好的国家设想为"伦理联邦"，它比政治联邦更吸引人，"因为自发性和自由的自身关系的理想只有在'伦理联邦'中才会实现"②。他们的政治理想，居于康德—费希特方案与共同体之间，既能保护自发性和不可化约的个体性，又能保证精神家园。他们对康德、费希特不满，也不主张回到老路上去。这种方案"对现代经验的发展产生了深远的影响"③。早期浪漫派整合人与自然、个体与共同体之间的统一的原则立场，与马克思后来主张的理想社会非常类似。人与自然、个体与共同体的统一，在马克思主张共产主义"是人和自然界之间、人和人之间的矛盾的**真正**解决，是存在和本质、对象化和自我确证、自由和必然、个体和类之间的斗争的真正解决"④ 的《1844 年经济学哲学手稿》中，在主张"在真正的共同体的条件下，各个人在自己的联合中并通过这种联合获得自己的自由"⑤ 的《德意志意识形态》中，在《哥达纲领批判》中，始终如一地贯彻下来。但贯彻和实现的基础不再是伦理共同体、精神共同体，而是在深度的经济社会结构变革基础上形成的经济社会联合体。在这个意义上，马克思主张的个体与共同体的统一跟浪漫派的立场有明显的区别，它具有更少的保守性、更多的激进性。像弗兰克分析从早期浪漫派到马克思的思想继承关系，以至于谢林所谓人类的重新统一，"也就是达到一种超国族的联合体，该联合体消除了私人正义与公共正义的分离状态，也没有社会与国家的分裂：这一思想在马克思关于'全人类阶级'的理念中得到了直接的延续，而且对于马克思来说，这一思想也不再以宗教为基础"⑥。弗兰克只说出了一半，马克思如何不同于早期浪漫派和谢林，如何进一步在经济社会结构变革的基

---

① 平卡德．德国哲学 1760—1860：观念论的遗产．北京：中国人民大学出版社，2019：171.

② 同①173.

③ 同①173.

④ 马克思恩格斯全集：第 3 卷．北京：人民出版社，2002：297.

⑤ 马克思恩格斯选集：第 1 卷．北京：人民出版社，2012：199.

⑥ 弗兰克．浪漫派的将来之神．上海：华东师范大学出版社，2011：241.

础上实现这种统一，以经济社会或者生产方式的成就为基础来达成人与自然、个体与共同体、社会与国家的有机统一，才是关键所在。

从思想、政治推进到经济、社会层面，是马克思拥护并推进启蒙的主要标志。早期浪漫派的启蒙能从人文思想进一步推进到政治层面，但无法延伸到经济层面。众所周知，苏格兰启蒙运动强调以经济社会层面为基础理解、贯彻启蒙。经济学、社会学、政治学等都是随着启蒙文化新生的一些科学。对这些学科及其方法，马克思、恩格斯抱着非常积极的态度，并力图把原来的人文学科思想、方法与这些新科学的思想、方法结合起来，形成日益成熟的"政治经济学批判"立场。正如杰弗里·霍松（Geoffrey Hawthorn）指出的，"在所有人文学科中，几乎没有一个德国学者会以英国人或法国人认定的'科学'方式来对待自己的研究材料，马克思是唯一的例外"①。所以，过分夸大马克思与德国思想比如黑格尔的思想联系是不妥当的，马克思更多地接受了政治经济学等新启蒙科学的思想与方法，在原来的人文学科视野中大量融入社会科学的思想与方法，甚至一度声称拒斥哲学。② 马克思通过两种渠道深受苏格兰启蒙运动的影响：一是来自德国观念论前辈对苏格兰启蒙运动的认同，尤其是黑格尔，他已经开始从经济层面理解苏格兰启蒙运动，并指出"消费者的选择可能会令他们束缚于生产者的利益之上，而这些利益与消费者自己的利益并非始终一致。他还（先于马克思）表明，经济的增长和发展如何可能会导致贫困和异化"③。二是来自早他来到英国从事商贸活动并把对苏格兰启蒙运动的认同传递给他的恩格斯。这种影响发生的关键是清除那种把苏格兰启蒙运动对工商业的推崇解读为粗俗、低俗的本土传统，而这种本土传统就存在于早期浪漫派的立场之中。虽然早期浪漫派在很多方面对马克思深有影响，并且马克思对此都有不同方式的继承，但是在否定经济学及其进步性这一点上，马克思明确拒斥了早期浪漫派，更不用说后期浪漫派的极端立场了。随着马克思来到英国并长期居住于此，马克思对启蒙在经济社会层面上的成就的认同越来越明确和坚定。苏格兰启蒙运动对政府、历史的评价"不再依赖伦理或

---

① 霍松. 启蒙与绝望：一部社会理论史. 上海：上海三联书店，2018：135.

② 对此布鲁德尼在其《马克思告别哲学的尝试》（北京：中国人民大学出版社，2019）一书中做了富有特色的探究。显然，马克思拒斥的是传统哲学，并期待一种新的哲学。

③ 霍尔盖特. 黑格尔导论：自由、真理与历史. 北京：商务印书馆，2013：中文版序言.

者神，而以经济为基础。政治经济学这个术语意味着现在政治评判基于经济基础之上。如果一个政府能够带来繁荣或者财富，那就被评誉为成功的、有价值的或者可以被模仿的对象"①；以至于在《资本论》时期主张从长远的、全人类的高度上发展生产力，并把不认可经济社会进步而只是从人文和审美角度拒斥现代经济社会发展成就，或者把它说成堕落、倒退的观点斥责为"感化议论的徒劳"② 了。

马克思认为启蒙作为一种政治革命非常具有局限性，"并认为它需要转化为一场社会和经济层面的革命"③。只有沿着这个方向进一步推进和实现启蒙才会带来更多的进步，才能为无产阶级的自由和解放奠定更为坚实的基础。所以，在这个意义上，"马克思本人并不会赞同对启蒙运动的这种刻薄批评。毕竟他仍是现代化和人自己解放自己这种观念的支持者。他自己对启蒙运动做辩证批判的目的在于一种'扬弃'，并让现实获得一种更深刻的合理化。马克思着迷于工业和商业贸易的迅猛发展，将资本主义看做人类迈向共产主义的一个基础性的甚至史诗性的阶段。他应该不会像卢卡奇、布洛赫以及马尔库塞那样，对科学和技术所具有的实际的解放作用持保留意见"④。立足于后现代主义立场，来发挥对启蒙运动的否定性批判，是不符合马克思的启蒙辩证法的。

5. 极端启蒙的拒斥与超越

对马克思来说，对启蒙的形而上学化，这样一种形而上学设想更具体地表现在政治和经济方面的一些具体问题上。而随着马克思在经济、社会层面进一步推进启蒙，原来仅仅在哲学、人文、政治层面被理解的启蒙思想得以不断深化，那些关于启蒙的简单的形而上学偏见开始消退、消失。实际上，历史唯物主义的思想推进，是与启蒙反思的激进性适当降低、达到一种合理化水平直接联系在一起的。也就是说，绝不是

①　莱文．苏格兰启蒙运动与马克思//臧峰宇．启蒙、历史观与马克思主义辩证法．贵阳：贵州人民出版社，2017：53.

②　马克思恩格斯全集：第 26 卷第 2 分册．北京：人民出版社，1973：125.

③　费罗内．启蒙观念史．北京：商务印书馆，2018：55.

④　同③55－56.

越激进越好，而是越合理越好。所谓合理，就是逐渐在启蒙的经济和社会推进中发现不可替代的成就，并在认可和肯定这些成就的基础上拒绝浪漫主义现代性批判的尖锐性，让启蒙运动给浪漫主义所要解决的问题的真正解决提供更多的基础和条件，从而在启蒙主义和浪漫主义的整合中减少浪漫主义现代性批评的偏颇性和激进性。激进、极端的启蒙是需要提防和合理化限制的。

跳出思想批判和政治批判的窠臼，拓展到从经济、社会层面理解和推进启蒙的新路，恩格斯比马克思更早一些。也就是说，马克思比恩格斯晚一些把握到历史唯物主义。"这种'落后'来自于马克思身处黑格尔左派之中而执著于'宗教批判'。他试图把国家和货币作为另一种宗教来把握。"① 如果说柄谷行人指出的这一点一开始是正确的，那么当他批评马克思在《德意志意识形态》中仍然落后于恩格斯，甚至在《资本论》中仍然把国家与货币当作一种宗教来看待时就不符合事实了。"即使到后来，这种执著也没有放弃过，实际上，《资本论》便是这种志向的发展和延伸。"② 消灭国家与货币，是激进启蒙观的体现，是对推进启蒙的极端理解。如果说马克思在《德意志意识形态》中还有这方面的思想残余，那么在《资本论》中不但没有了，而且对拜物教的批判都不应该简单理解为对拜物现象的彻底否定，而只能理解为对"物"不可崇拜但应该重视并视之为基础性存在，也就是必须对它进行辩证分析，确定何种意义与程度上该肯定，何种意义与程度上该批判否定。总之，对先前激进时期力欲消灭、实际上仍有存在合理性的那些东西，要达到一种辩证、合理的理解，明确该否定和批判的到底是它的特定存在方式、不合理的结构、不合理的关系与态度，还是其存在本身已完全没有调整改革的可能、必须推倒重来等。明确了这些，才是成熟的标志。

如国家消亡问题。马克思很早就谈及**"政治国家就消失了"**③，恩格斯谈到"基督教国家的衰亡"④，意思很明确：政治国家和基督教国家都已不适应现代社会经济发展与社会变革的要求了，因而，青年马克

---

① 柄谷行人. 跨越性批判：康德与马克思. 北京：中央编译出版社，2011：102.
② 同①.
③ 马克思恩格斯全集：第3卷. 北京：人民出版社，2002：41.
④ 同③534.

思致力于把这样的国家融进社会，这就是超越法国革命的德国革命的任务所在："将政治纳入社会之中而消灭政治的革命。这场革命的结果不只是国家的另一次转型，而是国家的废除。"① 在马克思的眼里，法国革命代表了政治幻想的顶点："能够通过政治来改造市民社会的信念。"② 新的革命要以社会来改造国家，在市民社会的基础上重新理解和变革国家。如果我们采取列斐伏尔的看法，从职能角度把国家分为三种，第一种是阶级剥削压迫的机构，第二种是处于各阶级冲突之上并且具有寄生性和掠夺性的机关，第三种是关心整个社会、管理整个社会的机关，那么，第一、二种意义上的"国家"无疑是马克思、恩格斯力欲消灭的，第三种肯定是他们力主予以保留的。马克思批判并且力主消灭的"国家"显然是一种特定意义上的"国家"，不是所有意义和一般意义上的"国家"。马克思、恩格斯关注的国家就是上述第一、二种意义上的"国家"，对第三种意义上的"国家"论述较少。所以，当佩鲁立足于国家的建设性作用批评"马克思主义思想中最薄弱的一环是对国家的分析和国家理论"③，当贝尔在这个意义上强调国家在财政．税收等经济事务中起到显著作用、而马克思有所忽视时④，他们更多是立足于第三种意义强调国家的建设性职能。只有立足于第三种意义上的国家，我们才能理解伊格尔顿的如下观点："马克思本人其实并没有寄望于一个乌有之乡。在他构想的共产主义社会中，并没有摒弃以中央管理的方式建立国家的理念。任何一个复杂的现代文明都需要这种方式。马克思的《资本论》第三卷中始终贯穿着一种理念：日常行为源自所有集体的本性，国家作为一个管理的主体仍将存在。马克思所希望的，是作为暴力工具的国家能够消亡。"⑤ 他希望党派纷争的国家、少数人掌控的国家让位于多数人民主管理的国家。马克思、恩格斯希望建立的国家，就是人民自己管理自己，取消专制，建立真正的共同体。确切地说，他们反对的不

---

① 傅勒．马克思与法国大革命．上海：华东师范大学出版社，2016：18.

② 同①19.

③ 佩鲁．新发展观．北京：华夏出版社，1987：77.

④ 丹尼尔·贝尔写道："国家的力量……是现代社会中的一个重要事实。然而，在极大的程度上，国家的这种作用，尤其是在经济事务中的作用，却几乎没有在马克思关于资本主义的探讨中起到作用。"参见：贝尔．资本主义文化矛盾．北京：生活·读书·新知三联书店，1989：285。

⑤ 伊格尔顿．马克思为什么是对的．北京：新星出版社，2011：195-196.

是所有国家，而是某些类型的国家，或者国家的某些职能和性质，如压迫、剥削、寄生性、掠夺性、强迫性。所以我们应该同意伊格尔顿所说，马克思后来并不反对中央集中管理，否则怎么解释更加社会化的生产与私人所有制之间的根本矛盾呢？怎么解释他所极力主张的全球化呢？毕竟未来是更加一体化的世界这一点是马克思坚决赞成的，未来不是小国寡民状态的。更加一体化、更加复杂化的世界，怎么能不需要一个民主的、高效的管理性组织呢？在这个意义上，傅勒关于马克思并不完全否定自由主义的看法就不难理解和接受了。他说，马克思对自由主义的评价表明，他并没有完全拒斥自由主义，而是与自由主义心心相印："无论如何，马克思恢复了启蒙之子的语调，以在文章的剩余部分将 1648 年和 1789 年赞美为标志欧洲新社会诞生之日。由于他在骨子里与那些他必然与之处于爱恨交织的关系之中的伟大的自由主义者们是心心相印的"①。

所以，当我们面对如下问题：创立了历史唯物主义的马克思，还会坚持从启蒙的观点、从宗教批判的观点主张消灭国家和货币吗？就可以回答：马克思、恩格斯力图消灭的只是特定类型的国家。他们对这些应该消灭的国家类型加以更多批判，但并不意味着他们眼里只有这样的国家。像柄谷行人所说，力图以社会改造调整传统国家、以社会来替代国家，"强调的不是通过国家来扶持合作社，而是由合作社的联合来代替国家"②，大体上的原则也是成立的。

马克思曾主张的消灭私有制、货币，道理同样如此；至于消灭分工、异化，更是如此。

关于私有制及其消灭，马克思在《〈黑格尔法哲学批判〉导言》中就指出"无产阶级要求**否定私有财产**"③，后来在《神圣家族》中主张"随着无产阶级的胜利，无产阶级本身以及制约着它的对立面——私有制都趋于消灭"④，然后在《德意志意识形态》中仍然声言"消灭私有制和消灭劳动"⑤。该消灭的"劳动"很清晰，只是特殊形式的异化劳

---

① 傅勒. 马克思与法国大革命. 上海：华东师范大学出版社，2016：56.
② 柄谷行人. 跨越性批判：康德与马克思. 北京：中央编译出版社，2011：126.
③ 马克思恩格斯全集：第 1 卷. 北京：人民出版社，1956：466-467.
④ 马克思恩格斯全集：第 2 卷. 北京：人民出版社，1957：44.
⑤ 马克思恩格斯全集：第 3 卷. 北京：人民出版社，1960：61.

动，也就是"偶然的东西""单个的无产者无法加以控制的，而且也没有任何**社会**组织能使他们加以控制的"① 劳动。至于该消灭的私有制，恩格斯说得也比较清楚："当全部资本、全部生产和全部交换都集中在人民手里的时候，私有制将自行灭亡，金钱将变成无用之物，生产增加了，人也改变了，那时，旧社会的各种关系的最后形式也才会消失。"② 该消灭的应该是带有"旧社会的各种关系的最后形式"的私有制与货币，不是一切可能形式的私有制与货币。如徐觉哉所说，"马克思、恩格斯对私有制的否定和批判是极其严谨的。他们所针对的是当时历史条件下私有制的阶级属性和社会属性，并不是一般意义上的私有制形式"③。这种看法会在马克思《资本论》中重建个人所有制的主张中得到一些支持。马克思在《资本论》第一卷中指出，"这种否定不是重新建立劳动者的私有制，而是在资本主义时代的成就的基础上，在协作和共同占有包括土地在内的一切生产资料的基础上，重新建立劳动者的个人所有制"④。显然，对私有制的批判否定是因为这一制度对人民的强制性、外在性、不受作为主体的民众调控，反而强加于民众使其成为单纯客体，因而这种制度只是服务于特定阶层这种陈旧性质，及其隐含的诸种既不利于生产力的进一步发展又缺乏足够公平的内涵。只要这些陈旧性和缺陷在一种新形式中被革除、被超越，完全可以设想其获得新的评价。如果我们同意，"这里的'重建个人所有制'还有译成'资本再转化为生产者的财产'、'给生产者个人以财产（权）'等，但就其实质而言，即是人人有份的、联合起来的、社会的或公共的财产占有方式或财产制度"⑤，那就更是如此。在一种新形势下，在一种新结构中，私有制完全可以某种形式保留和存在。

而马克思、恩格斯一度力主消灭的货币（Geld），有时也译为"钱""金钱"。青年马克思称它"是以色列人的妒忌之神；在他面前，一切神都要退位。金钱贬低了人所崇奉的一切神，并把一切神都变成商品。金钱是一切事物的普遍的、独立自在的**价值**。因此它剥夺了整个世界——

---

① 马克思恩格斯全集：第 3 卷 . 北京：人民出版社，1960：87.

② 马克思恩格斯全集：第 4 卷 . 北京：人民出版社，1958：368.

③ 徐觉哉 . 关于"消灭私有制"的断想 . 中国延安干部学院学报，2019（6）：52.

④ 马克思恩格斯全集：第 43 卷 . 北京：人民出版社，2016：827.

⑤ 同③60.

人的世界和自然界——固有的价值。金钱是人的劳动和人的存在的同人相异化的本质；这种异己的本质统治了人，而人则向它顶礼膜拜"①。在《德意志意识形态》中，马克思、恩格斯已经开始与财产的一般形式联系起来了，他们明确声明"金钱是财产的最一般的形式，它与个人的独特性很少有共同点，它甚至还直接与个人的独特性相对立"②。很显然，马克思批评的不是货币的存在，而是它的异化性存在，也就是作为拜物教的存在，作为诋毁其他一切价值物的唯一价值物存在的那种货币。而他对货币蕴含着流通、交换、"货币使一切财产保持着流动状态"③等性质和功能无疑持肯定态度。货币统治人、要挟人、奴役人，把人变成自己的奴隶，为了自己的壮大而榨取人，都是这种"异化"的表现。如果货币成为人的力量的一部分、成全人的一种力量、为人的壮大奠基的东西，包括成为促进流通、生产给人们带来方便和效率的积极性力量，那它就是一种积极的存在。而这种可能性在社会新发展中显然是存在的，是向未来敞开着的。

至于马克思、恩格斯所说的消灭分工，意思更是明显。该消灭的是分工的固定性及其所造成的诸种消极后果。也就是反对"由于分工，艺术天才完全集中在个别人身上，因而广大群众的艺术天才受到压抑"这种情况，同时也就意味着对"在共产主义社会里，没有单纯的画家，只有把绘画作为自己多种活动中的一项活动的人们"④ 这种图景的向往。

马克思对异化、物化的反对，情况稍微复杂一些。但从早期的异化到后期的异化、物化，还是存在着一条明显的线索：异化从单纯的负面、消极的存在，转变为既具有积极性又具有消极性的存在；同时，异化从单一的形式转变为后期具有不同内涵和意义的多种形式。随着复杂性认知的深化，马克思对物化、异化的历史合理性做出了明确的肯定和确认，而不再像在《1844 年经济学哲学手稿》中那样简单、激进地否定它，不再从中看不出任何积极性意义了。在这个意义上，科学合理地认识了物化，也就意味着科学合理地把握了现代社会。对物化、异化的

---

① 马克思恩格斯全集：第 3 卷 . 北京：人民出版社，2002：194.
② 马克思恩格斯全集：第 3 卷 . 北京：人民出版社，1960：254.
③ 同②461.
④ 同②460.

认识程度就标志着历史唯物主义理论的成熟程度。就像罗伯特·阿尔布瑞顿（Robert Albritton）所说的，"马克思之所以能够取得科学上的突破，是由于他理解了物化，或者换句话说，是由于资本悖论性地既是社会的，又是反社会的——社会的说的是，它把我们推向一种统一的、由商品统治的社会秩序；反社会的说的是，它要做到这一点，就要让个人反对个人、让阶级反对阶级，这是一个不断加深的原子化进程"①。也就是说，不再完全负面地看待"物化"及"异化"，对"物化"中蕴含着的促进效率和有限度公平的社会秩序给予一种历史性肯定，肯定"这种物的联系比单个人之间没有联系要好"②，肯定资本体系衍生出来的"物化"有"伟大的文明作用"，标志着对现代资本主义社会的科学认识。因为"它创造了这样一个社会阶段，与这个社会阶段相比，一切以前的社会阶段都只表现为人类的**地方性发展**和**对自然的崇拜**。……资本按照自己的这种趋势，既要克服把自然神化的现象，克服流传下来的、在一定界限内闭关自守地满足于现有需要和重复旧生活方式的状况，又要克服民族界限和民族偏见。资本破坏这一切并使之不断革命化，摧毁一切阻碍发展生产力、扩大需要、使生产多样化、利用和交换自然力量和精神力量的限制"③。为此，马克思面对比较侧重资本的消极性、局限性的西斯蒙第和比较理解资本的普遍趋势的李嘉图不再选择一方站队，而是整合他们。这才标志着历史唯物主义的真正成熟。

对施蒂纳的批判表明，马克思对极端启蒙呈现出的虚无主义问题非常敏感，他拒斥这种极端启蒙，认为启蒙不能如此极端偏执。消灭分工、消灭国家、消灭货币等主张，某种意义上都是这种极端性的表现；其实，该消灭和能消灭的都是特定形式的分工、国家、货币。在这个意义上，只有告别了无政府主义式极端启蒙立场，确立合理的启蒙立场，才能进入历史唯物主义的逻辑，才能保持一种合理的启蒙立场。同时，如果仅仅在人文、艺术的范围内看待启蒙，不能拓展到经济、技术、社会的更大范围，甚至把谈论经济、技术层面的启蒙视为丧失人文精神

---

①　阿尔布瑞顿．政治经济学中的辩证法与解构．北京：北京师范大学出版社，2018：20.

②　马克思恩格斯全集：第 30 卷．北京：人民出版社，1995：111．另请参见：Karl Marx Friedrich Engels Werke：Band 42. Berlin：Dietz Verlag，1983：94。

③　马克思恩格斯全集：第 30 卷．北京：人民出版社，1995：390.

的、庸俗的象征，从而仅仅在人文艺术领域理解启蒙并探寻推进启蒙的路线、纠正启蒙中出现的问题，更是一种极端。德国早期浪漫派开创的这个立场，后来被尼采继承延续，20世纪初的卢卡奇又恢复了这条道路，并对改革开放以来的中国学界有相当的影响。这是需要我们高度注意和提防的。

第二章　走向理性启蒙
与德性启蒙的统一

　　历史唯物主义的启蒙反思继续在主体性及其衍生的自然观方面，在启蒙理性与传统（特别是宗教）的关系方面体现出来。相信自然还是理性？尊重理性还是传统？主体性能否脱离自然？理性是对传统的反叛和拒斥吗？虽然"在 18 世纪启蒙时期的圈子里，人们普遍持有一种观点：好的是自然的，自然的是理性的，理性的是好的"，但人在自然界中处于怎样的地位，理性如何区分个体又如何为共同活动提供基础，"这些问题本身绝对不是什么清晰的问题，但它们是问得最多的问题"①，这些问题直接切入启蒙运动的核心。

　　无论体现在什么方面，启蒙精神在哲学层面的表现首先是批判和反思，尔后才是建设和重构。批判和反思即使不是为了否定，却也构成一种坚定不移的理性质疑、追根究底的精神，一种通过自己的工作为需要树立的东西奠定牢固根基的精神。马克思青年时期曾申明，**"要对现存的一切进行无情的批判**，所谓无情，意义有二，即这种批判不怕自己所作的结论，临到触犯当权者时也不退缩"②。后来在《资本论》中，马克思更是明确指出，"辩证法不崇拜任何东西，按其本质来说，它是批判的和革命的"③。如果说启蒙精神或者启蒙辩证法的首要品格是批判，最终目的是建构，那么，马克思启蒙批判的限度何在？启蒙辩证法的批判精神是越激进越有效力、越激进越值得肯定，甚至就是为了批判而批

---

　　① 霍松．启蒙与绝望：一部社会理论史．上海：上海三联书店，2018：77.

　　② 马克思恩格斯全集：第 1 卷．北京：人民出版社，1956：416.

　　③ 马克思恩格斯选集：第 2 卷．北京：人民出版社，2012：94.

判、为了否定而否定吗？从启蒙视域来看，从各种启蒙主义之间的区别以及启蒙主义与浪漫主义之间的区别来看，马克思是何种意义上的启蒙批判者？如果说马克思在启蒙批判的激进性中有所调适，这种激进性的适度调整还体现在哪些方面？落脚在哪个方面？最后在一种怎样的统一局面中达成？唯物史观由此得以发生的可能空间如何呈现出来？循着这些问题，我们展开第二章。

1. 启蒙主体性视域下的自然

启蒙运动高度重视理性力量，深信自己能挖掘出本来就潜存于人的内在本性中的无限理性力量，来应对自身面临的他者及问题。这就是主体性的巨大力量。主体性力量只有找到用武之地才能充分展示自己，用武之地显然首先就是自然。在这个意义上，主体性是启蒙精神的核心标志。主体性精神把自然视为一种客体对象，一种有待宰制、改造的死物。近代主体性哲学塑造了一种贬低自然的根本立场。自然被视为待改造的对象，等待被认知、把握和改造的存在，甚至僵死的客体。笛卡尔、培根、霍布斯和德国古典哲学家们都是如此。恰如兰登·温纳（Langdon Winner）所说，《启蒙辩证法》"相信启蒙运动——恰是人类理性的进步——的历史发展与统治自然的计划密不可分"①。西方的启蒙一开始就是与统治自然联系在一起的。不管造成这一点的原因是人性固有的缺陷（攻击性、贪婪、对于征服和力量的永恒欲望），还是西方文化的特质（"使西方有别于其他地方的首要特征，似乎是它致力于了解、控制和利用自然"，基督教文化更是认为上帝创造世界就是为了让人使用，"基督教神学有助于支持西方对自然的傲慢和侵略性态度"②），人与生存环境之间的矛盾，很容易造成对自然的宰制和掠夺。即使崇尚人和自然和谐统一的文化也不是都导向人与自然之间的和谐，还常常相反。美洲印第安人和中国文化都推崇人和自然的和谐相处，但迫于生存压力对所处环境的掠夺式开发都破坏了自然。启蒙及其随后的现代化运动进一步凸显了这一点。自然作为客体对象被认识、被把握、被统治，

① 温纳. 自主性技术. 北京：北京大学出版社，2014：99.
② 同①95，97.

是启蒙主体性的基本标志。"在整个启蒙运动中，'理性'常常与启蒙运动的另一个关键词'自然'一起，同时受到赞美。"①"自然"获得这种地位可以有两种解释：一是以泛神论方式把上帝等同于自然，"用来表示上帝和自然完全是一回事这个信念"，显示"如果能够从上帝的创造物知晓上帝，那么证明上帝的存在就无须《圣经》了"②。二是在上帝之死背景下本应该处于核心地位的"人"被视为完全的内在性存在，其外在显示完全依赖于对自然的认知、把握与改造，对象被把握成了主体力量和高度的象征，自然由此凸显为关键与根本。就后者而言，主体性和统治、役使自然就是一体两面的。无论哪种理由，自然规律的理性日益取代了从神到人的完美智力的理性，以至于"启蒙运动在很大程度上是由作为完美智力的理性向作为自然规律的理性的转换造成的"③。在这个基础上，吉莱斯皮所言"现代性有两个目标：使人掌控和拥有自然，以及使人的自由成为可能"④，这两个目标也就是一体两面的了，即通过认识、把握、掌控自然而成就人的主体性，实现人的自由。现代启蒙通过现代化给现代人规划的最高目标就是实现自由，为此需要分三步走：人的基本需要的满足—人的尊严的获得—人的自由的实现。

从形式上看，作为主体的人被现代文化放在了至高无上的位置上，用以替代原来处于这一位置的"神"。按照伽达默尔的说法，如果现代"启蒙运动的批判首先是针对基督教的宗教流传物，也就是《圣经》"⑤，现代启蒙运动致力于批判和解构《圣经》的神圣性，以至揭示上帝的虚幻性，让上帝死掉，那么，在上帝死了之后，本来是由人来替代原本上帝占据的位置，但现代启蒙运动所设想的"人"是依靠内在性能力与品质赢得自己的位置的，其中最为主要的就是理性能力与品质，而理性能力与品质最主要的体现就是对自然的把握和改造利用。以内在性奥秘和潜能包打天下的现代人，却只能把外在的改造自然之业绩作为看得见、摸得着的显著标志。只有理性的人对理性的自然把握、掌控发展到足够的水平，并用物质化的一系列成就作为标志，他（她）才能真实地、令

① 汉金斯．科学与启蒙运动．上海：复旦大学出版社，2000：3.
② 同①6，3.
③ 同①7.
④ 吉莱斯皮．现代性的神学起源．长沙：湖南科学技术出版社，2012：56.
⑤ 加达默尔．真理与方法．上海：上海译文出版社，1999：349.

人信服地展现自己内在的潜能、奥秘、高度。非物质化的"成就"或者被视为虚妄的，或者被视为次要的，只有对自然的把握和掌控所获得的物质化成就才是人之能力和品质最为直接和显著的展现，才是现代人最擅长的方面，才是标准和证明。于是，自然的被役使与人的被神化，越来越成为一回事。让两者画上等号的是科学与技术。科学与技术专家替代了原来的上帝及其代表（圣徒）。汤因比说，"自然是 17 世纪人类自我神化的奖赏；人建立的对于自然的有效统治表明他已把自己抬举为真神；他通过证明自己是技术——这是个希腊词，指一种使自然屈服于人的花招——背后的主人，表明自己的神性"①。"技术专家所取代的作为西方人英雄象征的基督圣徒，不是轻易能成为偶像崇拜的对象的，因为圣徒应当认识到并且声明，他的精神成就不是得自他自己的精神能力，而是得自通过他而发挥作用的上帝的恩赐，这是圣徒真实性的一个标志。然而，当上帝自己都遭废黜的时候，便没有这类精神上的障碍阻止人们将技术专家偶像化了。事实上，基督教不明智地为后基督教时代的技术和技术专家的神化扫清了地盘……于是，当这一全能的超越的造物主上帝——犹太教、基督教和伊斯兰教的神——在 17 世纪末叶被西方基督教世界废黜以后，自然就不再与西方人争夺上帝空缺的宝座。"②它无须争取，无须亲自出马，自然而然地被抬上宝座。在上帝面临死亡的命运注定无法更改的背景下，人、神、自然三者的重要性顺序本来是人—自然—神，实际上却必然演化为自然—人—神。新的形而上学越来越重视自然，"赋予自然以存在者层次上的优先性，使注意力偏离了人或神的优越性问题，但并没有消除它"③。于是，自然科学最被关注，人类学次之，神学已不被视为科学了。这是现代启蒙的必然结果。

这样，启蒙与自然的关系也就成为启蒙观的主要内容，两者之间关系的界定就是合理启蒙观抑或极端启蒙观的一个典型表现。培根役使自然的主张自不必说。笛卡尔更希望撇开思辨哲学，通过新的方法"发现一种实践哲学，把火、水、空气、星辰、天宇以及周围一切物体的力量和作用认识得一清二楚，就像熟知什么匠人做什么活一样，然后就可以因势利导，充分利用这些力量，成为支配自然界的主人翁了。我们可以

① 汤因比. 一个历史学家的宗教观. 上海：上海人民出版社，2014：195.
② 同①.
③ 吉莱斯皮. 现代性的神学起源. 长沙：湖南科学技术出版社，2012：351.

指望的，不仅是数不清的技术，使我们毫不费力地享受地球上的各种矿产、各种便利，最主要的是保护健康"①。这一段话说明笛卡尔还是倾向于支持支配自然的主人翁形象的。中世纪的炼金术士早就致力于充当改造自然的主人翁了，笛卡尔显然在实践层面上继续延续着这种梦想。因此，安静、可靠的自我主体只是一种理论哲学的追求，掀天揭地、欲望无穷的实践主体才是更根本的。康德也继承了这一点，认定自由高于自然，而且这两个领域的法则互不干预，"自然概念对于通过自由概念的立法没有影响，正如自由概念也不干扰自然的立法一样"；在此基础上，他肯定自然低于自由，自由能利用和改造自然，即"前者（自然概念——引者注）不能对后者（自由概念——引者注）发生任何影响"，而"后者应当对前者有某种影响，也就是自由概念应当使通过它的规律所提出的目的在感官世界中成为现实"②。虽然康德力图通过审美判断力来弥合自然的合规律性与自由的合目的性之间的冲突，但如果像后来的思想家从历史发展来解决这种自然与自由的冲突，就很容易沿着不断推崇自由、同时贬低自然的路线，走向一种脱离自然的根基，径直追寻纯粹自由的完美王国的结论。由此开始，自然与自由的张力很大，构成观念论哲学内在的一大冲突、一大矛盾，使得弱化这个冲突或张力成为一项重要任务。这项任务的核心在于，把自然视为启蒙必须与之建立合理关系的存在，一种甚为重要、甚为关键的存在或领域。这是德国早期浪漫派和马克思致力于并取得成绩的工作。

于是，贬低自然、抬高理性就成了启蒙运动的固有内涵。正如施特劳斯所说，自然是低下的，是坏的，只有理性的才可能是好的、可靠的，自然必须被征服才行。用卢梭的话来说，"自然人是愚蠢的野兽"。卢梭虽然把人视为天生粗野、愚蠢的野兽，但具备变成理性存在者的潜质、可能性，也就是可塑性，这种可能性、可塑性才通向所谓"历史"。"所以，我们可以说，历史的本义以及大写的历史，就是理性的起源，或理性的命运。"③

自然与自由之间的明显张力由此造就。现代化建设以自己特有的形式支持役使自然的现代思想，抱着统一自然和自由两者的愿望和动机，

---

① 笛卡尔. 谈谈方法. 北京：商务印书馆，2000：49.

② 康德. 判断力批判. 北京：人民出版社，2002：10，11.

③ 施特劳斯. 尼采如何克服历史主义. 上海：华东师范大学出版社，2019：23，24.

显然一度增大了两者之间的这种张力。它把原来崇拜的"神灵"还原为"人"，呼唤人道和主体性，而大力发展作为改造自然的能力的"生产力"则是这种人道的核心内容，并且几乎一度成为全社会的共识。在马克思主义哲学领域，强调人的主体性、实践的"实践唯物主义"，相比原来强调自然在先、唯物主义原则首先在自然中确立，尔后推广到社会历史中的"辩证唯物主义"，得到人们的更多认同。在这种认同中，原来被奉为"神"的世俗化、人化，通过走下神坛、理想主义式微、回避崇高等形式，先是与对自然的贬低一同发生，尔后伴随着对自然之人（身体、欲望）的拔高和对人文之人的贬低发生。不过不同的是，"神"的被贬低招致的是它日益淡出人的视线，而"自然"在地位上被贬低招致的却是它日益走进人的视线。最后，正在进行的对自然的凸显则招致了对人文之人的贬低和对自然之人的推崇。自然（包括人身在内的自然），确切地说是对它的开发利用，日益被视为现代化的核心所在。环境问题的恶化，可持续性发展观的确立，虽然使自然从被无限制地开发转向被保护性地开发，但自然的关键性地位一直没有改变，不管是先前被贬低还是日后极受重视。现代性与自然性的关系，一直是现代性关注的核心。波特在谈到苏格兰启蒙运动讨论马尔萨斯"大自然蓄势待发，准备报复狂妄自大的人类"这一观点时指出，这个问题"成为启蒙运动的难题症结：人与自然是善的吗？这一问题电闪雷鸣般划过 19 世纪的长空"①。其实岂止 19 世纪，它仍然悬在 21 世纪的天空中。

在马克思之前的德国思想史中，浪漫派和谢林一度减小了自由与自然之间的这种张力。德国早期浪漫派思想家也赞赏自由，甚至在启蒙主体的伸张方面更加凸显个性自我（而非普遍自我）的价值，把个性提升到非常突出的地位上。但早期浪漫派不主张对自然的贬斥和统治，反而主张人与自然的有机统一。冯施莱格尔（又译施勒格尔）认为，应当遵从人的天性、本性、个性，而首先不是启蒙的教化。根据自己的天性与个性尽可能发展自己的自由，把自己身上最人性、最本真、最神圣的东西发展出来，是最为重要的。人要成全"自然的一种恰到好处的安排"②，不能追求后天的强制。虽然浪漫派思想家把重心寄予富有个性、创造性的主体自我，把人的敏锐、丰富、纯粹、无污染、独立视为把握

---

① 波特．创造现代世界：英国启蒙运动钩沉．北京：商务印书馆，2022：496.
② 施勒格尔．浪漫派风格：施勒格尔批评文集．北京：华夏出版社，2005：152.

和改造世界的关键，甚至即使作品的生产遵循自然、有机的生成原理，但浪漫派的主体在某种意义上还是德国观念论哲学那种与自然性之间具有决定性区别的存在："浪漫派完成了主体与一切'自然性'之间具有决定意义的决裂，而不是受制于一种平庸的想象力；尽管作品生产始终遵循着自然的、有机的生成原型的思路，如此这般的生产，离开自我生产本身之物（之人）的自然前提的生产从此明确规定了这种主体性。"①也就是说，与自然的统一还是分裂，归根结底是主体做出的决定，最具根本意义的是主体自我。但浪漫派的主体自我要跟自然保持一种有机和谐的关系。

奥·施莱格尔和谢林虽说过艺术高于自然、艺术为自然立法之类的话，主张心灵是一盏灯，点亮周遭的一切。艺术家制定艺术规则，创作艺术作品，但艺术绝不只是具有主观性，与自然世界无关。相反，艺术的创作、表现与模仿不是与自然完全冲突的；艺术家的创作是大自然创造力的展现。**诗首先是自然的，不是人为的。**自然是一首诗（"这首诗就是——大地"）、一首美妙的乐曲，取决于我们内心的感知力，取决于我们内心的敏锐、丰富。浪漫派思想家把自然的诗性本质的发现跟浪漫化自我的孕育生成联系起来，但无论是从自然诗性本质的在先，还是从人根本上是一种自然物、人深入自然是唤醒内心的敏锐和丰富的重要途径而言，他们认可自然的实在论前提。当奥·施莱格尔说"正如地核自己用各种形体和植被把自己装扮起来，如生活自动地从深处涌出来，天地间到处都有愉快地自我繁殖的生命一样，一旦神性的太阳发出的温暖的光辉照到了诗，使诗受了孕，那么诗就会自动地从人类看不见的原始力量中开出花来"② 时，把自然先于人的诗性本质表达了出来。当他说自然是一首诗，而"所谓自然诗，乃是自由生长的植物而非具有目的性的艺术作品"③ 时，也意味着这一点。甚至艺术家就是自然艺术作品："人们把许多人称为艺术家，而这些人其实只是自然的艺术作品。"④

马克思在波恩大学时的老师把永不停歇的创造、永远生成着的世界

---

① 拉巴尔特，南希 . 文学的绝对：德国浪漫派文学理论 . 南京：译林出版社，2012：321.

② 施勒格尔 . 浪漫派风格：施勒格尔批评文集 . 北京：华夏出版社，2005：170.

③ 同②26.

④ 同②45.

视为"最本真、最高意义上的自然"，认为这是哲学的发现。这位老师甚至还把马克思后来非常推崇的普罗米修斯用陶土造人、盗取火种给人类的行为解释为"他就是用这种方式来摹仿自然"①，由此赋予自然很高的地位和重要性。自然是一种宏大关联的整体，是唯一真正自为存在的整体，是创造、力量、充盈、全面的象征。"整个自然的宏大关联，超出了我们直观限度之外，它才是唯一真正自为存在的整体"，"力量、充盈、全面，宇宙便如此在一个人类精神中映照出了自己，而这种镜照本身又以此在人类精神中显现，这种清澈之观就确立了人的艺术天才的程度，让他具备了在世界中塑造一个世界的能力。"所以，"艺术应该模仿自然，换句话说就是：自然（单个自然物）在艺术中是人之规范"②。

　　当然，马克思关注自然，更多是直接受斯宾诺莎、黑格尔和费尔巴哈的影响。按照莱文的说法，马克思的博士论文选题多受重视自然和唯物主义的费尔巴哈影响，所采用的方法和批判现实的立场则主要是受鲍威尔的影响。其思想史基础的构成则更丰富，包括对斯宾诺莎的阅读和摘录，对谢林思想的吸收③，以及黑格尔在《哲学史讲演录》中对希腊—罗马哲学发展史的建构和《哲学全书》中的《自然哲学》对自然的阐述。这说明，马克思早期从撰写博士论文开始，就对自然、生命、身体非常重视，早就有从这个角度看待世界的倾向或基础。恰如莱文指出的，"至早在 1839 年，马克思对唯物主义的兴趣，无论是在自然还是在社会两个维度都超越了黑格尔的《哲学史》"④。马克思早就做了黑格尔《自然哲学》的笔记。同时，马克思也摘录过斯宾诺莎的《神学政治论》，对斯宾诺莎从自然、身体角度理解世界和人有充分的了解，结合对费尔巴哈的认识，一并孕育着马克思对自然、生命、身体逐步增加的认同，以及对从这个角度理解世界的认同。就对黑格尔的阅读而言，"这个题为《自然哲学提纲》的笔记之所以重要，有下列两个原因。首

---

　　① 施勒格尔.艺术理论//拉巴尔特，南希.文学的绝对：德国浪漫派文学理论.南京：译林出版社，2012：296.

　　② 同①297.

　　③ "马克思在柏林期间曾求学于谢林的学生亨利克·史蒂芬斯（Henrik Steffens），并且对青年谢林的自然哲学著作极为熟稔，如《一种自然哲学的理念》（1797）、《论世界的灵魂》（1798），我们甚至可以在其中辨识出与《博士论文》类似的表达。"宋一帆.力量的谱系：马克思、斯宾诺莎与激进主义传统.上海：复旦大学，2022：162.

　　④ 莱文.马克思与黑格尔的对话.北京：中国人民大学出版社，2016：143.

先，它证明了青年马克思潜心研究唯物主义和自然哲学。马克思并不满足于《哲学史》，他把他对唯物主义的兴趣又投向了《自然哲学》。其次，《自然哲学提纲》是马克思解释自然的一个范例①。马克思赞赏"古代世界起源于自然"，批评"新世界起源于精神"②，"希望在一般意义上使黑格尔中派和当代哲学回归到伊奥尼亚传统，在那里，自然是作为独立于精神的外部存在而被研究的。科学革命已经摧毁了中世纪以来神学对自然的霸占，黑格尔学派也必须使自然从形而上学的神秘中解放出来，从而复兴古代唯物主义"③。早期浪漫派、谢林、黑格尔、费尔巴哈的自然观，或以间接形式或以直接形式影响了马克思对自然的看法。

我认为，早期浪漫派对自然的肯定、主张人与自然建立有机统一关系的观点，更不用说费尔巴哈把精神还原为自然的观点作为一种原则被马克思继承了。但历史唯物主义首先意味着对它们的批评，批评浪漫主义理解、推进、贯彻启蒙现代性的方向基本错误：不是撇开经济与社会，而是径直在人文艺术中理解和推进启蒙现代性④；批评费尔巴哈过于直观，同样没有上升到社会历史高度去理解自然；当然更批评黑格尔把自然束缚在理念的光环之内。历史唯物主义告别这些稚嫩、直观和颠倒，把哲学进一步扩展到经济社会层面上来，在一种更大的整体性中理解、推进启蒙现代性。

这就是马克思所说的"现实的自然"，也就是"在人类历史中即在人类社会的形成过程中生成的自然界"，或者"通过工业……形成的自然界"⑤。这样的"自然"与"现实的历史"才是统一的。当马克思说"历史本身是**自然史**即自然界生成为人这一过程的一个**现实**部分"⑥时，就表达了这样的意思。不但因为"**工业**是自然界对人，因而也是自然科学对人的**现实的**历史关系"，而且因为"谁生出了第一个人和整个自然界？"这个"问题本身就是抽象的产物"⑦，不具现实性。历史唯物

---

① 莱文. 马克思与黑格尔的对话. 北京：中国人民大学出版社，2016：143.
② 马克思恩格斯全集：第40卷. 北京：人民出版社，1982：52.
③ 同①144.
④ 具体分析请参见：刘森林. 浪漫反讽与实践辩证法. 中国社会科学，2021（9）。
⑤ 马克思恩格斯全集：第3卷. 北京：人民出版社，2002：307.
⑥ 同⑤308.
⑦ 同⑤307，310.

主义关于启蒙与自然的合理关系，至少包含着以下内容：

第一，历史唯物主义的出发点是自然。马克思对这方面的看法我们很熟悉。他指出，"全部人类历史的第一个前提无疑是有生命的个人的存在。因此，第一个需要确认的事实就是这些个人的肉体组织以及由此产生的个人对其他自然的关系。当然，我们在这里既不能深入研究人们自身的生理特性，也不能深入研究人们所处的各种自然条件——地质条件、山岳水文地理条件、气候条件以及其他条件"①。显然，马克思、恩格斯在这里肯定的东西与尼采几乎没有任何差异，差异只是马克思说他们在这里不能深入研究这些被首先肯定的事实。不过，马克思、恩格斯还是在旁边写了这么一句话（随后删掉了）："但是，这些条件不仅决定着人们最初的、自然形成的肉体组织，特别是他们之间的种族差别，而且直到如今还决定着肉体组织的整个进一步发展或不发展。"② 为了突出自己的理论重点而强调肉体组织、个体生存和发展所依赖的物质资料的生产，以及其中所体现出的生产方式，马克思的强调重心与尼采强调的身体、本能、意志等有所差异，但基本前提并没有差异，因为马克思也旗帜鲜明地指出，"人们为了能够'创造历史'，必须能够生活。但是为了生活，首先就需要吃喝住穿以及其他一些东西。因此第一个历史活动就是生产满足这些需要的资料，即生产物质生活本身"③。马克思与尼采肯定的基本前提是一样的，不一样的只是随后两人关注重点的变化。尼采是关注生活得以展开的权力意志基础，揭示其生理学和心理学秘密；而马克思关注的则是满足身体需要的社会生产活动："人们用以生产自己的生活资料的方式，首先取决于他们已有的和需要再生产的生活资料本身的特性。这种生产方式不应当只从它是个人肉体存在的再生产这方面加以考察。"④ 马克思肯定但不重点对待的身体、肉体及其再生产方面，正是尼采特别强调的重点。尼采所做的工作，某种意义上正是马克思明确肯定了但"不能深入研究"的东西。暂且舍弃了这些"不能深入研究"的东西后，马克思把着重点放在了思想、精神的社会性基础方面，而尼采则是沿着思想的自然基础这个方向继续深挖，径直追溯

---

① 马克思恩格斯选集：第 1 卷. 北京：人民出版社，2012：146.
② 同①.
③ 同①158.
④ 同①147.

思想的自然根源去了。在马克思那里，神学的基础是经济、政治与社会，而在尼采那里，神学的基础是生理和心理。可见，在出发点上，马克思与尼采没有根本区别，但出发之后各自努力的方向不同了。出发点的一致确保了两人首先可以相互补充，而不是相互否定。

第二，**自然史与人类史是统一的**。马克思更是坚定地肯定自然史和人类史"这两方面是不可分割的；只要有人存在，自然史和人类史就彼此相互制约"①。在分析男女关系时，他更是认定这是一种自然关系，在其中，"人对自然的关系直接就是人对人的关系，正像人对人的关系直接就是人对自然的关系"②。

对于马克思来说，"**自然界的人的本质**只有对**社会的人**来说才是存在的；因为只有在社会中，自然界对人来说才是人与**人联系的纽带**，才是他为别人的存在和别人为他的存在，只有在社会中，自然界才是人自己的**人的存在**的**基础**，才是人的现实的生活要素。只有在社会中，人的**自然的存在**对他来说才是自己的**人的存在**，并且自然界对他来说才成为人。因此，**社会**是人同自然界的完成了的本质的统一，是自然界的真正复活，是人的实现了的自然主义和自然界的实现了的人道主义"③。虽然马克思并没有在自己的学术研究工作中贯彻这个自然史与人类史统一的思路，而是把自己的研究重点放在人类现代史对自然和人本身的改变、影响这个方面，但是在根本立场上，马克思还是坚持这一原则的。特别是，他认为社会经济形态的演进仍然是一种自然历史过程，如在法文版《资本论》第一卷中把这种"是"改为"类似"，以及在《哥达纲领批判》中针对拉萨尔"劳动是一切财富和一切文化的源泉"的观点做出了坚定批判，并明确指出劳动不是一切财富的源泉。自然界同劳动一样也是财富的源泉，劳动本身不过是一种自然力即人的劳动力的表现，更加突出地表达了他自始至终认为自然史与人类史相统一的立场。跟黑格尔甚至跟恩格斯相比，马克思都更为强调自然的地位。

第三，**社会历史发展过程归根结底仍然是一种自然历史过程**。历史发展规律某种意义上还是一种自然规律。马克思认为他研究的就是资本主义社会发展的"自然规律"，并认定"一个社会即使探索到了**支配它**

① 马克思恩格斯选集：第1卷. 北京：人民出版社，2012：146.
② 马克思恩格斯全集：第3卷. 北京：人民出版社，2002：296.
③ 同②301.

的运动的自然规律——本书的最终目的就是揭示现代社会运动的经济规律——它还是既不能跳过也不能用法令取消它的自然发展的各个阶段；但是它能缩短妊娠期和减轻分娩的痛苦"①。虽然马克思在 1872 年亲自修订的法文版《资本论》第一卷中把 1867 年德文版《资本论》第一卷序言中那句关于社会经济形态的演进是一种自然历史过程的著名论述修改了，从 "die Entwicklung der ökonomischen Gesellschaftsformation als einen naturgeschichtlichen Prozess auffasst"②，改为 "d'après lequel le développement de la formation économique de la société est assimilable à la marche de la nature et à son histoire"③。中文版翻译从"把经济的社会形态的发展理解为一种自然史的过程"④，改为"**社会经济形态的发展同自然的进程和自然的历史是相似的**"⑤。把社会经济形态的演进、社会历史发展过程归结为一种自然历史过程，把看似复杂、主观的社会历史发展过程归结为与自然历史过程类似、一致的客观过程，意思是明显的⑥，并且仍然与他一贯主张的自然史与人类史相统一的立场十分吻合。社会历史演进跟自然进化一样具有客观规律；社会历史发展离不开自然界，摆脱不了自然界的约束和奠基；人对社会历史进程的把握与对自然的把握一样，历经艰辛的同时能力逐渐增强；现代社会历史演进再复杂也在更大范围和视野内呈现为自然史进程，摆脱不了自然规律的约束。因而，理想社会中人与自然只能是一种有机统一关系，就是这个命题的基本含义。这意味着，虽然马克思、恩格斯一再强调自然、自然史进程不是他们研究的侧重点，但是在社会历史发展再复杂、再有主观性最后也仍属自然且超脱不了自然规律和自然限制的意义上毫不含糊。如上所述，他们在合著的《德意志意识形态》中特别申明，全部人

---

① 马克思恩格斯全集：第 43 卷 . 北京：人民出版社，2016：18 – 19.

② Karl Marx Friedrich Engels Gesamtausgabe（MEGA）. Zweite Abteilung. "Das Kapital" und Vorarbeiten，Band 5. Berlin：Dietz Verlag，1983：14.

③ Karl Marx Friedrich Engels Gesamtausgabe（MEGA）. Zweite Abteilung. "Das Kapital" und Vorarbeiten，Band 7. Berlin：Dietz Verlag，1989：14.

④ 马克思恩格斯全集：第 44 卷 . 北京：人民出版社，2001：10.

⑤ 同①19.

⑥ 对此请参见以下三篇拙作：刘森林 . 超越"自然历史过程"：也论重新理解社会发展的"自然历史过程". 哲学研究，1989（10）；刘森林 . 自然·自然性·自发性：再论社会发展的"自然历史过程". 哲学研究，1994（3）；刘森林 . 回归自然与超越自然：重思"自然历史过程". 哲学研究，2016（7）.

类历史的第一个前提、出发点就是这些个人的肉体组织以及由此产生的个人与其他自然的关系。只是，这并不是他们研究的重点。他们会把它当作一个基本原则肯定下来，只有在被刺激、不得不亮出自己观点的时机和场合才特意说明其对于自然的高度重视，说明虽然重点研究社会历史但最终还是把社会历史演进视为自然演进，社会历史进程再复杂也终归是一种自然进程的明确立场。1875 年 2 月，德国社会民主工党（爱森纳赫派）与全德工人联合会（拉萨尔派）在哥达召开合并预备会并通过纲领草案《德国工人党纲领》，看到这个纲领的马克思随即就在该年 4 月底 5 月初撰写了《德国工人党纲领批注》，即后来所称的《哥达纲领批判》，逐条批判了拉萨尔主义色彩浓厚的错误观点，其中包括抬高劳动地位，把一切财富的源泉都归为劳动，抹杀自然地位等。这就是下面的第四点。

第四，劳动和自然都是财富的源泉。根据德国观念论的逻辑，把"劳动""实践"视为马克思推崇的"自由"的唯一根据，财富的唯一源泉，是非常想当然的一种观点。霍耐特就是如此质疑马克思的："现实中的一切都应由人类劳动所创造。姑且不论这个解释模型还建立在观念论的前提上，此种解释无论如何都必然失败，因为根据这个观点，任何客体、任何存在状态，只要不是经由劳动产出，都会成为某种物化。"①这显然是根据黑格尔的绝对精神本体论想象马克思，把"实践"理解成了绝对精神。实际上，马克思在《哥达纲领批判》一开始就对"劳动是一切财富和一切文化的源泉"这一点做了坚决的否定，明确指出"劳动**不是**一切财富的**源泉**。**自然界**同劳动一样也是使用价值（而物质财富就是由使用价值构成的！）的源泉，劳动本身不过是一种自然力即人的劳动力的表现"②。由此，既不能说凡不是劳动创造出来的都是异化的，都是不合理的，更不能说只有劳动才能创造财富，甚至劳动可以脱离自然创造财富。在《1857—1858 年经济学手稿》中，马克思甚至提出"一切生产力都归结为自然界"③的观点。但可惜的是，西方马克思主义自卢卡奇的《历史与阶级意识》开始就批评否定恩格斯的自然辩证法，认为只有在人与自然之间的实践关系中才有辩证法，自然本身没

① 霍耐特 . 物化 . 上海：华东师范大学出版社，2018：33.
② 马克思恩格斯选集：第 3 卷 . 北京：人民出版社，2012：357.
③ 马克思恩格斯全集：第 30 卷 . 北京：人民出版社，1995：539.

有。贬低、否定自然的标签似乎早就被赋予了历史唯物主义。这种观点自改革开放以来在中国盛行的实践唯物主义中被普遍接受，有相当广泛的传播和影响。

按照这种建立在劳动本体论基础上的历史唯物主义解释模式，人与自然的有机统一只能建立在对现实自然的实践改造基础上，而不能建立在现实自然本身的基础上。这种观点相比早期浪漫派已经有了很大的倒退，是人类中心主义立场的极端表现，显然不符合马克思的自然本身和劳动都是财富的源泉的基本观点。人与自然有机统一不能仅仅建立在劳动、实践基础上，同样应该建立在自然本身基础上。因为人本身不能仅仅被视为自然的对立面，还应被视为自然本身的一部分。按照马克思、恩格斯创建的原生态的历史唯物主义，自然本身、自然与人的关系都是按照有机统一的模式来解释的。有机统一不仅仅体现在个人内在的各个方面之间的关系上，更体现在自然世界本身、人与自然的关系、社会与自然的关系等各个方面。"有机统一"的观念，作为对 17 世纪以来占据统治地位的机械论世界观的反动，18 世纪后期以来就"似乎是最好的科学世界观，是解释事实的唯一理论"①。浪漫派、黑格尔、马克思都接受和支持这种观念。这样一种原则确定下来之后，具体内容还有待展开。

2. 启蒙理性与文化传统的张力

启蒙主体性要发掘、培育、发动足够的力量，凭借理性力量的发掘、贯彻、运用，能否彻底限制甚至革除传统、再造一个完全遵从主体性逻辑的新世界？当然，除了传统力量不同于这种被寄予厚望的启蒙主体性，因为其会发挥一定的阻碍作用之外，还有更深厚、更难对付的自然力量的作用。启蒙主体性、启蒙理性能战胜这两种因素或力量，使得世界完全成为理性的世界，完全按照理性的原则来运作吗？世界能够完全成为理性的世界吗？从理想状态来说，启蒙运动蕴含着这样的纯粹理想。从这种理想出发，启蒙运动希望结束上一段历史，并力欲开创一种全新的

①　拜塞尔．黑格尔．北京：华夏出版社，2019：95.

历史。恰如斯汤奈尔所说，"中世纪从古代知识体系的延续上寻求自身合法性，而新生的现代性则渴望与历史决裂，这是前所未有的。……启蒙一词本身就意味着对新时代理性企图的觉悟：认识自我是构成一个历史阶段开始的现象之一"[①]。但倘若从实际出发，对启蒙理性来说，自然和**传统**是两种需要认真考虑的力量。它们真能被启蒙理性彻底征服、全面推倒、重新改造吗？

传统中首先被关注的是人文艺术与礼法习俗。德国早期浪漫派十分重视这一点。"教化"概念集中凝聚着他们对人文艺术以及共同体内礼法习俗的重视，这里的人文艺术不仅是传统的，也包括现代新生的。在此意义上，德国早期浪漫派的"**教化**"概念包含着一种扬弃，一种现代性和传统的汇聚、融合，是对完全否定传统、仅利用现代理性彻底改造和重塑世界的极端启蒙主义的一种矫正。不同于边沁和爱尔维修的经验主义、享乐主义，也不同于康德与费希特的理性主义责任论，这种教化观念强调内在的文化教养、隐含质素的实现，而不是外在命令的规制。另外，教化还主张整体论：所有各种力量都得以发展，而且这些力量之间是平衡、完整与和谐的。但这种整体论与个体论不是冲突的，而是和谐地结成一个统一体。个体、个性的发展不能在整体中被遮蔽和忽视。在这个意义上，浪漫派的个体与社群的和谐论很类似于马克思所说的真正的共同体。如果这个看法能够成立的话，马克思对早期浪漫派的继承就不只是对浪漫派所探讨问题的继续思考，也就是以新的解答方式对问题的继承，还有对观点的继承。这种观点的继承可能并不一定是对观点的完全同意，而是对观点的基本立场、基本原则的同意。就像这里个体发展与社群发展的协调性、共同性、有机性这些基本原则和精神，被马克思寄予希望的真正的共同体理论继承了。"通过有机国家的社团主义者或多元结构，浪漫派相信他们能够打破现代性的政治怪圈，即同时提供社群和个人自由。"[②]马克思的基本立场也是如此。拜泽尔指出，"谢林、诺瓦利斯和施莱尔马赫都假定完美的社会或国家就像一件艺术品，因为个体与社会整体之间存在一种有机统一，它既不被物质所控制，也不受道德的约束，而只受自由交互的支配"[③]。马克思不会再以人文艺

---

① 斯汤奈尔. 反启蒙：从18世纪到冷战. 上海：华东师范大学出版社，2021：引言50.
② 拜泽尔. 浪漫的律令. 北京：华夏出版社，2019：63.
③ 同②143.

术的逻辑、方式来设想个体与社会的有机统一，通过历史唯物主义的理论创新，他发展出了新的更有效的理论和实践方案，但个体与社会有机统一的基本原则和精神他是赞成和继承了的。

当然，在另一种意义上，理性、启蒙也是一种传统，并非像极端启蒙运动所设想的那样是一种全新的东西。我们在上一章第一节已经论及，马克思为了推进启蒙，已经从古代调集启蒙力量来壮大当时的启蒙事业。他在自己的博士论文中选择喜欢的伊壁鸠鲁作为思考对象，充分反映了他对古代启蒙的重视，反映了他没有局限在近代意义上理解启蒙，尽管探究古希腊启蒙的用意仍然是针对当时的德国现实，推进当时的启蒙。在这样的意义上，启蒙就很难再成为一种全新的、完全排斥传统的东西，而只能是一种对资源做出新的结构调整、新的组织并付诸新的运作的方式。而且，启蒙弘扬并主要借助的理性力量，更是后来在人类文化传统中才逐渐发展起来的。如果我们采用霍克海默、阿多诺在《启蒙辩证法》中从尼采那里继承并有所推进的观点，理性只是西方文化之初与神话、巫术、宗教、艺术相并列的克服焦虑与恐惧的方式之一。由于理性方式效果优良，它才逐渐替代了此前与之并列的宗教、巫术等方式。这是与古希腊启蒙联系在一起的，但并不能由此高估古希腊启蒙的效果。因为不久之后基督教就在西方社会取得统治地位，并流传两千多年。尼采在发现苏格拉底理性主义斩断了他非常欣赏的古希腊悲剧精神，而把批判矛头对准苏格拉底理性主义之时，很快又发现比苏格拉底理性主义革除焦虑与恐惧更简单有效的基督教更值得关注和批判，才把自己一生的批判矛头对准了基督教，而不是苏格拉底理性主义。这意味着宗教文化并不像近代启蒙文化所认为的那么简单，那么不堪一击，那么容易消失。这也使得宗教成了启蒙的主要对手，哲学与宗教之间的张力构成了启蒙内在的最大张力，启蒙辩证法离开哲学与宗教的关系是无法理解的。这也意味着，理性的现实形态从来不是纯粹的，它总是与其他的因素交叉在一起。正如马克思所说，"理性向来就存在，只不过它不是永远以理性的形式出现而已"①。理性之所以那么被人们看重，就是因为它跟其他因素以及它本身继承的传统因素交叉在一起，要使它凸显出来，作为主导因素发挥作用，没有那么容易，需要付出各种

---

① 马克思恩格斯全集：第 1 卷. 北京：人民出版社，1956：417.

有效的努力。

正是在启蒙本身就是一种传统的意义上，启蒙理性与宗教信仰的关系才成为启蒙的一个核心问题。由此而论，启蒙绝不是反传统的，更不是全新的现代性。启蒙继承、肯定、发挥和发展哪些传统，同时批判、否定、拒斥和远离哪些传统，才更值得关注。"启蒙运动并未将矛头指向全部的欧洲特权和传统体系"，也"未能从根本上动摇教会体系，但却几乎对体系中的方方面面都提出了质疑"[1]，即使没有动摇基督教、专制政权的根基，也起码通过宗教宽容、宗教改革、开明君主制等形式削弱了宗教和国王的权威[2]，弘扬了科技革命、理性至上、民主自由等启蒙理念。简单而论，激进启蒙弘扬古希腊理性主义传统，而不欣赏宗教传统。但正如从古希腊开始哲学理性传统就与宗教信仰传统如影随形、从未完全分离一样，现代启蒙拥护和拒斥的两种传统仍然是这样一种复杂关系。激进启蒙在批判宗教时，不应该忘记启蒙在很多方面继承和延续着基督教的基本观念，虽然它们批评基督教，但在普遍史（而非地区史）、追求完美的理想王国等诸多方面，它们与基督教一脉相承。"进步被证明是启蒙运动的终极信条。它点燃了乐观精神"[3]，这种乐观精神一直燃烧到遥远的未来理想王国。在卡尔·贝克尔（Carl L. Becker）的眼里，启蒙思想家们的进步理念及其喻示的理想王国是基督教"天城"的改进版，其底色仍是基督教的。启蒙"'哲学家们'展望着未来，就像是展望着一片美好的乐土，一个新的千年福王国"[4]。这就是启蒙时代哲学家们期待的"天城"。"只不过他们要把基督教那遥远的天国拉到即时的当下，拉到现实的大地。所以，他们对历史的否定（虚无化）因为许诺了一种更切近的理想未来，是一种理想的替代，因而没有造成崇高理想的空白与缺失，也不至于引发严重的虚无主义后果。"[5] 激进启蒙对基督教的批判否定，并没有自己所标榜的那般激进和彻底，实际上，"由于它在线性历史观念、对'天城'的追求、普遍

---

① 伯恩斯.启蒙运动：历史、文献和关键问题.北京：商务印书馆，2021：Ⅳ，Ⅲ.

② 启蒙与宗教、王权的关系在启蒙时代是复杂的。狄德罗与叶卡捷琳娜之间就体现了这样的关系。参见：扎勒特斯基.失败的融合：狄德罗、叶卡捷琳娜与启蒙的命运.北京：东方出版社，2022.

③ 波特.创造现代世界：英国启蒙运动钩沉.北京：商务印书馆，2022：468.

④ 贝克尔.启蒙时代哲学家的天城.南京：江苏教育出版社，2005：100.

⑤ 刘森林.历史虚无主义的三重动因.哲学研究，2015（1）：12.

史等等方面对基督教历史观的继承，它所引发的历史虚无主义暂时并不明显。但当尼采以祛除一切形式的基督教理想，把一切绝对、纯粹的理想王国视为传统形而上学的构造并力主否定一切形而上学时，当尼采拒斥线性史观、力主恢复永恒轮回观念时，它在价值和历史层面引发的虚无主义效果就非常严重了"①。这使启蒙与传统的关系显得复杂起来。

近代启蒙运动用理性来衡量一切，一切与理性相矛盾的存在都面临被否定，的确会消解一些有益的存在。"宗教、自然观、社会、国家制度，一切都受到了最无情的批判；一切都必须在理性的法庭面前为自己的存在作辩护或者放弃存在的权利。思维着的知性成了衡量一切的唯一尺度。"② 用理性来批判拷问一切，要求一切存在都提供理性的根据，无疑会摧毁众多的传统和价值。用贝克尔的话来说，法国那一批崇拜理性主义的思想家宣扬理性，"为的是要使人们更加开明（启蒙），社会基础更加巩固，道德和德行更加稳定"，但理性主义最终导致的是"理性对于回答任何有关上帝或道德或人生意义的根本问题都是无能为力的"③。极端理性主义甚至设想了一个完全重构的理想环境，一切传统都在这种环境中失去作用，新建设不受任何阻碍，获得全面的助力和支撑。甚至设想"先把人连根拔起，置于虚无之中，然后试图在虚无中再建家园"④。这便是伽达默尔指出过的启蒙运动的根本成见，即"'一个反对成见本身的成见'。用理性的原则来对社会进行反思和改造，这恰恰是一种非理性的成见，因为这个目的本身并没有经过理性的反思"⑤。

后来德国（及意大利）历史主义为之辩护的那些传统的东西（神话、道德、人文知识、地方性知识等），如何面对理性主义的进攻而确立呢？难道就只能像恩格斯描绘的那样，全被当作垃圾扔掉？贝克尔说，"在理性时代几乎还不曾走过它一半的途径时，'哲学家们'就承认理性的软弱性了，他们对直言不讳设下了禁令，并且转到了有用的（也就是说，事实性的）题材的研究上面来"⑥。他们的策略是，道德、宗

①　刘森林．历史虚无主义的三重动因．哲学研究，2015（1）：12－13.
②　马克思恩格斯选集：第3卷．北京：人民出版社，2012：391.
③　贝克尔．启蒙时代哲学家的天城．南京：江苏教育出版社，2005：71.
④　杨子飞．反启蒙运动的启蒙：列奥·施特劳斯政治—哲学研究．北京：中国社会科学出版社，2016：44.
⑤　同④60.
⑥　同③73.

教、政治都得以自然法为根据，与人的自然天性和谐一致。为了让抽象理性的光芒照到道德、政治、宗教领域，哲学家们就得从抽象理性占领的高地上进行一次战略撤退，以确保人、社会都是普遍、永恒的存在，是与普遍的自然秩序相调和的，社会、历史领域都符合理性。否则，这两个领域就得从理性王国中溜掉。于是，就需要产生一种新的历史学，如普里斯特所说，"没有历史学，我们合乎理性的天性就必须列入到很低的位置上去"①。

　　但看似激进的启蒙运动其实并没有完全否定传统，反而在某些方面、某种意义上利用、改造、扭转、提升了传统。表面上看，启蒙运动特别是法国启蒙运动，是跟传统激进地割裂。在它的影响下，启蒙现代性往往与最新、最时髦、最前沿的东西联系在一起。这种联系把人们的关注固定在未来的新方面，过去往往遭到遗忘。或许就像吉莱斯皮所说的，"这种重新定向并没有使我们摆脱过去。我们根本无法抛弃遗产，但可能会忘记它。这种遗忘主要是为了掩盖这种遗产至今仍然对我们的支配，于是，我们常常对自己很陌生……"② 就现代启蒙的始发地欧洲来说，对基督教传统的否定和激进反对更是给人以如此印象。在启蒙思想家们对现状的不满和急于改造之中，非常明显地存在着这种倾向，甚至此后一直延续了这种印象。那时启蒙学者抱怨已有的编年史沉闷、枯燥，从中找不到真理，只有谎言、无知、虚伪、迷信、暴政。要找到有用的东西、合乎理性的东西，历史就需要哲学家来重新撰写，只有哲学家才会抱着"与过去决裂，重新开始"的态度看待过去。抱着这种态度写出了六大卷世界史的伏尔泰说，"世界上重大事件的历史简直无非就是种种罪行的历史"③。不管是为了找到教训还是教益，从过去复杂的事实中如何找出普遍性的东西，以利于"发现人性的普遍永恒的原则"至为关键。由于致力于改变社会，他们并不关心"社会是怎样成为它现在这个样子的"这样的问题，他们关心的是如何尽快改变它。所以，历史传统充其量只有利用的价值；而"研究历史为的就是要发现人性的永恒而普遍的原则"④。启蒙思想家不会关注地区性和暂时性的东西，而

---

① 贝克尔. 启蒙时代哲学家的天城. 南京：江苏教育出版社，2005：75.
② 吉莱斯皮. 现代性的神学起源. 长沙：湖南科学技术出版社，2012：中译本序1.
③ 同①80.
④ 同①88.

追求普遍和永恒的东西。虽然他们批评基督教，但在普遍历史、追求理想王国以及必然包含线性历史观念等方面，他们与基督教一脉相承。

启蒙运动对全球性的向往和扩展（扩张），对地区性、地方性的看低和超越，仍然是对基督教传统的继承和发扬。古希腊时期的"历史"观念起初是地区性、地方性的。只是随着亚历山大大帝的征服，"普世""世界"的观念才开始呈现并明显化，"把整个世界作为一个单一的历史单位的观念乃是典型的斯多葛派的观念，而斯多葛主义则是希腊化时期的典型产物。它是创造了普世历史观念的希腊主义"①。基督教的历史观念进一步继承和发扬了这种普世的"世界"和"历史"观念。除了普世性这一点之外，更为重要的是，启蒙现代性抛弃了古希腊以及所有文明都曾主张过的那种轮回、循环时间观，开启了一种从一个起点出发向着越来越美好的理想未来不断靠近的进步观念，这是一种一元、线性的时间观和历史观。它借助技术进步和制度进步所创造出来的巨大力量，提出了一个从前从未有过的崭新理念：地球上自古以来的循环、轮回现象在启蒙现代性事业中终止了，启蒙由此开启了一种越变越好的进程，而且永不停止、勇往直前。"到17世纪下半叶，世界已经濒临灭亡的信念被一个对未来充满希望的信念所代替"②，只是，这个"充满希望的未来"原本是基督教的千年王国，现在被启蒙现代性重新解释和改造了。自由、个性、平等、正义、理性等启蒙价值被安放在了极其重要的位置上。就像李约瑟所说的，"为了我们至今还具有的进步信念，启蒙运动使犹太基督教的时间观世俗化了"③，或者用上面所引贝克尔的话说，启蒙思想家们展望的理想未来，就是"一个新的千年福王国"，就是基督教"千年王国"的改进版和提升版，就是新的"天城"、新的形而上学"彼岸"。虽然经过了改造，但无疑其基本构架和逻辑还未变，即仍然是基督教式的，这是基督教观念的改进和提升，绝非完全否定和替代。只是，他们要把基督教那遥远的天国拉到即时的当下，拉到现实的大地上。他们对历史、传统的否定许诺了一种更切近的未来，即一种理想的替代，因而没有造成崇高理想的空白与缺失，也不至于引发严重

① 柯林武德. 历史的观念. 北京：中国社会科学出版社，1986：37.

② 炊格尔. 时间与传统. 北京：生活·读书·新知三联书店，1991：76.

③ 李约瑟. 中国与西方的时间观和历史观//潘吉星. 李约瑟文集. 沈阳：辽宁科学技术出版社，1986：102.

的虚无主义后果。

在更广泛的意义上，启蒙运动对基督教的继承还不止以上这些。阿摩斯·冯肯斯坦就指出，启蒙运动跟基督教一样有一种根本的社会关切，"正是出于这种关切，这些启蒙者甚至比世俗神学家更接近基督教历史的主流，那就是他们的使命感与传教的狂热。在许多国家，光照派、启蒙者与哲人开始着手通过知识和理性来改革人性与社会"①。从这个方面来看，"启蒙运动从基督教那里继承的并不是基督教的启示论，而是基督教对社会与对教育的使命感。启蒙运动的理念是彻底世俗化的、颠倒了的基督教观念。启蒙运动从基督教中继承了它传教的狂热，这一点无法从任何古代的经典异教理论之中继承而来，因为没有任何一种异教具备这样的热情"②。只有通过知识才能获得救赎，这是启蒙运动从基督教那里继承并有所发挥的基本精神。这些都印证着启蒙运动跟基督教的密切关系，与启蒙运动自己宣称的那种对立关系是根本不一样的。或者说，从这些情况看，"上帝死了"是一种有些夸张的说法。上帝没有完全死去，它能够也正在以另外的形式活在"启蒙运动"之中。上帝的"死"可能只是一些内容或者形式的"死"，特别是存在的形式更容易"死去"，但某种意义上的"精神""做法"仍然可以变相延续下去。就连喊出"上帝之死"的尼采也没有狭隘地看待启蒙，没有把启蒙与基督教完全对立起来，他认为"基督教对启蒙曾有过很大贡献。它教导人们对道德采取怀疑态度，其方式深刻而讲实效"，"我们受过基督教'怀疑学校'的教育……最终，我们也用这样的怀疑态度看待宗教的一切现状和事务"③。对此，我们将在下一节中继续探讨。

这样一来，在启蒙运动所关注的传统中，与之联系最密切，因而最受重视的就是宗教。如果说人文艺术还在启蒙推进过程中常受到某种肯定，那宗教则往往受到否定和批评。各国不同的宗教传统是导致各国启蒙模式有所差异的重要原因。霍松指出，"正是欧洲内部的宗教和政治传统的差异造成了欧洲启蒙运动的不同思潮。这些差异对 18 世纪以来

①　冯肯斯坦 . 神学与科学的想象：从中世纪到 17 世纪 . 北京：生活·读书·新知三联书店，2019：467.

②　同①.

③　尼采 . 快乐的科学 . 上海：华东师范大学出版社，2007：204，205.

的社会思想史至关重要"①。法国是天主教国家，教会的高权威、专制，跟英国的新教以及个人主义传统很不一样，导致法国人很希望以理性对抗权威；英国人则在知性事物上能够自己做主，没有那么激进。这进一步强化了启蒙运动与宗教之间的关系既构成了启蒙运动核心问题，又是最大张力的印象。就像盖伊所说，与宗教的关系是启蒙运动的核心问题。不过，启蒙并不是向法国启蒙运动那样一概采取激烈批判基督教的形式，苏格兰、德国启蒙运动不同于法国启蒙运动。越来越多的研究表明，世俗化运动与其说是从外部进入宗教的，还不如说是从内部展开的。甚至启蒙运动是从宗教内部的辩论开始的，或者至少，宗教内部的辩论构成早期启蒙运动的一项不可忽视的内容。即使按照通常所谓启蒙文化是一种理性文化的观点，理性化也不是对传统的革新和背叛，对于韦伯来说，"理性化首先是在宗教内部产生的。实际上，它的原型就是被称为世界宗教的那些世界观，就其本义而言，甚至克里斯马本身就是一种理性化力量"②。就像伊格尔顿所说，"神学辩论是早期启蒙运动的核心"③，新旧神学之间的辩论是世俗化时期导致信仰危机的主因。由此，启蒙与宗教之间的关系就更深入启蒙运动之中，构成启蒙运动的内在因素。这样，启蒙运动与宗教之间的关系就不是那么简单的二元对立关系了，而是一种更为复杂的关系。启蒙运动对宗教的反对，首先是对宗教的政治社会效果、功能，其次是对宗教的论证、根基，最后是对信仰的垄断和封闭。启蒙运动并没有否决信仰，只是转移、调整了信仰。问题的关键不在于信仰的有无，而在于信仰什么，以及信仰的性质、趋向和功用。把宗教与信仰等同起来是不科学的；科学也有自己的信仰，信仰可以科学为基础并获得合理性。"德国启蒙哲学瓦解的不是宗教，而是宗教的先验基础和先验深度，并由此向其他的追求开放。"④ 启蒙思想家并非都是无神论者，即使他们激进地信奉理性，仍然可能保持着某种宗教信仰。如伊格尔顿所言，"大多数理性的狂热信徒依然保持着某种宗教信仰"⑤。诸如牛顿是基督徒，洛克、伏尔泰仍然是自然神论

---

① 霍松．启蒙与绝望：一部社会理论史．上海：上海三联书店，2018：3.

② 奥斯本．启蒙面面观：社会理论与真理伦理学．北京：商务印书馆，2007：40.

③ 伊格尔顿．文化与上帝之死．郑州：河南大学出版社，2016：8.

④ Ernst Cassirer. Die Philosophie der Aufklärung. Hamburg：Felix Meiner Verlag，2003：143.

⑤ 同③13.

者，等等。对他们来说，信奉理性与信奉上帝或神灵并不一定矛盾。启蒙与基督教具有千丝万缕的历史和思想联系。甚至一辈子激烈批评基督教的尼采都说，"基督教曾对启蒙有过很大贡献"①。

至于马克思主义与基督教的关系，也不能做异常激进的理解。青年时期的马克思与恩格斯可能非常激进，但恩格斯后来在《反杜林论》《论原始基督教的历史》等文献中把基督教与社会主义联系起来，对基督教做了一定的历史肯定。对此我们将在本章和本书相关章节做适当展开。伊格尔顿由此认为，"宗教思想和马克思的历史观之间存在非常明显的亲密关系。正义、解放、审判日、反抗压迫的斗争、无产者权力的到来、和平和富足的未来：马克思与犹太—基督传统共享着这些以及其他的主题，只是他的某些追随者羞于承认这个事实"②。马克思"本人就是个《旧约》先知的热情读者"，"马克思还继承了犹太—基督对拜物教和偶像崇拜的排斥，以及新生活的前奏必须是毁灭这个悲剧的主张。无需据此推断，以哲学家约翰·格雷粗鲁地进行简化的方式，现代革命不过是宗教另辟蹊径的继续"③。这样的看法跟恩格斯后来对基督教的评价比较接近。所以，马克思并不是只重视古希腊传统，只到古希腊传统中寻找支持当下启蒙事业的力量，基督教中的因素和力量也没有被忽视和遗忘。

3. 启蒙与神灵之隐蔽

虽然跟尼采特别是跟陀思妥耶夫斯基相比，马克思更乐观地看待宗教的消亡问题，认为上帝之死能够留出一个令人期待的可能性空间，这个空间能够展示一种积极的光明前景。因为宗教意义上的上帝之死转化为神灵在社会生活的各个层面的流转甚至某种形式上的"新生"，并不足以蒙蔽启蒙哲学的锐利之眼。相反，类似拜物教等形式的新式神灵，其秘密会在政治经济学批判中被揭穿，无法再在启蒙场域中蒙骗被启蒙者了。尽管如此，马克思、恩格斯看待上帝之死问题，的确不再像早期

---

① 尼采. 快乐的科学. 上海：华东师范大学出版社，2007：204.
② 伊格尔顿. 文化与上帝之死. 郑州：河南大学出版社，2016：103.
③ 同②.

那么简单。这表现在以下方面。

第一，拜物教等扭曲的存在形式表明，严格而论，"上帝之死"与其说是神灵的消亡，不如说是神灵的隐蔽。

马克思、恩格斯早期曾把基督教的消亡看得较为简单。在启蒙哲学的意义上，宗教软弱无力、奄奄一息、即将死亡。基督教似乎无法跟启蒙哲学相抗衡。在博士论文中，马克思崇尚主张"痛恨所有的神"的普罗米修斯，赞赏他"是哲学历书上最高尚的圣者和殉道者"，高度赞扬他代表着哲学的精神："它反对不承认人的自我意识是最高神性的一切天上的和地上的神。不应该有任何神同人的自我意识相并列。"① 显然，此时的马克思还有把自我意识神化的倾向，尚未达到历史唯物主义的水准。被神化的自我意识，似乎能照亮大地上的一切，让一切神灵都无处躲藏。然而，随着他更关注宗教的社会功能，更愿意从产生的基础和所发挥的社会功能的角度批判宗教，他更关注没有严格仪式的世俗宗教，也就是那种作为偶像崇拜的宗教。对他来说，"只盯着宗教现象的无神论很容易忽略世俗形式的偶像崇拜"，因为"到处都存在宗教"，"需要对每一种宗教、它们产生和发挥作用的'现实生活关系'进行具体的历史唯物主义的分析"②。另外，随着历史唯物主义的创立，他更加明白，没有独立且随时都能洞穿一切神秘表象的自我意识。意识是受制于社会存在的一种存在，无法把它神化。理想化的自我意识就是宗教唯心主义的衍生物，就是一种自以为是的妄念。每当自我意识遇到掩盖秘密、以神秘形式表达的东西时，某种社会缘由就会给其提供支援，而不是给自我意识提供支援。如果自我意识缺乏社会根基，那么这种自我意识将可能是虚弱无力的。

相比之下，恩格斯对基督教的谈论更多一些，也更丰富具体一些。在评价卡莱尔时，青年恩格斯嘲笑卡莱尔关于旧宗教衰亡、上帝死后旧神空出来的位置不能空着，必须确立一个新的福音的看法，嘲笑旧位置上新立的神灵就是跟金钱相关的"劳动"，而这就是卡莱尔从德国学来的泛神论。恩格斯的意思很明确：卡莱尔"不了解德国文学的必然补充——德国哲学"，不了解"德国最近对泛神论的批判非常详尽，简直没有什么可以补充的了。费尔巴哈在《轶文集》中发表的纲要和布·鲍

① 马克思恩格斯全集：第 1 卷 . 北京：人民出版社，1995：12.
② 豪格 . 马克思主义历史考证大辞典：第 1 卷 . 北京：商务印书馆，2018：588.

威尔的著作，包含了与这个问题有关的一切"①。这段话突出表明青年恩格斯当时对启蒙哲学消灭宗教抱着极为乐观的态度。不到一年，当施蒂纳在新出版的《唯一者及其所有物》中嘲笑批判泛神论尚不彻底的费尔巴哈与鲍威尔时，给恩格斯和马克思造成的冲击想必不会很小。他们在很短的时间内做出的批判虽然当时没有及时出版，施蒂纳直到逝世都没有看到，但这本其实很重要的《德意志意识形态》通过批判施蒂纳而使马克思、恩格斯的思想上了一个新台阶，历史唯物主义得以初步创立。恩格斯和马克思意识到，不但费尔巴哈与鲍威尔对泛神论的批判仍不彻底，而且施蒂纳的批判也不彻底。因为，在施蒂纳之前走在青年黑格尔派最前面的费尔巴哈的"类本质的人"如果像施蒂纳揭露的那样仍然是一个新的神灵，那施蒂纳的"唯一者"还是一个神灵，至少在具有无限的创造性、缺乏社会历史基础这两个方面跟传统的"上帝"一样。②

　　这样一来，马克思、恩格斯明白，任何宗教都要加以否定，使之消亡；而宗教都能被否定、消亡的想法有点一厢情愿，实际情况远没有这么简单。急切、激进、彻底的启蒙把消灭宗教之事看得比较容易，似乎任何一种宗教都即将在风起云涌的启蒙面前消失殆尽，那是因为还没有达到历史唯物主义的水平。因为历史唯物主义致力于解释各种神灵崇拜的社会根源和社会基础。只要这个基础还存在，根源没有消失，五花八门的"神灵"总会采取各种欺骗性的形式出现，防不胜防。如果再加上尼采后来揭示的宗教神灵的自然、本能基础，那即使社会根源消失了，还有自然根源给"神灵"出现提供另一种基础。

　　从历史唯物主义的角度看，神灵的诞生不是只依赖于思想的欺骗，而是出于实在的社会历史缘由。只要根植于实在的社会历史缘由，以某种形式出现的"神灵"就具有一定的社会基础，从而获得社会存在的合理性空间。所以，神灵的死亡没有那么简单；问题的关键不是它的生死，而是它的形式变化。往常以为它已死的判断可能过于简单了，它可能并没有死，只是采取了更隐蔽、更复杂的形式存在而已。

　　其实，在位置、形式、作用等多方面发生了变化的神有很多存在形式。揭露它的启蒙需要长出更多的眼睛，盯住更多的角落，付出更多的

---

① 马克思恩格斯全集：第 3 卷 . 北京：人民出版社，2002：516，517.
② 对此请参见：刘森林 . 虚无主义的三个深渊 . 马克思主义与现实，2020（4）。

努力，方可找到它的踪迹，发现它的新秘密。伊格尔顿指出，"现代的历史就是为上帝寻找一位总督。理性、自然、精神、文化、艺术、崇高、民族、国家、科学、人道、存在、社会、他者、欲望、生命力和人际关系：所有这些都时不时地充当了被取代的神的形式"①。这些替代性存在比原来的更有欺骗性、更隐蔽，在当代条件下也更有效，因为"稀释的信仰比教条的信仰更迎合这个怀疑的年代的口味"②。信仰由此可能采取更丰富多彩的形式，出现在各种不被注意的场合，出其不意、神不知鬼不觉地发挥作用，从而一改过去那种仅仅跟宗教结合在一起的形式。因此，在政治、经济、社会和日常生活之中，都可能出现原来只有从宗教生活中才衍生出来的神灵。这意味着，关注信仰如果仅仅盯着宗教甚至基督教，那可能会根本找不到北。甚至还进一步意味着，启蒙运动驱逐宗教并不成功，根本原因不在于没有能力做到或没有办法做到，而是因为启蒙运动并不想这么做。恰如伊格尔顿指出的，"如果说启蒙运动没能驱逐宗教，主要也是因为这么做并不完全符合启蒙运动的政治诉求"③。启蒙运动不喜欢也不希望保留传统宗教意义上的神与信仰，却致力于保留符合自己的目标和理念、以自己能接受的形式呈现的那种理想和信仰。

如此一来，问题的关键就不再是宗教的消失，而是它的转移，是它采取的新形式。**宗教的转移是以前忽视的另一种宗教存在的方式。这一方式表明，即使是宗教传统也没有那么容易消亡，基督教没有那么容易消失。**恩格斯在晚年撰写的《论原始基督教的历史》中提到琉善，称其为"古希腊罗马时代的伏尔泰"，肯定他"对任何一种宗教迷信都一律持怀疑态度"，比如他"对丘必特的崇拜者并不比对基督的崇拜者嘲笑得少一些"④。崇拜是从来都有的，区别主要是崇拜对象、崇拜方式不同而已。

对此，吉莱斯皮做了进一步的论证。他在《现代性的神学起源》中指出，20世纪后半期出现的宗教衰落并不意味着现代性一开始就是反宗教的，"认为现代性就其起源和核心而言是无神论的、反宗教的甚至

① 伊格尔顿. 文化与上帝之死. 郑州：河南大学出版社，2016：52.
② 同①53.
③ 同①134-135.
④ 马克思恩格斯选集：第4卷. 北京：人民出版社，2012：329，330.

是不可知论的，这种看法是错误的"。现代性不是要消灭宗教，而是要发展一种关于宗教及其在人类生活中占据中心地位的新看法。"它这样做并非出于对宗教的敌视，而是为了维持某些宗教信念。"① 吉莱斯皮的观点可能来自欧洲之外的经验，因为把现代化理解为世俗化只有在欧洲才是正确的。美国的宗教消亡情况远没有欧洲那么明显。彼得·伯格就对"欧洲所展示的现代性和世俗性之间的联结，足以成为世界其他地区的标准模式"② 的传统理论提出挑战，认为需重新思考。这是由迥然不同的美国情境、基督教在南半球的快速发展，以及伊斯兰教在全球事务中的作用和重要性的凸显而导致的。《宗教美国，世俗欧洲？》的作者们认为，"今天，世界的大部分地区皆以激情澎湃的宗教运动为特色。相对应这一特色，欧洲乃属于地理上的一个例外地区"③。据此，世俗化只是文化精英群体的选择，不是所有国家所有阶层群体的选择。宗教式微也不是必然结果，只是多元主义的选择之一："现代性并不必然带来世俗化。其所带来的，几乎可以肯定地说，一定是多元主义。……事实上，个体能够也必须在其中进行选择的宗教市场已经呈现。就意识的层面而言，这意味着宗教不再被视为理所当然，而是成为个体反思和抉择的对象。"④ 欧洲世俗化严重的原因主要在于：其一，前资本主义国家与宗教密切的一体化，随着国家职能的式微而式微。而国家与宗教分离的国家就不会受到国家职能转换的太大影响，宗教作为自愿社团才更有吸引力和竞争力。同时，教育在欧洲为国家政府所控制，由此使得无神论被贯彻到教育系统之中。而美国的教育一直由地方政府管辖。其二，启蒙运动的不同。欧洲精英知识分子是世俗化的。"欧洲的知识分子已经创造出带有强烈世俗性质的'高级文化'。"⑤ 而美国知识分子却不如此。

在这种背景下来看吉莱斯皮的论点就更好理解。他认为，启蒙运动对宗教的批判攻击有两个值得注意的倾向：一是宗教从公共领域转入私人领域，宗教信仰成为私人事务；二是旧宗教崇奉的神灵转化成各

---

① 吉莱斯皮. 现代性的神学起源. 长沙：湖南科学技术出版社，2012：序言4.
② 伯格，戴维，霍卡斯. 宗教美国，世俗欧洲？：主题与变奏. 北京：商务印书馆，2015：3.
③ 同②13.
④ 同②18.
⑤ 同②27.

种各样的新形式，并没有完全消失。与其把它看成消失，不如看成转移；与其盯住原来的一种存在方式，不如挖掘当代众多隐蔽的新存在方式。

在前一方面，他提醒我们，"现代性之所以产生，是因为宗教信仰从处于公共生活中心的突出位置转移到了私人领域，在这个领域，只要不挑战世俗权威、科学或理性，它可以随意践行。于是，影响私人生活和公共生活的宗教的权威性被一种私人信仰和个人'价值'的观念所取代"①。宗教权威、传统或有所改变的信仰业已进入个人的私人生活，很难再在公共生活中普遍地出现。只要没有干扰他人，只要没有受到根本的侵扰，进入私人领域、以潜移默化形式呈现的信仰，就不再具有公共关注的价值。这样，一种关于人、神、自然的新的形而上学得以产生，这是中世纪晚期基督教自身内部矛盾激烈斗争的结果。"根据我们的理解和经验，现代性其实是建立一种新的融贯的形而上学/神学的一系列努力"；于是，"企图把神学和形而上学问题从现代性中排除出去，已经导致我们看不到神学问题在现代思想中一直起着重要作用，从而难以理解我们当前的境况"②。

在后一方面，他的提醒更值得重视。其实，马克思和青年黑格尔派思想家早就致力于寻找那些隐藏在社会、政治、经济、自然等各领域中隐匿着的神灵，致力于揭示并去除它们。那种纯粹、绝对、不沾染一点尘土与杂质的"神灵"，在强调必须从生命现实出发重新理解理性、上帝的后观念论哲学中已经无法生存，要么消亡，要么改变自己的存在形式。过去我们想当然地认为看不见原来模样的"神灵"就是它死了，而不重视它还会改变存在形式、隐蔽地存在于各个领域这种可能。在当代政治、经济、社会、心理分析、娱乐等各个领域中，都存在着各种各样的、隐蔽的被取代的神的表现形式。由于原来推崇的神灵过于超验、神圣、纯粹，过于高高在上，远离人们的生活，截然处于注重现实生活的现代人的感觉之外，这种旧神灵无法融入现代人的生活和视野，所以，没那么纯粹、没那么崇高、不再绝对超验的神，比有点崇高、有点神圣、在生活中隐匿起来的、内在有神性外在却没神性的存在，反而更有

---

① 吉莱斯皮. 现代性的神学起源. 长沙：湖南科学技术出版社，2012：序言 2.
② 同①序言 4.

效果、更有持久性。按照伊格尔顿的看法，这些替代性存在比原来的更有欺骗性，更隐蔽，在当代环境下也更有效："稀释的信仰比教条的信仰更迎合这个怀疑的年代的口味。"① 与此类似，吉莱斯皮也注意到，"神的属性逐渐转移到了人（一种无限的人的意志）、自然界（普遍的机械因果性）、社会力量（公意、看不见的手）和历史（进步的观念、辩证的发展、理性的狡计）之上"②。所以，启蒙没有消灭宗教神灵，而往往转移了它。把神的属性转移到了人、自然、社会身上，以各种或隐蔽或明显的形式保存下来。"启蒙思想家不断在人和自然中'发现'以前被归于神的力量和能力"；所以，"启蒙运动结束时，许多思想家都把人视为准神圣的"③。自然符合理性意志，社会是神秘力量（看不见的手）操纵的合目的性、合理性，历史是理想、善的实现，自然、社会、历史都具有了神的属性。

由此而论，就像萨弗兰斯基在分析 19 世纪 20 年代的叔本华时所指出的，无论人们怎样攻击"上帝"，人们对理解各不相同的"上帝"的信仰犹在。"人们对上帝的信仰依然存在，上帝照料着人们（或许贯穿人的一生），使一切向最好的一面发展，这上帝叫什么名字无所谓，无论它是叫'历史'、'绝对精神'、'自然'、'科学'或是稍后的'无产阶级'。而真正的哲学家则过着一种'充满危险，但却自由'的生活：或新或旧、经过伪装的种种确定性无法为哲学家提供庇护。重要的是，人们要能够忍受那种被抛弃的无家可归状态。"④ 如此看来，"人"就更是神的转化，或者根据激进的宗教批评家的看法，人才是神的原型。人就是神，神就是"人"身上某些能力和品质的纯化、集合与转化。由此，在一定意义上，我们同意伊格尔顿的意见，尼采不但声称要做第一个真正的无神论者，实际上他也是第一个直面上帝之死的人。"只要上帝的位置被理性、艺术、文化、精神、想象、民族、人类、国家、公民、社会、德行或者其他什么似是而非的代理人所填补，那个至高的力量就不会真正死亡。他或许病得有些严重，但他已经将自己的事务委托给了一

① 伊格尔顿. 文化与上帝之死. 郑州：河南大学出版社，2016：53.
② 吉莱斯皮. 现代性的神学起源. 长沙：湖南科学技术出版社，2012：354.
③ 同②356，357.
④ 萨弗兰斯基. 叔本华及哲学的狂野年代. 北京：商务印书馆，2010：426.

个又一个使者"①。只有这些代表着形而上意义的存在都死了，都失效了，才是真正的上帝之死。也就是说，上帝的第一次死亡还不是真的死亡，而只是转化、替代。上帝的第二次死亡才可能是真的死亡。第二次死亡是上帝的转化者、替代者的死亡。在此意义上，尼采才是第一个真正直面如此多上帝都将死亡的人。

当然，与这种把人神化的倾向并存的还有一种相反的倾向，就是把人自然化、本能化、欲望化、野兽化。即"启蒙运动的一条思想线索相信人是神，另一条线索则把人视为野兽，甚至是由欲望和纯粹的自我利益所驱动的运动中的物质"。其中的矛盾张力很复杂，启蒙运动轻视了它，由此才导致"深深地动摇了启蒙运动的希望"②。在能力方面，人往往被神化；而在价值追求、个性解放等方面，人往往又被野兽性驱使，自然本能被赋予更高的地位。在某些情况下，人的能力达不到神那样的高度和层次，按照普遍、公意、非世俗的标准要求人，注定是失败的，"有限的人做不到这一点，要求他这样做必然会以悲剧告终"③。但在技术（如人工智能技术）创新的背景下，人的能力又被寄予高度期望。启蒙给予人施展的潜能空间重新开放，展现出莫大的可能性。启蒙就在这样的起伏中不断调整变换着自身。

众所周知，马克思在《资本论》中致力于揭示"神灵"在新的经济生活中的一种表现形式——拜物教。如果说宗教神灵是人脑幻想的产物被赋予身躯和独立存在品格，那么"在商品世界里，人手的产物也是这样，这可以叫做拜物教"④。拜物教就是传统神灵最显著的现代形式。但是，跟施蒂纳在《唯一者及其所有物》中把一切物质崇拜都视为不成熟、视为阻碍个性自由实现的障碍不同，马克思在《资本论》及其手稿中却辩证地分析了拜物教中对物质财富的崇拜问题。这一分析结果虽然

---

① 伊格尔顿.文化与上帝之死.郑州：河南大学出版社，2016：169.伊格尔顿甚至认为，宗教力量分散为以下形式："科学理性主义继承了它教义的确定性，同时激进政治学承袭了它改造世界面貌的使命。美学层面上的文化守护其某种精神上的深度。确实，大多数美学理念（创造、灵感、一致、自律、象征、顿悟等等）确实是神学的置换性片段。那些实现了自身所指的符号被称作是美学的诗歌和神学的圣礼。同时，更为宽泛意义上的文化多多少少保持了宗教的社群气质。"（同上书，2016：194）这样看来，宗教的替换、传播、转化还是采取了更为广泛和多样的形式，远比我们所能想象的复杂。

② 吉莱斯皮.现代性的神学起源.长沙：湖南科学技术出版社，2012：358.

③ 同②360.

④ 马克思恩格斯全集：第43卷.北京：人民出版社，2016：66.

非常明显，但并非所有人都深知它。这里不是展开的地方，如果简单而论，那就是物质财富、生产力非常值得重视，但不可崇拜。崇拜是一种疾病，重视却是正确的、应该的。物质财富必然会为自由、个性、全面发展首先奠定基础，像施蒂纳那样一概把物质财富视为自由、个性、全面发展实现的障碍是启蒙的过度和失误。如果把马克思的拜物教理解为对物化的完全否定，而完全否定地看待拜物教现象，那就等于把马克思等同于施蒂纳了。①

第二，有一种最糟糕的情况必须单独列出来：神成为恶魔！这是在宗教消亡形式下实际发生的可能性境况。

宗教没那么容易消亡。上帝死亡更可能是原来那个上帝的死亡。伴随着旧神灵死亡的，却可能是新神灵的降生。激进主义在上帝之死的荒漠里获得新生，它在重新呼唤神灵。作为世俗主义的对立物，它本身应该就是世俗主义过度扩张的自然结果。在吉莱斯皮看来，新生的神灵可以采取多种形式呈现出来，存在下去；特别是可能会采取恶魔的形式，就更令人担忧和害怕。针对通常虚无主义所称的传统上帝之死，也就是基督教的那个借助于传统形而上学诞生的上帝即将死亡，立足于其上的超验王国坍塌了，其中的超验崇高和神圣价值不再被人信奉了，为之提供论证的传统形而上学思维方式失效了。吉莱斯皮提出了不同意见：与其盯着旧上帝的死亡，不如盯住旧神死后可能诞生的新神。而且，这个新神并非等到世俗主义过度发展后才破土而出，却是旧神尚未真死之前就已诞生。旧神之死与新神之生是同时发生的。他提醒，"虚无主义并非上帝之死的结果，而是另一个不同的上帝或再生的结果，这个全能的上帝，怀疑所有的理性、自然，因而推翻所有关于真理和正义、善与恶的终极标准"②。相较于以前那个理性、必然性的上帝，新生的"上帝"以意志取代理性，以自由取代必然性。这是唯名论呼唤出来的超理性的上帝。它在德国唯心主义、浪漫主义中得到了显著的发展，可能是个什么事都可以做、没有基本底线的恶魔，是诺瓦利斯早先提醒的"真神死后，魔鬼横行"的那种魔鬼。施蒂纳的"唯一者"恰恰就是这样一个令

---

① 刘森林. 物象化与物化：马克思物化理论再思考. 哲学研究，2013（1）. 也请参见本书第十二、十六章的进一步分析。

② Michael Allen Gillespie. Nihilism before Nietzsche. Chicago：The University Chicago Press，1995：Introduction xii.

人担忧的上帝的诞生之源。

在马克思、恩格斯对施蒂纳的批判中我们可以看到，资产阶级虽平庸，但还不至于堕落至极；它代表着的那种文明和进步会由无产阶级接替并继续向前推进。但他们也明白，历史并没有注定什么，一切都需要人的积极作为，而积极作为的前提是真切理解。施蒂纳把资产阶级的法律普遍看作唯一者自我实现的障碍。唯一者扫除这种障碍似乎只需要认清它的秘密即可做到，似乎法律关系都是一些"固定观念"、虚幻的圣物，"全部问题**只在于名称**；至于问题本身他丝毫没有接触到，因为他不知道法的这些不同形式所赖以产生的现实关系，因为他只是把阶级关系在法律上的表现看作是过去野蛮关系观念化了的名称"①。马克思、恩格斯批评他看不到法律关系、国际关系都是由于资产阶级的活动变得更加重要了，看不到随着这些关系的日益重要生产方式取得了很大进步，"它们的表现方式也变文明了"②，看不到这些关系跟分工、贸易、现代生产方式密不可分，"法律关系与由于分工而引起的这些物质力量的发展，联系得多么紧密"③，反而以为只要在头脑中消除这些观念，不理睬它、不信任它，就足以消灭它、足以使之不发挥作用。这种小资产阶级的一厢情愿不仅异常天真，而且肤浅有害。它有可能给资产阶级正在取代但仍苟延残喘的封建关系创造继续生存的空间，为封建关系借尸还魂创造机会。马克思、恩格斯已发现了施蒂纳对资产阶级法律关系普遍性、严格性的敌视中蕴含着为封建习俗开辟可能性空间的风险，这是非常令人担忧的。他们由此特别强调，理想社会的构建必须寄希望于生产力的巨大发展。只有通过生产力的巨大发展，美好理想的实现才有可能。没有这种发展，将会导致普遍的贫穷，甚至陷入残酷的斗争，使陈腐的东西死灰复燃："生产力的这种发展（随着这种发展，人们的**世界历史性的**而不是狭隘地域性的存在已经是经验的存在了）之所以是绝对必需的实际前提，还因为如果没有这种发展，那就只会有**贫穷**的普遍化；而在**极端贫困的情况下**，就必须重新开始争取必需品的斗争，也就是说，全部陈腐的东西又要死灰复燃。"④

---

① 马克思恩格斯全集：第 3 卷. 人民出版社，1960：395.

② 同①.

③ 同①396.

④ 同①39.

马克思、恩格斯没有去追究"全部陈腐的东西"包括哪些，会以什么方式呈现。在他们的理论逻辑中，这些问题出现的机会都会随着生产方式的变更、生产力的增长而变得越来越小。施蒂纳的例子表明，唯一者作为"新神"，却很可能是一个不关心他人、没有普遍担当、只在乎自己的自由与享受、只在乎自己的创造力能否实现、自己的内在潜力能否发挥出来的人，他（她）可能根本不在乎自我实现会引发什么样的社会后果，不在乎伤害他人特别是伤害没有意识到自我甚至没有能力和条件去开发自我的那些弱者，不在乎破坏公序良俗，不在乎出现《罪与罚》中的拉斯科尔尼科夫、《群魔》中的彼得·韦尔霍文斯基、《卡拉马佐夫兄弟》中的伊凡·卡拉马佐夫与斯麦尔佳科夫那样的所作所为，即为了所谓更多人的利益杀害无辜、为了所谓崇高杀害同伴、为了经济利益和娶到嫂子而坑兄弑父等，从而出现把"唯一者"的"上帝"本色呈现为恶魔这可怕局面。在这方面，陀思妥耶夫斯基的思考提醒我们，像《地下室手记》中那个既找不到生活的目标、意义，也找不到生活的立足点，只能躲进地下室的床上靠幻想来展开自己的人生的"地下室人"，以及成为长大了的"地下室人"的"荒唐人"（《一个荒唐人的梦》中的主角）荒唐到想躲到另一个地球上去追逐纯粹的理想，对身边力所能及地帮助他人的事都没做，回到家良心发现觉得自己真没用，甚至有了自我了断的动机，但终究还是没有对自己、对他人带来伤害。但从《罪与罚》中的拉斯科尔尼科夫开始，经《群魔》中的彼得·韦尔霍文斯基最后到《卡拉马佐夫兄弟》中的伊凡·卡拉马佐夫与斯麦尔佳科夫，为了"公共善"、无政府主义的所谓"革命理想"以及最后的财与色，他们对别人的伤害越来越严重，那就真是在老"上帝"死后又诞生了一个可以突破基本价值底线的新"上帝"。这个新"上帝"是个恶魔，是个可能恰恰是因为老"上帝"死了才能诞生出来的可怕的恶魔。

这种情况和可能，其实在近代早期启蒙运动的讨论中就早有人富有远见地指出过了。在讨论启蒙与宗教的关系时，弗里德里希·卡尔·冯·莫泽尔就已指出，"一切启蒙，如果不是以宗教为基础而且得到宗教的支持；一切启蒙，如果不是从创造物对造物主的依赖，对他对人的善良和关心的依赖中生长出来；一切启蒙，如果取消了对他的意志的爱戴、敬畏、感谢和服从的责任，取消了他的命令，取消了他用来管理世界的伟大制度；一切启蒙，如果使人放任于自己的任性、虚荣和激情，以一种撒旦式的自豪鼓励自己成为自己唯一的、独立的统治者，鼓励自己来制定自己任意的自然法则——那么，所有这些启蒙，不仅会导致毁灭、腐败和堕落，而且还会致使一切公民社会解体和崩溃，导致一场人类种族的内战。而这种做法，恰恰就是从哲学开始，以剥去头皮和同类相食告终"①。启蒙运动以来发生的残酷战争，特别是 20 世纪发生的诸多人道主义灾难，让这样的预言成了令人毛骨悚然的现实。

除了宗教的转移、转化之外，也需要从历史角度看待其历史意义和价值。恩格斯晚年对此做了特别的分析说明。这就是马克思、恩格斯重新思考上帝之死问题的第三个结论，这结论对于纠正激进的历史虚无主义具有积极意义。

第三，从历史连续性角度看，宗教所具有的历史性作用，以及剥离信仰与宗教一体性关联是必要的。

如前所述，启蒙否定历史传统的观点在资产阶级启蒙那里并非如此。启蒙对宗教、传统的尖锐批判是以自身继承了基督教的线性时间观、普遍史、新改造的"千年王国"等为前提的。资产阶级启蒙与传统特别是基督教传统的关系并非相互否定、互不相容的对立关系。由此，无产阶级启蒙跟传统特别是基督教传统是一种什么关系呢？

马克思、恩格斯对古希腊传统中某些学派、思想的喜爱是众所周知的。马克思甚至在自己的博士论文中引用古希腊启蒙思想为强化当时的德国启蒙助力。传统中绝非只有与启蒙对立和矛盾的东西，不但有完全可以与启蒙融合的东西（如很多人文艺术思想），甚至直接就有启蒙运动本身——启蒙绝非现在才有的，自古即有。马克思从古希腊思想中探寻启蒙的力量来支持当下的德国启蒙运动，他也从古希腊思想中追寻美好的理想来启发、补充、批判当下的不合理状况。从古代角度批评现代是苏格兰启蒙运动中弗格森的做法，在德国启蒙运动中也有明显体现。资产阶级启蒙实际上肯定基督教却在形式上批判基督教，表里不一。无产阶级应该更真实、辩证地对待这个问题。这在恩格斯身上有明确表现。

恩格斯曾高度赞扬启蒙运动不承认任何权威，把一切都放在理性审

①　施密特. 启蒙运动与现代性：18 世纪与 20 世纪的对话. 上海：上海人民出版社，2005：221 - 222.

判台前的做法。伽达默尔在《真理与方法》中也说了几乎相同的话。①
但恩格斯并没有否定历史的价值与作用，即使没有伽达默尔后来的力度
大。按伽达默尔的说法，如果现代"启蒙运动的批判首先是针对基督教
的宗教流传物，也就是《圣经》"，那么，"现代启蒙运动相对于所有其
他启蒙运动所特有的彻底性在于：它必须反对《圣经》及其独断论解释
以肯定自身"②。晚年恩格斯肯定了原始基督教的平等观可以为无产阶
级平等观服务，认为无产阶级的平等观"起初采取宗教的形式，借助于
原始基督教，以后就以资产阶级的平等理论本身为依据了"③。关于原
始基督教的平等观，恩格斯提到的就是原罪的平等和作为上帝选民的平
等。这种基督教平等观可以作为无产阶级平等观借助的资源和形式，就
像可以利用资产阶级平等观所谓"平等不仅是表面的，不仅仅在国家层
面上实行，更应该在社会经济领域中实行"一样。在这种原始基督教平
等观与无产阶级平等观的融洽关系中，存在着传统与未来的弥合。

早期恩格斯非常激进和单纯地看待基督教及其消亡，没有区分理论
价值和实践价值。但恩格斯后来就没有这么尖锐了，他逐渐恢复冷静和
理性，用历史的眼光来看待基督教。如上所述，恩格斯在《反杜林论》
中明确肯定了早期基督教平等观的积极意义，不再那么尖锐地完全否定
基督教了。这跟同期的尼采相比更加明显。尼采在跟《反杜林论》完全
同一时间（1876—1878 年）写的《人性的，太人性的》一书中提出，
**世上的偶像多于其现实，人们常常生活在幻想中；而最大的偶像、幻想
就是基督教的上帝：全知全能的上帝恰恰是无知无能的失败者所设想出
来、替自己包打天下的最极致的幻想。**"基督教则完全把人压垮了，摧
毁了，使人陷入了审慎的泥潭。然后，它又使感到自己被彻底抛弃的人
心中亮起一道上帝慈悲的光芒。"④ 他说基督教"要毁坏、摧残、麻痹、
迷醉，唯独不要一样东西：适度"⑤。基督教是一种极端的、依靠全知
全能的上帝替自己实现自己无力实现的欲求的幻想。通过把健康的人摧
毁、麻痹，然后用幻觉来替代确立生活的意志和目标。他指责以前的启

---

① 加达默尔. 真理与方法. 上海：上海译文出版社，1999：349.

② 同①.

③ 马克思恩格斯选集：第 3 卷. 北京：人民出版社，2012：484.

④ 尼采. 人性的，太人性的：一本献给自由精神的书. 上海：华东师范大学出版社，
2008：118.

⑤ 同④119.

蒙运动未能看透基督教的真实秘密，对基督教的否定批判不够彻底。"启蒙运动时期，人们未能对宗教的意义做出正确评价，这点毋庸置疑。"① 通过揭露启蒙运动推崇的"进步"观念的虚幻性、线性时间观的非现实性，力主永恒轮回观念，尼采比以往的启蒙运动更加彻底和毫不妥协。

同期的恩格斯却明显不同。他比较强调要用历史眼光看待基督教。在 1894 年撰写的《论原始基督教的历史》中，他致力于比较原始基督教和早期工人运动的异同。文章一开始就致力于探寻"原始基督教的历史与现代工人运动有些值得注意的共同点"②。两者都是被压迫者的运动，两种运动的主体都受压迫、排挤、放逐，都被当作敌人；反对强权与特权、争取平等；早期基督教运动与早期工人运动出现的问题类似等，都属于恩格斯关注的重心。③

这意味着，合理的宗教批判不能仅仅立足于思想价值本身来看待宗教，而应该从其发挥的社会功能、所具有的社会价值等方面来看待宗教。基督教的传播、组织、社会基础都可以给社会主义运动以有益的启示。基督教即使在思想上不能成立，也不能否认它在传播、组织群众，在发展历程的成败得失方面对社会主义运动具有启示价值。这显然对早期《英国状况——评托马斯·卡莱尔的"过去和现在"》中的观点有了明显的调整改变，也使伽达默尔关于"启蒙运动的基本前见就是反对前见本身的前见，因而就是对流传物的剥夺"④ 的看法有了反证的材料。恩格斯的分析表明，即使有本质区别，最前卫的启蒙也可以与古老的历史传统建立密切的联系。

从启蒙内在的批判与建构关系的视角而论，必须强调以下几点：首先，批判是建构的环节，建构是批判的目的，必须依靠建构才能更好地确定批判的意义。马克思、恩格斯在特定时期的激进批判不能无限激进化，因为批判是为建设服务、奠基的，一味地批判很容易陷入偏执，丧失基本的合理性，应该在马克思一生总体的探究中看待这种激进批判。

---

① 尼采 . 人性的，太人性的：一本献给自由精神的书 . 上海：华东师范大学出版社，2008：110.

② 马克思恩格斯选集：第 4 卷 . 北京：人民出版社，2012：327.

③ 具体参见第三章第二节的进一步分析。

④ 加达默尔 . 真理与方法 . 上海：上海译文出版社，1999：347.

其次，批判是对特定形态的特定对象的批判，往往不是对一般形态的否定，却是对新形态的期待和开放。马克思、恩格斯在特定时期一度批判过的国家、私有制、货币、分工、形而上学、哲学，都应如此理解。当他们在特定场合说出消灭这些东西的时候，意思都是消灭他们正在遭受的那些特定形式的国家、私有制、货币、分工、形而上学、哲学。对特定形式的批判否定同时就意味着对更合理的新形式的呼唤、欲求。最后，即使是旧的形式，其中往往也可以发掘出有助于当下事业的因素，对它们的批判反思本身就包含着挖掘其中的有益因素、总结经验教训的任务。恩格斯后来对基督教实践价值的肯定就是非常典型的例证。由此而论，即使被否定的旧形式也可能具有可以进一步利用的方面。批判在此并不意味着完全否定，而必定包含着审视、鉴别、分离、拯救、利用等积极功能。马克思青年时所说的**"无情的批判"**含义之一是"不怕自己所作的结论"[①]，他们后来进一步批判审视自己原来的看法，突出地体现了这一点：批判既可以体现为合理的否定，也可以体现为合理的肯定，是对原来否定的否定。批判最终导向合理的肯定性建构，拒斥单纯的否定。

在此基础上，启蒙就不只是理性启蒙，也是德性启蒙；或者理性启蒙中本就蕴含着德性启蒙，是两种启蒙的统一。理性不仅意味着批判和解构，也意味着重思和建构，特别是对真理和意义的建构。其实，康德的理性启蒙并不否定德性，而只是以理性对抗认识论上的"独断"、道德上的"天真"和信仰问题上的"狂热"。就道德而言，启蒙就是倡导诉诸自己的思考："批判或者启蒙，首先意味着将业已存在于常识理性之中的道德法则'回溯'出来，同时还意味着确定道德法则的根基"；所以，"所谓'启蒙'，在核心意义上就是要对抗'狂热'。对康德来说，'启蒙'一方面意味着：以理性（而且仅以理性）为真理之最高'试金石'，任何'"以最高立法的理性为无效"的准则'都是'狂热'；另一方面'启蒙'则意味着：正确地自己思维，正确把握理性知识的界限与理性概念的正当运用。……在此意义上，启蒙理性首先反对的是启示、信仰、灵感式的'狂热'，同时，它也同样反对常识理性的'狂热'"。[②]只不过，在批评这种"狂热"时，"理性"还在神与人之间摇摆，人的

---

① 马克思恩格斯全集：第1卷. 北京：人民出版社，1956：416.
② 张任之. 德国启蒙哲学中的"理性". 中国社会科学，2022（1）：195，201-202.

理性有被带往知性的嫌疑，尤其是在认识论层面上。雅可比就这样批评康德。恰如蒂奥巴德·叙斯（Theobald Süss）所说，"康德的整个批判主义无非是一种'把理性带往知性'的企图，亦即通过概念和证明，把理性在道德和宗教上的直接确定性转化为知性确定性"[①]。康德的理性启蒙与德性启蒙之间蕴含着颇大的结构性张力。其极端发作会导致道德和信仰的消解，导致理性的狭隘化，导致雅可比所谓虚无主义之发生，导致理性启蒙对德性启蒙的消解，导致启蒙的片面偏执甚至半途而废。德性启蒙更强调反思与情感的内在关联，强调反思性自主并非理性自身就能支撑和完成的，而是"心灵整体的任务"[②]。

第四，启蒙即从理性到理性与德性之统一。

如本书引言一开始所述，启蒙的核心由理性运用转变为建立一种人的科学，意味着多重转变。情感、传统及与之密切相关的德性，都会在新的理解中获得新的地位。同时，对"理性"多角度、多学科的全面理解，也将导致对启蒙以来新生的经济学等新学科及其与传统人文学科的关系做出新评价。反思、批判并不只是理性的事情，也与情感密切相关。如果没有感情、想象力和同情，我们的道德、政治情感就无从发展起来；而这种道德情感却是构成正义和美德的基础。启蒙不只跟理性相关，也跟情感、道德内在相关。启蒙不只是追求一味的理性甚至冷酷的状态，而且是追求一种理性与情感、德性协调共生的状态。

由此，理性启蒙与德性启蒙的统一显得越发重要。理性启蒙不是解构一切道德与信仰，而只是批判否定已失去根基的道德与信仰。这种批判本身就意味着一种新的建构。道德与价值观的建构自不必说，信仰曾被理性启蒙摧残得奄奄一息，甚至跟愚昧、顽固等同了起来，成了一个负面词语。在理性启蒙与德性启蒙统一的背景下，或许可以剥离宗教与信仰之间的一体关系。以往我们往往把信仰与宗教等同起来，以为信仰就意味着宗教，似乎除了宗教，再没有其他形式可以确立信仰，以至于凡信仰必宗教，凡信仰必非理性。这种观念的长期流行，必定有其实在的社会历史基础。基督教哲学的思考和论证虽然重视理性形式，但大众

[①] 叙斯.雅可比论虚无主义//刘森林，邓先珍.虚无主义：本质与发生.上海：华东师范大学出版社，2020：55.

[②] 弗雷泽.同情的启蒙：18世纪与当代的正义和道德情感.南京：译林出版社，2016：220.

层面呈现的基督教的确非常欠缺理性质素。"信仰"在马克思、恩格斯所处的时代的确往往是神学家的口头禅，甚至"理想"也是空想社会主义者的口头禅。可以理解他们由此讨厌、弃用这两个术语。但从更大的历史区间来看，就可以有很大不同。信仰完全可以建立在科学基础上，作为一种对整体历史运动发展大势的科学把握而确立。如此一来，我们就可以在某种意义上接受戴晖的如下观点："费尔巴哈和马克思的宗教批判的特点是，两者都不能把宗教和信仰区别开来，信仰的概念的位置在启蒙中。"① 特定的宗教可以改变甚至消亡，特定的信仰亦如此。但一般意义上的信仰对人来说却不一定如此。信仰其实在启蒙中一直以某种形式存在着。马克思在那个时代把宗教与信仰等同看待是有特定的历史原因的。那是一个特殊的时期，不能把它普遍化到一切历史时期之中。当哲学以启蒙自居展开自己时，宗教、信仰如影随形，甚至启蒙相信理性能解决一切就是一种不折不扣的信仰。

启蒙以批判反思传统的形式展开。西方启蒙否定基督教，中国启蒙也曾激烈否定一切传统。但传统中不只是迷信，还有维系德性的礼法习俗、传世经典。**启蒙不只是求真，同时也求善**。真理和美德都是启蒙的目标。由此而论，启蒙并没有否决信仰，只是转移、调整了信仰。卡西尔说，"启蒙运动最强有力的精神力量不在于它摈弃信仰，而在于它宣告的新信仰形式，在于它包含的新宗教形式"②。这提醒我们，万不可简单地看待启蒙对宗教的反对和否定，"看不出当时所有的理智问题都与宗教问题融合在一起，并且前者始终如一地从后者汲取最深刻的灵感"③。启蒙总蕴含着哲学与宗教之间、信仰与理性之间的张力结构。越古老的启蒙越是如此，越复杂的启蒙越是如此。这就引出了关于上帝之死问题的进一步讨论。

虽然上帝之死及其效应不断扩散，但宗教与哲学的矛盾关系仍然无法获得彻底的解决。按照吉莱斯皮的说法，唯名论的发生使"神"变得非常独特而神秘，很不好理解。为了让人们能理解这个神，哲学和宗教都付出了长期的努力。当黑格尔把宗教和哲学融为一体时，那个神秘的、不好理解的"神"变成理性的一个对象，甚至这个神的死亡都不是

---

① 戴晖. 费尔巴哈、马克思和尼采. 北京：人民出版社，2015：14.

② 卡西勒. 启蒙哲学. 济南：山东人民出版社，1988：132.

③ 同②.

什么问题，"上帝死了"正是上帝转化成人必需的一个阶段，上帝肉身的暂时死亡正是精神永生的必要前提。我们知道，这种对神的理性理解必然导致的结果是什么。这就是从黑格尔到尼采所进一步呈现出的历史结论：上帝之死。这个上帝之死不再是黑格尔所设想的那种肉身死亡、精神永生，而是身体—精神的双重死亡。尼采把上帝之死理解成一个卑微的肉身跟冒充得高贵的"精神"结合在一起的历史事件，是这样的秘密被揭露出来之后引发一系列后果的延伸事件，是理性人看清"神"的诞生秘密和理性本质之后必定发生的自然结果。

这种上帝之死必定导致一系列令人忧虑的后果，给我们的日常生活带来诸多麻烦。除了马克思分析过的替代性的"神"在现实生活中横行无阻、大摇大摆，像《资本论》中马克思分析过的商品—货币—资本拜物教，以及各种以民粹、民族等各种形式表现出来的现代崇拜、激进主义之外，陀思妥耶夫斯基通过分析"地下室人""荒唐人"展现的现代人漂泊无根、随风飘荡的状态，以及"既然没有永恒的上帝，就无所谓道德，也就根本不需要道德"①，也就什么都可以做的可怕结局，都是上帝之死带来的种种后果。上帝之死不是只会带来安于现状的"末人"（最后之人）与积极进取和创造的"超人"，也会造成漂泊不定、忧郁和沉沦的"地下室人"和"荒唐人"，以及更可怕的拉斯科尔尼科夫、彼得·韦尔霍文斯基、斯塔夫罗金、伊凡·卡拉马佐夫。这意味着，上帝所维系、奠基、维护的不只是尼采所谓崇高价值，这种价值的坍塌会带来平庸、世俗、无精打采，而且上帝还维系着人们生存的各种根基，一旦这种根基被连根拔起，现代人就会被哪怕一点微风吹到真不知何处的某个角落，成为随风飘散的、轻得不能再轻的无聊存在。更严峻的是，上帝之死会进一步带来基本价值的坍塌，造成基本道德底线一再被突破，驱使能力超强但道德无底线的人作恶多端。"信仰上的荒芜"之所以可怕，不只是因为没有崇高价值追求的平庸和颓废，而且是因为现代性的无聊和轻浮，更是因为道德底线的一再降低，威胁到人类文明积累的基本成果。这些从令人忧虑到令人害怕的诸多可能性，给予宗教介入启蒙之争的宝贵机会。以至于 1996 年在冈多菲堡（Castel Gandolfo）举办的"今天的启蒙"研讨会上，出席会议的罗伯特·施佩曼针对宗教

---

① 陀思妥耶夫斯基. 卡拉马佐夫兄弟. 北京：人民文学出版社，1981：956.

与哲学的关系这样说道,"由于尼采的影响,我们现在走到了只有宗教才能拯救启蒙运动的地步……因为宗教对启蒙运动的理解要好过后者对自己的理解"①。教会作为继后现代思想家、新启蒙思想家之后的第三方,加入关于宗教与启蒙关系的讨论之中。它驱使从黑格尔到尼采的上帝之死返回到上帝的某种复活:"现代与后现代之争的最重大的一个结果就是,上帝在哲学上和文化上的复活。"② 这甚至被视为继古代、18世纪之后新近开启的"第三个启蒙时代"所要努力解决的问题:"将启蒙运动基督教化,以此作为解决辩证法这一哲学问题的一个可能方案"③。看来,宗教与哲学的关系问题并没有也不会随着黑格尔与尼采的处理而获得解决,它将仍然作为启蒙的根本问题而存在,并占据重要地位。我们只有通过更具开放性和建设性的方式来处理,才会积极推进启蒙进程。

晚年恩格斯强调基督教对于无产阶级实践的积极意义。陀思妥耶夫斯基更重视未被污染的传统的积极意义,希望扎根于人的自然善良天性和深厚民族传统中不断发芽成长。新儒家希望不仅仅要从中国传统中汲取促进现代化的资源,更要从中国传统中汲取有助于革除现代化弊端的资源。在虚无主义导致崇高价值坍塌、物化系统蚕食理想信念、意义失落、道德失范、破碎性和原子化倾向日益加剧的现代性背景下,启蒙不能仅仅盯着科学理性了,不能更多诉诸解构和批判了,而必须从价值建构的角度盯着价值理性、德性,着力于建设而非解构。以科学为主要形式的启蒙理性,无法完全重塑现代人的精神生活。在伦常实践领域遵从理性,不能像康德主张的那样排挤、驱赶、征服情欲与利益,而必须借助于各种丰富的传统资源。"只有容纳复杂的情欲、展现纵横交错的伦常,实践哲学才有望成为丰厚型的。由此来看,康德勇敢地运用理性为实践领域立法的问题不在于其对自由、尊严以及目的王国的确立,而在于其对情欲和伦常的轻慢。经由康德理性启蒙的实践生活显然会变得抽象、同质、稀薄且无趣。这种生活既不属实,也不可为。"④ 社会传统延续下来的礼法习俗、传世经典与现代知识共同支撑起一种不同于追求

---

① 费罗内. 启蒙观念史. 北京:商务印书馆,2018:101.

② 同①92.

③ 同①.

④ 郝亿春. 从理性启蒙到德性启蒙. 光明日报,2015-04-15(14).

现代外在价值，而是追求向善的内在价值的内向实践。如郝亿春所主张的，这是"与康德所倡导的理性启蒙迥异的启蒙"，是一种不同于理性启蒙的"德性启蒙"①，是一种补充、完善理性启蒙并与理性启蒙融为一体的新启蒙。德性启蒙关涉历史传统，指向人们的安身立命、共同体生活秩序，跟礼法习俗以及传世经典具有密切关联，"德性启蒙并非为实践领域引进一种外在而异质的理性规则，而是对实践本身特有的理智形式——明智——进行激活与定向。因而，用以激活与定向明智行为的传世经典与内向实践便成为德性启蒙的关键性环节"②。德性启蒙作为问题往往由理性启蒙所引发，但解决方式却不根植于现代理性启蒙，反而更根植于悠久的传统，需要在传统与现代的融合创新中完成。只有在理性启蒙的基础上进一步完成德性启蒙，才能成为一种更健康、更全面、更令人向往的启蒙，继续推进未竟的现代启蒙事业。考虑到近代启蒙往往打着全新的旗号否定历史与传统，实际上却往往依据的是对传统的某种改造或调整，并不是全新的东西，或者，近代启蒙实际上深深扎根于某种历史与传统，是对这些历史与传统的进一步选取、改造、修正，依据历史传统的德性启蒙就能够综合传统与现代、历史与未来，就成为一种更合理的启蒙、更周全的启蒙，并与标榜拒斥一切传统、妄称自己是全新登场、实则极端片面的激进启蒙划清界限，使启蒙远离极端、偏执，使真正的启蒙精神得以贯彻和实现。在历史流传下来的经典、公序良俗之中，蕴含着有益的东西，这种有益性并不完全取决于当下所能做的理性质疑和证明。理性并非万能，理性也绝非唯一的证明工具，不是有益存在唯一的基础所在。就像帕斯卡尔早就说过的，"理智的最后一步，就是要承认有无限的事物是超乎理智之外的；假如它没有能达到认识这一点，那它就只能是脆弱的"。所以，"我们必须懂得在必要的地方怀疑，在必要的地方肯定，在必要的地方顺从。不这样做的人，就不理解理智的力量"③。立足于这样的理性观，更容易达到理性启蒙与德性启蒙的统一。

告别单一的理性启蒙，走向理性启蒙与德性启蒙的整合统一，势必为启蒙思考带来一系列的新视角、新观点，开创启蒙的新局面。

马克思在波恩大学时的老师奥·施莱格尔在《启蒙运动批判》一文

---

① 郝亿春. 从理性启蒙到德性启蒙. 光明日报，2015-04-15（14）.

② 同①.

③ 帕斯卡尔. 思想录. 北京：商务印书馆，1995：127-128.

中指出，启蒙运动并不一味地追求真理，它对真理的追求有一个限度，这个限度保证它不陷入荒唐与迷茫，而是走向"有用与适用"。"启蒙运动当然也倡导研究和怀疑，但是只到某个程度便止步，超越这个尺度，它便认为精神陷入了荒唐和迷茫，而它的使命正在于遏制这种荒唐和迷茫。……与此相反，启蒙运动谨小慎微，忧虑着它认为属于人类幸福的东西……"①这里的关键在于，真理不能伤及幸福，有一种东西比真理更重要，真理是为促生这种东西而存在的。这种东西就是"有用与适用"："在这里，使真正的善（真仅是其中的一部分，一个方面）臣服于功利的这种本末倒置的思想方式昭然若揭。所谓功利，是指以促进身体的幸福为目的，我们已经给这种追求排定了很高的座次。谁竟把功利奉为圭臬，必将看到功利由此的结果是感官的享受，说得再清楚、再前后一贯些，他必然是极端享乐主义的信徒，崇尚感官的神化。"②这种功利不是享乐，也不是独善其身，而是合乎理性的。只有合理的启蒙才值得期待。在此意义上，启蒙运动永远不会终结，启蒙运动依然重要。启蒙主义、世界主义、全球化，还没有实现其应有的样态，并因此仍富有生命力。所以，虽然有这样那样的问题出现，虽然会不时发生极端、极度的启蒙，导致一些令人忧虑的结果，启蒙运动仍具有潜力和前途。对世界更加包容、更大视野的理解，对他者的更大尊重，所有这些，"我们不可避免的是启蒙运动缔造的'人的科学'的继承人。就凭这一点，哪怕没有别的原因，启蒙运动都仍然重要"③。只有不断地批判、反思、推进、提升启蒙，才能更好地完成启蒙的初心使命。

总之，启蒙作为一种批判偏见、迷信、独断、特权、压迫，重新理解人及其与自然和社会关系的新型文化和思维方式，意味着对传统、自然和一切既定存在的反思和批判，但这种反思和批判并不是对自然的极力贬低和对传统的激进否定，不是对信仰和理想的消解，以致为犬儒主义和虚无主义开辟生长空间。传统并非只是负面的存在，启蒙与传统也互通有无。对传统中仍然存在的那些偏见、独断、迷信等，启蒙仍然需要予以批判和清理。或许应该这么说，**启蒙反思、批判的不是全部传**

---

①　施莱格尔. 启蒙运动批判//孙凤城. 德国浪漫主义作品选. 北京：人民文学出版社，1997：375.

②　同①376.

③　帕戈登. 启蒙运动：为什么依然重要. 上海：上海交通大学出版社，2017：466.

统，而是传统中那些不良习性。启蒙绝不是虚无化一切历史传统，只是反思批判那些不良的积习。由此，启蒙不是否定或解构传统，而只是重新审视、反思传统。不良传统应予调整改变，优良传统应予继承、转化和发扬。所以，"今天的启蒙针对的不是传统，而是传统中普遍存在的不良或恶劣习惯——奴性、官贵民贱、不诚实、不讲规则、不遵守契约、人治而不是法治、权力可以不说理、满足于假面和犬儒的得过且过"①。不只是不适宜的传统，就是启蒙自身，也不断需要反思、审视、调整。但批判、反思、否定只是启蒙可能采取的形式和具体样态，启蒙的目的是促成一种合理的结构，促成一种健康的变革和活动，以便达成更合理的秩序、更有意义的目标。启蒙反思与其说针对的是他者，不如说是针对的是总有缺陷因而需要不断完善的自身；与其说启蒙总在树立对立面，不如说是在更合理地调整自己与他者的关系，并壮大和丰富自身；与其说启蒙不遗余力地怀疑他者、否定他者，不如说是不断地反思和否定以前的自身，从而推动和完成自身的蜕变。只有通过反思自身，才能壮大自身、丰富自身，才能更好地完成自己的初心与使命，让更多的启蒙者与被启蒙者获得尊严、自由和解放。

---

① 徐贲. 与时俱进的启蒙. 上海：上海三联书店，2021：507.

第三章　从上帝之死到真诚信仰：
恩格斯与克尔凯郭尔 *

　　启蒙理性与宗教信仰之间的冲突由来已久。在宗教实力强大的背景下，启蒙理性的力量从宗教内部突破，演化为与基督教信仰的外在冲突。当启蒙理性的力量在某种范围内、层次上声势浩大之时，就会从外部批判基督教。青年黑格尔派就处于这种情境之下。如果我们采纳卡尔·洛维特的看法，把克尔凯郭尔（或译祁克果、基尔克果）也算作青年黑格尔派①，这个学派对基督教的批判就既有外部批判也有内在批判了。宗教批判一向是近代启蒙的核心内容，而尼采后来正式提出的上帝之死又是这种批判的核心内容，恩格斯和克尔凯郭尔在这里就构成外部批判与内部批判的两个典型。洛维特在论说马克思与克尔凯郭尔时曾说，虽然两人对上帝的态度迥异，但两人"无论在概念上还是在历史上都是休戚与共的，都是黑格尔的一个反题。他们把'存在的东西'把握为由商品和货币决定的世界，把握为充满了讥讽和无聊的'轮作'的实存。黑格尔哲学的'精神王国'成为劳动世界和绝望世界里的幽灵"②。把这里的马克思换成恩格斯，应该毫无问题。在他们对传统基督教的批判中，激进批判的焦点何在？他们彻底否定宗教吗？基督教有值得肯定之处吗？如有，表现在哪里？"上帝之死"是要摧毁一切信仰吗？如果不是，

---

　　* 本章由刘森林和冯争合写。

　　① 洛维特选编的《黑格尔左派文选》就包括海涅、卢格、赫斯、施蒂纳、鲍威尔、费尔巴哈、马克思、克尔凯郭尔的文章。参见：Karl Löwith. Die Hegelsche Linke. Stuttgart-Bat Cannstatt：Friedrich Frommann Verlag，1962。

　　② 洛维特. 从黑格尔到尼采. 北京：生活·读书·新知三联书店，2006：217-218.

上帝死后的信仰如何对待，如何生成确立？如果批判不是为了解构，而是为了重新确定价值信仰，这种重新确立何以可能？鉴于恩格斯在早期和晚期都有批判基督教的论文，我们把恩格斯作为外部批判的代表，而把克尔凯郭尔作为内部批判的代表。通过两者的对比来展现青年黑格尔派对基督教批判的多样性和复杂性，展现对上帝之死所引发问题的继续思考。

1. 肯定中的否定：克尔凯郭尔对基督教世界的批判

早期恩格斯作为青年黑格尔派成员，曾对基督教持坚定的批判态度。这种态度非常类似于稍后的尼采。在发表于《德法年鉴》的《英国状况——评托马斯·卡莱尔的"过去和现在"》一文中，针对卡莱尔对宗教式微、上帝死亡引发英国社会精神空虚、失去灵魂、贪得无厌、利欲熏心的担忧和批评，"恩格斯批评卡莱尔对空虚的根源找得不对。空虚不是基督教的衰微、上帝之死导致的，相反，却是基督教一诞生就内含着的，是上帝确立那一刻起就孕育了的。上帝本身就意味着空虚，上帝本身就是空虚的表现和产物。这跟尼采的如下看法是相当接近：上帝本身就代表着不能直面现实，意味着用虚幻替代现实，是一种软弱无力的象征"①。恩格斯的观点很清楚，上帝之死不是空虚的来源，上帝诞生才是。被虚构出来的"上帝"才代表着最大的幻想。"空虚早已存在，因为宗教是人使自我空虚的行为；现在，当掩盖这种空虚的紫袍褪色，遮蔽它的烟雾消失之后，这种空虚才暴露出来，令你惊恐，对此，你感到奇怪了？"② 感到奇怪是因为不了解宗教产生的根源，不了解上帝的社会基础。一旦了解了这一点，就会明白，现实资本主义社会只是真实呈现了上帝本来的秘密，而不是把好好的上帝击倒了。启蒙哲学揭露了这些空虚的根基，揭露了"所有这些谎言和不道德现象都来源于宗教，宗教伪善、神学是其他一切谎言和伪善的蓝本，所以我们就有理由像费尔巴哈和布·鲍威尔首创的那样，把神学这个名称扩大到当代一切假话

---

① 刘森林."上帝"之死与不死：以恩格斯评卡莱尔为中心.山东社会科学，2014 (8)：9-10.

② 马克思恩格斯全集：第3卷.北京：人民出版社，2002：518.

和伪善"①。显然，青年恩格斯这些观点都是青年黑格尔派启蒙哲学的正常观点。当他用"神是什么？德国哲学就这样回答问题：神是人"②来回应卡莱尔的宗教恢复论时，就直接使用了费尔巴哈的理论。显然，无论是青年恩格斯的宗教批判，还是卡莱尔对宗教式微的深深忧虑，都把问题的直接根源、批判矛头指向了日益世俗化的资本主义社会。区别在于，卡莱尔把这个直接根源当成全部，恩格斯则在直接根源之外还挖掘出更深远、更根本的缘由。直接而论，这个现代社会发生的快速变迁导致了宗教的式微，彰显了价值的低俗化、深度和高度的降低以及内在的亏空。宗教批判连带着时代批判，甚至就是时代批判的表现和内容所在。不仅对青年恩格斯如此，对克尔凯郭尔也是如此。

早在尼采喊出"上帝已死"之前，卡莱尔、青年恩格斯都已感受到它走近的脚步。大体同时期的克尔凯郭尔和陀思妥耶夫斯基也看到了上帝被基督教世界遗弃的事实。陀思妥耶夫斯基后来借宗教大法官之口指出，宗教大法官和教会以上帝的名义接受恺撒的剑并以上帝的名义实施恺撒的统治，他们将上帝的国建立在面包、奇迹、神秘与权威之上，人们拥护的不是上帝，而是恺撒。换言之，在上帝被启蒙理性驱逐之前，它早已在教会的内部名存实亡，而启蒙理性只不过加剧了上帝死亡的速度，并且撕掉恺撒的面纱使其露出真容而已。与卡莱尔寻求神圣者的替代，青年恩格斯欢呼上帝之死、寻求新人代替上帝不同，克尔凯郭尔与陀思妥耶夫斯基一样，通过批判跟世俗存在纠缠在一起甚至公开追求世俗权力、功利的世俗教会，对上帝之死做出了独特的思考。

基督教诞生以来就与世俗世界相分离，甚至相对立。在《新约》中，耶稣不止一次与世俗划清界限，"恺撒的物当归给恺撒，神的物当归给神"（《马可福音》12：17）。这种圣俗分离的趋势在宗教改革中被逆转。克尔凯郭尔认为，马丁·路德的宗教改革使神圣与世俗发生交汇与融合，这一融合也加速了宗教的衰颓，使得基督教最终成为"最典型的世俗智慧与异端"③。克尔凯郭尔与路德在思想上的关系十分复杂，抛开信仰方面的纠葛，前者对路德宗教改革导致的政治变革与世俗化的后果深恶痛绝并大加批判。路德否定了教会和教皇的权威，并试图树立

①　马克思恩格斯全集：第3卷．北京：人民出版社，2002：518．

②　同①521．

③　齐克果．齐克果日记．台北：水牛出版社，1986：287．

起《圣经》的权威，但是他对《圣经》中真理的捍卫，并没有在普通信众中激起强烈的共鸣，反而促使他们更多地向世俗生活敞开，世俗成为支配人们生活、信仰的主要原则。正如克尔凯郭尔所言，路德对基督教的改革是一种矫正，尔后矫正的意义不复存在，路德的矫正转变为混乱。在对路德的批判中，克尔凯郭尔意识到在他所处的19世纪，伴随着理性批判与知识教育而发生的，是社会不断地世俗化，神圣崇高的宗教在理性化的进程中日益趋近世俗力量和世俗欲望，神性日渐式微，世俗化的力量驱逐、战胜、取代了曾经神圣崇高的力量。

青年克尔凯郭尔判定自己所处的时代是一个激情冷却的时代，"在这个时代，人在有限的社会环境中仿佛完全石化了似的"①，平庸市侩而颓惰无力，妒忌取代了热忱、袖手旁观的闲谈与宣传取代了行动、金钱取代了人的位格，而"勇敢与热情，转变为一种巧计"②。人们之所以会陷入激情冷却的状态，是因为基督教的上帝"死"了，新的偶像诞生了，人摆脱了宗教的束缚，却又陷入理性（主要指工具理性）的窠臼。无论是普通民众还是基督教都要按照理性的程式打磨自己，普遍性、世俗性、政治性、一致性等成为规范民众与宗教的重要标准，如克尔凯郭尔所言，"今日之世，人民到处都获得一种谨慎为人的规矩，有一种现成的尺码，便利人去判断是非"③。人们可以且只能凭原则、规则、约定俗成的习惯进行思考、决策，人的主动性、个性与创造性被这种程式化的原则性取代，人的生存逐渐与知识、与他人、与规则融为一体，其内在自我越来越萎靡。克尔凯郭尔所说的"内在自我"是一种充满激情与热忱的昂扬状态，这种激情与热忱可以转化为行动，内在的激情与热忱恰恰是维系人与他者关系的联合原则。随着内在自我的萎靡，激情与热忱渐趋冷却，人与他者之间的关系变得空洞。

具体而言，在理性的加持下，人与他者之间的相处必须符合理性原则，这样一来，内在的激情与热忱就失去了其作为"联合原则"的效力，一种看似宽容原宥的精神充斥在各种关系之中，君民之间、亲子之间、师生之间的矛盾、冲突、敬畏、权威，甚至男女之间的情爱都成为

---

① 克尔凯郭尔. 论反讽概念. 北京：中国社会科学出版社，2005：263.

② 祁克果. 论今日的时代//祁克果. 祁克果的人生哲学. 香港：基督教文艺出版社，1990：4.

③ 同②2.

"等闲"，成为一种抽象的持续，这种关系的结构并没有实质的内容填充，就像发生故障的钟表，虽仍可以报时但却离奇地混乱。对此，斯坦利·R.摩尔（Stanley R. Moore）指出，人与人之间真实的内向性关系被一种消极的紧张状态取代，其中的他者不是"你"，而是"它"，并且构成对"我"的一种威胁，并且在这种紧张状态中，自我变成从外部判断关系的反思性的第三方。

同样的情况也发生在宗教领域，人对信仰的热忱、对上帝的虔敬日渐消失。人们不再从一个人的内在和行动来判断其是不是基督徒，而是以个体的外在属性，例如职业、家庭、国家等，或者外在性的客观表现，例如以读《圣经》、参加礼拜、受洗等作为判断基督徒的标准。如此一来，基督徒便像生产线上批量生产的商品，宗教信仰渐趋程式化。问题在于那些按照固定程式量产的基督徒内心是否存有对上帝的虔敬？是否依然对生命怀抱热忱？克尔凯郭尔的回答显然是否定的，假基督徒的内心毫无虔敬与热忱，反而沉浸在自欺与互欺之中，他们亦不再专注于个人的拯救，而源于单一个体内在激情的信仰就外在化、泛化为政治概念、社会习气等客观形式。如此，基督徒成为一种政治身份，一个社会符号，而不是与上帝立的约；基督徒成为一种时尚，至多是一种风俗，而不是信仰。

在思想领域，思想家们更是抽离了信仰本身所诉求的主体性、激情以及无限关切，并将基督教变成一种其可靠性有待确证的"历史性真理"，使基督教由一种内在的激情转变为一种客观性的知识。上述种种以基督教为核心进行的活动恰恰是对基督教的瓦解，他们以基督徒的名义挖空了基督教本身。

尤有甚者，在理性与民主运动的加持下，人们要求一种取消一切对立、冲突与差异的"平等"，在人神关系方面同样如此。随着启蒙的推进，人与神之间的力量格局发生倒转。我们可以在青年黑格尔派的宗教批判中直观地了解到这种人神之间力量格局的变动，青年黑格尔派思想家深受启蒙理性的鼓舞，他们对启蒙理性抱有殷切的期望。费尔巴哈从自然主义视角将基督教的绝对的上帝消解为人，将人提升至神，并以类取代上帝；施蒂纳更为彻底，他以独立的唯一者消解了一切神圣性与超验性。在具体的实践中，上帝依然是在场的，但这种存在至多作为人的装饰品而存在，会众需要什么，牧师就讲什么，而上帝就变成什么。上帝成了人的"玩物"，他们按照自己的世俗需要，将"基督教弄成剧场式的娱乐品……官式的布道虚假地呈现宗教、基督教，使它像是仅为安慰、幸福等等"①，演出结束后，他们继续在基督徒的外衣下追名逐利、庸庸碌碌、精明算计。在克尔凯郭尔看来，这种基督教是一种劣质的、虚假的基督教，是一个披着神圣外衣的妖魔，借用费尔巴哈的话来说，基督教低下了它高贵的头颅并舍弃了其贞洁性；如果基督教还存在的话，那么它已经疲倦了、荒芜了，它成为"胆怯的、意志薄弱的、迎合人心的、献媚奉承的、伊壁鸠鲁式的基督教"②。

众所周知，克尔凯郭尔以维护本真基督教的名义对基督教世界进行了全面的批判，为此，他遭到丹麦基督教会的反对。尽管与教会存在分歧，但他从未对宗教与信仰产生丝毫质疑，并毫不动摇地将本真的基督教信仰视为时代的唯一拯救。至于他所坚持的基督教是不是基督教，这一信仰的对象是不是基督教的上帝，研究者们可能会有不同的看法。

2. 否定中的肯定：恩格斯论基督教的实践价值

就像盖伊所说，与宗教的关系是启蒙运动的核心问题。但跟法国启蒙运动不同，德国启蒙并不都尖锐地批评基督教，启蒙与宗教之间并不是以往所认为的水火不容："通过不断地把自己与基督教传统联系起来，启蒙获得了稳定性。但是它的思想尖锐性丧失了——或至少是钝化了，而在欧洲的其他地区，这种尖锐性造就了革命行动性的启蒙运动。早期的启蒙思想家们不是作为反叛者，而是在文字和形象上作为学者出现的。"③ 越来越多的研究表明，世俗化运动与其说是从外部进入宗教的，还不如说是从内部展开的。如果把克尔凯郭尔算进青年黑格尔派之中，这种状况在这个学派中亦是如此。启蒙与宗教之间的关系在学派内部就不再是以前认为的那样截然对立。恰如伊格尔顿所言，"虽然启蒙运动充斥着科学、本质、理性、进步和社会改造等观点，宗教却是最接近其

---

① 齐克果. 齐克果日记. 台北：水牛出版社，1986：255.

② 费尔巴哈. 基督教的本质. 北京：商务印书馆，1984：4.

③ 盖伊，时代生活图书公司. 启蒙时代. 北京：中国言实出版社，2004：49.

核心、最易激起其敌意和道德恐慌的事物"①。启蒙运动对宗教的反对和否定，主要是反对宗教的政治社会功能、理论根基和对信仰的独断与垄断。"德国启蒙哲学瓦解的不是宗教，而是宗教的先验基础和先验深度，并由此向其他的追求开放。"② 启蒙思想家并非都是无神论者，即使他们激进地信奉理性，仍然可能保持着某种宗教信仰。"大多数理性的狂热信徒亦然保持着某种宗教信仰。"③ 以至于伊格尔顿干脆断言，启蒙运动激烈反对宗教，跟启蒙运动对人性都有积极评价这一观点一样，都是虚构的。④ 何况，早期启蒙运动对基督教的尖锐批判却是以继承基督教的线性时间观、普遍历史观念、改造提升"千年王国"论为基本前提的，直到尼采才有所改变。

换言之，在启蒙理性所主导的世俗化进程中仍蕴含着宗教的因素，克尔凯郭尔对此也颇为认同。他指出，尽管宗教与政治的出发点和目的地都不一样，但其实宗教的主张与世俗的至高追求相一致，宗教的神性天国是人们绝顶向往的美梦，宗教为人类提供了为之奋斗的"元始型格"，尘世只不过是这一"元始型格"中的一部分，即相对型格，而且每一型格的实现都要历经千辛万苦。克氏看到了基督教理念在历史、社会、政治中的贯彻与施行，却对这种贯彻持质疑态度。以平等为例，克氏强调无论是世俗还是宗教都以平等为价值旨趣，但是世俗永远不会实现完全的人类平等，因为它以不平等为触发条件，其中本就包含种种差别；若世俗实现了完全的平等，即其形式毁灭之时，只有循着宗教之道，才能达至真正的、属本质的唯一的人类平等。克尔凯郭尔从个体生存的视角出发，在肯定基督教的同时以历史进步必然的阵痛否定了人类社会的历史。然而，跳过人类社会的漫长斗争阶段，企图通过上帝达至平等显然是一种脱离历史、社会现实的乌托邦，是一种精神领域的自我欣赏，更是对现实苦难的逃避。对此，恩格斯持不同态度。

如果说青年恩格斯批评基督教殊为激烈，那么晚年恩格斯就有更为冷静的思考。他不再仅仅从理论角度批评基督教，反而从实践角度、从

---

① 伊格尔顿. 文化与上帝之死. 郑州：河南大学出版社，2016：7.

② Ernst Cassirer. Die Philosophie der Aufklärung. Hamburg：Felix Meiner Verlag，2003：143.

③ 同①13.

④ 同①17.

其所发挥的某些社会功能视角肯定基督教可能起的积极作用，从而更为全面地看待基督教的历史作用。在《反杜林论》中，与同时期的尼采相比，恩格斯并没有彻底否定《圣经》的作用，他认为原始基督教平等观可以为无产阶级平等观服务。无产阶级平等观"起初采取宗教的形式，借助于原始基督教，以后就以资产阶级的平等理论本身为依据了"①。恩格斯在这里提到的原始基督教平等观主要涉及原罪的平等和作为上帝选民的平等。这种基督教平等观可以作为无产阶级平等观借助的资源和形式，就像可以利用资产阶级平等观，所谓平等不只是表面的，不仅仅在国家层面上实行，更应该在社会经济领域中实行一样。无产阶级平等观可以视为资产阶级平等观的进一步发展，也可以视为早期基督教平等观更进一步的发展。在这种原始基督教平等观与无产阶级平等观的融洽关系中，存在着传统与未来的弥合。

晚年恩格斯强调要用历史眼光看待基督教。在1894年撰写的《论原始基督教的历史》中，他致力于比较原始基督教和早期工人运动的异同。文章一开始就致力于探寻"原始基督教的历史与现代工人运动有些值得注意的共同点"②。两者都是被压迫者的运动，两种运动的主体都受压迫、排挤、放逐，都被当作敌人。原始基督教"最初是奴隶和被释奴隶、穷人和无权者、被罗马征服或驱散的人们的宗教"，跟"工人的社会主义都宣传将来会从奴役和贫困中得救"③一样。在表达这种一致时，恩格斯甚至把原始基督徒说成"纯粹由奴隶构成的当时的工人阶级"④，把基督教说成"社会主义"，只是囿于历史原因，它"只能希望在彼岸世界，在天国，在死后的永生中，在即将来临的'千年王国'中实现社会改造，而不是在现世里"⑤而已。也就是说，区别只是基督教致力于到虚幻的彼岸世界中寻求解救，"基督教是在死后的彼岸生活中，在天国里寻求这种得救，而社会主义则是在现世里，在社会改造中寻求"⑥。恩格斯的意思是，基督教只是个形式，背后隐藏着实实在在的现世利益，是这种实际利益决定着反抗者斗争的性质和面貌。反抗强权

---

① 马克思恩格斯选集：第3卷.北京：人民出版社，2012：484.
② 马克思恩格斯选集：第4卷.北京：人民出版社，2012：327.
③ 同②.
④ 同②.
⑤ 同②328.
⑥ 同②.

与特权、争取平等，成了基督教反抗运动与共产主义的共同点。恩格斯甚至引用了厄内斯特·勒南"如果你想要知道最早的基督教会是什么样子，那就请你看看'国际工人协会'的一个地方支部"① 这样的话。

在进一步的分析中，恩格斯甚至还谈到了早期基督教运动与早期社会主义运动中混杂着一些骗子、有很多宗派等方面也是一样的。"最初的基督徒也像我们最初的共产主义工人支部那样，对于一切投合他们口味的东西都无比轻信，这就使我们甚至无法肯定，我们的新约中是否没有掺杂着佩雷格林给基督徒们写的'大批圣书'中的某个片断。"② 《圣经》特别是其中的《新约》，突出地表现了上述幻想甚至欺骗。值得注意的是，恩格斯在这里也跟尼采一样把《圣经》批判的重点不是放在《旧约》、耶稣基督，而是放在《新约》、保罗这里。通过对写于公元67年至68年的《约翰启示录》的典型分析，恩格斯希望探究"使原始基督教后来得以发展成为世界宗教的那种根本观念"③，如何通过古希腊哲学走向世界、成为一种"能吸引群众"的"世界宗教"，希望从这里得到使无产阶级社会主义运动从地方性、国别性走向世界性的启示和经验，以此显示原始基督教与早期社会主义运动的类似性。这种类似性如《反杜林论》中强调原始基督教平等观可以为无产阶级平等观服务，甚至无产阶级的平等观"起初采取宗教的形式，借助于原始基督教，以后就以资产阶级的平等理论本身为依据了"④，更加凸显了社会主义理论的历史基础，更加凸显了作为无产阶级启蒙产物的社会主义理论与历史传统的联系，更加凸显了无产阶级启蒙跟历史传统的紧密联系和本质区别。恩格斯的如下论述包含着更多的意思："对起初极其强大的尘世作斗争，同时又在革新者自己之间作斗争，这既是原始基督教教徒的特点，也是社会主义者的特点。这两个伟大的运动都不是由领袖们和先知们创造出来的（虽然两者都拥有相当多的先知），两者都是群众运动。而群众运动在起初的时候必然是混乱的。其所以混乱，是由于群众的任何思想开始都是矛盾的，不明确的，无联系的；此外也是由于先知们起初在运动中还起着的那种作用。这种混乱表现为形成许许多多的宗派，

---

① 马克思恩格斯选集：第4卷．北京：人民出版社，2012：329.

② 同①333.

③ 同①337.

④ 马克思恩格斯选集：第3卷．北京：人民出版社，2012：484.

彼此进行斗争，其激烈至少不亚于对共同外敌的斗争。在原始基督教是如此，在社会主义运动的早期也是如此，尽管这会使那些在根本无统一之可能的情况下宣扬统一的好心的庸人感到非常难过。"①

或许我们可以继续沿着恩格斯的逻辑继续做些补充发挥。因为基督教在传播自己的教理方面积累了丰富的经验，特别是同样的教理分学术和大众两个版本的做法为启蒙运动、马克思主义思想的教化与传播提供了重要启示。就像伊格尔顿指出的，席勒、费希特、柯勒律治等都希望启蒙哲学不要仅仅滞留于精英范围，而要向民众普及。而在这方面，基督教可以提供丰富的经验启示。因为"基督教的突出优势就在于存在学术（神学）的版本和普通大众（信仰实践）的版本；虽然两者偶有冲突，它们仍然被一起限定在宗教组织内部"②。启蒙运动也应该分两个版本，不要把精英层面的怀疑论、批判传达给无法合理把握的大众。可惜，在英国，"柯勒律治哀叹受过教育的阶层已然放弃了他们作为社会领导者的职责，被启蒙思想的怀疑论、唯物论、不可知论颠覆了"③。但后来证明，大众信仰与启蒙哲学不能相容。德国的观念论哲学更没有解决好这个问题。在这方面，他们甚至都不如基督教。"唯心主义未能成功以一个世俗化的宗教来替代正统的基督教。"④观念论哲学始终太晦涩，不扎根于现实生活；或者说，它只是理论，不触及实践和生活，无法很好地落实到实践和生活。在这方面，观念论哲学曲高和寡，不值得马克思主义哲学效仿，却必须警惕、避免和引以为戒。观念论哲学充其量让大众崇敬，却难以让大众理解。虽然观念论哲学家比如费希特也曾努力让大众理解，并不以高傲的姿态面对大众，但效果也极为有限。其中一个非常突出的表现就是观念论哲学过于宏大，过于依靠崇高、伟大的东西，却不在乎和关心实际的个人，认为这样的个人太渺小了，不足以成就所追求的理想目标。这被克尔凯郭尔视为观念论哲学的一大弊端。他指出，以黑格尔为代表的观念论哲学依然停留于思辨领域，他们并未真正触及现实，未触及人的生存，就像克尔凯郭尔说的，"一个思想家建立起一个巨大的建筑，一个体系，一整个包容了'存在'和'世

---

① 马克思恩格斯选集：第 4 卷. 北京：人民出版社，2012：339.
② 伊格尔顿. 文化与上帝之死. 郑州：河南大学出版社，2016：94.
③ 同②.
④ 同②104.

界历史'的体系；而如果我们去观察他的个人生活，那么我们就会惊奇地发现这种可怕而可笑的情形：他自己并不住在这个巨大的、穹隆的宫殿里，而是住在旁边的一个工棚里，或者一个狗窝里，或者至多是在一个门房里……他宁可借助于'处在谬误之中'来完成这体系"①。让哲学落实于人的现实生存，使哲学从现实生活出发，达到理论与实践的有机融合，是恩格斯与克尔凯郭尔的共同旨趣。

浪漫主义也想弥合学术与大众这两个层面，试图通过哲学与诗学的融合来解决观念论哲学曲高和寡的问题，在高远的天空与现实的大地之间建立融洽的关系，因而对通俗化、大众化心向往之，但却不曾真正实现这种关系。立志要从现实生活出发改造传统哲学的马克思主义哲学下决心要解决这个问题，而这对于要实现的社会改造理想来说，也是必须做到的。在马克思主义哲学理论的创造性研究与大众化理解之间，既要保持义理的一致，又要保持各自的学理性与通俗性特色，并保持良性互动。按照恩格斯的上述分析，在这方面，完全可以从基督教的做法中获得启示，虽然马克思主义哲学要研究和传播的真理跟基督教传播的教义不可同日而语。

这意味着，合理的基督教批判不能仅仅立足于思想价值本身来看待基督教，而应该从其发挥的社会功能、所具有的社会价值等方面来看待基督教。基督教的义理研究与大众传播、组织、社会基础都可以给社会主义运动以有益的启示。基督教即使在思想上不能成立，也不能否认它在传播、组织群众，在发展历程的成败得失方面对社会主义运动具有正反两方面的启示和启发。这是晚年恩格斯给我们的提醒和启示。

3. 走向真诚信仰的关键

看来，不管是恩格斯的外部批判，还是克尔凯郭尔的内在批判，启蒙对宗教的批判都没有绝对化，更没有彻底否定信仰的价值和力量。问题应该不在于信仰的有无，而在于走向真正信仰的关键何在。他们一个主张真正的信仰是个体内在性的挖掘和深化，与激情内在相关，发生在

---

① 克尔凯郭尔文集：卷 6. 北京：中国社会科学出版社，2013：454.

特殊个体身上；另一个主张真正的信仰存在于新的社会性力量中，与科学理性内在相关，以群体的形式呈现并在群体中生成和演化。

对克尔凯郭尔来说，"1840 年，现存政治与社会状态的世界从根本上开始崩溃"①，面对宗教世俗化、大众化的洪流对基督教神圣价值的席卷，面对绝对关系破裂后相对关系的崩解，面对抽象"公众"的崛起以及个体性的丧失，他并未丧失信心，信仰是其对时代加以批判之后寻找的方向，是他为时代寻找的灯塔。

上帝与信仰是克尔凯郭尔的永恒诉求，也是后世思想家对其加以诟病的地方。尽管克氏在其作品中丝毫不吝啬对亚伯拉罕和约伯的赞美，但我们认为宗教、上帝只是克尔凯郭尔呈现出来的表象，时代危机下的个体生存才是其思想内核，他所坚持的基督教信仰既不是中世纪狂热化的基督教，也不是日渐世俗化的基督教，亦不是原始的基督教。相反，他以个体生存的不确定性、时间性与敞开性解构了基督教的历史与人类社会的历史，他所坚信的基督教更多的是一种经生存论解读的基督教，他对上帝的悖谬式信仰更多的是信仰生存。在克尔凯郭尔看来，"基督教是精神，精神是内在性，内在性是主观性，主观性本质上是激情，至上的激情就是对个人的永恒福祉的无限的、个体性的关切"②，精神、内在性、主观性、激情、无限与个体构成了克氏对基督教定性的关键词，那么，这一系列关键词的承载者是谁？答案是个体的人。人是什么？他指出，"人是精神。但是，什么是精神？精神是自我。但什么是自我？自我是一个'使自己与自己发生关系'的关系"③。自我是如何被设定的呢？克尔凯郭尔认为，这个自我无法自行设定，只能通过一个他者而被设定，这个他者就是上帝。故而，克尔凯郭尔对基督教的规定与对人的规定是相通的，他将信仰、上帝嵌入人之为人之中，人成为自我的过程也就是成为基督徒的过程；同理，一旦缺失了信仰的成分，人将堕入绝望的深渊。因此，对于他而言，信仰必须存在，它是人之为人的必须；同理，信仰必须切合生存，否则信仰将成为异端。在克尔凯郭尔的文本中，生存事关个体，而信仰是对个体生存的无限关切；生存是面向未来的敞开，真理也并非如柏拉图所言是面向过去的回忆；生存是

---

① 洛维特，沃格林，等. 墙上的书写：尼采与基督教. 北京：华夏出版社，2004：91.
② 克尔凯郭尔文集：卷 5. 北京：中国社会科学出版社，2017：18 - 19.
③ 克尔凯郭尔文集：卷 6. 北京：中国社会科学出版社，2013：419.

时间性的当下，信仰的对象必然不是超越时间的彼岸；生存是时间中的永恒，上帝则是存在的完满与永恒，"上帝不是某种外在的存在，上帝就是无限本身"[①]，走向上帝，也就是走向个体生存的自我超越。因此，我们可以说克尔凯郭尔保留了基督教的内核，并将其与个体生存相融合，而这种融合的结果便是他所坚守的信仰。

从克尔凯郭尔对于人的定义来看，他更为注重人内在的精神世界，精神在他看来是人之为人的根本，是相比于动物的优越之处。笔者认为，他对基督教世界的批判中，与其说世俗、功利、政治、权势等玷染了原始基督教，不如说侵犯了人的精神世界，是人的精神甚至可以说是人的生存的世俗化、程式化与物化，尽管克尔凯郭尔没有提出"物化"这一词语，但是他对当下与时人的批判有异曲同工之妙。激情与决断是克尔凯郭尔所有文论的关键词，而激情、决断与热忱正是当下与时人所缺失的，他们为外在的东西所裹挟，将自己等同于金钱、物质、荣誉，畏缩在公众的名义之下，克氏在《非此即彼》上卷中的"间奏曲"开篇引用法国诗人贝利松的警句："宏业、知识、名望；友谊、快乐和美好；全都只不过是风是烟；更好一点的表述就是：全都是乌有。"[②] 这种由知识、宏业、金钱等构建起的不朽是一种一触即逝的虚幻，其间充斥的是精神的陷落与生存的紧缩，与科技、知识的爆炸性增长相对应，人的生存逐渐沦为科技、数学等理性存在的附庸。正如同时期的马克思所说的，"我们的一切发明和进步，似乎结果是使物质力量成为有智慧的生命，而人的生命则化为愚钝的物质力量"[③]。不可否认的是，启蒙理性使得主体对外部世界、客体有了更清晰、更丰富的认知，在理性和资本的加持下，人的主体性不断地得到凸显，但是理性对神圣、崇高的消解使人们的内心世界变得黯淡无光，呈现出崇高世界坍塌的虚无主义局面。

如果单纯地以永恒拒斥现世，又将重蹈传统形而上学之覆辙，因此，他寻求的内在自我的同一是永恒与现世（或者说时间）的同一。对克尔凯郭尔而言，信仰不是幻想的避难所，而是全然托付；面向上帝的全然托付指的就是全然进入生存，进入现实。他并不是尼采所批判的

---

① 克尔凯郭尔文集：卷5. 北京：中国社会科学出版社，2017：127.
② 克尔凯郭尔文集：卷2上. 北京：中国社会科学出版社，2009：2.
③ 马克思恩格斯选集：第1卷. 北京：人民出版社，2012：776.

"背后世界论者"，相反，他批判那些为了所谓永恒而放逐现世生存的修士，他强调，永恒就在于时间之中，瞬间便是永恒进入时间的决断。

面对崩溃瓦解的时代，克尔凯郭尔反对外在世界的行动，就像洛维特所说的，面对崩溃的世界，"基尔克果决心从普遍世界的崩溃状态返回到同自身的关系，返回到自己内在的'自身存在'"①。克氏认为，只有内在世界的丰富才能改变人与物之间的这种关系，而"外在世界的行动的确可以改造生存（像皇帝征服了全世界并且使人民成为奴隶），但却不能改造个体自身的生存；外在世界的行动的确可以改造个体的生存（像一个人从中尉变成皇帝、从犹太小贩变成百万富翁或者诸如此类会发生的情况），但却不能改造个体内在世界的生存"②。面对客观化、物化、程式化、世俗化的时代，克尔凯郭尔选择在内在性中保证自我的同一，以内在自我和内在同一作为克服物化、客体化等问题的方案，他试图以内在世界的丰富化解资本主义社会中人的生存危机，但是这种内在性的同一并不能克服物化、世俗化、程式化等问题。克尔凯郭尔不屑于历史中人类为自由、平等而做出的牺牲，但是伊甸园里的自由与平等也并非绝对，通过邻人之爱实现的自由祥和只不过是一个幻象，所谓自己与邻人、与上帝之间的关系，只不过是他与自己的对白，上帝只是一种内在性的信念，是一种敞开的且悬设理性的至上、至善、至真、至美。克尔凯郭尔所坚信的内在行动在他看来有多切近现实（个体生存的现实），就有多远离现实（社会现实和个体生存的现实），洛维特指出，克尔凯郭尔批评浪漫派的自我、主观性，"不是因为它缺乏一种普遍的世界和客观性，而是因为它缺乏彻底的主观性"③。此外，克尔凯郭尔将应对时代危机的重任交托于孤独个体，那么，这一个体性的主体就可能更无助、无力。

对于恩格斯和克尔凯郭尔而言，信仰属于主体性范围，都是一种主体性努力的成果。与克尔凯郭尔那单纯个体内在的热情主体性不同，恩格斯的主体性与作为主导趋势的社会历史规律，与代表着先进性的生产力、组织、思想理论不可分割地联系在一起。在克尔凯郭尔把完全外在的客观真理变成主体内在的东西，把普遍真理变成非人际的主体的特殊

---

① 洛维特，沃格林，等 . 墙上的书写：尼采与基督教 . 北京：华夏出版社，2004：91.
② 克尔凯郭尔文集：卷 5. 北京：中国社会科学出版社，2017：359.
③ 同①95.

性存在之时，恩格斯把真正信仰的关键确立在另外一种主体性之上。这种主体性首先是对客观规律的认知和把握，然后是建构最先进的理论或与之结合，再就是对最先进的组织的参与。

恩格斯与马克思的确常在无理由、无根据的盲从和偏信意义上使用"信仰"一词，如指责施蒂纳的"无限信仰"，把他"'迄今为止的历史'，只是'精神的人的历史'"之论判定为"这就是信仰①。在《流亡者文献》中，恩格斯指责巴枯宁主义者把革命词句变成了宗教咒语，使"理论成了信仰，参加运动成了祭祀"②。鉴于当时的处境中这类"信仰"泛滥，他们也就不愿意把自己的理论说成一种"信仰"，甚至说成"理想"都不愿意。在他们看来，信仰往往与迷信、根据和理由未加考察、不科学密切相关，而"理想"往往与应该、想象密切联系。这一点晚年恩格斯说得更加清楚："共产主义现在已经不再意味着凭空设想一种尽可能完善的社会理想，而是意味着深入理解无产阶级所进行的斗争的性质、条件以及由此产生的一般目的。"③ 由此而论，他们致力于把对共产主义非理性的坚信甚至盲从，发展为科学基础上的信念。马克思在《哥达纲领批判》中说"资产阶级的'信仰自由'不过是容忍各种各样的**宗教信仰自由**而已，工人党却力求把信仰从宗教的妖术中解放出来"④，就突出表明了这个意思。恩格斯说，"我们有义务科学地论证我们的观点……争取欧洲无产阶级，首先是争取德国无产阶级拥护我们的信念"⑤，也是同一个意思。这个信念，关于社会主义、共产主义的信念，就来自对现代社会发展规律的认识和把握。"现代社会主义必获胜利的信心，正是基于这个以或多或少清晰的形象和不可抗拒的必然性印入被剥削的无产者的头脑中的、可以感触到的物质事实，而不是基于某一个蛰居书斋的学者的关于正义和非正义的观念。"⑥ 对这种必然性、规律的认知、把握、结合、参与是需要随着情况的发展变化不断积极学习和调整的，是永无止境的主体性努力过程。鉴于马克思、恩格斯所处的时代，"信仰"往往是神学家的口头禅，"理想"常常是空想社会主义

① 马克思恩格斯全集：第 3 卷 . 北京：人民出版社，1960：151.
② 马克思恩格斯选集：第 3 卷 . 北京：人民出版社，2012：308.
③ 马克思恩格斯选集：第 4 卷 . 北京：人民出版社，2012：203.
④ 同②376 - 377.
⑤ 同③.
⑥ 同②537.

的口头禅，他们都不愿用这两个词来界定共产主义信念。现在的环境不一样了。撇开当时的具体语境，立足于当代在"信念"意义上使用"信仰"一词的话，那也可以把确立共产主义信念解读为确立共产主义信仰，而且这种信仰还是最为合理、最有根据的信仰。对于恩格斯来说，确立真正信仰的道路必须基于对社会历史的科学认知，基于对客观规律的把握。但社会历史规律对于他们来说，绝不是外在于无产阶级实践的绝对外在的东西，而只是一种已经生成并不再调整变化的主导趋势。恰如马克思所说，"一般规律作为一种占统治地位的趋势，始终只是以一种极其错综复杂和近似的方式，作为从不断波动中得出的、但永远不能确定的平均数来发生作用"[1]。主导趋势意味着"必然有某些起反作用的影响在发生作用，来阻挠和抵消这个一般规律的作用，使它只有趋势的性质"[2]，意味着还有非主导型的趋势与之并行竞争，需要实践主体根据复杂的情况和主客观条件予以规整、引导、争取，做出各种积极努力，需要真正的信仰和真实的努力。真正的信仰跟社会历史规律、跟阶级群体的形成和做出的各种实践努力密切关联在一起。众所周知，上述两段话都出现在恩格斯整理出版的《资本论》第三卷中，恩格斯在这里对马克思的观点表示高度认同。

与恩格斯不同，克尔凯郭尔却在"持续地处于生成进程之中"[3] 的个体生存中看待希望和信仰。他认为，仅仅依靠自己的力量，不仅不会成为自我，反而会陷入绝望，"'成为自己'只有通过'与上帝的关系'才能达成"[4]，信仰作为一种内在的确定性，它期望无限性。主体性是整个现代世界的根基和灵魂，但只有信仰才能把主体立起来，立在某种方向之上。就像前面所说的，信仰的对象是生存，在他的眼里，存在本来就是荒诞的，只有借着激情（对生存的信仰）才能战胜这种荒诞，如他所言，悖论和热情是最为相配的两个情人，"存在着的个人通过这种悖论而达到存在的极点"[5]。但对恩格斯来说，真正的信仰的确立绝非个人之事，而是必然与现代社会新的组织和变迁方式内在关联在一起。

① 马克思恩格斯全集：第 46 卷. 北京：人民出版社，2003：181.
② 同①258.
③ 克尔凯郭尔文集：卷 5. 北京：中国社会科学出版社，2017：58.
④ 克尔凯郭尔文集：卷 6. 北京：中国社会科学出版社，2013：441.
⑤ 克尔凯郭尔. 主体性即真理//胡景钟，张庆熊. 西方宗教哲学文选. 上海：上海人民出版社，2002：365.

不理解现代社会快速更新和改进自身的机理，是无法躲在一个孤立的内在性空间内确立起真正有效果的信仰的。

虽然克尔凯郭尔明白"在旧的时代里只有少数人才知道真理，而在我们这个时代里所有人都知道真理"①，但他还是以内在的行动取消外在的行动，他坚信内在的自我是应对时代危机的唯一路径，然而他对内心性的强调却走向了另一个极端。虽然克尔凯郭尔和恩格斯都致力于把黑格尔的理性贯彻于生活之中，并视之为时代的任务，但克尔凯郭尔用个别人的内在性替代马克思、恩格斯的外在社会关系，他理解的这种贯彻对象是个人，而绝不是群众。在他看来，公众是一种没有领导的领导者，影响并控制处于其中的"个体"，他们借助于数量上的"多"增加自身的力量，隐藏并转移自身的怯懦。体系、人类、基督教世界中都是这样的东西。超越普遍性的个体是克氏信仰的主体，只有与群众对立的个别性才有可能是崇高的存在，才能走向真诚的信仰。在对个人的信任和寄予希望方面，他与施蒂纳的"唯一者"、鲍威尔的"自我意识"一致，都对"大众"表达了一种不信任，而跟马克思、恩格斯对峙起来。

但资本主义时代的危机并不仅是个体的生存危机，而且是一种社会危机，尽管克尔凯郭尔强调个体在现世的生存，他依然割裂了人的社会性与个体性。"人的本质不是单个人所固有的抽象物，在其现实性上，它是一切社会关系的总和"②，个体的生存离不开社会的支撑，没有外在环境的整体变革，个体内在世界的丰富在强大的科技、资本、影像等社会力量面前也只能表现为一种无力。

当克尔凯郭尔把真正的信仰赋予热情个体的内在性之时，恩格斯则将其赋予无产阶级的群体联合，他把对共产主义的真正信仰确立在无产阶级对于最先进的生产力、最先进的理论、最先进的组织的参与、掌握和实践之中。正是在对最具先进性的生产力和理论的靠拢和参与之中，在与先进人群的交往、学习、靠拢之中，共产主义信仰才得以产生并得以不断牢固，"联合的行动，至少是各文明国家的联合的行动，是无产阶级获得解放的首要条件之一"③。在恩格斯的眼里，克尔凯郭尔式鹤

---

① 克尔凯郭尔. 主体性即真理//胡景钟，张庆熊. 西方宗教哲学文选. 上海：上海人民出版社，2002：360.

② 马克思恩格斯选集：第1卷. 北京：人民出版社，2012：135.

③ 同②419.

立鸡群不会被欣赏，倒只会导致孤掌难鸣。

尽管信仰的承担者不同，但情感、瞬间的重要性对于恩格斯和克尔凯郭尔来说是类似的。无产阶级不仅依靠理性，也需要革命的激情。对于历史唯物主义来说，时间绝非均匀的，某些特殊的瞬间具有更为突出的重要意义。克尔凯郭尔赋予瞬间更大的价值，声称主体自我没有永恒的历史可以依托，只能在瞬间中不断超越；恩格斯在肯定历史连续性、重视所有历史积累的积极意义的基础上，也对矛盾爆发的特殊历史时刻寄予更大的希望，并在革命主体解决矛盾、推动历史前进的基础上赋予这个瞬间更大的价值。在重视热情和瞬间、告别单纯的理性主体和均匀等值的线性时间方面，恩格斯肯定会有限度地对克尔凯郭尔的如下看法表示赞赏："存在的主体只能在瞬间体会到无限与有限的统一性，这种统一性超越了存在并且这一瞬间恰是热情的瞬间。拙劣的近代哲学总是轻蔑热情。而对存在于时间中的个人来说，热情乃是存在的极致。在热情中，存在的主体通过想象的永恒性而变成了无限，同时，他又仍旧是他自己。"① 对于恩格斯来说，存在的极致肯定不是单纯的热情，而是热情与理智基础上的实践统一。即使是彰显价值的瞬间，也可能是其他时间长期的集聚和累积所致，这个瞬间与其他时间不是对立冲突的，只是时间非均匀性的复杂分布而已，因为所有的时间都在为瞬间的爆发和提升做准备，都对特定瞬间的集聚有所贡献。

尽管共产主义社会是在对历史与现实的反思中得出的科学认识，但它更是一种行动、实践，势必面临诸多考验、困难，可能经受犹疑、彷徨、绝望的侵袭而达至坚信，由此使得激情十分必要。克尔凯郭尔赋予信仰和激情更本质的关联："信仰的确定性完全体现在信仰相信不确定性，也就是悖谬，或者更通俗地说，相信激情。"② 恩格斯会在赋予信仰更多理性根基的基础上给予激情足够的位置和空间。存在是激情、信念（仰），也是斗争；除此之外，克尔凯郭尔会加上受难，恩格斯会加上理性。

---

① 克尔凯郭尔. 主体性即真理//胡景钟，张庆熊. 西方宗教哲学文选. 上海：上海人民出版社，2002：357.

② 尚杰. 任性、悖谬与信仰：读克尔凯郭尔的《哲学片断》. 世界哲学，2013（6）：29.

第四章 启蒙视域下的理想：
形而上学与理想主义

  虽然批判传统的基督教理想，但是现代启蒙却意味着一种崇高而强劲的新理想主义，给启蒙主体提供着明确的目标方向和充足的实践动力。历史唯物主义进一步为之提供科学的依据，使得这种新理想主义更加科学和现实。当历史唯物主义于20世纪初来到中国之时，它就是以这种新理想主义的形式出现并发挥作用的。

  理想主义在20世纪的中国从风起云涌、持续高涨到遭遇低谷，构成一个颇值得反思的重大事件。在经历了所谓"从理想主义到经验主义"的演化轨迹、遭经验主义洗礼之后，理想主义只能跟我们渐行渐远吗？我们能够重建理想主义吗？能够重建什么形态的理想主义？理想主义的重建如何避免与解除苦闷、摆脱落后、躲避沉沦、关起门来自娱自乐产生内在关联？如何能够与更高的诉求内在地联系起来？无论从本体论层面还是从人生观层面来说，历史唯物主义能够在这个问题上提供什么样的贡献？循着这个问题，本章探讨传统理想主义的一种特殊情形和特征：以传统形而上学为基础，并导致一厢情愿、完美无缺，也容易导致坍塌、灰飞烟灭、欲速则不达等后果；这种传统理想主义无法维持，必须予以反思重建。在此基础上，才能建构现实、科学的新理想主义，使"诗和远方"不再单纯虚妄，而是脚踏实地。

1. 传统形而上学塑造单纯的理想主义

  "理想主义"在哲学上是一个较为模糊、笼统的概念，需要做出仔细的界定。它的西文对应词 idealism、Idealismus 在哲学本体论上往往被译为"唯心主义"，也可译为"理想主义"。如果从人生哲学的角度来说，"理想主义意味着特别重视一些有价值的事物，如善、美、智慧、正义、神圣、完全等等"①，表示对超越性的崇高价值的追求。伴随着现代性的世俗化转折，人们越来越注重现实生活，理想主义具有了崭新的特点。"近代理想主义跟旧理想主义颇有区别之处是在于注重生活及指导生活，因而亦超越当下之生活。旧理想主义对理性的气味甚重，几乎把复杂的人生全纳置于逻辑的规则之下，然而活泼的心灵是创造的，它要表现其自身在各方面的生活，如道德、艺术、经济、政治、宗教等等。"② 强调内在主体性及其创造性，注重生活本身的价值，注重从现实生活出发追求崇高的理想，构成所谓近代理想主义的几个根本特点。

虽然近代理想主义开始注重从生活本身出发寻求理想，但真正落实到位并不容易，近代以来理想的确立仍然深受传统本体论的内在影响。德国观念论哲学作为一种"理想主义"（唯心主义），与其说是一种思想主张，还不如说是一种理想建构方式和论证方式。虽然艰深晦涩，观念论哲学却蕴含积极向上的理想气息，象征着一种文明的冉冉升起和拓展高扬。但是，理想的理论建构却不是来自经验现实，而是来自逻辑严密、自洽的理念世界，这个世界具有完整性、自洽性和完美性。恰如舒尔茨所说，"德国观念论的出发点就在思想信任自身的那个地方，即相信自己能够在它的纯粹思想中构建起整个世界以及存在"③。思想不是在对外部对象而是对自身内部存在的思考中建构自身的，理想的建构也就势必是立足于主体自身的逻辑和要求而得以完成的。理想于是就只跟理性、逻辑、应该、整体、自洽、完满甚至一厢情愿根本相关，不但跟必定具有缺憾的经验、现实没有内在相关性，而且还尽力避开它，生怕它的粗糙、复杂、缺憾浸染自己的纯洁，拉低自己的高度、破坏自己的结构。虽然德国早期浪漫派和晚期谢林早已开始以自己的方式在这种哲学内部处理现实与理想的关系问题，开始了对经验现实的思考和重视，

---

① 柏克莱，等．近代理想主义．北京：宗教文化出版社，2013：3.

② 同①12.

③ 舒尔茨．德国观念论的终结：谢林晚期哲学研究．北京：中国人民大学出版社，2019：64.

但终归不能根本性地改变从主体性内在出发、从理性出发进行思想（理想）建构的根本之路。按照舒尔茨的说法，只有后观念论时代的核心问题才是理性与现实的关系问题，才变为从现实出发反思和重构理性。不同于理性的生命现实由此才被提到基础性的地位。人们日益认识到，"那个把握一切的东西和尺度已经不再是哲学思想，而是生命的现实了"①。生命的重要性已上升到与上帝、理性同等重要，而且，生命还要作为哲学的基础。而生命现实显然并不完美无缺，反而呈现出生成、流变、有死、固有特定角度等局限性。那个无限完满的"上帝"越来越不再被信任，甚至不断消解和死亡。如果说，"在一种根本的意义上，从康德到黑格尔的思想运动所围绕的观念是：作为上帝般的存在的人的自我实现，或者作为上帝的人的自我实现"②，那么，随着作为人之内在本质的"上帝"（如费尔巴哈的"类"）被视为一种虚构、幻想，甚至是软弱无力者的妄想，它对现实的人的决定性、辐射力不断变小，现实生命在获得自由和解放后何去何从，如何避免从高空急速坠落，变成一堆碎片，甚至被虚无主义的阴霾笼罩，就是一个越来越现实和严峻的问题。从青年黑格尔派到尼采的宗教批判，逐渐完成了上帝渐趋死亡的哲学判决。尼采在1882年《快乐的科学》第三卷开头终于说出上帝之死这个秘密后，那种依照主体内在性、出于对完满和绝对的追求而建构崇高理想的做法开始被人们质疑。新的钟声敲响了，新的时代开启了，新的做法呼之欲出。

　　不过，初期钟声还没那么响，尚未进入人群的中心地带。以传统本体论（形而上学）的方式构筑理想的路子仍然大行其道。真正从现实出发构筑理想，就像青年马克思所说的"我从理想主义……转而向现实本身去寻求思想。如果说神先前是超脱尘世的，那么现在它们已经成为尘世的中心"③。这并不是一件很容易的事，可以说贯穿在马克思一生的努力之中。这是后观念论哲学一直在努力的事。马克思的意思是，现实的东西和应有的东西之间的对立是理想主义（唯心主义）本身固有的对立。解决这种对立的方式，对我们来说就是近代理想主义与现代理想主

---

① 舒尔茨. 德国观念论的终结：谢林晚期哲学研究. 北京：中国人民大学出版社，2019：13-14.

② 塔克. 卡尔·马克思的哲学与神话. 天津：天津人民出版社，2018：21.

③ 马克思恩格斯全集：第40卷. 北京：人民出版社，1982：15.

义的区别所在。从感性现实出发重构理想主义，把神圣维度立足于尘世来理解和确立，而不再以不食人间烟火、超脱尘世的形式确立，是后德国古典哲学的基本特征，也是现代理想主义的特征。虽然"近代"与"现代"在很多场合下几乎同义，不加区别，但在本章中，我们还是对两者做出明确区分。现代理想主义跟近代理想主义的主要区别在于，它致力于去除构筑理想主义的传统形而上学方法，致力于从新的现实出发重新构筑新的理想。在进行新的构筑之前，它必须高度关注构筑理想的传统方式，即传统形而上学方式。在近代理想主义中，理想构筑的方式还具有浓重的传统形而上学色彩。就世界史意义上的"近代"而言如此，就中国史意义上的"近代"与"现代"而言也是如此。

传统西方形而上学世界是一个基于逻辑本身的观念世界，它无需考虑经验世界本身的复杂性、异质性，无需过多考虑多种观念之间关系的复杂性和矛盾性，甚至干脆略去现实世界的流变、个别、特殊、感性等特质，建构起一个本质、永恒、固定、纯粹的概念世界，只要逻辑上行得通，就可以在理论上撇开现实存在中无法撇开的那些因素，在理论逻辑中建构一个单纯的理想世界，甚至径直地简单认定所有自己喜欢的东西都可以完美无缺地结合在一起，形成一种完美的互补和秩序，按照某种一厢情愿的理想状况进行组合并落实。就像谢林批评的，按照这种形而上学，从逻辑、思想的角度说，逻辑进程也就是现实生成过程。涉及的只是概念、逻辑，不是实存之物。"在这里只涉及 quid［什么］，而没有涉及 quod［如此］。"① "理性就能够从自身出发、不需要经验的任何帮助地达至一切实存者的内容，进而据此达至一切现实存在的内容，理性并没有先天地就认识到，这个或那个东西现实实存的实情（因为这完全是另一回事），相反，理性只是先天地知道，如果某物存在，那它是什么或者能是什么，也就是说，理性先天地规定着一切存在者的概念。"② 这就是旧理想主义构筑的传统形而上学方式，说到底，还是一种完美的上帝思维在主导这个世界的存在和运作。它完全可以不食人间烟火，完全可以没有任何经验上的缺陷和不足，径直按照随意的需要而承担任何功能，弥补任何缺陷，堵住任何漏洞，相互之间发生梦幻般的化学反应，产生一个要多美就多美的理想世界。即便当下不行，也可以

---

① 谢林．启示哲学导论．北京：北京大学出版社，2019：111.

② 同①112.

像黑格尔的绝对精神一样经历复杂的历史过程而实现。在期待实现的世界里，个体都理所当然要做出牺牲和贡献。个体可以渺小、卑微，只有通过与完满整体的联系，才能获得通达完满整体的道路，触发自己身上的无限潜能，使自己获得升华。借助传统形而上学得以建构的那个完美无缺的理想世界，那个毫无漏洞、毫无缺陷、毫无绝对阻抗的存在，意味着一个绝对的理想世界。人们追求的理想，都可以安放在这个世界之中。

在尼采的眼里，这恰恰是虚弱者、逃避现实者设想的完美理想世界，也是最无能为力者设定理想的最极端的做法。它意味着，设想者本人在这个现实世界中完全找不到感觉，只能完全离开这个现实世界任意幻想，在思想世界里把现实世界里无法撇开的因素完全撇开，在思想世界里把现实世界里无法调动的力量任意调动起来，在思想世界里把现实世界中无法调和整合的方面任意调和整合起来，完全不顾起码的常识胡思乱想。其实，设想得越完美无缺，证明设想者本人越虚幻，越不食人间烟火，或者越无法食人间烟火。

这就意味着，传统理想主义的构建基于传统西方形而上学。这种形而上学对生成性的忘却，对复杂性的简单化处理，对负面情绪、情感的有意识掩盖，对主动担当责任的弱化或放弃，对无能、缺陷、逃避的变相美化，促成了这种传统理想主义的诞生。在尼采以保罗、《新约》为典型对它的批判中，我们感受到基督教这种民众柏拉图主义对传统形而上学的依赖，感受到传统形而上学作为这种理想主义的构筑方式、论证方式、思维方式所起的巨大作用。

尼采着力挖掘、批判的这种基督教理想的构筑和论证方式，同样也是马克思批判反思的对象。尼采在早期的《悲剧的诞生》中就向往献身于健康事业的陶醉，把象征这种陶醉的酒神狄俄尼索斯（又译狄奥尼索斯）视为勇敢、智慧、创造的化身，视为解决日神内在恐惧的关键所在。当狄俄尼索斯的对立面从阿波罗依次转到苏格拉底、耶稣基督、保罗之后，麻醉作为基督教理想的底色日益明显；而麻醉背后的焦虑、恐惧和急速、简易地摆脱掉这种焦虑与恐惧的冲动也更加明显。尼采认为基于麻醉的理想采取的是不解决问题却只是通过极力麻痹把问题掩盖、忘却的无奈之路。这种麻醉之法成就不了崇高的理想，充其量只能成就一种很低级最多是平庸的东西，但是麻醉者会极力把这种东西美化为最高的理想。这就是意识形态的功力和作用，也是启蒙者极力揭示的秘密。尼采对基督教所做的那么多的分析，从历史唯物主义的角度说，可以用马克思的一段话来表达："**宗教里的**苦难既是现实的苦难的**表现**，又是对这种现实的苦难的**抗议**。宗教是被压迫生灵的叹息，是无情世界的情感，正像它是无精神活力的制度的精神一样。宗教是人民的**鸦片**。"① 那时鸦片就是典型的医用麻醉品，可以短暂地抚慰创伤，却无法彻底消除苦痛。历史唯物主义是要找到更根本的造成苦痛的成因，致力于通过生产力的增长、生产方式的变革从而以更有效的方式来消除生存者的苦难。所以，尼采后来极力分析的弱者通过麻醉之法消除苦痛，并由此幻想一个毫无病痛、完美无缺的理想世界的做法，同样是马克思极力反思批判的对象。在《路易·波拿巴的雾月十八日》（以下简称《雾月十八日》）这部著作中，马克思也明确指出，资产阶级革命为时短暂、追求极乐狂欢，常常沦为一种典型的麻醉状态。"社会在还未学会清醒地领略其疾风暴雨时期的成果之前，一直是沉溺于长期的酒醉状态。"② 麻醉、酒醉状态极易产生一种不顾其他只顾一点，并把这一点极端化的绝对观念、绝对理想，并形成"一种固定观念，成了一个教条"，如马克思所说，"正如在锡利亚信徒脑子里基督再临和千年王国到来的那个日子一样"③。基督教的"千年王国"正是这种基于麻醉的幻想、理想。在这句话之后，马克思写下了那段如果尼采看了肯定会报以长久掌声的名言："弱者总是靠相信奇迹求得解救，以为只要他能在自己的想象中驱除了敌人就算打败了敌人；他总是对自己的未来，以及自己打算建树，但现在还言之过早的功绩信口吹嘘，因而失去对现实的一切感觉。这些英雄是想以彼此表示同情和结成团伙，来驳倒关于他们显然庸碌无能的意见，他们收拾起自己的家私，预先拿起自己的桂冠，准备把他们的有名无实的共和国（这些共和国的政府人员已由他们毫不挑剔地在暗中确定了）拿到交易所里去贴现。"④ 在把资产阶级视为平庸者、弱者靠幻想与数量"战胜"对手以及试图把一切都变为交易对象这三点上，马克思和尼采的立场绝对高度一致。区别应该只是认为资产阶级平庸到

① 马克思恩格斯选集：第1卷. 北京：人民出版社，2012：2.
② 马克思恩格斯全集：第11卷. 北京：人民出版社，1995：135.
③ 同②136.
④ 同②136.

什么程度，以及什么人能够替代它。尼采把不平庸的新人寄希望于超人，而马克思则寄希望于无产阶级。对马克思来说，无产阶级革命必须避免这种麻醉模式，走向一种真正的解放。

从现实出发重构理想世界的要求，也就是上帝死了之后的目标，势必放弃上述逻辑，把自柏拉图至黑格尔的形而上学世界还原为有缺陷的、有局限性的感性世界。这个世界即使要走向理想世界，也必须从现实出发进行现实的建构。那种只需考虑逻辑世界，只需按照理念、愿望来组合的世界，早已没有了基本的合理性。传统形而上学的坍塌带来了理想主义的转型，旧的单纯理想主义越来越无法立足了。

2. 单纯理想主义的出场路径：传统本体论建构与绝对必然性世界

在上述分析的基础上，单纯理想主义可以归纳出如下几个特点：

第一，建构在简单的本体基础之上。传统形而上学需要一个根本性的世界。这个世界的建构来自某种应然、愿望、理论、逻辑、原则。其常见形式就是，把万物都归于一个本体。这种传统本体论的哲学思维方式我们最熟悉不过，似乎无需过多分析。但是，其实我们习以为常的很多思想中仍然潜存着这种顽固的思维方式。比如在本体意义上理解"劳动"或"实践"，正大光明、不加掩饰地赞成劳动本体论或实践本体论，至今仍属常见，见怪不怪。脱离具体语境，极端抽象甚至偏执地理解马克思关于"全部所谓世界史不外是人通过人的劳动的诞生，是自然界对人说来的生成"，不重视甚至无视马克思说这话的同时也在强调人"作为自然界的存在和自然界对人说来作为人的存在"的统一，强调人的"历史本身是自然史的一个现实的部分"，强调"社会是人同自然界的完成了的、本质的统一，是自然界的真正复活"，强调共产主义理想是"人和自然之间、人和人之间的矛盾的真正解决"①。所以，不能把上述第一句话理解为一切都是劳动创造的、一切都可以归结为人的劳动，因而包括自然在内的一切都可以为了劳动而牺牲这种"劳动本体论"思

---

① 马克思.1844年经济学哲学手稿.北京：人民出版社，1979：84，84，82，75，73.

想。同样的道理也适用于马克思、恩格斯在《德意志意识形态》中所说的"不是从观念出发来解释实践，而是从物质实践出发来解释各种观念形态"①，不能把这种思想解读为从物质实践出发解释一切，因为马克思、恩格斯还同时强调，唯物主义历史观"第一个需要确认的事实就是这些个人的肉体组织以及由此产生的个人对其他自然的关系。当然，我们在这里既不能深入研究人们自身的生理特性，也不能深入研究人们所处的各种自然条件——地质条件、山岳水文地理条件、气候条件以及其他条件"②。显然，自然绝不是仅仅在实践对象的意义上存在的，它首先是实践、劳动的前提和基础。从自然出发来解释观念这个尼采后来取得重要成就的路子，马克思、恩格斯并未否定，只不过不是他们"深入研究"的重点而已。同样，也不能把"劳动向自主活动的转化"③ 理解为劳动不受任何因素的制约，反而要制约其他一切因素。不能忘记，马克思所说的"劳动"是一种历史性的范畴，不是一般性的范畴，所以，只有消灭这种劳动才能成就理想社会，"消灭劳动"④ 是他们在《德意志意识形态》中明确表达了的观点。这种观点在后来的《资本论》及其手稿中仍然存在，只是换了表达形式。激进的、主动的"消灭"转变为历史性的、较为漫长的"消失"。⑤ 后来，马克思在《哥达纲领批判》中对拉萨尔主义关于"劳动是一切财富和一切文化的源泉"的观点提出严厉批评，强调"劳动**不是**一切财富的**源泉**。**自然界**同劳动一样也是使用价值（而物质财富就是由使用价值构成的！）的源泉，劳动本身不过是一种自然力即人的劳动力的表现"⑥。他对劳动本体论做了坚决的拒斥和批评。显然，径直把共产主义理解为劳动本体论的结果，只有不遗余力地在劳动这个点上不懈努力，攻其一点，不及其余，便可大功告成。这样的观点绝不是历史唯物主义，倒是典型的拉萨尔主义。

当然，传统本体论思维方式还表现为，从一个根本点出发，推导出

---

① 马克思恩格斯选集：第 1 卷．北京：人民出版社，2012：172.

② 同①146.

③ 同①210.

④ 同①201.

⑤ 详见普殊同《时间、劳动与社会统治：马克思的批判理论再阐释》（北京：北京大学出版社，2019）中的有关论述。《资本论》及其手稿中的"劳动"理论是一种历史性的建构（必然会消失），不是普遍一般性（永恒的）存在，这是该书的基本观点。

⑥ 马克思恩格斯选集：第 3 卷．北京：人民出版社，2012：357.

整个思想与体系。完全不顾现实中的复杂情况，径直按自己设想的逻辑来构造世界，构造思想体系。马克思大学时期在给父亲的信中曾谈到这种做法，他说"现实的东西和应有的东西之间的对立"是理想主义（唯心主义）本身固有的对立，而自己在法学院学习初期的做法就是一种形而上学建构："开头我搞的是我慨然称为法的形而上学的东西，也就是脱离了任何实际的法和法的任何实际形式的原则、思维、定义，这一切都是按费希特的那一套，只不过我的东西比他的更现代化，内容更空洞而已。"① 躲在书房里构筑逻辑严密的理论，对社会生活的感受与处理浅尝辄止、浮皮潦草，思想者只是一个旁观者，而不是火热的社会生活的参与者和行动者，这就是不折不扣的传统形而上学做法，不是马克思倡导的思想者与行动者合二为一的现代实践哲学做法。

黑格尔哲学就是这种传统形而上学建构的典型代表。在批评黑格尔哲学时，谢林早就批评其出发点、前提就是一个完满的绝对者。在黑格尔的逻辑学中，"上帝的理念以一种逻辑的方式（亦即在纯粹思维之内）先于一切现实性、自然界和时间，就达到了完满"②。预先就存在的、在胚胎预成论意义上蕴含一切密码信息、日后的发展只不过是把它展示出来的本体，先以逻辑方式使其达到完满，尔后再从自然、精神方面以实在的方式使其达到完满。本来就纯粹、完满的绝对存在，在自然和精神领域经过伴随着些许痛苦挫折的历练后就更加炉火纯青，更加完美无缺了。在到达终点时，发生（生成）、偶然、分化、破碎、矛盾都不再有了，进而纯化、攀升到至高境界。恰如谢林所指出的，那里"所思考的根本不是一件现实发生的事情"，反而是最初具有的本源性存在的展现、成熟和完成，是发展过程中一切成果的汇聚，是"一切存在之具体的、最终和最高的真理"③。谢林批评黑格尔缺乏一种肯定哲学，缺乏对现实、经验感性存在的足够重视和处理，从而，逻辑学向自然界、社会历史的过渡"只是一件虚构的事情，因此自然界也只是存在于单纯的可能性里面"④。社会历史也是一样。通过这种本体论建构，本体的预成性、涵盖和汇聚一切、消解一切干扰完美的琐碎存在，最后成就一种

---

① 马克思恩格斯全集：第40卷.北京：人民出版社，1982：10.
② 谢林.近代哲学史.北京：北京大学出版社，2016：176.
③ 同②188.
④ 同②189.

绝对完美并体现得淋漓尽致。无论所成就的实质性理想是什么，以这种传统形而上学方式构筑的理想，都具有根本的缺陷，都蕴含严重的危险。

无论采取把一切杂多归结到一个简单本体，还是从一个逻辑原点出发单纯推演的方式，都很可能导致一种偏执和极端。以这种根本本体为充足理由对其他存在报以蔑视和摧残。如果需要牺牲某些次要存在才能成全这种理想主义眼中的根本存在，它是无需担忧且在所不惜的。结果，运作时间不长，就可能出现意想不到的糟糕情况。在坚持本体主义逻辑的前提下，往往把问题发生的根源归结为根本本体的定位不对，由此需要再去寻找另一种"本体"。结果，在急切、急躁的历史境遇中，基于寻得一个最根本本体、建构一个根本世界的愿望，就可能出现基于不同本体而设计的方案一个又一个地变换，甚至沦为走马灯式的不断变换。这或许正好反映了追求者所处环境和内心向往的反差和互动关系。20 世纪上半期的中国就是如此。倍感压力、急切希望摆脱困境的人们，往往喜欢一个简单的做法，希望存在一个一通百通、一了百了的根本性存在，并且尽快抓住它以此获得一个根本性的解决，以便在一个激烈变动的时代里抓住一根救命稻草，登上摆脱苦海的一叶小舟，希望尽快上岸。但这叶小舟其实无法到达真实的海岸，只是可以在其上想象海岸，看到的岸是想象的岸，所以在想象中的岸本身以及登岸后的生活都非常美妙。在这个意义上，五四时期的中国，跟尼采批评的基督教初创时期的境况或许真有些类似：处在苦闷、苦痛中的人们热切盼望一个单纯的理想国。不管以西方（学）为体，还是以中国（学）为体，人们按照体用关系把这种最根本的本体先后理解为中国传统的政治—文化制度（从而把西方的船坚炮利理解为次要的技艺）、来自西方的某种政治制度（三权分立或者英国—日本式保留皇权的现代政治制度），还有全面西化意义上的西方体制、工业化、教育等。这种体用关系意义上的"体"，都是可以抓住一点、不管其他地展开自己的理想设计，而对对手则攻其一点、不及其余地予以否定排斥。急切希望改变苦闷、落后状态的青年，对于象征着更好理想、希望的各种外来"主义"抱有急切和过高的期望。就像陆印泉在《青年怎样才能不苦闷呢》一文中所说的，"你们的苦闷问题是一个社会问题，牠彻底的解决是系于整个社会问题的解决"，"而解决'整个'社会问题要靠'主义'。'烦闷'的真正解决要紧靠着'主义'，让'主义'带领人们，充满内心，指导公私领域生活，并成为时刻不可或离的资源，从而'主义'也支配了人们的私人领域"①。各种"主义"成了青年的理想，纷乱而多变，希望与失望交替。结果就导致了瞿骏所说的如下状况："20世纪前半期青年对于政治的、文化的和生活的各种'反叛'虽然层出不穷，如火如荼，但很快就偃旗息鼓，步入常轨，并被更大、更新的'反叛'席卷。正因种种'反叛'不能持续而长久，20余年间，五四青年所走的条条新路也就经常变成回头路与断头路，他们在这过程中重复着从满怀希望到堕入一次又一次的失望乃至绝望的人生过程，进而也就成为一群崛起于'现代'，却也饱尝'现代'之苦的人。"② 后来，在马克思主义理论的中国化水准达到相当高度之后，照搬西方理想的问题才逐渐得以合理解决。但告别传统本体论思维方式，还是随着改革开放以来现代化建设取得的众多成果，在经历一些困难曲折之后才历史性地提到议程上来。

　　第二，依赖绝对固定和必然的世界。 传统形而上学依赖的那种本体，是一种固定、永恒、必然的世界。如西美尔所说："自赫拉克利特与爱利亚学派的争论以来，形而上学过程便游离于形成和存在之间；整个希腊哲学就是一部努力将存在——在它的概念中灵魂得到自己和世界的安宁和确定性——所具有的实质的坚固性和封闭状态与灵魂在自身之内和世界之中发现的流动和变化、多样性和生动性组合成一个统一的、没有矛盾的现实观念的历史。"③ 传统形而上学把世界设想为坚固、封闭、必然、永恒的存在，认为这才是"现实"。与此相反的流变、开放、偶然、生成则是虚幻的非真实。对传统形而上学的拒斥批判必定意味着对存在、现实、必然的重新理解，对生成、斗争、开放的推崇。尼采对"生成"和"偶然"的赞美无需赘述。马克思不像尼采那么喜欢偶然，但跟尼采一样喜欢生成。变动、生成、矛盾、斗争都被视为与真实世界对立的，也就必然被视为不真实、不正常的。而实际上，按照尼采的看法，这才是真实世界、真正的现实世界的内在属性。在他看来，世界的虚假性和现实性在某种意义上就是取决于怎样看待生成、变动、多样性

　　① 王汎森．思想是生活的一种方式．北京：北京大学出版社，2018：137.
　　② 瞿骏．天下为学说裂：清末民初的思想革命与文化运动．北京：社会科学文献出版社，2017：176.
　　③ 西美尔．叔本华与尼采．上海：上海人民出版社，2009：182.

和矛盾等性质是不是世界的属性。"更迭替换，变动，多样性，对立，矛盾，战争"①，就是构成世界现实性的特征。尼采曾经转引朗格的一句话："人所想象的现实以及——假如这种想象动摇了——人所渴望的现实：一种绝对固定的、不依赖于我们却被我们认识的存在——一种这样的现实是没有的。"然后尼采肯定，我们就在这样的现实中活动，"但这并没有令朗格感到骄傲！"② 尼采显然对此感到骄傲，但朗格仍然对旧形而上学世界充满期待。在《重估一切价值》中，早被巴霍芬固定下来的阿波罗与狄俄尼索斯的对立，尼采还仍然保留着：前者仍然意味着对虚构的梦想、美的假象世界的追求，而后者意味着"对生成积极地理解，主观地感受，视之为创造者的狂喜"③。在狄俄尼索斯作为哲人的素质得以大力提升之后，这种狄俄尼索斯就跟新偶像联系在一起，并开始被称为"神"："生成是一种不满足者、超富裕者、无限渴望和追求者的持续创造，是神的持续创造，这个神只能通过不断变换和更替才能克服存在的折磨"④。

否定生成的这些属性，设想出一个没有矛盾、没有对立、没有多样性、没有变动不居的本质世界，作为纯洁、单纯、善和美的"真实世界"，就是尼采所谓虚无主义的虚构。在尼采看来，这个世界通过哲人的想象表现为理性世界，通过宗教人士的想象表现为上帝的世界，通过伦理学家表现为善、完美、公正和神圣的世界，但都是一种臆造和虚构，把现实之中那些有助于生命活力的东西诋毁了、否定了，所以，这些被构想的真实世界其实"是虚无、不生存、不想生存的同义词"；而反映这些思想的"哲学、宗教、伦理道德乃是颓废的症状"⑤。显然，由此构建出来的"理想世界"就是一种标准的传统形而上学造物，是把非真实的世界当成真实世界。"当人们捏造一个理想世界时，也就使现实失去了其价值、意义和真实性……'真实世界'和'虚假世界'，用德语来说就是：虚假的世界和现实性……理想这一谎言向来是诅咒现实性的，人类本身被理想这个谎言所蒙骗，使自己的天性降到最低点，并

---

① 尼采．重估一切价值．上海：华东师范大学出版社，2013：156.

② 同①762.

③ 同①991.

④ 同①991.

⑤ 同①161.

且变得虚假，以致去推崇那些有悖于人类用以确保繁荣、未来以及对未来的崇高权利的价值。"① 这样的理想世界在启蒙取得重大进展的现当代显然已是无效的。

在这里，马克思与尼采至少在存在的斗争性、存在必然就有矛盾性上是非常一致的。众所周知，在回答《太阳报》通讯员约翰斯温顿关于"什么是存在？"的提问时，马克思郑重地回答是"斗争！"② 据此，马克思显然与尼采一样都属于上述西美尔所划分的传统形而上学否定的从生成、矛盾、开放的角度理解世界的哲学家之列。尼采喜欢的生成跟自然、意识形态批判具有密切关联，而马克思喜欢的生成则跟物质生产基础上的社会实践密切相关。对马克思来说，生成意味着包括物质生产、理论生产（意识形态批判）、社会政治活动在内的感性的实践活动，意味着自己不懈地付出努力。对他们来说，生成都意味着责任担当，意味着勇敢和努力，尽管担当者有所差异：一个是无产阶级，一个是超人。

由此，生成、担当势必要求对必然性的重新理解，需要剔除对绝对必然性、固定性、封闭性的传统理解。只有那个绝对的、本质的、永恒不变的根本世界才是由绝对必然性来支配和决定的。马克思不像尼采那样只是谈论超人的命运，即使遭遇挫败也要奋起的命运。从事政治经济学批判的他不忍心对历史深有新体会。社会历史规律对于他来说，绝不再是外在于无产阶级实践的绝对存在，而是一种已经生成并在调整变化着的主导趋势。"一般规律作为一种占统治地位的趋势，始终只是以一种极其错综复杂和近似的方式，作为从不断波动中得出的、但永远不能确定的平均数来发生作用。"③ 占统治地位的趋势意味着"必然有某些起反作用的影响在发生作用，来阻挠和抵消这个一般规律的作用，使它只有趋势的性质"④，意味着还有非主导型的趋势与之并行竞争，需要实践主体根据复杂的情况和主客观条件予以规整、引导、争取，做出各种积极努力，需要让真正的理想主义者具有不可忽视的主体性空间，必须付出艰辛、真实的努力，才可能使主体的实践与正在发生的历史主导

① 尼采. 瞧，这个人：尼采自传. 北京：团结出版社，2006：2.
② 马克思恩格斯全集：第45卷. 北京：人民出版社，1985：722.
③ 马克思恩格斯全集：第46卷. 北京：人民出版社，2003：181.
④ 同③258.

趋势相契合。真正的理想跟社会历史规律、跟阶层的形成及其做出的各种实际努力密切关联在一起。

由于在当时他们所处的时代"理想"常常是空想社会主义的口头禅，马克思、恩格斯都不愿用这个词来界定他们推崇的共产主义理想社会。确立真正理想的道路必须基于对社会历史的科学认知，基于对客观必然规律的把握之上，否则理想就可能是一种盲从和迷信。在 1877 年致威·布洛斯的一封信中，马克思明确拒斥了这样的理想主义建构方式。他指出，"恩格斯和我最初参加共产主义者秘密团体时的必要条件是：摈弃章程中一切助长迷信权威的东西"①。崇拜、迷信、不问理由和根据的理想确立，是马克思、恩格斯坚决反对的。为了凸显理想的科学基础，申明信念具有现实的根基，马克思甚至不愿把共产主义说成一种理想："工人阶级不是要实现什么理想，而只是要解放那些由旧的正在崩溃的资产阶级社会本身孕育着的新社会因素。"② 恩格斯与马克思在《德意志意识形态》中强调"共产主义对我们说来不是应当确立的**状况**，不是现实应当与之相适应的**理想**。我们所称为共产主义的是那种消灭现存状况的**现实的**运动。这个运动的条件是由现有的前提产生的"③。这正是要表明共产主义理想是一种立足于现实的科学理论，是通过对现实社会矛盾的认知、把握和解决以推动其向前发展的运动。

时代不同了，语境变了，共产主义在当下的中国完全可以是一种理想了。但立足于历史唯物主义的理想主义建构绝非一件容易之事，不但需要意志坚强、立场坚定，更需要颇高素养、科学方法、艰苦努力和不懈实践。往往是头脑极为简单者才会相信无比单纯的世界。之所以想象这样的世界，是因为他内心的世界就是这样，他无力理解和处理复杂多变的世界。

3. 实践的理想主义：超越单纯与懒惰

在《雾月十八日》中，马克思探讨了无产阶级革命与资产阶级革命

---

① 马克思恩格斯全集：第 34 卷 . 北京：人民出版社，1972：289.
② 马克思恩格斯选集：第 3 卷 . 北京：人民出版社，2012：103.
③ 马克思恩格斯全集：第 3 卷 . 北京：人民出版社，1960：40.

的区别，特别是共产主义理想与资产阶级理想的区别，以及前者如何避免成为后者等。如果我们把历史唯物主义主张的理想主义称为"实践的理想主义"，那么，在我看来，它起码有以下两个特点：

第一，直面现实的价值，以未来为导向。总结过去可以按照某种逻辑来进行，而且也往往只能按照某种逻辑来进行。因为我们已经无法实际介入其中，无法以实际参与者的身份在事件过程中获得实际的实践经验，而只能从外在观察者角度出发，按照某种逻辑和方法来进行。不管你如何想方设法改变这一点，都无法做出根本性的调整。比如马克思采用的从后思索的方法，就是立足于当下最丰富、最发达的现实已经形成和存在的事物，往前追索它是如何发展而来、如何成为现实的，由此，那些以往发展历程中其他的可能性、其他未对当下现实造成重要影响的因素和力量，都可以不予考虑。但如果以未来为导向，思考从当下出发迈向怎样的未来，由于正在生成之中，多种因素和力量正在角力，该考虑的因素和力量就应该很多，诸多可能性都不能随便撇开、忽视。面向以往的理论建构只能以旁观者的身份参与，试图尽力摆脱这种外在旁观者的身份，但无法根本改变。但通过构建未来，思考者就很容易摆脱这种外在旁观身份，完全可以以参与者的身份介入，同时拥有理论思考者和实践参与者两种身份，并在这两种身份的统一中真切体悟、感受到更多的复杂性。只有真正的实践参与者，而且往往是实践的成功者才会认知到现实的复杂性，才会拒斥单纯的理想主义。而马克思恰恰就是这样的人。

单纯的理想者往往是迷恋过去，迷恋固定的、被设想为完美的东西，而对于应对复杂问题之后才可能呈现的未来缺乏兴趣。这个被迷恋的"过去"往往是按照自己的需要设想出来的，而离实际有较大差距。他用这个被设想得简单、完美的存在来应对历史和未来的复杂性；要么想不到复杂的问题，要么就把这些问题的解决视为必定能解决的、水到渠成的事情，以一种简单、一厢情愿的方式去一次次地应对。为此，马克思在《雾月十八日》一开始就强调，"19 世纪的社会革命不能从过去，而只能从未来汲取自己的诗情。它在破除一切对过去的迷信以前，是不能开始实现自己的任务的。从前的革命需要回忆过去的世界历史事件，为的是向自己隐瞒自己的内容。19 世纪的革命一定要让死人去埋葬他们的死人，为的是自己能弄清自己的内容。从前是辞藻胜于内容，现在是内容胜于辞藻"①。

但马克思一贯反对随意想象未来，对很久以后的事情，不愿过多言说。他喜欢谈论的只是现实的世界，即必须"是经验事实"，或者必须"具有同样的经验根据"的存在。② 现实是涌动着的生成，是实践推动、凝聚着的过程性存在。抛开现实，随意地想象遥远的、过于完美的未来，在一个更长的时段中舍弃生成、流变、偶然、复杂，抽象出一种简单、固定、永恒的既成秩序，恰恰是传统形而上学的思维方式。传统形而上学依赖于单纯、完美的整体性，它不但需要剔除异质性和复杂性，也需要剔除一切设想者不喜欢的东西，比如努力、辛苦、斗争，比如流变、阻碍、担当，从而把理想境界设想为无需努力、无需负担，一切都已足够好，没有斗争、没有痛苦，只有享受、只有成功的理想国。

基督教的天堂就是这样的理想国，因此也正是马克思和尼采都极力反对的。对他们来说，那天堂是一种不可能，是一种颓废、逃避、消极选择和幻觉。主要表现就是那个理想世界没有一点儿自己不喜欢的东西，比如痛苦、斗争、矛盾、冲突、冒险、烦恼和费力等，全是快乐、舒适、保险、信手拈来和轻松愉快。不需要工作、不需要斗争、不需要费力，就能轻松愉快地满足欲望，正是弱者、懒惰者渴望的理想世界。随便就能满足、不需辛苦和斗争就能得来无限的福祉，这是不折不扣的幻想和无能者的形而上学。对他们来说，没有痛苦、没有烦恼，都是安全、幸福、纯洁和美妙，是没有能力应对和处理必然遇到的问题的表现，是试图一劳永逸地处理掉这个问题的表现，而最容易、最浪漫的办法就是设想一个毫无痛苦、烦恼的理想世界，这个世界常用"彼岸""真实世界"来表达或者强化。"对那些不能克服这种阻碍和'不想再意愿'的人来说，烦恼和痛苦变得无法忍受，并导致他们去渴望另外一个世界，'一个在其中没有痛苦的世界'。"③ 没有痛苦的世界恰是痛苦者的向往、理想。"那是痛苦和无能——它创造了全部的彼世；以及那种唯有最苦难者才能经验到的幸福和短暂疯狂。想一跃、致命一跃达到终

---

① 马克思恩格斯全集：第 11 卷. 北京：人民出版社，1995：134.

② 相关分析参见：刘森林. 回归自然与超越自然：重思"自然历史过程". 哲学研究，2016（7）。

③ 雷金斯特. 肯定生命：尼采论克服虚无主义. 上海：华东师范大学出版社，2020：316.

极的疲倦，一种可怜的、无知的甚至不愿再意愿的疲惫：它创造了所有的诸神和彼世。"① 这就是那个单纯理想世界的底本。在这个意义上，尼采的"敌基督"等于马克思反形而上学。

虽然马克思不愿过多谈论作为遥远之事的未来理想社会的具体样子，但那个世界中的斗争戛然而止、全是消遣并且不用辛苦劳作应该是令人无法想象的。斗争戛然而止的世界绝不是共产主义，辛苦不再、劳动就是娱乐和消遣的理想社会更不是共产主义，恰如马克思在批评傅立叶时所指出的，虽然未来理想社会里劳动"会成为吸引人的劳动，成为个人的自我实现，但这决不是说，劳动不过是一种娱乐，一种消遣，就像傅立叶完全以一个浪漫女郎的方式极其天真地理解的那样。真正自由的劳动，例如作曲，同时也是非常严肃，极其紧张的事情"②。在这个意义上，未来理想世界的创造者是具有更多的担当、更强的创造性能力，付出更多、更积极努力的人，绝不是买张卧铺票登上共产主义的列车睡大觉的懒惰者。马克思的无产阶级、尼采的超人都必须是这样的担当者和创造者。他们比碌碌无为者具有更多的创造性、更高的素养和能力，付出更多的努力，主动承担更多的职责。就像伯纳德·雷金斯特所概括的，"就算要向往一个更好的生活，至少我们将不再向往某种类似于基督教的天堂，或者佛教的涅槃之类的东西，也就是说，不再向往一种完全没有烦恼和痛苦的生活、'舒适的'生活，在那里，不需要通过工作或斗争来满足我们的欲望"③。

第二，现实的人现实地行动。单纯的理想是基于上帝般完美无缺的存在而构思和设计的，理想是一种靠传统形而上学论证的固定实质。实践的理想主义基于现实的人追求现实的理想，这种理想不再是实质性的，不再以形而上学为根基和理由，而是立足于现实的"必然性""规律"，对偶然、可能性、主体性保持足够的开放性空间。就像谢林的肯定哲学早已有所揭示的，最终的那个顶点不是一个固定的、完成的完满存在，而只是一个过程，一个永远处于变动中的过程，这个过程永远在吐故纳新，永远在遭遇、处理、完善新的情况和问题，并通过这种遭

① 尼采. 查拉图斯特拉如是说. 北京：商务印书馆，2010：40.
② 马克思恩格斯全集：第30卷. 北京：人民出版社，1995：616.
③ 雷金斯特. 肯定生命：尼采论克服虚无主义. 上海：华东师范大学出版社，2020：294.

遇、处理和完善来使自己变成不可预计的新样子。谢林在论及从否定哲学到肯定哲学的演进时讲到，真的东西在不断提升自己、不断通过一系列环节通往终点的过程中呈现出来，还"并不是真的东西自身，即存在者自身"①，但都构成这个存在者的一个部分或环节。那个尚在完善之中的真与理想，永远走在真理的固定道路上，它并非在终点才拥有的东西，而是自身就出于真的东西中。真理是个过程，理想也是如此。这个过程不是纯逻辑的过程，也不是纯经验的过程，而应该是一个实践创造的过程。"现实的人"不仅是踏踏实实从事物质生产活动的人，是去除了意识形态幻想、不以传统形而上学思考和论证的人，还起码必须具有另外两个特征：一是不再是完美无缺的人，二是超越了私人行为的人。

没有完美无缺的人。理想不再是单纯、完美无缺的，是由于历史唯物主义早已认识到，"现实的人"是有各种自然和社会历史的缺陷和不足的。完美无缺者一定是别有用心的意识形态构造物。弱者才会相信有完美无缺的人、"超人"。尼采曾经深度挖掘过基督教中这种完美无缺者诞生的秘密。在基督教中，"上帝"是完美者的代表，是传统形而上学的锻造品。上帝凝聚着弱者的一切希望，弱者没有的品质、能力、境界、样态等，上帝都会有；作为设想者的弱者缺什么，其创造出来的"上帝"就能补上什么，需要什么就来什么。恰如尼采所指出的，这样的完美存在恰好就是无能弱者的对立面：上帝的全知全能对应的是弱者的无知无能；上帝的瞬间对应的是弱者的永远不是；上帝的无所畏惧对应的是弱者的畏惧一切；上帝超越一切限制对应的是弱者超越不了任何一个限制；上帝的整全和伟大对应的是弱者的破碎与渺小；上帝的无时不在、无处不在对应的是弱者的无时不在退却、无处不在隐匿；上帝的全面担当对应的是弱者的逃避畏缩。如此等等，不一而足。尼采用"超人"替代这样虚构出来、实际不存在的上帝。狄俄尼索斯、查拉图斯特拉都在呼唤和塑造尼采需要的"超人"。尼采的"超人"绝非完美无缺者，而是深知自己的缺陷仍然积极努力者。马克思的"无产阶级"更不是完美无缺者，而是在对现实的认知与超越、对矛盾问题的不断求解、对复杂与生成的认可和把握中不断改造提升自己，不断总结经验和教训，谋求与自己的能力、与现实的运行相一致的那种理想状态的切近。

---

① 谢林. 启示哲学导论. 北京：北京大学出版社，2019：207.

他放弃幻想、不懈努力，坦然面对失败和不足，在存在着各种可能性、需要掌舵与探索、需要更大的责任与担当、需要承担风险的过程中完善自身并推动社会历史前进。

1891年2月11日在致考茨基的一封信的结尾处，恩格斯提醒不能在无产阶级队伍中宣扬完美无缺的迷信，不能按照这种模式设想任何人，而必须针对不足和缺陷开展批评。他这样写道，"还要使人们不要再总是过分客气地对待党内的官吏——自己的仆人，不要再总是把他们当做完美无缺的官僚，百依百顺地服从他们，而不进行批评"[①]。如果无产阶级把官吏设想为完美无缺者，就像基督徒把上帝及其代言人设想为完美无缺者一样，都不仅是不现实的、不符合真实境况的，更是会导致理想偏颇、个人崇拜和社会乱象等各种不利结果的。马克思在《雾月十八日》中呼应了恩格斯的这一智慧之见。他批评波拿巴利用迷信塑造完美无缺的神人来欺骗民众。他发现，在波拿巴的欺骗和民众的信奉之间，存在着一种相互促成、相辅相成的隐秘关系。相信波拿巴的多是民智不够开化的法国农民，正是法国农民的不开化才成全了波拿巴的欺骗。波拿巴试图利用民众对拿破仑的迷信来谋求人们对他的拥戴，为此他"像个魔术家不得不以日新月异的意外花样吸引观众把他看作拿破仑的替身"[②]。波拿巴获得政权就是利用了农民对"拿破仑"的迷信："波拿巴王朝所代表的不是农民的开化，而是农民的迷信；不是农民的理智，而是农民的偏见；不是农民的未来，而是农民的过去；不是农民的现代的塞文，而是农民的现代的旺代。"[③] 马克思的意思很明显，用这样的迷信是做不成现代事业的，这是早已过时的宗教迷信的路子。尼采提醒他的超人不能再塑造崇拜者，一旦启蒙开启，被启蒙者有了自我意识的素质、习惯和能力，作为超人的启蒙者就应该躲到一边。迫切需要崇拜者的人根本承担不起未来理想的塑造这一任务。像尼采对他的"超人"一样，马克思赋予无产阶级的，也是时间的紧迫性与有限性，撇开平庸者的推脱责任、左顾右盼、患得患失，而去积极承担并不懈提升自己能力的必要性等。在《雾月十八日》中，面对那么容易被波拿巴蒙骗的法国农民，马克思的观点很明显，首先是要提升他们，以便使之融入

---

① 马克思恩格斯全集：第38卷．北京：人民出版社，1972：33．
② 马克思恩格斯全集：第11卷．北京：人民出版社，1995：240．
③ 同②230．

现代生产方式之中。

其次是要联合他们，使他们联合起来，并将其纳入无产阶级革命事业之中。超越私人行动，这是现实行动的必然要求之一。对马克思来说，逃避现实的表现还有一种：不联合的私人行动。这涉及面对复杂多样历史主体如何对待和处置的问题。在马克思看来，**"用私人的办法，在自身的有限的生存条件的范围内实现自身的解放，因此必然是要失败的"**①。争取更多志同道合者的支持，团结更多志同道合者一起行动，是对抗已经获得了明显优势的对手所必需的现实策略。我们知道，后来葛兰西进一步发展了马克思的这个观点，进一步拓展了可以团结和联合的对象：为了完成当下的任务、解决当下的难题，可以团结一切可以团结的力量，只要不忘初心。马克思认为，"彼此间并没有发生多种多样的关系。他们的生产方式不是使他们互相交往，而是使他们互相隔离"② 的小农因此没有形成一个真实的阶级，只是从与其他阶级不同这一点而言才是一个理论上的阶级，这更加凸显了这个观点的内涵。

所以，即使是上述有缺点的农民，也不能把它推给对手，而应该争取和联合。马克思批评"资产阶级现在却公然叫喊什么群众是可鄙的群氓，十分愚蠢，说这些群众把它出卖给波拿巴了。……当群众墨守成规的时候，资产阶级害怕群众的愚昧，而在群众刚有点革命性的时候，它又害怕起群众的觉悟了"③。与资产阶级曾经跟农民联合一样，无产阶级应该与农民结盟："农民就把负有推翻资产阶级制度使命的**城市无产阶级**看作自己的天然同盟者和领导者。"④ 波拿巴时而拉拢这个阶级时而拉拢另一个阶级，时而侮辱这个阶级时而侮辱另一个阶级，"结果使一切阶级一致起来和它作对"⑤ 的策略是糟糕的，而"波拿巴想要扮演一切阶级的家长似的恩人"⑥ 更是滑稽和糊涂。

超越了私人行动的社会联合，建立在社会生产方式的实实在在的进步之上，由此支撑起务实的实践与创造。理想不再是实质性的、固定的东西，而是奠立于基本需要得以解决、生存实践已被超越的创造性实践

---

① 马克思恩格斯全集：第 11 卷．北京：人民出版社，1995：139.
② 同①228.
③ 同①230.
④ 同①232.
⑤ 同①237.
⑥ 同①238.

之上。共产主义不是静止的美好，而是创造性空间的扩展，是创造性活动频发、灵感迸发的园地。实质性的融合使创造性空间不但得以扩大，而且方向也变得丰富多元，在遵循基本价值的前提下向不同崇高价值方向多向度扩展，不再像实质性理想时代只聚集于单一方向。在创造性活动获得更大空间、更多向度这一点上，马克思与尼采是一致的，只是两个人的关注点可能不尽一致。马克思在乎的是制度性社会关系的合理性问题，这种社会关系不是压制而是解放劳动者的创造性。社会关系是促进还是压制劳动者的创造性，是历史唯物主义给予重点关注的地方。而尼采关心的是创造性的内在能力和品质方面，这些品质包括承担风险而不是明哲保身、乐于生成而不是固化存在、追求创新而不是故步自封、依靠自己而不是信仰神灵等。马克思注重的社会现实性与尼采主张的自然现实性结合、互补才能更好地保证理想社会的现实性，保证理想社会不再陷入虚幻和形而上学，不再陷入那种靠单纯想象来生存和行动的弱者策略，而走向必须建构高水平的复杂理论及与之相适应的强者行动策略。众所周知，在马克思的眼里，资产阶级是畏惧未来、保守维持现状的弱者，只有无产阶级才是从现实出发确立理想的强者。

　　总之，传统形而上学支撑的旧理想主义结束了。新的理想是一种过程，是一种创造性行动，是一种依据新式的必然规律（马克思）、命运（尼采）建构的目标和实践，是一种主动的担当。即使不认同孤独的人因为不再与宏大的理想目标联系起来而变得渺小和可耻，起码也可以说，无理想者是平庸、沉沦和颓废的。理想有高有低，立足于各自不同的现实状况的不同理想是积极有为者必需的。告别传统形而上学支撑的单纯理想主义，走向一种现实、实践、健康的理想主义，应该是历史唯物主义主张的新理想主义。

第五章　超越作为启蒙怪胎的现代犬儒主义

　　启蒙在发展中会遭遇各种问题，最麻烦的是自身的内在问题。现代犬儒主义就是这样一个内在问题：它把批判、解构发挥至极致，力欲嘲讽、解构、否定一切真与善。当一切真与善被否定之后，在实质层面只剩下冰冷的算计和功利，在形式层面还保留了一些表演、雅致、幽默、诙谐的外观。马克思时代现代犬儒主义已经形成，并已发挥作用，但作用和力量终究有限。随着现代启蒙的不断推进，现代犬儒主义也不断壮大，并在某些特定历史处境下获得较快、较大发展。现代犬儒主义已经成了威胁、伤害现代启蒙事业的一大力量，值得我们高度关注。

　　马克思与犬儒主义关系的重要性，通过以下两个方面体现出来。第一，现代犬儒主义的日益流行。古今中外的各种相关思想汇聚到现代犬儒主义中，促成了一种无聊、烦闷、焦虑、幻灭、平庸、琐屑、肤浅、自私、躲避和嘲讽崇高、玩世不恭、缺乏担当、对未来绝望、怀疑和否定一切善意并具有诸多危害性的现代犬儒主义文化。这种文化内在蚕食、消解着启蒙事业。按照斯洛特戴克在《犬儒理性批判》中的说法，这种影响日甚的文化是继谎言、错误、意识形态之后的第四种结构①，非常值得批判关注。第二，"今天，几乎所有对犬儒主义的字典定义都与19世纪时的定义大同小异"②。由此，马克思在19世纪对犬儒主义的分析，仍具有直接的重要价值。当代犬儒主义打着看透一切、拒斥一

---

　　① Peter Sloterdijk. Kritik der zynischen Vernunft. Frankfurt am Main：Suhrkamp Verlag，1983：34.

　　② 徐贲. 颓废与沉默：透视犬儒文化. 北京：东方出版社，2015：8.

切深度和崇高的旗号，行十分在意自我利益之事，在社会生活中散发着一种消极甚至颓废的气息。它以看透一切的启蒙理性占有者自居，嘲讽启蒙理想的信奉者，实为启蒙的逆子和怪胎，系启蒙异化的产物和表现，值得启蒙辩证法高度关注。

1. 两种犬儒主义：在古典与现代之间

马克思对"犬儒主义"一词的使用，既有古典的意味，更具现代的意涵。他是在古典和现代两种含义上使用"犬儒主义"（Cynismus、Cyniker，《马克思恩格斯全集》中文版中有时也音译为"昔尼克主义""昔尼克派"等，即犬儒主义、犬儒派）这个词的。在1839年关于伊壁鸠鲁的笔记里，马克思多次谈到犬儒主义。比如，哲学在狂欢节中，"它象犬儒主义者那样装出一副狗相"，"对哲学来说现在极其重要的是，它给自己戴上了各种具有特色的假面具"[①]。古代犬儒主义者比如第欧根尼以"自然"否定文化与文明的秩序和规则，力主依照自然生活，对文明秩序和规则予以讽刺、嘲笑、嬉戏。古代犬儒主义者把社会规范与习俗视为虚伪的东西，在两性关系、随处就寝、流浪乞食等方面挑战常规，甚至无所不用其极。他们不愿受社会规范和物欲的束缚和干扰，追求精神自由，一切被世人崇奉的价值都在他们嘲讽之列。他们追求独立自主的自我满足，不在乎家庭、村社、社会、城邦、国家的规范，自得其乐。在他们不在乎的外表、生活状态之下，隐藏着他们对既定秩序的看穿和不在乎。他们的"狗相"是背后隐藏着的"看穿"的必然表达，作为表象的"狗相"背后隐藏着对权力、秩序的嘲讽与批判，意味着对真正崇高的价值的追求，但可能也有对现状逆来顺受的态度，因而势必具有积极和消极的双重意蕴和作用。就其积极性而言，它力图"摆脱外在物质的束缚，回归自然和德性的生活，摆脱习俗和偏见的羁绊，发扬理性，追求真理，超越对权力的恐惧，实现人的自主性和自由"[②]；就其消极性而言，它在讽刺和嘲笑之后不一定真能找到更崇高的生活，更

---

① 马克思恩格斯全集：第40卷．北京：人民出版社，1982：135，136.
② 汪行福．理性的病变：对作为"启蒙的虚假意识"的犬儒主义的批判．现代哲学，2012（4）：1.

多是表明一种姿态、立场和人生态度，而且容易走向嬉戏、诙谐，甚至是非善恶不分。

在这部笔记里，马克思还指出，伊壁鸠鲁哲学似乎是德谟克利特的物理学与（跟犬儒主义很类似，主张规避痛苦并追求快乐的）昔勒尼派的道德思想的混合物；而斯多葛主义好像是赫拉克利特自然哲学与犬儒派伦理思想再加一点亚里士多德逻辑学的综合产物。① 斯多葛主义主张服从命运、德性自足，尤重自我，其关于自由与地位、富裕、规范、安适无关等观点，都与犬儒主义有密切关联。正是借助与斯多葛主义的这种关联，犬儒主义后来才结出了更大更多的果实。根据伯林的说法，在从亚里士多德死后到斯多葛学派兴起的短暂时间内，"雅典占统治地位的哲学学派不再认为个人只有在社会生活的环境里才是聪慧的……突然从内在经验和个人救赎的角度纯粹地把人作为孤立的实体讨论起来，而蕴涵在人类天性里的道德甚至进一步把他们孤立起来"②。孤立个体的地位得以快速提升。按照斯多葛主义的立场，"每一个生物都力求保存自己，所以快乐不是冲动的目的，而只是自我实现成功的附随物"③。斯多葛主义虽然还不至于把自我保存看作目的本身，而仅视为一切生物的本能，也没有非常狭隘地看待自我保存，甚至还以为实现了共同的善才算保全了真正的自我，但在亨利希看来，只有在斯多葛派那里才能发现一个类似于现代的自我保存概念。这个概念意味着，任何生命物质都依赖于某种原始的火，推动着世界并且构成秩序源泉的，就是我们称为"精神"的东西。任何一个世界生命物的内在状态都不依赖于与其他存在的关系；任何一个生命物在它与其他生命物发生关系之前，"精神"在自身内部已经如此了。自霍布斯以后的现代思想把这种斯多葛原理上升为现代形而上学的根本思想之后，斯多葛思想由此就构成现代思想的先导。④ 按照这种观念的逻辑，理性只是自我保存的手段和工具。只要把公共的善放弃，斯多葛主义的自我保存就会通向现代犬儒主义的自我保存。在这个意义上，斯多葛主义之中存在着通向现代犬儒主义的

---

① 马克思恩格斯全集：第 40 卷 . 北京：人民出版社，1982：193.

② 伯林 . 现实感：观念及其历史研究 . 南京：译林出版社，2011：190.

③ 梯利 . 西方哲学史 . 北京：商务印书馆，1995：120.

④ Dieter Henrich. Die Grundstruktur der modernen Philosophie//Selbstverhältnisse. Stuttgart：Philipp Reclam jun，1982：92 - 93.

便道。

　　不过，即使古代犬儒主义在反社会规范、习俗方面往往过度，但基本还是率真的，不是故意表演，也不是表面一套背后一套。在《1844年经济学哲学手稿》中，马克思就在与此相类似的意义上使用"犬儒主义"一词。他说，"从斯密经过萨伊到李嘉图、穆勒等等，国民经济学的**昔尼克主义**不仅相对地增长了——因为**工业**所造成的后果在后面这些人面前以更发达和更充满矛盾的形式表现出来——，而且肯定地说，他们总是自觉地在排斥人这方面比他们的先驱者走得更远，但是，**这只是因为他们的科学发展得更加彻底、更加真实罢了**"①。"犬儒主义"在此意味着率真、未掩饰、未歪曲、诚实反映。在《资本论》中谈到安德鲁·尤尔时，马克思断言他像直率的犬儒主义者，道出了资本主义社会的很多真实状况。尤尔的《工厂哲学》虽在工厂制度尚不发达的1835年出版，"但这部著作仍不失为工厂精神的典型表现。这不仅是因为它包含直率的昔尼克主义，而且还因为它天真地道出了资本头脑中的荒谬的矛盾"②。直率、把看透的真相如实道出，警告工人的反抗会加速机器的发展，甚至把"机器扩大了对儿童劳动的需求"这样有违法律的事实都如实道出，"维护无限制的工作日"，"自由主义的心就回想起中世纪最黑暗的时代"③ 等昭然若揭，没有任何掩饰。这跟现代犬儒主义很不一样。

　　不过从更多文本来看，古典含义不是马克思使用"犬儒主义"这个词的主要关切点。现代性意涵才是主要关切点，包括稍后分析的"伪善""敉平""知行分裂"等现代含义。

　　这种现代性内涵的基础某种意义上已在古典含义中蕴含。犬儒主义从批判否定现有的秩序、价值、道德开始，如果既没有时刻保持批判的合理限度，也没有进一步的实质性建构，就极易走向抹除是非、善恶和真假，在世故、圆滑、诙谐中解构掉一切崇高，实现最低的自我保存、庸俗势利的危险。想让大家看透世间的真相，却又提不出更好、更积极

---

　　① 马克思恩格斯文集：第1卷．北京：人民出版社，2009：180．
　　② 马克思恩格斯文集：第5卷．北京：人民出版社，2009：502-503．这段话在马克思亲自修订的法文版（一些易引起误解的地方马克思都做了修改和澄清）中没有修改。参见：马克思恩格斯全集：第43卷．北京：人民出版社，2016：457-458。
　　③ 马克思恩格斯文集：第5卷．北京：人民出版社，2009：503，504．

的主张，只好遵从所谓"自然"，但这"自然"如果是动物性的生存，势必缺乏应有的积极性与健康性。因此，否定了现有的规则、价值，却又提供不出新的、更好的规则、价值，回归自然就包含了多种消极可能性。由此，犬儒主义自古就有一个崇高价值追求制约的瓶颈。如果没有积极的崇高追求，犬儒主义对既定秩序及其支撑价值的嘲讽与否定就会导致相对主义，甚至颓废、荒谬。否定与嘲讽不是最终的归宿，追求什么价值才是。这么说来，犬儒主义自古就蕴含滑向相对主义、虚无主义深渊的危险。

这种危险在现代性背景下进一步呈现出来。上帝之死的日益临近和明确化，使得嘲笑和否定之后面临的虚无主义境遇日益凸显。这一境遇让犬儒主义更无法完成价值家园的建设，却只得流落于无家可归的荒原。如果说古代犬儒主义在嘲讽、批判之后是否走向嬉戏、诙谐还是是非善恶不分，取决于众多不同因素，而且走向是非不分与唯利是图不是主流，嬉戏、诙谐与是非善恶不分不见得同时发生，那么，现代犬儒主义思想理论上的自觉和实践策略上的抉择就很可能不再一致，理论上是非还是明确的，但实践上却不一定按照是曲直选择。嬉戏、诙谐背后本来应该存在着高蹈和真理，却早已被现代虚无主义冲刷掉了，无法再以此标榜来维系自身的认同，自我保存、世俗利益就成了唯一、自然的价值认同。一旦高蹈和真理空心化多表现为形式，这种唯利是图就更加明显。启蒙、真理、光明由此不再导向崇高和超越，而是导向世俗利益；嬉戏、诙谐不再导向超然，而是掩饰算计甚至斤斤计较的文饰；是非区分明晰之后不是实质性地扬是抑非，而是仅仅把扬是抑非作为表演，在背后是非不分地唯利是图。犬儒主义起源于苏格拉底式启蒙，在启蒙逻辑中就蕴含向极端世俗化发展的可能性，只是以前被其他进步因素冲淡和掩盖起来了，现在呈现出来就是启蒙的一种异化和歧路。就是说，作为启蒙怪胎、虚假意识的犬儒主义不是从启蒙的外部挤入的，是从启蒙内部获得突破、成长壮大的。"经典的犬儒主义必然会转化为现代的犬儒主义"①，对这一点的揭示和批判正是启蒙辩证法的积极表现，是启蒙理性之眼尚未失明的证明。

---

① 邹诗鹏 . 虚无主义研究 . 北京：人民出版社，2016：306.

2. 现代犬儒主义的几个转变

如西美尔所说，现代犬儒主义"与它所起源的古希腊哲学没有什么关系，但我们仍然可以说：在这两者之间存在着一种反常的关系"①。它在某些方面继承了古代犬儒主义传统，但在更多方面发生了根本性转变。跟古代犬儒主义相比，现代犬儒主义发生了一系列变化。

第一，从看穿某些真相到看透一切真相。现代犬儒主义是一种极端启蒙的产物，是对启蒙原则、精神的背离和误用。古代犬儒主义就"肇始于苏格拉底"②，起始于对未经批判审视的各种意识形态的理性批判。它从看穿某些真相推到"看透一切真相"的极端，不再相信任何真理，放弃一切崇高追求。在致力于揭示真相的启蒙背景下，当真相被看穿招致对所有真相的"嘲骂和吹毛求疵"时，就接近了现代犬儒主义。它由此倾向于对所有真与善都冷嘲热讽，不相信任何崇高、真诚。"犬儒的特征是不加分辨地怀疑和否定所有善意、善行和善良价值的可能。犬儒只相信人类的行为受自私动机驱使，因此总是朝败坏、邪恶、阴谋诡计的方向去猜度和确定他所看到的事物。"③ 以极端启蒙立场，现代犬儒主义力图解构一切文明和严肃的价值。"看穿"是犬儒主义的普遍特点，看穿人性的自私自利，看穿一切制度不可能公正，看穿一切价值的矫饰和虚伪。"犬儒主义之弊不在于'看穿'，而在于'看穿一切'。不加分辨、不分青红皂白地看穿一切，这就会变成不加思考、没有判断、只凭条件反射地说'不'。"④不分青红皂白地看穿一切、否定一切，意味着犬儒主义已陷入把文明、健康价值皆虚无化的虚无主义深渊。

第二，从真诚到虚无。随着已被现代虚无主义浸染，现代犬儒主义的价值追求不断降低，就其实质性而言，生命意义上的自我保存成为现代犬儒主义的根本追求。在自以为看穿一切之后，又没有进一步的崇高追求，就只能回到自我保存层面。如果我们把价值层次分为善、正当、

---

① 西美尔. 货币哲学. 北京：华夏出版社，2007：184.
② 施特劳斯. 自然权利与历史. 北京：生活·读书·新知三联书店，2003：148.
③ 徐贲. 颓废与沉默：透视犬儒文化. 北京：东方出版社，2015：8.
④ 同③21.

可允许、恶这四个层次，那么，当善高于正当、约束正当时，自我保存还不至于上升为最高和唯一的根本原则。但随着世俗化的不断展开，上帝之死的日益临近，约束正当的"善"随着上帝之死而名存实亡，在正当与善、权利与义务的关系中，前者取得日益优先地位，最符合自然的自我保存便也取得日益重要的地位。于是，不再受到有效约束的自我保存就得以上升为至高原则，而灵魂地位的逐渐降低和身体地位的日益提高，"自我"得以变为"自身"，古代犬儒主义逻辑中蕴含的"自我保存"原则就得以提升为现代性的基本价值诉求。施特劳斯在分析霍布斯的近代转折时说，"一切情感中最强烈的乃是对死亡的恐惧……死亡取代了目的……对于死于暴力的恐惧最深刻地表达了所有欲求中最强烈、最根本的欲求，亦即最初的、自我保全的欲求"①。由此，现代伦理"就是为了达到实用性的成功而降低标准……现代性是古代思想家早已意识到的一种可能选项，但他们明智地拒绝接受这一选项"②。现代人对此无法拒绝，只能顺理成章地接受了。依尼采之论，随着高贵的古典价值先后被苏格拉底理性主义、耶稣的《新约》、保罗的《旧约》取代（重估），真正的崇高价值日益被冒充的崇高价值替代，而且替代者的水平不断降低。高高在上的全知全能者隐含的世俗化基础被还原后，作为"犹太—基督教一神论的内在逻辑"③ 的世俗化进一步拓展开来，导致世俗、感性、经验实在的价值上升为唯一和直接的价值，"自然"就是生命、身体、感觉，崇高的价值被虚无化，失去了原本具有的地位和效力。受到尼采嘲讽的安全、保险、舒适、轻松、按部就班这些平庸化品质被推崇，末人时代到来。"资产阶级的启蒙……总是难免要把自由和自我保存的活动混为一谈。"④ 启蒙运动继承并发展了基督教内在的平庸化价值诉求，解放了其蕴含的世俗化潜能，全社会都在追求自我保护和安逸舒适，"增加了末人的永远统治或民众的自治的危险性"⑤。于是，在古代犬儒主义解构社会身份、嘲讽文明秩序之意义的逻辑中，某种意义上就蕴含自我保存观的萌芽或种子。它在基督教蕴含的世俗化逻

① 施特劳斯. 自然权利与历史. 北京：生活・读书・新知三联书店，2003：184 - 185.
② 拉莫尔. 现代性的教训. 北京：东方出版社，2010：79.
③ 同②44.
④ Max Horkheimer. Gesammelte Schriften：Band 5. Dialektik der Aufklärung und Schriften 1940 - 1950. Frankfurt am Main：Fischer Verlag，1987：64.
⑤ 朗佩特. 施特劳斯与尼采. 上海：上海三联书店，2005：190.

辑的发展中得以进一步释放，成长为大片的现代性森林。

消解掉一切崇高，否定了任何真理与真相，出于保存生命的自然需求且获得实在利益的目的，现代犬儒只愿保留一种自愿配合、不在严肃场合揭穿的形式。在配合这种形式、在某些场合可能诙谐地嘲讽一下的表演中，现代犬儒主义世俗功利、内心空虚、徒有其表的真面目完全暴露，随之就验证了如下所论，"现代犬儒主义是一种幻灭的处境，可能带着唯美主义和虚无主义的气质而重现江湖"；它"意味着一种玩世不恭、愤世嫉俗的倾向，即遁入孤独和内在之中，以缺乏本真为理由而放弃政见"①。"犬儒主义不仅是虚无主义，而且把虚无主义从对信念和理想的怀疑，变成对现实逃避或功利主义放纵的反思性保护。"② 现代犬儒主义由此与现代虚无主义具有了各种复杂的关联。现代犬儒主义"就其形式而言，是自暴自弃的虚无主义；就其位格而言，是虚无主义的'亚状态'或从属状态；而就其品性而言，则是一种低层次的虚无主义……因此我们把犬儒主义勉强称为'另类的虚无主义'"③。

第三，从率真到伪善。 古代犬儒主义者经常站在价值高地上看待他者，自信满满，自以为是。"古代的犬儒主义对生活有一种非常确定的理想，即有一种心灵上的积极力量和个人道德上的自由。"④ 现代犬儒主义者早已放弃了这种价值高地，转而谋取一种"智慧高地"。这种"智慧"意味着，凡价值都是使用价值；使用价值大，价值就大，而使用价值都是相对于特定场合和特定境遇而定。崇高价值只有在自我标榜或者伪装崇高时才有价值。现代犬儒主义追求自我保存并据此把价值工具化得一清二楚，但"智慧"在于，该佯装认同崇高价值时就装得很像，该毫不含糊地追求实际功利价值时也毫不含糊。古代犬儒主义认为"要使一个人幸福，需要的仅仅是德性。为了使自己只对德性满意，人要学会鄙视其他所有事物"⑤。在古代犬儒主义崇尚德性的地方，现代犬儒主义换上了某种"聪明"或"智慧"，凭借这种"聪明"，现代犬儒主义更容易获得它跟它看不上的非"聪明者"同样追求的世俗利益。如

---

①　贝维斯. 犬儒主义与后现代性. 上海：上海人民出版社，2008：8.
②　汪行福. 现代社会秩序的道义逻辑. 上海：复旦大学出版社，2013：46.
③　邹诗鹏. 虚无主义研究. 北京：人民出版社，2016：303.
④　西美尔. 货币哲学. 北京：华夏出版社，2007：184.
⑤　策勒. 古希腊哲学史：第二卷. 北京：人民出版社，2020：206.

果说古代犬儒主义满足于德性的自我充足，以为自己看清楚了世上真正有价值的东西就不为其他事物烦忧、所累了，现代犬儒主义者却在现代虚无主义的荒野中找不到德性之路。他们把古代犬儒主义者撇开烦忧、超越庸常的智慧，发展为工具理性，戒绝了理性的目的性意蕴。实际上他们的价值追求与他们看不上的大众无甚区别，但他们不愿承认这一点，于是就在表达形式、生活风格上做文章，给自己的生存打上雅致、婉约、与众不同的荣光，用形式的雅致掩饰实质的平庸与堕落。越缺乏实质，越标榜形式，越强化形式及其程度。由此，现代犬儒主义佯装出的形式与实际的所作所为不再一致，它不再真诚，起码不再在公开场合真诚。它在特定场合的表演与特定场合的嘲讽相结合，在公开场合关涉根本利益时的不真诚、伪善日益明显。即使在无关根本利益的特定场合对给予自己利益的秩序报以嘲讽，也往往是采取诙谐、文雅的形式，失去了古代犬儒主义的直接和率真。如果说古代犬儒主义追求"与自然和谐一致，对每一种人造物的抑制，对所有的自然欲望最简单的满足的生活"①，那么，现代犬儒主义极力追求一种时髦、文雅的形式，以便掩饰已把自然理解为自我保存的堕落与尴尬。对于大部分现代犬儒主义者来说，"现代犬儒主义是一种不得不为之的生存策略，异化的存在状态。它以认识论的怀疑主义作为其外在表现，以价值论的虚无主义作为其内在基础，以功利、琐碎、庸常的状态作为其生存抉择，最终沦为维护这种生产方式的意识形态"②。其实，与其说是无奈选择，不如说是有意地主动选择，只是这种主动选择中具有明显的无奈而已。就他们对意识形态的嘲讽和看穿而言，"犬儒主义不是意识形态的受骗者，而是利益和权力的依恋者"③。当然，从另外的角度看，他们本身就构成了一种明显的现代意识形态，比传统意识形态更具欺骗性。因为在他们的"真诚"里隐含着欺骗和狡诈，在服从和配合里隐含着"反抗"和"否定"，在"看穿"里隐含着严肃的"表演"，是一种真诚与欺骗、配合与反抗、看穿与表演的奇妙结合。如果对于古代犬儒主义来说，"只有那些超越富有与贫穷、尊严与羞耻、安逸与疲劳、生与死的人，以及那些准备好

---

① 策勒.古希腊哲学史：第二卷.北京：人民出版社，2020：215.
② 刘宇.论现代社会生存状态的犬儒主义倾向.教学与研究，2014（5）：15.
③ 汪行福.理性的病变：对作为"启蒙的虚假意识"的犬儒主义的批判.现代哲学，2012（4）：6.

接受生活中任何工作和状态的人，才能不害怕任何人，不被任何事物所打扰——只有这些人不为财富保留位置，因此才能自由并幸福"①，那么，现代犬儒主义则十分在意富有与贫穷、真诚与虚伪、尊严与羞耻、安逸与疲劳、生与死，十分害怕被别人看穿，担心暴露价值上的堕落和庸俗。

对于现代犬儒主义来说，崇高、真实不用说作为崇高与超验的价值，即便作为价值也已不存在了，而只是具有使用、利用价值的工具而已。没有内在价值、只有使用价值的现代犬儒主义成了一种独特的新型意识形态，或者后意识形态。"占统治地位的意识形态是犬儒主义的意识形态；人们不再信奉任何意识形态真实；他们不再严肃地对待任何意识形态命题。"② 意识形态不再是一种真实—虚幻二分框架内的幻觉，而是可以利用的一种工具性形象，成了构建我们的社会现实的（无意识）幻象。这个"幻象"具有使用频率颇高的使用价值，即使使用者不会真相信它，却也实实在在地使用着它。它是具有实际价值的，即使可能随后就被嘲讽。"使得我们对意识形态幻象的结构力量视而不见的方式多种多样，犬儒派的洁身自好只是其中的一种：即使我们并不严肃地对待事物，即便我们保持反讽式的洁身自好，我们依然我行我素。"③ 作为继谎言、错误、意识形态之后的第四种结构，现代犬儒主义的盛行意味着传统意识形态批判威力的退化和作用的有限性。④ 它替代了传统意识形态的地位和效力，成为一种新型的"后意识形态"。

第四，从愤世嫉俗到玩世不恭、世故油滑，明知故犯、装聋作哑。齐泽克用马克思在《资本论》中所说的"他们虽然对之一无所知，却在勤勉为之"，来应对现代犬儒主义"他们对自己的所为一清二楚，但他们依旧坦然为之"⑤。本来，马克思在"商品的拜物教性质及其秘密"这一节中说的是，单个商品生产者发生社会关系时并不是意识到他们的不同产品之间含有等量劳动才能相互交换，他们只是这么做了。与其说马克思是在分析意识形态问题，不如说是在说明私人劳动与社会劳动的

---

① 策勒. 古希腊哲学史：第二卷. 北京：人民出版社，2020：210.

② 齐泽克. 意识形态的崇高客体. 北京：中央编译出版社，2002：45.

③ 同②.

④ Peter Sloterdijk. Kritik der zynischen Vernunft. Frankfurt am Main：Suhrkamp Verlag，1983：33.

⑤ 同②39，40.

关系问题，分析劳动二重性问题。但推而广之，这句话也可以用在商品拜物教问题上。资本主义商品经济初期人的活动多具有自发性质，其社会效应还不那么明显。一旦人们的活动上升到自觉水平，行动者与其主张、信仰和利益追求之间就具有了更为复杂的关系。正是因为他的活动已上升到自觉水平，他清楚地知晓资本主义的经济—政治—社会系统运作的内在要求，以及配合、不配合这种要求的后果、得失，他会进行理性的成本核算，按照经济人的理性要求进行利益最大化计算，采取对自己最有利的策略。结果，即使他已看清经济—政治—社会系统运作的秘密，但如果揭示秘密并拒绝与之配合，会发生大量的利益损失，那么他也会采取形式上的配合，在得到实质的利益后再在适合的场合委婉、诙谐、雅致地揭示出自己发现的秘密，展现自己已看穿一切的高蹈姿态。配合意味着他戴着面具工作，对意识形态的"崇高客体"极度尊敬，这种面具之下的尊敬对他至关重要。"犬儒性主体对于意识形态面具与社会现实之间的距离心知肚明，但他依然坚守着面具。"① 现代犬儒主义是一个内外有别、见机行事的表演者。这意味着，现代犬儒主义不直率了，不再像马克思在《资本论》"机器和大工业"一章中所说的尤尔那样直率了。现代犬儒主义已不断丧失古代犬儒主义的直率性，"犬儒理性不再是朴素的了，却成为已被启蒙的虚假意识的一个悖论：人们很清楚那个虚假性，知道意识形态普适性下面掩藏着特定的利益，但他拒不与之断绝关系"②。在事关根本利益的系统运作中，现代犬儒主义异常严肃。在一种规格体系较高较严的文化氛围中，犬儒主义者可能不相信又得装出相信的样子，"以虚伪应对伪善、以假装对付谎言、以假面迎合伪装，因此把犬儒主义推向极致"③。

　　这使得启蒙面临新的问题：清楚、了解秘密，却依然跟不信奉的东西配合、合作，通过配合式表演使其秘密早已被知晓的东西不断获得新的使用价值。这种使用价值不再是物质消费对象，而是在其社会中获得满足和实现的依据。它是一种社会性的使用价值，在启蒙理性层面上具有虚幻性，但在现实生活层面上具有日常生活离不开的使用价值。谁要是按照传统启蒙的逻辑对其进行彻底的揭露，就意味着他太不知趣，简

① 齐泽克. 意识形态的崇高客体. 北京：中央编译出版社，2002：40.

② 同①.

③ 徐贲. 颓废与沉默：透视犬儒文化. 北京：东方出版社，2015：9.

直会丧失现代犬儒主义者的资格，会成为犬儒主义者的笑料和十足的嘲讽对象。以嬉戏和诙谐来对待这种"看穿"，用雅致的嘲讽来对待严肃和规范并隐而不露地揭露其"本质"，以虚伪应对虚伪，以严肃对待严肃，在嘲讽和解构假装的严肃中，否定、解构了一切可能的真实与严肃。实在性只剩下维持最低的生命，以及一点点的虚伪形式了，其他的一切全成了嬉戏和嘲讽的对象。现代犬儒主义虽然继承了古代犬儒主义"对大众信仰尖锐而敌视的态度"①，但态度的表达却变得隐秘和油滑，也不再坚持对公共生活、婚姻与家庭的冷漠与敌视，反而在维持公共秩序中积极谋取权力与财富，努力在雅致的婚姻家庭生活中营造为人羡慕的氛围。如果说古代犬儒主义立足于德性的自足性获得并扩展自豪感，现代犬儒主义则不失时机地嘲讽未被看穿的"庄严"，甚至在特定时机展示对自我的"庄严"的嘲讽，通过幽默来显示自己的高度和智慧。愤世嫉俗隐藏起来了，世故油滑和玩世不恭占据了上风，在现代犬儒主义的眼里，古代犬儒主义太单纯和呆傻了。

第五，区分现代犬儒与末人，防止犬儒主义扩大化。没有崇高追求、不冒风险、贪图安逸、坠入虚无主义深渊，使得现代犬儒主义跟尼采意义上的"末人"产生了关联。徐贲就把现代犬儒主义等同于尼采所谓"末人"，对此我们不能苟同。尼采通过查拉图斯特拉之口所讲的"末人"（最后的人）精于计算、善于满足欲望，不再追求伟大的、超越性价值，而是追求安逸、快乐、无痛苦，工作要成为消遣，财富和权力尽可能平等，不引发纷争与矛盾，的确有的方面跟现代犬儒主义有共同之处。古代犬儒主义蔑视快乐，对它来说，"最没有价值和最有害的事物——也即人们最渴望的事情——是快乐。犬儒学派不仅否认快乐是一种善，而且他们宣称快乐是最大的恶"②。与此不同，现代犬儒主义认可了对快乐的追求。但仅凭追求快乐这一点，还无法肯定现代犬儒主义。末人虽然也追求快乐、安逸，也以保全生命为第一要务，无甚更高追求，但末人不必装出一副高高在上的样子极力表演什么。末人可以心安理得地过自己的生活，即使没有更高的理想，却也不缺小的理想；即使没有崇高，却也不缺小的精致；即使没有大的追求和担当，却也有一些可以达成的实在而雅致的生活目标。跟现代犬儒主义相比，末人往往

①　策勒.古希腊哲学史：第二卷.北京：人民出版社，2020：222.
②　同①207.

是知行合一、言行一致的。马克斯·韦伯在《新教伦理与资本主义精神》一书最后甚为忧虑地责备末人境界不高，"专家已没有精神，纵欲者也没有了心肝，但这具躯壳却在幻想着自己达到了一个前所未有的文明水准"[1]，但只要符合自然本能，没有假装和夸大，（晚期）尼采并不嘲讽反而认可与其本性一致的末人所为。末人之"末"与其说其位于道德、能力、品质之末端，倒不如说其在现代社会末期大量产生和流行。末人的大量产生得益于自古以来苏格拉底式理性主义文化和基督教文化的积淀及其向现代社会的发展，部分也得益于与自身自然基础的匹配。由此，"末人"（Der letzte Mensch）在汉译中多被"最后之人"替代。福山也在《历史的终结与最后的人》中为末人辩护，认为从标志着用理性来统治欲望的"血气"角度看，末人仍有优越意识和平等意识两种血气；认定末人固然没有崇高和牺牲，但却宽容而无聊、平庸而安全，偶尔也能追求某些伟大。[2] 这些，现代犬儒主义者是不一定能做得到的。跟现代犬儒主义者相比，末人更真实些，自然也更可爱一些。末人不以为自己高明，更不一定故意标榜高明。现代犬儒主义者是末人群体中那些受过更高教育、有更多知识、更有地位和资源，但同样没有高追求却更自觉的精致利己主义者。他们自觉比末人高明，这种高明也就体现在更自觉、更隐蔽、更有手段、更无底线、更会伪装、更委婉、更有"幽默感"、更会花言巧语等方面，实际上跟末人的价值追求毫无二致，却比末人更颓废、更有欺骗性和危害性。现代犬儒主义者继承了古代犬儒主义者的自负、对大众不屑、以智慧和自觉跟大众的愚行和自发对立等特征，却比古代犬儒主义者更世俗和颓废。因而，现代犬儒主义者是末人中的一小撮。末人是更多数的普通人，现代犬儒主义者只是其中更具隐蔽性、更善于伪装、形式上更雅致更讲究从而更具危害性的一小部分人。把他们视为末人，犬儒主义者们肯定认为是对自己的贬低。而从危害性来看，把现代犬儒主义者比作末人其实是对他们的抬高。如果我们按照海德格尔的意见把末人视为不自觉的虚无主义者，那么，现代犬儒主义者则是自觉的虚无主义者。自觉，加上极力伪装，使得现代犬儒主义者的虚无主义更有迷惑性，也更虚无。当蒂利希说"他们对理性没有信念，没有真理的标准，没有成套的价值观，没有对意义问题的回答。

---

① 韦伯. 新教伦理与资本主义精神. 上海：上海人民出版社，2018：326-327.
② 余明锋. 尼采的末人. 文汇报，2020-08-21（W02）.

他们试图打破置放于他们面前的一切准则”① 时，这突出地表明了现代犬儒主义的虚无本质。

3. 伪善与敉平：现代犬儒主义的两个特质

对于现代犬儒主义的伪善性，马克思毫不客气地予以批判。在《1844 年经济学哲学手稿》中，他揭示了资产阶级国民经济学认为人的虚伪性是十足的犬儒主义。“以劳动为原则的国民经济学表面上承认人，其实是彻底实现对人的否定……国民经济学是从表面上承认人、人的独立性、自主活动等等开始，并由于把私有财产移入人自身的本质中而能够不再受制于作为**存在于人之外的本质的私有财产的那些**地域性的、民族的等等的**规定**，从而发挥一种**世界主义的**、普遍的、摧毁一切界限和束缚的能量，以便自己作为**唯一的**政策、普遍性、界限和束缚取代这些规定，——那么国民经济学在它往后的发展过程中必定抛弃这种**伪善性**，而表现出自己的**十足的昔尼克主义**。它也正是这样做的——它不在乎这种学说使它陷入的那一切表面上的矛盾——，它十分**片面地**，因而也**更加明确**和**彻底地**发挥了关于**劳动**是**财富**的唯一**本质**的论点，然而它表明，这个学说的结论与上述原来的观点相反，实际上是**敌视人的**”②。马克思在这里没有像在《资本论》中那样深入分析国民经济学理论上承认的“人”与其理论本质中蕴含的必然被否定的“人”这两者之间的关系，没有区分个性、尊严、人格意义上的“人”与通过商品的社会生产、交换而得以实现的普遍维度上的“人”，两者之间既可以存在统一关系，也可以存在冲突关系。③ 因而，《1844 年经济学哲学手稿》对这种虚伪性更不可接受。

伪善认定可以是以“真正的善”作为前提，也可以是以形式的“善”为前提。“真正的善”（自由自觉活动的类本质）作为一种崇高的认定，还存在于《1844 年经济学哲学手稿》的思想之中。《资本论》时

① 蒂利希．存在的勇气．贵阳：贵州人民出版社，1998：135.

② 马克思恩格斯文集：第 1 卷．北京：人民出版社，2009：179.

③ 刘森林．物化通向虚无吗?：马克思与尼采的不同之路．哲学动态，2014（6）：28－31.

期"伪善"之论的确立，依赖于资本的意识形态宣称与实际谋求的利益之间的不一致性。尼采在谈到现代犬儒主义时曾指出基督徒的伪善，声称"在今天，做一个基督徒是不正派的。我的恶心从这里开始"。因为"今天，每时每刻的每种行为方式，每种本能，每个在行为中被贯彻的价值评估都是敌基督的：现代人必得是一个虚伪的怪胎，才能让他尽管如此还毫不知耻地自称为基督徒!"① 犬儒主义的伪善面目如此典型地体现在"现代人"身上。这种"现代人"与马克思的资产阶级大部分是重合的。在尼采把伪善指向基督徒的地方，马克思指向的是资产阶级。写作《资本论》时的马克思已充分认识到资本逻辑必然孕育出虚无主义，既然这一点已非常清晰，对伪善的批评就没必要一再道明了。与伪善相比，敉平同样值得关注。成熟期的马克思意识到商品中蕴含着消除一切差异的"一般人类劳动"，而且它能化约一切具体劳动类型的差异，之后，它就与犬儒主义消解、化约一切文明价值，即全部规约于自然的思路一样，把一切价值都消解、化约为一个层面和种类了。

在这种背景下，马克思把商品化、货币化与犬儒主义联系起来就获得了一种特殊的意义。马克思在《资本论》第二章"交换过程"中指出，"商品是天生的平等派和昔尼克派，它随时准备不仅用自己的灵魂而且用自己的肉体去换取任何别的商品，哪怕这个商品生得比马立托奈斯还丑"②。在马克思亲自修订的法文版中，这句话的后半句没有任何改变，但前半句"商品是天生的平等派和犬儒派"却被修改为"商品生性放荡而且厚颜无耻"③。平等派、犬儒派在这里意味着通约一切、敉平一切同时也消解一切崇高价值，而且这种通约、敉平、消解没有底线，甚至到了生性放荡和厚颜无耻的程度。

第一，商品凭借自身蕴含的抽象、一般的人类劳动要把一切敉平为同一种存在质，无所谓高低贵贱，区别只是数量不同。随时准备与任何东西交换，不管美丑，也不管具体的使用价值，类似于犬儒主义那样把一切价值都工具化为使用价值。商品上升为货币，更是"夷平了事物之间的本质差异，赋予事物一种无风格、无色彩的前所未有的客观性。一

① 尼采 . 敌基督者 . 北京：商务印书馆，2019：52，54.
② 马克思恩格斯文集：第 5 卷 . 北京：人民出版社，2009：104.
③ 马克思恩格斯全集：第 43 卷 . 北京：人民出版社，2016：79.

切价值消解在一种中介性价值之中"①。由此，马克思使用犬儒主义这个词就有了一种新的现代性含义：耖平一切价值差别。《资本论》第一卷的法文版把德文版的"商品是天生的平等派和犬儒派"改为"商品生性放荡而且厚颜无耻"，凸显了马克思对商品、货币在资本主义社会中耖平一切价值的历史批判性态度。

　　货币的价值通约功能在近代晚期达到了巅峰。资本把一切崇高的东西都耖平，不仅意味着会把崇高的价值拉低，更意味着会把十分庸俗的东西提升，使之具有某种可以在公共场合表演的美丽外观。伪善由此就与耖平贯通起来。这样一来，一切价值的质性差异就被消解，区别只是量的不同而已。这就为消解崇高、嘲讽神圣准备了深厚的现代性土壤。马克思十分警惕资本内含的这种耖平功能，对这种意义上的"犬儒主义"的提醒和批评，在当代具有越来越大的价值。古代犬儒主义在耖平众多日常价值之后，还仍有自己的价值追求，但现代犬儒主义就不是这样了，除了拉低、消解崇高，更善于把庸俗的价值包装起来，而崇高只剩下一个工具性和形式性的外观。货币夷平了事物之间的本质差异，赋予事物一种无风格、无色彩的前所未有的客观性。一切价值都是中介性、工具性价值，没有实质性、目的性价值。

　　第二，一切原本崇高、超验的价值，都将会在这种耖平中被消解，这是资本的本性使然，是资本为了获取更大的剩余价值所必然要求的。被推崇的崇高价值一旦丧失、缺乏到了一定程度，人们就会不计成本地去维护、追求，这会妨碍资本对更大的剩余价值的追求，从而令资本系统动荡不安。所以，资本一定要达到如下效果："没有任何绝对的价值，因为对货币来说，价值本身是相对的。没有任何东西是不可让渡的，因为一切东西都可以为换取货币而让渡。没有任何东西是高尚的、神圣的等等，因为一切东西都可以通过货币而占有。正如在上帝面前人人平等一样，在货币面前不存在'不能估价、不能抵押或转让的'，'处于人类商业之外的'，'谁也不能占有的'，'神圣的'和'宗教的东西'。"② 一旦达到了这种效果，商品—货币—资本系统的价值耖平对于崇高、神圣的价值就是一种否定性的耖平，意味着不分高低贵贱，意味着崇高价值

---

　　①　曹东勃. 通向犬儒之路：人类价值系统的现代嬗变// "虚无主义、形而上学与资本的逻辑"学术研讨会论文集. 广州：中山大学，2011：195.

　　②　马克思恩格斯全集：第31卷. 北京：人民出版社，1998：252.

的进一步消解与减少。现代犬儒主义急欲消解各种追求崇高理想的理想主义，"在犬儒主义者开出的'阵亡名单'里，理想与理想主义则一贯名列前茅"①。马克思的"生性放荡而且厚颜无耻"之论进一步凸显和加强了这种意蕴与效果。崇高的理想不但在价值敉平中被置换为实际的利益甚或保存生命，还会进一步受到犬儒主义者的嘲讽。就像西美尔所说的，与享乐主义力图把庸俗价值提高相反，现代犬儒主义则是极力贬低崇高价值，"唯有当他在理论上和实践上都做到了贬低最高价值和视种种价值之差异为幻觉的时候，他的生活意识才恰如其分地表现出来"②。货币具有把最高与最低价值同等化约的出色能力，"货币的这种能力为犬儒主义情绪提供了最有效的支持。犬儒主义者在任何别的地方再也找不到像货币这样成功的证据了"③。犬儒主义喜欢货币的程度无以复加。为了掩饰陷入商品—货币—资本的逻辑所产生的世俗性、粗鲁性后果，现代犬儒主义采用各种形式来粉饰自己，有时也用幽默来化解。以幽默来掩饰和化解举止的粗野，是现代犬儒主义自古代犬儒主义那里继承和学习来的。第欧根尼和克拉泰尤其如此，"他们喜欢给严肃的学说披上一件玩笑或诗意的外衣，或者对人类的愚行抛下尖锐的言辞"④。现代犬儒们在这方面依然如故，只是不再那么直率放浪和不分场合，而变得更注意时机和场合，更注意把握分寸，也更注意文饰形式而已。

第三，这就意味着，资本的敉平功能已不仅在经济社会层面上展开，还会进一步进展到精神、价值层面上，把一切崇高的精神、思想存在都化约为只有量之区别的商品、货币。撇开经济—社会层面，径直在精神、价值层面上敉平，是尼采反思的基本倾向。沿着马克思的思路，循着尼采撇开经济—社会层面的路子，卢卡奇在《历史与阶级意识》中进一步思考，面临资产阶级物化体系从社会—经济—政治层面向精神文化层面的渗透，工人阶级应如何保持精神文化的先进性？在拜物教敉平一切价值的背景下，如何保证它不要伤及工人阶级？对资产阶级来说，敉平会从经济—社会层面进一步渗透进政治—精神层面，会把整个社会

---

① 曹东勃. 通向犬儒之路：人类价值系统的现代嬗变. 现代哲学，2012（4）：20.
② 西美尔. 货币哲学. 北京：华夏出版社，2007：184.
③ 同②185.
④ 策勒. 古希腊哲学史：第二卷. 北京：人民出版社，2020：226.

的价值变成世俗的使用价值，彻底消解崇高价值。但是，工人阶级会在经济—社会层面的物质进步基础上建构一个政治—精神层面的崇高理想，来防止商品—货币—资本拜物教把一切崇高价值都无限价值化的企图。马克思希望工人阶级通过政治和思想文化上的先进性运作，遏制和超越商品—货币—资本的敉平功能，从经济—社会的辩证结构中孕育、提升出一个超越平庸的辩证—进步事业来。与资产阶级驱动的资本系统必然孕育敉平与虚无不同，工人阶级的历史作为是对抗这种敉平和虚无的积极力量。根植于现代生产的经济基础，通过现代政治的组织和努力，通过文化的塑造和提升，工人阶级能够把现代历史中蕴含着的进步趋向实现出来。

4. 知行分裂与犬儒主义

如此一来，打着看透一切的幌子，现代犬儒主义表现为一种典型的启蒙怪胎。它切断了批判与建设之间、去除偏见与确立判断之间的前后相继关系，以否定一切崇高价值和追求自我利益最大化的姿态，让形式与实质、理智与行为、理论与实践之间的一致性关系不再存在。

现代犬儒主义至少有两种理知、观念：一种是追求自我利益最大化的经济人理知、观念，另一种是内心不认同但形式上认同的理想性理知、观念。犬儒主义者们对前者是实质上认同，对后者只是形式上认同，现代犬儒主义者根据不同场合的需要分别选择对应的认同。他的思想认同和行为选择之间于是产生了多重复杂关系，并不一定知行合一了。

现代之前的知识和理论传统中，知识、信念、行动是要求高度统一的。中国传统的知行统一论更是如此。青年毛泽东在对《伦理学原理》的批语中就说过："知也，信也，行也，为吾人精神活动之三步骤。凡知识必建为信仰，当其知识之时，即心以为然，此以为然之状态，即信仰也。吾人既由道德哲学而知良心之内容，则其对于良心之服从也必更勇。"[1] 随着现代性的分化日益增强，这种知、信、行统一的传统逻辑

---

[1]　中共中央文献研究室，中共湖南省委《毛泽东早期文稿》编辑组．毛泽东早期文稿．长沙：湖南人民出版社，2008：202.

遭遇新的困境。利益分化导致了"知"的分化、多元化，大学毕业刚参加工作的马克思很快就明白：无产阶级和资产阶级、封建贵族各有其不同的理性，对同一事物具有不同的认知，统一的理性即使不是意识形态的有意欺骗，也是不了解现代分化的天真。不同立场、层面、角度确立起来的不同的"知"与其各自要求的"行"之间，就具有了多重的复杂关系。打着这种"知""理"的旗号，行与另外一种"知""理"匹配的"为"就有了可能性空间。

现代犬儒主义者充分理解和利用了这一点。他们虽然从内心认同理论、观念，却无力在行为上贯彻到底，而完全按照内心认同来行动，他们会感受到莫大的压力。由此，他们会非常赞赏布迪厄的如下见解：传统知—信—行统一的观念只不过是"知识分子那种能够（用思想）主宰自我的幻觉"① 的表现，这种幻觉越来越是一种"一厢情愿"。如果说传统知识分子"深深地浸淫在这一幻觉里"②，那么现代犬儒主义者就用自觉的分裂与之划清了界限：他在公开场合极力配合、证明自己确信的那种理念、思想，实际上是精心装扮出来的。在这种"装扮"的功利目的达到之后，"确信"随时可能转化为嘲讽，以便证明自己的高超和高蹈。他有两种"知""理"：一种很崇高但不实际，一种很实际但不崇高。他按照后一种行动，但按照前一种言说。达不到言行一致的现代知识分子，如果尚未具备犬儒主义者的这种自觉和嘲讽意识，在面临知行分裂的特殊时刻可能会尴尬、遗憾，犬儒主义者就绝不会有这种尴尬、遗憾，而只会对这种尴尬、遗憾予以嘲讽，斥为看不透、不世故、太稚嫩。现代犬儒主义者的成熟，就表现在熟练地驾驭这种知行不一上。

马克思认为，只有那个在经济、政治、文化都与先进性紧密联系着的工人阶级才能按照最先进的理念、理论行动。由此，知与行按同一个理进行，"知"必须在不断地"行"中获得并完善，"知"后之"理"又进一步贯彻到"行"之中。在这种双重反馈关系中，"知"越来越清晰而"理"得以不断汇聚。但在现代犬儒主义中，已知"理"有多个，根据不同需要分别见之于不同的"行"中；而且，显示出来的"理"未必

---

① 布迪厄，华康德．实践与反思：反思社会学导引．北京：中央编译出版社，1998：177.

② 同①.

是真正支配行动的"理"，知行关系受形式性和隐蔽性两种"理"的影响而展开，使得"知与行"日益远离真理大道，走向生物本能的自我保存。马克思主张先进性的理论与实践统一，否定现代犬儒主义的知行分裂。

看来，马克思对"犬儒主义"的使用和看法，似乎经历了从在乎其追求的"善"到丧失这种追求，从勇敢、率真地嘲讽自己看不上的秩序与价值，到为了自己的利益而不再率真、不再嘲讽，反倒对自己看不上的秩序与价值予以积极配合，还有从知行合一到知行分裂这三种根本转变。第一种转变意味着犬儒主义价值追求的降低，第二种意味着犬儒主义处事态度的圆滑，第三种意味着犬儒主义态度的分裂。伴随着这些转变，犬儒主义越来越世俗、越来越世故、越来越分裂。从关注价值到只在意使用价值，包括把崇高价值变成用于形式表演的使用价值。在率真与伪善之间，在从善与媚俗之间，在向往去除文饰、返璞归真的自然到仅仅自我保全的自然之间，古代犬儒主义本来就包含着的从前者到后者的蜕变，终于在现代犬儒主义中彻底完成。马克思对犬儒主义的看法反映和印证了这种蜕变。

5. 现代犬儒主义：启蒙怪胎

作为现代启蒙运动的一个怪胎，现代犬儒主义表现为启蒙运动与自我保存、虚无主义哲学相结合产生的怪胎，是启蒙运动与追名逐利的经济人相结合产生的肿瘤。它肯定对马克思那自觉担当历史重任的无产阶级、尼采那超越现代文明的超人极尽嘲讽之能事，嘲讽之余依然奉行犬儒主义者们实际上奉行的资产阶级价值原则。马克思嘲讽现代犬儒主义"伪善""天生的平等和铲平"，消解崇高、知行分裂，给现代犬儒主义以基本定位。但随着现代社会的发展，现代犬儒主义的世俗化、颓废色彩会更加明显。它不但消解崇高价值，还进一步给最低的生物本能披上美丽的衣裳，内心更加空无和虚无。

但值得注意的是，现代犬儒主义一开始起源于启蒙的黑暗角落，位于远离启蒙大道的沼泽地带，是启蒙没有培养好的逆子。就像斯洛特戴克所说，现代犬儒主义者是一种多重的孤僻者（Asozialer），开始于嬉皮士习惯性的漫不经心。① 一开始它不是主流，随着崇高价值的坍塌、世俗化的流行和经济理性的不断扩展而变成更多人的选择，从边缘地带走进中心地带，产生了进一步的恶劣影响。它的出现和传播进一步表明，从未有一个统一的、单纯的、一帆风顺的启蒙运动。启蒙经常被截取、被利用，并在这种被截取和被利用中半途而废，甚至成为一个怪胎。现代犬儒主义就是这样一种启蒙的废品和怪胎，就是偏离了启蒙大道的歪门邪道。它具有启蒙的某些特征，经历过一定的启蒙，但又没有完全回应启蒙原本的精神诉求。它一味地否定批判，却丢弃了积极建构；它获得了更多知识，却丢弃了良心德性；在理性见识上有所拓展，品格与品位却急剧下滑。启蒙后获得的成果应该是对真、善、美目的之促进和接近，应该有助于启蒙的进一步拓展和加强，但犬儒主义却截取了启蒙的某些成果，用于对自我利益的追求，甚至还反过来嘲讽启蒙的真诚与真理。启蒙在这里沦为追名逐利的单纯工具，失去了应有的对实质价值的方向引领。

恰如斯洛特戴克所言，"犬儒主义是一种启蒙的虚假意识。它是现代化的不幸意识，在它身上，启蒙的努力既成功又不成功。它接受了启蒙的训练，但并没有也许根本就不能将启蒙实现。它既春风得意，同时又悲惨不堪，这种意识不再受意识形态批判的影响，它的虚假性已经反思地受到了保护"②。它不是启蒙的实现，而是启蒙的歪门邪道。

由此，启蒙的辩证法首先就在于，启蒙从未形成一个大规模的阵线，相反，它几乎很早就发展出了自己的对手。③ 启蒙辩证法是启蒙自身孕育着并产生自己的对立面，也正是在这种跟对立面的斗争中，启蒙才不断取得进展。启蒙辩证法首先是自我否定的辩证法，其次才可能是借助这种自我否定走向进步的辩证法。走向进步并不是必然注定的。毋宁说，启蒙在运动中必然注定的只是摆脱不了自己的对立面。在这个意义上，犬儒主义作为启蒙的怪胎、逆子也可以从积极意义上理解，把它看作启蒙走向进一步的完善所必须克服的疾病。只有治好这种疾病，启蒙才能更好地走上健康之道。

---

① Peter Sloterdijk. Kritik der zynischen Vernunft. Frankfurt am Main：Suhrkamp Verlag，1983：36.

② 同①34.

③ 同①160.

　　启蒙孕育出犬儒主义，意味着一种消极倾向的启蒙辩证法的诞生。启蒙辩证法并不一定是积极有为的，也完全可以是消极颓废的。消极颓废的启蒙辩证法就是把启蒙引向对崇高、积极、健康价值的消解，即使不是完全的否定，还保留着形式上、特定场合上的"肯定"，但这种"肯定"基本上只具有工具性价值了，被利用并换取一定的利益之后，就可能会在另一个场合成为嘲讽的对象。在犬儒主义的病变中，启蒙不是推进真理和崇高，而是又回到启蒙之前的自然和蒙昧；不是走向真理，而是走向反讽；不是走向真实，而是走向表演；不是照亮原本的黑暗区域，而是把照亮的区域重新变成黑暗；不是明理后启蒙更多的人，而是明白、弄懂后把它作为秘密保护起来，根据不同场合、按照利益需求做出不同的呈现，某些情况下向人呈现的情况跟真实的情况不一样。对于无力悟透的人来说，秘密永远是秘密，"真理"只有形式的外观，"实质"却有藏而不露的"庄重"。"形式"与"实质"之间维系着一种作为讽刺的"辩证法"。"辩证法"成为一种最多具有形式和工具的性质，最差且应该受到嘲讽的东西。对于仍然追求真理和光明的原本的辩证法来说，犬儒主义身上体现出来的"辩证法"充其量只是一种"变戏法""诡辩法"。除了光明和善以及自悖谬，辩证法在这里走向了新的"荒谬"。即使不同于本书最后一章所分析的《启蒙辩证法》一书中所喻示的第二种"辩证法"，也是类似于"自悖谬"、很容易走向这种"自悖谬"的滑稽和荒谬。如果我们要把"辩证法"区分为塑造一种单纯固化的"形而上学"、通过一种复杂的过程孕育出某种自悖谬、为防止这两种情况而走向开放和批判并且致力于健康建设这三种"辩证法"的话，我们在这里还得补充上第四种可能的"辩证法"：因犬儒主义而导致的荒谬和滑稽的形式主义"辩证法"及对它的克服。这种消极的"辩证法"跟"形而上学""自悖谬"这两种消极和冒充的"辩证法"一样，构成第三种真正的"辩证法"的批判和超越对象，构成真正辩证法反省和提防的对象。犬儒主义给辩证法增加了一个荒谬的可能性方向，让辩证法的探索之路加了一条，多了一种努力。

　　现代犬儒主义把启蒙变成一种表演、形式，它把物化与虚无更加统一了起来。为了获得实际利益，它在物化系统中表现得十分配合，这种配合不一定是真诚的，只是为了杜绝利益的丧失。现代犬儒主义配合物化系统的要求，也不见得是配合任何物化系统的任何要求，而只是为了从中获得自己想要的东西。现代犬儒主义为了避免虚无而执着于物化价值，又在物化追求中进一步虚无化。物化系统和物化价值在利益追求和表演配合中进一步放大了形式性和虚幻性，但也进一步强化了其稳固性。对于现代犬儒主义者来说，虽然他们并不真诚认同，但只要满足他们的物质欲求，他们从不正式反抗、拒斥。他们的表演式配合对于那些尚未达到更高启蒙水准、尚未看清其中秘密的人来说，仍可能是一种真诚性的认同。现代犬儒主义者对给予自己利益好处的系统的嘲讽，只有在极为有限的范围内才会发生，不过即使在这个特定的有限范围内，也只有了解其底细的同伴才会看清其犬儒主义者身份。因为犬儒主义者的伪装还是精心准备了的，甚至有时采取复杂的多重形式，具有相当的隐蔽性。洞察其全部秘密不但需要足够的知识素养，而且需要对其进一步观察和了解。一眼看穿现代犬儒主义者的伪装，往往是需要以知识素养、人生经验和具体了解为前提的。在这个意义上，他们是不再承担启蒙任务的非启蒙者，他们是丧失了启蒙担当的自私自利者，他们是启蒙怪胎，是打着启蒙幌子的冒充者和欺骗者，不但不是启蒙的标志，反而是启蒙的异化和背叛。

启蒙在现代犬儒主义这里只有工具性价值，只有使用价值，本身没有价值。这个使用价值只是短暂的效用，只是底层的、不得不要的东西，不是心中唯有它的价值，甚至连马克思所分析的那种使用价值的地位都没有。犬儒主义者对待启蒙的这种实用主义态度，其显著特点是意识、价值认同跟选择不统一，即选择它不是因为认同，而是舍不得它背后的实际好处。身心分离是基本特点，选择只是维护身体，却无处安放灵魂。价值认同有两层：底层是支撑自我保存的世俗利益，高层是越来越空心化、形式化的"虚高"价值。之所以称之为"虚高"，是因为它徒有高尚的外表，却无真实的内容；徒有超越的姿态，却无实际的效果；徒有高蹈的标榜，却无实际的作为。它要标榜的东西，越来越徒有其表；它要掩盖的东西，却越来越成为生命的全部。不过，不只是灵魂安放之处缺乏，灵魂也逐渐变得虚妄空无了。现代犬儒主义的灵魂渐渐丢失了，只靠一件单薄的美丽衣裳在疾风中坚持，离终成皇帝的新衣不远了，一旦被确认为皇帝的新衣，它的这出戏就演不成了。

现代犬儒主义提醒我们，启蒙原来面对的只是让糊涂人不再糊涂的问题，现在还要面对装糊涂者、得过且过者对真与善的冷漠和拒斥，让装糊涂者不再伪装。装糊涂者减少了糊涂者在先觉者面前的压力和自卑，两者一起扩展合法性空间。在这个空间内，他们怡然自得，甚至对自己的犬儒性不以为耻反以为荣。所以，当下"启蒙面对的不只是如何让糊涂者不再糊涂的问题"①，还要面对装糊涂者、装睡者、戴着面具生活者。相比之下，让糊涂者不再糊涂更容易，改造装糊涂者更难。启蒙如何拯救、改造装糊涂者？如何唤醒他们，让他们信奉并保持真诚与善良？这是新启蒙面对的新问题。

马克思对现代犬儒主义持坚定的批判态度，就是对启蒙精神的继续推进，就是对偏离、背离、玩弄、糟蹋启蒙精神的提醒和批判。这本身就是一种启蒙辩证法的体现，是一种通过反思、批判启蒙内在困境和问题而对启蒙的持续推进和张扬。揭示和解决现代启蒙面临的问题，继续推进现代启蒙事业，展示现代启蒙内在的潜力，是历史唯物主义启蒙辩证法的基本要求。现代犬儒主义的出现、演变和作用，恰好说明对启蒙的内在反思与批判是多么必需和重要，说明启蒙辩证法的展开形式是多么复杂和多样。在马克思、尼采对现代犬儒主义的反思批判与现代犬儒主义的张扬之间，蕴含启蒙事业如何完成、现代犬儒主义在现代启蒙推进和完成过程中的地位等关键问题。对这些问题的求解，关系到中国现代社会的根本理想、中国现代启蒙事业如何进一步推进等根本问题。

---

① 徐贲．与时俱进的启蒙．上海：上海三联书店，2021：509.

第二篇
启蒙辩证法的根基与性质

第六章 辩证法：存在论与现实性

1. 辩证法的两种简单区分

浩大、复杂的启蒙事业及其进程引发、促成了一种辩证结构和辩证现象，启蒙辩证法由此得以呈现。从哲学史的角度看，"辩证法"这个词的诞生其实就与启蒙具有密切关系。不但正是在对真理、善、正义等的追求之中诞生了最初的辩证法，而且辩证法的诞生与一种浓厚的理性主义背景关联在一起。不过，"辩证法"这个词很难说有一个普遍认同的含义，不同的哲学家对它的理解与使用很不相同，古代的与现代的理解迥然不同。在古代，柏拉图与亚里士多德的理解不同；在现代，康德与黑格尔理解各异；即使在推崇否定性和批判性的派别内部，马克思与阿多诺也差异明显。不可忽视的是，这些不同的理解在当代哲学中大多都有其代表。这就需要在讨论时做出基本的规定与区分。在这里，我们在做出区分的基础上，着眼于探讨近代启蒙以来辩证法根基的重建及其历史效果。

可以根据向他人、经验以及实践开放的程度作为标准把辩证法划分为最为简单的两类。其中一类以柏拉图和当代解释学为代表，把辩证法视为一种向他人、经验以及实践开放的思维方法（方式）与理论。根据这种理解，辩证法虽然追求真理，但绝不以真理占有者自居，而是以谦逊和积极的态度参与到遵循规则的研讨过程之中。真理就存在于带着富有意义的问题、遵循程序和规则、与他人就信念和知识进行辩证研讨的过程之中。就内容而言，辩证法首先是一种研究形而上学层面的存在，尤其是正义与善等理念（或"相"）的理论，它所研究的内容偏向于富含人文性、公共性的存在，而不是经验个别的自然物。另外，就方法、程式而言，辩证法也是一种借助于跟他人的对话、争论、研讨而探求真理的方法（方式），是一种提问、思考和进行真正对话的艺术。而相反的观点则认为，辩证法就是一种对规律、真理的把握和占有，在经过某种努力把握到最根本的真理之后，掌握了它的主体就以真理和光明自居去启蒙处于蒙蔽中的他人，因而就不再与遵循规则、真诚研讨的他人进行讨论，因而也就不对新的、复杂多变的经验或实践保持开放性。如果说还保持着某种开放性，也只是对既有真理的验证、应用、丰富罢了。

这样的区分至为简单，却也有一定价值。首先，辩证法开放的那个领域，其实就是辩证法的根基和源泉。马克思把它理解为社会世界，伽达默尔把它理解为语言对话世界，克尔凯郭尔把它理解为个人的生存论世界。通过对这个世界的理解、把握、调整、提升、改造，人就达到光明的真理境界。对根基与源泉理解的不同，就决定了辩证法力欲确立的辩证框架、力欲调整的问题以及努力的方向各不相同。其次，如果主张保持足够的开放性，仅仅对他人和经验开放还不够，还必须向实践开放——或者说"提升"。实践、参与、对话、商讨本来就内含在辩证法之中。虽然辩证法理解的最古老的"实践"只是一种理解、解释意义上的言谈与对话活动，但考虑到对话和商讨的真理不是自然科学意义上的，却是善、正义等社会性的真理，对它的真正理解往往必须付诸身体力行的实践方可达到。停留在口头上的言说可能只触及表面和理论化的理想层面，还没有与具体的、复杂的生活环境连接起来，还没有体会到在迥异于理想理论环境的繁杂境况中实现理论的难度与复杂性，没有体会到理论在付诸实现时牵涉的诸多意想不到的因素和情况对其实现的内在影响。在这个意义上，就最古老的传统来说，辩证法本来就是一种实践辩证法、实践形而上学，而不仅仅是一种理论或方法。当黑格尔、马克思把作为辩证法根基的"实践"从言谈实践、政治和伦理意义上的实践进一步理解为包括经济意义上的生产活动时，辩证法的本体性（形而上学性）和实践性就更明显了。

2. 认识论转向及其与形而上学的纠葛

辩证法的实践性表明，它本来就与超越于经验个别之上的存在，也就是形而上学的存在密切联系在一起。辩证法的最高目标，它所追求的至高理想，是一种超越于经验个别之上的形而上学存在。如此一来，辩证法就与所谓形而上学不可分割地关联在一起。陈康先生早就指出，柏拉图的辩证法既有形而上学的意义，又有认识论的意义。"柏拉图的'辩证法'，从总的方面说，相当于后来哲学中所讲的形而上学和认识论。"① 柏拉图的辩证法就是理念论。它反对对自然进行机械论的解释，更反对对善、正义进行因人而异的经验论解释，而首先主张对探讨对象的一种本体论或存在论的解释。但是，自近代启蒙以来，辩证法从形而上学与认识论的统一转向了单纯的认识论，忘却或去除了辩证法原有的形而上学维度，这是很致命的一个改变。按照康德的看法，辩证法只能在形而上学领域存在，但却必定是负面的和消极的，甚至就是"在真理的假象之下陈述一些错误的原则，并且试图根据这些原则，按照假象对事物做出主张……此种意义上的辩证法必须完全抛却，代替它被导入逻辑的毋宁是对这种假象的批判"②。康德的这种看法开启了近现代辩证法拒斥形而上学、切近认识论的传统。尽管黑格尔认为辩证法可以在一切领域存在，而且是积极的，也没有扭转辩证法与认识论的日益融合趋势。在我国，辩证法、认识论和逻辑学三者的统一长期以来被人们推崇，辩证法于是就被理解为只是一种思维方式。

近代启蒙以来凸显和切近认识论的这个转变，使得辩证法逐渐失去了对崇高的追求，而成了靠（物质）力量维系的真理及其实现过程。在青年黑格尔派的辩论中，施蒂纳代表了这种极端的发展。这种发展是革除和颠倒形而上学，力图在个别与整体、经验与超验、内在与外在的关系中来一个重新颠倒，把个别经验存在视为根本存在，把世俗的、外部的力量视为关键，而原来被推崇的整体、超验、内在的存在被视为虚妄和有害的。大体而论，由尼采完成的这种发展实际上是对辩证法的消

---

① 陈康. 论希腊哲学. 北京：商务印书馆，1990：176.
② 康德. 逻辑学讲义. 北京：商务印书馆，2010：15.

解。尼采认为辩证法所追求的力量过于低级，不够崇高，误解了这种力量的性质，所以他认为辩证法是一种低级的东西。与之抗争的马克思对辩证法的拯救意味着，保留形而上学维度（不能采取克尔凯郭尔回到上帝的方式，更不能采取传统形而上学构筑的方式），以及由现实生活的根基处生发出形而上学维度这两点最为重要。前者保留批判性，也保留由主体性驱动、由辩证法支配的世界的前行目标；后者提醒辩证世界的复杂性，防止极端化，以及至为重要的和解原则的意义。就像霍克海默与阿多诺在《启蒙辩证法》一书中所展示的那样：过分简单和极端的运作只能是走向反面的自悖谬！

3. 作为存在论的辩证法

众所周知，辩证法认识论化的前提就是近代哲学的主体性转向。笛卡尔的"我思故我在"与康德的"先验主体"构成这种哲学的起始点和根基点。至为重要的是，这个主体首先是一种个体。由于采取了中世纪晚期司各脱主义和奥卡姆主义的观点，认定个体、个别事物是自足自立的和具有完满性的，也就是说，个别事物是一个完满规定的、简单地包含了整体本质的不可分的单子，而且它具有存在论上的优先性、基础性和根本性。于是，这种哲学断定：首先，就根本不存在独立于具体个别存在之外的任何本质；其次，普遍性只是从作为根本优先的个别存在中抽取出来的，依赖于经验个别存在。每个个体都完满地分有了整体的性质。考察经验个别，就能得出共同的普遍来。但按照柏拉图—亚里士多德的辩证法，却根本不是这样。在他们看来，个体存在不能自足自立，不与它所属整体中其他存在关联起来，就无法理解任何一个个体存在。

这就凸显了近代理论的形而上学前提：实际上，切断与其他个体以及所属整体的关联，来探究个体存在的内在属性，不假定个体完满自足的形而上学前提是不可能的。推崇经验个别存在，认定其具有优先和基础性地位的近现代哲学，批评自己的对手先验地设定了一种普遍、永恒、绝对存在，因而是一种形而上学；而这种判断同样是以另一种形而上学假定为前提的，同样是一种不折不扣的形而上学！这是一种形而上学的置换或隐藏，绝非它自以为的那样是一种形而上学的消除。

对这种在现代思想中大行其道、人们视之为自然、因而得不到哲学反思的"形而上学"来说，"在直接的感知中经验性地被给予的个体，就成了思维的出发点，并且同时也是它唯一可靠的标准。所有由思维产生的普遍概念必须最终还要在它那里成为可以检验的"①。而实际上，对柏拉图—亚里士多德的辩证法以及后来黑格尔—马克思的辩证法来说，"个体只能在所有他的生活表现的无所不包的整体中才能被经验。一个人所思、感受、意愿、所做的全部必须被他的个体性所渗透，对真正一个人的个体的和他同他人共有的共同性的东西的'分析的'区分，基本上是不可能的"②。

于是，对这种弘扬经验个别的分析理性的批判，构成黑格尔和马克思辩证法理论的主要旨趣。这种批判某种意义上也可以视为对古代柏拉图—亚里士多德辩证法的回归。我们知道，施蒂纳在青年黑格尔派批判宗教形而上学的竞赛中走到了最前列。他正是把这种个体自足论和根本优先论推到极致的人——他要推翻个体同质、雷同的观点，把每个个体都看作同等根本和优先的。于是，这种个体优先和根本的形而上学就走到了相对主义的地步，走到了否认任何普遍性、稳定性、绝对性的极端地步。辩证法在形而上学维度上的近代演变，发展到了一切超出当下经验个体的存在都是虚妄的虚无主义的地步。正如德勒兹指出的，施蒂纳发现了辩证法与主体理论之间的内在关联，先于尼采指出了辩证法的虚无主义困境。而马克思"在《德意志意识形态》中所提问题的最重要意义之一"就是"关键在于终止这一致命的变化"③。

马克思的辩证策略是：第一，否定个体自足的形而上学，肯定经验个体之上的超验存在。正如俞吾金先生指出的，马克思的辩证法并没有排除超越性的视野，"其实，在马克思的语境中，生产关系就是看不见、摸不着，因而完全是超验的存在物。……事实上，马克思从来没有否定过超越领域的存在，但他与康德的区别是，康德认为这个领域是不可认识的，而马克思认为是可以认识的"④。如果说生产关系是第一层面的

① 施米特 . 现代与柏拉图 . 上海：上海书店出版社，2009：238.

② 同①468.

③ 德勒兹 . 尼采与哲学 . 北京：社会科学文献出版社，2001：238.

④ 李欣，钟锦 . 康德辩证法新释 . 上海：同济大学出版社，2009：序11.

超个体的超验存在，那么，需要根据当下现实内容来确定的超验理念（如所有人全面自由的发展等）则是第二层面的超验存在。第二，反对不顾当下经验现实先验地构筑本质王国的传统形而上学，而要在经验与超验、个别与整体、当下与永恒、特殊与普遍之间保持一种辩证的平衡与和解。第三，施蒂纳、尼采的反上帝不等于反一切形而上学，反形而上学也不等于反形而上学维度，形而上学维度的存在与传统形而上学的构造是两码事。彻底极端的传统形而上学当然否定现世存在，陷入虚无主义（如诺斯替主义）；而彻底极端地否定形而上学并把当下即是的个别琐碎事物奉为至上，也同样陷入虚无主义，甚至同样是另类的形而上学。中间性道路正是辩证法的路子，马克思采取的正是这路子，是否赞同和如何理解这一策略是另一回事。第四，后马克思时代的残酷现实表明，在新形而上学维度如何构筑还无法确定、存在争执的时候，最低限度的做法首先是去恶，即抑制和反对恶的出现。霍克海默与阿多诺就是采取了这一策略，而这也是形而上学维度保持的最低限度和最基本策略。

总之，辩证法不仅是一种思维方式，也是一种存在论，具有无法革除的"形而上"维度。把辩证法仅仅看作一种思维方式还是不够的，只有上升到存在论的高度，才能真正理解辩证法，特别是马克思的辩证法。

4. 辩证法的现实性与开放性

辩证法起先是一种通过对话、讨论而探求真理的方法，它的发生场域是语言、逻辑领域，甚至直到康德、黑格尔都是如此，而马克思把它改造为揭示现实生活中的矛盾、蒙昧、荒谬而走向光明和真理的方法。由此，现实的社会生活就替代原来的言语、逻辑领域构成辩证法的存在基础。辩证法的存在基础从思维、对话领域到社会现实生活的根本转变，对辩证法的结构、样式、发展路径等，都产生了根本性的影响。如何理解社会生活的"现实性"，直接决定着对辩证法的理解与把握。

作为唯物辩证法根基的"现实"该如何理解呢？

阿多诺强烈地批评辩证法依从于抽象的概念、逻辑，对康德从主体性出发谈论辩证法、对黑格尔以逻辑为底本构筑辩证法体系，都予以拒斥。他坚定地维护黑格尔辩证法不感兴趣的那些东西：非概念性、个别性和特殊性，也就是被传统哲学看作暂时的和无意义的东西，或黑格尔所谓"惰性的实存"。他更愿意在具体性、实存性意义上看待辩证法的唯物主义基础，并理解现实。这样的现实必定是个别、具体、歧异、不一致和复杂的，概念和逻辑永远不能穷尽它，最多像一张网，网住一些大鱼的同时必定漏掉诸多小鱼。按照这种思路，过分立足于概念追求抽象的同一性，甚至追求囊括一切、密不透风的总体性，势必抽象掉诸多生动的具体实在，从而抽象地构筑辩证法思想，使之偏离现实，坠入抽象思辨。所以，阿多诺心目中的辩证法始终是对非同一性的意识。而矛盾正表明了同一性是不真实的，在这个意义上，矛盾就是非同一性，就意味着现实，甚至矛盾就是辩证法。为此，阿多诺批评康德，尤其是后康德唯心论力图撇开思想规定性之外的自在存在来建构和确保统一而绝对的主体性的做法，认为这样建立起来的总体性和同一性是靠不住的。"由于这个总体性是按照逻辑来构造的，而逻辑的核心又是排中律，那么，任何不符合排中律的东西、任何在性质上有所不同的东西，便被称作矛盾。矛盾是从同一性方面来看的非同一性。"① 由于概念不能穷尽思想表达的事物，阿多诺要求辩证法一定要从概念不能染指的具体存在出发，这被他视为唯物主义的本质所在。

阿多诺给辩证法规定的现实性不遗余力地移向个别、具体的存在，恨不得不沾染一点抽象性。可他必定明白，撇开一切中介直接把握实存事物是不可能的，抽象性是取消不了的，就像梅洛·庞蒂所主张的，直接和事物本身接触是一个幻梦。可从直接实存意义上理解现实，是最为常见的一种现实观，与日常生活中人们印象中的"现实"也颇为接近或一致。我们知道，马克思早年力图从黑格尔辩证法中挣脱出来时也是这样理解作为辩证法根基的"现实性"的。但他很快就发现，沿着这样的道路理解"现实"，很容易走向两种极端：一是没有深度的经验主义，把现实把握为自己能触及的狭隘的经验，达不到应有的高度，缺乏广阔的视野；二是否认一切共相的极端唯名论，比如马克思强烈批评过的施蒂纳，竟然否认一切物质和精神性的普遍性存在，只认可具有唯一性和

---

① 阿多诺. 否定的辩证法. 上海：上海人民出版社，2020：3.

个别性的个人，把现实性视为与众不同的个人内在的、有待发挥出来的东西。马克思在把这种"现实性"批判为十足的、非现实的"虚无"后，进一步意识到辩证法所追求的"现实性"决不能是经验主义的东西，决不能仅仅在个别、具体、生动的意义上理解"现实"，而应该在扬弃简单抽象的基础上一步步地走向思维具体，要通过一种复杂的、辩证的方法在理论体系中展现一种思维具体。在这种思维具体中，一种依赖于更大关涉面、更大范围才能呈现出来的本质现实才会逐渐呈现。由此，在《政治经济学的方法》一文中，他特别强调，"从实在和具体开始，从现实的前提开始……似乎是正确的。但是，更仔细地考察起来，这是错误的"①。因为那是政治经济学"在它产生时期在历史上走过的道路"②，它只能确立起一些有决定意义的抽象的、一般的关系，即理论抽象，获得一个理论上追求思维具体的起点。对于谋求思维具体的辩证法来说，仅仅拘泥于虽感性具体但往往狭隘的经验现实，至多是获得一个起点而已。辩证法更应该不断地追求更大、更难把握、往往与某种总体性视野连接在一起的本质现实。在《资本论》及其手稿中，马克思理解的辩证法与这种"本质现实"（可进一步区分为"抽象的本质现实"与"具体的本质现实"）更直接相关了。辩证法由此就是一种立足于感性现实去把握层次不断提高的本质现实的方法。感性实存与具体的本质现实构成辩证法的起点与终点。感性实存意义上的"现实"是辩证法的立足之本，思维具体意义上的"本质现实"则是辩证法的最高追求。立足于这种追求，辩证法要表达对当下现实的批判性理解，表达对社会历史发展的理想诉求和不懈追求。辩证法的批判性、革命性和开放性由此得以确立。

卢卡奇正是在阅读马克思《资本论》的基础上敏锐地体会到了这一点。鉴于本质现实才是马克思唯物辩证法的本质关切，仅仅在具体、个别的层面上理解马克思的辩证法，就不能达到应有的高度和深度。卢卡奇进而认为，撇开更大的总体，仅仅采取个人主义方法论的方法，分门别类、具体个别地看待整体化、系统化水平日益提高的现实社会，是中世纪末期以来唯名论思想的进一步发挥，是资产阶级使用的典型方法，是陷入物化意识的典型表现。要保持对本质现实的追求，超越具体表象达到对本质现实的把握，就必须超越物化意识，不断地追求更大的总

---

① 马克思恩格斯全集：第 30 卷 . 北京：人民出版社，1995：41.

② 同①.

体。卢卡奇这样就把总体性视为唯物辩证法的本有内涵和主要标志。在他看来，康德所谓总体性是不可把握的自在之物，黑格尔那根据逻辑来构造总体性的方法，都不能满足马克思主义辩证法对日益潜藏于更大的总体性存在中的本质现实的追求。

于是，在阿多诺那里，总体性意味着被管理的世界，意味着资本密不透风的宰制，意味着物化状态。而在卢卡奇那里，个别、互不往来的封闭自我才意味着资产阶级的物化状态，意味着既定秩序的僵化和封闭。有意思的是，卢卡奇与阿多诺一个主张总体性，另一个反对总体性，似乎各持一端的两人，却都是以批评僵化、固化、冷酷、物化的统治体系为己任。两人对总体性的理解迥异，对现实性的理解各有侧重，但对辩证法的现实性、批判性的理解，对辩证法的自由与解放的追求，却殊途同归。

可以说，从最早的辩证法对真理、平等、规则的追求，到马克思和西方马克思主义对现实、自由和解放的不懈追求，都反映了辩证法为达到高远目标而保持的开放性。这种开放性反对禁锢和固化，反对对真理和本质的占有与垄断，反对故步自封和懒惰傲慢。就像伯恩哈特·瓦登菲尔斯在《走向一种开放的辩证法》一文中指出的，辩证法的开放性是一种"仍未"，意味着一种面向未来和更高目标的不确定性："整体仍未完全被确定；过程仍未达到其目标，主体和对象或主体和共同主体仍未彼此完全和解而且仍未完美地被实现。"[1] 在全球化水平日益提高的当下，寻求更大的视野，确保辩证法的力量，是辩证法的开放性所必然要求的。辩证法能够更大程度地整合现实，在一种足够大的整体中看待事实。这在当下中国和世界是至关重要的。

对更大整体的追求是一种开放性的要求。对更大整体的开放并不意味着建构一种无所遗漏的整体，而是一种对整体性视野的追求，是一种视域的开放性需求。梅洛·庞蒂说得好，辩证法"是一种并不构造整体，而是已经处在整体中的思想。它有一个过去和一个将来，它们并不是对它自身的简单否定，只要它还没有过渡到其他的视角或他人的视角之中，它就是未完成的"[2]。在更高、更好的有待完成的过程中，存在着辩证法的希望和追求。

---

① 张庆熊. 现象学方法与马克思主义文选. 上海：上海三联书店，2014：264.
② 庞蒂. 辩证法的历险. 上海：上海译文出版社，2009：238.

第七章　主体性理论视野内的
现代辩证法

　　某种意义上而言，现代启蒙意味着一种强烈的主体性哲学，启蒙辩证法由此也就与主体性密不可分。与柏拉图意义上的古典辩证法不同，在现代启蒙辩证法的范围、根基等重新拓宽之后，辩证法随即发生了根本性的变化。主体性成为现代辩证法的根基，主体性的内在裂变和矛盾冲突也就构成现代辩证法的核心之所在。这样的现代辩证法不再只是认识论、逻辑学，而更是社会理论、主体性理论和实践理论。和解、分裂、异化、外推、内化等构成现代启蒙辩证法的主要范畴。

　　如何理解辩证法，取决于如何理解哲学。对哲学而言，如阿伦特所说，苏格拉底受审和被处死，"与宗教史上拿撒勒的耶稣受难是处于同等地位的。两者……都是一个转折点"①。如果因为苏格拉底被处死而重新反思他曾信奉的那套理念，不再认定所有的公民（甚至所有人）都能够反思自己的生活和信仰、积极追求美德、切实改善德行，从而主张哲学家的活动要退回到哲人小圈子，真理、善只能在极少数哲人身上获得实现，认知和实践的审慎性、可靠性和确定性不能从哲人的"自我"推广到众多的"大众他者"身上，那么，"辩证法"就不能成为大众最终掌握"真理"的工具，而只能是哲人之间交谈、对辩的框架与方法。用阿伦特的话来说就是，"通过两个人的对话或者一个人的沉思——这样的对话方式来追求真理，只适用于少数人的群体"②。按照这种理解，辩证法与民众无关，否则可能对民众和哲人都是灾难。而如果继续遵从苏

---

　　① 阿伦特. 马克思与西方政治思想传统. 南京：江苏人民出版社，2007：71.
　　② 同①.

格拉底把哲学理解为对大众信奉的意见的批判性反思和启蒙改造，进而使哲学追思到的真理与善不仅在哲学家的圈子里获得理解和实现，而且进一步在更多公民以至于全体民众的层面上获得实现，也就是相信所有的人都能够反思自己的生活和信仰，积极追求美德，切实改善德行，成为自足自立的自觉主体，并在这个基础上构建理想的城邦社会。那么，第一，辩证法就不能仅仅囿于哲人的小圈子里，而应扩展至所有能够自我检视和自足自立的人之中。所有检视自我、追求善和真理的人之间都能进行辩证的交谈，都能在自己的言行中使用辩证法；他们的言行成为辩证法的孕育土壤和发生场所。第二，辩证法也不能仅仅囿于言谈层面，不能仅仅把通过对辩寻求共识性的真理、善作为目标，而且应该进一步把这种真理、善通过每个人的行动实现出来，最后实现一个美好的理想国。也就是说，辩证法不仅与言谈"实践"内在相关，而且与政治、伦理实践内在相关，甚至还会进一步与其他形式的"实践"内在相关。当然，辩证法这种与言谈和政治、伦理活动多个层面的"实践"内在相关的本性，也完全可以被理解为局限在哲人或范围不大的某个社会圈子里存在，而不必定诉诸所有的民众。只有在发生内在相关性的"实践"把经济生产包括进来的时候，辩证法才必定诉诸所有的民众。

显然，现代启蒙致力于把真理、善推广到所有民众身上，希望让每一个被启蒙者都成为自足自立的主体，成为真理、善之确立和实现的奠基者，成为真理、法则、崇高价值的体现者，成为让它们获得实现的担当者，甚至成为它们的化身。但是，在这么做时，或者当它以此为己任时，被启蒙的主体就需要向内和向外寻找动力源和助力场所。于是，向内的不断挖掘和向外的无限拓展就成为必须，成为宿命。而这势必要把更多的因素、力量牵扯进来，势必要去触发更多的个体和群体，势必会在它们之间引发诸多的对立、冲突、矛盾。现代启蒙通过向内的主体性挖掘和向外积极拓展而引发了诸多矛盾，辩证法必须追踪、捕捉这些矛盾并致力于解决它。同时，内求和外推伴随着一系列的重建，造成整体性的断裂、碎片化以及相对主义，这些东西都消解着超越性的意义。为此，辩证法也必须建构意义与希望，必须遏制和超克伴随碎片化、相对主义而生的现代虚无主义。在某种意义上，主体性力量的增长就是主体性引发的矛盾、问题的增长，通过内化、外推和制度化的诸种效果，现代启蒙呼唤出了一个越来越复杂的辩证体系和结构，使得现代启蒙辩证法越来越复杂、广泛。①

1. 现代启蒙辩证法：范围与根基的拓宽

现代启蒙对辩证法的变革首先就表现在对辩证过程的参与者范围的改变，即一般民众进入了辩证法的范围空间。在这方面，承续启蒙主义的马克思表现得更为彻底。对他来说，参与者不仅是哲人，也不仅是城邦公民，而且是从事社会生产的劳动者，或几乎所有的实践者；它们都以自己的方式参与到辩证过程中了。

首先，近代启蒙思想倾向于用理性普遍地教化所有民众，而且采取（对内）教育和（对外）殖民等启蒙途径试图把所有的"人"都变成自足自立的"主体"，成为辩证过程的承担者和实施者——尽管他们之间有先有后。儿童、妇女、异族、野蛮人，只要他们不是"疯子"，就能通过有效途径或早或晚实现这一点。

康德就曾把成熟、启蒙理解为学者模式的一种普遍推广，从而设定了任何人都是也都能成为（某种意义上的）"学者"的前提。他说，"我所理解的对自己理性的公开运用，则是指任何人作为学者在全部听众面前所能做的那种运用"②。基于对学者模式的普遍化推广，康德虽然认为每个人都摆脱不成熟状态"是很艰难的"，但终究肯定"公众要启蒙自己，却是很可能的；只要允许他们自由，这还确实几乎是无可避免的"③。这似乎喻示着，每个人都有自我启蒙的潜能。如果要追究其中的原因，我想必定是由于内生性主体每个人都有内在地成为自己的那种能力和品质。这显然是建立在内生性主体根基之上的、认为所有人都能

---

① 在本人的博士学位论文中，笔者探究了"矛盾"范畴在现代启蒙背景下的壮大、复杂化和各种表现，认为正是现代启蒙造就的现代化及其全球性拓展，才导致了现代"矛盾"发生空间的急剧扩大，导致了现代"矛盾"借助主体的内化、外推、制度出现漏洞而呈现的情形。具体参见：刘森林. 辩证法的社会空间. 长春：吉林人民出版社，2005。

② 康德. 历史理性批判文集. 北京：商务印书馆，1990：24 - 25. 与这种公开使用自己的理性不同的是被限制得很狭隘、仅仅在自己的岗位上能运用理性的"私下的运用"。"公开的使用"与"私下的使用"或被译为"公共的运用"与"私人的运用"。

③ 康德. 历史理性批判文集. 北京：商务印书馆，1990：23.

接受和获得哲学真理的民众启蒙观。这种普遍性主体观日后受到了众多思想家的反思和质疑。如果说，按自己的率真生活，既不参与共同体、不受共同体习俗和德性的矫正与影响，也不理性地反思自己并按照纯粹的理想要求和纠正自己，是第一层次也是最低层次的生活；而按照共同体培养和认可的习俗、德性、义务等要求调整和规范自己的生活是第二层次的生活；以更高的理论所认知到的以纯粹理想为目标并以理性来不断反思和提升自己的生活——它会不断地质疑共同体中被人视为神圣的习俗、德性——作为最高的生活，那么，第三层次的生活就是学者或哲人的生活。许多古代哲人都知道这种生活是无法普遍化的，是无法推广到所有的民众中去的，因为民众们都在毫不怀疑地信奉着神圣的祖训、习俗、德性，让他们放弃给他们带来安慰、安全、希望和归属感的这些"信奉"，通过理性的反思和质疑找到真正确定的、经受得住批判质疑的、给他们的行为与话语提供确定性根基的东西，是很难甚至不可能的。也许民众总是信奉着流传下来的东西，总抱着这些东西不放而确立起自己的确定性。但一些近代启蒙学者却不信这一套，要向民众推广学者型的生活方式，让他们都依照自己的理性来给自己的生活奠立一种确定性根基。众所周知，从某种意义上说，这正是对苏格拉底的继承。把雅典人中那些迷信、幼稚、善变的民众转变为一个哲学的民族，在赖因霍尔德看来就是苏格拉底的目标。"他的方法的目标就是发展普通人的概念，就是对大众的启蒙。因此，他并不认为他的民族的大众是如此腐化，以致对改进他们充满绝望。……苏格拉底及其对手对大众的理性能力有相当高的评价。"[①] 启蒙传播的是知识、自我意识、洞察力以及建立在这些东西之上的权力、意志，是对宗教习俗的蔑视与质疑，是神圣、神秘在知识和自我意识面前的弱化和消解。而相反的观点认为，"信赖神谕对于大众来说何等重要。因为大众无法区分出细微的差别，即神与以神为依据的阐释者"[②]。自我意识的局限，知识和洞察力达不到、穿不透的存在，不受哲人影响的神对大众生存的不可或缺，则构成了反启蒙强调的重点。雅典时期就存在的启蒙与反启蒙的争执，又在近

① 施密特. 启蒙运动与现代性：18 世纪与 20 世纪的对话. 上海：上海人民出版社，2005：75.

② 施密特. 对古老宗教启蒙的失败：《俄狄浦斯王》//刘小枫，陈少明. 索福克勒斯与雅典启蒙. 北京：华夏出版社，2007：14.

代启蒙发生时承续下来。对近代启蒙忧虑重重的人担心哲学和理性只会产生异端和冒险家，对维持社会秩序不利。18 世纪的冯·克尼格对此说得非常直白："有人现在教农民读书写字、变得文明——这些做法实际上是有用的，值得赞赏。但是，给予他们所有种类的书刊、故事、寓言，使他们习惯于把自己运送到一个思想的世界，使他们睁眼看到他们自己所处的、无法改进的贫穷状况，使他们因为太多的启蒙而不满足于自己的命运，把他们转变为对地球上资源的不均分配废话连篇的哲学家——这才真正毫无价值。"① 克尼格主张对大众的启蒙必须设定一个界限，起码以不危及既定政治秩序为前提。康德显然推崇不加限制、自由地运用自己的理性，即"理性的公开运用"或"理性的公共运用"，认为"理性的公共使用必须一直是自由的，只有这种使用能够给人带来启蒙"②。康德承续着苏格拉底的观点，想向所有的民众推广学者型的确定性言行模式。这是一个向往启蒙并对启蒙抱有颇高期望的学者所设想出来的启蒙模式。众所周知，马克思也属于近代启蒙的这个传统，他也信奉着启蒙的种种理想与目标。但经历了启蒙所昭示出的一系列内在矛盾，看到启蒙批判解构了共同体培育的诸种信念、超验意义，从而使启蒙批判与启蒙（对所有人的）教育之间产生了明显冲突，启蒙批判使得更多的被启蒙者面临虚无主义旋涡，或者日益陷入唯物质利益至上的世俗主义大泛滥等之后，马克思充分体会到了被启蒙者的社会分层与社会分化，明白他们不再是铁板一块。世俗利益已经使他们发生了充分的社会分化，指望所有人都通过某种启蒙教育或社会调整超越世俗利益引发的分化而重新整合起来，并步调一致地追求共同的启蒙目标，是不现实的了。现代社会已经充分地分化了，社会分化的速度、规模、水平已经无法回转而只能向前迈进了。马克思并不想放弃启蒙的目标，但被启蒙者的同质性又日益不可指望，也就只能从中指望部分具有特殊品质的被启蒙者了。这部分被启蒙者没有放弃启蒙的理想，也不会被世俗利益蒙蔽，能把自身的特殊性与启蒙的普遍性要求统合在一起，他们虽然身处分化和世俗利益至上的旋涡，却不忘启蒙的普遍性理想及其要求。按

① 施密特. 启蒙运动与现代性：18 世纪与 20 世纪的对话. 上海：上海人民出版社，2005：283.

② 同①62. 关于康德与其他德国启蒙学者的启蒙观，除上书外还可参见：Ehrhard Bahr. Was ist Aufklärung？. Stuttgart：Philipp Reclam jun，2006。

照马克思的分析，要找出这部分人只能诉诸社会利益分析，诉诸政治经济学分析，即从利益受损群体中把他们找（分析）出来。这部分被启蒙者在马克思看来就是具备了众多优秀品质的无产阶级。

辩证过程的参与者范围空前扩大之后，辩证法就因此而变得更为复杂和诡异。一种社会性的、结构性的东西充斥于其中，使得辩证过程更加复杂多变，更加曲折、诡秘和大规模化，也使得与现代技术和制度密切相关的"外推""内化"成为辩证法的重要范畴，也使得辩证法从此与社会理论具有了越来越密切的关联，而不再只是隶属于哲学的一个分支。辩证法的社会理论化，带来了辩证法的根本性变革：它不再仅仅是所谓认识论、逻辑学，而更成为实践论、主体论和社会理论。仅仅在逻辑学和认识论层面上成立的辩证法，即只是与言谈"实践"相关而不关涉政治、伦理"实践"更不牵涉马克思意义上的"社会生产"的辩证法，是与把哲学理解为哲人小圈子里的言谈活动或者仅仅是认识论，而不关涉其他实践活动，更不关涉民众实践联系在一起的。这样的理解甚至连柏拉图对辩证法的理解水平都还没有达到，更不用说黑格尔与马克思了。通过下面关于马克思拓宽辩证法的实践根基的分析，这一点将更清楚。

其次，"实践"作为辩证法的发生根基和实现渠道，继柏拉图的言谈实践和政治、伦理实践，施莱尔马赫的言谈实践，浪漫派凭借才情瞬间便可激发的"浪漫化"的实践，以及黑格尔附属于绝对精神之神秘力量的政治经济学的实践之后，马克思扩展了作为辩证法根基的"实践"的范围：言谈实践，政治、伦理实践仍包括在内，新增了"劳动"与"社会生产"在实践中的地位，而且新增的"实践"更具关键性和根本性。

正如弗兰克和施密特-柯瓦契克（Schmied-Kowarzik）教授所说[①]，施莱尔马赫通过翻译柏拉图，把辩证法理解为引导谈话的艺术，而成为现代辩证法的奠基人。也就是说，辩证法被确立于人们的交往实践中，存在于人们通过相互交往、争论而得以确定的现实中。施莱尔马赫所属

---

① Manfred Frank. Friedrich Schleiermacher Dialektik, "Einleitung des Herausgebers". Frankfurt am Main：Suhrkamp Verlag，2001：10 - 136；Wolfdietrich Schmied-Kowarzik. Zur Dialektik geschichtlicher Praxis. 2007 年 10 月 17 日中山大学马克思主义哲学与中国现代化研究所演讲稿，S. 1 - 9.

的德国浪漫派不满于启蒙运动以来愈演愈烈的工业化"实践"及其带来的裂痕、世俗化后果，痛惜其启蒙辩证法中光明与黑暗、进步与落后、真理与谬误等二元辩证对立的简单性和粗俗性，转而追求能够起到化解和提升作用并且与某种"才情"相关的"浪漫化"。黑格尔不同意浪漫派的方案，却也同样主张一种神秘的主体性，把浪漫派贬斥的、从政治经济学中吸纳的"劳动"理解为神秘的"绝对精神"自我实现的工具——不用说劳动者，即便是拿破仑式的英雄，其行为也只是这样的工具而已。马克思继承了近代启蒙哲学、浪漫派试图改天换地的实践哲学构想，把民众从事的"劳动"（对于浪漫派就是诗人的浪漫化创作）看作"实践"的核心，认为"劳动"不仅是阿伦特所谓"劳动"（labor），而且是日益与阿伦特所谓"制作"（work）融合在一起，包含着体力的耗费、技术的发明与应用甚至社会关系的产生等多个维度的内在活动。如采用科瓦契克的说法，"劳动"一般更强调的是生产性的创作，如通过科学的劳动得到认识；而"实践"更多的是描述人类关系的形塑。"社会生产"不能在狭隘的经济商品生产的意义上理解，而是应被理解为既涉及"劳动"又涉及"实践"、由人自身完成的历史性的创造。[1]关键的是，在马克思看来，"劳动"向着一切非定式的"实践"开放着，作为"必然王国"的根基而承托起向一切可能方向敞开的自由活动。或许用更有概括性的"社会生产"范畴更能代表马克思以"劳动"为根基和核心内容的广义的"实践"范畴。借助于以"劳动"为根基和核心的"社会生产"或广义的"实践"，辩证法就有了一个更坚实的根基。内在于辩证法及其追求的各种"善"，从此都基于这个"劳动"或"实践"之上。于是，自马克思之后，正如霍耐特教授所说，"劳动被看作社会生产的基础，而且是一切社会进步的核心。在它之中现代社会哲学确保了资本主义社会的根基及其解放的机会；从马克思到涂尔干，从卢卡奇到马尔库塞，乌托邦的希望因此而指向了劳动从异化与剥削中获得的解放"[2]。只是从 20 世纪 70 年代早期开始，这种期待才在发达国家被

---

① Wolfdietrich Schmied-Kowarzik. Die Dialektik der gesellschaftlichen Praxis: zur Genesis und Kernstrukur der Marxschen Theorie. Freiburg/München: Verlag Karl Alber, 1981: 87.

② Axel Honneth. Schwerpunkt: Zur Sozialphilosophie der Arbeit. Deutsche Zeitschrift für Philosophie, 1993 (2): 237.

打断。

从对广义的"实践"的强调来看，马克思的辩证法不仅仅是继承了黑格尔，某种意义上更是继承、发展了施莱尔马赫及其所述的早期德国浪漫派。因为，与更主张主体性精神的浪漫派相比，黑格尔把辩证法变成一种绝对精神的抽象运动。人作为主体在其中被降格为一种谓语，一种自我理解的概念的伪属性因素。而马克思重新使辩证法回到了施莱尔马赫及浪漫派强调主体性的辩证法层面上。① 作为辩证法根基的实践，不再以黑格尔式的概念的主体性来注释，而是重新以实际行动着的人的主体性来解释。马克思虽然肯定黑格尔的过程辩证法，但它不再是概念式的，而是行动着的人的实践的。接受实践的、过程的辩证法，这是他不同于黑格尔的地方。行动着的人的创造性，构成马克思与施莱尔马赫辩证法的共同之处。"在这个意义上，马克思回到了施莱尔马赫的辩证法。"② 也正是在实践者实现主体性的历史意义上，马克思才谈论哲学的扬弃与实现。一切的发展，都被马克思规定为历史主体驱动的实践的过程。主体性的实践，取代了黑格尔神秘的主体力量及其作用。对马克思来说，一切都要靠实践。实践，就是以主体性为根基的马克思辩证法的核心与奥秘之所在。

2. 现代辩证法的主体性根基

既然现代启蒙对辩证法的变革首先表现在辩证过程的参与者范围的改变和"实践"主体性根基的加深，那么，当从事社会生产的劳动者都以自己的方式参与到辩证过程中时，他们参与的何以是一种辩证进程？启蒙难道不是用一种至高无上的真理自上而下地训导民众吗？这何来的辩证？这不是反倒对立于古典辩证法的布道法的另一种表现吗？与基于遵循规则平等交谈、任何参与者都不以真理占有者自居的古典辩证法相

① 进一步的相关分析，参见：刘森林．浪漫反讽与实践辩证法．中国社会科学，2021 (9)。

② Wolfdietrich Schmied-Kowarzik. Zur Dialektik geschichtlicher Praxis. 2007 年 10 月 17 日中山大学马克思主义哲学与中国现代化研究所演讲稿，S. 7. 感谢施密特-柯瓦契克教授和魏建平博士提供该讲演稿。

比，其辩证性体现在何处？

古典辩证法成立的前提起码包括两点：第一，参与者不能自我启蒙，对某些善的理念的掌握离不开与他人的辩证交谈，即必须借助于多人参与的辩证讨论过程，掌握作为提问、思考和进行真正谈话的艺术的辩证法，方可不断接近和达到真理；第二，知—信—行的内在统一，就是说，在认知的层面上弄清楚了就会确信，内在化为信仰或信念，并且继续付诸行动。这种知—信—行内在统一的逻辑意味着，能否有实际社会效果的关键当然就是认知层面，就是能否得出一种较有确然性的"知"。跟"信"与"行"相比，"知"至为关键，而"辩证法"对于"知"又至为关键。

可这两点在现代启蒙辩证法背景下都逐渐坍塌了。现代启蒙辩证法起始于一种能自我启蒙的主体性哲学。它认定，"人"是依靠某种向内挖掘得来的内在性存在支撑和确立起来的。这种与奥古斯丁的"内在的人"、笛卡尔的"我思故我在"、康德的"自身意识"与"自我意识"（及"先验主体"与"经验主体"）直接相关的主体性哲学的诞生与完善，给启蒙辩证法奠定了一个自我启蒙的理论根基。既然每个人都内在地具有自我启蒙的潜质和能力，只要接受某种启发、训练，自我就能建立起确然性的"知识""价值"和规则秩序等，那么，也就无需参与更多人参与的辩证过程了。自我启蒙的前提就是主体的自足自立，由此才有理论的和实践的辩证法等。主体能自我存在、自我确立、自我发展、自我立法、自我负责、自我实现、自我救赎、自我定向，这种能成为确定性的真理、行为、秩序，以及自由、富足、平等等几乎所有现代价值奠立的自足自立的"点状自我"，恰恰就是现代启蒙辩证法的一个基本前提。考虑到经验之我接近或达到纯粹主体要求的时间的先后性，先行确立的合格主体，就被赋予教育、训导、培养即"启蒙"尚处于蒙昧中的潜在主体，让有内在自我、具有主体性潜质的人成为名副其实的主体的责任和义务。政治生活、经济生活所需的主体因而都可以通过教育训练培育出来。

可是，问题在于，这个为自我启蒙奠基的"主体"，且不说它的诞生就已经压抑和遗忘了恐惧、本能、感性、受难、流变、空虚等诸多维度的存在，因而已经隐含力图控制的客体对象从他者转向经验实在的主体自身的自否定逻辑，从而就低估和简化了主体内在的复杂结构，显示出主体内在的结构辩证法远比启蒙思想理解的复杂；关键在于，现代性背景下作为辩证结构起源的主体性，它的一个主要含义就是"承担者"，而它要承担的一系列功能太多、太复杂甚至太矛盾了。它被赋予的一系列任务与为完成这些任务所具有的能力和手段以及所能做的一系列努力无法协调一致。主体要为知识的确定性、行动和秩序的确定性、有序而永恒的历史发展的确定性奠基，还要承担起为创建一个理想社会奠基的重任。譬如，通过"自我"概念要把全部主体的共通性，和每个主体区别于他者的独有的东西都要标识出来，使"主体"概念像阿多诺所说的那样，"可以指特殊个体，可以指普遍属性"，个体性与普遍性两种维度的不同及由此可能造成的冲突，就在"自我"（主体）概念中潜存着，并伴随主体性问题演变的始终。从青年黑格尔、马克思到当代的法兰克福学派，主体的普遍性维度和特殊性维度都能在一种理想的社会境遇中获得充分承认或实现，这一直是发展一种具有批判性的主体相互承认理论的终极目标所在。甚至利奥塔与哈贝马斯现在仍在力图避免独断的普遍主义和任意的无政府主义，寻求两个维度的兼顾与中和。更不用说再加上施莱尔马赫已经重视过的特殊性这个维度了——那就更为复杂和富含矛盾。完全可以想象，在完成这些任务的过程中，主体的普遍性与特殊性、个性这些相互撕扯、相互冲突的维度之间会出现和保持一种怎样的关系；主体的神圣性与世俗性、超验性与经验性、暂时性与未来性这些也必定相互撕扯、相互矛盾的方面之间所必然孕育出的辩证结构，会是多么复杂甚至冲突和矛盾的状态，该如何处理和对待；其中的矛盾、自否定、自悖谬、争执如何求解和控制，辩论、交谈如何进行，制度、共识如何达成并不断优化；主体内在的理性、自律、个性、断裂以及空虚、惯常、厌倦之间是何关系等，会多么复杂。而这些也就构成现代启蒙辩证法的一些基础性的核心问题。

对现代启蒙辩证法来说，新近获得的现代主体性背景和根基，坚信主体都具有内在的自我启蒙的潜质与能力，构成我们理解现代辩证法，特别是马克思辩证法的一个极为重要的前提。它表明，现代启蒙辩证法在参与者、规模、结构、规则与进程的可调控性等各个方面，都与柏拉图意义上的古典辩证法迥然相异。

它们之间的一个根本区别就是，对于古典辩证法来说，多元对立的辩证结构不可能彻底消除，只能谋求更加合理、更加富有活力；在某种意义上说，辩证结构也不能消除，因为它是参与者言说权利的结构保证，是合理见解可能得以呈现的场所空间，是遏制高傲自大、显示人各方面的能力限度、防止把自己视为神并以神的气魄和名义去行事的训练机制和有益提示。**辩证法是参与者自愿选择、主动参与和遵循规则而跟其他参与者共同达成的一种方法通道与结构框架，是达到或更确切地说是接近实践之善和真理唯一可靠的途径与方法，是思想家们的一种发明和创造。**而现代启蒙辩证法却希望消除这个多元的结构框架，只保留一个真理与谬误、启蒙与被启蒙、先与后的二元框架，以便给前者战胜后者留出空间并设定界限。它把辩证结构设想得更为简单，就是真理与谬误、启蒙与被启蒙、先与后的二元对立，而且其对立的结果就是后者隶属于前者。它以为，放弃多元共存的传统辩证法，主体性自身就能够确立起确定无疑的真理，并能够把这种真理之光传播给每个主体，进而照亮整个世界。以为自足自立的主体完全能够通过理性启蒙或其他手段让理性之光照亮所有富有理性潜能的"主体"，以为通过主体性的巨大潜力、通过不断的努力就能得到一种确定无疑、颠扑不破的真理——虽然这会受到时间、空间的诸多限制而必然使过程拉长，与即时即地就能超越一切限制并把握到真理的神不同，但经验主体通过努力是可以达到神所能达到的水平与目标的。主体要重塑历史的强烈愿望和急切地要把自己承担的历史任务现实化的冲动，使这种被神化的"神人"对尚未把自己的理性潜能充分开发出来的各种层次（在潜质上合格但在当下状态上尚不合格）的"主体"抱有一种尽快把他们纳入正轨，使他们摆脱蒙昧、不成熟、打造不精的缺憾，尽快掌握确定无疑的真理并按照这种真理改造不符合真理要求的粗糙现实，尽可能纯粹地把真理付诸实现的历史重任。也就是说，主体性的完成就是辩证法的终结。辩证法是可以指望一个完美的理想目标并把这个目标实现出来的，尽管对于这个完美目标的具体理解并不一致——譬如马克思与施蒂纳。

至少现代启蒙的最初阶段是这样期望和设想的。后来，它才意识到这种期望和设想的单纯性。当它发现期望常常落空，甚至常常与实际结果相反时，两种意义上的辩证法也就诞生了：其一是，现代启蒙试图整合一切不同方面和维度的存在，把奠立在主体性原则之上的各种善，现在看来有些是互相矛盾和冲突的各方都整合在一起。这不能不引起内在的悖谬和矛盾。当现代社会的实际发展进程呈现出一系列的自悖谬，当主体试图控制客体系统却使自己变成被控制的对象，当一直把他者当作启蒙对象最后忽然发现自己也处在被启蒙的境地，当追求自由却被无形的牢笼统治，当追求自主自立却发现被意识形态宰制的大众成批登场，当每个事物都促生出（因而也就蕴含着）自己的对立面，如马克思所说"在我们这个时代，每一个事物好像都包含有自己的反面"① 时，现代性发展的辩证法已经很清晰了。启蒙的每一个期望几乎都招致了自己的反面，都亲手制造和呼唤出了自己的对立面。一种无奈的反讽和悖谬内在于现代主体性的运作进程之中。显然，这是一种典型的被动发生的辩证现象。这种现象的发生是不依赖于个人的意志的，甚至可以说是外在于个人的客观进程自身孕育出来的。不能说与主体的自愿和主观参与无甚关系，但个人的愿望与态度却基本无法改变它（的结构与结果）。一种规模越来越大、复杂性越来越高的结构性力量在左右和形塑着世界，从霍布斯、维科到马克思，曾经坚信人创生的东西自己完全能够把握（认识、控制、改变等）的现代主体，没想到更多的参与者参与进来之后，辩证过程变得如此复杂、奇妙、反讽、自悖谬和不可思议。某种水泼出去无法收回的无奈和被动，回返给了曾经如此自信的现代主体，使其从现代辩证过程的发起和驱动者变为守望者。

少数哲人参与，能够自身调控其规则、步骤、进程，能够相互制衡，防止某个人置于他人之上的古典辩证法还能重新确立吗？

3. 整合与裂变：现代辩证法的两种状态

当作为承担者的现代主体应对不了和承担不起那么多的重任时，就必然会发生分裂，必然寻求某种转移策略。整合与裂变，就构成现代启蒙辩证法的永恒样式。而在整合越来越难的背景下，为了卸下重负，外推与内化就成了它最为有效的两种应对方式。②

以主体性为原则重组社会，伴随着现代社会的不断分化，主体性构建原则更加重了这种分化。在社会分化成多个相对独立的社会单元和领

---

① 马克思恩格斯选集：第1卷. 北京：人民出版社，2012：776.
② 进一步可参见第十三章，也可参见：刘森林. 辩证法的社会空间. 长春：吉林人民出版社，2005。

域，而每个社会单元和领域都形成相对独立的运作规则和逻辑之时，必须在不同单元和领域中生存的个体就不得不应对这些不同单元和领域的不同要求，并被这些要求撕扯成碎片。而普遍性维度、特殊性维度、个性维度上难度不同的要求对其形成的各种压力驱使其不得不发明各种不同的"外推"与"内化"策略加以应对。不断地应对也就是不断地被撕扯，不断地被撕扯也就更加重了人的分裂，使人产生了多重人格。譬如"知"与"信""行"的分裂，导致真"知"者往往不"信"，更不按照"知"去"行"了。"行"更愿意接受能把自我利益最大化的经济理性的驱动，而再不愿把众多的理知交给古典哲人推荐的辩证交谈来获得。分化造成的分裂致使主体面对众多的"承担"和"应对"任务，压力的空前增大促使他必须在众多方面和领域接受专家系统的训导与启蒙，巨大的信息不对称使他在众多领域必须接受意识形态的各种偏见，久而久之视之为"自然"，而无法把更多的求知欲诉诸辩证的言谈。

更麻烦的是，在"知""信""行"的分裂之外，个人关系与社会关系之间的裂痕也越来越大。正如卡尔霍恩所说："现代社会日常生活所发生的最重要的转变，也许就是个人间的直接关系与大规模社会系统的组织方式和整合方式之间出现的越来越大、越来越深的裂痕。"① 就主体确立的路径而言，近代主体性哲学视主体为一个内在的、理性化自我的观点一开始就抹平了主体得以确立的社会学维度，低估了主体得以成为实际主体的社会化过程。于是，那种内在的"点状自我"一旦进入现实的社会化过程，就势必被看作社会对主体的蚕食和统治。就像阿多诺与霍克海默所说，"彻底的社会化意味着彻底的异化"② 。社会性的张扬就意味着个人的丧失，社会化就是社会对"人"的入侵，在《人的条件》（*Aita activa*）一书中，阿伦特把这种意思也归于马克思。③ 这样，当个人和庞大无比的制度体系产生不断趋于加大的距离和鸿沟时，当个人搞不懂的制度体系莫名其妙地运作甚至不时地发作时，个人就会在心理上日益"离开"它、"逃避"它，对它心不在焉和抱有无所谓的态度。

查尔斯·泰勒（Charles Taylor）在《自我的根源》和《黑格尔》

---

① 渠敬东. 缺席与断裂：有关失范的社会学研究. 上海：上海人民出版社，1999：256.
② 霍克海默，阿道尔诺. 启蒙辩证法：哲学断片. 上海：上海人民出版社，2003：62.
③ 阿伦特. 人的条件. 上海：上海人民出版社，1999：54.

等书中分析过，面对启蒙理性主义与浪漫主义的争论，黑格尔和马克思都想把这两者融合起来。可是，工业世界向科层制方向的无情进展却逐渐遗弃和伤害这种富有表现力和创造力的"个人"，并使得这种"个人"之价值越发凸显出来。特别是，"现代社会在其私人的想像的生活方面是浪漫主义的，在其公共的集体生活方面是功利主义或工具主义的……浪漫主义被吸收进了私人生活之中，并且被压缩在私人生活中，因此它在新社会里找到了自己的位置"①。表现性个体越来越浸染着"个人"观念，而社会发展却越来越按照启蒙逻辑的路径不断趋于深化。这就不能不使表现性个体与越来越庞大的社会结构和水平越来越高的社会分化之间的差距越来越大，以致泰勒断言，黑格尔与马克思的弥合之梦现在看来已无法实现了，或者说这个弥合的问题如今已经不存在了。即使我们不接受尼采关于现代辩证法已经终结的过激言论，齐泽克的如下结论也应该是真实的：消灭内在的对抗和分裂，幻想没有任何对抗的社会的新人，如果不是当作一个终极性的理想，而是当作一个可以一揽子解决所面临问题尔后建立起来的现实社会形态，那正是极权主义产生的温床。"人惟一能做的事情便是全盘接受裂痕、裂缝之类的结构性拱出（rooting-out），然后尽可能试着予以修复；所有其他的解决方案——幻想回到自然，强调自然的完全社会化——都直接通往极权主义。"② 接受现代社会的分化和裂变状态，并在此基础上思考自由、解放、去异化、和解等种种目标，日益成为一种共识。

看来，以主体的自我启蒙作为辩证法的根基之后，现代启蒙辩证法就内含和累积了一系列的矛盾与冲突。而主体性及奠基于其上的现代社会的内在裂变和矛盾冲突，才是现代辩证法的核心问题之所在。

古典辩证法的承担者较为谦和，他们并不认为自己能不依赖于任何神性存在而独立存在，并不认为自己在这个世界上至高无上，一切存在都要建构在自己的根基上才能具有确定性，才能令人放心。而现代辩证法的承担者希图实现的东西太多了，各个维度上的实现都想获得，各个维度上的目标都想通吃。普遍性维度上要使所有主体都获得实现，特殊群体的特殊维度上也不放弃，而每个经验主体的个性维度上的价值也要实现出来。这么多的要求，作为承担者的主体能经受得住，能承担得起

① 泰勒. 黑格尔. 南京：译林出版社，2002：831 - 832.
② 齐泽克. 意识形态的崇高客体. 北京：中央编译出版社，2001：7.

吗？在朝不同方向的努力中，各个方向上的要求势必产生矛盾、冲突，甚至相互摩擦和否定。

这就意味着，现代辩证法的承担者和参与者要经受各个方向的撕扯，要经受多个不同的炼狱般的考验，要不断地把自己拆解、分裂，以应对来自不同维度和方向的要求和承担，可他们又无法使自己拥有三头六臂。在辩证结构体和历史过程不断分化和自我拆解的过程中，它还能把自己重新弥合起来，在不得不遭遇的分裂和拆解后重新缝合为一个整体，让那些分裂后不断壮大甚至变得越来越异样的存在和解吗？

欧洲的思想传统，特别是近代以来，人的日常存在与真实和本质生存之间的差异和融合，就被看作观视人的历史发展的基本框架与视角。异化与和解，也就构成关于人及其发展的辩证法的主要范畴。① 最初的启蒙辩证法曾经这样设想完全的和解：只有一个颠扑不破的真理，用这个真理去教化、武装、统一所有的历史主体，然后就可以整合一切的对立与多元了。整合的基础在于存在一个共同的根基，而且这个根基虽在不断分化却能不断地把分化出去的单元存在收拢、汇聚、融合起来，日益驱使矛盾的对立和自否定得以缓解或解决，这个根基因此能保证所有的变化汇聚到一个方向或目标上来，也就是启蒙与浪漫派曾经设想的那些目标理想都互不矛盾地获得实现，并互相促进地融合在一起。

真理取代共识，是个很关键的变化。这个变化造成了辩证法的简单化，简单的二分对立成为辩证法的思维模式。它一度相信，辩证的过程会顺利地实现善对恶、真理对谬误的胜利。现在看来，这是一个过度简单的想法。

马克思也主张辩证的和解，而且其根基也是主体性精神，其最终理想仍然是主体性的全面胜利。他主张，一切都要在全部主体驾驭全部客体时才会好起来："个人的全面发展，只有到了外部世界对个人才能的实际发展所起的推动作用为个人本身所驾驭的时候，才不再是理想、职责等等，这也正是共产主义者所向往的。"②韦塞尔指出，马克思相信，"主体性和客体性之间的和解是主体性征服客体性的结果。这一积极的

---

① Jürgen Hüllen. Entfremdung und Versöhnung als Grundstruktur der Anthropogie. Freiburg/München：Verlag Karl Alber，1982.

② 马克思恩格斯全集：第 3 卷. 北京：人民出版社，1960：330.

自豪的态度恰好和马克思在《人的自豪》中所表达的感觉相一致"①。马克思明白，物对人的统治、偶然性对个性的压抑是现代性的表现，而消除这种状况也是现代的一项任务："在现代，物的关系对个人的统治、偶然性对个性的压抑，已具有最尖锐最普遍的形式，这样就给现有的个人提出了十分明确的任务。这种情况向它们提出了这样的任务：确立个人对偶然性和关系的统治，以之代替关系和偶然性对个人的统治。"②这么说，就意味着，现代性自身就包含着自我纠正主体异化的必然倾向，即纠正"关系对个人的独立化、个性对偶然性的屈从、个人的私人关系对共同的阶级关系的屈从等等"③。主体对客体的最后胜利这种主体性的实现就包含在主体性的现代运行过程之中，是现代性自我孕育、自我完成的事件。这种全面胜利包括偶然性、多样性、异质性最后被主体全面控制甚至消解的结论在内。社会生活的理性澄明，人们都被哲人带出洞穴，充分沐浴理性的阳光。由内心被理性之光照亮的人们联结成的社会，其复杂、多样、凌乱、纷争终会被控制在某种秩序之内。也就是说，现代生活的多元性、偶然性、片断性、瞬间性、空无性终究要被（先是）劳动、（后是）自由自觉的艺术创造活动整合进一个由坚实而固定的本质承托起来的永久性的历史系列之中，成为这个大系列中的一个部分或片段。多元、偶然、片段都不能离散化为独立的存在，而要在一幕大历史剧中被整合成构筑雄伟历史诗篇的字符和段落。也正是在这样的意义上，马克思受到了哈贝马斯的反思：联合起来的统治、自主性被理解为自觉支配，如同统治自然那般，这其实忽视了共同生活的规范调节，看轻了共同生活的复杂性难题。"众所周知，马克思在《资本论》中在解释有意图的、因而带着意志和意识而进行的社会联系的时候，运用这样一个模式，它把市民联合这个私法概念——'自由人的联合体'——同分工合作共同体的生产性社会类型结合起来。显然，他把自我组织的社会的自主性设想为行使对物质生产过程的自觉支配或有计划管理：与对于自然的统治相类似，社会主体'支配'他们自己的、被对象化的生活过程。但是，由于这个把自主性理解为支配性的概念，社会

---

① Leonard P, Wessell Jr. Karl Marx, Romantic Irony, and the Proletariat. Baton Rouge: Louisiana State University Press, 1979: 112.

② 马克思恩格斯全集: 第 3 卷. 北京: 人民出版社, 1960: 515.

③ 同②516.

自我组织问题的核心，也就是一个自由平等的人们的共同体的自我稳定的构成，销声匿迹了。构成有意识社会联系之核心的、并不是对于社会合作的共同支配，而是对共同生活的规范性调节，这种调节以所有人的同意为基础，并确保包容的、平等的相互承认（以及每个个人的人格完整）。在马克思那里，提供理解社会自我组织之主线的并不是一种交往实践，而是对理论上对象化了的社会过程的控制或计划。"①

　　不过，哈贝马斯仍以自己的方式和渠道承续着启蒙现代性的规划与目标。在某种较低的限度上，相对的和解仍然是值得追求的。也许就像后来霍克海默与阿多诺所发现的那样，试图把握、控制一切的启蒙理性，在一开始致力于自己的目标时，就已经压抑和遗忘了主体的诸多方面，如本能、感性、受难、流变、空虚、恐惧，就已经隐含着力图控制的客体对象从他者转向人自身的自否定逻辑，从而就低估和简化了主体内在的复杂结构。主体内在的辩证法远比启蒙思想理解得复杂，辩证结构更不会像施蒂纳设想的那样会轻而易举地通过抛弃主体的普遍性、神圣性维度而沿着与被抛弃维度相反的向度径直铺展开来。辩证结构无法摆脱，处在辩证结构中的现代主体也难以摆脱这个结构中多方面力量的撕扯。现代主体注定就要在这种不断的复杂撕扯中与这个辩证结构同呼吸共命运。对这个辩证结构的具体样式和状态，不同的人会有不同的理解和希冀，但就像现代与后现代之争中所表现出来的，主流倾向仍然是在辩证的两极之间探寻某种中间性立场。利奥塔与哈贝马斯都力图避免独断的普遍主义和任意性的个体主义、无政府主义。他们两人都试图选择介于独断的普遍性陈述和无政府主义（个体主义）的任意性暴乱之间的一条中间性道路。②否定主体的普遍性维度的施蒂纳方案，即使在当代也仍然显得异常激进。辩证的和解仍然是辩证法的基本目标。

---

　　① 哈贝马斯．在事实与规范之间：关于法律和民主法治国的商谈理论．北京：生活·读书·新知三联书店，2003：409.

　　② 弗兰克．理解的界限．北京：华夏出版社，2003：83.

第八章　恩格斯的自然辩证法
是一种启蒙辩证法

　　启蒙辩证法的主体性特征，使得作为主体对立面的客体离辩证法越来越远，甚至作为客体存在的自然有被边缘化甚至被排除到辩证法之外的危险。以历史唯物主义重构辩证法之后，辩证法的基础被重构为社会生活，自然界是否符合辩证法、自然界是否在辩证法之内就成为一个问题。自然界因为在近代主体性哲学主流中被认为没有主体性而跟辩证法不沾边的看法，一度甚有影响。卢卡奇、萨特等西方马克思主义者在这个舞台上对恩格斯的批评，在国内学术界获得了众多的支持者。按照这种立场，恩格斯的自然辩证法研究就是与现代启蒙辩证法的发展倾向背道而驰的，甚至恩格斯所做的这个工作也是没有意义的。在这个意义上，后来按照与马克思的学术分工去研究自然辩证法的恩格斯，就背上了这么一口大黑锅。这口黑锅，恩格斯已经背了很久。

　　本章将针对这个问题区分恩格斯的三种"自然"概念：跟人无关，在宇宙演化意义上永恒轮回的"自然"；产生人且与产生中的"人"有复杂关系，具体机理还有争议的"自然"；人产生后与之相互影响的"自然"。恩格斯谈论的"自然"主要是第三种。相比之下，恩格斯比马克思更强调劳动，马克思才更重视自然。恩格斯的自然辩证法在承续现代启蒙的基本立场，与现代自然科学建立密切关系，从人和自然的关系角度反思近现代启蒙的偏执、过度和问题，以及对形而上学保持辩证、合理的态度并拒斥将辩证法与形而上学截然对立这四种意义上是一种合理的启蒙辩证法，绝非排斥社会实践的纯自然辩证法。

1. 自然辩证法是辩证法根基变更后亟待解决的问题

作为一种古老传统，辩证法本是一种有助于揭示真理的论辩艺术或逻辑方法。只有针对正义、善这类富有争议且难以确定的知识时，辩证法才是一种适用的方法。如果针对的是三角形的内角和是多少度这样的问题，是根本无需辩证法参与解决的。但自康德开始，这种辩证法受到质疑与批评，伴随批评而发生的辩证法与启蒙的结合使辩证法首先成了一种有问题的方法，因为它会导致超出人的能力因而难以解决的二律背反。对至善、对更大总体性的追求，在脱离感性根基、超出知性范围后，很容易产生无法解决的二律背反。这意味着，理性能力的误用导致"幻象的逻辑"，理性由此必须明了自己的界限，走向理性的成熟。就"启蒙运动就是人类脱离自己所加之于自己的不成熟状态。……要有勇气运用自己的理智！"① 而言，先验辩证法的积极意义就在于它导向启蒙，呼唤理性的成熟。做它分内之事，不做它分外之事，此即理性的成熟。辩证法虽然在此受到一定限制，但也可以起到一种提醒理性不要越界的积极作用。辩证法的启蒙性质是以被限制为特征的。至于自然辩证法，连能够起提醒作用的先验辩证法都远远比不上。在"物自身"与"现象"的二分框架中，自然辩证法势必更被束之高阁，根本没有出场机会。

先验辩证法遭遇的麻烦，使得观念论哲学与现实性达成和解成了一个非常重要的问题。当费希特试图撇开物自身而径直在自我的基础上发展一种观念论哲学时，这个问题就更明显了。谢林充分意识到了这个问题的重要性和迫切性。按照他的理解，以往的哲学特别是德国观念论哲学主要是在本质、理念层面上用力，就存在的可能性、逻辑来探讨，此即所谓否定哲学。这种否定哲学所谈论的"现实世界"不是真正的现实世界，不是真实的生命世界，而"是指我们对于这个世界已经理解把握到的东西"②，也就是已经用嘴嚼过、失去原本味道的东西。偶然的、经验的很多东西都被理性、理念过滤掉了。在观念论哲学中，谢林应该

---

① 康德．历史理性批判文集．北京：商务印书馆，1990：22.
② 谢林．近代哲学史．北京：北京大学出版社，2016：158.

是最重视自然的。他说他的同一性哲学一开始就立足于自然界，"亦即立足于经验事物的层面，随之也立足于直观。黑格尔企图在我的自然哲学之上建构他的抽象的逻辑学"①。黑格尔的逻辑学却变成自然界的本质，自然界只是逻辑本质的显示、转化、应用。谢林明确哲学有两个任务：一是必须解释自然，二是揭示真正意义上的形而上学世界。虽然在哲学中给予自然非常大的重视，强调要以更尊重自然实在性的态度解释自然，强调哲学"从一开始就置身于自然界之内，或者说是从自然界出发的"②，但谢林仍局限于观念论哲学框架，仍把自然界视为"一个相对而言的观念世界，只有通过这个世界，绝对主体才完全得以实现"③。自然界仍旧无法真正从理念世界中解放出来。

自谢林开始，通过历史过程获得一个完满结局的观念才开始变得可行。在谢林的历史观念和费希特的正反合方法的基础之上，黑格尔把这种观念进一步发扬光大，才使得辩证法与启蒙的结合成了获得或占有唯一真理的逻辑，辩证法成了走向最终完满的中介方法。对话双方的互动被抽象为各有片面性的对立双方的逻辑关系，按照胚胎预成论的隐喻模式，自动地转变成下一阶段的对立统一关系，直至完满和绝对的完成。我们知道，在黑格尔那儿，这种辩证法的底色是灰色的，是在逻辑领域运思的，其发生层次与所在场所是语言、思想和逻辑。黑格尔的辩证法首先是逻辑学，是一种辩证逻辑；自然界和社会历史界都是其显示和应用。自然辩证法处在一个很低的位置上。

谢林希望观念论哲学与现实性（首先是自然，然后才是历史、包括神话与启示等在内的精神）达成和解，但就现实系指社会生活而言，实际上，逻辑层面的对立双方的平等互动关系具有一个鲜明的启蒙前提。就是说，对话双方或多方之间基于真理的追求而进行平等交谈，双方能确立一种对等互动关系，必须以双方的启蒙主体身份为前提。这个主体身份包括认可并遵循公共规则、具有基本的学识和判断力、相信并尊重交谈参与者的能力和权利及人格、承认自己对谈论主题尚未掌握确切真理等。这些内容都是获得启蒙主体身份必须达到的要求。如果这个"双方"的普遍化水平达到最为理想的程度，即所有人之间都能构成这种平

---

① 谢林．近代哲学史．北京：北京大学出版社，2016：166.

② 同①127.

③ 同①127.

等关系，那就是主体间普遍承认的达成。这是历史最后实现的理想，即所谓"历史的终结"的呈现。在这个最终理想呈现之前，对立双方之间的关系往往是启蒙者与被启蒙者的非对等关系，比如主奴关系。不仅古希腊的自由民与城外从事农业劳动的劳动者之间是这样的关系，城邦文明内部男女之间、成人与儿童之间、文明人与尚未开化的外邦野蛮人之间，都是这种关系。哲学家原本设想的基于共同的规则、前提而对正义、善等议题进行讨论的各方之间的平等关系，被现实生活中启蒙主体与他者之间的不平等关系取代。如此一来，辩证过程就会遭遇诸多障碍、滞后、延迟、困扰、难题，达不成确定的真理，而且在现实的社会历史世界中历经艰辛、磨难。逻辑层面的关系与现实生活层面的关系产生很强的对比度、反差。在这种情况下，让现实生活适应逻辑就很容易导致削足适履式尴尬和问题。在观念论哲学的框架内，这样的尴尬和问题是无法避免的，只有导向后观念论哲学，这样的问题才可能获得一种新的解决。可以说，马克思之前的辩证法存在于思维、言语、逻辑、对话中。思维、言语、逻辑、对话是辩证法的存在根基。或者说，传统形而上学的思维方式是构筑辩证法的基本方式。辩证法不是从现实生活出发，不是基于现实生活的逻辑，而是按照形而上的理想化逻辑关系而构想和展开的。这是传统辩证法的尴尬之处和问题所在。

理念世界的自在自足性消解后，马克思、恩格斯必须在人的社会生活领域中重构辩证法的存在根基。对历史唯物主义来说，话语、概念、逻辑并不能独立自主地发生。它们与其所处的社会关系、利益格局相关。这个与利益格局密切相关的社会关系世界是否存在着一种辩证结构、能否从中提炼出一种辩证法才是关键。所以，"辩证法的关键不是与人无关的纯自然世界，也不是柏拉图意义上的言说世界，不是资本主义意识形态津津乐道的物品世界，也不是克尔凯郭尔意义上的个体内心世界，而只能是被物品世界掩盖着、被言语世界迷惑着、被自然世界制约着、被个体内心世界遗忘着的社会世界。一种辩证的结构存在于社会的关系网络之中，才使得辩证法成为可能"①。这是马克思、恩格斯的共同看法。

辩证法根基的变更使得自然界处于辩证法之内抑或之外成了一个问

---

① 刘森林.恩格斯与辩证法：误解的澄清.南京大学学报（哲学·人文科学·社会科学），2005（1）：9.

题。对于先建构纯粹的辩证逻辑再向自然和精神领域推广，因而自然辩证法就是绝对辩证法的显示的黑格尔来说，自然符合辩证法不是问题。而对已重构了辩证法根基的马克思、恩格斯来说，自然辩证法就是一个问题。这个问题需要一个回答，恩格斯承担了这个并不容易完成的任务。

2. 区分恩格斯的三种"自然"概念

鉴于一些批评恩格斯的人指责他从外在自然出发谈论辩证法，而马克思是从社会历史出发研究辩证法，恩格斯的"自然"概念就是一个值得关注的问题。与马克思立足于社会历史探究"自然"、在多种意义上使用"自然"一词不同①，恩格斯论及的"自然"概念也可以分为多个层面（或种类）。我们根据与人的关系程度，把恩格斯论及的"自然"分为三个层面（或种类）：跟人的活动无关的"自然"；跟人的活动有明显的相互关系或内在关系的"自然"；以及跟人及其活动具有外在关系但至于是否具有内在关系则有所争议的"自然"。

第一，跟人无关的"自然"。如宇宙在很大的时空尺度上演化着的那种"自然"，这种"自然"的演化轨迹是"永恒轮回"。它是指"诸天体在无限时间内永恒重复的先后相继……这是物质运动的一个永恒的循环，这个循环完成其轨道所经历的时间用我们的地球年是无法量度的"②。恩格斯在《自然辩证法》中论及的这种"自然"及其"永恒循环"是宇宙学意义上的，跟历史唯物主义的"历史"不能相提并论，也不是历史唯物主义意义上的"自然"。当费彻尔说，恩格斯的这种"永恒循环"说诞生出的"宇宙循环的无意义性使人类进步的意义成了问题"③ 时，这种说法是有些南辕北辙、驴唇不对马嘴的。宇宙学意义上"永恒轮回"的"历史"是伤害、冲击不到历史唯物主义的"历史"的，宇宙学意义上"永恒轮回"的"自然"也伤害、冲击不到历史唯物主义

---

① 笔者认为马克思使用的"自然"概念包含十种不同的具体含义。参见：刘森林.自然·自然性·自发性：再论社会发展的"自然历史过程".哲学研究，1994（3）。

② 马克思恩格斯选集：第3卷.北京：人民出版社，2012：864.

③ 费彻尔.马克思与马克思主义.北京：北京师范大学出版社，2009：194.

的"自然"。尼采的"永恒轮回"概念是一个超越现代文明、涵盖一切人类文明的概念，但还没有宇宙学的意义；恩格斯的"永恒轮回"的"自然"却是跟人类活动无关的宇宙进化意义上的概念。人的活动根本影响不到这种尺度上的宇宙进化。费彻尔的担心应该是以尼采和恩格斯的两个"永恒轮回"概念的混淆为前提的。

为了概念清晰严格之见，我们把现代人类产生之前的"自然"都归于这第一类"自然"。比如恩格斯说"生命是整个自然界的一个结果……蛋白质，作为生命的唯一的独立的载体"① 这种意义上的"自然"等。

第二，跟人既有"外在关系"又开始具有"内在关系"，或者正处在从外在关系变成内在关系过程中的"自然"。它在何时、何种意义上是内在关系，何时、何种意义上是外在关系，在学术界还颇有争议，但基本可以确定为在"人"的诞生过程中跟人产生了关系的那种"自然"。这种"自然"直接影响了人最初的诞生和进化。这主要是涉及恩格斯所谓"劳动创造了人"意义上的那种"自然"，以及相应地创造人的那种自然规律。显然，这里存在诸多争议和问题。② 创造了人的"自然"，是一种什么样的外在自然环境？还是什么基因突变和染色体畸变？制造工具的劳动是一种自然因素还是一种超自然因素？劳动创造了人跟人是劳动的动物是不是一种逻辑矛盾？劳动创造了人是不是意味着人的诞生主要取决于拉马克意义上的获得性遗传？是不是意味着恩格斯赞同拉马克而疏远达尔文？考虑到恩格斯认定"达尔文的全部生存斗争学说，不过是把霍布斯关于一切人反对一切人的战争的学说和资产阶级经济学的竞争学说以及马尔萨斯的人口论从社会搬到生物界而已"③，恩格斯赞同拉马克的获得性遗传说、批评达尔文是否就有了某种根据？这里有很多的相关问题需要结合现代科学的不断发展予以讨论，也需要根据现代哲学予以分析。但无论具体观点如何，显然，这里的"自然"已经跟"人"之间产生了复杂而密切的关联，一种是"内在的关联"还是"外在的关联"取决于如何定义"人"的复杂关联。到底是什么意义上的

① 马克思恩格斯选集：第 3 卷. 北京：人民出版社，2012：897.

② 相关争论情况，可参见：王南湜. 恩格斯"劳动创造了人本身"新解：一个基于马克思主义哲学人类学的阐释. 马克思主义与现实，2020（5）：41-52.

③ 同①987.

"自然"因素促成了人的诞生,"劳动"如何定义,以及在什么意义上它是一种自然因素又在什么意义上是一种超自然因素,劳动与自然的关系是什么,这些应该是问题的关键所在。但这种意义上的"自然"不是马克思、恩格斯回答人与自然关系问题的主要立足点。他们关于自然与劳动关系的观点,应该是就人产生之后的情况而言的,也就是主要系指下述第三种"自然"而言的。马克思曾在《1844年经济学哲学手稿》中谈及这个问题,无限追问人从何而来的问题,"这过程驱使我不断追问,直到我提出问题:谁生出了第一个人和整个自然界?我只能对你作如下的回答:你的问题本身就是抽象的产物"①。马克思显然是以自己哲学的方式悬搁了这个问题。恩格斯的《劳动在从猿到人的转变中的作用》一文可视为对这个问题的一种时代性回答。随着科学的不断发展,这个历史性回答逐渐引起不少争议。按照恩格斯自然辩证法的逻辑,争议应该根据自然科学的进一步发展进行新的回答和处理。不过无论如何处理,答案到底如何,都不会根本性地影响恩格斯与马克思关于人与自然关系的根本立场。因为,对自然以及人与自然的关系,历史唯物主义的立场应该主要是立足于下述第三种"自然"概念。

第三,人诞生后,具有了反作用于自然的能力和手段,并运用这种能力和手段与自然发生日益复杂的相互作用,在这种意义上涉及的"自然",才是恩格斯与马克思共同创立的历史唯物主义理论主要关涉的"自然"。有了能够认知、把握、在某种程度上改造自然的能力的人之后,立足于人特别是现代启蒙意义上的人的立场与视角来看待自然,会看到一种跟前两种"自然"明显不同的"自然"。无论是就人类文明意义上的启蒙还是后来水平大大提高的近现代启蒙而言,启蒙主体皆具有特殊的兴奋点、关切角度、需要和目的。这种启蒙主体视域下的"自然",这种与启蒙主体互动的"自然"才是历史唯物主义视域下"现实的自然"。对此,恩格斯曾说,"随着自然规律知识的迅速增加,人对自然界起反作用的手段也增加了;如果人脑不随着手、不和手一起、不是部分地借助于手而相应地发展起来,那么单靠手是永远造不出蒸汽机来的"②。在这个意义上,这第三种"自然"可以界定为人脑发达起来后,凭借聪明才智与自然进行深度的相互作用之后,与人产生了密切关联的

---

① 马克思恩格斯全集:第3卷.北京:人民出版社,2002:310.
② 马克思恩格斯选集:第3卷.北京:人民出版社,2012:859.

人类学意义上的"自然"，即人开始"从事生产"之后，在生产中触及、关涉到的"自然"。"动物所能做到的最多是**采集**，而人则**从事生产**，人制造最广义的生活资料，这些生活资料是自然界离开了人便不能生产出来的。"① 这种"自然"才是马克思、恩格斯最为关注的"自然"，因为只有它才是现实的自然界，也因为它跟人的劳动实践共同构成财富的两个源泉。

就前一个原因即只有它才是现实的自然界来说，"当马克思说'历史本身是自然史的一个现实的部分，是自然界生成为人这一过程的一个现实的部分'时，他特别强调，这里的'历史'和'自然'都是现实的，不是抽象的。所谓'现实的自然界'，就是指'在人类历史——人类社会的产生活动——中生成着的自然界'，或者'通过工业而生成……的那种自然界'。而现实的历史，则是工业驱动、凝聚起来的历史。不但因为'工业是自然界、因而也是自然科学跟人之间的现实的、历史的关系'，而且，'谁产生了第一个人和整个自然界这一问题''本身就是抽象的产物'，不具现实性"② 。用恩格斯的话说，"现在整个自然界也融解在历史中了，而历史和自然史所以不同，仅仅在于前者是**有自我意识的**机体的发展过程"③ 。

就后一个原因即只有它才构成跟劳动平等的另一个财富源泉来说，这种"自然"在历史唯物主义中具有十分重要的地位，却经常被误解。长期以来有这么一种看法，针对旧唯物主义的物质本体论，实践唯物主义就是一种劳动本体论或实践本体论。劳动、实践被赋予最为根本的地位，不但一切都从中发展而来，而且一切也都可以归于其中。但马克思和恩格斯分别在不同场合明确批评了把劳动视为财富唯一源泉的本体论立场。恩格斯的说法是，"其实，劳动和自然界在一起才是一切财富的源泉，自然界为劳动提供材料，劳动把材料转变为财富"④ 。马克思的说法更直接和明确："劳动是一切财富和一切文化的源泉"是拉萨尔主义的观点，"劳动**不是**一切财富的**源泉**。**自然界**同劳动一样也是使用价值（而物质财富就是由使用价值构成的！）的源泉，劳动本身不过是一

---

① 马克思恩格斯选集：第 3 卷 . 北京：人民出版社，2012：987.
② 刘森林 . 回归自然与超越自然：重思"自然历史过程". 哲学研究，2016（7）：6.
③ 同①940.
④ 同①988.

种自然力即人的劳动力的表现"①。显然，马克思和恩格斯都没有仅仅从劳动、实践的观点去看待世界，无论是劳动、实践本体论，还是自然本体论都是错误的、偏执的。只有"劳动""实践"观点与"自然"观点的内在结合，才是历史唯物主义的立场。说马克思是从社会历史出发、恩格斯是从自然出发来看待世界，分别提出历史辩证法和自然辩证法，无疑既不符合事实，又不符合历史唯物主义的逻辑。在这里，从他们的不同表述来看，不是马克思重视实践、劳动而恩格斯重视自然，正好相反，恩格斯才更重视劳动，马克思更重视自然。因为，恩格斯在表达"劳动和自然界在一起才是一切财富的源泉"时，强调的是"自然界为劳动提供材料，劳动把材料转变为财富"②，显然对"劳动"更加重视。而在马克思那里，自然不但跟劳动一样是使用价值的源泉，而且"劳动本身不过是一种自然力即人的劳动力的表现"，马克思更加重视"自然"一目了然。

显而易见，恩格斯的自然观视野很大，既涉及古代宇宙学意义上的"永恒轮回"的"自然"，也涉及人类出现前不同的地质时代的"自然"，以及塑造、产生人的"自然"，和人类文明产生之后与人共生存、相互影响的"自然"。这是他长期涉猎当时最新的自然科学成果所致，在这方面他比马克思具有更大更新的视野。在这些不同层面的"自然"中，恩格斯最关心哪种"自然"呢？

从我们的三个分类来看，虽然恩格斯在《自然辩证法》中也偶尔论及第一种"自然"，但第二种特别是第三种"自然"显然才是恩格斯分析的主要对象。而第二种"自然"概念是与最广泛意义上的"启蒙"，即人类文明智慧开化意义上的"启蒙"密切相关的；至于第三种"自然"概念，更是近现代启蒙的产物，更是现代启蒙的结果。

这样一来，要说恩格斯的"自然"概念与马克思的"自然"概念有何区别，就很好回答了。恩格斯主要使用的"自然"概念也是自然科学提供出来的"自然"，即在现代工业基础上把握到的"自然"；与马克思那被实践改造过的第一"自然"（大自然）以及社会历史演进中的第二"自然"，虽在强调哪一方面上存在细微区别，但都是在现代工业"实践"基础上呈现出的"自然"，两者的社会历史性质都是

---

① 马克思恩格斯选集：第3卷．北京：人民出版社，2012：357.

② 同①988.

明显的、一致的。过于妖魔化恩格斯然后理想化马克思，对于恩格斯来说是很不公正的，也是不值得花很多笔墨来驳斥的，尽管长期以来这种马克思、恩格斯对立论流传较广。

3. 自然辩证法是一种启蒙辩证法

显然，恩格斯的"自然"概念主要是与人相互作用、劳动视域下的"自然"，尤其是近代启蒙以来随着工业化、现代化的广泛展开而与现代实践密切关联着的那类"自然"。相应地，其自然辩证法只能在启蒙背景下，在现代启蒙、工业化取得现代性进展的前提下，特别是在现代自然科学基础上，对上述三类"自然"主要是第三类"自然"的辩证理解。把恩格斯的自然辩证法的"自然"全部或主要理解为与人无关的自在"自然"，我认为是一种不可饶恕的误解。造成这种误解延续不断的主要原因，我想可能是传统的旧唯物主义思维方式。也就是说，是以这种思维方式理解恩格斯及其与马克思的所谓"对立"造成的。

恩格斯的自然辩证法是在概括那个时代自然科学成果的基础上提出来的，不是径直观察研究自然得出的结论，更不可能是直观与社会无关的纯粹大自然本身得出的。换句话说，恩格斯的自然辩证法建立在启蒙主义、工业化的前提之上，是启蒙立场、启蒙观点在自然观方面的表现，是一种依赖于现代自然科学的典型的现代自然论。在以下四种意义上，恩格斯的自然辩证法是一种现代启蒙辩证法。

第一，承续了早期现代启蒙主义以实践改造自然的立场。中世纪西方的自然观是一种神、天、人合一的自然观，中国传统自然观的基调也是天人合一。笛卡尔才开始建构一种人作为主体的立场，认为凭借"我思故我在"的"我思"可以确立一种不依赖于任何他在而完全自足自立的主体，不但自己为自己奠基，使自己成为宇宙中唯一自足自立的存在者，而且还可以进一步为真理、道德、法律等存在奠基，使其成为可靠、稳固、有根基的东西。由此，"自然"就成为主体性的对象。与培根的观点相似，笛卡尔在《谈谈方法》中谈到思辨哲学与实践哲学的区分时说，他所希望的知识是一种对人生有益的知识，能应用于实际的知识①，他希望撇开思辨哲学，通过新的方法"发现一种实践哲学，把火、水、空气、星辰、天宇以及周围一切物体的力量和作用认识得一清二楚，就像熟知什么匠人做什么活一样，然后就可以因势利导，充分利用这些力量，成为支配自然界的主人翁了。我们可以指望的，不仅是数不清的技术，使我们毫不费力地享受地球上的各种矿产、各种便利，最主要的是保护健康"②。人以支配自然的主人翁形象出现，而自然则是低于人的、被人利用的存在。笛卡尔的这种立场是现代启蒙的基本立场，历来被视为对人的能力、人格的褒扬，意味着人道主义的高扬，意味着启蒙精神的弘扬。恩格斯不但将其作为基本原则以表示赞成这种观点，而且还把这样的立场解释为不仅适用于近现代而且适用于一切时代的普遍性立场，自人从动物中进化出来之后就一直持有的立场。"动物仅仅**利用**外部自然界，简单地通过自身的存在在自然界中引起变化；而人则通过他所作出的改变来使自然界为自己的目的服务，来**支配**自然界。这便是人同其他动物的最终的本质的差别，而造成这一差别的又是劳动。"③ 如上节所述，从两人的具体论述来看，相比之下，实际上马克思比恩格斯更加强调自然作为财富源泉的地位和作用，而恩格斯比马克思更加强调劳动的地位和作用。这跟所谓马克思从实践出发，恩格斯从自然出发看待世界、建构哲学唯物主义的说法是恰好相反的。

第二，跟自然科学建立一种紧密的关系。跟力主自然哲学的谢林、认为辩证逻辑一定要在自然领域显示印证的黑格尔相比，恩格斯坚持，揭示自然内在的辩证法必须学习掌握现代自然科学。只有在现代自然科学的基础上才可能发现现代自然辩证法。当恩格斯声言"唯物主义自然观只是按照自然界的本来面目质朴地理解自然界，不添加任何外来的东西"④ 时，指的就是这个意思。所谓"一切差异都在中间阶段融合，一切对立都经过中间环节而互相转移，对自然观的这样的发展阶段来说，旧的形而上学的思维方法不再够用了"⑤，以及"**永恒的自然规律**也越

① 笛卡尔．谈谈方法．北京：商务印书馆，2000：54.
② 同①49.
③ 马克思恩格斯选集：第3卷．北京：人民出版社，2012：997-998.
④ 同③896.
⑤ 同③909.

来越变成历史的自然规律"①，这都是现代自然科学提供的，是现代自然科学做出的贡献。现代自然科学是近现代启蒙力量的突出显现，某种意义上是近现代启蒙取得的最主要成果。按照现代自然科学的成果改造、武装自己，重建现代世界观，是历史唯物主义的基本立场。恩格斯为此长时间坚持不懈地做出艰苦努力，本身就是一种启蒙精神的表现。

恩格斯明白，再不能像黑格尔和谢林那样从一个形而上学立场出发构筑自然哲学了。如果不跟现代自然科学建立这样一种关系，那是做不到按照本来面目理解自然的。费尔巴哈就是恩格斯所指责的反面例子。"自然科学的所有这些划时代的进步，都在费尔巴哈那里擦肩而过，基本上没有触动他。这与其说是他的过错，不如说应归咎于当时德国的可悲的环境。"② 费尔巴哈的悲剧恰恰说明，对自然的看法取决于启蒙、工业化，是启蒙、工业化以来社会经济的进步才导致了自然观的根本变化。历史唯物主义的自然观是建立在启蒙以来工业化、现代化进步的基础上的。与历史唯物主义相适应的自然辩证法是一种启蒙辩证法。

第三，恩格斯的自然辩证法当然是一种启蒙辩证法，其突出贡献并不是接受近现代启蒙立场，根据新的自然科学成果重塑哲学唯物主义，而是进一步从人和自然的关系角度反思近现代启蒙的偏执和问题。不仅强调根据自然本身的逻辑来呈现自然，而且进一步把它提升到重塑人和自然之间的合理关系，反思批判资产阶级启蒙过分功利主义地榨取自然，才是恩格斯更先进的启蒙立场。反思过度改造自然的立场，使恩格斯获得了一个与历史唯物主义相适应的实践哲学立场。这是尊重、依赖现代自然科学然后试图超越自然科学的一种哲学表现。

在这方面，历史唯物主义对笛卡尔—康德以来近现代主体性哲学的反思具有根本性意义。观念论哲学扬自由贬自然的路子自康德开始就异常明显。就自然（前者）与自由（后者）的关系而言，康德认定"前者不能对后者发生任何影响"，而"后者应当对前者有某种影响，也就是自由概念应当使通过它的规律所提出的目的在感官世界中成为现实"③。虽有德国早期浪漫派和谢林对自然的重视，但根本改变不了德国观念论哲学贬低自然抬高自由的主流传统。何况浪漫派和谢林对自然的重视更

---

① 马克思恩格斯选集：第 3 卷 . 北京：人民出版社，2012：934.
② 同①897.
③ 康德 . 判断力批判 . 北京：人民出版社，2002：10.

依靠于文学、美学、神话和神学，从恩格斯的角度来看既跟不上时代又没有效果。针对观念论哲学传统来说，真正重视自然，必须借助于现代自然科学才行。如上所述，恩格斯与马克思超越近代主体性哲学的一个表现就是否定劳动是财富的唯一源泉这种抬高主体、贬低自然的逻辑，认定这是概念论哲学的突出表现。在《德意志意识形态》中，恩格斯与马克思明确表示，历史唯物主义的出发点就是自然："全部人类历史的第一个前提无疑是有生命的个人的存在。因此，第一个需要确认的事实就是这些个人的肉体组织以及由此产生的个人对其他自然的关系。"① 作为主体的人不是自足自立的，而首先是一种自然存在，并依赖自然的前提和基础来从事活动。所以，自然和人相互依赖、相互影响，自然史和人类史"这两方面是不可分割的；只要有人存在，自然史和人类史就彼此相互制约"②。在现代性世界中，把"自然的"和"人类的"完全区分开实际上已经不可能了。人与自然的这种相互依存，势必大大纠正那种利用、改造大自然的现代主体性立场。对近现代启蒙塑造的这种主体性立场，恩格斯表达了明确的批判性反思态度。无需引证其他，只需引证恩格斯的这段名言就足够了："我们不要过分陶醉于我们人类对自然界的胜利。对于每一次这样的胜利，自然界都对我们进行报复。每一次胜利，起初确实取得了我们预期的结果，但是往后和再往后却发生完全不同的、出乎预料的影响，常常把最初的结果又消除了。"③ 为此，恩格斯特别强调要把自然界视为一个更大的整体，要更长远地来看，以至于"需要经过几千年的劳动才多少学会估计我们的生产行为**在自然方面**的较远的影响"，并且不断地"认识到自身和自然界的一体性"④。对近现代启蒙立场的纠偏、反思、批评，凸显了恩格斯自然辩证法的启蒙性质，这是一种更高水平、更具现代性的启蒙（反思批判）立场。

第四，对形而上学保持辩证、历史的合理分析态度。这也是一种针对谬误的单纯的启蒙。长期以来一直流传这样的看法：辩证法是对的、好的，而形而上学是错的、坏的。对这种似是而非的观点，恩格斯在不同场合分别予以纠正。这显然是一种纠正谬误和不当观点的启蒙立场。

---

① 马克思恩格斯选集：第 1 卷. 北京：人民出版社，2012：146.

② 同①.

③ 马克思恩格斯选集：第 3 卷. 北京：人民出版社，2012：998.

④ 同③999.

首先，在科学发展的特定时期，必须得先研究细节才能研究整体，先研究固定的东西才能研究过程性的东西，"为了认识这些细节，我们不得不把它们从自然的或历史的联系中抽出来，从它们的特性、它们的特殊的原因和结果等等方面来分别加以研究"，也就是"把各种自然物和自然过程孤立起来，撇开宏大的总的联系去进行考察"①。其次，即使在过程、整体研究取得进步的前提下，着眼于或强调特定范围、固定不变的东西的观点，在特定范围内也是正当的。比如在"固定不变的范畴（就好象是逻辑的初等数学，它的日用器具）就已经足够的领域"②，心智未完全成熟的中小学生，非专业人士、外行人都经常保持在这种水平和层次上。所以，恩格斯肯定了形而上学适用于"相当广泛的领域"："形而上学的考察方式，虽然在相当广泛的、各依对象性质而大小不同的领域中是合理的，甚至必要的，可是它每一次迟早都要达到一个界限，一超过这个界限，它就会变成片面的、狭隘的、抽象的，并且陷入无法解决的矛盾……"③于是，形而上学与辩证法并不总是截然对立的关系。在某些人群、场合、层次中，形而上学是很自然的状态。在知识分工水平如此之高的当代，反而是辩证法只能局限在很狭小的范围和层次内。在某些领域达到辩证水平的专家，很容易在超出自己熟悉的范围后变为一个习惯使用形而上学思维方式的单纯者。在《反杜林论》第十二章论述辩证法时，恩格斯明确指出，"辩证思维对形而上学思维的关系，总的说来和变数数学对常数数学的关系是一样的"④。显然，辩证法与形而上学首先不是正确与错误的关系，而是高级与低级的关系。它们分别适用于不同的范围和层次。在分别适用的范围和层次中，形而上学和辩证法各自具有自己的价值和作用。在适合辩证法的范围和层次中使用形而上学，是不合适的；而在适合形而上学的范围和层次中，套用辩证法也是不合适的。应根据具体、历史、实际的场合和人群，来看待辩证法和形而上学的价值、地位和作用空间，这才是一种科学、正确、合理的立场。辩证法和形而上学都对不同的具体场合保持开放性，秉承具体问题具体分析的辩证思想，并随着启蒙和科学的进步而不断调整、

---

① 马克思恩格斯选集：第3卷.北京：人民出版社，2012：790，791.
② 马克思恩格斯全集：第20卷.北京：人民出版社，1971：546.
③ 同①791-792.
④ 同①499-500.

发展和完善。

　　在上述这四种意义上，恩格斯都继承并推进了现代启蒙主义，其自然辩证法不折不扣地是一种现代启蒙辩证法。而且，这种自然辩证法并不仅是自然本身的辩证法，同时也是人跟自然之间关系的辩证法。自然本身的辩证法是自然辩证法，人和自然关系的辩证法更是自然辩证法的重要内容。而且，相比之下，恰恰是在后一方面，恩格斯做出了很大贡献，前一方面的辩证法更多依赖于自然科学的贡献。

　　在这个意义上，我非常赞同李章印教授把恩格斯的自然辩证法诠释为一种自然诠释学的观点。按照这种观点，自然辩证法就是人（研究者）与自然（广义文本）之间的不断对话，是立足于人类生存和存在的诠释学，不仅包含着对自然科学的实践诠释，而且立足于此更进一步从整体上来解读和"诠释实践化自然"的"自然诠释学"。[①] 或许可以更进一步说，它还包含从整体上诠释人与自然整体联系的自然诠释学。

---

　　① 李章印. 如何理解恩格斯的"自然辩证法"？. 山东社会科学，2020（12）：13.

第九章 《资本论》辩证法的开放性

针对辩证法可能沦为固定、僵化、机械、模式化的"形而上学"的指责，堪称运用辩证法之典范的《资本论》在存在论、方法论、实践论等层面广泛保持了开放性。辩证法的开放性是防止辩证法变为固化、僵化、机械模式化的"形而上学"的关键。在存在论上，辩证法是对现实社会中逻辑的提升，在立足经验事实面向整体现实以及立足现实面向事实两个方面都保持高度的开放性。在方法论上的开放性表现在，立足普遍规律对特殊性、非同一性的开放性，以及借助科学方法对整体视野的开放性诉求。在实践行动论上，辩证法永无止境的理想追求通过开放性与现实性的互动提供一种"行动的指南"，保证辩证法不会固化和僵化。

1. 辩证法的两个面向：存在论与开放性

如果要借助一个经典文本来理解马克思的辩证法，那首选无疑就是《资本论》。正如大卫·哈维所指出的，要理解《资本论》必须理解马克思的辩证法，而要理解马克思的辩证法也必须阅读《资本论》。① 借助《资本论》来理解辩证法，直接映入我们眼帘的首先是两个问题：第一，我们往往是从研究方法和叙述方法的统一角度来进行理解。这一点从马克思在《资本论》二版跋中批评伊·伊·考夫曼的话语——"认为我的

---

① 哈维. 跟大卫·哈维读《资本论》. 上海：上海译文出版社，2014：13.

研究方法是严格的实在论的，而叙述方法不幸是德国辩证法的"① ——中获得了支持。割裂注重经验事实与注重整体、过程的方法，进一步割裂研究方法与叙述方法，再进一步像诺曼·莱文那样割裂马克思与恩格斯，会在辩证法研究中造成一系列的矛盾和问题，值得我们高度警惕和防范。但是仅仅去除这些割裂，弥合人为夸大的两端，就足以很好地把握《资本论》呈现给我们的辩证法吗？我认为不能，我将在本章中论证，必须把对辩证法的关注从方法论、思维方式进一步上升到存在论（本体论）高度，才能更好地理解《资本论》的辩证法，也才能真正防止对辩证法的误解。

第二，正如恩格斯在《反杜林论》中批评杜林污蔑辩证法"不得不在这里执行助产婆的职能，靠它的帮助，未来便从过去的腹中产生出来，或者他断定，马克思要求人们凭着否定的否定的信誉来确信土地和资本的公有（……）的必然性"②。马克思在《资本论》二版跋中谈到，孔德的信徒叶·瓦·德·罗别尔提在《实证哲学。评论》杂志 1868 年第三期上发表对《资本论》第一卷的评论，除认定马克思"只限于批判地分析既成的事实，而没有为未来的食堂开出调味单"之外，也责备马克思"形而上学地研究经济学"③，也就是用固定的模式处理事实，推导出"辩证"结论。把辩证法视为一种自己走不了路时不得不借助的"拐杖"，一种固定、僵化、自己无法产生新思想时借助套用的模式，就是极端地把辩证法固化、模式化、（传统）形而上学化了。在其中，开放性完全不存在了，被否定和取消了。如果区分辩证的研究方法和叙述方法，以及背后蕴含着的存在论，这种指责会从叙述方法进一步指向研究方法以至存在论前提。这种指责包含着两个需要注意的观点：其一，辩证法是一种方法论意义甚至存在论意义上的形而上学，是一种固化、模式化的思维方式并具有自己的存在论前提。其二，辩证法是没有足够能力处理大量事实时不得不借助的低端工具，或自己无法迈出步伐时不得不借助的"拐杖"。针对这种误解，防止辩证法成为固化、僵化的机械套用模式，保持辩证法的开放性就至关重要。我们将在本章中论证，马克思在《资本论》中充分展现了一种辩证法的开放性，这种开放性足

---

① 马克思恩格斯全集：第 44 卷．北京：人民出版社，2001：20.
② 马克思恩格斯选集：第 3 卷．北京：人民出版社，2012：513.
③ 同①19.

以提防辩证法沦为固化、僵化、机械、模式化的"形而上学"。

2. 现实先于逻辑：开放性的存在论基础

所谓辩证法的开放性是指，为了防止辩证法固化、极端化为一种僵化、模式化、普遍化的思想，成为可以随处机械套用的方法，必须在辩证法追求本质、规律、整体、理想时保持对于特殊、经验、实践的开放性，以便获得一种结构性张力、一种矫正其固化可能性的力量、一种自我反思和批判的力量，防止辩证法的自我封闭和僵化。这种辩证法固化、僵化为机械套用模式的可能性，至少在《资本论》时期就已存在。马克思在《资本论》中高度重视了这个问题，自觉应对了这个问题，充分思考了这个问题。保持辩证法的开放性，就是应对、解决这个问题的关键所在。**开放性首先表现在存在论上。**

第一，辩证法是发生在现实之中的逻辑，是从现实中提炼出来的，而不仅仅是从思维、语言中提炼出来的主观的东西。最初的辩证法诞生在思维、语言、逻辑领域，系指在思维某些复杂存在中并用语言来表达思维成果时所形成的某种方法或思想。它与其说是从所探究的存在本身中衍生出来的，不如说是囿于认知者的能力、所具有的手段而不得不造出来的。就是说，它是跟认知者的主观能力、掌握的手段根本相关的，不是跟存在本身的本然结构根本相关的。与马克思在《资本论》中的辩证法最密切相关的黑格尔辩证法更是如此。它直接就是在意识或逻辑层面发生的东西，并以纯粹的形式呈现在哲学之中。如果说在自然、社会层面也存在辩证法，那都是意识、逻辑层面的纯粹辩证法向自然和社会领域的推广、表现和印证。立足于意识或逻辑层面的辩证法很容易沦为一种固化、僵化、机械套用的模式，在形式上显得死板和机械，对此马克思心知肚明。对于马克思来说，克服这一点的最关键之处，就是把辩证法还原为一种在社会存在和社会发展的形式中直接孕育出来的东西。就这种东西的孕育和发生而言，其根本之处不是提炼、表现它的主观形式，而是现实本身的结构和变迁。对此马克思说得很清楚："我的辩证方法，从根本上来说，不仅和黑格尔的辩证方法不同，而且和它截然相反。在黑格尔看来，思维过程，即甚至被他在观念这一名称下转化为独立主体的思维过程，是现实事物的创造主，而现实事物只是思维过程的外部表现。我的看法则相反，观念的东西不外是移入人的头脑并在人的头脑中改造过的物质的东西而已。"①

第二，现实是一种整体存在，不认可自中世纪奥卡姆主义、司各脱主义至现代自由主义的个体独立论观点。把辩证法的存在论根基从语言逻辑还原为现实的社会历史，为辩证法的开放性奠定了坚实的根基。接下来的问题是，作为辩证法存在论根基的现实的社会历史是一种什么样的存在呢？

它是一种整体性存在！辩证法自古就不认可从古代斯多葛主义到中世纪奥卡姆主义、司各脱主义的那种个体论观点：任何一个个体都完满地分有了一类事物的所有本质和性质，并因此根本不用依赖于任何其他事物而独立存在。任何个体都是一个完满规定的、简单地包含了整体本质的不可分的单子，而且它具有存在论上的优先性、基础性和根本性。只有先肯定这种个体独立性，才能进一步分析事物之间的关系、结构和整体。辩证法绝不这样看待世界，它用关系本体论替代个体自足自立论。在个体自足自立论认定一个事物的地方，辩证法都视之为一种关系性存在。关系优先于个体存在。事物首先是一种关系，尔后才可能是一种个体存在。就像奥尔曼所正确指出的，马克思的哲学"将任何事物所处的关系都看作该事物自身的本质，于是这些关系中的任何重要变化都意味着它所存在的那个系统的一种质变。由于构成现实的基础不是事物而是关系，一个概念的含义可以根据它想要表达的特殊关系的程度而发生某种变化"②。

关系决定事物。事物首先是一种关系性存在，不是一种个体性存在。意思是说，在《资本论》探究的社会历史领域中，任一事物成为自己都取决于、得益于在一种复杂的关系结构中从各个关系方那里获得的支撑、刺激、作用；没有这些支撑、刺激、作用，任一事物都无法成为这样的自己。任一事物成为自己的关键，不是自身无关于其他存在的个体性，而是所处于其中的关系结构。所以，事物都首先是一种关系而不是个体性存在："对马克思社会现实观中的所有要素而言，关系都是不

---

① 马克思恩格斯全集：第44卷.北京：人民出版社，2001：22.
② 奥尔曼.辩证法的舞蹈.北京：高等教育出版社，2006：序言Ⅵ-Ⅷ.

能简化的最小单位。"① 任何事物都是关系体中的一个环节，都不是能够独立于其他关系体中其他事物而独立存在着的东西。商品就是这样一个环节。资本也首先是一种关系，而不是有形的货币或资产。正像马克思在论述生产、分配、交换、消费的关系时指出的，"不同要素之间存在着相互作用。每一个有机整体都是这样"②。奥尔曼据此认为，"马克思称为'相互作用'（或'相互的影响'或'相应的作用'）的东西只是因为发生在一个有机整体的内部才是可能的"③。即先肯定独立自存的个体事物，尔后再把它们整合起来，并探究它们相互之间的作用，包括作用和反作用，都不是马克思主义所坚持的观点。因而，经济基础与上层建筑之间、社会存在与社会意识之间，以及其他 A 与 B、C 与 D 之间的作用，绝不能在机械的关系中来理解，而只能在有机整体内部的关系中来理解。（这一点，阿尔都塞也曾明确强调过。）所以，"马克思在分析中所面对的问题不是如何把独立的部分联系起来，而是如何把社会整体中到处都能找到表述的有用要素个体化"④。关系是首要的和在先的，而个体是次要的和在后的。这是马克思社会存在的本体论所坚持的一个基本主张。

3. 现实与事实的相互开放：兼评莱文 割裂马克思与恩格斯

由此，辩证法在现实优先和整体性在先的前提下，从整体与特殊、现实与事实之间的一致性出发，坚持一种立足事实面向整体性和立足现实面向事实性的双向开放。从关系体出发，可以进一步走向更大的关系体、更大的整体，也可以走向另一个方向对个体、细节的关注。该走向哪里取决于辩证法在特定情境下所面临、要完成的任务是什么。辩证法不固守任何东西，更不固守在任何固定的地方，需要走向哪里，它就会走向哪里。辩证法绝不固执一端而故步自封。双向的开放性是辩证法之

① 奥尔曼. 辩证法的舞蹈. 北京：高等教育出版社，2006：22 - 23.
② 马克思恩格斯全集：第 30 卷. 北京：人民出版社，1995：41.
③ 同①25.
④ 同①34 - 35.

为辩证法的一个关键。

这就意味着，立足于整体得出的规律与特殊性之间、同一性与非同一性之间、整体性"现实"与具体的特殊性"事实"之间，存在着一种相互需要、不可绝对分开的一体性关系，不但相互不矛盾，反而相互关联、相互需要、相互支撑。但是，探究《资本论》辩证法的诺曼·莱文却不这样看。他把注重整体性现实的立场判给马克思，把注重经验、特殊性事实的立场归于恩格斯。硬是在本不矛盾的两者之间看出了不共戴天的矛盾关系。这是不理解《资本论》辩证法，尤其是不理解辩证法的开放性的表现。

莱文认为，马克思强调整体性现实，而恩格斯看中的是经验、特殊性事实。"马克思的方法论更接近于黑格尔，他从过程的总体开始，再展开到其特殊性的功能表现。恩格斯则更靠近 19 世纪科学的经验论传统，他从特殊出发，各部分累加的结果便构成了一般。"① 他认为恩格斯对马克思《资本论》手稿的修改加工突出地展现了"由马克思的总体性概念到恩格斯的特殊性概念的'重点的转移'"，认为"虽然恩格斯的表述再次使行文更为明白，但它却减弱了马克思对总体性和全面规定性的强调"②。恩格斯总是把马克思对结构相关性的强调引向经验、自然科学、简单的因果决定论。这里，莱文过分凸显了两个人的区别和差异。其实，重视总体性的马克思绝不是忽视具体的经验数据、材料，对具体的事实细节马克思也非常重视。对于马克思来说，强调结构性、总体性绝非可以忽视具体的经验数据和细节。毋宁说，马克思对结构性、总体性的重视，以及这种重视中体现出来的现实性关怀，恰恰是以对经验事实、具体经验材料同样高度重视为前提的，或者说，两种重视在马克思这里绝不矛盾，而是在前后期、在强调不同方面和环节时各有侧重罢了。结构性、总体性的得出，恰恰就是以大量的实时观察、收集、甄别、分析为前提的。即使得出某种结构性和总体性，也绝不是一劳永逸地不必更改、只需不断地吸收具体细节和经验材料就可以的，而是必须随着现实本身的发展变化而调整更新。从结构性、总体性的视角出发，致力于揭示现代社会奥秘的辩证法描述现代社会发展轨迹的辩证逻辑，就必须对具体事实、经验材料保持高度的开放性。这种开放性不仅是出

① 莱文. 辩证法内部对话. 昆明：云南人民出版社，1997：272.
② 同①282.

于补充细节使自己的分析更加丰富具体的需要，也是出于时刻提醒自己不要沦为用一种固定不变的结构模式筛选、敌视众多难以进入这种模式的具体材料的抽象形而上学的需要，是出于在已确立的结构模式与不断更新的社会现实之间相互适应、相互对照从而不断进化发展的需要。就像莱文所指出的，"马克思的工作方式要求他在使自己的意见形诸文字之前一定得阅读有关的题目。他要求在把自己的观点公之于众之前得详尽地占有事实。他在学生时代养成的学术研究习惯一直保持着，终生不变，这种习惯就是对事实的渴求和对定义明晰性的需求"①。渴求事实并不是掉进琐碎事实的海洋无法自拔，而是在尽可能把握更多事实的基础上把握到作为主导趋势的规律，并在此基础上不断地关注、重视新产生的大量事实，进一步把有意义的新事实纳入对总体现实的解释之中。这是使被把握的"现实"常新所必需的。

显然，这里关注的整体性"现实"与特殊性"事实"的不同，是辩证法内在的一种不同和差别。它们两者之间需要不断地相互支撑和补充，需要相互向对方的高度开放。从这样的角度看，当莱文得出结论，说马克思对过程、总体性、结构性等的重视，以及通过这种重视所表现出来的对自由主义经济学的批判，被恩格斯"转向了一种经验的科学发现"，转向了对经验事实的实证主义强调时，他显然是把意志固有张力中的一种关系、一种区别固化了，绝对化了。这本身就是对《资本论》辩证法的漠视和不理解。

4. 方法论的开放性：立足普遍规律对特殊、非同一性的开放性

就其本质而论，在人们通常的印象里，辩证法首先是对更大整体的追求，是对在更大整体中呈现出来的社会现实的追求，是对跟这种现实根本关联着的规律、本质、结构、总体的追求。在某种意义上，能够使这样的规律、本质、结构、总体呈现出来的方法构成了辩证法的核心内容。马克思在《资本论》二版跋中谈到与叙述方法不同的研究方法时

---

① 莱文. 辩证法内部对话. 昆明：云南人民出版社，1997：251.

说，"研究必须充分地占有材料，分析它的各种发展形式，探寻这些形式的内在联系。只有这项工作完成以后，现实的运动才能适当地叙述出来"①。就"现实"是一种本质把握而言，被叙述出来的"现实"就好像是一个"先验的结构"："这点一旦做到，材料的生命一旦在观念上反映出来，呈现在我们面前的就好像是一个先验的结构了。"② 这个好像是先验的结构在认识论上依赖于对大量的经验材料的占有，依赖于遵从特定的方法对这些材料的鉴别、分析、批判、整理、归纳。这个好像是先验的结构构成辩证法的核心诉求，或者核心诉求的关键点，是让人们能沿着它无限求索下去的关键点。

　　我们知道，在《资本论》中，这个被逐渐叙述出来的"现实"需要通过从抽象到具体的方法才能摆脱其特定阶段上的"抽象性"，不断走向"思维的具体"，获得更加完善的呈现。在特定阶段上把握到的"规律"，就是这样的不同阶段、不同水平上得以呈现的"本质""现实"。它作为代表必然性、稳固性联系的规律，作为辩证法诉求的东西在对大量偶然性、经验材料的整合中呈现出来。的确，规律的呈现是排除了大量的偶然性联系、大量的经验材料，是在一个足够多、足够大的整体中才能发生的，因此势必是了解内情的研究者通过大量的学术工作才得以呈现出来的。所以，"对资本主义生产过程的现实的内部联系的分析，是一件极其复杂的事情，是一项极其细致的工作"，是一种科学工作。对于大量只了解局部细节、某些环节的具体的当事人来说，他们虽然是直接的当事人，却无法在自己的意识里呈现出这样的规律。对此马克思在《资本论》的多个地方都有说明。③

　　但是，作为必然性、稳固性联系的规律，并不能替代现实中所有的联系，总有一些联系它无法覆盖、无法捕捉进来。所以，规律只是一种主导趋势，即意味着"必然有某些起反作用的影响在发生作用，来阻挠和抵消这个一般规律的作用，使它只有趋势的性质"④，马克思在阐述利润率下降的规律时这样写道。对一般的剩余价值率，马克思认为，它"像一切经济规律一样，要当作一种趋势来看，——是我们为了理论上

---

① 马克思恩格斯全集：第44卷．北京：人民出版社，2001：21-22．

② 同①22．

③ 马克思恩格斯全集：第46卷．北京：人民出版社，2003：348，286，938．

④ 同③258．

的简便而假定的；但是实际上，它也确实是资本主义生产方式的前提，尽管它由于实际的阻力会多少受到阻碍，这些阻力会造成一些相当显著的地方差别，例如，为英国的农业短工而制定的定居法就是如此。但是我们在理论上假定，资本主义生产方式的规律是以纯粹的形式展开的。实际上始终只存在着近似的情况；但是，资本主义生产方式越是发展，它同以前的经济形态的残余混杂不清的情况越是被消除，这种近似的程度也就越大"①。所以，"总的说来，在整个资本主义生产中，一般规律作为一种占统治地位的趋势，始终只是以一种极其错综复杂和近似的方式，作为从不断波动中得出的、但永远不能确定的平均数来发生作用"②。

如果说，为了呈现规律所使用的概念、理论就是要撇开大量的偶然联系，甚至势必把偶然的东西搁在一边，"在进行这种一般研究的时候，我们总是假定，各种现实关系是同它们的概念相符合的，或者说，所描述的各种现实关系只是表现它们自身的一般类型的"③。如果不考虑大量地收集资料、观察、整理、提炼、综合等工作，通过概念、理论、逻辑等形式得以呈现的规律，的确似乎像一个"先验的结构"。但是，"先验的结构"根植于生动的具体，根植于活生生的经验现实。因为这个根基永远处在变动之中，不断有新的需要关注的事情发生，经过较长时间的累积，完全可以对以往的提炼概括形成或大或小的冲击，要求研究者做出相应的修正和更改。所以，普遍规律不是可以永远固定不变的，不能固化、僵化为无需关注进一步的变化而只需永恒坚持的绝对规则。相反，要使辩证方法发现的普遍规律永远成立，就必须向特殊性和偶然性开放：普遍规律的成立不是扼杀特殊性和偶然性的存在与作用空间，而是依不同的领域和历史时期的不同状况留出不同的开放性空间。马克思把规律理解为一种占据主导地位的趋势——理论可以借助日益发达的方法、逻辑把这个主导趋势描绘得很清晰，借助科学建立某种严格的数字化符号化模型，进行一种定量分析。但如果固守这种形式，认定规律一旦成立就排斥所有的特殊性和偶然性，那这种追求普遍规律的辩证法就会沦为传统形而上学，并成为与辩证法对立意义上的形而上学思维方

---

① 马克思恩格斯全集：第 46 卷．北京：人民出版社，2003：195 - 196.

② 同①181.

③ 同①160.

式。不受时空限制的规律在辩证法的视野内是根本不存在的。马克思曾充分肯定伊·伊·考夫曼在《卡尔·马克思的政治经济学批判的观点》一文中的如下观点："经济生活的一般规律，不管是应用于现在或过去，都是一样的。马克思否认的正是这一点。在他看来，这样的抽象规律是不存在的……"①

霍克海默、阿多诺在《启蒙辩证法》中坚定地批评了这种一开始就力图扼杀特殊性、个别性而不断强化普遍性的苏格拉底式辩证法，并在批评这种辩证法出于恐惧拼命致力于建构普遍、永恒、绝对的必然规律，以理性主义信念拥抱巫术、宗教的绝对命运，且远离和否定悲剧文化的特性的过程中与尼采的批评融通起来。的确，如果顽固地强化普遍性而疏远甚至否定特殊性、个别性，把未来与绝对的普遍规律、简单的乐观主义信念等同起来，就是对辩证法本性的否定和消解。尼采对苏格拉底式辩证法的批评，霍克海默、阿多诺对启蒙辩证法可能导致法西斯主义的批判性担忧，在这里跟马克思对辩证法可能堕落为"形而上学"的担忧是一致的。为了保持辩证法的本性，必须在坚持普遍性、规律性的同时，保留对特殊性、个别性、偶然性存在的足够开放的态度，否则会导致辩证法本性的丧失。

5. 对更大整体、更大视野的诉求是一种重要的开放性

对更大整体、更大视野的诉求要求一种更宽更广的开放性。鉴于自由主义日益扩大的影响，方法论个体主义日益甚嚣尘上，必须强调一种正在被忽视的开放性，即对更大整体的诉求中体现出来的是超越狭隘事实、向更大更复杂的整体结构的开放性。卢卡奇在《历史与阶级意识》中充分表达了这种担忧，认为随着分工越来越细，专家越来越多，人们越来越陷入对狭小专业领域的局部关注之中，成为森严壁垒下的井底之蛙。用奥尔曼的话来说就是："存在的破碎与资本主义条件下社会化的片面性特征一起使人们倾向于关注进入他们生活的具体要素——一个人、一份工作、一个地方——而忽视了它们之间的关系，并因此也忽视

---

① 马克思恩格斯全集：第 44 卷．北京：人民出版社，2001：21.

了从这些关系中产生出来的关系范式——阶级、阶级斗争、异化及其他。最近，社会科学强化了这一趋势，它将人类知识的整体打破……"①由此，超越局部性关怀、成就更大的整体性关怀的必要性更加凸显。

但对更大整体的诉求也很容易陷入大而无当的假大空套话之中。如果没有严格的、科学的方法论做基础，这种可能性的发生也并不困难。没有方法论支持的更大整体的追求很容易陷入大而无当的素朴之论，并没有科学的水准。要在追求更大整体的问题上对其加以科学的对待，就必需一种可靠的方法。《资本论》表明，整体性诉求需要一个科学方法论的前提和约束。整体是可以无限大的，能大到什么程度，取决于可靠的方法。只有在依靠具体的方法所能达到的范围内，诉求才是正当的。我们可把握、可谈论、可确切感知的"整体"依赖于我们所具有的方法，以及使用这种方法所能捕捉到的事实与结构的数量、边界。我们只能使用我们的方法去编织有效的网，以便罩住一定范围的事实，构筑更大范围的现实。在这个意义上，现实把握的范围、细节是向更可靠的方法、更坚实的努力、更强的认识能力永远开放的。在这样被把握的现实中，可能性、盖然性、潜在性是具有明显的地位的，这也是"现实"的一种特定的"开放性"所在。恰如奥尔曼所说的，"关系观基础上的整体——与这一点可能听起来一样是不同寻常的——永远不可能完成，而且在我所概述的这种传统中，没有一位思想家假装知道所有的细节"②。这里他所说的"这种传统"的思想家主要包括斯宾诺莎、莱布尼茨、黑格尔和马克思。

从生动具体到抽象，再从抽象到思维具体，这是马克思在《资本论》中借鉴并改造自黑格尔的方法。这种方法在从抽象到具体的漫长递进中不断地扬弃先前暂且舍弃掉的因素、关系，成就特定阶段上的"抽象"，以把握住较为纯粹的"本质"。世界以整体形式存在，我们却无法一下子整体地认知它，"我们的头脑与我们的肚子一样不能一口气吞下这个世界整体"③。我们只能借助从抽象到具体的方法，在特定方面舍弃掉一些次要因素与关系，在一个横切面上，以离散形式一点点地靠近

---

① 奥尔曼. 辩证法的舞蹈. 北京：高等教育出版社，2006：序言Ⅳ.
② 同①66.
③ 同①73.

某种范围的整体，"所有关于现实的思考都是从将其分解为可控制的要素开始的。存在的现实可以是一个整体，但为了被思考和传达，它必须被分解"①。分解后再在进一步走向思维具体的更高阶段的过程中不断地把先前舍弃掉的因素、关系尽力纳入进来，成就一个不断扩大的整体，越来越接近现实的思维具体意义上的整体。

在这个过程中，跨学科的视野也是非常重要的。《资本论》不只是经济学的，更不只是哲学的，而是包含了社会学、政治学、历史学、人类学、文学、法学等诸多学科视野在内的。无论是要超越局部的狭隘学科视野，还是要超越局部的时间阶段，要看清把资本主义永恒化、自然化的资本主义意识形态，都需要一种跨学科的、涵盖更大时空的学术视野。正如哈维所说的，《资本论》所处理的大量材料来自多学科的视角，"马克思的研究方法来自现存的一切，基于所有事物经历过的现实，同时也始于政治家、经济学家、哲学家、小说家和其他类似的人们对各自经历的全部的、可获得的描述。他把所有这些材料置于严肃的批判之下，以发现能够说明现实运行方式的简单而有力的概念。这就是他所说的从具体到抽象的方法，即，我们从我们周围直观的现实着手，进而更深入地观察对现实起基础作用的概念"②。

马克思充分体验到分工带来的效率与进步，更同时看到基于分工扩大而随之带来的合作的迫切性、必要性。的确，"没有这种分工就没有商品生产"③，私人性成为社会性，社会性水平不断提高，是最大的现实。社会性的共同作用场域，为辩证法构筑了坚实而复杂的基础。辩证法就发生在这个基础之上，并在这种社会性作用中孕育着更大的整体性联系、更大的视野和力量。恰如梅洛·庞蒂所说，只有在社会性中才存在辩证法："只有在这种类型的存在中（诸主体的结合在这里得以发生，它不仅仅是每个主体为其自身而提供的一道风景，而是这些主体的共同居所，是它们进行交换和相互结合的场所），才存在着辩证法。辩证法不像萨特所说的那样表现为一种目的性，即全体在那种按其本性以分离的部分存在的东西中的在场，而是一个经验场——每一要素在这里都向其他的要素敞开——的整体的、原初的融合。它总是自认为是某种经验

① 奥尔曼 . 辩证法的舞蹈 . 北京：高等教育出版社，2006：73.
② 哈维 . 跟大卫·哈维读《资本论》. 上海：上海译文出版社，2014：8.
③ 马克思恩格斯全集：第 43 卷 . 北京：人民出版社，2016：32 - 33.

的表达或真理（在这里，主体之间，或主体与存在之间的交流事先就被确立了）。这是一种并不构造整体，而是已经处在整体中的思想。它有一个过去和一个将来，它们并不是对它自身的简单否定，只要它还没有过渡到其他的视角或他人的视角之中，它就是未完成的。"① 这就进一步引出了又一种开放性：基于未来塑造的、与实践行动密切相关的开放性。

对更大整体的追求是一种开放性的要求。这不意味着建构一种无所遗漏的整体，而是据合理、科学的方法对整体性视野的追求，是一种基于科学方法而变得可操作的开放性需求。

6. 永无止境的理想追求：永远向未来的可能性开放

马克思在《资本论》二版跋中明确指出："辩证法在对现存事物的肯定的理解中同时包含对现存事物的否定的理解，即对现存事物的必然灭亡的理解；辩证法对每一种既成的形式都是从不断的运动中，因而也是从它的暂时性方面去理解；辩证法不崇拜任何东西，按其本质来说，它是批判的和革命的。"② 辩证法理解现实，把握整体的目的就是向着更光明的未来推进现实，把富有前途的趋势实现出来。社会现实的未完成性、开放性，是辩证法寄予希望的所在。当诺曼·莱文说辩证法有两个方面，一个是作为社会分析的方法，另一个是作为行动的指南时，他是对的。"行动的指南"是"社会分析"的目的所在。辩证法的第二个方面比第一个方面更根本、更接近且更能通向其最终目标。

辩证法从运动、发展的角度看待世界及一切事物，目的就是在发展中发现通往美好未来之路，在现实中探寻所向往的价值不断实现的基础、趋势、条件，并通过实践主体的积极作为予以推进。作为"行动的指南"，辩证法永远是现实根基与永无止境的理想追求之间的中介、桥梁。如奥尔曼所说，辩证法的描述是为了给工人阶级提供一种行动的指南，有助于推动他们的行动和维护他们的利益。"未来是作为一种选择

---

① 庞蒂. 辩证法的历险. 上海：上海译文出版社，2009：238.
② 马克思恩格斯全集：第44卷. 北京：人民出版社，2001：22.

被提出来的，其中惟一不能选择的是我们已经拥有的东西。"① 而"我们能够选择的是在这一斗争中站在哪种立场上以及如何进行斗争。辩证地理解我们被社会所决定的角色，辩证地理解构成我们现在的同样必然的限制性和可能性，这为我们做出自觉而明智的选择提供了机会。对必然性的认识正是以这种方式宣告了真正自由的开始"②。

我们认为，作为"行动的指南"的辩证法有这么几个特点：

第一，辩证法的理想不是绝对、固化的东西，而是与特定的社会历史处境高度结合的超越性存在。它无法不顾历史处境随意挪移，更无法不顾历史处境生长，而必然随着现实变化而不断调整和变更。不顾历史处境的挪移、强行实施往往可能产生相反的效果。马克思早就说过，"共产主义对我们来说不是应当确立的**状况**，不是现实应当与之相适应的**理想**。我们所称为共产主义的是那种消灭现存状况的**现实的**运动。这个运动的条件是由现有的前提产生的"③。辩证法的理想绝不是一种达到某种状态就固定住、就此维持住的东西，而永远是一种基于现实因而有矛盾和问题需要继续求解的超越性存在，并永远向随时随地变更、复杂化的现实开放着，也被约束着。

第二，辩证法总是具有超越性，总是具有"理想"的特征。马克思绝没有因为现代社会创造了巨大的生产力，带来了前所未有的进步而对这一社会大加赞赏，反而坚决批评过度美化现实的资本主义意识形态。把共产主义理想从乌托邦提升到科学，绝不是把理想完全等同于现存，而只是把理想建构在坚实的根基之上。这就意味着，辩证法的理想目标内在于已得到科学剖析的现实之中，因而与正在发生、发展着的历史主导趋势内在一致。历史发展的主导趋势构成辩证法理想的客观基础，比如自由、全面的发展就是如此。在《资本论》中，马克思论证了资本逻辑的展开必定带来生产力的不断发展，从而可以为人的全面发展提供一个历史性的基础。"培养社会的人的一切属性，并且把他作为具有尽可能丰富的属性和联系的人，因而具有尽可能广泛需要的人生产出来……这同样是以资本为基础的生产的一个条件。新生产部门的这种创造，即从质上说新的剩余时间的这种创造，不仅是一种分工，而且是一

①　奥尔曼. 辩证法的舞蹈. 北京：高等教育出版社，2006：15.
②　同①16.
③　马克思恩格斯选集：第1卷. 北京：人民出版社，2012：166.

定的生产作为具有新使用价值的劳动从自身中分离出来；是发展各种劳动即各种生产的一个不断扩大和日益广泛的体系，与之相适应的是需要的一个不断扩大和日益丰富的体系。"①

第三，具有超越性的理想就在现实之中。虽然资本感兴趣的是利润、剩余价值，但资本运作速度的不断加快，新技术、新产品的不断推出和运用，势必推动劳动者不断加快劳动技能的更新，发展、锻炼更多的技能，适应更多的劳动类型和需求。同时，必要劳动时间的缩短也使劳动者获得了更多的自由支配时间，可用于其他才能的锻炼和提高。多样化、快速的转型使得劳动者具有更多选择，更有可能贴近自己的个性，实现更全面的发展。在这样的意义上，马克思断定，资本可以为个性的实现创造基础："资本作为孜孜不倦地追求财富的一般形式的欲望，驱使劳动超过自己自然需要的界限，来为发展丰富的个性创造出物质要素，这种个性无论在生产上和消费上都是全面的，因而个性的劳动也不再表现为劳动，而表现为活动本身的充分发展，而在这种发展状况下，直接形式的自然必然性消失了；这是因为一种历史地形成的需要代替了自然的需要。"② 通过这些论证，马克思把全面发展、个性发展的"理想"呈现为一种正在资本的现实运行中发生着的趋势。只要进一步地去除资本所带来的资本主义限制，就可以进一步实现已存在但被资本限制着的客观趋势。

第四，处于生成中的客观趋势绝非注定，而是需要实践推动，需要付出艰辛的努力甚至某种牺牲才能成就。实践推进首先是出力流汗的劳动，只有它才能创造这种条件，充实、奠定自由所需要的物质基础；尔后才能是变革社会关系的实践、创造性活力得以释放的实践等。历史唯物主义的辩证法超越了浪漫主义，不再像浪漫主义那样寄希望于散发光彩的反讽，靠未被污染的内在自我去改造和突破越来越强大的合理化体系，而是在往往需要出力流汗、辛苦紧张的劳动中不断奠定自由与解放所需要的物质基础。在此基础上，或与此同时，才把变革社会关系的实践纳入议事日程。马克思对此有明确的论述。在《1857—1858 年经济学手稿》中，他提醒我们，"如果我们在现在这样的社会中没有发现隐蔽地存在着无阶级社会所必需的物质生产条件和与之相适应的交往关

---

① 马克思恩格斯全集：第 30 卷．北京：人民出版社，1995：389.
② 同①286.

系，那么一切炸毁的尝试都是唐·吉诃德的荒唐行为"①。除了奠定坚实的物质基础，马克思还特别强调集体、团结、组织的力量，呼吁"工人必须团结一致，通过集体的努力，用阶级的力量筑起一道不可逾越的屏障，一个社会的屏障，使自己不致再通过'自由的契约'把自己和后代卖给资本受奴役和送死"②。马克思的辩证法与其说寄希望于独立个体，不如说寄希望于有组织、有自觉意识的阶级主体。只有他们的实践才能承担起辩证法赋予的重大历史使命。马尔库塞说得对，"真理并不是固定地和自动地从先前的状态中产生；只有依靠人的自主活动取消现存状态的整体，它才能产生"③。辩证法通过视界的扩展、科学方法论的帮助、物质基础的具备所获得的一切资源和可能性，最后都诉诸历史主体的实践行动及其作为。辩证法最后对之开放着的巨大历史空间，永远都是历史主体的创造性实践。只有在这种实践的运作和推进中，辩证法才永远富有希望，富有力量。

① 马克思恩格斯全集：第 30 卷 . 北京：人民出版社，1995：109.
② 马克思恩格斯全集：第 43 卷 . 北京：人民出版社，2016：314.
③ 马尔库塞 . 理性和革命：黑格尔和社会理论的兴起 . 上海：上海人民出版社，2007：267.

第十章　辩证看待"形而上学"：重思马克思、恩格斯的"形而上学"

　　"形而上学"一度是启蒙哲学反思重建的主题。被启蒙哲学批判的传统形而上学，往往被视作为现代启蒙否定和拒斥的那些东西奠定基础，或直接表现为那些东西的存在。启蒙本身也需要并直接意味着一种形而上学。由此，启蒙哲学对"形而上学"抱有一种既恨又爱的态度，反思、批评和重建、重构是一体两面的关系。就马克思、恩格斯而言，这首先是在"形而上学"作为一种学科分支的意义上而言的，其次也是在"形而上学"作为一种思维方式的意义上而言的。在尼采那里，形而上学甚至还意味着一种价值观、存在方式和世界观。无论作为学科分支还是思维方式，"形而上学"都与启蒙辩证法产生了千丝万缕的联系。在马克思主义哲学的范围内，作为思维方式的"形而上学"影响很大、影响甚广。这种意义上的"形而上学"与"辩证法"直接作为一组根本对立而存在。这种"形而上学"与"辩证法"构成一种根本对立，从而也就构成启蒙辩证法的一个根本范畴。从启蒙哲学到历史唯物主义，我们应该如何看待这种"形而上学"呢？

　　"形而上学"在马克思主义哲学中主要是作为跟辩证法对立的一种思维方式来看待的。除了思维方式的含义，它还可以指一种跟认识论等并列、主要研究实在的最基本的成分与特征，或研究最普遍范畴的哲学分支学科，并一直存在于现今的哲学之中。随着近年来人们对作为哲学分支学科的"形而上学"研究热情的提高，这种意义上的"形而上学"其积极性和必要性日益得到人们的肯定。相比之下，作为辩证法对立意义上的"形而上学"几乎成了绝对的贬义词。可在我们看来，即使是作为思维方式的"形而上学"，如果把它视为辩证法的绝对对立面，把辩证法与形而上学的关系看作正确与错误的关系，也不符合马克思、恩格斯的看法。遵循马克思、恩格斯的看法，我们应该辩证、合理、历史地看待两种意义上的"形而上学"。对"形而上学"，我们也要采取辩证法的立场。

1. "形而上学"：作为方法与作为哲学学科分支

作为哲学分支学科的"形而上学"由来已久。据尼古拉斯·布宁、余纪元编著的《西方哲学英汉对照辞典》的说法，"现在，形而上学一般是指对实在的最基本的成分或特征的研究（本体论），或者对我们在叙述实在时所用的最基本概念的研究"①。就后一句话来说，它致力于研究最普遍的范畴，以及由此构成的概念框架。这些范畴构成任何一种观点的逻辑前提。"我们所有的知识，都依赖于形而上学的观点，我们所有的思想也都包含着形而上学的思想"，在这个意义上，"形而上学是不可避免的"②。立足于中国传统思想的视角，"形而上学"或许可以理解为人对自己的经验、具体状态不断超越的倾向，而自觉地转换自身生存状态就是"形而上学"的原本内涵。按照俞宣孟的看法，西方传统形而上学超越经验的特点日益暴露出其缺陷，需要重思、重建；而中国传统形而上学"在全域与局部的关系中对全域的倚重，在长远与眼前的关系中对长远的照应，在义与利的关系中对义的强调，这个上上下下地转换自己状态的过程，就是形而上学的活动"。西方传统形而上学的终结，呼唤新的形而上学的启动。"西方传统的形而上学终止了，新的形而上学必将繁荣起来。"③

与当代中国面临的情形类似，马克思、恩格斯登上学术舞台时也面临着"形而上学"的危机与转型。他们在其思想早期也常在学科分支的意义上使用"形而上学"这个概念，认为这种"形而上学"在追求抽象、普遍、永恒的真理时，似乎已经脱离了由以发生的具体历史环境，

① 布宁，余纪元. 西方哲学英汉对照辞典. 北京：人民出版社，2001：614.
② 格拉切. 形而上学及其任务. 济南：山东人民出版社，2008：241.
③ 俞宣孟. 将形而上学进行到底. 南国学术，2014（2）：57.

无视甚至不知道自己的经验基础和界限。马克思对此曾批评道"哲学的形而上学真理不知道政治地理的界限"①。恩格斯曾谈到莱布尼茨的形而上学体系，谈到黑格尔哲学还包括跟逻辑学、自然哲学、精神哲学并列的形而上学部分，并肯定英国哲学"专心于纯粹实践，对形而上学等毫不关心"②。显然，作为哲学分支学科的"形而上学"在那个时代日益脱离经验实际，在追求抽象、普遍和永恒存在时形成了一种较为固定的思维方式，沾染上了明显的毛病和缺点。

由此，"形而上学"日益被他们从方法、思维方式的意义上看待，日益从哲学分支学科转向思维方式、思维方法。在批评蒲鲁东时，马克思指出："在黑格尔看来，形而上学同整个哲学一样，可以概括在方法里面。"③ 这种方法尤重抽象，会撇开具体、历史的存在与关系建立一些不受具体和历史处境影响的逻辑范畴与逻辑关系。"所以形而上学者认为进行抽象就是进行分析，越远离物体就是日益接近物体和深入事物。这些形而上学者说，我们世界上的事物只不过是逻辑范畴这种底布上的花彩；在他们自己看来，这种说法是正确的。"④"形而上"的抽象逻辑构架成为本质、主流，"形而下"的具体、历史事实却成为现象、支流。对此，马克思以所有权分析为例判定这种方法是一种形而上学的方法："在每个历史时代中所有权以各种不同的方式、在完全不同的社会关系下面发展着。因此，给资产阶级的所有权下定义不外是把资产阶级生产的全部社会关系描述一番。要想把所有权作为一种独立的关系、一种特殊的范畴、一种抽象的和永恒的观念来下定义，这只能是形而上学或法学的幻想。"⑤ 这里已经道出"形而上学"方法的简单易行、粗线条甚至靠逻辑推演得出结论等诸特点了。只是，马克思的兴趣点在用逻辑归纳、逻辑演绎替代复杂的和具体的详细考察这个方面，而不是这种简单方法适合日常的场合或者适用于心智不成熟的人这个方面。

在探究"如何确定形而上学的特征"这个问题时，格拉切指出了四种传统观点：Ⅰ. 以形而上学对象为基础予以区分；Ⅱ. 在方法上寻找

---

① 马克思恩格斯全集：第 1 卷 . 北京：人民出版社，1995：215.
② 马克思恩格斯全集：第 3 卷 . 北京：人民出版社，2002：516.
③ 马克思恩格斯全集：第 4 卷 . 北京：人民出版社，1958：139.
④ 同③141.
⑤ 同③180.

形而上学的特征；Ⅲ．在目的上找到形而上学的突出区别；Ⅳ．通过形而上学所产生的知识的种类区分形而上学与其他学科。① 由此而论，马克思、恩格斯显然主要是从Ⅰ和Ⅳ来谈论"形而上学"的。除了在学科分支意义上使用，他们更多是指在一种思维方式的意义上使用"形而上学"这个词。这个意义上的"形而上学"是指跟经验相对立，落不到实处，或者过于强调普遍、抽象的东西的一种方法倾向。马克思早期强调形而上学脱离经验的特点，说一个命题"把经验的事实歪曲为形而上学的公理"②。恩格斯也是这样使用"形而上学"的，说休谟的怀疑论"由于无法明确作出判断，因而仍停留于形而上学的理论"③，还说空想社会主义"太学究气、太形而上学了"④。它只跟纯粹精神打交道："仅仅同'**精神**'、纯粹的思想等等打交道，按其行业来说是形而上学者。"⑤ 马克思说："国家的各种规定的实质并不在于这些规定是国家的规定，而在于这些规定在其最抽象的形式中可以被看作逻辑学的形而上学的规定。"⑥ 强调用"逻辑本身的事物"取代了"事物本身的逻辑"，暗示着形而上学与逻辑学的内在一致。有时甚至干脆把两者等同起来，说"逻辑学家或形而上学者"⑦。

在此意义上，他们还强调此种"形而上学"的其他含义。

第一，追寻背后的本体，即作为现实存在的根本。《神圣家族》中批评鲍威尔在现实的人类个体背后塑造了一种"形而上学的主体"，现实的个体仅仅是其体现。**试图洞察事物的根本**，是"形而上学者"的一个特点。第二，一种具有经验基础的哲学抽象，似乎不一定具有十足的贬义。如"把所有各式各样的人类的相互关系都归结为**唯一的**功利关系，看起来是很愚蠢的。这种看起来是形而上学的抽象之所以产生，是因为在现代资产阶级社会中，一切关系实际上仅仅服从于一种抽象的金钱盘剥关系"⑧。这既是一种易发生的事实，也是一种批判。作为哲学

① 格拉切．形而上学及其任务．济南：山东人民出版社，2008：15.

② 马克思恩格斯全集：第3卷．北京：人民出版社，2002：34.

③ 同②530.

④ 马克思恩格斯全集：第2卷．北京：人民出版社，1957：526.

⑤ 马克思恩格斯全集：第3卷．北京：人民出版社，1960：197.

⑥ 同②22.

⑦ 同④19.

⑧ 同⑤479.

抽象，完全可以具有实在的经验基础，只是它力图超脱这个基础而位于更高的抽象层面了。这个意义上的"形而上学"不一定是无意义的。当他们认定斯宾诺莎的"实体""是形而上学地改了装的、**脱离人的自然**"，而费希特的"自我意识""是形而上学地改了装的、**脱离自然的精神**"，黑格尔的"绝对精神"则"是形而上学地改了装的以上两个因素的**统一，即现实的人和现实的人类**"① 时，就是如此。把个人与社会的关系形而上学地解说成个别性与普遍性的关系，从而"由形而上学的两面即**个别性和普遍性**的虚构的相互关系引申出来"②，就会平添一种烦琐和麻烦。作为一种更高层次的抽象，体现更一般的关系或存在，倒不一定具有明显的贬义。比如说"对人民来说**行政权**本身应当比立法的**形而上学的**国家职能具有更大的吸引力"③。

但如果过度偏离经验基础，形而上学的确很容易走向一种无视经验事实的逻辑推演之法，甚至成为这种方法的代名词。在《资本论》二版跋中，马克思把季别尔教授所说"马克思的方法是整个英国学派的演绎法"视为一种"关于形而上学的责备"④。这种被责备的"形而上学"随即就与不管事实如何的逻辑演绎类似或同义了。"逻辑演绎"在这里显然具有贬义，但实际上，逻辑演绎也并不一定是脱离经验现实的想象。即使不从经验现实出发，科学意义上的逻辑演绎之法也可能是合理的、可靠的、无可怀疑的。这一点，只有到了后来在批评杜林时才由恩格斯重点提出。这种意义上的"形而上学"在马克思、恩格斯批评施蒂纳的语境中也出现过，比如在他们说"必须研究人们的现实关系，而它们在这些形而上学的关系中获得了别的名称"⑤ 时。显然，这"别的名称"是抽象了的名称，是脱离现实基础后的逻辑推演与想象。这样的"形而上学"就应该是抽象过度了，从基于经验现实基础的抽象走向了对现实的脱离甚至成为现实的对立面。

如果再进一步抽象，"形而上学"就会进一步滑向与神学幻想的等同。批判形而上学与批判基督教继 18 世纪之后由黑格尔"结合起来"⑥

---

① 马克思恩格斯全集：第 2 卷．北京：人民出版社，1957：177.
② 马克思恩格斯全集：第 3 卷．北京：人民出版社，1960：563.
③ 马克思恩格斯全集：第 1 卷．北京：人民出版社，1956：394.
④ 马克思恩格斯全集：第 44 卷．北京：人民出版社，2001：19.
⑤ 同②505.
⑥ 同①159.

之后，从青年黑格尔派经马克思、恩格斯到尼采，沿着这条路，"反形而上学"与"反神学"逐渐并列使用。"形而上学"所具有的幻想性、内在虚弱、形式"完美"，虽然仍具有经验基础，但是使孱弱、朽坏、饱受诟病的东西等进一步得以强化，尼采后来干脆就把形而上学、基督教意识形态、虚无主义等同起来。根据这种思路，基督教之所以采取形而上学的幻想，是因为它本来就缺乏现实的力量与手段，本来就基础薄弱，本来就无法通过现实的途径实现，只能通过幻想与幻觉获得一种变相的实现。

第三，作为哲学分支学科的"形而上学"就是研究一般存在或普遍范畴的，其学科性质几乎就注定了它只能用纯思辨的方法来阐述经验以外的各种问题，但并不一定导致静止、片面的形而上学思维方式。所以，问题不在于抽象、思辨，而在于抽象是否具有足够的经验基础和历史基础，在于思辨是否跟辩证法结合了起来。并不是抽象、思辨就必定是否定事物的联系、变化，否定总体性、整体性的。19世纪庸俗、浅薄的唯物主义虽然本来不思辨，但却往往采取传统形而上学的思维方式，刺激思辨形而上学的流行。黑格尔的哲学（包括那作为哲学分支学科的"形而上学"）虽是思辨的，但却内含着深刻的辩证法思想，其思维方式是辩证的。所以，根据马克思、恩格斯后来的看法，"思辨"完全可以与辩证法融合，而不思辨也不一定导向辩证法；也就是说，"形而上学"作为学科分支与作为思维方式并不完全一致。1891年11月1日在致康·施密特的信中，恩格斯谈到黑格尔探究逻辑学范畴（即作为学科分支的"形而上学"）时，再次强调黑格尔的逻辑学范畴体系中存在着深刻的辩证法，印证作为哲学学科分支的"形而上学"与作为思维方式的"形而上学"并不绝对一致：探究抽象范畴的"形而上学"并不必定导致形而上学的思维方式，而完全可能成就辩证法。恩格斯在信中提到《小逻辑》第26节沃尔夫对莱布尼茨的修改是一种"**历史**意义上的形而上学"，由于黑格尔"形而上学"著作中蕴含的辩证法因素，使得"不读黑格尔的著作，当然不行，而且还需要时间来消化"①。这显然肯定了作为学科分支的"形而上学"的历史意义与积极意义。

第四，非常细微的具体含义。在恩格斯研究自然辩证法时期，鉴于

---

① 马克思恩格斯全集：第38卷．北京：人民出版社，1972：202，201．

自然科学的发展、实证主义的时兴、以科学新材料武装起来但实则"同十八世纪的唯物主义几乎完全没有差别"的庸俗唯物主义在呼唤传统形而上学，使得"应该用什么方法对待科学?"成为一个需要严肃探究的问题。恩格斯认为，传统的浅薄唯物主义不行，"平庸的、现在重新时兴的、实质上是沃尔弗式的形而上学的方法"① 也不行，只有形式上思辨、实质上符合科学精神的黑格尔辩证法（的唯物主义改造）才行。值得注意的是，恩格斯在这里是在沃尔夫的思维方式的意义上看待"形而上学"，既没有在哲学分支学科的意义上看待它，也没有在黑格尔的思辨方法的意义上使用它。这种"形而上学"是非常细微的。

所以，不同的"形而上学"会有各不相同的特质与品格。在与经验基础的联系、思辨抽象的合理限度、指涉的范围、时代的背景等方面，会各有差异。虽然都是"形而上学"，但却无法一概而论。如果一概而论，那本身就是极度抽象的"形而上学"做法。当马克思、恩格斯在《神圣家族》中谈及 "**17 世纪的形而上学**和反对**一切形而上学**"时，谈及"**思辨的形而上学和一切形而上学**"② 时，"形而上学"所具有的历史、具体的含义就更明显了。这种用法显然意味着要区分不同时代（17世纪的、黑格尔的）、不同类型（思辨的、非思辨的）的"形而上学"，肯定存在积极的和不积极的"形而上学"。17 世纪的形而上学"还是有**积极的**、世俗的内容的，它在数学、物理学以及与它有密切联系的其他精密科学方面都有所发现。但是在 18 世纪初这种表面现象就已经消失了。实证科学脱离了形而上学，给自己划定了单独的活动范围"③。其后来在 19 世纪的发展更是丧失了这种积极品格。"现在，正当实在的本质和尘世的事物开始把人们的全部注意力集中到自己身上的时候，形而上学的全部财富只剩下想像的本质和神灵的事物了。形而上学变得枯燥乏味了。"④

就此而论，所谓拒斥、否定"一切形而上学"之说，就需要做出具体分析，不能径直一概相信。跟后来的海德格尔一样，马克思、恩格斯有时也爱用"一切形而上学"的字眼。如上述"**17 世纪的形而上学**和

---

① 马克思恩格斯全集：第 13 卷 . 北京：人民出版社，1962：530.
② 马克思恩格斯全集：第 2 卷 . 北京：人民出版社，1957：159.
③ 同②161.
④ 同②161 - 162.

反对一切形而上学"，以及"**思辨的形而上学和一切形而上学**"；如赞赏费尔巴哈时就说"费尔巴哈把形而上学的**绝对精神**归结为'**以自然为基础的现实的人**'，从而**完成了对宗教的批判**。同时也巧妙地拟定了**对黑格尔的思辨以及一切形而上学的批评的基本要点**"①。实际上是为了加强对当时一种具体的形而上学批评的口气和威力，但常常一激动就说一切形而上学。但仔细推敲一下，这个"一切"，最多可以涵盖以往的"一切"，绝不会包括以后的"一切"。它不能用作字面上的、形式上的及包容一切可能类型的形而上学的解释，而应理解为对某一类"形而上学"的判定，是一种加强性的判定。

2. 不同类型"形而上学"的识别

在历史唯物主义创立之后，马克思、恩格斯对"形而上学"一词的使用仍然首先延续了作为贬义词的用法。恩格斯说"形而上学者杜林"②，在致考茨基的信中说法尔曼的文章有"许多形而上学的、即反辩证法的倾向"③，或者马克思在《资本论》第一卷中唯一一次用这个词是在论商品拜物教一节的开头形容商品古怪时所说的"充满形而上学的微妙和神学的怪诞"④，皆是如此。

从这种用法出发，针对"想用简单的形式抽象，直接从一般规律中得出不可否认的经验现象，或者巧妙地使经验现象去迁就一般规律"的做法，马克思称之为"虚伪的形而上学"⑤。但跟早期不同且需格外注意的是，第一，对经验、感性他们不再一味推崇，而是明确反对粗俗的经验主义，认为它可以与虚伪的形而上学轻易通约、转化，以至于说"粗俗的经验主义变成了虚伪的形而上学"⑥。因为他看到，排斥逻辑关系、逻辑简化和抽象的"粗俗的经验主义"跟排斥经验、感性现实的纯逻辑推演与简化，同样是把握不到现实的，两者没有根本差别，同样需

---

① 马克思恩格斯全集：第 2 卷．北京：人民出版社，1957：177.
② 马克思恩格斯全集：第 22 卷．北京：人民出版社，1965：97.
③ 马克思恩格斯全集：第 39 卷．北京：人民出版社，1974：344.
④ 马克思恩格斯全集：第 44 卷．北京：人民出版社，2001：88.
⑤ 马克思恩格斯全集：第 26 卷第 1 分册．北京：人民出版社，1972：69.
⑥ 同⑤.

要提防和拒绝。第二，对以前的观点加以修正了的是，仅仅在逻辑上推演，不对实际生产过程在其中进行的现实关系加以分析的方法与做派虽然还是"形而上学"，但绝不意味着在对现实关系进行分析时没有逻辑推演，没有简化和抽象。所以不能一见到逻辑推演、简化、抽象就立马跟形而上学挂钩。实际上，马克思的《资本论》第一卷考察的虽然是"实际生产过程在其中进行的现实关系"，但他进行了诸多简化，"总是假定商品按其价值出卖。不考虑资本的竞争，不考察信用，同样不考察实际的社会结构，——社会决不仅仅是由工人阶级和产业资本家阶级组成的……"因为此时的马克思明白，"在考察资本的一般性质时，用不着对成为实际生产过程的一切前提的进一步的现实关系加以说明"，这一点很"清楚地表现出来了"①，无需一一论证。针对容易陷入经验细节只能看到直接现实（把握不到本质现实），和容易陷入纯逻辑推演从而可能以"本质现实"为名否认直接现实的极端做法，他们把逻辑必须遵循的"现实"把握为实存与本质的统一，也就是直接现实与本质现实的统一。反映在方法上，就是以逻辑与历史的统一的方法取代了纯历史的和纯逻辑推演的方法。

马克思没有像恩格斯那么多地论及作为思维方式的形而上学，但在《资本论》的研究与写作中，却经常实际地使用舍弃诸多现实关系以便建构理想模型的方法。这种方法有时（特别是在从抽象到具体的初始阶段）为了本质现实的清晰呈现而有意识地简化复杂结构，假定经验现实按理想情况运作。这些方法需要大大简化复杂结构，不管现实如何按理想状况设想并推演，舍弃掉大量实际中不可否认的因素和关系，如果按照极端的标准，它就接近甚至就是以经验存在为根基进行逻辑抽象、采取简单的二元对立（舍弃掉现实中不可能否认的第三、四种复杂因素），甚至"用纯思辨的方法来阐述经验以外的各种问题"的"形而上学"。但马克思、恩格斯明白，离开这些方法，是无法达到对资本主义社会的本质把握的。也就是说，简单的抽象、对诸多现实因素和关系的暂时舍弃、理想模型的构建，是不跟辩证法相互排斥和对立的，完全可以成为辩证法的一个组成部分。关键是能不能把它纳入一个整体的结构之中，把它变成思维具体得以呈现的一个环节，即使是一个初级和很小的环

---

① 马克思恩格斯全集：第 26 卷第 2 分册. 北京：人民出版社，1973：562，563.

节。在这个意义上，应该区分几种不同意义上的"形而上学"：

类型一：不顾事实径直按照逻辑需求进行理论推演的方法。

类型二：借助"对实际生产过程在其中进行的现实关系加以分析"的方法，这种方法有时为了澄清本质现实可能采用通过一系列抽象建构某种简单抽象模型的做法。所以，对某些经验细节的忽略只要无碍于本质现实的呈现，就是合理的。

类型三：研究一般存在的思想与方法。

对类型一，马克思、恩格斯早期和后期的看法没有什么不同。对类型二的看法早期和后期就有不同：早期很容易斥之为跟类型一无甚区别的贬义的"形而上学"，后期就不会了。类型三他们似乎较少关注，或者即使关注也将其认定为没有前途的旧哲学分支。

所以，针对以逻辑推演替代实际考察的做派，早期马克思、恩格斯会极力挞伐，而后期就不会一概否定逻辑推演的作用，而会考察逻辑推演建立在什么基础上。他们会继续批评脱离实际的形而上学抽象，但不会认为一切抽象都是形而上学的。本质现实的探究是需要抽象甚至高度抽象的！在这个意义上，资产阶级政治经济学的形而上学考察也具有一定意义的积极作用：抽象造就了一些简单范畴，从此出发就会继续走向辩证法所最终追求的思维具体。所以，在此意义上，形而上学与辩证法不是绝对对立的，形而上学考察可以在辩证法的某个环节或阶段做出一点贡献。只要不故步自封，只要还继续进步，形而上学的粗浅思考也是可以起到积极的促进作用的。由此，形而上学不再是完全负面的、需要一概拒斥和批判的思维方式和世界观，而是属于一种低级的思维方式和世界观。对于某些特定的人群来说，由于他们心智（如儿童，或我们随便一个刚开始进入某个领域的初学者）暂时还不健全，尚未成熟，是可以正大光明地使用形而上学的思维方式和世界观的。他们使用的"形而上学"是他们继续学习进步的暂时阶段，随着他们的成熟和进步，他们会逐步告别早先不得不使用的形而上学方法与世界观。但现代分工水平的不断提高，使得我们绝大多数人在很不熟悉的领域内，恐怕不得不长期处于初学者、外行的水平，在这样的情况下，又有什么办法能确保我们总能达到辩证法的高级水准呢？达不到高级水准不就得处于形而上学的水平上吗？对于明了这一点的人来说，最合理、最符合辩证法的方式就是沉默，就是采取不随便说外行话的方式让我们的形而上学水准的意见不登大雅之堂。但对许多没有这种自知之明的人来说，或者虽在某个领域颇有水准但超出他的熟悉领域后还惯于夸夸其谈，表达一种明显是形而上学水准的粗陋之见，并以其"专家"身份聊以自慰、迷惑众人，那其实是一种十足的"形而上学"。

按照这样的逻辑，形而上学与辩证法就不再是决然对立的关系，而是逻辑上依次继起、很容易转化的关系。在某些人群、场合、层次上，形而上学是很自然的状态。在当代知识分工水平如此之高的当代，辩证法反而只能局限在很狭小的范围和层次内。在某些领域达到辩证水平的专家，很容易在超出自己熟悉的范围后变为一个形而上学者。辩证法的要求进一步提高了。这种逻辑的推演得到了历史的验证。在《反杜林论》第十二章论述辩证法时，恩格斯明确指出，"辩证思维对形而上学思维的关系，总的说来和变数数学对常数数学的关系是一样的"①。显然，辩证法与形而上学首先不是正确与错误的关系，而是高级与低级的关系。它们分别适用于不同的范围和层次。在分别适用的范围和层次中，形而上学和辩证法各自具有自己的价值和作用。在适合辩证法的范围和层次中使用形而上学，是不合适的、错误的；而在适合形而上学的范围和层次中，套用辩证法也是不合适的、错误的。由此，形而上学具有了一定的自然合理性；辩证法也变得没那么容易达到，绝不是喊几句口号、套用某种方法程式就能达到的。自以为是辩证法的，常常处于形而上学的水准上。

3. 形而上学的正当性之特例

在撰写《自然辩证法》和《反杜林论》探究作为思维方式的辩证法与形而上学期间，在区分坚持固定范畴的形而上学派与坚持流动范畴的辩证法派之不同、对立的前提下，恩格斯强调，固定不变的范畴，虽遭到了自然科学的抛弃，但仍然有其适用之处和范围，即"固定不变的范畴（就好象是逻辑的初等数学，它的日用器具）就已经足够的领域"②。这样的领域其实并不只是存在于心智未完全成熟的中小学生那里，也常

---

① 马克思恩格斯选集：第 3 卷. 北京：人民出版社，2012：499 - 500.
② 马克思恩格斯全集：第 20 卷. 北京：人民出版社，1971：546.

常出现在心智成熟的成人身上。从现实出发，恩格斯肯定了形而上学适用于"相当广泛的领域"："形而上学的思维方式，虽然在相当广泛的、各依对象的性质而大小不同的领域中是正当的，甚至必要的，可是它每一次都迟早要达到一个界限，一超过这个界限，它就要变成片面的、狭隘的、抽象的，并且陷入不可解决的矛盾……"① 显然，第一，形而上学具有自己适用的特定范围和界限。在这个特定范围内，使用形而上学的思维方式是正当和合理的。只要不超出这个范围，不突破这个界限，形而上学就不应该受到蔑视和批判。只有在超出这个范围之外，它才成为问题，应受到批评和纠正。第二，只要不过于极端，形而上学的思维方式常常是一种自然状态。心智尚未达到成熟的儿童、少年，已在某些领域达到成熟状态但在现代性背景下必定在更多领域无法达到成熟状态的成人，常常只能处于达不到辩证水准的形而上学层面上。可是，长期以来，我们忘了恩格斯所说的形而上学具有的几种正当甚至必要的具体情形，而这些情形随着社会和科学的发展，如今非但没有减少或消失反而增加了。

其一，历史合理性。"旧的研究方法和思维方法，黑格尔称之为'形而上学的'方法……这种方法在当时是有重大的历史根据的。必须先研究事物，而后才能研究过程。"② 先分门别类，尔后才可能整体贯通；先不考虑变动，尔后才可能探究复杂的过程。从历史时段发展的角度看待形而上学，本身就是辩证法的要求，从这样的角度看，就不能把形而上学看作一成不变的，而应分别考察其不同时代的不同情况，肯定其特定阶段的合理性和积极性。根据不同时期的不同情况，不同理论（家）的不同情况，分别考察不同的形而上学，历史地、具体地看待形而上学这种思维方式，是马克思、恩格斯一贯的主张。这是无需详加论述的。

其二，从不同的层次角度看，每个个体的心智发育都有一个成熟的过程；心智基本成熟后的人在每个不同领域内也都有一个逐渐熟悉、逐步达到辩证水准的过程。体现在这样的认识主体身上，形而上学与辩证法就首先是低级思维方式与高级思维方式的关系，不是错误与正确的截然对立关系。在一些情况下，形而上学的思维方式不是错误的，只是低

---

① 马克思恩格斯全集：第19卷. 北京：人民出版社，1963：221.
② 马克思恩格斯全集：第21卷. 北京：人民出版社，1965：338.

级的。恩格斯强调，"辩证法是唯一的、最高度地适合于自然观的这一发展阶段的思维方法。自然，对于日常应用，对于科学的小买卖，形而上学的范畴仍然是有效的。"① 抽象的同一性，像所有其他形而上学范畴一样，对日常应用是足够的，"它所能适用的范围差不多在每一个场合下都是不相同的，并且是由对象的性质来决定的"②。

其三，历史发展到今天，分工越来越细，总体性的辩证把握日益艰难，形而上学有了更多的存在空间与形式。恩格斯论证形而上学的历史合理性时说，"为了认识这些细节，我们不得不把它们从自然的或历史的联系中抽出来，从它们的特性、它们的特殊的原因和结果等等方面来逐个地加以研究"，也就是"把自然界的事物和过程孤立起来，撇开广泛的总的联系去进行考察"③。近代自然科学大发展时这是合理的，但现在，随着分工更加发达和细致，这种状况仍然如此，没有达到恩格斯当初希望的那种从总体上思考的水平。反而由于分工的日益细致使得能够熟悉的专业范围更加狭小了，从而使得对更大总体性的研究更加困难。每个人只是在狭小领域内是行家，也必定只是在狭小领域内是行家。立足于总体性的高度看，每个人都处于孤立的、片面的状态，也就是"形而上学"的状态。卢卡奇在《历史与阶级意识》中就把固守一个角度、从一个学科视角观视资本主义社会的做法看作资产阶级、形而上学的，而把从总体性角度观视资本主义社会的方法看作无产阶级、辩证法的。所以，是否属于以及在怎样的程度上属于形而上学是相对的，要视不同时代、具体标准而定。如果坚持高标准的总体性立场，那我们多是狭隘的、非整体的，也就是形而上学的。从总体性角度看，现代学术分工体系中的我们恐怕基本只是立足于自己熟悉的狭小视域来看待世界的，即都是片面的、"形而上学"的。超越这种"形而上学"不能只是一种态度和愿望，更应是一种能力和结果。仅仅或主要立足于态度与愿望，极易沦为表态和形式主义，喊喊口号而不切实努力。只有我们深知自己仍未达到辩证法的要求，走在自我超越形而上学片面化、简单化的路上并不断取得进步，才有资格做一个超越形而上学的辩证者。由此，辩证者就是行走在通往更高水准之路的跋涉者，而绝不是自认为掌握了

① 马克思恩格斯全集：第 20 卷 . 北京：人民出版社，1971：555.
② 同①557 - 558.
③ 马克思恩格斯全集：第 19 卷 . 北京：人民出版社，1963：220.

秘籍并凭借它不必努力就能轻易成功的吹嘘者，不是给自己贴上辩证法的标签后认为凭此标签就超越了他人和对手的自娱自乐者。

如果把两极对立统一视为辩证法的标准范式，那这样的"辩证法"比"形而上学"好不了多少，甚至是低于具有合理性的形而上学的糟糕形而上学——如果拿着这个简单范式到处乱套的话。许多人不了解马克思《资本论》采用的从抽象到具体的辩证方法，不知道《资本论》第一卷中资本与劳动两极对立的简单模型不是资本主义社会的现实，而只是达到马克思所期望的对资本主义社会具体理解的抽象阶段。如果人们认为现代社会发展成资本和劳动两个阶级之间的简单互动，甚至还认为这是矛盾的真实情形，那就是把"形而上学的两极对立"当成现实本身了。马克思、恩格斯都多次强调，这样理解现代社会的结构是不可饶恕的抽象和过分简化。恩格斯说，即使简化成三个阶级也不可能："社会已经被简化为地主、资本家（工业家和商人）和工人这三个阶级，而一切中间阶层都已被消灭的前提下，才能最完全地达到近似的实现。这种情形甚至在英国也还没有，而且永远不会有，我们决不会让它发展到这个地步。"[1] 如果把简单的两极对立范式视为辩证法的标准范式，还作为标准随便到处套用，这根本不是什么辩证法，而是比具有一定合理性的形而上学还要糟糕的形而上学。

其四，从方法论的角度说，即使是简单对立的二分模型，将其作为科学的起点也是必要的。只要不把它固化，而是视为一种暂时的概念模型，作为由此沿着从抽象到具体的方法论之路走向更大限度包容复杂的思维具体的中介，那是完全可以跟辩证法相容的，是可以由此走向辩证法的。恩格斯指出，虽然概念并不直接是现实，现实也不直接就是它自己的概念，但"毕竟不能把它和虚构相提并论，除非您因为现实同一切思维成果的符合仅仅是非常间接的，而且也只是渐近线似地接近，就说这些思维成果都是虚构"[2]。这里的"除非"恰恰就是早期主张的以直接经验现实为准的情形。跟直接经验现实不相符就怀疑是虚构，是恩格斯在这里强调必须防止的错误。经济学规律往往都"只是一种近似值，一种倾向，一种平均数，但不是**直接的**现实。其所以如此，部分地是由于它们所起的作用和其他规律同时起的作用相互交错在一起，而部分地

---

① 马克思恩格斯全集：第 39 卷 . 北京：人民出版社，1974：409.

② 同①408.

也由于它们作为概念的特性"①。但是，如果把简单的两极对立固化，当作一种普遍适用的抽象模式到处套用，那就转化为某种"形而上学"了。所以，形而上学与辩证法的复杂关系，除了初级思维方式与高级思维方式的区别关系之外，还有转化递进的发展关系。简单的二分对立模式并不一定是形而上学的，只有在把它固化、模式化，不顾具体经验胡乱套用时，它才体现为僵化的形而上学思维方式。在科学方法论的意义上而言，在认识的某些阶段上，抽象与简化是必须的，正如赫伯特·西蒙所谓，"为了建立理论，特别是为了建立那些使我们能够据之推理的理论，我们要对现实进行简化。我们不是试图捕捉真实世界的每一个复杂因素，而是仅仅抓住其中最重要的因素，并且小心防止使我们从理论中得出的推论超越理论本身对现实的近似界限"②。就具体场合而言，不能一看到抽象，一看到简单二元对立，一看到未触及事物之间复杂的相关联系，一看到未达到整体性就是僵化的形而上学思维方式。在某些层次和阶段上，它是合理的。只要它只是暂时的，有待进一步发展的，它就是通向辩证法的。

4. 区分与超越

第一，我们无意为形而上学辩护，只是要从现实出发，承认达到辩证法水准的不易。因为辩证法是无限开放着的一个体系，是永无止境地跃迁着的历史过程。辩证法不是喊几句口号就行的，要付出一系列艰苦的努力才有可能达到。大部分人在很多情况下实际上是在使用形而上学的方法，处在形而上学的状态中。我们即使有辩证法的自觉，在自己熟悉的范围内尽量追求更大的视野，不会跳出自己所熟悉的领域不负责任地乱说话，从马克思、恩格斯、卢卡奇所谓更高的要求而论，可能仍然没有达到辩证法的要求，充其量只是从自己的学科角度做了某种研究考察。要知道，马克思为辩证地把握资本主义社会所写的、具有跨学科视野的《资本论》一辈子都没完成，对资本主义社会（思维具体水平）的总体性把握连他老人家最终都没有完成。我们要根据新的情况做出新的

① 马克思恩格斯全集：第 39 卷．北京：人民出版社，1974：409．
② 西蒙．现代决策理论的基石．北京：北京经济学院出版社，1989：中文版前言．

具有辩证水平的研究，使之成为跨学科的、不故步自封的、与时俱进的，要不断地努力前行才是。喊几句辩证的口号就自以为是，或者把一个简单的两极对立当作辩证法的标准范式到处乱套的做法，绝不是辩证法的要求，即使喊出的全是辩证法的词句。

第二，作为思维方式的"形而上学"与作为学科分支的"形而上学"，在不同时代背景下具有不同的命运。从马克思、恩格斯的论述来看，"形而上学"作为思维方式与作为哲学学科分支并不能直接等同：并不是历史上所有作为哲学学科分支的"形而上学"都采取了否认事物的联系和运动变化的思维方式，也不是否认事物的联系和运动变化的思维方式的学科都是作为学科分支的"形而上学"。马克思、恩格斯批判的是他们时代日益暴露出缺陷与问题的"形而上学"，它既可以指思维方式，也可以指哲学学科分支。

马克思在《神圣家族》中谈及"17 世纪的形而上学和一切形而上学"，谈及"思辨的形而上学和一切形而上学"，指出 17 世纪的形而上学还有积极的和世俗的内容，而 18 世纪的形而上学就没有了，可见不能不分时间地点地对"形而上学"一概而论。长于具体历史分析的历史唯物主义反对抽象的一概而论。如洛维特所指出的，比马克思和尼采似乎更加批评传统形而上学的海德格尔，就认为以往的形而上学在本质上都是一样的，都在同一个方向上运行。这种做法本身就是极为简单化的，是恩格斯批评的一种"抽象形而上学"的思维方式。[1] 这种做法应为历史唯物主义所摈弃，具体、历史地分析不同时代和形态的形而上学，才是马克思赞赏的做法。

从此逻辑出发，我们应予追问，能否可能出现一种作为哲学学科分支的"形而上学"，而不采取那种否认事物的联系、总体性，否认事物的运动变化的思维方式呢？或者这种学科的建构者即使采取了类似的思维方式（其思维方式中有这样的因素），并且建构者也清楚，那只是一种前提性假定。而按照科林伍德的说法，前提性假定是任何一种文明都无法避免的？比如西方近现代文明的主体形而上学中就有内在性假定，认为主体是断开与外在他者的连接，径直向内挖掘所建构起来的。而东方文明往往不会认可这种内在性假定，反而认为它是一种偏狭的我执立

---

[1]　洛维特.海德格尔：贫困时代的哲学家.西安：西北大学出版社，2015：329.

场，只有我与他者存在融为一体才是更高的境界。于是，这种高度肯定世界的一体性、变动性的东方"形而上学"作为哲学学科分支的"形而上学"，完全可以拒绝否认事物联系与运动的、作为思维方式的"形而上学"。

即使从唯物辩证法的角度看，辩证法所使用的范畴仍然有诸多作为学科分支的"形而上学"所采用的范畴，如可能性与现实性，必然性、因果性与自由，存在，等等。就是说，唯物辩证法某种意义上仍然是学科分支意义上的"形而上学"。

考虑到西方历史上多少次消灭形而上学的努力都是以增加一种新的形而上学为结束，消灭一切或所有形而上学的努力就得以辩证的方式来看。所谓辩证，这里是指"消灭"本身可能就意味着创生：激进地批判"形而上学"恰恰意味着某种形式的"形而上学"还存在于批判者的心中。因为真正的不存在必定意味着它不再可能引起关注。一再说它反而意味着它还顽强地存在着，至少存在于言说者的心中。格拉切说得好，"从一开始，形而上学就一直受到攻击，它有好几次看来好像受到了致命的打击。但是这门学科却总是能设法恢复自身"；"形而上学在经历了所有对它的攻击之后仍能生存下来，并且继续以这种或那种形式繁荣不衰"[1]。

第三，不断超越的"形而上学"。看来，某种形式的形而上学几乎是各种人都需要的。也许可以想象一种完美的超人可以不需要它，但这种想象很容易令人想起一种绝对的形而上学来。或者说，这种想法本身就是极端的形而上学。所以我们也不必相信它。于是，形而上学的样态，是否需要以及多大程度上需要形而上学，其实就取决于主体的样态。

正是因为不存在绝对的主体，才必需某种（简单化、模式化、抽象化的）形而上学。对于一个全知全能的神来说，由于他洞悉一切，超越时间的限制得到本质与永恒，他就不需要简单化的模式作为过渡去把握复杂的整体。只有无法洞悉一切，无法一下子达到更高水平的现实主体，才需要借助一种以简单的模式把一切复杂的他者都归于一个本体等为特点的"形而上学"建构一种认识，确立一种生存的秩序世界，或承

---

① 格拉切.形而上学及其任务.济南：山东人民出版社，2008：1，241.

诺逐步提升和完善它。在这个意义上，不那么成熟也不那么高级的"形而上学"正是与不那么成熟的主体相适应的，正是不那么完美的主体才需要"简单"一些的形而上学来依靠。

只是在这样做时，必须知晓：这种"形而上学"是暂时之需，不是永恒的绝对之需，必须寻求提升和超越。认清这一点的主体才可能不陷入那么极端的形而上学，才能保持永远的进步和超越之心。

即便经过不断的努力达到了更高的水准，曾经借助过的"形而上学"工具在更高的层面上显示出初级、简单、生硬等缺陷来，作为曾经经历的"形而上学"阶段也是一种无法否认的经历、无法抹去的历史。在遇到一个新的客体，进入一个新的领域之时，或遇到一种新的场合时，即使以前在他处成功超越了形而上学的主体，可能仍会经历一个与之前类似的形而上学阶段。在这样的意义上，"形而上学"并不仅仅适用于恩格斯所言的初学者，以及尼采所谓庸众、末人，它是所有具有这样或那样的缺陷因而注定总不完美的现实主体无法永恒地超脱、无法一劳永逸地超越和避免的一种层次、境界和状态。这么说不是为了给滞于"形而上学"阶段的懒惰辩护，而只是强调生存主体的现实，强调不顾现实主体之缺陷设想一种绝对、高级的非形而上学，最后势必陷入一种更严重的形而上学。历史上，因为形式逻辑主张是就是、不是就不是，反对在同一个论断中概念的变更，主张同一律而被视为没有意义和价值的"形而上学"甚至是资产阶级伪科学时，不难发现这种反对形而上学的绝对做法本身所具有的更强烈的"形而上学"特性无法遗忘。囿于这一教训，多年来拒斥一切形而上学的主张会是一种什么样的主张，会引发什么样的极端后果，合理性有多高，本身是不是一种不折不扣的形而上学因而陷入自嘲和反讽，想必不言自明。

作为哲学学科分支意义上的"形而上学"，不管把它解释为简单化、模式化、抽象化，把一切复杂归于单一本体的思维模式或世界观，还是把它理解为不断超越的倾向，抑或科林伍德式的任何一种文化都予以设置的前提性假定，它都是无法去除的一种必要条件。在某种情况下，它具有存在和发挥作用的合理性。

在我看来，能取消一切形而上学，轻易地设想达到、实现一种完全的辩证法状态，是对近代启蒙过于简单和极端的理解。世界的复杂性、人的能力的有限性、条件和工具的限制，都使得对辩证法的追求只能体现为一个艰巨和复杂的过程。把形而上学视为彻底的错误，反映了一种异常激进的启蒙观：每个人在任何领域、任何时候都可以把握真理并遵从真理而行动。如上所述，现代分工体系根本无法保证这一点，即使是一流的专家，恐怕也仅仅在自己熟悉的狭小范围内才能做到这一点；而在其他不熟悉的绝大多数领域之内，他恐怕更多是以形而上学的水平来思考。恩格斯、尼采都是对启蒙推崇备至的，尼采甚至还是极端推进启蒙的人。但他们都还保持着对"彻底消除""形而上学"的清醒认知——那是不具现实性的。也就是说，他们仍然保持着对"形而上学"的辩证认识。彻底消除形而上学，可能本身就是一种明显的形而上学！无法否认，当今的大众文化和日常生活中，是就是、不是就不是，不管是出于何种原因固守这种过时老套的"思维框架"的现象恐怕比比皆是。虽然它低级、庸俗、经不起更高起点和要求的哲学与科学的推敲，但仍在日常生活中大量存在和应用，恐怕这种情形是无法根本消除的。本章无意为这种低级的思维方式和世界观歌功颂德，只是从现实出发承认它的自然合理性，承认它的无法根除而已。问题的关键在于，不是彻底消除它，而是以更好的东西来替代它。在这个意义上，消除一切形而上学，更像是一种"形而上学式"的一厢情愿，是一种尼采所谓"神圣的单纯"在哲学中的存留与表现。

于是，该终结的"形而上学"，不管是思维方式意义上的还是学科分支意义上的，都是脱离经验、超越经验的传统西方形而上学。这种形而上学该终结了。开启一种新的、与中国特色和时代需求相适应的"形而上学"，是时代的要求，更是寻求现代化转型的当代中国的要求。

第三篇
启蒙辩证法的表现与展开

第十一章　作为启蒙辩证法范畴的"矛盾"

"矛盾"概念历来被视为辩证法的核心观念。对于启蒙辩证法来说，"矛盾"自然也处在这样的位置上。自康德伊始，由黑格尔和马克思完善的辩证法就是一种启蒙辩证法，一种去除假象、批判假象、确立"现实世界中一切运动、一切生命、一切事业的推动原则"[①]，以至于促成理性、自由和解放的理论与实践。它与柏拉图—亚里士多德意义上那种通过交谈、争论致力于从无结果的矛盾陈述中得出相对论断或真理的辩证法，跟克尔凯郭尔注重个体生存世界的破碎与悖谬的生存辩证法，构成三种不同类型的辩证法。[②] 无论在哪种辩证法中，尤其是在第一、二种辩证法中，"矛盾"都处于核心地位。这样的"矛盾"值得启蒙辩证法高度关注。

1. 矛盾的本质：自否定

作为辩证法范畴的"矛盾"在中国影响甚大，流传甚广，但也在现代哲学界和逻辑学界具有不少重新理解的空间。传统的"对立统一"概念过于宽泛，是一个广义的、社会化的"矛盾"概念。学术意义上使用的"矛盾"概念需要进一步清晰地厘定。卡尔·波普尔（Karl Raimund

---

① 黑格尔. 小逻辑. 北京：商务印书馆，1980：177.
② 刘小枫. 辩证法与平等的思想自由习性//吉尔比. 经院辩证法. 上海：上海三联书店，2000：中译本导言 45.

Popper）曾指出，"最重大的误解和混乱还是来自辩证法家谈到矛盾时的那种不严格的方式"①。在他看来，"矛盾"只有在逻辑意义上、在思想史的解释中才是有意义的。同时，它也是一个贬义词：它自身并不一定能发挥积极作用，只有当人们批判地对待它，并力图通过积极的方法排除它时，矛盾才有可能促成思想的进步。他的观点我们未必同意，但精确、严格地界定"矛盾"的主张无疑是值得肯定的。弗雷德里克·詹姆逊（Fredric Jameson）则坚持在"力量或者事物的状态"意义上使用"矛盾"一词。他在比较"矛盾"与"二律背反"两词时指出，通常人们认为，矛盾"更多地涉及力量或者事物的状态，而不是词语或逻辑的含义"②，而且，它往往被看作具有生产性的积极意义，经过努力，人们可以使之得到解决或消除。"二律背反"则更多地具有逻辑或词语上的意义，它无法解决。矛盾是现代的，而二律背反则是后现代的。

阿多诺更是坚定地指出，尽管"客观的矛盾性是和绝对有效的逻辑不相容的，是要被判断的形式一致性清除的"，甚至"经验禁止以意识的统一性来解决任何表现出矛盾的东西"③，但当今社会中存在着大量的矛盾。思想与现实、自身的规定性与社会强加的规定性等之间，都存在着明显的矛盾。除非你听任世界来塑造，除非你顽固地坚持自身的规定性，即使遭受毁灭也无视世界的存在；"不能容忍矛盾的意识"只能去直面"靠个人自身、靠概念倾向"不可能消除的客观矛盾，直面我们能够理解、批判甚至否定的矛盾。在这个多样性的世界中，"今天矛盾的分量比在黑格尔时代更重"④。矛盾既不是同一性的环节和工具，也不是必然会解决的东西，更不是不可解决的东西，而只是反对同一性的存在。

在我们看来，詹姆逊和阿多诺关于"矛盾"的说法比起波普尔更有合理性。社会现实中的确存在极其类似于逻辑上二律背反的社会矛盾，而且它们并非那么容易就能得到解决。实际上，不能仅仅从此事物或彼事物自身的狭隘角度出发，而是往往需要把它放到更大的视界中观视，才能发现作为自否定和自悖谬的"矛盾"现象。在狭隘的、实证的、自

---

① 波普尔. 猜想与反驳：科学知识的增长. 杭州：中国美术学院出版社，2003：402.
② 詹姆逊. 时间的种子. 桂林：漓江出版社，1997：3.
③ 阿多诺. 否定的辩证法. 上海：上海人民出版社，2020：131.
④ 同③.

私的视野内，通常看不到事物的自我否定和自我悖谬。在这个意义上，随着"世界"和"视界"不断地双重扩展，辩证法意义上的"矛盾"越来越离不开辩证法的另一个重要范畴"总体"即"总体性"了。现代性并没有像现代化理论所想象的那样，使矛盾都得到了令人愉快的彻底解决。在许多方面，"解决"与其说是一种彻底解决，倒不如说是一种通过制度对许多矛盾予以外推、转移或内化的准解决。这种准解决实际上是在时空两个向度上把矛盾推向看不见的远处，或压抑至个人内心无意识的深处，使之在人们的视域内消失。现代意识形态力欲把现代性的美好成果置于视域的前景，以隐秘的隐匿和忘却机制使矛盾"消失"掉。透过这一消解机制就可发现，矛盾非但没有消失，反而因为牵涉面更大、结构更复杂而更加积重难返。所以，当安东尼·吉登斯（Anthony Giddens）与乔恩·埃尔斯特（J. Elster）断定矛盾对市民社会理论而言不可或缺时，反而显示出某种深度来。特别是分析的马克思主义者埃尔斯特在博弈论基础上对矛盾重新解释，区分"反目的性"（counterfinality）矛盾与"次优性"（suboptimality）矛盾，以及区分心理矛盾和社会矛盾，而吉登斯区分生存性矛盾与结构性矛盾，这些都有启发性。的确，埃尔斯特从分析的方法出发对"矛盾"概念做出精确的界定，特别是借助博弈论来做出精致的分析，是非常值得肯定的做法。不过，我们赞成吉登斯的如下看法："这样的矛盾概念所面临的困难也是很明显的，它和这种概念所借助的博弈论模式密切相关。当然，博弈论模式无疑在经验研究中非常有用……但是博弈论在社会科学中却似乎只能应用于有限的范围。如果我们抽象地谈论博弈论的模式，或者用数学方法来表述他们，这些模式会显得优雅精致、令人满意，但他们和实际发生的行为之间的关系往往却是相当不牢靠的。"[①] 当他从结构性角度去看待"矛盾"，注视"系统再生产的结构条件中包含的矛盾"，并把矛盾主要解释为"系统组织的结构性原则之间的分裂"时，我们可以给予应有的肯定。为了区分这种"结构性矛盾"，吉登斯还强调了一种"生存性矛盾"（existential contradiction），即在人与自然界的关系方面，人的生存所具有的一项基本属性。[②] 这两种"矛盾"都包含了最为基本的"自

---

① 吉登斯. 社会的构成：结构化理论大纲. 北京：生活·读书·新知三联书店，1998：447 - 448.

② 同①305，299.

否定"本义，其中一个是从社会不同领域之间的结构性分裂角度而言的，另一个是从人与自然之间的相互否定性角度而言的。确立自否定的视野足够大，远非克尔凯郭尔对个人生存的内在悖谬性分析所能比拟。

在黑格尔那儿，矛盾的根本含义并不像现今在中国人们所认为的那样是指相互对立、相互反对和相互转化的关系，而是自否定关系。"在黑格尔那里，否定的辩证法是贯穿一切的最重要的原则，而矛盾原则或对立统一原则正如前述质量互变原则一样，都只不过是自否定原则的一种体现。"① 就是说，建立在自否定基础上的对立统一才是自身与自身相矛盾、才是自己向自己的对立面转化，从而才是真正辩证的对立统一。其实，中文"矛盾"一词与德文 Widerspruch 一词的词义是非常类似的。Widerspruch 由 wider（违反、反对）和 Spruch（语言、话语，尤其是箴言、格言等）两部分组成，它喻示着西方文化中自亚里士多德以来的语言逻辑精神；而中文的"矛盾"一词也是指"矛于物无不陷"和"盾物莫能陷"这两句话之间的逻辑关系，即两者具有一种类似的语言逻辑背景。严格而论，"矛盾"不能解释为那个楚国人手握的那个矛与那个盾相互对立与抵触，而是那个标榜自己的矛之锋利、盾之坚固的楚人前后说的两句话"吾盾之坚，物莫能陷也"与"吾矛之利，于物无不陷也"之间相互否定，不能同时成立，也就是"以子之矛，陷子之盾，何如？"所呈现出的效果：夫不可陷之盾与无不陷之矛，不可同时成立。把"矛盾"解释成"矛"与"盾"两个物之间的对立关系才使"一个物的内在自否定和自相矛盾"这种"矛盾"的本义发生了一个根本性的巨大转向：成了两个物的外在冲突或对立，而内在地"自己否定自己"的本义被取消了，从而把矛盾降到了外在对立的水平。这并不是说，类似矛与盾的两个物之间不会产生自否定的关系，而只是说，"矛盾"这个辩证法词语的含义本是指两者之间的相互否定关系，这种相互否定关系不只是存在差异、不相同的关系，也不仅仅是冲突的关系，而且是直接相互否定且不可能同时成立的关系。也就是说，这种相互否定关系具有十分精确、明确、严格的特点，不是两个物（包括句子）之间难以协调一致、发生一般冲突的关系，而是双方之中的一方直接构成对另一方的完全否定，两者中只可能有一方为真，不可能同时成立。两者

---

① 邓晓芒. 思辨的张力：黑格尔辩证法新探. 北京：商务印书馆，2016：297.

经协调可以同时共存的关系不是严格意义上的矛盾关系，而是冲突关系。历史唯物主义虽然不再仅仅在语言逻辑的自否定意义上理解"矛盾"，而且是在人的社会性生存、在社会结构的运作中看待"矛盾"的发生，但自否定的基本含义没有也不应有根本改变。

正如埃尔斯特所指出的，"马克思没有用'矛盾'这个语词来表示一切形式的冲突、斗争或对立。这一事实由于一种经常性的误译被遮蔽了，其中，不仅是'矛盾'（Widerspruch），还有'对立'（Gegensatz），在英语和法语中都被译成了'矛盾'（contradiction）"[①]。与英语和法语相比，中文的翻译虽然很好，但却出现了另外的问题。本来，"矛盾"在中文中用《韩非子》的"自相矛盾"这个成语中蕴含的"矛于物无不陷"和"盾物莫能陷"这两句话之间的自否定关系来解释，是非常恰当的。"矛于物无不陷"和"盾物莫能陷"这两句话不可能同时为真，必定相互否定和反对，此即"矛盾"之本义。"矛盾"的核心之义是内在的自否定，而不是外在的差别和不融洽。[②] 但是，自否定的本义却始终没有伴随"矛盾"这个词的不断引申而变化。鉴于系指一般意义上的"对立统一"的"矛盾"概念在中国流传太广，我们还是需要把"对立统一"意义上的"矛盾"与必须包含内在自否定的"矛盾"区分开来：前者是广义的"矛盾"，后者是狭义的"矛盾"。我们采用狭义的"矛盾"概念，这也符合马克思、黑格尔对"矛盾"的基本理解。

按照历史唯物主义的立场，我们在社会哲学的视域内理解"矛盾"概念。它的内涵是：一个靠现实的社会联系连为一体的系统整体自己反对自己、自己否定自己。在现代社会中，这种矛盾往往都是在与足够数量的他者的连接共合（用萨特的话来说就是"相互性"或"主体间性"）中生产和再生产出来的。产生这种矛盾的根源已不再是单纯的言谈、争辩，也不仅仅是逻辑层面的关系的发生和确立，而且是必须涉及包括政治、经济、文化诸层面的复杂社会关系。正是这些复杂社会关系的运作才导致了矛盾在现代的发生和维持。不涉及与足够数量的他者的相互性，这种"矛盾"就不会出现或发生。一般而论，人际交往的范围越

---

① 埃尔斯特. 理解马克思. 北京：中国人民大学出版社，2008：37.

② 并非任何差异都是自否定意义上的矛盾。德勒兹曾说，把差异等同于矛盾，就是"对差异本身的永恒误解，系谱的一种混乱的颠倒"。参见：德勒兹. 尼采与哲学. 北京：社会科学文献出版社，2001：232。

大，发生这种矛盾的可能性往往也就越大。社会"相互性"的范围是这种"矛盾"思维极其重要的参量。只有在观察视野足够大时，这种"矛盾"才会进入观察者的视域。"矛盾"视野的更大化喻示着"矛盾"牵涉面的更大化和牵涉关系的更复杂化，喻示着现代社会运作的复杂化、巨大化。所以，对这种矛盾的现代认知和求解常常离不开（在时空两个向度上）向外"推"（或"转移"）、向内予以个人主义的"内化"等策略。这种社会性"矛盾"会给斯密的"看不见的手"和哈贝马斯的"交往理性"带来严重的麻烦。在这里，"看不见的手"的作用会失效，"看不见的手"能发挥有效作用所需的制度性前提条件或其他前提条件就会因此而凸现出来；而"交往理性"所能到达的群体边界限度和异质性群体所面临的"理性"交往的困难和麻烦也同样得以凸现。

这样一来，第一，从本体论的角度来说，矛盾不仅是一种简单的二元对立，而且是在一种整体中才能呈现出来的相互否定的现象。第二，从认识论的角度说，矛盾标志着一种理性反思的高度。它喻示着反思者已经意识到并能够在心理上承担起生存中无法彻底消除的悖谬和自否定现象。第三，矛盾并不是充分地解释一切事物的图式，并不是矛盾时时处处都存在于任何事物中，并不是世界全是由自否定、自悖谬的矛盾构成。第四，作为一种自否定和自悖谬，无论是在实际社会生活中还是在人们的思想意识中，都不是在所有层面、所有环节和时空节点上皆存在的现象，而往往是在某些环节上、上升到某些层面、视界扩展到一定界域时才会呈现出来的。"矛盾"意味着辩证法反思的某种高度、某种视野、某种方法、某种境界。在这种意义上，辩证法就是发现、思考、把握、解决矛盾的理论与方法。

2. 启蒙工程引发、促生矛盾

启蒙是人类历史上一项伟大的工程，通过对人的新的科学理解，它试图借助开启民智，确立一个世俗的、不断进步的智识世界，从而进一步在思想、政治、经济、社会层面革新世界，使新的思想和原理得以贯彻和应用，来塑造一个合理性社会，塑造一个秩序井然、保护和实现人的基本权利、实现人的自由和解放的美好社会。启蒙运动没有直接促动现代化、工业化，但却为之奠定了基础，使之成为可能："能够归功于启蒙运动的是一个总体世俗的、实验的、个人主义的、进步的智识世界，是这个世界使革新最终成为可能。"① 启蒙运动提倡的东西，需要通过思想、政治、经济和社会变革的方式才能获得和实现。在这个意义上，启蒙运动促成了现代化、工业化、城市化，从而也就衍生出了一系列现代性问题。所以，至少在逻辑上，启蒙绝不仅仅是一种思想运动，绝不仅仅具有思想上的要求，而且是具有诸多政治、经济和社会的要求，意味着一系列的社会变革。盖伊在著名的《启蒙时代》中就说，18世纪的启蒙运动"是一个提倡世俗主义、人道、世界主义，尤其是自由的纲领。这里所说的自由包括许多具体形式：免于专横权力、言论自由、贸易自由、发挥自己才能的自由、审美的自由，总之，一个有道德的人在世界上自行其是的自由"②。启蒙哲人之间的共同经验"就是他们对古代的追慕、他们与基督教的矛盾以及他们对现代性的追求这三者之间的辩证互动"③。为了实现这些自由，启蒙要促发很多规模颇大的社会工程。这些工程要调动一切自然的、人为的资源和能力，把人与自然的关系、人与人的关系、民族与民族的关系、国家与国家的关系都发动和关联起来，在追求和实现理性、权利、自由的过程中，衍生出各种复杂的辩证过程和辩证现象，使各种辩证法得以发生。

首先，通过启蒙教育和各种训练来塑造达到理性水平的被启蒙者，和能够独立使用理性、不受偏见左右的民众，以便在政治、经济、思想和各类社会活动中建构符合理性的秩序世界。这种启蒙诉求塑造、形成了诸多差异和多样性，在多样性与统一性以及诸差异之间引发了一系列的复杂互动，产生了塑造辩证运动的一系列可能性。启蒙试图建立没有争议、掌握了可靠的真理性知识的同质化民众，不仅超越地域、性别、阶层、民族的限制，甚至达到世界主义的风格和水准。"世界主义是启蒙运动思想家们最为重视的价值观念。他们认为理性如同阳光一样普照世界各地，世界存在着一种普遍适用的正义准则，只受一种标准的自然法则的支配——当然人性也只有一种单一的类型，'从中国到秘鲁'的

---

① 帕戈登．启蒙运动：为什么依然重要．上海：上海交通大学出版社，2017：序2.
② 盖伊．启蒙时代（上）：现代异教精神的兴起．上海：上海人民出版社，2015：1.
③ 同②5.

所有人都被赋予了一种本质上相同的禀赋和欲望。"① 启蒙运动之初的这些期望在多大程度上实现了？要做出肯定回答的话，势必得降低标准才行。在法国启蒙运动中，符合现代要求的普遍的、一般的启蒙者往往是一些掌握了很初步的知识和拥有了很基本的理性素质的人。正如索雷尔（Sorel）所分析的那样，孔多塞甚至"不想造就农民、制造商、工程师、几何学家以及学者；他想造就的是'受到启蒙的人'"②。对这种人必须要普及知识，即各类知识的一点皮毛。"1765 年狄德罗计算出，如果某人不愿被一门无用的专业所限，学习几何学中一切必需的东西只需半年时间；按照他的观点，'余下的纯粹是好奇'。"③ 往好里说，或为之辩护而言，"启蒙传播的是普通知识，不是深奥而专门的知识"④；同时，启蒙不是针对所有人的，启蒙哲人"提供的知识所能通达的只是18 世纪精英阶层的少数人士，进而向低一些的知识层次逐渐渗透"⑤。所以，"启蒙不是一项社会工程，不是全民教育，而是人群范围有限的知识传播和心智开启"⑥。往坏里说，或对之批评而言，启蒙哲人的思考不够高远，甚至"这些哲人的方法无非是拙劣的逻辑推理和聪明俏皮话的混杂，休谟清楚地认识到了这一点，并做了犀利的评价，但他们在那个时代却风靡一时"⑦。不过法国启蒙哲人在当时和后来的影响都很大，受之影响并信奉他们的人认为，借助启蒙理性的作用，就可以对一个复杂的社会进行一场全面的改革，塑造出一个美好的社会。但正是在追求普遍同质的启蒙者的过程中，才造成了越来越明显的等级差别："**差别**。**分离**是单个人**存在的基础**，这就是**等级**一般所具有的意义。"⑧ 启蒙促发的工业革命，造成了现代性的阶级对立，"**阶级的存在**仅仅同**生产发展的一定历史阶段**相联系"⑨，在大工业的进一步发展中，无产阶级得以发生和发展，"无产阶级却是大工业本身的产物"⑩。差异、多

---

①　波特. 启蒙运动. 北京：北京大学出版社，2018：83.

②　索雷尔. 进步的幻象. 上海：上海人民出版社，2003：103.

③　同②191.

④　徐贲. 与时俱进的启蒙. 上海：上海三联书店，2021：10.

⑤　同④.

⑥　同④12.

⑦　霍松. 启蒙与绝望：一部社会理论史. 上海：上海三联书店，2018：6.

⑧　马克思恩格斯全集：第3卷. 北京：人民出版社，2002：102.

⑨　马克思恩格斯选集：第4卷. 北京：人民出版社，2012：426.

⑩　马克思恩格斯选集：第1卷. 北京：人民出版社，2012：411.

样性、分层始终存在于那个启蒙曾经希望它同样符合自己要求的系统之中。至少，启蒙一开始对自己启动的伟大工程所引发的多样性、异质性、复杂性缺乏足够的准备，并对由此引发的问题缺乏有意识的预见和应对。启蒙一开始期待的更多是一个同质化的或者接近同质化的世界。按照霍克海默、阿多诺在《启蒙辩证法》中的见解，启蒙的世界一开始就致力于提高理性来塑造一个同质化的世界。它明确地蔑视多样、异质，致力于抽象掉更多事物的个性、异质性和特殊性，仅仅在它们之中抽取完全一致的性质加以把握。那些特殊和异质的存在，往往被视为非本质的、偶然的、转瞬即逝的性质，即不值得持续关注的东西。早期希腊智术师的启蒙就曾有过这样的想法，并被批评过于肤浅和功利。马克思在自己的博士论文中借用古希腊的启蒙来为推进现实的德国启蒙服务。他极力赞扬伊壁鸠鲁主张的原子偏斜所喻示的自由意义，企图从自然角度来强调个人的意志自由、个性和独立性的价值与意义。《启蒙辩证法》更是批评西方的启蒙自古以来就致力于通过理性主义的立场和方法发现必然规律，确立必然性的秩序，建构完全必然性的理想世界，来规避焦虑、恐惧，以及挫折与失败。这样的启蒙一开始就致力于规避、消解多样性与差异。但随着无法消解甚至越来越多得以呈现的多样性、异质性、差异，而导致了追求绝对必然秩序却得到多样性、异质性世界的辩证结果，导致了追求密不透风的整全、总体却得到自身容纳不了的复杂世界的辩证结果，导致了追求安全、保险的世界却得到越来越不安全、风险越来越大的现代世界的辩证结果。在打击、否定多样性和异质性的过程中，必然产生出自否定：启蒙变成欺骗、统治，变成固化、僵化和反对进步的力量。[①]而且，按照《启蒙辩证法》的说法，这种启蒙的自否定倾向在西方自古以来就存在，值得启蒙对自身予以批判性地反思和揭示。这就是标准的启蒙辩证法，是追求 A 却得到- A 或非 A 的矛盾辩证法。如何揭示这种自否定，克服这种矛盾，走向真正积极的辩证法，就是《启蒙辩证法》承续马克思的启蒙思考的真正目标。

其次，启蒙已经取得了伟大的成绩、巨大的成果，正如马克思所说，"资产阶级在它的不到一百年的阶级统治中所创造的生产力，比过

---

① 详见本书第二十章的相关分析。

去一切世代创造的全部生产力还要多，还要大"①。在启蒙运动及其后续的工业化、现代化的推动下，可以说旧世界已得到了根本的改变，一个新世界被创造出来了。在这个基础上，启蒙有足够的信心试图去整合一切美好价值，试图建立一个完美无缺的理想王国，在这个理想王国里，一切美好的东西都能得到实现，并能和谐共处。比如：自由、平等、博爱、美德、效率、公平、富足，以及人的全面的发展等。在这样做时，可能本来没有什么关系的东西都要被启蒙整合在理想王国中，这就难免造成明显的矛盾。

众所周知，以上的这种美好想象只是理想，在现实中并不都能一一实现。伯林、哈贝马斯、施特劳斯等思想家都曾指出，被现代人置于理想王国的那些美好价值之间，存在着诸种内在冲突。很多美好的现代价值之间并不是相互促进的，反而是相互冲突的。在某种程度上一种价值的实现也许会妨碍、损害另一种价值的实现。托克维尔（Alexis de Tocqueville）在《论美国的民主》一书中甚至说，连现代人最推崇的两种基本价值"自由"与"平等"之间都是如此："自由"达到一定程度会危及"平等"的实现，而"平等"推行到一定程度也会阻碍"自由"的发展。较高程度的"自由"与"平等"总是难以共存的。恰如伯林所指出的，西方智识传统的核心有三条未加质疑的教条：一是"一切真正的问题都有一个而且只有一个正确的答案"；二是"正确的答案在原则上是可知的"；三是"那些正确的答案彼此不会冲突……这些答案合在一起，必定是一个和谐的整体……每一个因素都跟其他因素是完全兼容的"②。由此，"根据那些正确的答案所安排的生活，将会构成一个理想的社会，那也就是黄金时代……只要把我们现在生活所依赖的那些片段的真理像七巧板一样拼合起来，合成一个整体，并且转化为实践，就将会构成完美的生活"③。但实际上，问题不一定只有一个答案，答案之间更是不一定必然和谐共处，反而更可能彼此冲突，"有一些正确的答案被证明是彼此矛盾的，价值相互冲突，甚至于彼此原则上无法调和"④。黑格尔想在历史的最终阶段消解这样的冲突，实现一种最终的

---

① 马克思恩格斯选集：第 1 卷. 北京：人民出版社，2012：405.

② 伯林. 扭曲的人性之材. 南京：译林出版社，2009：211.

③ 同②213.

④ 同②213.

和谐，让一切存在和解。但伯林认定马克思和黑格尔一样，"想要把人类生活及思想中的紧张、悖论和冲突整合在一起，使之成为连续的危机与解决之后达成的一种新的综合，亦即历史的辩证，或理性的（或生产过程的）狡计，它导向理性的最终胜利，人类潜能的最终实现"①。我们对此是不能苟同的。在我看来，马克思反对把未来理想社会设想为毫无矛盾、没有任何瑕疵的完美存在，而认定其中仍然存在人与自然、人与人的矛盾。无论成熟到何种程度，历史永远不会出现没有任何矛盾、所有问题都已解决的完美世界。"一下子就期望一个完美的结局，希望从历史中猛然蹦出一个完美的世界，那不是历史唯物主义的态度"②，却是十足的传统形而上学拟想，是形而上学无视现实的想象。马克思把社会历史的发展类比为一种自然历史过程就明显意味着，无论生产力多么发达，社会关系如何改善，人与自然、人与人的矛盾永远不会消失，反而随着生产力的不断进步而日趋复杂。"即使那个'真正的自由王国'也是一种'社会形态'，包括在上述必需生产、劳动的'一切社会形态'之内。因而其中总会有人与自然的矛盾，以及根植于这种矛盾的人与人的矛盾，各种价值、原则之中的矛盾等等。既然'一切社会形态'中矛盾总会存在，设想一个没有矛盾、一切问题都根本解决、所有美好价值都和谐统一的完美社会，本身就是基督教千年王国的世俗版，是马克思坚决反对的传统形而上学拟造物。"③ 当马克思说"这个自由王国只有建立在必然王国的基础上，才能繁荣起来"④ 时，他是指自由王国时刻都需要必然王国的奠基，时刻都可能面临新的矛盾，绝不是必然王国对自由王国的奠基一旦完成就万事大吉、一劳永逸。"像野蛮人为了满足自己的需要，为了维持和再生产自己的生命，必须与自然搏斗一样，文明人也必须这样做；而且在一切社会形式中，在一切可能的生产方式中，他都必须这样做。"⑤ 这个"一切社会形式"当然包括"自由王国"。设想"自由王国"可以脱离现实基础、不食人间烟火，那就是使之等同于基督教的"千年王国"。马克思对它的拒斥，使得他在这方面

① 伯林．扭曲的人性之材．南京：译林出版社，2009：237.
② 刘森林．回归自然与超越自然：重思"自然历史过程"．哲学研究，2016（7）：8.
③ 同②8－9.
④ 马克思恩格斯全集：第46卷．北京：人民出版社，2003：929.
⑤ 同④928.

不是接近黑格尔，而是与后来尼采对完美无缺的世界的批判更为接近。

按照尼采的观点，现代人追求的现代价值来自三个方面，即古典传统方面、基督教方面以及现代自身发展方面。把这三个方面的价值协调起来、调和起来，据此建构一个理想的社会，是尼采所在的 19 世纪众多思想家的希望和理想所在。然而，在尼采的眼里，这根本不可能，这么想的人根本没有资格做建构未来的哲学家，而只能是低一等的、头脑不清楚的人。于是，按照尼采的看法，这些试图弥合一切价值的想法是"热情的、空想的、女性化的、不男不女的这一类东西"①。

其实，完美无缺的世界还是那个被上帝操纵的世界，完全按照理念或者想象的逻辑来运作，没有任何阻力、冲突和矛盾，没有阴暗、不清和复杂，一切都会被认知和行动的主体把握，一切都在主体的掌控之下。然而对于我们现实的人来说，却远远不是如此。"完美的世界，最后的解决，一切美好事物和谐共存，这样一些概念，对我来说，并不仅仅是无法实现的——这是不言自明的道理——而且它在概念上也不够圆融；我不能够理解，这种和谐究竟意味着什么。"② 马克思开启了后形而上学思想，尼采更是如此。虽然两人在这方面用力的方向不同，但共同目标是接近甚至一致的。那个没有任何矛盾、没有任何瑕疵，一切问题都获得完美解决的理想国，无疑就是基督教的"上帝国"的另一个版本，对于马克思和尼采而言毫无疑问都是虚幻的、经不起任何推敲的东西。这不是启蒙的产物，反而是启蒙反思的对象；这更不是启蒙的目标指向，反而是启蒙拒斥和规避的东西。

启蒙作为一种智识传统，对形形色色的理想起码有两种不同的态度和立场：一是对那些具有现实根基因而具有可操作性的理想，发明更多更有效的手段进一步推进这些理想的实现；二是对那些毫无现实根基的虚幻想象，立足于启蒙取得的智识进展对其予以反思批判，澄清其产生的思想基础，还原其虚构的社会和心理根源。无论是哪一种，都跟辩证法密切地联系在一起。因为，反思批判是启蒙孕育出的一种辩证法精神，是辩证法的本真体现和真实象征；而化解矛盾、凝练方法、探寻道路，则是辩证法的本质追求，特别是从语言思想层面转到社会实践层面的历史唯物主义辩证法的本质追求。在这样的意义上，启蒙使得自身成

---

① 尼采. 善与恶的彼岸. 北京：光明日报出版社，2007：174.
② 伯林. 扭曲的人性之材. 南京：译林出版社，2009：17.

为标准的辩证性存在，启蒙与辩证法如影随形地交织在一起，永远无法分开。

3. 矛盾在"轻—重、必然—可能、盲目乐观—积极作为"框架中的定位

由于语言逻辑领域是辩证法最早诞生的领域，传统辩证法惯于立足这个领域理解"矛盾"，把它视为逻辑上的自否定。在马克思、克尔凯郭尔把辩证法拓展到社会生活和现代人的生存之中后，当代的哈贝马斯重新把辩证法移回语言交往领域。他把马克思从中解脱出来引向更复杂、更切实的社会生活，使辩证法奠立于社会生活基础的做法再度扭转，在语言交往中探寻辩证的希望，建构自由和解放的力量。似乎越来越系统化、固化、程序化、严格化的社会系统，特别是社会经济结构的运作不再是自由和解放的奠基者，反而成了障碍。社会经济的运行系统成了只能阻碍自由、制造宰制的象征。这种重新回归古典人文传统的努力是一种进步还是一种退缩？

这不得不使我们回到"矛盾"在近代辩证法中的原本境遇。康德的"二律背反"引发了观念论哲学对"矛盾"的思考。它具有明显的传统辩证法语言、逻辑自否定的色彩，标志着理论理性追求最大统一体（灵魂、世界、上帝）时必定遭遇矛盾，意味着人的认识能力的有限性和界限。显然，上帝的眼里就不会有这种矛盾了，人却无法做到。与康德不同，为了追求整体性、整全性，早期浪漫派很宽容地对待"矛盾"。

"矛盾"与多神之争在浪漫派眼里都不值一提，都不会危及整体性、整全性的存在，都是整全性囊括得了的，甚至都是整全性所必需的。这意味着悖谬性的"矛盾"在辩证法中是一个需要立足于更大整体和视野才能看到的东西。现代性的扩展借助制度和技术的巨大威力能把矛盾推得更远了，推到意识形态看不到的远处躲藏起来。要发现矛盾，不被掩饰它的意识形态蒙蔽，就需要不断地拓展视野，追逐总体性的扩展方向，盯着更远的地方。从黑格尔到马克思，辩证法积累了很完善的方法去拓宽视野并捕捉、把握矛盾。对矛盾的应对和处置办法多有自觉，对变着花样呈现或躲避的矛盾并不惧怕。冯·施莱格尔居然也有类似看

法。他认定，矛盾在浪漫反讽追求的整体中意味着多面性，单一的矛盾在整体中会被消解为完整与无限。在讨论福斯特的作品时，他指出，"所以在具体的和完整的人身上，这种一以贯之的和不变的见解在多数情况下只是产生于片面和僵化，或者说是完全缺乏自由的主见和观察。一个矛盾就会摧毁整个体系，而无数矛盾则不见得使一个哲学家不配享有哲学家这个崇高的称号，只要他不是想当然的哲学家。矛盾甚至可能是真诚地热爱真理的标记，还能证明一种多面性。如果没有这种多面性，福斯特的作品就不可能成为它的体裁中无与伦比的佳作"①。

"矛盾"阻碍不了浪漫反讽对整体性、整全性的偏好，崇高价值并列意义上的多神共存也是如此。浪漫派跟它力图纠偏的启蒙运动之不同，很重要的一点就是在主体性（自由）与自然、与上帝的关系格局中并不排斥自然与上帝，不像启蒙运动的主流那样试图杀死上帝，并把自然踩在脚下来确立自己的一家独大，彰显自己独有的尊贵与荣光。浪漫反讽力图和自然与上帝建立一种有机的融洽关系，在这种有机统一体中寻找自己的反讽对象。浪漫反讽力主在个体与共同体的有机统一中确立共同体崇尚的崇高神圣，并希望由它来提升、导引个体的崇高性追求。

恰如塔克所说，"在一种根本的意义上，从康德到黑格尔的思想运动所围绕的观念是：作为上帝般的存在的人的自我实现，或者作为上帝的人的自我实现"②。这个任务是由黑格尔完成的。黑格尔的哲学就是调和理性与天启的伟大尝试，"其实是一种思辨性的宗教——即以辩证法陈述出来的基督教"③。1795 年 1 月黑格尔在给谢林的信中就说，"上帝的国度将要来临了"④。康德在《纯粹理性批判》、费希特在《论人类之尊严》中都有一个伟大时代来临的表述。谢林的第一批著作也是这样说，"世间上已经显现了新的福音了（ein neues Evangelium）"⑤。黑格尔在海德堡大学就职演讲里面也有这样的言辞。立足于上帝与人的历史统一的境界和高度，黑格尔必定不再消极地看待矛盾。矛盾对终将达到

---

① 施勒格尔. 浪漫派风格：施勒格尔批评文集. 北京：华夏出版社，2005：33.

② 塔克. 卡尔·马克思的哲学与神话. 天津：天津人民出版社，2018：21.

③ 克朗纳. 论康德与黑格尔. 上海：同济大学出版社，2004：211.

④ 同③3.

⑤ 同③5.

上帝境界的人来说，不再是难以把握、难以解决的问题，却是这种人的能力的实验对象，是人的能力得到历练和成长的宝贵场域。

在黑格尔眼中，矛盾已从消极的象征转化为积极的象征，从致命的难题转化为必定得到解决、因而促进事物进步的环节和契机。在三种宗教中最高的天启宗教就是要"把绝对精神与个体精神、永恒与一暂、神与人等连结起来"。而且，"即使在黑格尔最崇拜和热爱古希腊文化的年代里，他的思辨活动亦早已灌注了'基督教精神'之成素。他的主要论点——绝对者乃是生命——其实乃是他的基督教信仰之流露，乃是一种思辨形式的对一个活着的上帝与基督的信念。对黑格尔来说，生命并不是一个生物的过程，而是心灵和思想的精神活动。上帝就是生命，基督就是生命。创世与天意，天启与救赎，乃都是活生生的上帝与基督的行动。这一个观点乃是黑格尔哲学系统的基础。黑格尔自早年智性醒觉以来，即一直坚信，思辨最多只可以达到天启宗教的层面，但决不可以超越之。他一再力持，哲学与宗教本就如孪生的弟兄；二者形式虽异，然而其内容则一"①。哲学与宗教形式、语言不一样，但义理一致。

生命显然不是个体的、生物意义上的，而是精神、总体、永恒意义上的。即不能仅仅在暂时、当下、生物意义上理解，而必须上升到哲学以至于宗教层面上来理解。只有放弃自己的人才能自救，只有死去的人才能再生，"只有那向死亡挑战的才可以享受到战胜死亡之喜悦。存有（概念上的实有）必须先转化为虚无，然后才可以变成为存在与实有"②。只有通过不断的否定和再生，通过一个复杂的过程，生命才能达至完美，才能构成一个真正的生命。正如黑格尔所说："精神的生命不是表现为害怕死亡，与荒芜保持绝对的距离，而是表现为承受死亡，并在死亡中保存自身。只有当精神在一种绝对的支离破碎状态下重新找到自己，它才赢得它的真理。"③ 生命不断发展提升，生命内在的矛盾也不断进化发展，正是靠着这种矛盾的不断解决和新生，生命得以不断提升。"某物之所以有生命，只是因为它自身包含矛盾，并且诚然是把

---

① 克朗纳. 论康德与黑格尔. 上海：同济大学出版社，2004：209-210.

② 同①210.

③ 黑格尔. 精神现象学. 北京：人民出版社，2013：21.

矛盾在自身中把握和保持住的力量。"① "矛盾在生物的痛苦中就更不如说甚至是现实的存在。"② 特定类型的矛盾只是生命成熟完满过程中的一个阶段性的存在，"那在死亡的领域中为矛盾的，转到生命的领域中，便不是矛盾的"③。随着生命的不断成长与提升，矛盾的质量和深度不断提升。比如，在人类的早期阶段发生的主奴辩证法，在主人与奴隶的相互依存关系之中，产生了凭劳动使主人依赖于奴隶，并使努力赢得实质性地位，而使主人的法律和哲学地位空心化的现象。主人仅仅满足于赢得地位低于自己的奴隶的尊重和认可，就如满足于家犬、猫咪对自己摇尾乞怜的依赖，是没有多大的实质性价值的；只有获得跟自己水平、人格地位一致的人的认可和尊重，自己的地位和人格才会得以呈现。奴隶依靠劳动逐步赢得历史地位的努力，促成了一个更高水平的主奴辩证法，即无产阶级与资产阶级、劳动与资本的辩证法。即使我们不同意克朗纳所说的马克思就是在阅读主奴辩证法时"奠定下了他未来的整个方案的根苗"④，起码也可以说，劳资矛盾确是主奴矛盾的进一步发展和提升，劳动与资本的辩证法是主奴辩证法的进一步发展。两者的逻辑有类似性，但劳资矛盾显然比主奴矛盾复杂多了，大量的现代性因素在其中产生并起着关键作用。

由此，可以窥视到黑格尔与马克思在矛盾观上的区别。

第一，黑格尔的"矛盾"仍然以逻辑意义上的、纯粹的"矛盾"为底色。逻辑、语言层面上的"矛盾"是最为根本的"矛盾"。自然、社会生活中发生的"矛盾"都是不纯粹的、有杂质的，因而是非本质的"矛盾"。用谢林"否定哲学"和"肯定哲学"的区分来说，否定哲学层面的矛盾才是本质和真实的，而肯定哲学层面呈现出来的矛盾则是非本质的。"压缩到纯而又纯的矛盾完全是抽象的矛盾，真实的矛盾总是同具体的环境紧密地结合在一起，因而真实矛盾只有通过环境并在环境之中才是可被辨认的和可以捉摸得到的。"⑤ 譬如资本与劳动的矛盾就不能看作简单抽象的、在任何地方和时间点上都一样的，"而始终是由矛盾在

---

① 黑格尔.逻辑学：下卷.北京：商务印书馆，1976：67.

② 同①467.

③ 克朗纳.论康德与黑格尔.上海：同济大学出版社，2004：211.

④ 同③207.

⑤ 阿尔都塞.保卫马克思.北京：商务印书馆，2006：86.

其中起作用的具体历史形式和历史环境所特殊地规定的"①。这就要求"矛盾"的言说不能以忽略特定时空环境的抽象普遍形式来进行——那更是黑格尔式的，不是马克思式的。对马克思而言的"矛盾"必须在具体的历史的特定环境背景下才能考察、提炼出来。

这样一来，与简单的二元对立统一的"矛盾"相比，马克思根植于现代社会复杂互动的"矛盾"必定是复杂的。阿尔都塞认为："多元决定正是马克思的矛盾与黑格尔的矛盾相比所具有的特殊性；黑格尔辩证法的'简单性'来源于黑格尔的'世界观'，特别是来源于在世界观中得到反映的历史观。"② 黑格尔的"矛盾"之所以是抽象的和千篇一律的，"只是因为构成任何历史时期本质的内在本质是简单的"，即源自理性的内在同一性和纯粹性，而当马克思用丰富、复杂的"社会生活"取代黑格尔的"绝对精神"后，"矛盾"的单纯本质不存在了，由此导致"矛盾"的单纯性也就失去了存在基础。阿尔都塞认为，马克思已告别了黑格尔的本质主义历史观，告别了黑格尔的表现性总体观，"代之以在构成一切社会形态本质的结构和上层建筑复合体中各决定性领域相互关系的新观点"③，从而喻示着一种结构性总体观。这种总体观反对关于"马克思仅仅颠倒了黑格尔"的简单说法，反对（譬如）关于马克思仅仅把国家与市民社会的关系从黑格尔式的国家决定市民社会转变为市民社会决定国家；而主张在谁也不能归结为谁的多元共合结构中、在联系特殊性背景下探索其有效作用的多种因素（其中也许存在"归根结底起决定作用的"某种因素）相互之间形成的那种新型的结构性共合关系。也就是说，对马克思来说，"矛盾"高度复杂化了。简单、单纯的二元对立，应该只是一个理想，一个概念模型。"马克思主义矛盾观把双方对立构成的一对矛盾只看作为进一步认知现实中复杂矛盾系统的一个暂时性概念模型框架，因而它的矛盾范式是众多因素或方面之间多种可能性矛盾关系的系统组合体。黑格尔的矛盾范式在其中充其量只是此体内的一个单元性组合，一种抽象出来的理想状态。马克思主义矛盾范式的达求在认识上呈现为一个需要不断努力的过程。在概念模型水平上停下，把概念模型层次上的矛盾与现实中的复杂矛盾体划等号，既是对

①　阿尔都塞. 保卫马克思. 北京：商务印书馆，2006：94.

②　同①95.

③　同①100－101.

马克思的误解，又是滞留于黑格尔水平的懒惰。从马克思主义的矛盾范式着眼，系统组合体内可以酝酿发生多种双方对立的矛盾情形，更可能发生多方面对立的矛盾情形。"①

第二，黑格尔的矛盾必定能得到解决，黑格尔的发展观念中包含一种胚胎预成论隐喻，而马克思的发展观中没有矛盾必定获得解决的逻辑。矛盾的认知、把握、求解，都取决于一系列合理有效的方法、实践抉择策略和社会合作，取决于一系列先进方法、策略和行动。其中最为重要的，就是我们将在下一节展开论述的把握整体性的方法。因为现代性造就了一个越来越庞大的工程，大量前现代性背景下无法进入的因素靠着现代技术与制度被拉进了这个巨大的一体化工程之中，遥远的大自然、遥远的地区和国家的人们，都日益融进这个世界一体化的现代化工程之中，靠一种越来越密切但也异常抽象的关联，发生着越来越直接的联系，并在这种联系中衍生出各种各样的关系，其中就有相互否定的矛盾关系。

幻想一个没有任何矛盾的理想国度，是对这种矛盾关系日益复杂化的不适应、不情愿，反映了对这种矛盾关系的矛盾心理。实际上，把马克思对未来的设想理解为一种没有任何矛盾的理想状态，就是反映了一种对日益复杂的矛盾的不适应，反映了一种保留现代性的进步和好处而消除一切现代问题的心理。我们在上一节分析过，其实马克思根本不愿谈论很遥远的那种理想"未来"，更不会像很多学者想象的那样，按照一种没有矛盾、没有差异的乌托邦模式来期待一个简单、纯粹、完美无缺甚至同质化的理想国。正如我们在第四章分析的，这是不折不扣的形而上学塑造。

所以，我们赞同阿瑟的如下说法："既然辩证法在过去一般被看作矛盾的设定与解决，那么在此我想强调如下事实的重要性：最终的目标是完全被理解的整体，而任何既定阶段在过程中相比于整体总是有缺陷的。"② 矛盾只有在更大的整体中才能被洞察，其发生的秘密机制才能被认识，其荒谬性才能得以呈现；只有在从抽象到具体的更高认识阶段上，整体性才能被更好地认识并表达呈现出来。设想没有任何矛盾的理想世界，就是对整体性视野的放弃，就是躲进现代性营造的那个狭小的

① 刘森林. 发展的价值基础追思. 哲学研究，1993（3）：16.
② 阿瑟. 新辩证法与马克思的《资本论》. 北京：北京师范大学出版社，2018：75.

可控世界，变成现代性的井底之蛙；把看不见任何矛盾认定为没有任何矛盾，是一种现代版掩耳盗铃。按照矛盾辩证法的现代要求，对整全的追求势必带来矛盾的呈现，势必遭遇矛盾的困扰，势必促生矛盾的压力和求解。在这个意义上，当萨特说"马克思主义的力量和宝贵之处，在于它曾是整体性阐述历史过程的最激进的尝试"①时，他是非常正确的；当卢卡奇说，是否承认和追求整体性是无产阶级与资产阶级思想的根本区别时，他也是正确的。只是，卢卡奇没有把这种正确思想贯彻到底，他的整体性主张仅仅停留在口头和立场上，没有落实到方法论层面，没有进一步达到政治经济学批判的跨学科视野，反而倒退到了类似德国早期浪漫派的那种传统人文学科视域之内。对此，我们已在第一章中具体分析。

4. 盯住被推远的"矛盾"：扩展视野、增强学科融合

受自己极力批评的基督教的影响，启蒙运动高度推崇全球一体化，反对特殊主义和地方化。全球化、全球主义、世界主义，就是启蒙运动的一种结果，就是启蒙运动的一种内在观念。"全球社会这个现代概念也要归功于启蒙运动"，"还有诸如'全球主义'或'世界主义'的观念也是一种启蒙观念"②。也正是在这种全球一体化的运动中，由于复杂性的紧张和多种因素与力量的涌入，矛盾以更大的规模、更快的速度、更复杂的水平大量发生。而且更值得注意的是，正是全球化的范围拓展使矛盾得以具有外推出去的巨大空间。对解决不了的矛盾，可以通过各种主客观策略，把它推出观察者的视野范围，看不见了事，这成了现代性意识形态处理矛盾问题的常见之法。这是隐匿矛盾而不是解决矛盾，这种策略的流行使得对矛盾的观察、认知更增加了困难。政治经济学的跨学科视野由此应运而生。

在黑格尔的视域内，没有上帝看不到、掌控不到的区域，所以把问题、矛盾外推到看不见的地方、区域，是不可能的事，或者至多是暂时的事。当上帝被揭穿为人虚幻的想象物之后，上帝死了，现实的人接手

---

① 萨特. 辩证理性批判. 合肥：安徽文艺出版社，1998：27.

② 帕戈登. 启蒙运动：为什么依然重要. 上海：上海交通大学出版社，2017：序2，3.

上帝的事业之后，无法具有上帝那样的视野和能力，即使考虑到不断提升和发展的历史进程也是如此。对于现实的人，也就是受到自然和社会历史双重的限制和约束的人来说，把握不到、视野不及的空间永远存在。那个被人把握不到、能力不及的空间，就可以作为矛盾隐匿的区域而存在。而且，随着现代制度、技术的不断完善，能力的不断增强，把矛盾、问题外推到这个隐匿区域内，使之不是真正消失而只是不被人看见，也就是现代意识形态能够达到并维持住的一种局面了。对现代性意识形态即资产阶级意识形态来说，外推是隐匿矛盾策略的一部分，是借助技术、方法、制度等各种手段得以实施的有效策略的一部分。而方法论个人主义往往就是这个策略的一个组成部分，它通过缩小人所关注的视野范围而营造一种一派祥和的氛围，而把矛盾遮蔽起来。把特别在意的东西拉近，有意凸显和标榜，在另一种意义上起到隐匿作用。对此，我们将在第十四章中做出进一步分析。

矛盾被推远了，外推成为现代辩证法极为重要的范畴。《启蒙辩证法》盯着主客体之间的距离与统治的内在关系，诸种因距离的增大而产生的漠视、无视、遗忘以至于残酷等一系列效应。需要不断扩展视野，不断揭露被推远、试图极力跳出关注者视野的现代意识形态计谋，才能保持住启蒙辩证法的敏锐目光，才能及时捕捉到极力试图隐匿起来的"矛盾"。考虑到"矛盾"在辩证法中的核心地位，在这个意义上，跟丢了"矛盾"，让"矛盾"在茫茫世界中成功隐匿了自身，那就意味着辩证法的茫然甚至失效。鉴于越来越细的知识分工，鉴于扩展关注面和视域越来越难，鉴于缩小这个面积和视域越来越容易，鉴于认知者（包括认知方法、工具、能力的调整更新）往往比认知对象变化慢等原因，盯住并且及时认清选出的"矛盾"，就是现代启蒙辩证法持久的任务。启蒙辩证法必须付出加倍的努力，不能有一丝懈怠，方可维持住启蒙辩证法的积极状态，保持住启蒙辩证法的工作效率。

为此，启蒙就需要进一步扩大视野，而不是坠入方法论个人主义，坠入日益严重的学科分化，坠入日益狭隘的具体学科之内，互不来往，形成日益固化的封闭空间。按照政治经济学批判的要求，辩证法必须从人文学科进一步扩展到经济学、社会学、人类学的视野，才能达到启蒙的内在要求。当然，这些学科本身就是启蒙运动促成的，随着启蒙运动的扩大而不断增强。对于马克思来说，启蒙批判从哲学这种层面推进到经济学和社会学层面，本身就是启蒙深化和推进的表现，是更全面开展启蒙的表现。仅仅滞于传统人文学科的视野之内，是仍然处于近现代启蒙之外的立场，是尚未经历近现代启蒙的表现。

立足于这一立场，仅仅在哲学范围内理解辩证法，理解作为辩证法核心范畴的矛盾，是狭隘的、不够的。只有超越单一的学科视域，在一个关涉范围更大的视野内看待它，辩证法才能呈现并可能得出求解方案，由此它才是可行的。否则，辩证法、矛盾都可能成为固化、干瘪、公式化的东西，失去启发性和创造性。这在世界一体化日益加强、学科分化日益细化的当代更是如此。对辩证法、矛盾的理解和研究要诉诸社会理论，诉诸更强大的学科融合。

德国早期浪漫派在马克思之前曾经呼唤过整体性，追求过跨学科视野，却终因局限于传统人文学科视野而半途而废，为马克思的辩证法诉求提供了失败的样板，进一步激发了马克思前进的勇气与动力。

浪漫派的整体性要求一种跨学科的视野，这是对马克思辩证法产生积极启发并使其因此继承和超越它的另一点。浪漫派的跨学科诉求首先意味着哲学与诗学的统一。传统哲学过于追求神圣和崇高的存在，设置了过多的界限，诗学更喜爱大地，更欲打破界限。冯·施莱格尔强调"只有凭借诗与哲学的结合，总汇性才能达到和谐。孤立的诗和孤立的哲学的作品，无论怎样包罗万象，怎样完美，似乎也缺少最终的综合"[1]。在浪漫派的眼里，一切界限都是限制和困囿，都要打破。界限的打破就意味着在整全性追求上的突破，意味着向无限性的进一步靠近。浪漫派是要打破自然、艺术、社会与国家的界限，要让它们都变成浪漫化的存在。艺术创造力与自然生产力、社会生产力都应协调一致，同步前进。如果自然和社会的生产力系指生产艺术作品或精神作品的能力，而不只是生产物质财富的能力，那它们无疑都隶属于艺术创造力。恰如拜泽尔所言，"浪漫诗的深广度，早期浪漫派的诗的概念必须在其普遍的哲学和历史背景中并在这一深广度上来理解"[2]。

浪漫派从诗与哲学的统一，进一步走向与宗教的统一。基本而论，浪漫派的跨学科视野基本局限在哲学、文学、历史、艺术和宗教界限之内，也就是传统人文学科之内。随着启蒙产生并逐渐扩大其影响的社会

---

[1]　施勒格尔. 浪漫派风格：施勒格尔批评文集. 北京：华夏出版社，2005：107.

[2]　拜泽尔. 浪漫的律令. 北京：华夏出版社，2019：39.

科学、自然科学、工程科学等，要么不在它们的视野之内，要么即使在它们的视野之内也处于不那么重要的位置。诺瓦利斯是个例外，在他那里，跨学科视野还要进一步走向与科学、工程学的统一。跨学科的视野是浪漫反讽与马克思辩证法共同的追求。浪漫反讽给予辩证法的一大启示在于，不能仅仅在哲学的框架内理解，而必须在一种多学科的视野内才能更完整和本质地呈现自己，必须在一种跨学科的整合中才能运作和发展。仅仅在哲学层面上理解，会造成明显的遮蔽、遗漏和限制。超越传统哲学的视野，在一种更为广阔的视野内，从一种跨学科的整体性视野中思考，特别是不再排斥而要融合给予特殊性、个性、具体性以重要地位的诗学，是浪漫派改造传统哲学的跨学科视野尤为值得肯定之处。考虑到它远早于强调感性、现实的后观念论哲学，这一点尤为重要，尤其值得唯物辩证法吸收和重视。唯物辩证法不能仅仅在哲学层面上理解，它必须在一个更大的跨学科视野内才能得到充分的展现。浪漫反讽给予唯物辩证法的这个重要启示，我们的开发重视还远远不够。不过，与唯物辩证法相比，浪漫反讽的跨学科视野有一个明显的缺陷，就是对经济学、社会学的蔑视与拒斥，并且基本上局限于人文学科，即使像诺瓦利斯突破人文学科拓展到更大的科学范围，也依然否定排斥经济学与社会学。这种缺陷与遗漏在唯物辩证法看来至为关键，反映了浪漫反讽初遇现代性的天真和不成熟。

在观念论辩证法中就得以呈现的主奴辩证法，已经衬托出浪漫反讽的单纯。主奴辩证法意味着对满足欲望、需要的经济生产活动的高度肯定，因为奴隶就是靠劳动来赢得跟主人类似的肯定性品格。主人的价值来自愉悦和自身的主动或肯定；而奴隶的价值来自被动的应对、来自对会拉低崇高目的的基本欲望和需要的满足、来自对失败和沮丧的摆脱，即来自由否定主人的肯定而确立的肯定，或曰"否定之否定"。从传统的主人立场看，"辩证法因而必须被描述为'怨恨的意识形态'，因为它假定了否定之否定等于肯定"①。浪漫派虽然没有明确说出这个意思，但明显已蕴含它。奴隶的肯定跟经济意义上的劳动密切相关，奴隶靠劳动赢得实在的肯定性品格。这种品格是通过对主人价值的否定获得的，是一种迂回的否定之否定的肯定性。恃才傲物的浪漫反讽是不信任这种

---

① 德贡布. 当代法国哲学. 北京：新星出版社，2007：213.

迂回、变相的肯定性的，不屑于向它看不上的任何存在低头和妥协。文森特概括的"一方面是一个独立灵魂的高贵，另一方面是一个嫉妒和诽谤的心灵的卑微"① 可以表示主人对奴隶的反讽态度，或者浪漫反讽与其批评的那种辩证法的不同之处。浪漫反讽想必一定会斥责黑格尔的主奴辩证法过于抬高奴隶劳动的重要性，斥责奴隶靠经济活动赢得跟哲学、诗、宗教和道德平起平坐的崇高地位，以至于把原本崇高的"肯定"降低为世俗的"否定之否定"。这个道理后来由尼采大加发挥，把原本崇高的"肯定"跟否定此肯定得来的"否定之否定"意义上的"肯定"在层次上明确区分开来，认定后一种"肯定"是一种向世俗和功利投降的降低，是一种冒充的崇高，是一种需要价值重估（重新审视和批判）来还原真相的虚妄形而上学。按照这一逻辑解释主奴辩证法，就意味着奴隶视任何差异为威胁，视一切差异为对立面，是因为他害怕、恐惧任何的异在他者，他没有直面人生不可避免会遭遇的焦虑、挫折的足够的勇气和能力。主人不会如此，对他来说，差异就是差异，不会构成对立面，差异完全可以认可、尊重、与之合作共处。霍克海默、阿多诺在《启蒙辩证法》中就以自己的方式反复诉说这个道理。显然，这个道理与浪漫反讽、尼采一脉相承，尽管尼采和霍克海默、阿多诺总躲避着不愿承认。从浪漫派到尼采、卢卡奇，一直存在对经济活动的不重视、贬斥，对主奴辩证法的不认可。

马克思进一步提升了主奴辩证法中的辩证法力量，在拒斥主奴辩证法的精神本体论基础之后，在自然和社会历史两个维度上合理拓展了辩证法，一方面通过给予自然足够重要的位置来化解、约束劳动本体论，另一方面通过生产力、政治组织、思想观念诸层面的先进性来连接，进一步提升劳动的功能力量，把劳动辩证法从传统形而上学的简单性、神秘性之中解放出来。而这一切，都是通过政治经济学批判来完成的。

马克思的辩证法会对经济学非常感兴趣，试图从经济活动中获得辩证的结构与力量，也相信经济合作、经济活动中蕴含和孕育着有助于自由与解放的辩证力量。用洛维特的话说，马克思对资本主义的分析"是一种将经济的存在和意识辩证地结合在一起加以把握的表达"②，是一

---

① 德贡布. 当代法国哲学. 北京：新星出版社，2007：215.
② 洛维特. 韦伯与马克思. 南京：南京大学出版社，2019：55.

种辩证法，这种辩证法最明显的特征就是经济分析和人的分析的整体结合。只有把经济学纳入进来，在对人的基本欲望、需要的多学科分析中，才能找到理解现实的道路，而不是继续局限在被有意美化和简化的人文传统中自恃清高，就像尼采要把心理分析纳入进来继续打破这种局限一样。在马克思看来，贬斥经济学，往往会道德主义地看待社会变迁，陷入狭隘、单纯、肤浅的朴素道德主义。在批评蒲鲁东"保存好的方面，消除坏的方面"的辩证法时，他严正指出，"谁要给自己提出消除坏的方面的任务，就是立即使辩证运动终结"，从而导致"辩证法没有了，代替它的至多不过是最纯粹的道德而已"①。

马克思坚信，社会生产关系的不断进步会不断促进社会生产力的发展。生产关系的合理化运作及其展现出来的越来越高的生产力水平，这两者之间的矛盾互动会逐渐孕育出一个辩证结构，这个结构能释放自由和解放的潜力，为自由和解放奠定越来越雄厚的社会物质基础。所以，人的物化、人与人之间的关系通过物与物之间的关系体现出来，对于马克思来说具有历史的必然性和特定历史区间内的进步性。不能像施莱格尔兄弟那样认定其阻碍自由和创造，也不能像施蒂纳那样把一切外在的物质、精神、社会的结构性力量都视为阻碍自由的消极力量。相反，物化体系在一定历史阶段内具有提高生产力、效率和公平水平的积极性意义。虽然现代化日益扩展，把更多的人纳入全球化体系之中，但是分工水平不断提高的现代人势必要通过被统一置换为无差别的人类劳动，也就是置换为一种抽象的"物"，才能在现代生产、交换、消费体系中展现自己。因而，物化不仅系指现代社会中人往往要通过物来表示，人与人的关系要通过物与物的关系来表示，而且为了提高效率和公平，这种社会关系之物的系统整合日益向着法制化、严格化、精确化、程序化、形式化、公正化，以至数字化、符号化、智能化方向发展。马克斯·韦伯视之为现代社会的宿命，马克思视之为三大社会形态依次更替中不可避免的，在"以物的依赖性为基础的人的独立性"的第二个社会形态，也就是在"形成普遍的社会物质交换、全面的关系、多方面的需要以及全面的能力的体系"的相当长的时间内具有历史合理性的存在。只有在发展实现自由个性的第三个社会形态下，它才会逐渐丧失合理性，被一

---

① 马克思恩格斯全集：第4卷.北京：人民出版社，1958：145，146，147.

种新的社会结构取代。① 只有通过囊括哲学、经济学、社会学、政治学、历史学等多学科的政治经济学批判，才能确切地理解这个辩证结构和辩证过程。从历史唯物主义角度看，正是由于拒斥经济学、社会学的视野，现代社会合作和发展的辩证性、复杂性无法进入浪漫反讽的视野，浪漫派无法理解之。浪漫派的跨学科视野存在天然的盲区，在这盲区内，浪漫派的现代性天空一片漆黑。

主奴辩证法印证了马克思对传统人文科学对经济学、社会学的漠视甚至拒斥，反映了经济学、社会学视野的关键地位和重要性。主奴矛盾在现代社会中扩展为劳资矛盾、无产阶级与资产阶级的矛盾。揭示这些矛盾，势必要求引入政治经济学批判的视野，也就是在传统人文学科的互通中进一步扩展经济学、社会学、政治学等随着启蒙运动产生的"启蒙学科"的视野。当然，恩格斯后来再向自然科学领域扩展辩证法的视野，把自然科学甚至技术科学也纳入进来，才真正补全了政治经济学批判的学科视野。对此，由于我们已在本书第八章中专门分析，这里就不过多涉及了。

① 详见：刘森林. 物象化与物化：马克思物化理论的再思考. 哲学研究，2013（1），以及本书第十二章。

第十二章 物化：启蒙辩证法的
重要范畴

"物化"是追求生产力巨大发展的现代启蒙事业进展到一定程度所呈现的一个标志性问题。它既是现代生产力发展的突出标志，也是发展道路上出现的现代性问题。一方面，它意味着效率、生产力的迅速提高；另一方面，它又意味着碎片化、固化甚至崇高价值的损害与铲平。它是一个典型的辩证存在，是历史唯物主义启蒙辩证法的核心范畴之一。

作为历史唯物主义范畴的"物化"，包括马克思在《资本论》及其手稿中分别使用的 Verdinglichung（通常译为"物化"）和 Versachlichung（通常译为"物象化""事化"）。广义的"物化"既包括 Verdinglichung 又包括 Versachlichung。对两者是否有差异这个问题，学者的理解各有不同。① 如果暂不考虑争论，我们在广义上使用"物化"一词，把两者的含义都包括进来，即把"物化"之"物"理解为既是非物性存在体现为有形有状的物理意义上的"物"，又体现为无形无状的社会关系意义上的"物"，抑或两种"物"的统一。从而，"物化"就是这两种"物"一统天下，其他的"非物"归为这两种"物"。那么，在探讨"物化"最著名的两个经典文本《资本论》（及其手稿）与《历史与阶级意识》之间，"物化"的意蕴有了怎样的变化？关注重心有了怎样的转移？这种转移对我们当下的理解造成了怎样的影响？马克思在《资本论》及其手稿中对它的理解与卢卡奇后来在《历史与阶级意识》中的

---

① 刘森林．物象化与物化：马克思物化理论的再思考．哲学研究，2013（1）．

理解有何差异？卢卡奇做了什么样的扭转？我们今天又该如何看待卢卡奇的扭转？这些问题对当下我们更确切地把握历史唯物主义的基本理论来说，显然是绕不过的。

1. 作为经济—哲学范畴的物化

自康德以来的德国哲学历来彰显"人"在宇宙和历史中的地位。作为具有崇高人格、尊严、品性的非物性存在，遭遇现代性的物性世界并被这个世界包围、阻碍、左右之时，就势必产生被"物化"的感受。马克思在《资本论》中探讨的商品—货币—资本的体系就是这样一个物性世界。在它之中，"物化"不仅仅是指具有崇高人格、尊严的"人"不得不体现为物理使用价值意义上的物品，更体现为一种与这种物品生产密切相关的新型社会关系之物，并被这两种"物"约束甚至再生产着。在现代社会经济体系的运行（生产、交换、消费）中，借助于越来越一般、普遍和去除具体性的抽象的社会关系之"物"，形成了越来越严格的制度化社会生产关系，借助于这种制度化社会生产关系背景下不断再生产出来的普遍、一般、抽象的"物"（商品—货币—资本），越来越成为现实世界的主角。人们越来越依靠它、信赖它，社会生活的发生和进行都离不开它。具体、生动、特殊的"人"渐渐不再出现在社会交换体系之中。这一体系给每个职业人设置、分配了角色和职能，只要承担这一角色、履行这一职能，他（她）就是一个合格的职业人。现代社会经济体系中的"人"，于是就成了特定职能和角色的无名承担者，如马克思所说："他们不仅相等，他们之间甚至［……］不会产生任何差别。他们只是作为交换价值的占有者和需要交换的人，即作为同一的、一般的、无差别的社会劳动的代表互相对立。"① "所以他们是价值相等的人，同时是彼此漠不关心的人。他们的其他差别与他们无关。他们的个人的特殊性并不进入过程。"② "人"如此，"物"亦然。如马克思所说，一个塔勒可以代表无数等价物，"在它的所有者手里一切个人差别都消失了，"于是，"流通在一定的环节上不仅使每个人同另一个人相等，而

---

① 马克思恩格斯全集：第 31 卷．北京：人民出版社，1998：358．
② 同①359．

且使他们成为同样的人，并且流通的运动就在于，从社会职能来看，每个人都交替地同另一个人换位。"① 于是，"人"就被归于由严格制度性关系约束和支撑着、由抽象的技术性物件管理和服务着、如今越来越符号化的存在。个性、具体的外观和品格等越来越失去显示的机会，并越来越为抽象的符号和角色、职能承担所替代。只有依靠社会关系意义上的"物"及其约束下不断再生产出来的技术物质产品，现代"人"才能得到体现和普遍性维度上的实现。这就是马克思和韦伯所说的 Versach-lichung 和 Verdinglichung 两个词所表示的人的"物化"现象。

这是一种现代社会的基本事实，并且首先是一个经济事实。物化说的首先是一种经济特质，是现代经济运行的必然。正如阿尔布瑞顿认为的那样，它"最完全地显现出了资本基本的本体论属性"，所以应"把它严格地当作一个经济范畴来使用"，而不是像卢卡奇那样把它视为一个文化范畴。因此，"物化指的是资本的结构逻辑，它把人转变成经济力量的'承担者'或'Träger'"②。

由此，物化直接系指经济系统已形成了一套不由人随意改变、反而要矫正和规范人的随意性的严格逻辑，按照这种逻辑，各种经济要素得以更合理地完成配置，得以更有效率地进行经济活动，得以更好地提升经济运行的速度与目标。所以，它意味着一种规范性、严格性、有效性，意味着有了这种物化系统，以前分散、低效的经济因素得以更合理地组织和流通起来，从而明显促进了生产力的发展。因而，从经济效率的角度来说，这种物化越彻底越好："彻底的物化并不意味着人的行动能力消失了，毋宁说那种行动能力受到了市场力量的引导和指引，一切一般的经济结果都是被价值的运动而不是人的意图规定的，正是在这个意义上，人的行动能力丧失了所有的自主性。在经济上，并不存在自主的人格，因为直接的人对人的关系完全被商品中介的关系取代了，因为人被还原为资本自我增殖运动的单纯工具。"③物化就是把劳动者纳入这种社会制度系统中，"就是物化把工人的行动能力吸收进资本的运动中的方式"，而"'彻底的物化'并不意味着人被完全转变为物，而是说经

---

① 马克思恩格斯全集：第 31 卷. 北京：人民出版社，1998：360.
② 阿尔布瑞顿. 政治经济学中的辩证法与解构. 北京：北京师范大学出版社，2018：30，23.
③ 同②28.

济结果完全是由资本的运动决定的，人类的行动能力只服务于资本的自我扩张"①。彻底的物化只有在一个纯粹的资本主义社会里才是可行的。

对此首先应该进行一个经济学的事实性观察，而不是文化价值论意义上的评价。应该这样理解，人的行动能力被吸收进资本系统之中，仅仅是在经济范围内，还没有拓展到社会、文化等其他系统之中。物化仅仅具有经济的意义。阿尔布瑞顿说得对，"资本物化的力量是强劲的，但是它对社会生活的不同领域的影响程度是非常不同的，这依赖于那些领域与经济因素有着怎样的关系，以及经济因素在何种程度上是由资本的逻辑塑造的"②。从经济的意义上说，物化是提高生产效率、提高社会公平水平的必然和必需。马克斯·韦伯后来用合理化概念描述这种现代社会的关系类型及其发展趋势。Versachlichung 是两人共同使用的概念，韦伯把在马克思那里还没有那么详细展开的现代社会关系越来越规范化、合理化、程序化、严格化、符号化等特性，用理性化的术语予以充分解说，把马克思"物化"（Versachlichung）思想的价值批判立场进一步弱化，大大减弱了它所蕴含着的批判性意蕴，并由此开始了它所具有的必然性、正当性含义，使得这个概念逐渐失去了批判性，成为一个中性概念；而具有批判性意蕴的"物化"概念，只剩下了 Verdinglichung。

2. 作为社会—哲学范畴的物化

"物化"不仅具有经济的意涵，还具有社会、文化的意涵。而且，这几种意涵之间，并不总是完全协调一致的。"物化"的经济效应跟进一步产生的社会效应、文化效应可能产生内在的张力与矛盾。卢卡奇就是在韦伯的影响下进一步关注"物化"的社会性效应，进一步关注经济、社会、文化诸效应之间的张力和矛盾。他不再像马克思那样重视"物化"的经济效应，反而尤其关注其社会效应和文化效应。

在《历史与阶级意识》中，卢卡奇从韦伯强调、发展的合理化视角

① 阿尔布瑞顿. 政治经济学中的辩证法与解构. 北京：北京师范大学出版社，2018：26.

② 同①25.

来看待"物化"的新意涵。这种意涵主要有三点：一是人的劳动能力和特质不断被合理化系统分割，劳动过程被分解为合理的局部操作，越来越成为一种被严格规定好的甚至机械重复的专门操作。劳动者与产品的直接联系被切断。人的一些特性都被从原来的形态中分割出来，被经济体系重新逐个计算其价值。这种现代价值重估大大改变了人身上诸特性的价值地位，那些能够生产具有更高使用价值的特性、能力，会得到进一步的重视，被赋予更高的价值地位。即使重视还不够，也会得到培训、强化、合理化重组。如果跟商品的生产与销售没有关系，比如人格、尊严、主体性等，就不再被重视，反而被合理化系统边缘化甚至忽略。这样一来，倒是个人的原子化、商品化、物化符合合理化系统而被一再生产出来得以不断延续。也就是说，人的能力、品质都会根据效率提高和人际公平度提高等标准进行重新组织和安排，越来越细致的专门化于是就不断得以发展，"没有专门化，合理化是不可思议的"①。而"合理化不断增加，工人的质的特性，即人的个体的特性越来越被消除"②。与人的整体存在不可分的人格也被合理化系统单独拿出来按照经济—社会价值系统予以客体化审视，失去了原本崇高的价值。

二是直接物性日益被掩盖和替代，变得越来越抽象，成为一种新的物性。正如卢卡奇所说，"这种合理的客体化首先掩盖了一切物的——质的和物质的——直接物性。当各种使用价值都毫无例外地表现为商品时，它们就获得一种新的客观性，即一种新的物性"③。这种新的物性就是一种社会性，一种在越来越合理化的新型社会关系中获得的物性。它与普遍一致、个性消失、可以普遍比较衡量、可计算性、以法律形式规定等特性密切关联。非物性的存在，比如"主体性本身，即知识、气质、表达能力，变成了一架按自身规律运转的抽象的机器，它既不依赖于'所有者'的人格，也不依赖于被处理的各种对象的客观—具体的本质"④，而是被合理化系统按照自己的标准进行价值重估。

三是整体性的丧失。专门化造就了水平不断提高的分化，"由于工

① 卢卡奇. 历史与阶级意识. 北京：商务印书馆，1992：150.
② 同①149.
③ 同①154.
④ 同①163-164.

作的专门化，任何整体景象都消失了"①。这是卢卡奇在《历史与阶级意识》一书中反复论述的核心所在。

从这个角度来看，"物化"的社会性含义至少会在以下两个向度上延伸其负面意义：

其一，"物化"常被称为一种僵化和形成惯性的制度所具有的性质。当情况已经变化但制度没有适应新变化时，制度就会变成物一样或机器一样的东西，显得刻板、烦琐、无情，甚至死板、滞后、僵化。不但可能会增加交易成本、降低经济效率、阻碍创新，而且很容易让卡夫卡那样的现代作家感受到"把活生生的、富于变化的人变成了死的、毫无变化能力的档案号"，"到处都是笼子"，以及"这是精确地计算好的生活，像在公事房里一样。没有奇迹，只有使用说明、表格和规章制度。人们害怕自由和责任，因此人们宁可在自己做的铁栅栏里窒息而死"②；也很容易得出生动活泼的人依赖于僵死的物，从而产生"一种物化的不安全感"③。在这个意义上，物化具有僵化、缺乏变通的意义，可以从降低效率、浪费人力和物力、人浮于事、人为增加管理成本、阻碍创新等方面对其进行社会经济学的解读，也可以进一步关注其延伸性意涵，即从损害个性、尊严、人格因而把高于物的价值降格为物这样的含义来解读。

其二，物化也可以指伴随现代社会高水平社会分化而产生的碎片化存在。当卢卡奇用标志着崇高性、总体性、自主性的"物自身"对比被动、范围有限的现象之"物"，且前者堕落为后者来表达物化时，失去总体性、呈现为碎片化存在就成为物化的基本特征。物化就是用来"突出由碎片化的和割裂的意识组成的总体"④，它就是这种总体的反面，意味着碎片化的存在。但卢卡奇时代的碎片化似乎还只是领域分化，没有达到当今进一步碎片化的水平。

碎片化是一种真实，还是一种虚幻之感？如果只从文化意义上看，它可能被欺骗性地呈现为互不关联的一个个片段。其实，它们之间是被

---

① 卢卡奇. 历史与阶级意识. 北京：商务印书馆，1992：168.
② 卡夫卡. 卡夫卡全集：第四卷. 石家庄：河北教育出版社，2000：312，313，316.
③ 同②317.
④ 阿尔布瑞顿. 政治经济学中的辩证法与解构. 北京：北京师范大学出版社，2018：24.

一种理性化的逻辑内在地关联在一起的，是一种抽象的整体化、表面的碎片化。按照《资本论》的逻辑，商品、货币、资本都是抽象的。作为商品本质的一般人类劳动也肯定是靠抽象才能呈现出来的。所以，"马克思主义政治经济学的基础是真实的抽象。……'真实的抽象'表明：从根本上说是资本自身在做抽象，尽管它是一种必然不会主动显现出来的逻辑，我们还是发现了它的内在逻辑。很多结构主义者都反对价值法则的本质主义，他们没有看到的是：经济学法则的抽象特征是资本的产物，挑战它的方法并不是摆脱抽象，而是去规定资本的抽象特征中包含哪些东西，由此我们才能更好地把资本转向对人有利的方向"①。实际上，资本驱动的"社会现实本身变得更加抽象，因为资本自我增殖的逻辑打碎了地域本位和特殊本位的'壁垒'，由此一来，市场变得越来越非人格，越来越客观了，因此也越来越接近理论所需要的理想意象，即成为一个普遍的、自我规范的系统。在这种情况下，对象变得同一了、成体系了，它自身也在全球范围内扩张，这又使得它自身更加抽象；或者也可以更严格地说，通过在历史中更多地发挥它的逻辑（至少要达到一个定点），通过影响理论实践（人通过这种理论实践得出了试图把握那个逻辑的抽象），资本使自身变得更加抽象了"②。

看来，第一，撇开具体性、差异性的抽象（如从具体类型的劳动到一般、无差别的抽象劳动）是现代社会不可抗拒的经济社会存在，无法用文化、意识形态的目光无视它，或者将其变成恶魔般的批判对象才能制服它。它（抽象）不是恶魔，也不是刻意避开的东西，它是每天必须面对的社会现实，是需要用科学的方法予以理解把握并在此基础上进一步调整改变的社会现实。在马克思的社会理论中，它标志着现代社会的进步，标志着自由解放所需要的物质基础、技术基础、社会基础的日益巩固和提升。卡夫卡可以在文学意义上视之为"恶魔"，但科学的社会理论是不能这么偏颇、极端的。

第二，人与人直接的关系的确在这种日益抽象的体系中渐渐消失了，我们能看见的就是抽象的资本逻辑，日益严格且符号化、程序化、规范化、数字化的抽象系统。这个系统已经形成了自己特有的内在逻

---

① 阿尔布瑞顿．政治经济学中的辩证法与解构．北京：北京师范大学出版社，2018：41.

② 同①41－42.

辑，已经超越了人与人直接发生关系的前商品社会，而进入了以物与物交往替代人与人直接交往的现代社会，即开始所谓人类社会的第二大形态。在这个形态中，效率会提高，人际公平也会提升，但结果就是直接的、具体的人会成为体系运作的环节与工具，日益严格的体系逻辑取代直接的人际关系，使具体的人发生有形有状的商品物化和无形无状的社会关系物化。

第三，即使是资本的逻辑，《资本论》时期的马克思也没有把它完全视为人的发展的对立面。他肯定了第二个社会形态的不可避免性，更明显肯定了这个形态的进步性和在历史上的过渡性。它的历史肯定性并不仅仅表现在不可避免性上，更表现在促进第三个社会形态产生、为其产生提供前提和基础的促进性功能上。在"以物的依赖性为基础的人的独立性"的物化阶段，"才形成普遍的社会物质变换、全面的关系、多方面的需要以及全面的能力的体系"，这比人与人之间直接发生联系的"人的依赖关系"阶段要进步得多。马克思明确指出，"这种物的（sachlich）联系比单个人之间没有联系要好，或者比只是以自然血缘关系和统治从属关系为基础的地方性联系要好"①。这种关系不是单个人内在的，而是人与人之间社会关系扩大的产物，也就是生产关系日益扩大、发展的结果，是历史发展的产物。

马克思没有把物化逻辑仅仅看作社会经济层面的存在，而把文化层面的物化视为另一种逻辑。相反，在马克思的眼中，物化逻辑是首先应该在社会经济层面上获得理解，但肯定会进一步向全社会渗透，使社会的各个层面都深受其影响。马克思是在经济—社会—文化的一体性中看待这一复杂现象的。就此而言，《资本论》时期的马克思与《历史与阶级意识》时期的卢卡奇颇不相同的一点是，卢卡奇更多是从文化、审美意义上解读"物化"，进一步延伸到社会层面，而不是像马克思那样从经济基础出发，进一步延伸到社会和文化层面。所以，卢卡奇认定有一个纯粹的主体性力量存在，一个不受经济社会影响、却能对抗和改变经济社会物化系统的主体性力量，恰是卢卡奇借助和依靠的东西。这个东西在《资本论》时期的马克思那里是不存在的。那时的马克思早已看清，依靠一种自己设想出来的、实际历史中并不存在的近代哲学的主体

① Karl Marx. Ökonomische Manuskripte 1857/58. Berlin：Dietz Verlag，1976：94.

性力量，是传统形而上学的表现，是哲学不成熟的象征。

第四，看到碎片背后的真实是一种商品、货币、资本内在逻辑的总体性存在，并不意味着要以文化意义上的总体性去对抗光怪陆离的碎片化表象。仅用总体化意识来对抗碎片化的堂吉诃德的"风车"表象实则为资本的总体性体系，是会把效果弱化的，必须从经济的层面上把握认知，思考"如何更好地把资本转向对人有利的方向"才是正途。卢卡奇对"物化"的处理方法应该是堵塞了这样的方向，而径直走上了社会经济与文化的对抗之路。在这个意义上，我们要从卢卡奇回到马克思才是。

第五，对于马克思来说，作为社会关系的"物"与作为具体物质财富的"物"日益内在整合在一起，无法分开。经过商品—货币—资本形态转化，"物"日益从一种具有物理形态的存在转变为抽象的社会关系之物，转变为形式化、符号化的替代性存在。因此，资本既是社会关系，又是物质财富，甚至成为数字符号。其物理形态的物性、社会关系形态的物性甚至符号形态的物性日益被整合在一起，没法把它们分开。这使得 Verdinglichung 和 Versachlichung 发生更大范围的交叉融合，而且这两种形态的"物"还日益被一种数字化、符号化的更抽象的"物"替代和整合。

就 Sache 和 Ding、Versachlichung 和 Verdinglichung 的交叉融合来看，恰如马克思所说，作为利润转化为平均利润，利润与剩余价值的不同，"利润由预付资本的价值决定。在所有这些表现上，利润同资本有机构成的关系完全被掩盖了"，所以，"正是在利润的这种完全异化的形式上以及在利润的形式愈来愈掩盖自己的内核的情况下，资本愈来愈具有物的（sachlich）形态，愈来愈由一种关系转化为一种物（Ding），不过这种物是包含和吸收了社会关系的物，是获得了虚假生命和独立性而与自身发生关系的物，是一个可感觉而又超感觉的存在物"[1]。所以，Versachlichung 和 Verdinglichung 在资本的形态上日益整合起来了，无法再分开，而进一步的数字化、形式化，则是在马克思之后进一步发生的当代现实。

---

[1]　Karl Marx Friedrich Engels Werke：Band 26. 3. Berlin：Dietz Verlag，1968：474.

3. 作为文化—哲学范畴的物化

"异化"的哲学基础是近代主体性哲学。传统的主体性哲学把主体（自由）的根据理解为内在、先验的自我意识，并由此把异化理解为主体性的颠倒和丧失，无视生产劳动对主体性生成的基础性作用，更无视自然对人的基础性作用。但"物化"概念不同，它不再是主客体的颠倒，而是现代社会必然发生的、由标准化商品和例行社会关系两种"物"作为体现"人"的存在日益占据现代世界舞台中心的一种历史境况，因而既体现着相对以往历史的进步性，又意味着有待被超越的负面性，是一种特定时期的历史性存在。如果把物化等同于异化，那就意味着把物化妖魔化为完全负面的存在，而这也就是仅仅在文化—哲学意义上看待物化。物化的近代哲学基础强化了物化的文化意味。在文化与经济、社会相一致的氛围中，文化意蕴与经济、社会意蕴的内在张力还不突出。无论是与经济—社会意蕴不完全一致的文化意蕴，还是与文化意蕴不很协调一致的经济—社会意蕴，都不会凸显出来，不会受到采取不同立场、不同视角的人们的关注并引发一定的争议。但随着经济—社会意蕴与文化意蕴的内在冲突的发生，它们在同一个概念中内生的张力不断分化，衍生出诸多问题和矛盾。众所周知，马克思早期曾把发生异化的主体视为自由活动的人，后来逐渐转向现实的劳动主体，把物质生产活动看作考察物化问题的关键所在。但劳动作为自由之根据并不预示着对物化问题的根本解决，因为由此很容易得出劳动构成自由之唯一根基的结论，也就是根据德国观念论逻辑，把"劳动""实践"视为马克思推崇的"自由"的唯一根据，从而把"物化"发生的缘由仍然理解为观念论的那种"本体"的丧失。当霍耐特对马克思做出如下质疑时，他无疑就是如此："现实中的一切都应由人类劳动所创造。姑且不论这个解释模型还建立在观念论的前提上，此种解释无论如何都必然失败，因为根据这个观点，任何客体、任何存在状态，只要不是经由劳动创造产出，都会成为某种物化。"[①]霍耐特的这种看法颇有代表性，它至少有两个失误：

[①] 霍耐特. 物化. 上海：华东师范大学出版社，2018：33.

第一，劳动并不是自由唯一的根据。随着唯物史观的创立，马克思、恩格斯把自由的根据从先验王国拉回到现实的社会生活，而现实生活奠立于自然和劳动这双重根基之上。早在《德意志意识形态》中，马克思就肯定"自然"维度是历史唯物主义的出发点和本质内涵，指出唯物史观"第一个需要确认的事实就是这些个人的肉体组织以及由此产生的个人对其他自然的关系。当然，我们在这里既不能深入研究人们自身的生理特性，也不能深入研究人们所处的各种自然条件——地质条件、山岳水文地理条件、气候条件以及其他条件"①。后来马克思更是进一步强调"劳动**不是**一切财富的**源泉**。**自然界**同劳动一样也是使用价值（而物质财富就是由使用价值构成的！）的源泉，劳动本身不过是一种自然力即人的劳动力的表现"②。不过，自然的确不是他强调的重点。他强调我们在这里不能深入研究这些被首先肯定的事实。尽管"这些条件不仅决定着人们最初的、自然形成的肉体组织，特别是他们之间的种族差别，而且直到如今还决定着肉体组织的整个进一步发展或不发展"③，他的研究重点是社会生产对人的决定性作用。

第二，劳动作为自由的主要根据绝不意味着凡不是劳动创造的东西都是物化，相反，不断由现代劳动创造的东西才在现代凝聚为一种物化系统，这个系统不断为自由解放奠定物质基础，因而，物化并不是完全负面的，而是历史发展过程中的必然。

人的自由解放必须以更高水平的生产力作为基础，为此必须实现自然经济向市场经济的扩展，必须用一般人类劳动来衡量和计算不同地区、行业、经济组织的特殊劳动，必须实现一种社会经济体系更大范围的拓展，必须实现一种更复杂、更有效的社会生产关系系统的日益完善。在马克思的商品—货币—资本的逻辑中，用他的话来说："货币存在的前提是社会联系的物化（Versachlichung）；这里指的是货币表现为抵押品，一个人为了从别人那里获得商品，就必须把这种抵押品留在别人手里。在这种场合，经济学家自己就说，人们信赖的是物（货币），而不是作为人的自身。但为什么人们信赖物（Sache）呢？显然，仅仅是因为这种物是他们互相间的物化的（Versachlicht）关系，是物化的

---

① 马克思恩格斯选集：第 1 卷．北京：人民出版社，2012：146.
② 马克思恩格斯选集：第 3 卷．北京：人民出版社，2012：357.
③ 同①.

交换价值，而交换价值无非是人们互相间生产活动的关系。"①

这种象征着社会联系日益扩大，效率日益提高且越来越规范化、合理化、严格化、公正化的社会关系系统，必然表现为一种具有独立性的"物"，既是社会关系不断合理化意义上的社会关系之"物"，又是功能不断提升意义上的劳动产品、物质财富之"物"。"人"必须以现代社会中这两种意义上的"物"来体现，通过这两种意义上的"物"在"**以物的依赖性为基础的人的独立性**"② 的第二大社会形态中获得历史性的实现。因为自由个性的实现"正是以建立在交换价值基础上的生产为前提的，这种生产才在产生出个人同自己和同别人相异化的普遍性的同时，也产生出个人关系和个人能力的普遍性和全面性。在发展的早期阶段，单个人显得比较全面，那正是因为他还没有造成自己丰富的关系，并且还没有使这种关系作为独立于他自身之外的社会权力和社会关系同他自己相对立。留恋那种原始的丰富，是可笑的，相信必须停留在那种完全的空虚化之中，也是可笑的"③。马克思在这里明确把留恋原始丰富的立场称为浪漫主义观点，声言"这种浪漫主义观点将作为合理的对立面伴随资产阶级观点一同升入天堂"④。

"物化"由此获得了一种特别的观察视域。它不再只是后来卢卡奇在《历史与阶级意识》中凸显和强化的那种崇高性、自主性丧失意义上的消极存在，它还是象征着现代社会生产关系之类型、象征着现代社会运作中人与物关系之特殊类型的存在。把"物化"等同于"异化"，完全负面地看待它，恰恰就是马克思在这里提醒要提防、避免的"浪漫主义观点"。

霍耐特的错误其实肇始于卢卡奇，是卢卡奇出现的失误的继续。这种事物仍然继续把异化等同于物化，按照近代主体性哲学模式理解物化，并由此势必完全否定性地看待经济学、社会学意义上的"物化"，甚至把经济学视为封闭的象征。在《历史与阶级意识》中，他只是在资产阶级古典经济学的意义上看待经济学，认为经济学只能提供经验事实的描述，不能提供对社会总体也就是社会现实的说明。如果说经验论者

---

① Karl Marx. Ökonomische Manuskripte 1857/58. Berlin：Dietz Verlag，1976：93.

② 马克思恩格斯全集：第 30 卷. 北京：人民出版社，1995：107.

③ 同②112.

④ 同②112.

倾向于认为"在经济生活中的每一个情况、每一个统计数字、每一件素材中都能找到对他说来很重要的事实。他在这样做时忘记了，不管对'事实'进行多么简单的列举，丝毫不加说明，这本身就已是一种'解释'"①。那么，这种事实显然被他认定是孤立、偏狭、固化的，造成这种结果的主要缘由是学术分工的日益扩大，"于是出现了'孤立的'事实，'孤立的'事实群，单独的专门学科（经济学、法律等），它们的出现本身看来就为这样一种科学研究大大地开辟了道路"②。卢卡奇认为孤立事实的认知逻辑是与日益扩展的学术分工密切相关的。由此推断，超越这种逻辑就必须采取跨学科的综合视野和方法才行。但可惜的是，主张超越学术分工的卢卡奇却决不沾染经济学、法学，难道他以为仅仅立足于哲学—文学就能获得总体性认知？难道"社会总体的生产和再生产"仅仅置换成"经济总体的生产和再生产"，这样就可以在考察"社会总体的生产和再生产"时无视"经济总体的生产和再生产"？如果这样的话，他说的"对马克思主义来说，归根结底就没有什么独立的法学、政治经济学、历史科学等等，而只有一门唯一的、统一的——历史的和辩证的——关于社会（作为总体）发展的科学"③ 岂不成了一句空话？那么在"从马克思主义方面把社会的整个发展作为总体加以考察"或"采用只限于从个别科学方面研究个别因素的方法"④ 的二选一方案中，卢卡奇岂不是选择了后者？

此时的卢卡奇过于负面地看待了物化关系的消极性后果。他在"物化"中看到的只是分割开来的、固化了的、视野不够大的局限性存在，对创造性的遏制和约束，碎片化存在，封闭的、狭隘的经验性事实，等等。虽然他正确地认识到这不是"真正意义上的事实"，而确定真正意义上的事实"必须了解它们本来的历史制约性，并且抛弃那种认为它们是直接产生出来的观点：它们本身必定要受历史的和辩证的考察"，而且，"只有在这种把社会生活中的孤立事实作为历史发展的环节并把它们归结为一个总体的情况下，对事实的认识才能成为对现实的认识"；或者，"只有用说明它和总体的关系的办法才能使日常斗争具有现实性，

---

① 卢卡奇. 历史与阶级意识. 北京：商务印书馆，1992：52.
② 同①53.
③ 同①77.
④ 同①80.

这样它就能把单纯的事实，单纯的存在提高为现实"①。但强调生成性思维方式、正视现实中的复杂性和矛盾，采用跨学科的整体方法，都不是把经济学、法学归于"封闭的局部系统"、只能达到对局部事实的认定而达不到对社会整体现实的把握的理由，更不能因此忽视经济学、法学意义上揭示的物化关系系统所具有的积极性效果，如效率的提高、一视同仁的公平性、对弱者的能力提升等。不能只顾一个方面而无视其他方面。他断言只有哲学才可能是综合性的科学；资产阶级哲学是物化意识的表现，产生于资产阶级的物化结构，只有马克思主义哲学可以努力突破支离破碎的现代物化体系。他甚至说"为此就不必机械地把专门化的各专门科学联系成一个统一体，而要通过内部统一的、哲学的方法从内部把它们加以改造。显然，资产阶级社会的哲学必然没有能力做到这一点"② 也是正确的，但马克思主义哲学做到这一点绝不是像他那样排挤他不喜欢的经济学、法学，仅仅在他喜欢的文学批评和哲学视野下就足以找到超越物化意识的总体性立场和方法。相反，像他这样排斥一些学科视野与方法，仅仅立足于特定学科视野与方法的做法恐怕只能导致与其预期相反的效果。实际上，此时的卢卡奇口头上声称使用跨学科的总体性视野与方法把握社会总体性现实，实际却排斥跨学科的总体性视野与方法。他实际所采取的恰恰是局限于特定学科视野的非总体性方法。追求总体性的他在方法上却排斥总体性，赞扬采用跨学科视野的马克思的他实际上却通过自己的行为否定了马克思。由此我们不得不强调，马克思的总体性立场必须保持哲学与经济学的平衡。

4. 物化：哲学与经济学的平衡

在发展经济、提高效率的意义上，没有情感、个性需求的机器和制度可以不停歇、无感受地默默运转，完全把现代人融进力图从自身压榨出更高效率的资本系统。资本系统喜欢物化，不是因为物化的表现、特点，或者别的什么，只是喜欢物化无个性需求的默默奉献，无情感需求的任意摆布，无偷懒行为的勤勉努力。机器可以不停地运转，制度化的

---

① 卢卡奇. 历史与阶级意识. 北京：商务印书馆，1992：55，56，73-74.

② 同①175.

社会关系可以六亲不认地合理化运作，但具有喜怒哀乐的情感需求、个性尊严的价值需求、休息调整需求的人，是无法完全符合以机器和制度形式出现的资本的要求的。只有替代人的能力越来越强的机器人作为无上述需求的物化存在能够满足物化体系的要求。物化存在更适合现代经济社会体系的要求，在现代社会经济体系运作中更有效率。随着制度和技术的不断进步，现代经济社会体系的运作越来越物化，是一个无法更改的必然趋势。高水平的"物化"体系会生产出更多、更高品质的物质财富和社会服务，从而更好、更高水平地满足人们的安全、吃穿住行等基本需求和进一步的高级需求，当然也会让卡夫卡、卢卡奇那样更注重个性、尊严等价值的人感受到他们所追求的价值的缺失和被遮蔽。高水平的物化体系意味着更高水平的物质财富和合理化制度，但也意味着更高水平的碎片化、总体化（这种总体化会更明显地客体化）、多元化。

而物化水平很低的社会经济体系，不但往往无法提供足够的物质财富给其成员，而且往往缺乏有效的合理化制度，不足以保证社会的良性运行，无法防止社会陷入一种失序、紊乱，即社会成员的基本需求无法得以满足的无序状态。

如果物质条件太恶劣，人甚至还会在资本所要求的劳作中体验到马克思在《1844年经济学哲学手稿》中所描述的那种"工人创造的商品越多，他就越变成廉价的商品。物的世界的**增值**同人的世界的**贬值**成正比"[1] 的情形，物化系统就处于水平很低、很不发达的层次上。

但对这样的"物化"体系，马克思显然绝非只是肯定其进步作用，也看到了它在进一步发展中所具有的阻碍创新、越来越僵化以及进一步衍生出敌视个性、尊严、自由全面发展的倾向。他希望在一种更高水平的（社会主义）社会生产关系中解决这些问题、消除这些弊端。从"自由个性"的第三大社会形态来看，第二大社会形态必然呈现的物化状态必须辩证地予以把握。完全肯定的是资产阶级意识形态，而一概否定的则显然就是马克思特意批评的那种留恋原始丰富、"将作为合理的对立面伴随资产阶级观点一同升入天堂"[2] 的浪漫主义立场。

在马克思的理论逻辑中，还可以进一步发展出另一种批判性立场：

---

[1]　马克思恩格斯全集：第3卷.北京：人民出版社，2002：267.

[2]　马克思恩格斯全集：第30卷.北京：人民出版社，1995：112.

阻碍自由实现的"物化"产生的缘由不仅是劳动，还有自然。更高水平的物化体系不断致力于把受损害者、代价承受者推到更远的远方，如资本世界体系的边缘国家的劳动者，最后推向更没有主动反抗能力、对负面事物承受空间更大的自然界。如经济学家肯尼思·博尔丁（Kenneth E. Boulding）所言，在发达国家，资本的物化体系在提高效率时有一种榨取对象从人转向自然的倾向："对所有的人来说，提高生产率才是赚钱的好办法。一个人可以从大自然中获取 10 个美元而不必从同仁身上榨取一个美元。"①

在《1844 年经济学哲学手稿》中，马克思的关注点是资本体系给人带来的负面影响。所以"**资本**，即对他人劳动产品的私有权"，意味着"对人的漠不关心"，这句话随后就是"斯密的二十张彩票"②。即便"分工提高劳动的生产力，增加社会的财富，促使社会精美完善，同时却使工人陷于贫困直到变为机器。劳动促进资本的积累，从而也促进社会福利的增长，同时却使工人越来越依附于资本家，引起工人间更剧烈的竞争，使工人卷入生产过剩的追猎活动"③。马克思关注的是人（劳动者）在资本体系中发生的变化，而不是整个资本体系的变化，是劳动者的畸形、愚钝、痴呆，而不是经济指标的提升、资本体系的扩张；是社会关系物、物化财富之物在追求自我壮大过程中对"人"的忽视、遮蔽、替代、转化，甚至摧残、折磨、损害。由此，他眼中的李嘉图就认为"各国只是生产的工场；人是消费和生产的机器；人的生命就是资本；经济规律盲目地支配着世界。……人是微不足道的，而产品则是一切"④。这跟《1857—1858 年经济学手稿》中对物化的历史性肯定、为李嘉图的辩护存在明显的区别。那时，他在越来越物化的资本体系中首先看到的是生产力的增长、财富的累积、生产关系的改进、效率的提高。这种增长、累积、改进、提高都是因为越来越合理化、规范化、严格化的社会关系或生产关系得以形成并不断完善，是因为生产体系的运作越来越依赖于这种规模、复杂性、合理性日益增加的物化系统，而不

① 李普塞特. 一致与冲突. 上海：上海人民出版社，1995：367. 相关分析参见：刘森林. 辩证法的社会空间. 长春：吉林人民出版社，2005：第二章第二节。
② 马克思恩格斯全集：第 3 卷. 北京：人民出版社，2002：238，251.
③ 同②231.
④ 同②248.

再依赖于具体的人和人际关系。"人们相信的是物（Sache），而不是作为人的自身"，人们依赖的也是物化的（versachlicht）关系，而不是人自身。"物的社会性离开人而独立"①，独立性越来越强的物化系统越来越形成自己的内在逻辑，追求更大的程序化、理性化和规模化。这种物化的关系意味着社会联系范围的不断扩大，意味着社会联系的合理性不断提升，意味着自然血缘关系、人与人之间的统治从属关系、地方性联系越来越淡化，用马克思的话说就是，"这种物的（sachlich）联系比单个人之间没有联系要好，或者比只是以自然血缘关系和统治从属关系为基础的地方性联系要好"②。

由此，跟 1844 年相比，1857—1858 年的马克思对李嘉图和西斯蒙第的评价就发生了根本性的变化。"李嘉图把资本主义生产方式看作最有利于生产、最有利于创造财富的生产方式，对于他那个时代来说，李嘉图是完全正确的。他希望**为生产而生产**，这是**正确的**。如果象李嘉图的感伤主义的反对者们那样，断言生产本身不是目的本身，那就是忘记了，为生产而生产无非就是发展人类的生产力，也就是**发展人类天性的财富这种目的本身**。如果象西斯蒙第那样，把个人的福利同这个目的对立起来，那就是主张，为了保证个人的福利，全人类的发展应该受到**阻碍**……这种议论，就是不理解：'**人**'类的才能的这种发展，虽然在开始时要靠牺牲多数的个人，甚至靠牺牲整个阶级，但最终会克服这种对抗，而同每个个人的发展相一致；因此，个性的比较高度的发展，只有以牺牲个人的历史过程为代价。至于这种感化议论的徒劳，那就不用说了，因为在人类，也象在动植物界一样，种族的利益总是要靠牺牲个体的利益来为自己开辟道路的……"在这里，马克思肯定"李嘉图的毫无顾忌不仅是**科学上的诚实**，而且从他的立场来说也是**科学上的必要**"③。甚至当李嘉图"把无产者看成同机器、驮畜或商品一样"时，马克思还冷静地以科学的口吻赞扬说，这"没有任何卑鄙之处，因为无产者只有当作机器或驮畜，才促进'生产'（从李嘉图的观点看），或者说，因为无产者在资产阶级生产中实际上只是商品。这是斯多葛精神，这是客观

---

① Karl Marx. Ökonomische Manuskripte 1857/58. Berlin：Dietz Verlag，1976：93.

② 同①94.

③ 马克思恩格斯全集：第 26 卷第 2 分册. 北京：人民出版社，1973：124 - 125.

的，这是科学的"①。但在《1844 年经济学哲学手稿》中，他却批评国民经济学不考察劳动者同他所生产的产品的直接的关系，借以掩盖劳动本质的异化。他关心的是劳动者在资本关系中获得了什么、失去了什么，而不是关注劳动者的丧失成就了什么、成全了什么。他由此看到的事实就是："劳动为富人生产了奇迹般的东西，但是为工人生产了赤贫。劳动生产了宫殿，但是给工人生产了棚舍。劳动生产了美，但是使工人变成畸形。劳动用机器代替了手工劳动，但是使一部分工人回到野蛮的劳动，并使另一部分工人变成机器。劳动生产了智慧，但是给工人生产了愚钝和痴呆。"②

《1844 年经济学哲学手稿》并没有平等地对待经济学和哲学。马克思显然在这个手稿中是以尚未成熟的哲学批评经济学。但到了《资本论》及其手稿中，马克思才真正做到了平等地对待经济学和哲学。因为他不再以哲学否定经济学，也不会以经济学批评哲学，而是把经济学和哲学融通起来，放在一个同时代的结构之中融合，更放在历史的不同阶段中逐个贯彻它们各自的原则并实现它们的目标。伴随着学科平等关系的确立的是哲学的不断成熟。

而达成这种和解的标志就是，马克思科学、辩证地认识了物化。"马克思之所以能够取得科学上的突破，是由于他理解了物化，或者换句话说，是由于资本悖论性地既是社会的，又是反社会的——社会的说的是：它把我们推向一种统一的、由商品统治的社会秩序；反社会的说的是：它要做到这一点，就要让个人反对个人、让阶级反对阶级，这是一个不断加深的原子化进程。"③ 也就是说，不能再完全负面地看待"物化"及"异化"了，对"物化"中蕴含着的促进效率和有限度公平的社会秩序给予一种历史性肯定，肯定"这种物的联系要比单个人之间没有联系要好"④，肯定资本体系衍生出来的"物化"有"伟大的文明作用"，因为"它创造了这样一个社会阶段，与这个社会阶段相比，一切以前的社会阶段都只表现为人类的**地方性发展**和**对自**

---

① 马克思恩格斯全集：第 26 卷第 2 分册. 北京：人民出版社，1973：126.

② 马克思恩格斯全集：第 3 卷. 北京：人民出版社，2002：269 - 270.

③ 阿尔布瑞顿. 政治经济学中的辩证法与解构. 北京：北京师范大学出版社，2018：20.

④ 马克思恩格斯全集：第 30 卷. 北京：人民出版社，1995：111.

然的崇拜。……资本按照自己的这种趋势，既要克服把自然神化的现象，克服流传下来的、在一定界限内闭关自守地满足于现有需要和重复旧生活方式的状况，又要克服民族界限和民族偏见。资本破坏这一切并使之不断革命化，摧毁一切阻碍发展生产力、扩大需要、使生产多样化、利用和交换自然力量和精神力量的限制"①。为此，马克思面对比较侧重资本的消极性、局限性的西斯蒙第和比较理解资本的普遍趋势的李嘉图不再选择一方站队，而是整合他们。他开始充分理解经济学家"信赖的是物（货币），而不是作为人的自身"这个观点，"因为这种物是人们互相间的**物化的关系**，是物化的交换价值，而交换价值无非是人们互相间生产活动的关系"②。也就是说，物化性联系代表着社会关系、生产关系的急剧扩大，从地方拓展到民族、国家，从民族、国家拓展到全球。与此相适应，为自由解放奠定基础的社会生产力也快速发展到了一个崭新的阶段。这是从审美、浪漫主义角度很容易忽视的现代性事实。

5. 从文化之思回到社会经济文化的整体之思： 从卢卡奇回到马克思

　　《历史与阶级意识》中的卢卡奇虽然是从《资本论》出发解读马克思的物化理论的，但其出发点、立场、方法却跟《资本论》时期的马克思颇不相同，反而很类似于《1844 年哲学经济学手稿》时期的马克思：出发点和立场是近代的纯粹主体性，而方法则是以哲学及美学批判经济学，其哲学与经济学尚未建立一种平衡的关系。考虑到卢卡奇当时尚未看到《1844 年经济学哲学手稿》，所以这是很吊诡的。
　　卢卡奇所处的时代是个价值多元论越发明显的时代。他在狄尔泰的多元论和韦伯的价值中立论中读出了令他非常忧虑的相对主义和虚无主义。"作为一个哲学史家，狄尔泰只能科学地证实一个完全的相对主义，证实世界观之间的一场不断的斗争，在这场斗争中有一定的挑选，但没

---

①　马克思恩格斯全集：第 30 卷．北京：人民出版社，1995：390.
②　同①110.

有判决。"①他在狄尔泰这种心理学和历史的相对主义中得出了"接近虚无主义的怀疑"的结论，而在西美尔思想中得出了"相对主义不是减弱了而是增强了"② 的结论。而相对主义诋毁科学，为非理性主义、蒙昧主义、虚无主义保留或开辟地盘，更是卢卡奇所担忧的。从此而论，卢卡奇之所以要提出、突出缺失主体性的物化问题，是为了防止出现上帝死后"什么都可以做"的窘境，防止出现旧道德戒律一律无效、新世界因个体独立至上而必然陷入相对主义与虚无主义的窘境，防止物化体系走向相对主义和虚无主义。

　　价值必须在先，这是卢卡奇从西美尔和韦伯那里从正反两个方面得到的教训。西美尔说："由于受着人的整个精神的和实践的态度所影响，人——就其最根本处说来——从他的环境中所理解到的，一般言之只是那些符合于他的信念的东西，而另外还有很多非常显著的反面情况，到稍后一个时期就会觉得完全不可理解，而在当时却简单地充耳无闻熟视无睹。"③卢卡奇在《理性的毁灭》中引述了韦伯的话："因为世界上不同的价值秩序彼此进行着无法消除的斗争。"④ 跟写作《历史与阶级意识》时一样，卢卡奇引这些话时是批评西美尔和韦伯的这种相对主义与非理性主义，以及与之关联的物化中立、正常说。卢卡奇认为这是一种不可接受的相对主义，他要选择一种自己认定的价值立场，不接受任何立场都等同的相对主义态度。针对韦伯所说的对基督教伦理价值的"这种专注，已经遮蔽了我们的眼睛；不过，我们文化的命运已经注定，我们将再度清楚地意识到多神才是日常生活的现实"⑤，卢卡奇显然不认同。无论是文化命运已注定之说，还是多神（多种价值）等同之说，卢卡奇都明确反对。当韦伯在《以学术为业》中指责作为美学家的卢卡奇像神学先知一样先预设一种意义，然后再追求其可能性的做法时⑥，卢卡奇更是针锋相对地凸显价值优先的重要性。韦伯对卢卡奇的质疑意味着一个至关重要的问题：在一个相对主义、虚无主义的时代，怎样确立一种价值立场才是有根据的、合理的，而不是任意的、主观的？除了底

---

① 卢卡奇. 理性的毁灭. 济南：山东人民出版社，1988：387.

② 同①389，392.

③ 同①392.

④ 同①552.

⑤ 韦伯. 韦伯作品集：第Ⅰ卷. 桂林：广西师范大学出版社，2004：181.

⑥ 同⑤188.

线伦理，我们现代人还能有理有据地选择一种实质性的价值立场吗？

对于《资本论》时期的马克思来说，价值立场的确立需要以对事实、现实的科学理性分析为基础，从事实与价值统一的角度予以确立。① 即价值立场必须借助一种社会、经济的综合分析才能确立，不能单纯地从文化更不能仅仅从审美角度予以选择。《历史与阶级意识》时期卢卡奇选择的显然不是《资本论》时期马克思的方案，倒是很接近1844 年马克思的方案。按照后来 C. P. 斯诺"两种文化"的逻辑——撇开科技文化，只立足于人文文化立论的策略，用图海纳的话来说，也就是一个"逆现代化"现象：在一个"经济势力的自主权越来越大"，"经济政策取代了宪法，成为公共生活的中心原则"，"社会思想由于受到经济现实的冲击，已经没有能力"② 把经济和文化结合起来，公共生活领域越来越成为经济人逻辑的天下的时代，在技术、市场世界与文化世界，工具主义的理性世界与集体记忆世界、符号世界与感觉世界都发生了分裂的时代，卢卡奇选择了撇开经济径直从文化逻辑出发，批评社会经济结构中日趋普遍的这种标志着法制化、规范化、精确化、程序化、公正化的"物化"，把"物化"视为完全或主要是负面的东西。撇开经济来关注审美文化，并基于文化和审美的立场否定在经济—社会意义上有一定历史正当性、合理性的"物化"。显然，这跟马克思从告别基督教神学世界、现实世界的社会经济变迁、社会经济的内在逻辑出发来探寻物化（包括 Verdinglichung 和 Versachlichung）的历史地位与可能性前途的做法很不一样。

卢卡奇的立场是马克思所批评的作为资产阶级观点的对立面并与之一同升入天堂的浪漫主义吗？

我认为，卢卡奇的观点不是上述这种浪漫主义观点，而是这种观点更现代的版本；该观点明显具有浪漫主义的因素和特征，是审美意义上的判断。第一，分工在《历史与阶级意识》中是被批评反思的负面存在，而在《资本论》那里却具有积极功能。卢卡奇仍然幻想一种不是建立在现代分工经济社会体系基础之上的非物化状态，指望撇开经济社会基础来构想非物化的理想国。脱离现实的经济社会基础来进行审美想

---

① 刘森林. 论马克思历史观对事实与价值冲突的两种解决. 哲学研究，1992（9）：17 - 23.

② 图海纳. 我们能否共同生存？. 北京：商务印书馆，2003：32.

象，这是其最根本的表现和理由所在。应该重建马克思主义的整体性理论，撇开政治经济学、社会理论对人文问题的研究，是有可能陷入片面之论的。第二，卢卡奇又回到了马克思一度超越了的近代主体性立场，致力于从内在主体性角度看待物化，也就是把异化与物化等同起来了。他把物化视为贯彻主体性的原则与精神不够彻底的表现，而且是主体不能把握、掌控外在世界的表现，这个世界不是跟自己无关的外部世界，而是主体自己创造的世界。维科、霍布斯阐述的如下原则成为卢卡奇认定的主体性原则，也是康德赞成的原则：只有自己创造的，才能真正认识，也才能真正把握。这个构成物化近代根基的原理，用施特劳斯的话来说就是："我们只有对于那些我们就是其产生原因、或者其构造在我们能力范围之内或取决于我们任意的意志的东西，我们才具有绝对可靠的或科学的知识。……我们所建构的世界并无神秘可言，因为我们是它的唯一原因并且因此我们对它的原因就有着完满无缺的知识。我们所建构的世界并没有更进一步的原因，一个不在或者不完全在我们能力范围之内的原因；我们所建构的世界有着一个绝对的开端，或者说，它是一个严格意义上的造物。我们所建构的世界因此就是避免了盲目而漫无目标的因果之流的安全岛。"①只有我们创造的东西我们才能对之具有完全可靠的知识！我们只能理解我们自己的造物。这样一来，自然就是我们不能完全理解的了，自然科学永远具有假说的性质，但只要人能支配自然就足够了。霍布斯以这样一种怀疑论建立了自己的主体论，用施特劳斯的话说就是，"只是因为对于人道没有什么来自宇宙的支持，人类才能成为主宰。只是因为他在宇宙中完全是个陌生人，他才成了主宰。只是因为他被迫成为主宰，他才成了主宰"②。

针对卢卡奇的立场，我们必须要问，经济范畴的"物化"就与文化范畴的"物化"无法相容，就必定会有矛盾冲突吗？随着现代社会的发展，文化不正是向着两者融通的方向发展吗？

问题在于，文化仅仅系指高雅文化还是高雅文化与大众文化的统一体？现代化背景下的文化类型早已发生了变化，出现了多元形态，不再只是一种高雅的形态。在大众文化中，物化作为一种促进经济运行、满足基本消费的大众现象，获得了一定的合理性和合法性。大众文化即使

---

① 施特劳斯. 自然权利与历史. 北京：生活·读书·新知三联书店，2003：176 – 177.

② 同①178.

不能说是普遍的，也可以说具有更大的适用范围，被更多的人在更多的基本层面上接受。如果把价值追求分为善—正当—可允许—恶四个层面，以世俗化为主要特征的现代化使"可允许性"层面的价值获得了存在合法性，更不用说"正当性"层面的价值了。相比之下，具有崇高性的"善"日益成为多数人某些时候、少数人更多时候的日常追求，从而具有了一定的稀缺性，并因此显得更加崇高、更加不易。如果制度不完善，甚至个别情况下"恶"的价值得不到应有的遏制和约束，那么在特定情况下"恶"还会获得一定的"合法性"外观。但在现代化背景下，制度再完善，也无法取消"可允许性""正当性"价值的合法性存在，无法以它们不够"崇高"为理由否弃它们，无法以它们滞于"物化"层面来否定它们的可允许性甚至正当性。追求崇高的文化只能约束、限定它们的过度扩张，防止其被现代性意识评为唯一具有合法性的价值，防止其自我膨胀为唯一可选择甚至直接具有自然合理性的价值存在。

马克思是要使理想、希望深深扎根于经济社会的变迁之中。对于他来说，不扎根于经济社会之中、没有社会经济基础的东西，是没有前途的"幻想"。如果按照韦伯的逻辑，理想、希望、价值已经多元化，多元价值之间没有高低之分，所以最好束之高阁，不受任何一种左右，这对马克思来说是不行的。我们必须选择一种跟社会经济基础最切近、最具有根基性和可能性的崇高理想去推进它。撇开经济社会基础的文化理想，对于马克思来说是无甚意义的。就此而论，物化问题的研究不是沿着卢卡奇的路子日益走向撇开经济社会分析的单纯文化之思，而应回归到成熟时期的马克思的那种经济、社会、文化综合性分析的立场和方法。只有按照这种方法，物化问题的辩证分析才是可能的。从而，"物化表征的是一种正常状态，还是一种扭曲的状态？"这种二选一的非此即彼立场才能被超越。

由此可以看出，的确如洛克莫尔所说，其一，卢卡奇没有公道地评论马克思。"虽然他对于哲学有着很深的造诣，但是，他依然接受一种用政治学的方法去分析哲学问题的做法。"① 在对现代性现象的分析中，卢卡奇过于简单地区分了无产阶级因素和资产阶级因素，过于简单地使用阶级来分析复杂的社会问题，过于浪漫主义地看待为无产阶级的自由

---

① 洛克莫尔. 马克思主义之后的马克思：卢卡奇的重新发现. 现代哲学，2011（4）：57.

解放奠定物质基础的社会经济成就，创造了一种撇开社会经济单纯从审美角度解释历史唯物主义的先例。其二，虽然他对马克思的解读有一系列洞见，包括"对于异化的强调——这在马克思的早期思想和晚期思想中都是核心"①，但早期思想中的异化、物化与晚期思想中的异化、物化的根本区别，以及异化、物化的根本区别，卢卡奇都不甚清楚。他自己也承认，在《历史与阶级意识》中，异化（Entfremdung）与物化（Verdinglichung）"这两个词却是在同一意义上使用的"②，两者明显被混淆了。这与卢卡奇从《资本论》出发解读马克思物化思想的实际做法并不协调。就此而论，他显然没有很好地读懂马克思的《资本论》。

6. 辩证地看待物化

第一，作为标志一种社会结构范畴的物化，应该被约束在一个特定的范围之内，这样才是合理的。它促进、确保、对应的是一种保障社会运行效率、确保社会必要劳动时间缩短、保证社会基本公正、对人一视同仁等现代基本要求的现象，即一种跟现代社会发展基本趋势契合一致的时代现象。在这个基本价值被确保的意义上，它是正当的，也是合理的，符合社会发展的规律。

第二，在具有上述积极性的同时，物化也具有遮蔽人本身的价值、把人的价值与尊严置换为商品物和社会关系物的倾向，具有历史发展维度上的负面性。马克思没有因为第一点而否定第二点，也没有因为第二点而否定第一点。

第三，物化不能进一步消解、蚕食社会所需要的更高价值。如果它对社会发展所需要的更高价值具有进一步的消解作用的话，它就会招致批评，招致人们的担忧、抵制和否定。卢卡奇在20世纪初表达的正是这样一种担忧。他是从文化价值角度来看待物化的，是对从经济—社会

---

① 洛克莫尔. 马克思主义之后的马克思：卢卡奇的重新发现. 现代哲学，2011（4）：57.

② 卢卡奇. 历史与阶级意识. 北京：商务印书馆，1992：新版序言20. 卢卡奇在此书中所用的"物化"原词主要是 Verdinglichung，但有时也用 Versachlichung. 鉴于在马克思的时代 Versachlichung 比 Verdinglichung 的批判性意蕴弱，在韦伯时代更弱。异化与 Verdinglichung 的混同，自然更意味着异化与 Versachlichung 的混同。

逻辑向文化—思想—价值领域蔓延、渗透而造成的文化价值庸俗化、价值层次降低、思想创造性丧失的深深忧虑，并由此发出呼声、做出提醒。这其实是对虚无主义渗透进物化结构的一种担忧，是对尼采开创的物化结构本身即孕育和滋生着虚无主义这一观点的进一步延伸，并表达深深的忧虑。这种忧虑值得肯定和尊重，但采用的方法却值得商榷：能脱离经济社会基础来考察文化价值现象吗？是不是必须从社会、经济、文化一体结构的立场出发才行？卢卡奇脱离社会经济，只从文化角度考察物化与虚无主义日益结合的现象，这种日后产生重大影响的立场、方法，让我们重新想起马克思立足于社会、经济、文化一体结构来思考物化的立场。本章主张从卢卡奇重新回到马克思进行思考，并予以进一步推进。

第四，保持一种在各学科之间取得平衡的跨学科视野是非常必要的。像《1844年经济学哲学手稿》那样，以（尚不成熟的）哲学批评、否定经济学，是有些失衡的。只有像在《资本论》及其手稿中，哲学与经济学的平衡才终于得以确立；也只有在这种平衡关系中，马克思的哲学才是更成熟一些的哲学。但卢卡奇的《历史与阶级意识》重新造成了哲学、社会学、经济学之间的失衡。虽然此时的他不是从马克思的《1844年经济学哲学手稿》而是从《资本论》出发的，但其立场和结论却接近与韦伯对立的诗人格奥尔格，立足于审美主体性，对社会经济意义上的 Verdinglichung 与 Versachlichung 做了文化—审美意义上的批判与否定。这明显异于《资本论》，却非常接近于《1844年经济学哲学手稿》。

必须从卢卡奇回到《资本论》时期的马克思。虽然不一定是回到马克思当时的观点，但是必须回到马克思的方法论立场，从社会、经济、文化的一体结构看待"物化"问题才是正确和合理的。鉴于此，我们不是加剧哲学与经济学、社会学的割裂，而是要加强它们之间的关联；不是加速经济与文化之间的分裂，而是要推进它们之间的一体化与融合；不是加大两种文化之间的鸿沟，而是要在它们之间架设更多、更宽、更牢固的桥梁。

第五，物化集中凝聚着启蒙的问题和奥秘。启蒙追求的目标（人的自由和解放的实现）的达成绕不过物化这个越来越重要的环节。物化凝聚着效率、公平、生产力的发展、生产关系的合理化，而这些都与自由和解放的实现有着十分密切的关系。自由和解放的实现，人作为主体的实现，都需要物化这个枢纽的过渡，不经过这个枢纽，那些目标都是无法顺利实现的。物化既有通向自由和解放的功能与作用，又可能有固化制度、限制和约束人的自由、为了利润的增加而牺牲个性与自由的消极作用。物化有自己的逻辑和目标，这种逻辑和目标与启蒙的逻辑和目标是不完全一致的，虽然也不是完全对立的，但是毕竟归根结底是只顾自己的。在这个意义上，历史唯物主义才要约束、改造物化逻辑，使之服从于启蒙的理想目标。也正是在这个意义上，"物化"是一个十足的辩证现象，是一个典型的启蒙辩证法范畴，而且在启蒙辩证法的范畴表中，它应该还处于十分重要的位置上。作为辩证法范畴的"物化"，如果不加反思、约束，径自按照自身逻辑演化下去，完全可能走向僵化的同一性，对个性、创新、特殊性采取一概敌视否定的态度，走向僵化甚至僵死的传统形而上学，并由此走向自否定和自悖谬。只有在反思、批判、纠正、改造的基础上，它才有可能走向真正的辩证法，起到为自由和解放奠基的作用，服务于历史辩证法的更高目标。

第十三章　外推：辩证法的
退隐与追踪

　　物化体系标志着启蒙力量的壮大，意味着启蒙事业随着现代技术和制度的日益发展拥有了越来越大的力量，也拥有了越来越强的手段来做自己中意的事，同时拥有了避开自己不中意的事的能力。对自己不中意的事，现代体系所采用的策略就是外推。通过各种有效之法，把它们推开，推得远远的，眼不见为净，久而久之，就是眼不见为无。加上拉近、放大希望人们关注的东西，一方面推远、另一方面拉近的这种外推之法取得了越来越显著的效果。外推把辩证法覆盖范围内的自然与社会、精神领域完全统一在一起了。外推最大的范围就是自然。自然是外推能触及的最远的区域，是最容易隐匿起来的地方，也是最容易把问题推出主体视野并营造一种歌舞升平景象的空间。

　　"外推"是我在拙著《辩证法的社会空间》中提出的一个概念。由于社会交往空间的急剧扩大，由于技术获得的威力和制度约束的不足，现代人把自己不愿承担的义务、不易解决的问题、解决起来会造成损失或引来麻烦的东西，都试图外推出去。有些显然是推给了其他人，而有些难以确定承担主体，因为这样的主体难以照面、没有成熟甚至尚未诞生。由难以照面、没有成熟甚至尚未诞生的主体承担的外推往往难以规约，无论是阿瑟·塞西尔·庇古（Authur Cecil Pigou）诉诸的政府，还是罗纳德·哈里·科斯（Ronald Harry Coase）期望的产权界定的清晰化，都面临难以处理的复杂性和信息、资源的不足。

　　外推既有有意识的，也有无意识的。前者如经济学所讲的外部性问题，后者如喜欢干净的环境却不承担打扫卫生的义务，痛恨贪污却不自觉地配合甚至助长贪污……其实他们只是为了减少损失或增加收益，只是贪图自己方便。无意识的外推在日常生活中较为常见，实施者所声称的信念与自己的行为之间可能存在明显不一致。因为现代社会交往的复杂性、现代交往范围的急剧扩大和密度的不断增加，对这种不一致的准确把握特别是自觉的准确把握非常困难，而且很不经济，对日常生活而言并不必要。在当代复杂的社会条件下，没有足够的自觉、不能准确把握的外推更多。当然最厉害的就是外推到无主体反应地带。因为它往往会消失在无人关注的空无地带，悄无声息地消失在茫茫夜空。

一种特殊的无意识的外推大量发生在非理性的群体运作之中。古斯塔夫·勒庞（Gustave Le Bon）在群体心理研究中发现了大量这类现象，这类外推是对自我、理性主体的放弃。个体没有了自己的主张和理智，控制不住自己的情感和本能，开始以出人意料的方式来行事。有意识人格的丧失是群体行为的基本特征。借助于幻想和对自我的放弃，配合或成全个别人的自恋；借助于大量的社会互动，丧失掉的自我得以通过社会认同而固化、强化为某种社会性存在。

从外推的逻辑看，主体对客体的统治秩序以两者保持适当的距离为前提。把需要的存在者拉到近处（去远），与把主体不愿承担、难以忍受、无法处理的东西推到足够远的隐匿处（去近），一同构成主体性统治的秘密。随着现代性空间延展水平的不断提高，以及制度、技术水平的日益提升，外推空间越来越大，外推逻辑越来越隐蔽。制度难以规约的自然界，构成最远和最有效的外推空间，这是规避辩证法、转移矛盾使之消失不见的现代性秘密。

1. 拉近与推远：外推概念的确立

随着人类共同生活群体规模的不断扩大，约束各个层次上的行为主体、使之符合群体追求目标的制度体系也就越来越发达和严密。我在拙著《辩证法的社会空间》中曾探讨过，在观念、情感、行为方式、语言等诸方面类似或相互认同并且交往频繁的个体之间，也就是在"社会密度"很高的群体中，由于制度空隙和漏洞很小，从更大群体的共同利益和崇高的价值规范角度来看个体应承担的责任与义务，就很难将其外推出去，特别是该群体中处于较低层次的民众——当他们面对该群体制度体系中的不平等性之时，往往无力反抗而只得接受强势方外推给自己的负担。制度效力和技术能力的限制，也无法为他们把某些负重和责任外推给更遥远的人群和自然界提供多大的空间。

霍克海默与阿多诺在《启蒙辩证法》中写道，主体性的确立以主体与客体的距离为前提，在历史上，这个距离是以主人通过所支配的东西与其所获得的事物保持距离为基础的。财主在他的城堡周围布置做各种活的仆人，夜晚有灯亮着，他才能安然入睡。他与周围世界有了足够的距离，有了他能够操纵的等级秩序，他才能有安全感。① 用我们的话来说就是，只有把惧怕、担忧、未掌握和控制的遗憾放逐到足够远的范围时，自我立足的主体才会确立起来。这么说，主体性的源初结构中就内含着一种明显的外推逻辑。主体性不但是一种对无力每时每刻都承担或负起责任的那些空无、冲动、欲望、情感、完整性的割舍，而且是把惧怕、死亡、空无推得足够远，使之尽量持久和彻底地不在当下出现的结果。与这种推远的策略相伴随的，是把无法推开或推得足够远的对象理性化甚至数学化的策略。通过这种策略，那些必须打交道的对象在无所不知、无所不能的主体面前呈现为按照我们知晓的规则存在、运行，因而作为主体的我们完全可以控制甚至还能加以调节的东西。这也是启蒙运动以来主体性运作的主要途径和手段之一。霍克海默指出，客体不仅处于等级制中的最下层，而且是一种数学的虚构："启蒙事先就把追根究底的数学世界与真理等同起来，启蒙以为这样做就能够避免返回到神话中去。启蒙把思想和数学混作一团……"② 这与卢卡奇在《历史与阶级意识》中所批评的一样。观念的世界这样被构思为客体，一种在那里合乎规则地运行着、不会乱来的客体，一种虽然远离主体但逃脱不出主体之心的客体。

近代启蒙运动以来，令主体不安的遥远客体从寄附于至高无上的上帝到被下放给自主自立的个人主体。社会按照能够自我存在、自我确立、自我发展、自我立法、自我负责、自我立命、自我实现、自我救赎的自足自立的独立个体原则进行构建，使得主体可以外推的境遇发生了根本性变化。除了遥远的客体世界及其严格规则之外，在现代社会中，

① 霍克海默，阿道尔诺．启蒙辩证法：哲学断片．上海：上海人民出版社，2003：11.
② 同①21.

单位群体内社会密度的减小，新型制度和技术辐射范围的急剧扩大，与外部群体和自然接触范围的扩展，以及某个行为牵涉的人群、事物的增多，及其所牵连的诸种制度之间的空隙与漏洞的增多，使得能力强、资源多的行为者具有了更多的外推机会和更大的外推空间。众所周知，现代社会构建的基本原则就是自立自决的个人主体，"把一切委诸个体自由是所有现代性的本质，无论早期还是晚期"①。在个体自由状况百出的当今，在"设想一个自由个体的联合体更是难上加难"的当今，这种自由论所蕴含和引发的，对本己之外的存在不闻不问、一推了之的趋势随着现代社会个人主义趋向的不断增强而日趋明显。如劳伦斯·E.卡洪（Lawrence E. Cahoone）所说，"自由主义者把一切委诸自由似乎需要一个前提，即社会成员对发生在他们私生活领域以外的任何事情都一概不闻不问；而这实际上表明，自由仅仅存在于私生活之中"②。这种根深蒂固的个体自由论，要过渡到对"外部性"存在不闻不问、一推了之极为容易。当制度建构无法约束这种外推时，它就会进一步扩展，达到无意或有意转嫁的程度。而当更大范围内的制度建构都默认或支持这种外推时，它的扩展和加剧就更是必然的了。

如果说，在主体性哲学的逻辑中，根本就无所谓与主体无关的原始存在、"无蔽状态"，而只存在显现给人，被人发现或看到的东西；那么，外推也就是正好与此相反的现象，它致力于不显现给人、不被人看到，促使那些令人不安、让人看了备感压抑和沉重的东西通过某种成功的意识形态隐匿机制而从观视者的视域中消失掉，以营造一种万事太平、心安理得的氛围。这种氛围除了卸除行为者的心理负担和伦理负担，主要是强化和固定行为者在自己所浸淫其中的文化理念和行为趋向，使特定文化氛围内的行为方式及其固化的存在秩序得以维系和持存。

海德格尔曾说，此在的生存论中有一种"去远"的现象，这种现象使得此在与其他存在者在空间中的相互关联成为可能。存在的这种去远（Entfernung）也就是把存在者带到近处来，使之得以显现，因而此在"有一种求近的本质趋向"，这种本质趋向使世界的面目得以呈现给人，而世界也就由此得到阐释。在这个意义上，世界就是在这种去远中得到

---

① 卡洪. 现代性的困境. 北京：商务印书馆，2008：24.
② 同①.

揭示的，就是在最近的"此在"之"此"中确立世界由此展开的始发点，并由此确立其空间性的。但是，在我看来，此在在确立自己的世界的过程中，不但要把一些远处的存在者拉到近处来，使之与此在照面，而且同样重要甚至更为重要的是，此在必须把一些令此在难以忍受、无法处理的东西赶到更远或足够远的隐蔽处，使之不在此在面前露面，也就是以"眼不见为净"的方式打造一个与此在的处理能力、希冀和关注范围相适应的世界。而这个世界的打造和建构，万万离不开把那些令此在难以忍受、无法处理的东西赶到更远的"去近化"策略——只有把那些东西推到足够远的隐蔽之处，那个令此在心安的"世界"才能被建构起来。在这种"去近化"策略中，即使是那些在此在身旁与之朝夕相处的东西，如果它们令此在不安，惹此在厌烦，也必须而且常常首先被推远。此在的亲近性，就是在这种把某些东西推远的同时又把某些东西拉近的双重策略中得以实现的。"去近"和"去远"的合作，亲近和疏远的交叉进行，才塑造了此在的惯常品格。

所以，与"去远"相反，此在同样有一种"去近"的趋向。"去近"也就是把存在者带到远处去，使之不要在此在面前显现，因而此在有一种求远的本质趋向，这种本质趋向使得世界的那些令人不安和感到沉重的面目不能呈现在人面前，而那些没有如此性质的世界也就由此安然地得到阐释。世界的"去近"趋向是一种防范机制，通过这种机制被阐释的世界获得一个有效的保护带，在此保护带之内，世界才得以被阐释、被照面、被利用并进入此在，成为"在之中"。这样，此在的"在之中"必然具有一种防范和筛选的前提条件。并不是一切东西都可以进入此在之中，成为持存性的也就是不断与此在照面的存在者。能够进入"在之中"的存在者是有前提条件的。那些给此在带来沉重的负担，让此在抬不起头来，使此在忧心忡忡和忐忑不安的东西，往往经过一些隔离和筛选的环节被剔除出去，以保证进入"在之中"的存在者具有优良或至少可接受的品格。

每一种文化中都存在这种极力凸显某些存在也极力隐匿另一些存在的机制和动力。力欲凸显的存在往往被非常详细地标示，包括其名称；而力欲隐匿的存在则往往被快速地抹黑，它们之间即使有明显的区别也往往被一笔抹杀，用一个统一的名称概而称之，通通被淡化，甚至被置于无用的垃圾筐中而遭埋葬，并消失在人们的视线之中。现代性文化对它认定有意义的那些存在的凸显，以及对它认定无意义或有问题而需要掩盖起来的那些存在的隐匿，都达到了迄今为止最为广泛和严重的程度。这可能是因为，凸显和隐匿所需要的技术能力和手段，就目前而言在现代性文化中达到了最高的水平。现代技术给凸显和隐匿提供了越来越大的可能性空间，大大提升了凸显和隐匿的水准、效果和范围。

2. 外推空间的现代性拓展

如果说以前的文化由于技术和制度的限制，在面对超出自己技术能力之外的"遥远的存在"时所表现出的无能为力和鞭长莫及，是客观上能力和视野局限所致，而并不见得是因为缺乏外推的意识和欲望。那么，在技术和制度大大发展的现代，在地球越来越成为一体化村落的背景下，对相对遥远的存在的漠视和拒斥就是文化有意识采取的外推策略了。当然，有意识的拒斥会在习惯之后转化为无意识的漠然。

现代技术效能的提升无疑增加了外推的发生频率和深度。一方面，外推的持存需要一个足够宽广的空间，以承受和消化持续挤压它的、来自施动主体的外推。现代技术不断地拓宽和加深外部存在的范围和深度，使自然显得不但广袤无边，而且深不可测。在这个既宽广又深邃的世界里，有众多的他者存在着，确切地说是以尚未被开发利用的样态存在着，等待着发现其价值的主体们来开发和利用，等待着主体们把它们照亮，把它们搬到实践体系的舞台之上，让宝贵和不可或缺的它们展现在知晓其价值的人们面前——如果它们是令人向往的有益存在的话。而如果它们是无益的、负面的存在的话，那就得躲开或者掩匿起来。不管是置于显现之处还是置于掩匿之处，都需要借助于某种技术中介让人与它们连接起来。而恰恰就是在这个方面，现代技术发挥了巨大的作用。借助于发达的交通、通信等技术，现代人可以在时空两个维度上与原来觉得遥（深）不可及的事物快速地连接。在这个基础上，日益全球化的现代资本主义世界就能通过固定的联系和暴力的强制把这些（对于弱者来说常常是不平等的）关系以制度的形式稳固下来，变成牢不可破甚至自然的状态。

另一方面，现代意识形态本来就是以区分内在的自我与外在的他者为基本特征的。它对"人"的理解就是沿着向内挖掘的思路进行的。从奥古斯丁的"内在的人"到笛卡尔的"我思故我在"，再到康德的先验主体，都是把"心灵"视为人之根本所在，而"肉身"及其所在的世俗社会生活世界则只是污染"心灵"并使"心灵"无法以纯粹样式存在于世的框架或容器。知识的根基、价值理想的根基、善良行为的源发处等，都在这个以"心灵"为本的"主体"之中。路德新教改革以来试图在世俗性存在中发现本质存在及其生长基础的新理路，虽然被费尔巴哈、马克思、施蒂纳等继承和发扬，但抛开施蒂纳及其后较为极端的后现代主义不谈，还坚持启蒙的基本价值的现代社会至少在实践哲学层面上仍然没有（而且在我看来也不可能）彻底告别内在性，也没有（且不可能）抛开内在性来规定"人"。而以内在性规定"人"，势必要面对和解决内在的我与外在的他者，或者内生的主体与外在的客体之间的关系问题。毕竟作为主体的"人"无法单纯靠自己的内在性生存，而必须借助于跟外在他者的关联。现代社会个人主义色彩的日渐浓厚和成熟，特别是内在性在超验价值方面的内涵被虚无主义掏空之后，使得"空无"的现代主体更深深地依赖于与外在客体他者的关联。而与外在客体他者的关联，无非有两种：一是对那些"好的"外在心向往之，与之关联起来会促使主体变得高大、积极、心安、确定、踏实的客体，就以把握、拥有、占有的方式关联起来。二是对那些"不好的"心不向往之，与之关联起来会促使主体变得渺小、消极否定、忐忑不安、尴尬的客体，就唯恐与之发生密切的关联，从而极力以革除（如果能消解掉的话）、外推和隐匿（如果消解不掉的话）的方式消除或外推。这种消除或外推是一种特殊的关联方式，一种极力掩藏或否定那些特定物及其与自我的"关联"。通过一显一隐、一肯一否、一现一躲的双重关联，现代主体获得了生存于世的确然性和稳固的状态。过去我们往往是仅仅重视与积极物的关联，而不愿提及与消极物的关联。

不过，无论是与积极物的关联，还是与消极物的关联，两种不同的关系状态的出现和维持都严重依赖于现代技术及奠基于其上的制度。无论是占有还是外推，都需要借助于技术使人与之连接起来，或至少能够触及得到，然后还要有占有或躲避、外推的能力。

当然，无论是占有还是外推，更远的连接都可能喻示着某种风险或危险。就是说，现代技术推动了生产力的迅猛发展，扩展和加深了人们之间的交往和联系，但也在某种意义和程度上累积着某种危险——如果这些危险不是被及时疏导缓解，而是被推远或用某种围墙暂时围起来，那就可能会演变为（可能的）灾难。"在技术的成功与历史的灾难之间，存在着明显的直接联系。因为，没有技术手段对权力的应用与扩展的发展，没有世界范围内交往和行为关系的发展，没有统辖性组织的新形式和支配社会关系的扩展，这种历史灾难就不会发生。"① 关键是要区分单纯由技术驱动的"生产"与由内在的规范加以引导或约束的"实践"，并放弃那种在生产力增长和更高价值的进一步实现之间直接画等号的素朴之见。从这方面来说，最危险的应该就存在于力图隐匿和外推掉那些关联的做法之中。

在我看来，"制度化的权利决定了人在追求自我利益最大化的过程中，哪些事情必须计入成本之中由自己内化，哪些事情则可以外推至其他人承担。如果根据德姆塞茨的命题'当内部化的收益大于内部化的成本时，产权就建立起来将外部性内部化'来推论，那么，当内部化的收益小于内部化的成本时，外部性就不能内部化，产权也很可能建立不起来——这样一来，外部性就会大量存在。这也能从一个角度表明，现代制度根本不可能在一切范围内制止住外推、消除外部性，而至多只能在一定范围内制止住外推。提供大量价格低廉却宝贵资源的自然界，遥远的外地、外国都构成了实在的或可能的外推对象；只要没有有效的制度规约，这种可能的外推就会成为现实，而一直现实存在着的外推就继续存在下去。外推总是由近至远。外推对象愈近，愈容易引起人们的注意、反思，并引发制度发明来规约之；而外推愈远，愈容易被人忘却，甚至会将明显的事实当作为根本不存在的'无'"②。

随着制度约束的弱化，被外推对象的弱小和反馈的迟缓，外推会在单位时间和区域内逐步增多和增强。于是，外推就"更多地发生在更远的地方——因为愈远就愈可以遮蔽起责任、埋藏起可能引发的痛苦，并把这些不让人轻松却让人难受的东西尽量转嫁给'眼不见的他人和自然

---

① Karl-Heinz Ilting. Technik und Praxis bei Heidegger und Marx//Grundfragen der praktischen Philosophie. Frankfurt am Main：Suhrkamp Verlag, 1994：326.

② 刘森林. 辩证法的社会空间. 长春：吉林人民出版社，2005：56－57.

物'"①。这种外推逻辑最为常见的地方就是现代市场体系。它通过自己的制度规范制造着自己特有的"外部性"问题，这个问题在经济学上已经得到很多研究。曼瑟尔·奥尔森（Mancur Olson）从"集体行动"问题入手，科斯从"外部侵害"问题入手，道格拉斯·诺斯（Douglass C. North）从"搭便车"问题入手，庇古从"公共产品"问题入手，博弈论从"囚徒困境"问题入手，他们对此进行了各种探究，给我们以重要的启示。

只要有制度规范不到的区域，只要外推的对象反抗微弱，外推就会发生和持续。市场中的弱者，经济不发达的国家、地区和自然界，就是现代市场制度的外推对象。在这个外推体系中，"市场制度在超出一定的范围后就把责任、义务和痛苦、艰辛等负效应外推给'遥远的他人'或'自然'了。资本主义世界体系不仅要力图占领和包容所有由人组成的社会区落，而且也在某种程度上试图把自然界当作不平等体系中最低级的边缘区、或最低最远的外推对象纳入自身体系"②。

在谈到无产阶级也早已"有能力考虑到时空上或概念上较远的东西作为他们行动的基础，而不是只考虑眼前的东西"时，卢卡奇也指出，资本家早就具备了这种能力。他们早已努力考虑得更远，想把时空上远离的对象——这些对象属于可以为资本家服务，而且无法推远到不必考虑的地步，因而必须予以合理化的范围——纳入合理的计算之中，把更远的对象看作跟眼前的一样。也就是说他们早就致力于把时间上和空间上虽然"遥远"却非常有利于自己的那些对象找出来、拉过来，为自己服务，从而在对更大、更多事物的把握和占有中增强和延续自己的生命力："对资产阶级思想来说——如果这里只谈行动问题——这种远离从本质上讲就意味着将时空上远离的对象纳入到合理的计算之中。但从本质上来看，思想运动在于把这些对象把握为和眼前的对象是同一类的对象，即把握为合理化的、数量化的、可以计算的。"③ 以至于其被看作自然的，也就是永恒的存在，从而产生这样的效果："乍一看，时空上近在眼前的对象和远离的对象一样，都服从这种变化。"④

---

①　刘森林. 辩证法的社会空间. 长春：吉林人民出版社，2005：58.

②　同①78.

③　卢卡奇. 历史与阶级意识. 北京：商务印书馆，1992：260.

④　同③.

在这种对遥远对象的合理化中，遥远对象的某些积极功能被实施此种行为的主体开发了出来。它们当然是为了强化自我才努力这么去做的。既然目的是强化自我，那就不管这一行为对他会产生什么样的效果了——这应该属于被推远甚至漠视或不予以考虑的范围了。不过，卢卡奇像马克思一样，相信在这种漠视中隐藏着一种危险的不断累积。当这种累积进行到一定程度，实施主体即使具有再强烈的推远、漠视和掩盖的愿望和冲动，也无法抵挡由累积产生的对自己不利甚至具有毁灭作用的客观效力了。被推远的东西在遭受实施主体的白眼和冷漠的不利境遇中，凭借自身的逐渐强大走进力图漠视它的主体视野之中，迫使这个主体减少冷漠，直面自己，成为这个主体无法去除的此在亲近性。可惜的是，每当这个时刻，锻造这一后果的主体往往已经无力承担对这个困境的求解了。求解需要一个新的历史主体，一个具有更高视野、更高潜能，并在可能的求解中获得新生的实施主体。在对这一困境的求解中，实施主体成就自己的潜能，实现自己的价值。也就是说，求解作为一种主动的"拉近"，固然客观上是因为长期被推远的东西缓慢累积所产生的不能再漠视的压力，更是由于就近承担求解重任所必需的素质、能力和胆识。

为此，卢卡奇的意思是，既然资产阶级早已这么惯于使用有效的"纳近"之法，那力图超越它的无产阶级就更需要具有长远的眼光和宽广的视野，更需要超越直接性。这不仅意味着无产阶级需要同样的"纳近"技术和能力，而且更要求具有主动承担解决在资产阶级的"推远"策略中累积产生的麻烦、自悖谬的能力和胆识。这不仅仅意味着行动对象的客观属性的变化，更意味着实践策略的调整。

3. 时空挖掘与时空挤兑

基于现代化传播速度的差异、水平的梯级分布逻辑，高度现代化的国家或地区非常善于把那些沉重的负担转移到暂且落后的国家或地区。这是一种空间外推。这种外推的大量发生是由于现代性在规模和复杂性上的急剧增大造就了越来越大和越来越远的"远方"。这个"远方"为外推提供着莫大的可能性空间，成为隐匿问题、掩盖困境、抚平创伤的地方。

浪漫派推崇远方，是把"远方"看作纯洁自我、磨炼内心的关键存在，这种存在是端正心灵、恢复本真、确立健康秩序和正确立场的功能性存在。① 那是个理想化的空间，是个形式上跟过往密切相关，实际上跟未来更为切近的创造性空间。在嘲笑浪漫派的理想化的同时，现代文化却在锻造另一个更为实际和方便的"远方"。与浪漫派的"远方"对立，作为外推对象的"远方"却是麻烦、问题的隐蔽场所，是意识形态力图掩盖的地方，是自傲的现代意识力欲虚无化的存在。

在交往密度很大、熟悉程度很高的前现代生活世界之中，外推空间即使不能说不存在，起码也可以说很小。在熟人环境里，把责任、麻烦都推给今天不见明天见的熟人，除非是握有丰富的社会资源，否则是不可能的。但在交往密度大大降低、由大量陌生人组成的现代生活世界中，外推就有了更大的可能性。交往规模与范围的急剧扩大，形成了大量的社会缝隙和空间。这些缝隙和空间为很多东西的存在提供了隐匿的场所，成为某种见怪不怪甚至视而不见的"暗箱"。"暗箱"里发生的一切，只要跟越来越原子化的个人没有直接关系，忙碌、压力大的现代人是不会关心的。再加上技术进步带来的日益增大的支持，外推给身边不断滋生的社会缝隙和空间以及时空向度上越来越遥远的"远方"，就有了越来越大的可能性和现实性。

外推在经济学上与所谓外部性问题密切相关。经济学早就注意到了外部性问题并做了持续探究。无论是庇古把外部性问题的解决诉诸政府的干预，还是科斯把外部性问题的解决诉诸产权主体的责任和权力边界的清晰界定，都有一个基本的前提：外部性问题的发生主体和承受主体都是清晰地确定的。但这似乎并不能成立，或者说难以成立、并不现实。给他人造成外部性影响的行为，如果影响很大、很持久，承受主体就是难以确定的。现代外推极力把问题与麻烦推到更遥远的地方，而不是能够确定的身边。这个更遥远的地方无论是空间意义上的还是时间意义上的，都可能发生没有承受主体的情况。空间意义上的无承受主体是缺乏主体，时间意义上的无承受主体是主体现实缺乏甚至尚未诞生。主体缺乏可以是不在场、不出现、未成熟，也可以是未诞生。总之处于缺乏、不在场或空无状态。如果主动的行为主体作为问题的发生主体是理

① 刘森林. 浪漫反讽与实践辩证法. 中国社会科学，2021（9）.

性的、聪明的，肯定更愿意去寻找这种无承受主体的"空间"。技术创新和制度创新给这样的寻找提供了越来越多的可能性。现代人普遍都在消费未来，现代人都在追求幸福和方便的过程中无视遥远他者的感受。越来越抽象的理性把遥远他者规定为一个个抽象的符号，即没有任何感性特征、没有任何个性和特殊性的抽象普遍存在。空间意义上的这种遥远的抽象他者缺乏言说和反抗的能力，时间意义上的这种遥远他者尚未诞生，更缺乏言说和反抗的能力，或者说当这种能力具备时，发生主体早就被历史埋没得无影无踪了。时空两种意义上的遥远他者，无法跟我们照面，无法成为我们的对话方，无法对我们形成压力、产生触动、发挥作用。所以，只要外推得足够远、足够大，负外部性问题就可能无法估量，也无法清晰界定承受主体，更不用说承受主体遭受的这种负面影响了。在这个意义上，得益于现代技术创新并先行于制度创新的外推是无法避免的。技术创新支持着它，制度创新却落后于它，无法及时捕捉到它。如果按照庇古方案诉诸政府解决，这个政府得具有洞悉一切外部相关信息的能力；如果按照科斯方案诉诸产权主体的责任和权力边界，更是如此。但因各种缘故不作为主体出现但却必然作为被影响客体呈现的存在者，往往无法实质介入解决系统之中。能够完美介入的主体势必是一个上帝似的主体，没有缺陷、没有遮蔽、没有看不清的地方、没有承担不起的情况，而这往往是不现实的。盲区、黑暗、阴霾无法消除，却常常现实地存在。何况还有有意识掩盖的现代意识形态为了自我利益而拼命营造一种万事大吉的氛围，把问题和麻烦都推到足够远的远处使之不再呈现，通过不在人们视野内出现的方式使之消失殆尽。

旧制度主义常把制度视为牺牲他人或社会长期利益而为当下特定利益集团服务的。凡勃仑眼中的商业活动就是可疑的广告宣传、限制供给、操纵市场、阻碍交易等联系在一起的竞争性战略博弈，目的只是获取当下的私人利益，而绝不考虑长远和整体的利益，因而跟提高生产效率没有必然关系。可能在旧制度经济学兴起的那个时代，商业水准低下、制度体系不发达，使得他们更容易看清这一点。而一旦资本体系完善了，把问题和卑劣存在外推得远远的，观察更多立足于资本运作的发达区域，结果就是问题难以进入人们的视野，但它不是不存在了，而只是难以看见了而已。

的确，制度的形成和设计都是以有效的信息和互动交往为基本前提的。一定的自发交往、博弈往往是形成有效制度约束的前提。尚未或无法提供有效信息、尚未或无法进入现实交往范围的陌生他者，不在制度考虑和约束的范围之内。但实际上，这些陌生他者又常常实际地跟制度有效约束方发生着或即将发生无法规避的联系。"许多制度只是更大的文化整体的一部分，不可能被轻易纳入不同的文化环境。"① 现实生活世界中的隐性边缘人、未来即将进入生活世界的人，无法作为发声者介入我们的制度设计。在我们的制度对之形成一定约束的空间内，他们只能默默地接受我们的制度对他们的影响，往往无法对我们做出反馈，向我们提出要求。这种"无法"比现实生活世界中那些隐性的边缘人无法发声（也无法担责）更严重、更无解。如果说，"制度是无需有效才得以维持的。有限重复和无限重复的博弈都存在着无效的超博弈均衡。况且，在有着许多可能战略的博弈中，说不定存在许多可能的无效均衡，其中有些又比另一些效率更高或更低"②；那么，更难言公平的是，无法参与者只能默默承受制度造成的不良后果却无法对制度设计者提起诉讼，哪怕是批评都无法传递到那里。

时间外推是一种时间挖空行为，是把未来的资源应用于当下（更不用说极力消费过去的资源了），并把麻烦和问题转嫁给未来。空间外推是一种空间挖空行为，是靠能力优势把遥远的外部资源用于自身而把麻烦、问题转嫁给外部。未来与过去都被聚集于当下，满足当下那欲壑难填、偏执上瘾甚至有时陷入疯狂的欲望系统。无力反抗的远方与黑暗的角落，默默地充当着当下的奉献者和牺牲者。

与外推方向是时间上的远方还是空间上的远方之区分不同，由外推内容的不同所决定的区分也同样值得关注。外推出去的内容不外就是责任与麻烦，但它们的确定却因为责任主体能意识到的共同体的范围和程度有很大区别。在现代性的当下，我们的行为不只关切自己所在的单位、行业、地区，可能也会进一步关切和影响更大的范围，超出所在的单位、行业、地区，超出自己生活的城市、国家，关切整个世界，超出

---

①　卢瑟福. 经济学中的制度. 北京：中国社会科学出版社，1999：190.

②　同①191.

所在的时代，关切下一代甚至更远的将来。我们能为更遥远的区域、未来承担责任吗？正在阅读制度经济学的我也明白，在这种外推大量发生的集体中，指望通过增加制度约束的管理者和执行者来防止外推，那由此增加的成本是无限大的，几乎承担不起。考虑到责任外推难题中良好公共秩序的维持、所面临难题的解决、未来文明的创建等，都需要承担大量的责任和义务，刚性制度约束的效力是有限的，必须依靠软性制度约束。考虑到需要对行为有效约束，跟自然本性、传统习惯可能相冲突因而需要调整改变，会给责任人带来一定的麻烦，要付出一定的时间成本和经济社会成本。现代责任人能否及时、充分意识到，意识到后是自觉承担还是有意识逃避，是无意识麻痹还是装聋作哑、无关痛痒，是非常重要的问题。这是急不得的，是需要一定的经验触动、互动博弈、问题激化、失败教训方可取得进步的。在我自己的有限经验中，那些直接感受过的自悖谬，只要牵涉面没有那么大，问题没有那么复杂，有些就已经被克服了。但考虑到更大范围以至于像全球性问题牵涉面如此之大时，对这类问题的解决就不敢抱有殷切希望了。

值得注意的还有三点：第一点是就自然本性和最经济的选择来说，以对自我有利作为唯一原则进行选择，是最为常见的。但随着文明的进步，文化的熏陶和教化使得自我和自我关切的范围比起自然、生理意义上的自我不断扩展，但其幅度和水平不能无限提高。第二点是现代文化为上述选择准备了看似很充足的理由：一切都会好起来的，问题终归会合理解决的。从哲学层面而言，这是上帝思维的突出表现，是以全知全能的神之形象来设想现代人的最终结果。也就是说，现代人把自己设想成全知全能的神是这种逻辑的基本前提，现代人利用了前现代的形而上学，来为现代形而上学奠基和服务。或许只有到现代性问题突出到必须破除前现代形而上学之时，现代人才会告别在哲学意识层面早已被我们看穿、抛弃的这种神灵意识，自觉以现代意识对待现代性问题。虽然现代人的全知全能是受一定时间和空间的制约的，不会像前现代的上帝那样即刻获得实现，但是延展到无限的未来，也就是能够把更远的未来加以利用的想象力和实践能力，以为现在的问题以后肯定能够获得圆满解决，是这种自私化解当下责任的基础。这种基础表明，现代人为了满足自己无限的欲望，把自私的享受与无限的责任结合起来了，只是，享受在当下立刻获得，马上付诸实施；责任却推给无限未来中的"他者"（我们的后代）。这个"他者"通过血缘和现代文化的传承转化成一脉相承、与责任担当相关的"我们"，但这个"我们"是虚化的"我们"，是退居幕后的"我们"，是冠冕堂皇的"我们"，是心怀鬼胎的"我们"，是华丽出场后马上溜走的"我们"，是貌似负责实则不负责并且很自私和虚伪的"我们"，是表里不一、身心分离的"我们"。实际上，除了强加于"他者"的血缘关系，没有什么是能一脉相承的。未来的他们想必不会再相信我们时代的那种意识形态。

借助于技术进步、智能革命、发明创新，未来越来越美好的妄念得以形成。全球人口花了 20 个世纪才翻了三倍，而 20 世纪一个世纪人口就翻了三倍。不远的将来，地球人口将突破 100 亿。地球能养活多少人？按照现代欧美人的消费标准，有研究说只能养活 7 亿人。但现代科学技术许诺有一个取之不尽、用之不竭的人间天堂在等待着我们，甚至已向我们招手了。这个美好愿望"相信只要不加干涉，一切都会走向最圆满的结局"①。值得注意的第三点是，自然资源具有明显的限制。人类劳动能突破自然限制吗？现代智能的创造能超越自然限制吗？近代主体性哲学开辟了一种摆脱自然限制的理论可能性，劳动、实践本体论的逻辑由此得以形成。虽然马克思、尼采都明确批评这种主体性哲学和劳动、实践本体论，坚持人类历史的出发点和落脚点都是自然，强调劳动不是财富的唯一源泉，自然也不是，最后得出社会经济形态的演进终归是一种自然历史过程的结论，但人类摆脱自然限制建构一个美妙理想国的单纯愿望一直像神话一样吸引着现代人。就像马克·拉沃（Marc Lavoie）所说的："对于自然资源即将枯竭的质疑，由于对未来发明、创新和发现替代性能源的信心而得到增强，我早就持有这种立场：'在极端情况下，甚至自然资源都是可再生的：技术进步会带来新的储量或者发现人工合成的替代物质'。"② 这符合浪漫派依靠灵性自我的创造来改造世界的恢宏理念。只是，体现着无限创造性的灵性自我在这里不是

---

① 雅卡尔. 我控诉霸道的经济. 桂林：广西师范大学出版社，2001：22.
② 拉沃. 后凯恩斯主义经济学：新基础. 北京：中国人民大学出版社，2021：833.

诗性的自我，却是浪漫派看不上的科学技术的自我；所创造的不再是浪漫诗，而是新技术所发现或创造的新能源、新材料。在《历史与阶级意识》中，卢卡奇就思考过无产阶级与资产阶级谁考虑得更长远的问题。他指出，资产阶级善于"将时空上远离的对象纳入到合理的计算之中。但从本质上来看，思想运动在于把这些对象把握为和眼前的对象是同一类的对象，即把握为合理化的、数量化的、可以计算的"①。资产阶级对长远存在的把握一是不自觉的，二是服从于更高剩余价值的追求。所以，这种长远把握有其明显的局限性。无产阶级应该更自觉、更有意识地把握长远和整体，以服务于自己的根本目标。实际上，对于资产阶级来说，利用更遥远的存在，把更远的人与物纳入自己的合理化系统，算计利用它们，是由于附近的存在没那么好算计利用了。所以，剥削自然比剥削工人更聪明！自然的反抗远不如本国工人的反抗激烈，却更能忍受。恰如博尔丁所说，"对所有的人来说，提高生产率才是赚钱的好办法。一个人可以从大自然中获取 10 个美元而不必从同仁身上榨取一个美元"②。不断全球化的资本发现，发展中国家的工人比发达国家的工人更容易被算计利用，剥削穷国的工人比剥削本国的工人更容易。把更长时间、更单调、更高强度的劳作，把更少的权利保障和福利，把更少的尊重和自由通通外推给更遥远的发展中国家的工人以至于大自然，那是最聪明、最先进的资本运作之法。因为这种外推可以将后果转嫁到更远的空间意义上的"远方"和时间意义上的"远方"，而不会立即出现恶果。由于以下情况，致使西方主导的理论话语总是遮蔽和埋藏这种外推问题："在两个多世纪之前，西方国家的生态空间就已经供不应求。换而言之，他们的生活水平得靠远超于他们领土内环境所能提供的资源汲取水平来维持（包括人力能源）。在殖民统治结束之后，这一过程又通过跨国公司的媒介而得以延续。"③ 杜赞奇说得好："通过剥削自然而获益的谋利者和消费者之所以并不能立刻看到或体验到这一损失及其成本，是因为破坏是在其他地方展开的，即在世界上一个（更贫穷的）地

---

① 卢卡奇. 历史与阶级意识. 北京：商务印书馆，1992：260.
② 李普塞特. 一致与冲突. 上海：上海人民出版社，1995：367.
③ 杜赞奇. 全球现代性的危机：亚洲传统和可持续的未来. 北京：商务印书馆，2017：中译本序Ⅲ.

方或国家。此外，经济学并也不将许多自然资源纳入计算——污染殆尽而无法的森林、土地、水体、空气以及物种——它们一般作为'外部性'而并未计入一件商品成本。"① 现代文明带着坚定的决心把世界祛魅，然后再对祛魅后的世界予以改造利用，希望能满足获得某种解放后欲壑难填的现代心灵。获得文化刺激后甚至扭曲了的欲望之心，其实是永远填不满的。

就流行而言，与约束人的欲望之心相比，现代人更愿意通过更彻底、更大规模地挖掘和利用自然来满足不断被刺激从而膨胀起来的欲望。对自然进行更彻底和更大的总动员、总利用、总改造，用杜赞奇的话说，就是"征服去魅化后的自然，使公共资源以至于万物众生都服从于资源动员，这是现代人的决心"②，是现代人不遗余力继续推进的决心，也是正在不断流转着的新的理念。在他看来，损害自然的现代文明之所以没有引发严重后果，是因为最初工业化的人数还不够多，一旦全世界人民都追求这种现代性，那后果就截然不同了。所以，在"人类开始显著影响自然环境的地球地质时代"即所谓"人类世"时代，保护自然，防止生态失衡，将是一个生死攸关的根本问题。因为"如今人类最迫切的挑战乃是拯救自然；在有些地方，拯救自然正在成为我们这个时代的超越性目标。但是实现拯救自然的目标将需要超越排他性的国家主权"③。现代发展的生态压力日益增大，使得发展能够弱化生态危机、替代传统能源和材料的技术及制度创新，成为生死攸关的问题。这是全人类的问题。特别是，面对民粹主义、民族主义的兴起，从康德到马克思的现代普遍主义显得更为重要。

由此，现代性外推之理就需要进一步的批判分析。资产阶级的外推就是为了掩盖、遮蔽、藏匿矛盾，为了把矛盾、麻烦和问题推远了事；而无产阶级对更大整体的追求，对更大视野的扩展，是为了发现和解决矛盾。西方现代性的外推把生态压力转嫁给了不发达的国家地区，后发展国家再难大规模地实施这种西方资本主义惯于使用的外推、转嫁策略，这使得当下的我们只有直面、切近问题和矛盾，才有可能找到解决

---

① 杜赞奇. 全球现代性的危机：亚洲传统和可持续的未来. 北京：商务印书馆，2017：中译本序Ⅲ.

② 同①12.

③ 同①16-17.

的方法。直面并解决矛盾，而不是藏匿和推远矛盾，才是辩证法的真精神，是辩证法追求的真正目标。在这个意义上，外推不单单是现代制度训练成的现代性习惯，更是资产阶级制度体系的惯用伎俩，是西方资本主义的习惯之法、惯用策略。无产阶级必须自觉地予以遏制、应对和克服，中华文明必须自觉地予以遏制、应对和克服。

4. 越推越远的外推：从个体、群体到国际、自然界

个体是熟悉外推之法，但由于超出个体层面的群体在现代社会中不但异常多，而且发展成熟、制度发达，所以群体往往能够较好地按照自己的目标来规范个体的"出格"行为，使之被纳入合乎群体要求的目标体系之内，使个体的外推行为受到明显的限制，防范其他群体消解和分化自身的意识形态来壮大和维护自己，使自己变得强大和持久。但是一个群体的实践行为所能受到的规治就常常不一样了。这不仅仅是因为群体都能依靠发达的组织手段凝聚更大更多的能量于自身，还能创造为自己行为辩护、加强凝聚力、防范其他群体消解和分化自身的意识形态来壮大和维护自己，使自己变得强大和持久，更因为群体大到一定程度，就能逃脱更大群体的控制，或者在它之上实际上已经没有更大群体的控制。一般说来，民族国家就是这样一个可以规避更大群体控制的至大群体的边界线。

国内由某个行业、地方、阶层等群体做出的外推，因为损害国家整体的发展而可能被本国政府力欲抑制。除非政府权威不够或工作不力，或外推的始发群体过于强大，否则外推是不会高频率、高密度、高强度地出现的。但在国家与国家之间，更不用说在人与自然界之间，就不存在像国家政府那样为了自己的发展，为了自己的整体利益而发明各种有效制度去约束可能会大量发生的外推行为的有效组织了。联合国等国际机构起不到这样的作用，而在人与自然之间，甚至连联合国这样的组织机构都不存在。于是，在国际范围内，在人与自然之间，外推行为的大量发生也就不足为奇了。外推给自然界，是最保险和引起的反馈最迟缓的外推。

必须追问的是，如果把生产力继续定义为"改造自然的能力"，那

么，把一切价值理想实现的关键看作大力提高生产力、缩短必要劳动时间，那不就必定意味着就把这一关键视为对自然的改造，也就是把对下层民众的剥削转移到对自然界的剥削上？如上所述，越发达的国家越把剥削外推、转嫁到越不发达的国家地区。而最不容易反抗、最能容忍的对象是大自然。无论从经济效果还是从政治效果上说，榨取大自然比榨取底层百姓都更为聪明。在稳步发展的国家，技术和管理更有利于致富，而在发展停滞的国家，才更多地将目光对准对工人的剥削。随着资本主义的发展，剥削对象越来越被推远了，短时间内不会爆发反抗的自然界——何况这个自然界常常是更穷的第三世界国家的自然界——成了比工人们更好对付的剥削对象。马克思在此问题上的态度是什么？这倒是一个需要讨论的问题。莫尔特曼就认为，早期马克思还谈论"人类的自然化"和"自然的复活"，但在后来的《资本论》中，自然就只成了劳动对象和劳动资料了，自然作为人的家园和家乡的观念就没有了。"马克思只是设想以牺牲自然为代价来扬弃人类自我的异化。在他看来，人类造成的自然的异化只能在有待克服的资本主义掠夺性开发中才能见到。然而，甚至在共产主义制度下，自然也仍然是供人类役使的奴隶。结束这种自然疏离还没有成为马克思的观点的组成部分。但是，这仅仅意味着，就人类与自然的关系而言，马克思仍然局限于培根和笛卡尔的概念框架中。"① 与莫尔特曼的这种观点不同，生态学马克思主义的一些代表人物，则愿意从马克思对不顾一切疯狂追逐资本扩张的资本逻辑的批判中找出一种资本压迫、盘剥自然的逻辑。在我看来，马克思和恩格斯当然对利欲熏心不顾一切地盘剥自然持坚决的批判态度——这一点即使在《资本论》及其手稿中也没有什么改变。也就是说，他们反对过度开发自然。但是，他们反对的只是不顾（或违背）自然本身的逻辑去改造自然，而不是反对大力改造自然，并不反对把自然作为隐含巨大潜能的客体加以改造和提取以提高社会生产力。就是说，他们反对的只是违背规律改造自然。只要按照自然本身的规律和人类实践与人类历史本身的发展规律去改造自然，无论规模多大、程度多深，都是正确和合理地改造自然——这是没有什么问题的。但问题是，自然本身的规律和人类实践与人类历史本身的发展规律本身可能就是一个极容易陷入意识形

---

① 莫尔特曼．创造中的上帝：生态的创造论．北京：生活·读书·新知三联书店，2002：64－65.

态旋涡的东西。而何谓"符合"这样的规律也是问题成堆的。所谓按照自然的规律改造自然，也就仅仅意味着，需要注意改造行为所引发和招致的问题，注意自然本身的承受力，不要过于贪心，不至于太过分，等等，却没有上升到反省改造论蕴含的主客二分逻辑，并确认自然本身具有大量制造人类各种所需品的生产力，本身就具有一定的主体性特质这样的思想高度。

在韦尔默看来，马克思把自由理解为工作日缩短基础上的自由人的联合，即"所有人的不受妨碍地发展的全部障碍的消除，唯一的限制来自社会与自然的新陈代谢的持续必要性"①。而社会发展过程中日益增强的异质性问题在其中就被消解了，使得自由人的联合成了一种无中介的互动。而缺少复杂的中介也就意味着，在个人层面上成立的东西，可以直接转化成社会层面上的事实。根据韦尔默的说法，马克思就是以这样的方式"埋葬"而不是"解决"了自由在现代性背景下如何实现的复杂问题。而这得益于把"两种不同现象混为一谈：一方面是工人阶级遭受的剥削、贫困化和退化，劳动的非人性以及缺乏对经济的民主控制，另一方面是以普遍人权原则为基础的形式法律以及现代社会中的功能和系统分化的出现。正因为在他对异化的批判中，马克思把这两种不同的现象混为一谈，他就相信资本主义所有制度的废除不但足以为废除现代工业社会的非人性特征扫清道路，而且足以为废除与之相伴随的功能分化和系统复杂性，并从而为恢复共产主义社会中的人类之间的直接统一和团结扫清道路"②。

按照这种解读，既然把社会性的机制运作看得这么简单，作用那么小，自由的希望都寄托在了改造自然而获得的生产力的提高上，那么，人改造自然的能力的增强便被视为自由能实现的关键。由此，人对自然的改造就承受了非常大的压力，在可能的空间内，速度越来越快、规模越来越大、效率越来越高地改造自然，就成为这一理论必然的要求。即使有必须符合自然本身规律的内在牵制和约束，也难以遏制这一理论释放出的更快更有效地改造自然的内在必然要求及其威力。由于这一理论隐含着"更快更好地改造自然，以便尽快满足实现自由所需的前提条件"这一逻辑，更快更大规模地改造自然以提高生产力，就是这一理论

---

① 韦尔默. 后形而上学现代性. 上海：上海译文出版社，2007：65.

② 同①66－67.

内在的必然要求。所以，在某种意义上完全可以说，把麻烦和问题尽量外推给自然，外推给与核心主体渐行渐远的自然客体系统，是更为保险和有效的现代性外推。在现代技术和制度条件下，高水平的外推就是推得更远、隐匿得更深的外推。因为推得越远，隐匿得越深，引起的关注和反馈自然也就越少和越微弱。所以，各种外推之法都力欲提高自己的水准，都力图在外推的深度或距离方面下功夫。在这种背景下，借助于水平日益提高的现代技术和制度的帮助，针对大自然的外推就这样不断加深并日益重要。当外推的主体是强有力的民族国家或跨国大公司时，外推的能量和效应就更为显著，也更为可怕了。这可能也是现代主体从独立式的个体发展到有强大威力的组织主体时必然出现的结果。

第十四章　自然及其解放：上帝之死视域下的马克思与赫斯

近代启蒙运动确立的新世界观对上帝、人、自然及其关系的传统看法做出了诸多调整和改变。近代启蒙运动蕴含着的主体性立场意味着自然的对象化和客体化，意味着自然成为主体的表象、成为依赖于主体才能确定的东西，也往往意味着自然地位被贬低。从德国观念论哲学到后观念论哲学，自然的地位和重要性不断提升。在马克思的历史唯物主义理论中，自然的地位应该如何理解，一直是学界非常感兴趣的一个重要问题。

按照吉莱斯皮的看法，现代性起源于"基督教内部关于神的本性和存在本性的形而上学/神学危机"①，在为摆脱这场危机进行的形而上学革命中，上帝、人、自然三者的关系发生了根本性的变化。在上帝、人、自然的关系架构中，从逻辑上说，近代主体性哲学的确立势必导致高于自己的上帝之死亡，自然的地位在这一架构中原本处于最低位置。但随着现代性的高歌猛进，上帝死了之后，自然的地位却日益提高，以至于最后取代了上帝原本的最高地位，甚至也取代了人的中心地位。从自由高于自然，最后发展到自然与自由的对立冲突在尼采那里消失。研究自然的科学已经到了看不起研究人的人文科学，更看不上研究上帝的神学的地步。德国观念论哲学向后观念论哲学的转变就处在这个转变发生的当口。从黑格尔到尼采就完成了这样一个逻辑的转变，即使历史的转变明显滞后于逻辑的转变，但仍然改变不了这一基本架构。青年黑格

---

① 吉莱斯皮．现代性的神学起源．长沙：湖南科学技术出版社，2012：22.

尔派就恰好处在这种根本转变即将发生的时刻。赫斯与马克思，作为两个杰出代表，在这种转变中处于何种地位？他们各自在这种转变中走向了何种方向，维持了什么样的立场，是否超出了黑格尔，又在何种意义上遭遇到了上帝之死后的自然？

1. 主体性的确立：从贬低自然到弥合自然与自由

近代主体性哲学塑造了一种贬低自然的根本立场。自然被视为待改造的对象，等待被认知、把握和改造的存在，甚至僵死的客体。正如泰勒所说，"工业社会的技术学实施着对自然的越来越广泛的征服。……在这种文明中，社会关系和实践，还有自然，都逐渐得到了对象化"①。自然的客体化对应和印证的是人的主体化。"现代文明使我们大家都变成了带着一种对象化姿态去对待自然和社会生活的自我规定的主体"②。观念论哲学的开创者康德（至少在第一和第二批判中）显然是脱离自然、纯粹地从主体理性角度确立道德和善并构建目的（自由）王国的。泰勒用了"需要与自然的严重脱离"这样的词汇来描述这一状况，认为这是"启蒙运动的自然主义的缺陷"，并说康德在这方面"某种意义上比自然主义的启蒙运动所设想的还要偏激"③。的确，康德认为，自然和自由两个领域的法则互不干预，"自然概念对于通过自由概念的立法没有影响，正如自由概念也不干扰自然的立法一样"；在此基础上，他肯定自然低于自由，自由能利用和改造自然，即"前者（自然概念——引者注）不能对后者（自由概念——引者注）发生任何影响"，而"后者应当对前者有某种影响，也就是自由概念应当使通过它的规律所提出的目的在感官世界中成为现实"④。虽然康德力图通过审美判断力来化解自然的合规律性与自由的合目的性之间的冲突，但这种美学的关联无助于纠正贬低自然、脱离自然根基径直追寻纯粹自由的完美王国的路子。绝对主体性的内在性充足，足以建构一个无需自然法则的纯理性王

---

① 泰勒. 黑格尔. 南京：译林出版社，2002：830.
② 同①834.
③ 泰勒. 自我的根源：现代认同的形成. 南京：译林出版社，2001：591.
④ 康德. 判断力批判. 北京：人民出版社，2002：9，10.

国，是这个路子蕴含着的必然逻辑。沿着这个逻辑强调"实践"，实践也只能在道德、审美的意义上运作并取得效果。

康德断然拒绝了在自然本身的本性这一根基上建构道德、目的和自由王国的思路。他关于美是目的之显现的观点明显体现了对当时表现主义美学观点的继承。在体现这一观点的第三批判中，康德也发现，单纯的主体性并不能保证人的完整。虽然这一点并没有导致他改变对人的自主定义，但他发现了理性的自然和自由的对立令人不满意，需要再次结盟。泰勒认为康德在那样一个时代艰难地承担了弥合自然与自由的重任。①

在康德之后，自律（主体性）与自然的和谐统一，也就是康德与斯宾诺莎的结合成为哲学追求的目标。浪漫派和谢林对此尤其重视，同时这也是席勒、荷尔德林、黑格尔的共同志向。浪漫派以自己的方式弥合自然与自由。浪漫派的"自然"是未被功利主义和机械主义毁坏的世界，是与破碎化、功利化相抗衡的世界。他们非常不愿意把这个世界交给经济和技术随意蹂躏，他们希望人文和艺术发现、探索、维护、生发这个世界，从中开创出自己希望的理想未来。当马克思在波恩大学时的老师奥·施莱格尔把永不停歇的创造、永远生成着的世界视为"最本真、最高意义上的自然"，把自然视为有机整体，视为不是"大量的生成物，而是作为生成者自身"时，当这位老师甚至还把学生马克思常推崇的普罗米修斯用陶土造人、盗取火种给予人类的行为解释为"他就是用这种方式来摹仿自然"② 时，他由此赋予自然多高的地位和多大重要性啊。这样的自然是一种宏大关联着的整体，是唯一真正自为存在的整体，是创造、力量、充盈、全面的象征。"整个自然的宏大关联，超出了我们直观限度之外，它才是唯一真正自为存在的整体"，"力量、充盈、全面，宇宙便如此在一个人类精神中映照出了自己，而这种镜照本身又以此在人类精神中显现，这种清澈之观就确立了人的艺术天才的程度，让他具备了在世界中塑造一个世界的能力"。所以，"艺术应该模仿自然，换句话说就是：自然（单个自然物）在艺术中是人之规范"③。

---

① 泰勒. 自我的根源：现代认同的形成. 南京：译林出版社，2001：596.

② 施莱格尔. 艺术理论//拉巴尔特，南希. 文学的绝对：德国浪漫派文学理论. 南京：译林出版社，2012：296.

③ 同②296，297.

这样的自然不但不会与自由对立，反而必然蕴含力量、美、深度、完整性、创造性、震撼和狂喜等通向自由和自由王国的东西。虽然浪漫派认为艺术高于自然，仅仅依靠自然无法通达自由王国，但是这样的自然显然并不会与自由对立。这充分体现了浪漫派立足诗学立场与哲学理性推崇的自由和解的主张。

除了浪漫派，观念论哲学中重视自然的还有谢林。在《近代哲学史》中，他指责"费希特的主观唯心主义曾经如何施暴于一切自然的表象，以及通过以往的自然界和精神之间的绝对对立"[①]，批评黑格尔"把自然界与逻辑看作水火不容的东西，把自然界从逻辑那里排除出去，于是他只得把二者对立起来"[②]；也批评雅可比受制于笛卡尔主义者，不相信自然界的有机性，"他根本不能想象物质是一种活生生的东西"[③]。谢林认为自然界是有生命的，不是非精神性的。"如果谁从一开始就把自然界当作一种完全非精神性的东西而加以抛弃，那么他就亲自剥夺了自己原本可以掌握的质料，但唯有基于这个质料，从这个质料出发，他才能够发展出精神性的东西。"[④]

经历了黑格尔对自然的理性化，把自然视为理性之体现，就像胡塞尔所谓"在新的数学的指导下被理念化"[⑤]之后，以理性来统一自然与自由的黑格尔之路就日益通向现代性的高峰。在"自由的牢笼"于这条路上未呈现出来之前，青年黑格尔派的启蒙哲学想必也是满怀很高的期望、以更加激进的方式来推进这种统一。激进的推进方案意味着更加快速、更加彻底、更加全面地实施对自然、社会、历史的理性改造。如泰勒所谓，人与自然、社会的统一"只有通过人自由地重新塑造自然和社会才能得到实现"，黑格尔的理性统一方案进一步激进，"这是由 19 世纪 30 年代和 40 年代的青年黑格尔派发动的一场革命转折。它产生了深远的影响"[⑥]。因为对自然（包括人本身的自然和外在自然）的改造成了人的实现的一个本质部分。

不过，由于青年黑格尔派内部立场各异，理路和方法分化明显且日

---

① 谢林.近代哲学史.北京：北京大学出版社，2016：144.

② 同①183.

③ 同①213.

④ 同①214.

⑤ 胡塞尔.欧洲科学危机和超验现象学.上海：上海译文出版社，1988：27.

⑥ 泰勒.黑格尔.南京：译林出版社，2002：839.

益严重，很快就诞生了费尔巴哈、鲍威尔、施蒂纳、克尔凯郭尔、马克思等人不同的理论方案。一度走得很近的赫斯与马克思在统一自然与自由的方案上有多大差异，他们各自对自然的态度、立场是什么呢？

2. 上帝之死与自然的解放

如吉莱斯皮所谓，仅仅"把现代性等同于主体性、对自然的征服或世俗化的种种尝试，已经开始显得片面和不妥"，实际上，与其把现代性视为启蒙理性从外部对基督教的批判，不如视之为寻求解决基督教内部危机的一种现代转变，"宗教和神学在现代性观念的形成过程中扮演着核心角色"[1]。按照他的看法，"基督教内部关于神的本性和存在本性的形而上学/神学危机"在现代性的产生中起着非常重要的作用，"这场危机最明显地表现在反对经院哲学的唯名论革命"中，现代性就起源于"摆脱唯名论革命所引发的危机的·系列努力"[2]。唯名论革命把基督教的神变成一个非常特殊、个别、神秘、无法被理性理解的神，并在神、人、自然三个存在领域中哪一个具有优先性的问题上引发冲突。人文主义从人出发解释神和自然，宗教改革则从神出发看待人和自然，"更狭窄意义上的现代性正是试图解决这一冲突的结果。它断言，不是人，也不是神，而是自然具有存在者层次上的优先性"[3]。这个结果的达成，是以上帝之死和人之定位从灵魂降低为身体为前提的。

无论是笛卡尔的"我思故我在"，还是康德的绝对主体，背后都站着基督教的上帝。而只要上帝存在，无论是采取非泛神论还是泛神论的形式，自然本身都不可能获得多高的地位。自然从一种低下的地位上升到最崇高的地位，尼采揭示的上帝之死在其中起了关键的作用。在上帝死之后，自然才能升到更高甚至至高的地位。在这样的背景中，自然才能从上帝中获得解放，才能成为人的有机的身体。

就青年黑格尔派"在19世纪对基督教信仰的哲学批判，都始于黑

---

① 吉莱斯皮. 现代性的神学起源. 长沙：湖南科学技术出版社，2012：序言3.

② 同①22，23.

③ 同①24-25.

格尔并且完成于尼采"① 而言，尼采真该是青年黑格尔派中非常合格的一员。虽然尼采对黑格尔并没有专门研究，但从尼采的角度看，黑格尔哲学是神学的哲学化，绝对精神就是上帝的别称，这种哲学的理想就是建构上帝之国。从早年的《信仰与知识》到《精神现象学》的启蒙与迷信之争，黑格尔都在宣扬一种哲学与神学、知识与信仰的统一。从哲学的立场看来，这是将哲学神学化；在神学的立场看来，这是神学的哲学化。尼采就认为"德国哲学是一种半吊子的、工于心计的神学"，从康德、费希特、谢林、黑格尔到费尔巴哈与施特劳斯，"他们的哲学都是一种堕落的新教形式"，甚至"尼采也把自己的'非道德主义'看成是基督教新教传统的一种继续；同时，非道德主义仍然是基督教道德之树最后的果实。……基督教道德的哲学上的自我毁灭是基督教自身力量的一部分。基督教首先在宗教改革时期作为天主教的教义走向毁灭，现在基督教作为道德走向毁灭，我们恰恰处在这个发生的转折点"②。神学的哲学化势必造就某种上帝之死，死亡的速度和程度随着哲学化的速度和程度提高而不断提高。从尼采的角度看，我们很难不惊讶于黑格尔如此轻松地解释上帝之死，把它视为一种通向上帝最终完满的必经阶段、道成肉身的必然环节。他认为"信仰本质上是对绝对真理的意识，对上帝自在自为所是者的意识"，而"基督是神人，上帝同时也具有人性，直至死。死亡是人的有限性的命运；因此，死是人性、绝对有限性的至高证明。即基督因判有罪而惨死；不仅是自然死亡，而且甚至是十字架上的耻辱和屈辱之死：人性在基督身上显现至极点"③。为了最终完成，自己身先士卒，用自己的死来促成更多更强或者整体生命的生。如霍尔盖特所说，"上帝的本性就是变成人，受难而死"，是"舍弃他自己，成为肉身化的、自我牺牲的爱"，"上帝在基督之中的死亡并不仅仅只意味着他的终结——他的神圣性的终结，它还意味着它作为爱而显现于新的生命之中——他的神圣性的达成"④。

不过尼采肯定不会认同这会促成整体生命的强大。跟黑格尔认为哲

---

① 洛维特. 尼采的敌基督教登山训众//刘小枫. 尼采与基督教. 北京：华夏出版社，2014：2.

② 同①6.

③ 黑格尔. 宗教哲学讲演录：Ⅱ. 北京：人民出版社，2015：213，214.

④ 霍尔盖特. 黑格尔导论：自由、真理与历史. 北京：商务印书馆，2013：428.

学就是认识作为绝对的上帝不同，"尼采则有意识地思考一种走向终结的基督教，上帝死了的基督教"①。如果说黑格尔的哲学是一种更危险的无神论，那么，尼采给这种哲学无神论以新的转向，"尼采既不是启蒙意义的自由精神，也不是宗教哲学家，而是已经成为自由的精神"②。不过这种自由精神仍然追求一种新的上帝，狄俄尼索斯式上帝，不过这种"上帝"不再是传统的"上帝"。基督教的上帝处于世界之外、之上，这是尼采不喜欢的上帝，也是他认为不可能的上帝；他喜欢和接受的是意味着无限创造原则和精神的上帝。如洛维特所说："尼采从一开始所追求的、最终称其为狄俄尼索斯的上帝，不是《旧约》和《新约》中的上帝，而是一个神圣的名称，表示那个永远不断自我孕育和不断自我毁灭的世界。"③ "尼采反对超世界和基督教的上帝，拥护永远不断地自我创造和毁灭的世界。"④ 尼采挖掘狄俄尼索斯的酒神精神是要纠正过于理性的希腊文化、过于道德化的基督教文化，用一种自然、身体、迷狂、生成、生殖、创造的精神补充和纠正理性、禁欲、秩序、永恒、道德、按部就班的文化。如果说狄俄尼索斯的本质是陶醉，那么，虽然它是一种需要靠价值重估还原和拯救、需要不断培育的文化精神，但它终归是一种内在自然力量的迸发，"本能之现实是酒神式的醉"⑤。狄俄尼索斯首先是自然生命，然后才是一种精神，但绝不是单纯的精神。狄俄尼索斯的世界也就首先是一个自然世界，其次才可能是精神文化世界。精神文化必须具有一个坚实的自然基础。在这个意义上，人为与自然的区分在尼采这里失效了，被尼采解构了。如同马克思所说"人同自然界的关系直接地包含着人与人之间的关系，而人与人之间的关系直接地就是人同自然界的关系"⑥；尼采更明确反对人与自然的截然二分，认为"在现实中，不存在任何这样的区分：'自然的'品质和那些称作'人类的'品质是一起密不可分地成长起来的。人，按其最高级和最高贵的能力来说，是完全自然的，并体现出其神秘的双重特征。其能力可怕的、

---

① 洛维特. 尼采的敌基督教登山训众//刘小枫. 尼采与基督教. 北京：华夏出版社，2014：7.

② 同①5.

③ 同①8.

④ 同①9.

⑤ 布朗. 生与死的对抗. 贵阳：贵州人民出版社，1994：188.

⑥ 马克思. 1844年经济学哲学手稿. 北京：人民出版社，1979：72.

被认为是非人性的部分，甚至可能也是沃土，独一无二的所有在冲动、行为和工作中能够滋长起来的人性，都出自这一沃土"①。

有一种观点认为，尼采的"自然"是祛魅了的、冷酷无情的、毫无意义的存在，这样的"自然"想必与人的创造性、崇高性直接对立。霍克海默、阿多诺在《启蒙辩证法》中倾向于这样解释尼采的"自然"。我认为这是一种错误的解释。遗憾的是，这样的解释并不少见。这种解释认定，尼采"所诉诸的自然不是古典哲学所理解的可以成为人类生活终极标准的目的论的自然，而是一种被自然科学祛魅了的自然，这种自然是冷酷的、毫无意义可言的。因此尼采的超人就不是依循自然而生活，因为自然不可依循。尼采整个事业的目的是为了把人类的高贵建立在人的创造性之上，而人的创造性则被理解为价值创造"②。这显然是把尼采的"自然"与"人为"重新对立起来了，认定他仍然是在自然之外构筑一种创造性的乌托邦。在我看来，这跟《启蒙辩证法》对尼采的解释一样都是对尼采的误读。尼采的自然永远是强弱角力的场所，人类凭借创造的文化试图改变这个自然法则，让弱者凭借数量和社会手段凌驾于少数强者之上，违反了自然法则和秩序，为此才需要价值重估。价值重估不是跟自然法则作对，而是依循自然法则纠偏，重建自然与人为的一致性。上帝之死使依循自然重建人与自然在自然的根基上的统一得以可能。人首先是一种自然，尔后才是具有崇高性和创造性的存在。

于是，脱离了上帝与传统形而上学的自然得以呈现，这就是作为永恒轮回的自然。对尼采来说，既然上帝死了，那么世界就是永恒轮回，而人只能来自这个永恒轮回的自然世界，不可能来自上帝及其世界。跟恩格斯在《自然辩证法》中只是把永恒轮回赋予天体进化意义不同，尼采把永恒轮回赋予人类文明的每一个形态，特别是号称能够取得不断进步、超越了自然轮回的现代文明。自然获得了一种新的意义、新的地位和地平线。新的地平线不是施蒂纳的"无"，不是类似黑格尔"精神"意义上的"劳动"，只能是有待进一步解释的"自然"：自然是创造、孕育、生成，是没有意识形态的大地，是强弱之间的竞争，在人这里是强

---

①　皮里．尼采在二十一世纪的影响．哈尔滨：黑龙江教育出版社，2015：59.

②　杨子飞．反启蒙运动的启蒙：列奥·施特劳斯政治—哲学研究．北京：中国社会科学出版社，2016：99.

者对弱者的保护与关怀①，或马克思所说的存在就是斗争（虽然马克思说的是社会的自然）。

从这种角度回视绝对精神，它就会呈现为一种对自然的敌视。上帝和绝对精神的完美、绝对，就是通过跟自然的粗糙、残缺、不完善对比而得出的。"上帝""精神""灵魂"象征着纯粹、绝对的世界，"这个纯然虚构的世界与梦境非常不同，并且相形见绌，因为后者反映了现实，而它却要扭曲、贬低、否定现实。一旦'自然'概念被虚构为'上帝'的反概念，'自然的'就必定意味着'卑贱的'，——这整个虚构的世界都根源于对自然之物（——现实！——）的仇恨，都表达了一种对于现实之物深深的厌恶……但是一切都这样被解释了"②。纯粹、绝对的存在是对自然的逃避和对立性想象。这跟恩格斯的看法非常接近："宗教按它的本质来说就是抽掉人和大自然的整个内容，把它转给彼岸之神的幻影，然后彼岸之神大发慈悲，又反过来使人和大自然从它的丰富宝库中得到一点东西。"③由此，"上帝退化为对生命的异议，而没有成为对生命的神化和永恒肯定！在上帝中预告了对生命、自然和生命意志的敌意！"④于是，尼采强调要重新从促进生命的自然出发，而不能再从"精神"出发了。

塞缪尔·克拉克（Samuel Clarke）在与莱布尼茨的通信中，就把上帝统治世界与国王统治国家相类比，倾向于"在神的设计的观点与最高统治者的设计的观点之间，存在着某种类似之处"⑤。克拉克不相信"把上帝排除在世界之外"后世界还可以完美运行，就像不相信没有国王国家还可以完美运行一样。被统治者的愚钝、只顾自己的偏狭、对崇高和总体的不理解，就跟自然的低下、粗糙、缺陷一样，需要国王和上帝来规整和统率。启蒙运动开始前的古老传统不相信作为被统治者的公民拥有自主的能力和权利，就像不相信离开上帝自然能够自主顺利运行一样。启蒙运动就是要给公民、人民以自主决定自己的命运、国家的命运的能力和权利，就是要把自然世界的命运还给自然本身。启蒙思想家

①　刘森林 . 重新理解尼采对资产阶级道德的批判：《启蒙辩证法》中的尼采形象纠偏 . 南京大学学报（哲学社会科学版），2017（3）.

②　尼采 . 敌基督者 . 北京：商务印书馆，2019：20.

③　马克思恩格斯全集：第 3 卷 . 北京：人民出版社，2002：517.

④　同②24.

⑤　罗斯柴尔德 . 经济情操论：亚当·斯密、孔多塞与启蒙运动 . 北京：社会科学文献出版社，2013：160.

们不断从政治、经济、哲学、科学等各个角度，针对政治生活、经济生活、本体生存、自然的合理性等做出这种论证说明。斯密认为无需国王，人们就能安排好自己的经济生活，"暗示无须设计的秩序的情况下，一个社会无须处于一个全部监管的最高统治者控制之下（就像宇宙会是有序的，无须被一个'全能的建筑师和管理者所控制'）也可以繁荣"①。在这个意义上，公民的解放，自主能力和权利的获得，跟自然从上帝之中解放出来一样，都是启蒙运动的核心主张，是启蒙运动的本质内涵。可见斯密是个坚定的启蒙思想家。

看来，自然地位的恢复，是吉莱斯皮所谓导致现代性产生的新形而上学革命的必然结论。

既不是神也不是人，而是自然具有优先地位，是这场形而上学革命的结果。如果说上帝之死是这场革命的核心所在，自然优先地位的呈现是结果，那么，对神的理性化理解就是开始；而黑格尔观念论哲学融合哲学和神学的构想基本完成，只是结果还尚未完全呈现出来。尼采的上帝之死（以及自由与自然二分对立的终结）就是最终成果的呈现。在此意义上，我们来看处于结果呈现过程中的赫斯与马克思，看看他们对自然的定位。

3. 赫斯：自然仍是上帝笼罩下的自然

从这个角度来看赫斯，他显然仍处于黑格尔哲学的框架之内，并没有真正从中走出来。虽然作为青年黑格尔派成员激进批评基督教，但理论上仍然处于哲学—神学一体的传统框架内，没有走到上帝死了之后呈现出的新世界观之中。

在《行动的哲学》中，赫斯肯定行动，但这个行动不过是对笛卡尔"我思"活动的有限提升。赫斯把笛卡尔的"我思"理解为精神活动，

---

① 罗斯柴尔德. 经济情操论：亚当·斯密、孔多塞与启蒙运动. 北京：社会科学文献出版社，2013：160. 作者指出，斯密并没有像人们认为的那样推崇"看不见的手"，却常在讽刺意义上谈论它。因为"看不见的手"在那个时代具有明显的宗教内涵，令人想到的是上帝、天意，而不是公民自利行为的合理性及其效果。不能把"看不见的手"的现代意义转嫁给斯密。实际上，"对斯密而言，看不见的手只是一个小装点……是说服人们并呼吁他们对体系的热爱的一种方式"（同上书，2013：164）。它只具有形式上的意义却无实质的重要性。

认为"我思"之存在取决于思这种活动，"我所承认的第一个（和最后一个）的事物，实际上是我的精神活动，是我的认识。……我知道我在思考，我在进行精神的活动等等，因为没有别的活动，我知道我在行动而不是知道我存在。一切在于行动而不是存在"①。这是以费希特的行动哲学阐释黑格尔的精神哲学。

他赞赏生命，认为生命在于活动，这个生命不是尼采后来所说的那种基于本能的创造性行动，而是自我意识自觉的创造性活动，即所谓"生命是自我意识唤起的一个复杂的行为"②。当赫斯在《唯一而完全的自由》中说"年轻的哲学家们，已不满足于对现实的概念把握，而已具有把概念现实化的勇气与意志"③ 时，突出表明了这一点。显然，赫斯的行动哲学跟中国改革开放初期的实践哲学类似，实践、行动的核心就是主体性，一种内在、精神的主体性。即使不至于说这种实践、行动是不受自然和社会约束的创造性活动，不能说是一种精神性、文本阐释性活动、完全自由的活动，起码也可以说，这种活动的创造性、精神性、无约束性、自我决定性是关键所在。而"无约束性"既是无自然的约束也是无社会性的约束。尤其是自然的约束必须予以消除，因为那是一种不该有的限制。所以，这种行动是与自然对立的。后来赫斯认识到交往活动的意义，社会性限制对他形成了一种新的意义，即具有了正面的含义，但自然的限制一直具有否定性的含义。即使肯定了劳动价值论的积极意义，这种积极意义仍然是归之于对人的主体性的加强和确认，也就是所谓人本主义的新确立。这种人本主义具有鲜明的传统形而上学色彩和传统人文主义色彩，它不但强调自我意识、精神的关键地位，更带着浓厚的人文色彩，看不上经济学、社会学的积极意义。

第一，赫斯所说的这个活动是神学意识转化为自我意识后的自觉行为，因而是以虚无化为前提的行为。与施蒂纳一样，赫斯力主的行动是以青年黑格尔派标准的自我意识为前提的。"这时称为存在的数学上的一点，难于理解的虚无，标志着成为自我意识确定的在全面的活动中固定下来的行为。"④ 行为不能停止，停止就会断裂，甚至就会走向膜拜；

① 赫斯．赫斯精粹．南京：南京大学出版社，2010：83.

② 同①84.

③ 同①128.

④ 同①84.

行动停止、半途而废，生命的栈道就会中断，"活生生的生成成为毫无生命的存在，而自我意识变为神学意识，这时后者势必让自己虚伪地装扮成从黑暗的虚无向苍白的存在的过渡"①。黑暗的虚无首先意味着意识的钝化、自觉的丧失，其次也意味着被动性的生成、创造性的反面。明亮的虚无是新的地平线，是自觉的觉醒，是积极性和开创性的开始。自觉的行动是一切，没有了行动，"生命线中断了，路线破坏了，呈现出黑暗的虚无"②。要让虚无明亮化才是！明亮化的虚无必须以自觉的我作为前提。"自觉的我，是全部哲学的出发点。"③ 在必须是自觉的和有意识的这一点上，我思故我在的"我"就是一种精神行动："生命就是活动。活动就是通过设定与扬弃生活的对立面的同一性的回复，就是通过打破了自我与非我的活动界限而创造一种生活的同一性和自我的同一性。一句话，活动就是自我创造，精神通过自身的自我创造而认识到这个活动的规律。"④

所以，要从膜拜普遍上帝中苏醒过来！不能再沉睡，不能做浑浑噩噩的庸人，要独立创造！赫斯所谓创造性的行动，跟施蒂纳以虚无化一切物质偶像和精神偶像的"无"所释放出来的创造性启示非常类似，都是以自觉、积极的自我意识作为前提，但跟后来尼采的狄俄尼索斯所预示着的那种基于本能的创造性却不相同。因为狄俄尼索斯的创造主要是基于自然的权力意志，而赫斯和施蒂纳的创造性明显站在黑格尔的自我意识立场上。即使狄俄尼索斯的创造性必然也伴随有自我意识，但这种自我意识受制于具有不同自然禀赋的不同个体，因而在不同个体身上具有不同的表现。不同的自然品质必然具有不同的自我意识水准，无法因为精神、反思的积极努力而改变。赫斯与施蒂纳积极伸张的创造性却不惧被这样的自然基础限制，这根本不同于看重自然基础，不再坚持自然与自由二分法的马克思和尼采。

第二，自然是对立于这个自觉活动的存在。这仍然是康德以来自由与自然独立的传统，即有待马克思和尼采解构的传统。积极创造的精神与自觉、反思、主观努力紧密相关，它"处处发现障碍、否定和虚无，

① 赫斯. 赫斯精粹. 南京：南京大学出版社，2010：84.
② 同①85.
③ 同①.
④ 同①85.

终于又把头转到生命的镜子后面，以便寻找它原应从自己本身寻找和找到的东西"①。自然是精神创造性活动的障碍，"自然在那里只找到黑暗和空谈的虚无"②。自然是被动的、有待于被超越和改造的存在。从康德以来被动和被贬低的自然一直以这样的形象存在。赫斯这里也毫不例外。自然是低级的，所以，"抽象的普遍应当对抽象的个别让步，但这不再是自然的个体，如历史开端时那样，而是精神的主体"③。显然，无意识的自然个体比有意识的精神主体低一个层次，停留在有意识层次的精神个体比付诸实践行动的个体低一个层次。自然个体处在更低的层次："自然的生活不是自由的实现。只要精神还受自然的束缚，对它来说，这就不可能是自由的问题"；只有活动才能使"一切自然的决定转化为自由的自我决定"；对精神来说，"不再是无意识的、自然的个体，而是有意识的精神主体"④，但这个精神主体尚未付诸实践。

自然与精神（自由）的对立在这里仍是个基本框架，这个框架来自观念论哲学。自我决定的自由至高无上，"所谓自由，就是自我限制对外在的限制的胜利，就是精神在它的活动中的自我意识，就是自然的偶然性向自我决定的转化"⑤。与之对立，自然则是固定、被动和限制的代名词。"人类的历史和本义的自然史之间唯一不同之处是：在自然界，一切自我限制都是固定的；精神与它本身的对立是永恒的，但是，在人类当中，精神的一切自我限制不过是人类将要超越的一个发展阶段。精神的真正的历史只是在一切自然的偶然性终止的时候，在精神自我发展的时候，在自我意识成熟和精神的活动明显地形成的时候才开始。"⑥赫斯在这里设想的自由王国就是一个不折不扣的不受自然限制、任由自我决定的王国。一切都按照精神的内在逻辑要求来，一切都摆脱了粗陋自然的限制，一切都符合理性的程序。这是非常观念论的立场，跟马克思理解的自由王国必须时时刻刻建立在必然王国基础上、自由王国与必然王国永不分离迥然不同。在赫斯的逻辑里，自然状态存在残酷、争斗、相互否定，而真正的人类史则有意识地调整改善，没有那样的残

---

① 赫斯．赫斯精粹．南京：南京大学出版社，2010：86.

② 同①.

③ 同①93.

④ 同①95.

⑤ 同①101.

⑥ 同①102.

酷、争斗和相互否定。只要还存在着残酷、争斗、相互否定，人类的自然史就尚未结束，只有进入真正的人类史才能结束这种状况。

当然，赫斯那里也有另一种意义上即美学的"自然"概念，这种概念让"自然"又成了崇高和精神理想的象征。"自然"要么是低下的存在、自由实现的障碍，要么是浪漫化、理想化的象征。这在观念论哲学中构成两个基本的传统。后者主要跟美学相关，主要由席勒、浪漫派体现出来。与马克思、尼采不同的是，赫斯偶尔使用的这种"自然"概念意味着对资本主义的批判，意味着对经济学的拒斥，意味着排斥经济学、社会学的人文和艺术至上原则。马克思偶尔也在这个意义上使用"自然"概念，但这种场合极少。虽然赫斯已经意识到经济学的价值并在这个方面有所推进，但由传统人文—艺术科学塑造的那种代表和象征着崇高、整体、闪烁着光辉的"自然"，那种呈现出美、有机统一、未分裂、非世俗的"自然"，还是在赫斯这里存在着。在赫斯看来，个体被视为目的，类却成为手段，这是资本主义的颠倒。自然界的世界观应该是"把类看作生活本身，而把个体只看作是生活的手段"①。这里的"自然"就是合乎精神本质要求的崇高的东西。由此出发，他批评基督教的利己主义逻辑，批评小商人世界对本真世界的颠倒。当他指责利己主义把人的独立、分离、个别化"宣布为生活和自由的本质，证明孤立的人格就是自由的、真正的、自然的人，也就确认了实践的利己主义"② 时，"自然"似乎又成了低下的象征。

第三，这个活动是个体化活动，对抗抽象的普遍。赫斯的行动哲学赞赏个体性，批评普遍性，认为"普遍是非现实的"，只有个体化才是现实的："个体就是特定观念的自我他者化：后者因此成为现实，成为同一性。通过这种方式，人类的自我意识在人类个体中成为现实的东西。个体是观念的唯一现实（Wirklichkeit），只有通过个体，生命才得以实现自我意识。"③ 个体性、实践与自觉性、积极主动性联系在一起，强调普遍性只有通过个体性并在多样性和个体性之中才能获得落实。绝对精神"只有在多样性中，在个体中，更确切地说，在无穷系列的个体中，在无穷的自我分化或自我创造中才是现实的。换言之，普遍从个体

---

① 赫斯. 赫斯精粹. 南京：南京大学出版社，2010：144.
② 同①151.
③ 同①87. 引文有改动：Wirklichkeit 原译为"实在"，现改为"现实"。

出发达到自我意识，而把生命观念、普遍看作他自己的生命的人，是它的最崇高最完美的实在"①。个体的自我意识在苏醒，积极行动的意志在膨胀，人取代上帝，个体取代普遍，是时代的潮流所在。在此情境下，神学意识就是个大骗局。人类儿子长大了，不需要上帝父亲了；被父亲管束着放不开手脚，怎么能获得自由和解放呢？在哲学面前，神学被消解；在人面前，上帝被消解；在个体面前，普遍被消解。以普遍来诋毁个体，"消灭任何个体的独立自主，扼杀生活或自由"②，就是逆启蒙的历史要求而为。"普遍表现为一种抽象——上帝、神甫、教皇、教会、国家和君主等等。因此我们面临着，一方面是抽象的普遍，而另一方面则是具体的个体。"③　赫斯也说，这些并不新鲜，是当时青年黑格尔派共同的主张。

第四，贬抑奴役性活动，肯定自由性活动。这仍然显示出康德以来自由与自然对立冲突的逻辑，仍然是贬低经济活动的传统。按照赫斯的理解，只有以自我意识为前提的活动才是自由的活动，只有自由活动才是善行。在赫斯对行动的赞赏中，蕴含着一种极为简单的二分模式：自发与自觉，有意识与无意识，神学崇拜与哲学反思，沉思与行动，奴役与自由，经济与伦理。前者是不好的，后者才是好的。比如奴役与自由，"在奴役中，生产束缚生产者本身，而在自由中，精神在其中异化的任何限制都不会变成自然的约束，而是得到克服而成为自我决定"④。再比如劳动，虽然"为了人类的生存，对物质进行的任何一种改变都叫劳动，或者叫工作、创造、出产、制造、生产、行动、活动"⑤，但劳动分为自由的和被迫或强制的两种。今天的劳动都是被迫的，只有自由的活动才是享受，按照某些精神上的爱好生活才能叫善行。在赫斯看来，沉思还不是行动，劳动也不是行动，因为沉思之神显示给人的一句话是，你必须汗流满面才能糊口。赫斯用了尼采后来使用的"自由精神"来称呼自己的行动阶段，这个阶段得用斯宾诺莎的话"促进活动、提高生活欲望的东西都是好的"来描述，要用自由、愉快的活动代替

---

① 赫斯 . 赫斯精粹 . 南京：南京大学出版社，2010：87.

② 同①89.

③ 同①92.

④ 同①96.

⑤ 同①168.

"汗流满面的劳动"①。跟沉思对应的活动是这种"汗流满面的劳动"，跟行动对应的活动才是自我决定的自由活动。行动就是自我决定或自我限制。决定或限制都没有其他因素和力量能影响，只有自我能影响！当赫斯说，"精神的自由行为，是现代一切企图出发和归宿的核心。因此，有必要去研究它的规律、组织和后果。自由行动的基础，就是斯宾诺莎的伦理学，而现在的行动的哲学将只是这个伦理学的一个新发展。费希特为这个演进奠定了第一块基石"②，他真的连黑格尔的水准都没有达到。当他赞美创造、影响、主动介入，认为"在历史和精神生活中，问题不在于成果，而在于产出。主要之点在于'创造'（Wirken），而不是'产品'（Werk）"③ 时，这一观点倒是非常类似于浪漫派的诗学创作理论，不像认真阅读过现代经济学的人的观点。显然，赫斯的行动理论还是典型的观念论立场，仍然是按照传统人文科学的模式来理解的，不用说马克思，就连黑格尔的水平都没有达到。

4. 马克思：走出黑格尔哲学，自然获得真正解放

虽然在马克思那里，"自然"的观念是多义的，但基本可以区分为两种：劳动中的自然，以及无法完全归于劳动的自然。谈论马克思的"自然"是否走出了黑格尔的哲学框架，是不是上帝之死后的"自然"，需要从囊括了其一生不同时期的整体来看。有几段话很有代表性。

第一段话是谈论自然是人无机的身体："在实践上，人的普遍性正是表现为这样的普遍性，它把整个自然界——首先作为人的直接的生活资料，其次作为人的生命活动的对象（材料）和工具——变成人的**无机的身体**。自然界，就它自身不是人的身体而言，是人的**无机的身体**。人靠自然界**生活**。这就是说，自然界是人为了不致死亡而必须与之处于持续不断的交互作用过程的、人的**身体**。所谓人的肉体生活和精神生活同自然界相联系，不外是说自然界同自身相联系，因为人是自然界的一

---

① 赫斯.赫斯精粹.南京：南京大学出版社，2010：97.
② 同①98-99.
③ 同①99.

部分。"①

　　从这段话中还是难以得出马克思肯定和关心劳动之外的自然的意思。在《1844 年经济学哲学手稿》中，马克思关心的是"现实的自然界"，即进入劳动过程中的自然界，不是与人的活动毫无关系的自然。问题在于，这种"现实的自然界"所带来的人与自然的有机统一是否超越了主体性哲学的主客二分对立立场？它是否只意味着劳动主体对自然客体的把握和改造，因而自然仅仅是劳动的对象性存在？仔细来看并非如此。

　　第二段话是马克思在《德意志意识形态》中强调历史的第一个前提是自然："全部人类历史的第一个前提无疑是有生命的个人的存在。因此，第一个需要确认的事实就是这些个人的肉体组织以及由此产生的个人对其他自然的关系。"② 用恩格斯 1844 年 11 月 19 日给马克思的信中的话来说就是，"肉体的个人是我们的'人'的真正的基础"③。当然，这种有生命的个人既是自然存在也是社会历史存在，因为这种存在持续下去的前提就是必须劳动。由此，自然和人就是密不可分的，自然史与人类史"这两方面是不可分割的；只要有人存在，自然史和人类史就彼此相互制约"④，人和自然的关系与人和人的关系彼此相互包含、相互规定。只是，自然、自然史不是他研究的重点，"当然，我们在这里既不能深入研究人们自身的生理特性，也不能深入研究人们所处的各种自然条件——地质条件、山岳水文地理条件、气候条件以及其他条件"⑤。虽然自然不处于马克思的研究兴趣点上，但自然的地位不能因此而有所改变。当他在《资本论》中不得不涉及自然时，这个意思就明显体现出来了。

　　在《资本论》中，"劳动"不是跟"自然"对立的东西，而是包含着"自然"又超越自然的东西，因为"劳动首先是人和自然之间的过程，是人以自身的活动来中介、调整和控制人和自然之间的物质变换的过程。人自身作为一种自然力与自然物质相对立。为了在对自身生活有

---

①　马克思恩格斯选集：第 1 卷 . 北京：人民出版社，2012：55 - 56.

②　同①146.

③　马克思恩格斯全集：第 27 卷 . 北京：人民出版社，1972：13.

④　同①146.

⑤　同①146.

用的形式上占有自然物质，人就使他身上的自然力——臂和腿、头和手运动起来。当他通过这种运动作用于他身外的自然并改变自然时，也就同时改变他自身的自然"①。显然，人、劳动都不是跟自然对立的存在，而是内在包含着自然的存在。即使马克思说"一边是人及其劳动，另一边是自然及其物质"②，也并不意味着这两边的存在是对立的，反而是每一边中都包含着另一边的存在。马克思没有把研究重点放在这种包含在人、劳动之中的"自然"因素上，但这并不意味着"自然"就不重要，更不意味着劳动是唯一的财富源泉。

理由有好几个。其中之一是，自然也可以构成劳动资料，并不仅仅是劳动对象。"劳动者利用物的机械的、物理的和化学的属性，以便把这些物当作发挥力量的手段，依照自己的目的作用于其他的物。……这样，自然物本身就成为他的活动的器官，他把这种器官加到他身体的器官上，不顾圣经的训诫，延长了他的自然的肢体。土地是他的原始的食物仓，也是他的原始的劳动资料库。"③ 就地租来说，虽然"自然力不是超额利润的源泉，而只是超额利润的一种自然基础"，但自然力的作用不可忽视。"在这里自然的肥力是一个界限，一个出发点，一个基础。另一方面，他们劳动的社会生产力的发展，则是另一个界限，出发点，基础。"④ 自然力、自然生产力是不同于劳动的另一种不可忽视的因素，它与劳动不是两种根本不同的东西，而是以某种方式关联在一起的东西。它是"产生不需要任何劳动"⑤ 的自然力，"但这种自然力不像蒸汽的压力那样，在同一生产部门可供一切资本自由支配，所以并不是凡有资本投入这个部门，这种自然力的利用就会成为不言而喻的事情。这种自然力是一种可以垄断的自然力，就像瀑布那样，只有那些支配着特殊地段及其附属物的人才能够支配它"⑥。《资本论》中的这些话，我们视之为马克思关于自然的第三段话。

马克思这里所谓"自然"其显著特点就是把外部自然跟社会历史性内在地关联起来。比如土地，不是人与它直接发生关系，而是通过

---

① 马克思恩格斯全集：第 44 卷. 北京：人民出版社，2001：207 - 208.
② 同①215.
③ 同①209.
④ 马克思恩格斯全集：第 46 卷. 北京：人民出版社，2003：728，715.
⑤ 同④724.
⑥ 同④726.

社会法权、经济条件与之发生关系。"土地所有权的前提是，一些人垄断一定量的土地，把它当作排斥其他一切人的、只服从自己私人意志的领域。"马克思批评撇开经济条件仅用法律权力来说明的做法，认为这种说明是什么问题也解决不了的。他由此批评黑格尔关于土地私有权"不是一定的社会关系，而是人作为人格对于'自然界'的关系"的看法，把关于土地私有权的法律观念看作绝对的东西"从一开始就错了"①。

这样一来，虽然马克思强调自然不是他理论研究的重点所在，但在不得不涉及自然时，他对自然的看法还是很清晰的。把自然和社会历史因素内在关联起来思考才是合理的，把自然完全归于劳动绝不是他的主张。由此，说马克思的"自然"概念是"劳动"中的自然，这种较有市场的观点是站不住脚的。按照这种观点，自然的地位和价值必须以劳动为前提，只有附属于劳动，自然才能进入历史唯物主义的观察视野。有一种流传较广的观点认为，马克思的劳动就是黑格尔的绝对精神："马克思的劳动概念近似模仿黑格尔的'精神'，继承了它原始创造力的特性，劳动是造物主，它是人类生活和社会的开始和终结，意识的唯一决定因素，人性和最终现实的连接，事实上它形成了最终的人类现实。"②如果真是这样，那马克思的劳动就是自然的对立面，就是自然的主人，或者是其取得主人地位的关键所在。可惜的是，这绝不符合马克思的主张。

甚至一向被人尊敬的洛维特说黑格尔和马克思同样贬低自然，我们更不能苟同："马克思和黑格尔一样十分蔑视自然，因此他十分赞赏地引用了黑格尔那可怕的说法：整个星空的全部奇迹都比不上哪怕最肤浅的人类思想。只因为只有人作为精神是知道自身的！"③黑格尔的理论中自然地位很低是事实，"黑格尔将创世的历史转译成了思辨哲学的语言，但他的结论没有超出神学的范围，而是属于神学的，也就是说，他认为人作为唯一与神相似的东西，在自然内部占有特殊的位置，并且排除了人是属于自然的生命体的发展过程的，并且也许只是一种生物学上

---

① 马克思恩格斯全集：第 46 卷．北京：人民出版社，2003：695.
② 伯尔基．马克思主义的起源．上海：华东师范大学出版社，2007：168-169.
③ 洛维特．韦伯与马克思．南京：南京大学出版社，2019：323.

的偶然的可能性"①。但把这种观点赋予马克思既无文本支持，更没有道理。相反，如果遇到贬低自然、抬高劳动的特定场合，需要他针对这种超出劳动的自然存在发表意见时，他会毫不犹豫地斥责抬高劳动地位、贬低自然地位的观点。当《哥达纲领》中出现拉萨尔主义关于劳动是一切财富的源泉这种似乎很合乎劳动价值论的观点时，马克思对此严厉批评，并明确指出，"劳动**不是**一切财富的**源泉**。**自然界**同劳动一样也是使用价值（而物质财富就是由使用价值构成的！）的源泉，劳动本身不过是一种自然力即人的劳动力的表现"②。劳动不但不是财富的唯一源泉，自然界也是一个源泉，而且劳动不过是人的一种自然能力而已，归根结底还是自然界更为根本和重要。这是马克思关于自然地位的第四段话，也是最重要的一段话。对此，连罗尔斯也在他的《政治哲学史讲义》中注意到，"马克思并不认为劳动是它所生产的使用价值即所有物质财富的唯一源泉"③。虽然指出这一点并不意味着我们支持罗尔斯所谓劳动价值论并不成功、"马克思的观点可以在完全不使用这一理论的情况下得到更好的表述"④ 的看法，而只是说明劳动价值论并不否定自然的作用和地位。马克思的意思很明显，劳动是囊括不了自然的，自然不可能全部归于劳动之中。马克思的下面这句话更清晰地说明了这个意思："凡不是人的活动的结果，不是劳动的结果的东西，都是自然，而作为自然，就不是社会的财富。"⑤ 这个意义上的"自然"是马克思充分肯定的，只是没有构成马克思看待自然的主要角度而已。若按我在《恩格斯的自然辩证法是一种启蒙辩证法》一文⑥中区分的三种"自然"来看，马克思的确很少关心第一、二种，而主要关注第三种，甚至他还在《1844 年经济学哲学手稿》中说过"被抽象地理解的、自为的、被确定为与人分隔开来的**自然界**，对人来说也是**无**"⑦，但这绝不意味着第一、二种"自然"没有意义，更不意味着第三种"自然"可以归于"劳动"之中，从而失去其独立的价值。

---

① 洛维特. 韦伯与马克思. 南京：南京大学出版社，2019：323 - 324.

② 马克思恩格斯选集：第 3 卷. 北京：人民出版社，2012：357.

③ 罗尔斯. 政治哲学史讲义. 北京：中国社会科学出版社，2011：343.

④ 同③344.

⑤ 马克思恩格斯全集：第 26 卷第 3 分册. 北京：人民出版社，1974：473.

⑥ 刘森林. 恩格斯的自然辩证法是一种启蒙辩证法. 马克思主义哲学，2021 (1) .

⑦ 马克思恩格斯文集：第 1 卷. 北京：人民出版社，2009：220.

看来，马克思远远超过了赫斯以近代主体性哲学范式看待自然的水平；即使没有走到尼采那样推崇自然的地步，也起码在自然和劳动的结合中看待世界，"主张劳动—自然关系先于劳动—社会的关系"①，而且明确表示自然无法全都归于劳动之中。相比之下，赫斯连青年黑格尔派"在改造自然中改造自我；自然不仅是外在自然，更是人自身的自然"这种激进立场的水平都没有达到，更不用说进一步达到马克思和尼采的水平了。

只有在自然获得充分解放之后，它才可能获得新的崇高地位，把自然放在这样一种崇高地位上的可持续性发展理念才得以被广泛认同，这种理念才能成为一种能控制、指挥、引导、调动、约束某些资源的新"超越性"文化。在应该与现实之间，这种"超越"要具有类似于历史上传统的超越那样的地位和约束力，尚有很长的路要走。

当然，自然获得充分解放、获得崇高地位，经常伴随着对传统人文科学的贬低，导致出现屠格涅夫《父与子》中的主角巴扎洛夫主张的那种唯科学主义，这种唯科学主义消解和否定人文科学（文、史、哲、艺术、宗教）及其价值，是一种特殊类型的现代虚无主义。② 唯科学主义在这里就是唯自然科学主义。自然与人文的相互支撑、相互成全、相互证成和协调发展，仍然是需要进一步努力的目标。

---

① 伯尔基. 马克思主义的起源. 上海：华东师范大学出版社，2007：171.
② 刘森林. 物与无. 北京：人民出版社，2022：第 4 章.

第十五章 启蒙、实践辩证法 与虚无主义的超克

极端的启蒙不但把问题和麻烦越来越外推出去，越来越推给距离最远的大自然，不惜把自然作为统治对象与牺牲品，而且，它还在追求廉价幸福、感官享乐、原子主义等所谓知性启蒙价值的路途中，陷入相对主义和虚无主义，在寻找未来希望的路途中迷失。启蒙本来是批判和建构的统一，极端启蒙执迷于激进批判，不惜解构根基、否定一切、希图在一片空无中探寻自由，结果既丧失了立足的根基，又找不到希望的方向，在"一切都是可允许的"甚至"所有的真与善都被嘲讽"的犬儒主义境遇中走向空无，使启蒙偏离正确方向。虚无主义境遇是这种危险的核心之一。启蒙辩证法必须防止、遏制、消解这种虚无主义危险。以辩证法遏制和超克现代虚无主义，是启蒙辩证法的内在要求，也是现代启蒙继续健康发展之必需。

1. 启蒙的极致化导致虚无主义

我们在第一、二章中讨论激进启蒙、合理启蒙时曾论及，启蒙传统中一直存在一种异常激进的潮流，它认为：启蒙越纯粹越好；一切传统、历史都需要重构，都需要推倒重来；启蒙教育获得的知识足以确保启蒙者在纷乱复杂甚至相互矛盾的多种政治、经济、社会事务中确立自己的合理立场，甚至是唯一合理的立场；对于未经理性质疑批判过的存在，启蒙都应予以解构；我们能够依赖启蒙理性建立一个纯粹的理性主

体。"启蒙许诺给人们一种理性自主的精神，它认定个我内部都具有一种充足的潜在能力和品质，凭借这种能力与品质，个我主体都能获得自主自立，都能在启蒙教育中凭借获得的知识与反思认知能力找到自己可以确信的东西，找到自己值得信奉的东西，并确保越来越有力量，越来越不可战胜。"① 但是，在启蒙要荡除那些历史流传的知识文化，把它们视为迷信、习俗、未经审视的权威、已丧失合理性的"古董"时，如果要否弃它们，理性能全部弥补吗？考虑到启蒙不只是批判和否定，更是重构和建设，在批判和建设、否定和肯定之间，启蒙能获得平衡吗？尤其是，启蒙理性否弃掉崇高的意义世界之后，还能建构起一个新的崇高的意义世界吗？

习俗甚至制度可以重新形成，讲求算计、效率、合理化的知性启蒙在不可避免地消解了那种一旦受到伤害就会不计成本予以维护的崇高价值，那种能给人提供安身立命之处，也就是构成人的心灵和精神家园的价值后，还能像形成习俗和秩序那样轻而易举地将其建构起来吗？会不会在启蒙的激进批判中导致一种越来越严重的相对主义和虚无主义？就像拜泽尔所担忧的那样，"激进批评似乎不仅仅是导致了怀疑论，而且也导致了无政府主义"②。

考虑到近代启蒙运动的内容之一就是世俗化，随着这种相对主义和虚无主义在现代性之中的发酵，其带来的问题就更加严峻。一个祛魅的世界导致并呼唤出了令人忧虑的虚无主义。"启蒙运动的伟大洪流依靠的不是无神论，而是自然宗教、自然神论，或它们的众多变体之一。启蒙思想家致力于对全世界信仰的观察和描述并不是以否定宗教为目的的，而是为了导向一种宽容的态度和对意识自由的保护"③，启蒙运动由此不能等同于理性、科学，但对人的自主性追求很容易导向对一切权威、神灵的否定，"正是在这个意义上，启蒙运动产生出一个'祛魅'的世界，任何部分都服从相同的物质规律，或者，揭示人类社会里相同的行为机制"④。

---

① 刘森林．追寻主体．北京：社会科学文献出版社，2008：43.
② 拜泽尔．早期浪漫主义与启蒙运动//施密特．启蒙运动与现代性：18 世纪与 20 世纪的对话．上海：上海人民出版社，2005：335.
③ 托多罗夫．启蒙的精神．上海：华东师范大学出版社，2012：16.
④ 同③15.

无论是在人身上还是国家—社会身上，原本被认为是一种神圣性与世俗性统一体之中的神圣性面临不断被解构，世俗化被认为是一种现代性进步，过度的世俗化将随之大面积、高强度地出现，并进一步产生一系列消极后果。这里有两个问题需要我们高度注意。

第一，按照通行的逻辑，神圣性与世俗性之间的关系过于紧张，就势必会发生缓解这种紧张的调整、变革。神圣性过于强势而招致的变革就会进一步为世俗性赢得空间。世俗化降低道德标准，以此获取更多更普遍的成功，而崇高理想标准太高难以企及、难以成功。功利、效果优先于崇高理想，此即霍布斯所谓"以功效来取代乌托邦"。"如果标准降低了，那么就更有可能获得成功。"① 经过正当优先于善的根本转换，再进一步降低"正当性"的要求，最后使得自我保存成了现代性的基本原则、现代人的根本目的。现代人不再立志于追求某种优异性或善，而把保存自己的生命视为第一要务。当自我保存成为一个新思想的基本原则之后，"这起码意味着两个重要的转折：一是人生追求的境界高度的下降。从追求优异性的实现以及只有具有实践智慧的人才能裁定怎样的手段才有助于优异性的实现，变为追求世俗需求的正当满足以及每个人都有能力裁定何种手段才是正当的，意味着世俗需求、感情的正当性得到了强调，地位得以提高，而约束、节制需求的理性、优异性则地位下降了。……二是，自身保存的基础性意味着权利优先于义务。自身保存的主体可以采取一切正当的权利来维持自身的存在，而他对现实世界、对只有他努力约束和提升自己才能实现出来的更高世界的义务，则成了次等的事情"② 。善的追求失去了原先最为崇高的地位，在被多元化之后，让位于原本地位更低的正当性。随着一种固定的善失去稳固的优先性和崇高地位，日益多元的善都被允许甚至具有了同样平等的地位。善的威力逐渐弱化，善的地位逐渐降低，一种具体的善的正当性日益局限在认同者的小圈子里，成为缺乏公共认同的边缘化存在，至多是成为跟其他同样被一部分人认同的一个选项。在马克斯·韦伯看来，这就是多元价值并行的诸神之争。给予任一价值的理性合法性论证的不可能性，就必定导致任一价值都不对其他价值具有优先性和唯一正确性。如果想要针对一种价值建立优先性和唯一正确性，那就会陷入非理性主义和神

---

① 拉莫尔. 现代性的教训. 北京：东方出版社，2010：74.
② 刘森林. 追寻主体. 北京：社会科学文献出版社，2008：13.

秘主义，从而在理性主义的眼里更失去优先性和唯一正确性，并且变得更"落后"和"原始"。这种做法使得价值论证方式而非实质性价值成为更为关键的东西。价值多元论消解了价值的优先地位，成全了作为手段的理性的崇高地位。在马克斯·韦伯"价值中立论"的影响下，似乎没有任何一种价值能获得一种更合理、更有限的地位，所有的价值都是平等的，所有的主张都有一定道理，但归根结底又都没有根本道理。这几乎就等于《卡拉马佐夫兄弟》中老二伊凡所说的"上帝死了，一切都是正当的，一切都是可以允许的"，从而得出一切价值都无高低之分，只有能力才有高低之分的最终结论了。价值优先变为能力优先，价值本位变为能力本位。谁更有能力去实现自己认可的价值，变得殊为关键，而谁去实现什么样的价值变得不再关键。

在这种背景下，最好的结局就是维持一种正当性。这种正当性不能保证有多么善和好，只能保证不那么恶和坏。按照恶→可允许→正当→善的四个层次区分来看，防止恶的浸染和侵入、远离善的沾染和判定，仅仅在可允许和正当两个层面展示自己的现代行为，甚至越来越把可允许和正当两个层面融为一个层面。只要不是恶的，就是可允许的和正当的。可允许的仅仅略好于恶的，作为目标提倡和追求则明显不足。于是，正当性、正义、公平常常成为现代人追求的最高目标。"按照这种自我保全的原则，自我保全的自然权利才是最为根本的，而义务隶属于这种自然权利。这就应了柏克的那句话，权利的推论全在激情之中，激情、感情作为根基高于理性，实乃现代思想的一个根本特点。它表明，每个人依据自然都有自我保全的权利，而自我保全所需的手段就也是自然的了。何种手段是自然、正当的，每个人都有能力裁定。只有有实践智慧的人才能有裁定能力的古典见解不再会受到欢迎。也就是说，现代自然权利论需要的不再是教化，而是启蒙或宣传，是知识的某种水平上的普及和应用。伴随着感觉、欲望对于理性的至上化，使得理性越来越不提供目标与方向，而只是提供手段与方法。理性与古典美德之间的内在联系被切断了。"[1] 理性成了批判、否定的代名词，甚至成了工具理性、经济理性的代名词。结果是，"现代性就是'工具理性'的统治"[2]，它在技术上可能很有效率但在道德上不负责任。这就是霍克海默、阿多

---

①　刘森林．追寻主体．北京：社会科学文献出版社，2008：45.
②　拉莫尔．现代性的教训．北京：东方出版社，2010：76.

诺、阿伦特、海德格尔以及施特劳斯的共同担忧。

第二，进一步说，启蒙对崇高价值采取贬低和束之高阁的态度，会大大地提升事实与价值二分框架内事实的地位与占比，推动虚无主义逻辑的产生。"正如康德在《道德形而上学原理》中论证的，从实际上是什么的例子中推知规定应该做什么的规律，这一做法是与启蒙批判思维的目的背道而驰的，因为从事实世界推知价值的做法可能给我们留下不纯的、不可靠的价值形式。"① 启蒙对事实的认定十分确定，对价值特别是崇高价值的认定就十分棘手，这进一步强化了对价值特别是崇高价值的疏远。疏远意味着曲高和寡，更可能意味着可有可无，甚至最后就是一片空无。

事实与价值的二分法还进一步衍生和强化了理论与实践的二分法，使得理论越来越多元化。不同立场、不同视角、不同方法、不同程序，都会造成不同的观察结果。尼采由此主张"没有事实，只有解释"，进一步凸显了"事实"对这些立场、方法、视角的依赖，对于尼采来说，也就进一步增强了没有高度和追求的那些平庸者任意采取的立场、视角的正当性和影响力，甚至它们会靠数量优势谋取强势地位。所以，这不是尼采要强化的所谓"视角主义"，而是对众多视角的分别及价值重估的必要性。视角是必然有高低之分和先进落后之分的，并不是每一个任意的视角都是平等的。但是，一种视角及基于其上的"理论"若获得优先性和更大的正当性，则会受到启蒙运动所强化的经验主义、个体主义、多元主义的强烈抵制。卡斯卡迪说得对："就此而言，启蒙运动对理论与实践的划分所失去的东西就是经验的可共享性。"② 个体性、独特性被凸显，启蒙运动强化了方法论个人主义，以及基于其上的世界观。教育的大众化普及、信息传播技术的巨大进步，使得越来越多的人都自以为很容易具备对任何问题做判断的能力。启蒙提升了每个人的自信心，增加了不少人盲目的优越感，不但使得索雷尔所说的"半吊子"们自以为成了专家，而且使得越来越多的初学者自以为具备了做出科学判断的资格和能力。这是一种启蒙的效果，虽然从积极方面看这是有一定益处的，但是也带来了大量无甚科学价值的"视角""意见"的大泛滥。无效信息、低级信息充斥世界，对许多人来说，大有淹没真正有价

① 卡斯卡迪 . 启蒙的结果 . 北京：商务印书馆，2006：103.
② 同①.

值的信息的趋势。这其实也是启蒙带来的消极后果，需要反思和批判。考虑到启蒙对清晰明了的追求，简单、初步的清晰明白，导致了很多经不起多少推敲的"形而上学"和二分法模式、模型。这方面的清晰明白，也往往造成了越来越多的破碎、具体与狭隘。整体性视野越来越难，也越来越虚无。在马克思的理论对手中，推崇个体性到极致的就是施蒂纳。他把不崇拜任何物质偶像和精神偶像、只崇拜与众不同的自我的个体叫作"唯一者"。唯一者认为把自己与众不同的内在性唤醒、发展、发挥，就是唯一有意义的事。他称每个人真正的现实就是自己的唯一性、独自性："'独自性'是一种现实（Wirklichkeit），这种现实因自身的原因就能消灭封锁你自己道路的一切不自由。"① 在把"唯一者"逻辑推至极致的同时，施蒂纳也把这种逻辑的缺陷彰显得淋漓尽致。马克思、恩格斯在《德意志意识形态》中花了好几百页揭示这一点。②

理论和方法论双重意义上的个人主义，导致现代人满足于追求细节的清晰可见、局部的精益求精、受限的可操作性，使得依赖于整体、无法全部把握、总有难以企及之处、与之相处不但无法居高临下反而总是让人惊叹的崇高不再受到人们的关注，甚至认定其虚妄不在。

2. 观念论内含虚无主义

如果说上一节是一种社会理论的分析，那么，这一节我们要做一种哲学分析。在思想史上第一次提出哲学意义上的现代虚无主义概念，并主张区分理性与信仰的雅可比，力主哲学与宗教、理性与信仰融合为一的黑格尔，都在现代启蒙背景下对虚无主义做了哲学分析。

按照吉莱斯皮的说法，唯名论革命给基督教的神带来了一种难以理解的窘况。神太独特、太稀少、太有个性、太与众不同了。这样的神对于信仰者来说难以理解。必须做出进一步的努力来化解这种窘况，让基督教的神变得好理解。斯宾诺莎就致力于让无法被人把握因而令人恐

---

① Max Stirner. Der Einzige und sein Eigentum. Stuttgart：Philipp Reclam jun，1972：180.

② 具体参见：刘森林. 追寻主体. 北京：社会科学文献出版社，2008：第四章；刘森林. 理解历史唯物主义"现实"观念的三个向度. 哲学研究，2021（1）：17-26.

惧、显得神秘莫测的"上帝"崇高化，这样的"上帝"难以让人觉得和蔼可亲、时刻都在身旁保佑自己，却很容易使人感到它离自己很远，令人畏惧、难以把握和亲近。启蒙理性一定要通过理性让"上帝"切近和可爱起来，"只有驳倒这个神秘的上帝的观念，人类对于理性的信念才能建立起来，哲学才能从上帝的笼罩中解放出来，人类才能凭借理性成为自己生命的真正主宰"①。自笛卡尔、斯宾诺莎到黑格尔的近代哲学承担了这个任务。经过康德区分理论理性与实践理性并为信仰保留地盘的中介环节，经过雅可比坚持理性与信仰的分野、维持神灵的崇高性和神秘性的反向努力，最后在黑格尔成功融合哲学与神学、理性与信仰的理论体系中完成。在神变得理性化、容易理解的那一刻，也就是它失去神秘性、失去吸引力的时刻，也就是上帝之死即将随之到来的时刻。

　　康德首先在理性与信仰之间造成了某种分裂，增加了理论上对上帝信仰的理解难度，力图确保上帝信仰在实践上的优先地位。分裂使上帝的神秘性一如从前，甚至比从前更甚。康德进一步融合理性与信仰的努力则驱使上帝向理性化方向靠近。对康德来说，必须假定上帝存在，否则道德法则、至善观念都不存在了。上帝意味着纯粹理性，"信仰的基础在于道德，亦即整个义务体系，其无可置疑的确定性可以借助纯粹理性先天加以认识……否则他便是野兽或怪物"②。信仰源自理性，作为一种能力，理性不仅使人们知道道德法则是存在的，而且使人们据此展开认识活动并做出推论。我们必须相信上帝的存在，因为我们知道道德法则存在，因为我们既非野兽亦非怪物。康德指出这样一种信念与"数学演证一样确定无疑"③。信仰与理性（知识）的内在融合，在雅可比看来恰恰就是出现虚无主义的关键所在。这种融合必定导致对精神价值的背离。按照雅可比的逻辑，理性地理解世界，就是消灭最高存在。最高存在是需要信仰的。充分理解了的存在，不再会有崇高和神秘的意义。何况，在雅可比看来，康德的批判主义是一种把理性带往知性的企图，通过概念和证明把道德、上帝的确定性转化为知性的确定性。这是一种对崇高存在的降低，是一种虚无化。斯宾诺莎主义那种崇敬理性、逻辑的做法

　　① 杨子飞. 反启蒙运动的启蒙：列奥·施特劳斯政治—哲学研究. 北京：中国社会科学出版社，2016：169.
　　② 布鲁德尼. 马克思告别哲学的尝试. 北京：中国人民大学出版社，2019：46.
　　③ 同②.

必定导致一种对崇高价值信仰的背弃。所以，他需要从知识向信仰做一个"致命跳跃"来保证信仰不被观念论的思辨理性消解。

当费希特试图切断理性与上帝的关联，把理性与自我捆绑在一起时，这种虚无主义特质就会进一步释放出来。恰如叙斯所说，"费希特的理性是纯粹的，这种理性仅仅体知自我；雅可比的理性体知自我，内在于并借助于自己同时体知自然和上帝"①。理性化的努力呼唤和招致了虚无主义。

按照雅可比的看法，信仰的确定性独立于对上帝的理性认知。"上帝不能被认识，只能被信仰。凡是能被认识的上帝，根本就不可能是上帝。……单纯科学的或纯粹理性的信仰而言，它也就废除了自然信仰，同时也就废除了信仰本身；因此，有神论也就整个地被废除了。"② 因为理解就意味着一种在思想中的建构，"只有当我们能够建构一个事物时，我们才能理解它，也就是说，才能让它在我们的思想中出现，让它生成。当我们无法在我们的思想中建构它或生产它时，我们也就无法理解它"③。这样的理解肯定无法针对上帝。针对上帝的理解就是让它变成一个没有秘密、缺乏神圣性、十分平常的存在，也就是让原来那种神圣、崇高、难以完全被理解的神灵死掉。当上帝的位置发生动摇，这一空缺位置的填补者在现代启蒙的逻辑转变中势必由人类学意义上的某种"人"来充当，这个填补者肯定没有上帝那样的确定性、崇高性，因而很容易被其蕴含着的非确定性、平庸性甚至恶劣性拉入某种深渊，发生倒置。于是，推崇理性的观念论哲学就必然导致虚无主义："说实在的，我亲爱的费希特，如果你，或任何其他人，想把我所反对的观念论——我斥其为虚无主义——称作喀迈拉主义，我是不会生气的。"④

上帝是不能理性认识的东西。理性所认识的东西，必定沦为虚无。一个事物越被处理得清晰明白，就越可能失去崇高性，更不用说失去神秘性了。清晰明白是被早期浪漫派拒绝，认为这会导致上帝之死，导致出现一个世俗化的世界，甚至导致一个铁的必然性世界，一个日益刚

① 叙斯.雅可比论虚无主义//刘森林，邓先珍.虚无主义：本质与发生.上海：华东师范大学出版社，2020：52.
② 雅可比.1799年雅可比致费希特的信//刘森林，邓先珍.虚无主义：本质与发生.上海：华东师范大学出版社，2020：6.
③ 同②15.
④ 同②30.

性和严酷的必然性世界。这个世界精确无比，却冷酷无情；清晰明亮，却庸俗平常；符合规则，却没有人情；更不用说会给那些能力超强但内心什么也不怕的人提供作恶的机会。这是德国早期浪漫派和后来的陀思妥耶夫斯基反复诉说的一个道理。

黑格尔似乎印证了雅可比的批评。以理性化应对神圣性过于神秘莫测、难以理解导致的调整变革，势必要增强上帝神灵的可理解性。上帝通过黑格尔变得易理解后，上帝之死随之呈现。

理性化是导致虚无主义产生的第一个路向。黑格尔用哲学理性来消解基督教，用历史主义的思维消解永恒的绝对存在，从而在理性主义和历史主义的双重维度上凝聚和释放了现代虚无主义的内在力量。在他要把信仰理性化、把永恒历史化的地方，会制造并释放出强大的虚无主义力量。在他自以为给问题以新的解决的地方，实际上是埋下了一颗随时会爆炸的威力巨大的炸弹。他在其中汇聚、融合得越多，爆炸的威力越大。鉴于这一特点，黑格尔成了现代虚无主义爆发前的最后一位看护官。在这位看护官统管各方、全面协调的体系中，孕育着大爆发的潜力。

对基督教精神的哲学解释构成黑格尔哲学的核心所在。按照克朗纳的说法，"即使在黑格尔最崇拜和热爱古希腊文化的年代里，他的思辨活动亦早已灌注了'基督教精神'之成素。他的主要论点——绝对者乃是生命——其实乃是他的基督教信仰之流露，乃是一种思辨形式的对一个活着的上帝与基督的信念。对黑格尔来说，生命并不是一个生物的过程，而是心灵和思想的精神活动。上帝就是生命，基督就是生命。创世与天意，天启与救赎，乃都是活生生的上帝与基督的行动。这一个观点乃是黑格尔哲学系统的基础。黑格尔自早年智性醒觉以来，即一直坚信，思辨最多只可以达到天启宗教的层面，但决不可以超越之。他一再力持，哲学与宗教本就如孪生的弟兄；二者形式虽异，然而其内容则一"①。哲学与宗教形式、语言不一样，但义理一致。创世之前的上帝就是逻各斯；逻各斯不仅是神之子，而且是唯一之神。神就是道，道就是神，此外再无其他神了。上帝就是逻各斯，展现为理念世界，展现为范畴。这样看来，"黑格尔的哲学其实是一

---

① 克朗纳.论康德与黑格尔.上海：同济大学出版社，2004：209-210.

种思辨性的宗教——即以辩证法陈述出来的基督教","辩证法的语言
乃是绝对者的绝对地充分的形式,而宗教的语言却仍是晦隐的和不直
接的"①。在人类意识的不断成熟中,上帝就是被我们把握到的绝对理
性的秘密,隐藏在宗教背后需要哲学澄清的秘密。"在黑格尔看来,'上
帝'这个宗教的语词就是哲学认识到的理性或'理念',也就是活跃于世
界之中的绝对理性。……上帝的活动不是别的,就是理性在世界之中的
活动。……宗教信仰是对上帝合理性特征或真理的意识的一种形式。"②
"信仰不是以明显合理性的或合逻辑的方式,而是以具体的意象、图像化
的表象这种方式——诸如上帝的'恩典'和'爱'——来容纳理性的。"③

　　这样一来,上帝的秘密被哲学揭开的时刻,就是上帝在人们心目中
死亡的时刻。变得清晰明亮、易于理解之后,上帝之死的曙光随之呈
现。但黑格尔在哲学高度上把生死看得很淡,因为一种死成全另一种
生。正是在不断的生死延续中,才成就了上帝的永生和绝对。他这样解
释基督之死:"基督是神人,上帝同时也具有人性,直至死。死亡是人
的有限性的命运;因此,死是人性、绝对有限性的至高证明。即基督因
判有罪而惨死;不仅是自然死亡,而且甚至是十字架上的耻辱和屈辱之
死:人性在基督身上显现至极点。"④ 在此意义上,上帝之死就是转化
为人,身体之死转化为灵魂之生。"上帝已死,上帝死了——这是最可
怕的思想,即一切永恒者、一切真理不存在了,否定本身存在于上帝之
中:至高的痛苦、完全无救感、对一切更高者的放弃,均与之相关
联。——但过程并未停止于此,而是出现了倒转;即上帝在此过程中保
持自身,而这一过程只是死亡之死。上帝在此复生:因此转向反面。"⑤
死亡成为复活。这样一来,从哲学角度看,正如科耶夫所说,黑格尔哲
学就是一种特殊的无神论。他不拒绝基督教的上帝观念,不否认其实在
性,但上帝就是人。"在最深层的含义上,该哲学仍是极端无神论和非
宗教的。因为对该哲学而言,基督教上帝概念之惟一的、独一无二的实

---

① 克朗纳. 论康德与黑格尔. 上海:同济大学出版社,2004:211,212.
② 霍尔盖特. 黑格尔导论:自由、真理与历史. 北京:商务印书馆,2013:390.
③ 同②392.
④ 黑格尔. 宗教哲学讲演录:Ⅱ. 北京:人民出版社,2015:214.
⑤ 同④216.

在性就是人。"①"曾被称为'上帝'者，其实就是从历史进化之完成了的整体性来理解的人性。"② 把上帝转化成人，就是上帝的死亡，也就是费尔巴哈所说的基督教成为人类学。

即使我们不同意雅可比所说的，神圣事物只能被崇敬信仰、不能被确切认知的观点，我们也可以接受理性化的上帝面临严峻的虚无主义结局。黑格尔对此看得很清楚，但不觉得这种结局有什么不好，反而觉得上帝之死会进一步成就人的完善。身体的死会成就精神的重生和完善。在上帝的理性化导致的上帝必死的结局中，我们迎来了现代虚无主义的第一缕曙光。伴随着其他的光芒，它将逐渐照亮现代性的大地。

其实，所谓上帝之死源于对世界的理性建构，这种理性建构就是康德从笛卡尔那里继承来的主体性建构。世界是什么不取决于世界本身，而是取决于我思主体，取决于自我的性质、能力、结构和功能。我们知道，晚期谢林早已意识到这种建构的严峻问题。他把这个问题表述为否定哲学和肯定哲学的关系，以肯定哲学补充、完善否定哲学，即在具体、经验的世界基础上，审思、重建以逻辑、理性的方式不顾事物的实际状况而建构一个完满世界的否定哲学。如果说谢林还是用探究具体、经验的"这一个"的肯定哲学去补充、完善自康德经费希特到黑格尔的否定哲学的话，后观念论哲学（德国古典哲学）的任务就不仅是用肯定哲学去补充和纠正否定哲学，而且是从具体、经验出发，或者说从真实的生命和生活出发重构新哲学了。重构的新哲学可以采取马克思那种立足于社会生命、社会生活重构的方式，也可以采取尼采那种基于自然生命反思重构的方式，或者克尔凯郭尔那种立足于独特的"这一个"重建信仰的方式，甚至现代实在论那样的方式。这些方式比晚期谢林更为彻底和根本，沿着谢林开辟的道路更进一步向前拓展了。如果还用谢林的术语来说，那么后观念论哲学的建构就不再是以肯定哲学补充和完善或者真实显示否定哲学，而是基于生命、生活进行全新的建构。否定哲学不再对新建构具有那么强的约束作用，不再具有先在的地位，也不会构成最后的归宿。在否定哲学的逻辑中必然孕育着的虚无主义问题，会在马克思、克尔凯郭尔、尼采哲学的重新建构下成为一个日益关键的根本

---

① 科耶夫.黑格尔、马克思和基督教//科耶夫，等.驯服欲望：施特劳斯笔下的色诺芬撰述.北京：华夏出版社，2002：2.

② 同①7.

问题。对于他们三人来说，否定哲学及其建构的东西虽然要重新审视、重新建构，但是毕竟它们仍然隐藏在那儿，发挥着不可忽视的作用。而更为激进的思想比如现代实在论，则会采取更为激进的立场。布拉西耶就指出，"虚无主义并不像雅各比和其他哲学家所坚称的那样是主观主义病态的恶化，即宣告整个世界的无效，并把现实化约为绝对自我的关联项；相反，它是实在论信念的必然结论，因为后者坚信，存在着独立于心灵的实在，无论人类做出何种假设，它都对我们的生存漠不关心，视'价值'和'意义'若无物……虚无主义不是生存的困惑而是思想的契机"①。按照这种逻辑，虚无主义产生于对世界的过度的主体性建构，这种建构中存在着的那种过度、不合理，即使不是造成起码也是大大激化了现代虚无主义。这种逻辑，跟波兰尼在《超越虚无主义》一文中对现代虚无主义的判断非常类似。在波兰尼的眼里，现代虚无主义源自一种道德过度，一种过分的道德热情，是这种过分的道德热情烧焦了的产物。虚无主义不是道德败坏，而是道德过度高涨的结果，是道德热情燃烧的结果。弥赛亚主义式的道德高涨及其爆发，使得"道德热情向虚无主义的转化带来了虚无主义的首次露面"②。

于是，"虚无主义产生于进行抽象的和形成概念的思想，其方式是：思想取消了对象的外部的、自在持存的现实，并在纯粹主观性中将其作为概念重新建构起来，与此同时抹除了在经验中被给予的各种标识。抽象化始终在向更普遍的、更广泛的和更空洞的概念提升，这同时也是从世界之自在存在领域到概念之主观性和可用性的转换"③。也许这并非肯定这种思想就是虚无主义，"只有当人们忘记了这种转换——把属于自在实存着的世界的存在交给概念之主观世界——已然发生，这种思想

---

① 布拉西耶. 虚无的解缚：启蒙与灭尽. 上海：上海文艺出版社，2022：序言 XV – XVI.

② 波兰尼. 认知与存在. 南京：南京大学出版社，2017：4.

③ 雅可比. 1799 年雅可比致费希特的信//刘森林，邓先珍. 虚无主义：本质与发生. 上海：华东师范大学出版社，2020：61.

形式才是虚无主义"①。把概念产生的世界当作最真实的世界，原本的世界不真实，被理性、概念拆解后重组的世界才是真实的世界，这种态度和做法引发了虚无主义。显然，虚无主义根植于一种鲜明的近代主体性哲学立场，蕴含着一种明显的人类中心主义。它对本来的自然、社会和历史都很容易产生一种贬抑的态度，并期望在一种理性重组的崭新结构中发现和建构更加真实的自然、社会与历史。

如洛维特所说，"黑格尔确信，哲学唯一根本的使命是认识作为绝对的上帝；在其有关上帝证明的讲演中，黑格尔希望从哲学上完善历史性的基督教。与此相对，尼采则有意识地思考一种走向终结的基督教，上帝死了的基督教"②。理性认知导致作为信仰对象的上帝之死亡，上帝死亡意味着人的一种现代新生。尼采把基督教的上帝转化成最"现实的人"——狄俄尼索斯。他不再无所不知、无所不能，而是具有了自然—身体与时间性两个根本性的限制，使其仅仅在创造性能力方面类似于原来的基督教上帝。如果再把马克思的贡献考虑进来，那社会性的限制还是一个根本性的限制，这个限制能够进一步使得"现实的人"真正现实起来。马克思和尼采施予人的自然和社会的双重限制，促使获得新生的"现实之人"面临新的困扰。黑格尔不把上帝之死视为一个问题，而是视之为人之自主性成功的助力，也就是启蒙成功的推动力。启蒙的逻辑就是，只有理解了的存在才能是现实的存在，用杨森（David Janssens）的话说，"这种方法为了确保存在的真实性，将之化约为一种无可置疑的可能性条件，进而根据理性的要求来重建存在"，用施特劳斯的话来说则是，"我们只能够领会我们所能创造的事物"，而现代哲学"独断地漠视任何不可能为主体所把握的事物"③。现代理性扼杀了神秘的上帝，也把自己的怀疑极端化和独断化。

相比马克思致力于揭示现代人推崇的现代生活中的各种神灵比如物神，尼采则揭示出上帝之死带来了严峻的虚无主义问题。其实物化与虚无内在连接着。物化可以通向虚无、加重虚无，也可以在一定程度上遏

① 雅可比.1799年致费希特的信//刘森林，邓先珍.虚无主义：本质与发生.上海：华东师范大学出版社，2020：61.

② 洛维特.尼采的敌基督教登山训众//刘小枫.尼采与基督教.北京：华夏出版社，2014：7.

③ 杨子飞.反启蒙运动的启蒙.北京：中国社会科学出版社，2016：172.

制和扭转虚无。世俗化引发的相对主义，伴随着为了理解神圣而不断强化的理性化努力，会把一切价值的基础都否定掉，把奠定根基而积蓄和存储起来的汪洋之水都抽干才罢休，最后导致施特劳斯所说的纵欲之徒、平庸之辈、理想主义者、有识之圣徒所信奉的原则或追求的理想"都同样站得住脚"，或者"都同样站不住脚"。这就是韦伯式的虚无主义。"人们可以把韦伯的命题所引致的虚无主义称为'高贵的虚无主义'。因为那种虚无主义不是来自于对所有高贵事物的冷淡，而是来自于一种对于所有被设想为高贵的事物的无根基性的洞见，不管这种洞见是号称的还是真实的。然而，除非人们对于何为高贵、何为卑下有些知识，他们就无法在高贵的与卑下的虚无主义之间做出分别。"① 这也就是所谓"上帝死了，一切都是相对的，一切都是可允许的"，没有上下高低之分的虚无主义逻辑。它可以采取韦伯那种"价值中立"的科学、理性、冷静的模式，也可以采取陀思妥耶夫斯基通过拉斯科尔尼科夫、彼得·韦尔霍文斯基、伊瓦·卡拉马佐夫展示的那种越来越可怕的模式。

于是，启蒙运动就可能会走向对自己的否定，陷入明显的自我矛盾之中："启蒙运动的激进批评威胁到它的公众教育理想。当它的批评看起来必然以怀疑论或者虚无主义告终时，它的公众教育理想预设了对某些确定的道德、政治和审美原则的承诺。当理性只是断然怀疑道德、政治和艺术的原则时，怎么可能就这些原则对公众进行教育呢？"②如果教育只是宣传一种没有任何真、善、美能够真正立得住脚，一切都是相对的，要相信什么全凭感觉的理论，那就是相对主义泛滥甚至现代犬儒主义盛行了。而这种结局恰恰就意味着启蒙的终结甚或死亡。至此，自信的启蒙确立了人能完全自主、理性能力能够普遍惠及一切人、社会历史能达至完美的理想目标等理念，这些理念都依赖于上帝成功地转化成"现实的人"。然而上述分析足以让人们保持如下疑问："这些理念能够承担上帝卸下的角色吗？上帝没能履行这些职责，但这一事实并不意味着人——上帝的继承者——就一定能够胜任。"③

---

①　施特劳斯．自然权利与历史．北京：生活·读书·新知三联书店，2003：50.

②　拜泽尔．早期浪漫主义与启蒙运动//施密特．启蒙运动与现代性：18 世纪与 20 世纪的对话．上海：上海人民出版社，2005：329.

③　拉莫尔．现代性的教训．北京：东方出版社，2010：46.

3. 历史主义导致虚无主义

如果说理性化是导致虚无主义产生的第一个路向，那历史主义就是第二个路向。

启蒙的进步观念是对基督教时间观念的提升和修正。拒斥了古代的循环、轮回观念后，启蒙接受了改进版的基督教时间观念。启蒙思想家们追求的理想王国几乎就是基督教"天城"的改进版，其底色仍然是基督教的。如贝克尔所说，启蒙"'哲学家们'展望着未来，就像是展望着一片美好的乐土，一个新的千年福王国"①。只不过，启蒙思想家把基督教千年王国之后的新轮回去掉了，换成了一往无前、永不停歇的不断进步。在这方面，黑格尔的历史观念同样如此，"黑格尔的普遍历史观念是现代思想中的世俗化、理性化了的基督教观念"②。历史就是绝对精神实现的过程，是上帝实现的过程，是上帝作品的完成和展现。在《历史哲学》的结尾他这样写道："'景象万千，事态纷纭的世界历史'，是'精神'的发展和实现的过程——这是真正的辩神论，真正在历史上证实了上帝。只有这一种认识才能够使'精神'和'世界历史'相调和——以往发生的种种和现在每天发生的种种，不但不是'没有上帝'，却根本上是'上帝自己的作品'。"③ 在把绝对存在变成一种历史存在的意义上，在把一切存在都历史化、把一切存在都纳入历史体系的意义上，黑格尔是第一个历史主义思想家、第一个相对主义哲学家。

按照主奴辩证法的逻辑，恰如施特劳斯所说，"人之为人可以被设想为一种缺乏神圣约束意识的存在物，或一种除了追求荣誉以外别无他求的存在物"④。主人与奴隶除了荣誉、人格的认同，再无其他更高、更多的追求。从追求生命的自我保存，提升到追求人格与尊严的普遍认同或实现，就是现代人价值追求的全部。按照从早期浪漫派

---

① 贝克尔. 启蒙时代哲学家的天城. 南京：江苏教育出版社，2005：100.
② 伯恩斯. 现代性的非理性主义//科耶夫，等. 驯服欲望：施特劳斯笔下的色诺芬撰述. 北京：华夏出版社，2002：157.
③ 黑格尔. 历史哲学. 上海：上海书店出版社，1999：468-469.
④ 同②150.

到尼采这一路子的逻辑来说，这是由缺乏崇高追求的奴隶决定或主宰的境界：奴隶们没有更高追求，保存生命并得到承认即可。奴隶的价值追求境界浸染和主宰了历史，降低了历史目标的高度。伯恩斯把这种意义上的"人"获得最终实现的过程分为四个依次相继的阶段：一是自然状态下的战斗到死阶段，是面对自己奴性的生存欲望低头和不低头的两部分人之间的争斗，胜利者成为主人，失败者成为次一等的人；二是奴隶不满足于自己的地位，依靠劳动伦理和上帝面前人人平等争取获得承认的历史过程；三是世俗化、现代化背景下自由、民主、平等原则的日益提升，所有人的相互承认，争斗以理性获得解决的过程；四是普遍承认获得实现的"后历史"阶段。福山在《历史的终结与最后的人》一书中企图建构一种普遍理论来抑制或克服历史主义塑造的不确定性，同时为尼采的末人之论辩护。末人在永不停歇的每个历史阶段上，都只有暂时和相对。这种相对很容易往前一步变成相对主义，从而滋生出严重的虚无主义。一切确定性的价值、事实都会随之在历史的相对化境遇中变成过眼云烟，失去本有的确定性。

严重的问题是，尼采沿着这种历史主义继续往前推进。当他把进步观念解构掉之后，一种更加激进的彻底历史主义随之蔓延开来，这种蔓延早就蕴含在被启蒙主义激发出来的近代历史主义之中。

追求普遍规律和普遍知识，把以往的历史视为迷信、暴政、罪恶的激进启蒙史观，其激进激发出了自己的反面，即强调不可化约的个性、独特性，强调地方性知识、民族性知识，主张历史具有积极价值的历史主义思想。冯·施莱格尔与诺瓦利斯是最早使用"历史主义"一词的人。前者用它系指一种跟当时正流行的启蒙主义做法不一样的倾向，质疑当时的"哲学家们"把现代理论强加给古代，而赞成温克尔曼承认古代文化的独特性，不以普遍性遮蔽和否认独特的个体。在冯·施莱格尔看来，哲学家们所持的是"理论"的态度，温克尔曼所持的则是"历史"的态度，是一种历史主义。① 现在的"历史主义"一词含义

---

① 参见：伊格尔斯. 历史主义的由来及其含义. 史学理论研究，1998（1）：72；Joachim Ritter, Karlfried Gründer. Historisches Wörterbuch der Philosophie：Band 3. Basel：Schwabe & Coag Verlag，1974：S. 1141 - 1147。

广泛①，使用者需要做出定义，不过梅尼克意义上的"历史主义"却是标志着跟西方自然法传统的决裂，径直强调个体性、独特性、多样性的历史存在。虽然梅尼克主张历史方法并不否定"在人类生命中寻找普遍法则和类型的努力"，而是"必须运用这种方法，并与一种对于个体的感受结合起来"②，即追求普遍性与个别性的统一，甚至把"既是普遍的，然而在每个时刻又是个体的"③当作它的最高境界，但实际上却往往走向一种以特殊性、个别性排挤和否定普遍性的立场。特别是在现代性问题上，历史主义走向了以特殊性对抗普遍性的立场。

历史主义是启蒙运动激发出来的强调历史、文化、语言特殊性的现代文化，是另一种现代性。"与反启蒙相关的个人运动、文化运动和政治运动却不是反革命，而是另一种革命：因而，由此诞生的不是反现代性，而是另一种现代性，它建立在对区分和分离人的一切事物——历史、文化、语言——的崇拜之上，是否认理性有能力、有权利改造人类生活的政治文化。据其理论家的观点，中世纪世界的毁灭造成了人类统一的分裂、破碎和分化，这是现代衰落的根源。他们哀悼精神和谐的消失，精神和谐是中世纪人生存的基础，一部分被文艺复兴破坏，剩下的失落在宗教改革中。"④

历史主义的极端化势必导致一种与极端启蒙主义类似的简单化。启蒙主义的简单化会把历史主义极力维护的一些东西虚无化，而历史主义的简单化也会把启蒙主义力图维护的一些东西虚无化。正是"由于启蒙时代曾陷入真正的理性崇拜中，历史主义便毫不犹豫地突出灵魂中的非理性力量，在某个特定时刻，历史主义终于同浪漫主义融合在一起"⑤。

---

① 李，贝克."历史主义"的五种含义及其评价//复旦大学当代国外马克思主义研究中心.当代国外马克思主义评论.北京：人民出版社，2009.粗略而论，"历史主义"可以是凸显个体性、特殊性的，也可以是把一切都整合到历史之中，通过强调巨大的历史力量而压抑个人的。前者强调每一段历史及其成果都独一无二，每个事件都各有价值，无法用普遍性覆盖。后者则是建构一种普遍的历史观，把本来是无数的异质性瞬间统一为连续的统一体。后者受到本雅明的批评，他认为历史唯物主义很容易陷入这种历史主义，但实际上历史唯物主义赞赏革命和瞬间，否定历史连续统一体，认为革命事件的断裂是剥离同质性历史的机会。参见：阿伦特.启迪：本雅明文选.北京：生活·读书·新知三联书店，2008：274-275。

② 梅尼克.历史主义的兴起.南京：译林出版社，2009：2.

③ 同②555.

④ 斯汤奈尔.反启蒙：从18世纪到冷战.上海：华东师范大学出版社，2021：引言13.

⑤ 安东尼.历史主义.北京：格致出版社，2010：11-12.

启蒙主义认为，历史应该"反映理性和完美的存在"，如果没有反映出这些存在，历史就是没有意义的一片黑暗。历史主义力图拯救被这种极端启蒙主义否定和贬低的东西。历史主义是对抽象理性主义及其衍生的历史虚无主义的反对。以自己独有的传统抵制普遍理性，这是历史主义的一个特点。这个意义上的历史主义是反对专制、同一性的，是对鼓吹抽象普遍性，鼓吹历史是一片黑暗的启蒙主义的一种矫正。这个意义上的历史主义是对极端启蒙主义的一种纠偏、补充和拯救，而不一定要反对和否定启蒙主义。那些被启蒙主义抛弃而历史主义力图加以拯救的东西，包括诗歌、艺术等人文学科研究的对象，富有特殊性和个性而没有普遍性的东西，特别是以民族性和地方性的形式出现的东西。用梅尼克的话来说，"历史主义的核心是用个体化的观察来替代对历史进程中人类力量的普遍化观察"①。

于是，在这个意义上，历史主义就是"奋起反对'启蒙运动'并同它论战，因此历史主义是在它之上崛起的"，甚至就是"启蒙运动的继续"②。按照克罗齐的看法，受到激进启蒙主义刺激而生的历史主义，就是要维护人文领域的价值，强调诗歌、文学、历史、造型艺术、建筑艺术等具有跟科学同样或类似的价值。在这个意义上，历史主义就是"新时代的、适应新时代的人文主义"③。其实，历史主义产生于德国，而不是启蒙运动更早出现的英国和法国，不仅是由于克罗齐说的启蒙思想在德国古典哲学中获得经典表述，给历史主义提供了一个很高的起点，而且是由于晚外发的德国现代化面临更多的阻力，其封建传统更为深厚，历史流传的古老价值与外部袭来的现代价值冲突得更直接和强烈。在本国更看重传统价值的人们更明显地体验到历史流传下来的传统被外来现代文明虚无化的危险。现代虚无主义思想首先和主要诞生于德国和俄国，并引发持久的反资本主义运动，道理就在这里。是德国和俄国首先产生了那种力图维护本国传统的欲求和冲动，是这种欲求和冲动

① 斯汤奈尔. 反启蒙：从18世纪到冷战. 上海：华东师范大学出版社，2021：引言23.
② 克罗齐. 历史主义及其历史//作为思想和行动的历史. 北京：中国社会科学出版社，2005：41，55.
③ 克罗齐. 历史学前景//作为思想和行动的历史. 北京：中国社会科学出版社，2005：240.

衍生和推动了立足于传统而对西方传入的现代文明的质疑，以至于把虚无主义视为现代文明的哲学本质。

历史主义喻示着对现代文明普遍性的质疑和反思。甚至历史主义由于强调独特性、多元性，强调每一历史时期及其成果皆有独特的价值，强调对普遍有效的抽象原则的质疑，本来就意味着与多元性、相对主义、虚无主义的切近和融通。就像卡洛·安东尼所说的："历史主义试图理解过去，理解过去的制度、信仰和创造并为之辩护，这种努力使得历史主义走到了历史相对论和虚无主义的边缘，一切原则都可能在怀疑论中消解；但历史主义也试图在事件和思想的运动中把握某种深刻的历史理性，一种合理而必然的演变趋势。于是它取代了过去的形而上学和神学，成为一种奉历史世界为神圣的哲学，这种哲学认为人类生活本质上是内在于历史中的，它赞美人类思想在历史中的成就，因为这些成就本身便具有绝对价值。总之，历史主义成为了某种现代人道主义，同时也成了某种历史宗教。"①

尼采批评德国历史主义，认定它也是苏格拉底和亚历山大里亚文化的一个结果，是"这个时代的弊端、缺陷和残疾"，甚至认为"我们所有人都患上了一种折磨人的历史学热病，而且至少应当认识到我们患有这种病"②。尼采直接继承了伏尔泰等启蒙思想家的如下观点：关于启蒙前史是一种迷信、愚昧、低级的传统，把现代性视为基督教以来西方历史的一种完成和发展，而这种完成和发展却是一种奴隶造反的历史，高贵式微和被消解的历史。只不过他更欣赏前基督教、前苏格拉底的世界，并认为这是一种高贵、健康和非形而上学精神主导的更富生命力的文明，因而更值得继承和开发。在他看来，不但西方现代文明继承的基督教文明原本就出自失败者因恐惧、低俗、无力而对某种虚幻的形而上学世界的追求，而且现代世界继续追求的"天城"也是虚幻的，即使它表达的不再是失败者、下层庸众的欲望，而是中产阶层的欲望，也仍然只能是一种按部就班、平平无奇，抹杀个性、创造性、冒险精神的物化体系，体现为中下层人对安全、保险、专门化技能、严格秩序、顺从、

---

① 安东尼.历史主义.北京：格致出版社，2010：12.
② 尼采.不合时宜的沉思.上海：华东师范大学出版社，2007：136.

谦让、宽容等品质和价值的喜爱，同时也是对风险、实验、创新、既定约束虚无化、除旧布新、痛苦、孤独等品质和价值的惧怕。一句话，在尼采的眼里，现代世界体现了中下层人品质和价值的甚嚣尘上，体现了传统西方文明自古代以来沿着柏拉图主义的方向不断深化、不断取得成功，因而最后功德圆满，即将退出历史舞台并被另一种新文化替代。尼采既体现为西方启蒙主义的进一步发展，也体现为晚外发现代化国家对现代文明的一种深度质疑。这两种倾向结合在一起，造就了至为激烈的将现代历史虚无化的历史虚无主义。尼采显然继承和体现了西方启蒙主义与德国历史主义否定对方的虚无主义力量，是双方蕴含的虚无主义力量的集中爆发。

看来，历史主义的主流试图维护的"历史"首先是前现代的西方历史，然后也可以逻辑地拓展到非西方的历史。但在为个体性、特殊性和地方性辩护的过程中，不但孕育了一种对西方现代文化的虚无主义质疑，而且更孕育了一种"一切皆可能、一切都被允许"的相对主义、虚无主义结局。尽管前一种质疑是针对现代西方的，是针对现代价值而不是以往历史的，但也完全可以散播和拓展，伤及历史自身；而后一种结局是通观所有历史的结果，更令人担忧。前一种由相对主义导致的虚无主义，首先是一种价值虚无主义。价值虚无主义可以进一步推进到历史虚无主义。尤其是上述两种质疑的融合最后会导致这样的态度：第一，一切都是相对于特定历史时代而言的，没有绝对和永恒的东西；第二，一切都曾出现过，没有什么好惊奇的，一切都不过如此。就像尼采指出的，"对任何东西都不再有过分的惊奇，最终对一切都感到满意——人们就把这称为历史感，称为历史学的教养"①。通过研究历史，站在一个宏观的历史制高点上俯视一切，并发出一切都不过如此、没有新意的感叹，这才是一种最深层、最严重的历史虚无主义！所谓"历史主义的危机"，不仅是指哲学上引发相对主义意义上的虚无主义，还意味着更深层的虚无主义的可能。

尼采进一步贯彻启蒙批判精神，不仅质疑线性历史观念、质疑"天城"及其哲学根基"形而上学"，而且还"历史主义"地质疑普遍历史

---

① 尼采. 不合时宜的沉思. 上海：华东师范大学出版社，2007：200.

观念，由此引发的虚无主义就更令人担忧，恐怕会伤及历史自身。为个性、独特性、地方性的正当性辩护是一回事，把它们进一步激进化，认为普遍是虚幻的欺骗是另一回事。强调历史的每一个阶段都有其自身的独特性，任何普遍都必须在这种独特性基础上才能确立是一回事，把每一个历史阶段的独特性绝对化到不可通约、独一无二，甚至认定大历史和基于大历史的"宏大叙事"皆不合法是另一回事。生成、流变对固化、幻影的消解是一回事，解构一切规则、范围、历史阶段，否定一切界限和规则限制是另一回事。任何理论的极致化、简单化，都可能导致荒谬结果，历史主义的极致化、简单化更是如此，它会导致严重的虚无主义。当这种可能性呈现时，上帝就又回来了：彻底的历史主义必定会进一步强化超人的积极意义。没有任何限制的创造本来就是基督教上帝的本有之义。尼采想必不会把反对基督教的落脚点定位于没有任何约束和限制的创造吧？要是那样的话，基督教的上帝在转了一圈后又趾高气扬、大摇大摆地重新降临人间了。狄俄尼索斯、超人能这样理解吗？①如果我们同意伯恩斯的如下之论："超人是自觉、积极的虚无主义者，他直面历史已经揭示出的无意义，并且意识到过去一切价值或视界都是意志的创造，他要做的就是创造意义。"②当超人还没有创造出这种意义，或者把这种意义的创造变得非常具有开放性，甚至让多元和多变直接孕育出某种相对主义和历史主义时，超人还能提供这种确定性意义吗？在这个意义上，我们理解吉莱斯皮的担忧：尼采的狄俄尼索斯可能会变成一个恶魔，没有任何规则约束，成为无底线的"自由"。这就是陀思妥耶夫斯基通过一系列小说表达的那种担忧：启蒙知识分子会在启蒙理性对一切传统价值和规则的解构中走向无底线的任意，在追求自我利益最大化的逻辑中伤害他人、破坏世界。那是现代启蒙呼唤出的可怕的虚无主义。

历史主义与虚无主义之间存在的内在关联，暗含多重通约的便道。一不小心，这些便道就很容易让两者走在一起，甚至把两者连为一体。

---

① 刘森林. 酒神精神对虚无主义的克服：论尼采的狄奥尼索斯形象. 澳门理工学报（人文社会科学版），2022（2）.

② 伯恩斯. 现代性的非理性主义//科耶夫，等. 驯服欲望：施特劳斯笔下的色诺芬撰述. 北京：华夏出版社，2002：179.

4. 实践辩证法对虚无主义的遏制：从劳动到实践

按照马克思和尼采的理论，现代虚无主义就是奠立在传统形而上学之上的那一套超验、崇高价值的坍塌，这种坍塌由于传统形而上学的失效而发生，即传统形而上学给予的理论论证不再有效，传统形而上学支撑的基督教价值体系及其变体不再被认同。启蒙理性呼唤出并且日益强化的那套结构体系，抹杀、遏制、驱逐了所有的超验价值与意义世界，尤其是传统形而上学支撑的基督教价值世界及其变体。虽然不是完全的颠倒、彻底的否定，但根本结构的破碎、根本原则的重构使得原来的崇高价值崩塌，剩下的只是跟利益、权利分配相关的世俗价值和最基本的价值。无法诉诸成本核算、无法纳入商品—货币—资本体系计量。一旦丧失到一定程度人们就会不计成本地予以维护的崇高价值，已经被现代性驱逐出人类的生活世界。人们日益根据科学理性来理解、营造、维护现代世界。在这种情况下，历史唯物主义视野中的劳动—实践世界就面临着这个现代世界的冲击和蚕食。

劳动—实践世界是一个日益理性化的世界吗？理性要解构一切未经自己审视的存在，把一切无法理性化的崇高价值都斩尽杀绝吗？劳动—实践会优先给无法完全理性化的存在保留空间吗？

劳动—实践给无法理性化的存在留出的空间，与劳动—实践的非世俗化密切相关。浪漫派一直批评观念论哲学建构的主奴辩证法拉低了浪漫反讽的高度，将借助奴隶劳动建构的对主人的否定得来的"肯定"等同于主人原本的内在"肯定"，将迂回的"否定之否定"等同于内在的肯定，主奴辩证法却要混同两者。从浪漫派到尼采的现代性批评意志强调，两种"肯定"本不一样，前者是通过对崇高肯定的否定得来的"肯定"，是一种"否定之否定"的"肯定"，而后者是一种源自内在品质的、不依赖他者的"肯定"。"否定之否定"的"肯定"低于原本的"肯定"。奴隶获得的肯定跟经济意义上的劳动密切相关，奴隶靠劳动赢得实在的肯定性品格。这种品格通过对主人价值的否定获得，是一种迂回的否定之否定的肯定性。从传统的主人立场看，"辩证法因而必须被描述为'怨恨的意识形态'，因为它假定了否定之否定等于肯定"①。恃才傲物的浪漫反讽是不信任这种迂回、变相的肯定性的，不屑于向它看不上的存在低头和妥协。从浪漫反讽的角度看，黑格尔的主奴辩证法把奴隶劳动抬高到跟哲学、诗、宗教和道德平起平坐的崇高地位，靠对否定主人对自己的否定来获得肯定是价值颠倒。后来由尼采大加发挥的这个道理，把原本崇高的"肯定"跟否定此肯定得来的"否定之否定"意义上的"肯定"在层次上明确区分开来，认定后一种"肯定"是一种向世俗和功利投降的降低，是一种冒充的崇高，一种需要价值重估来还原真相的虚妄形而上学。按照这一逻辑解释主奴辩证法，就意味着奴隶视任何差异为威胁，视一切差异为对立面，是因为他害怕、恐惧任何异在他者，他没有直面人生不可避免会遭遇的焦虑、挫折的足够勇气和能力。主人不会如此，对他来说，差异就是差异，不会构成对立面，完全可以认可、尊重、协作。霍克海默、阿多诺在《启蒙辩证法》中沿着马克思和尼采的道路反复诉说这个道理。显然，这个道理与浪漫反讽、尼采一脉相承。

马克思在《1844年经济学哲学手稿》中对这种建立在劳动基础上的否定之否定做过辩证分析。首先，马克思对此给予肯定。他高度肯定黑格尔对否定之否定的肯定，肯定其站在国民经济学立场上肯定"辩证法，作为推动原则和创造原则的否定性"，认为"他抓住了**劳动**的本质，把对象性的人、现实的因而是真正的人理解为他**自己的劳动**的结果"②。其次，马克思进一步提升了主奴辩证法中的辩证法力量，在拒斥主奴辩证法的精神本体论基础之后，在自然和社会历史两个维度上合理拓展了辩证法，一方面通过给予自然足够重要的位置来化解、约束劳动本体论，另一方面通过生产力、政治组织、思想观念诸层面的先进性连接，进一步提升劳动的功能力量，把劳动辩证法从传统形而上学和简单性、神秘性之中解放出来。跟浪漫反讽的探赜索隐、自我磨炼与反思、自由创作相比，历史唯物主义更致力于从经济—社会—政治的变革实践中建构辩证的力量，在更为广泛深入的社会改造而不是局限于人文的精神力量中推进历史的辩证发展，并因此把"实践"从狭隘的艺术创作拓展提升为包括物质生产、精神生产在内的各种形式的社会活动。由此，实践

---

① 德贡布.当代法国哲学.北京：新星出版社，2007：213.
② 马克思恩格斯全集：第3卷.北京：人民出版社，2002：320.

辩证法既避免了浪漫反讽的单纯与浪漫，也不再追求黑格尔辩证法那种绝对完满的目标，避免回到传统形而上学。

马克思也批评黑格尔主奴辩证法中对劳动抽象、片面的肯定，批评他"只看到劳动的积极的方面，没有看到它的消极的方面。……黑格尔惟一知道并承认的劳动是**抽象的精神的劳动**"①。过于正面地看待"劳动"会直接导致批判维度的丧失，导致规范性问题被遮蔽和消解。这种态度就意味着马克思对超越资本主义劳动的规范性维度的坚持和重视，而这种重视意味着对辩证法内含的崇高理想的强调，对"实践"内含的、科学理性无法囊括的礼法习俗、人文传世经典、具体复杂情境等的强调。黑格尔的劳动辩证法被马克思提升为更进一步的实践辩证法。在实践辩证法的视域内，如阿瑟所说："马克思认为，只有改变生产方式，工人才能重新获得他们的自我意识和自我实现；而黑格尔认为，对工人的自我实现而言，劳动的教育意义即使是在剥削的生产关系中也是充分的，因为他们的'意义'体现在他们的产品中。"② 黑格尔对劳动过分抽象和积极的强调，伴随着本体论式的注解，使得浪漫派的现代性批评显得并非全无道理。

浪漫派、尼采、《启蒙辩证法》对主奴辩证法的反思，与马克思对主奴辩证法的肯定和改造，意味着一个关键问题必须解决，这就是对"实践"或"劳动"的定位与理解。阿伦特在《人的条件》中区分了古希腊时期的三种活动类型：城外奴隶从事的农业劳动，城内工商业者从事的制作活动，公民从事的城邦管理工作的活动。如果再加上哲学家们从事的沉思活动，古希腊思想家心目中这四种活动从高到低的地位依次是：沉思活动、管理活动、制作活动、农业劳动。按照阿伦特的看法，马克思力图把这几种活动统一起来，视为一种由一个复杂结构整合协调起来的广义的"劳动"。阿伦特认为马克思把劳动提升到了无以复加的程度，认为劳动是一切财富的源泉、一切价值的创造者，劳动创造了一切。为此，她把马克思称为"最伟大的现代劳动理论家"③，认为"摩登时代倒转了所有的传统（行动与沉思的传统排列与 vita activa 中的传统等级一样），它赞扬劳动是一切价值的来源，并将 animal laborans 提

---

① 马克思恩格斯全集：第 3 卷．北京：人民出版社，2002：320.
② 阿瑟．黑格尔的主奴辩证法与马克思学的神话．马克思主义与现实，2009（2）：5.
③ 阿伦特．人的条件．上海：上海人民出版社，1999：87.

升到了与 animal rational 相提并论的地位"①。在强调"摩登时代"（现代）的劳动整合一切人类活动这一点时，阿伦特没有注意"劳动"与"实践"的区别，更没有注意马克思坚决反对她归于他的那种一切价值都是劳动创造的观点，而认为"劳动**不是**一切财富的**源泉**。**自然界**同劳动一样也是使用价值（而物质财富就是由使用价值构成的！）的源泉，劳动本身不过是一种自然力即人的劳动力的表现"②。马克思显然不是把劳动捧上天的"最伟大的现代劳动理论家"，反而是给劳动做出明显限定的思想家。"劳动"要具有进一步的功能和地位，就必须与"实践"统一起来，把原本"劳动"中无法涵盖的众多内容容纳进来。被高度推崇的"劳动"要保持一种统一性，要在整合和统一中防止重大遗漏与偏差，就必须处理好"劳动"的提升问题，使"劳动"与"实践"统一起来。"劳动"不能再是古希腊城外奴隶的活动那样，单调重复、没有创造性，只是单纯地应用科学理论和现代技术，只重视普遍性的而不重视复杂性和具体性的情境，否定一切传统资源与知识，缺乏理论维度和崇高追求，而必须内在地具有对崇高理想的追求，对一切有利于公序良俗的礼法习俗和传世经典合理开放，在一种复杂和具体的情境中进行创造性的决断等。在这个基础上，劳动和实践的辩证法才能谈论和解、自由、解放，才能真正确保对虚无主义的遏制和超克。

不过，尽管现代"劳动"因为整合了科学、技术等而具有了创造性，甚至通往理想和崇高追求，但"劳动"毕竟具有更多的经济性、基础性、工具性意义。在马克思的理论中，"劳动"与"实践"不能分开独立理解，而应该从其相互支撑、统一来理解。"劳动"支撑"实践"，为"实践"奠基，"实践"则提升"劳动"。劳动与实践的统一确保了礼法习俗、传世经典、复杂具体情境得以进入自己的视野，构成自己的基本世界。如我们在第二章所述，劳动还要进一步与自然统一起来，确保自然不与劳动发生冲突，并相互促进。鉴于马克思逐步告别了近代那种内在主体性哲学，源于"神"的主体不再对自然构成一种自上而下的遮蔽和贬低之后，自然的地位在马克思的理论中就逐步获得提升。从《1844 年经济学哲学手稿》到《德意志意识形态》再到《资本论》和《哥达纲领批判》，自然被赋予越来越高的地位。自然—劳动—实践依次

① 阿伦特. 人的条件. 上海：上海人民出版社，1999：82.
② 马克思恩格斯选集：第 3 卷. 北京：人民出版社，2012：357.

构成某种统一体。① 在这个统一体内，就劳动与实践的统一来说，我们可以接受马尔科维奇的看法，"劳动是一个中立的概念。它指涉了那种在任何一种类型的社会中都是人的生存和发展的必要条件的活动"。而"实践则是理想的人的活动，即一种人在其中实现了其存在的最大潜能的活动，因而它就是目的本身"②。劳动不能是纯粹的经济活动，劳动不能被虚无主义浸染。劳动内在地具有对崇高理想的追求，只是，这种追求不再全是理性的论证、逻辑的推演，还必须具有感性的根基，有包括情感在内的整体感染力。用马克思的话来说就是，必须在形体与思想、身体性与理念性之间具有一种内在统一关系，不能只是单纯的思想和单由思想发动的实践，而必须也是或首先是一种感性的实践活动。马克思、恩格斯在《德意志意识形态》中曾论及思想与形体之间的统一关系。他们指出，施蒂纳的所作所为表明，唯一者"给予思想以形体性，即把思想变为怪影，而后又立即摧毁这种形体性，把思想收回到自己的形体中来，从而把自己的形体变为怪影的形体。他仅仅是通过对怪影的否定才得到他自己的形体性的，这一点表明成人的这种虚构的形体性是如何构成的，原来他必须先'对自己说'这种形体性，然后才信其有"③。按照历史唯物主义，思想真正的形体性存在于社会经济基础之中，因而只有改变这种基础（形体），才能改变与之相对应的思想。而唯一者的思想、观念之解除，唯一者放弃还是拥有一种思想，仅仅通过思想操作即可。这说明唯一者是缺乏形体基础的，是一种主观的思想操作。唯一者告别一种思想、观念，只要"从头脑中挤出去，就可以**把这些力量真正摧毁**。事情恰恰相反：只要他不再用他的幻想的眼镜观察世界，他就得考虑这一世界的实际的相互关系，研究和顺应这些关系。只要他摧毁了他所赋予世界的**幻想的**形体性，他就会在自己的幻想之外发现世界的真实的形体性"④。看来，赫斯在《最后的哲学家》一文中认定，施蒂纳为自己的"唯一者"失去身体性维度而深感不安是非常敏锐的，他说"'唯一者'，是没有头脑和心胸的胴体。这就是唯一者具有的

---

① 参见本书第十三章的具体分析。

② 马尔科维奇．从富裕到实践：哲学与社会批判．哈尔滨：黑龙江大学出版社，2012：62，63．

③ 马克思恩格斯全集：第3卷．北京：人民出版社，1960：125-126．

④ 同③126．

幻想"；结果，唯一者不仅在身体维度方面而且在精神维度方面陷入了幻想，"唯一者实际上不仅'不具有精神'，而且不具有肉体。因为唯一者，唯一具有的除了幻想别无其他"①。这更是与马克思、恩格斯一致的。只是他可能不清楚的是，施蒂纳的"唯一者"缺乏的形体基础不是别的，正是社会形体。马克思、恩格斯不否认自然形体，但他们的历史唯物主义却没有把这当作研究重心，虽然马克思后来也在一些场合（比如上述《哥达纲领批判》中）提及，恩格斯更是专门研究自然辩证法来弥补这种缺憾，但马克思、恩格斯强调思想的形体基础的确主要是在社会历史方面，在"劳动"这里。在劳动辩证法中，"劳动"更多与身体相关，而"实践"则更多具有思想、精神、目的的意蕴；"劳动"更多跟普遍理论、技术及其应用相关，"实践"则更多跟复杂性、具体情境相关。虽然我们不能同意康德把实践与先验、理性关联起来，即与经验、感性、情感、利益等尽量隔绝，更不能让它"完全脱离于经验"②，但"劳动"与"实践"的依次继起和密切统一却是马克思实践观应有的特征。如果"劳动"丧失掉与"实践"的有机联系，径直包打天下，那样的"劳动"逻辑已经正在丧失其进一步的功能，变成一种被超越的东西。正如有学者所说，单纯的"劳动社会容忍不了自主的理想世界和不必劳动的游戏文化。它惧怕自由幻想的颠覆性性格如同妖魔惧怕圣水……在这样的背景下，劳动空余时间的增多不但同时意味着个体的选择和塑造自由的增加，而且也意味着更大的空虚、死一般的无聊、更少的意义和目标"③。如果"劳动"撇开了与知识社会、历史传统、具体复杂情景等因素的本质关联，那么"'劳动'已经在意识、思想和人们的想象力中丢失了它曾经拥有的核心地位，为此我们必须学会用另外的眼光来观察它……"④ 由此，高兹（André Gorz）甚至把走出劳动社会说成现代意义上的"走出埃及"，认为劳动社会行将不存在，而且将一去不复返，我们应该有勇气接受这一点，而不要依依不舍地怀念它。在

---

① 赫斯. 赫斯精粹. 南京：南京大学出版社，2010：196-197.

② 阿多诺. 道德哲学的问题. 北京：人民出版社，2007：79.

③ Bernd Guggenberger. Das Ende der Arbeitsgesellschaft und die Erosion des Politischen. Eine Erkundung mit Hannah Arendt//Die Zukunft des Politischen. Ausblicke auf Hannah Arendt. Frankfurt am Main：Fischer Verlag，1993：99.

④ André Gorz. Arbeit zwischen Misere und Utopie. Frankfurt am Main：Suhrkamp Verlag，2000：9.

《经济理性批判》一书中，他进一步指出，传统的劳动乌托邦是不现实的，必须放弃："只要我们仍然有成见地滞留于劳动社会的乌托邦之中，我们就仍然不能发觉和利用从目前的社会转变过程中得到的解放潜能。"① 对此问题的进一步论述分析，我们在此不做展开。②

　　由此，靠实践、自然的约束及三者的统一，给无法完全理性化的存在保留了崇高价值存在的空间，给富有意义的礼法习俗和传统人文世界保留了作用空间。对于马克思来说，无产阶级的理想依赖于理性论证，但绝非理性论证本身，更不是单靠理性就足以支撑起来的。无产阶级的理想与自然、理性、实践世界都具有密切的关系。理性的论证只是科学基础的一个重要方面，不是全部。理性为之论证的是奠基之上的理想追求，奠基与被奠基的东西是一致的，是相互成全、相互支持的。被奠基的东西即使不是在先的，起码也是并行的、需要进一步解释和论证的。它不完全依赖于论证和奠基，它是一种有待论证、有待奠基的存在，是一种在先的存在，不是空无，也不是纷乱的一堆杂物，而只是有待发现和给予论证的东西。

　　伽达默尔说，实践概念不能仅仅理解为科学、技术的运用，除此之外还有其他的含义，他是非常正确的。的确，"'实践'还有更多的意味。它是一个整体，其中包含了我们的实践事务，我们所有的活动和行为，我们人类全体在这一世界的自我调整——这因而就是说，它还包括我们的政治、政治协商以及立法活动。我们的实践——它是我们的生活形式（Lebensform）。在这个意义上的'实践'就是亚里士多德所创立的实践哲学的主题"③。着眼于实践的整体性，实践的运作与强调具体复杂情景（而不是普遍一般情景）、强调内在价值和崇高信念（而不是工具价值和世俗功利）、强调礼法习俗和传世经典（而不是解构历史传统的现代理性）的实践智慧密切相关。实践智慧诉诸理性，但不单靠理性，理性之外的情感、意志、利益、人文传统与礼俗传统都内在于其中，是一种综合的理性。它与单纯应用理论、技术的那种"实践"不

_____

① André Gorz. Kritik der ökonomischen Vernunft. Berlin：Rotbuch Verlag, 1989：24.

② 进一步的分析可参见：刘森林 . 实践的逻辑 . 北京：社会科学文献出版社，2009：第十一章。

③ 伽达默尔，杜特 . 解释学　美学　实践哲学：伽达默尔与杜特对谈录 . 北京：商务印书馆，2005：67 - 68.

同，"我们的实践乃在于在共同的深思熟虑的抉择中确定共同的目标，在实践性反思中将我们在当前情境中当做什么具体化。这就是社会理性！"①

由此，这种实践理论就会与单纯依靠启蒙理性的思想保持一定距离，尤其是跟不惜一切代价、不顾一切后果地接受启蒙理性极致扩展的一切结果的思想划清界限。马克思、恩格斯在《德意志意识形态》中批评的施蒂纳就是这种极致扩展的典型代表。他极端地否定一切偶像，不管是物质的、精神的还是制度的，都在他拒斥的范围内。剩下值得肯定的只是与众不同的内在自我，不需要任何物质基础、精神基础和制度基础的唯一者，不需在任何地方扎根、只需要在历史的空场中随风飘荡的存在，一种会把空无的风吹到何处都认定为自我创造的结果的幻想者。这种唯一者既失去了劳动的现代性根基，也丧失了与自然的有机联系，更把实践的崇高世界虚无化了。正像马克思、恩格斯批判的那样，那只能是一种小资产阶级的幻觉。

辩证法需要自然的根基，也需要劳动的奠基，才能发展和升华出更崇高的意义世界。实践是与自然和劳动统一在一起的。这是劳动—实践辩证法的合理立场。

5. 实践辩证法对虚无主义的超克：东方的启示

进一步地，在应对现代虚无主义方面，劳动—实践辩证法还有更多的要求和内涵。

第一，维持和解局面，不极端。实践辩证法寻求一种立足于某种实在结构、规则的力量来向前、向上攀登的策略和道路，不再立足于理性的逻辑来推演发展轨道，确定纯粹的目标方向。实践辩证法不是单纯的幻想，不是单个人的思想，而是关涉到更多人在思想、政治和经济社会诸层面的合作，关涉到结构的调整和目标的确定。

---

① 伽达默尔，杜特. 解释学 美学 实践哲学：伽达默尔与杜特对谈录. 北京：商务印书馆，2005：76.

如果说辩证法是欧洲的传统，也是中国的传统①，那么和解观念也是如此②。按照黑格尔的看法，和解观念是欧洲文化的重要标志③，和解与不和解构成基督教文化与犹太文化的基本区别。和解被看作真实的基督教信仰和完满的善的标志。如果说，"卢梭和康德已经确定，紧张和对立，内心的矛盾和撞击，伴随着欧洲历史。这样的思想在现代哲学中早已为人们所知"，那么"黑格尔观点的新颖之处在于，他描述了一致化的需求，和解的需求，也就是解决对立的欲求，跟至少把它描述为与对立同样重要。他已经描绘了扬弃对立的可能性并试图在哲学的结构中阐述它"④。跟中国传统思想相比，黑格尔以和解去抑制的对立、斗争传统在欧洲更为明显。而中国传统对融通、和解、协调融合、和而不同等精神的强调更突出。

近代启蒙以来，虽然其范围和程度不可被过高估计，但欧洲在普遍秩序框架下，在一定范围内容纳、尊重多元差异，实现了或至少维持了一种辩证和解的局面。如托多罗夫所说："保留差别的存异能力使得欧洲不同于世界上其他大的政治集合：它有别于印度或中国，俄罗斯或美国，在那些地方个体千差万别却被包含在一个国家里。"⑤ 撕裂所带来的痛苦、冲突，使得欧洲为差异、宽容保留了空间，使得"启蒙运动是欧洲最负盛名的创造，如果没有欧洲空间的存在，它不可能诞生。而反之也亦然：启蒙运动就是欧洲的起源，正如我们今天所构想的一样。以致人们可以毫不夸张地说：没有欧洲，就没有启蒙运动；但没有启蒙运

---

① 无论是就辩证法的"通变""矛盾""辩证"，还是整体性、"同中求异"与"异中求同"等因素来说，辩证法都是中国传统中已有的，而不是经西方—日本传入中国的全新的东西。参见：田辰山．中国辩证法：从《易经》到马克思主义．北京：中国人民大学出版社，2008。

② 张立文指出，"融突和合是中国哲学重要的体现时代精神精华的话题，是贯通始终的概念、范畴"，"和合是中华文化的精髓，哲学思想的核心主题，治国理政的指导原则，伦理道德的和谐至善，价值观念的和乐怡适"。参见：张立文．融突和合论：中国哲学元理．江汉论坛，2021（3）：7、8。

③ Erzsébet Rózsa. »Versöhnlichkeit« als Europäisches Prinzip, Zu Hegels Versöhnungskonzeption in der Berliner Zeit//Michael Quante，Erzsébet Rózsa. Vermittlung und Versöhnung. Münster：LIT Verlag，2001：31.

④ 同③42.

⑤ 托多罗夫．启蒙的精神．上海：华东师范大学出版社，2012：157.

动，也没有欧洲"①。在这个意义上，启蒙运动是与保留差异、多样性并使之和解共处甚至一体化密切联系在一起的。

如果说欧洲是一个辩证结构的话，中国就是另一个。哪一个更有未来，更有力量？汤因比认为，中华文明形成了一种在尊重多种文明的前提下对广袤地区开展有效治理的历史经验，不像西方文明一定要在同质化基础上进行治理。凭着这种智慧，中国人"在数千年时间里，他们比世界上任何民族更加圆满地将数亿的民众在政治和文化上团结了起来"②。跟西方世界自从罗马帝国解体之后便形成民族主义而非世界主义的政治传统不同，中国的传统和治理智慧一直奉行和而不同的原则，由此导致的不是不断的"分"，而是形式各异的"合"。如果说欧洲在不断、无限之"分"中感受到"分"之苦，开始谋求容忍、尊重差异之"合"，开始致力于建构一种差异者的联合，那么，中国早就在深感"分"之苦之后致力于"合"了。在长期的大一统秩序下寻求合适的包容智慧，寻求建立一种根据不同的历史机遇而调整的辩证结构。差异者的联合中仍然存在极端化的力量，只在有机度很低的松散联合体中存在辩证结构。这个结构还不够稳健也不够有力。中国式辩证结构如果解决好内在活力问题，应该是一个更有希望的辩证结构。可能也正是在这样的意义上，汤因比把未来希望寄予中国身上。只要能包容"合"的结构中个体自由的创造性活力，这种以独特智慧容纳异质性、多样性的治理传统就会具有政治和文化上的优越性，并在技术、经济统一的基础上发挥和释放其可能性优势。"在现在的各个民族中，针对世界一体化这一避免人类集体自杀的唯一出路，用了两千多年培养了独特思维方法的中华民族是准备得最充分的。"③ 这当然需要在吸收现代西方先进文明的基础上，在拥有了技术、经济统一基础的前提之上进一步融入政治和文化。这种希望当然不能只依赖传统智慧，更需要当代的传承创新，需要以更大的气魄和胸怀做出新的融合与创造。当代文明的多样化、全球化给了中国智慧、中国经验彰显优势的重要历史机遇，使它拥有了更光明的未来，未来属于中国的态势正在历史性地得以呈现。

从中国传统以及传统与现代的融合创新中获取遏制和超克现代虚无

---

① 托多罗夫.启蒙的精神.上海：华东师范大学出版社，2012：157.
② 汤因比，池田大作.选择生命.北京：商务印书馆，2017：354.
③ 同②.

主义的资源，是一条希望之路。按徐复观的看法，中国历史上已发生多次崇高价值失去效力的虚无主义危机。虽然它与西方形而上学没有什么关系，但道家的"无"、佛家的"空"所呈现的"上升的虚无主义"，与《庄子·天下》中的田骈、慎到所代表的随顺世俗、不是超拔而是盲从俗世的"下坠的虚无主义"① 等，都是消极的虚无主义之表现。儒家思想资源及其现代转化能够生发出遏制和解构现代虚无主义的资源。"从中国传统儒家的视角来看，这便表现为一种'成物'与'成己'之间'支离'所造成的'失衡'状态。"② 这种失衡状态的某种结构意味着虚无主义。正如徐瑜霞所言："儒家心学既强调对'成己'的关注，又通过'事'而致力于己、物之共成。其中，'事'作为弥合己、物支离问题的关键，构成与西方基于'物'的存在论的根本差异。儒家以'事'为基础的存在论特征表现为：以'生生'为存在本意，以'共在"为存在状态，以'善在'为存在之追求。"③ 中国儒学彰显出与德国、俄国、日本不同的探究"存在"的新理路，以及遏制和超克虚无主义的可能性。

　　第二，来自"东方"的另一个启示是俄国提供的，是由陀思妥耶夫斯基提供的。马克思和尼采的虚无主义反思都把关键点定位于崇高价值的失效与坍塌。这种观点的基本前提或预设是，现代性成就足以确保基本底线价值不被突破。越来越完善的现代制度规则能够规约突破价值底线的虚无主义。如果说尼采意义上的虚无主义是以崇高价值的坍塌、丧失为标志的，陀思妥耶夫斯基意义上的虚无主义就是以基本价值的坍塌、丧失为标志的。消解崇高价值、防止平庸的虚无主义是马克思和尼采所关注的，消解基本价值底线、防止野蛮的虚无主义是陀思妥耶夫斯基所关注的。后一种虚无主义更值得首先关注，是因为按照马克思的社会三形态理论来说，突破价值底线的虚无主义是从第二个社会形态向第一个社会形态的倒退，即使不是全面的倒退，也是价值层次、礼法制度意义上的倒退。这一种虚无主义能够通过现代性的制度完善来防止和遏制。但 20 世纪出现的法西斯主义提醒我们，对此抱有过度乐观的态度是极不明智的。从根本性和重要性上而言，防止基本价值底线突破的这

---

① 徐复观. 论文化：二. 北京：九州出版社，2014：556－565.
② 徐瑜霞. 成己中"物"的逻辑：儒家心学之于现代虚无主义的克服. 广州：中山大学，2018：摘要.
③ 同②.

种虚无主义比防止崇高价值坍塌的虚无主义更为根本，也更为重要。只有在确保底线价值不被突破的基本前提之下，才能放手去追求更高的价值。这是陀思妥耶夫斯基一生的不断思考提醒我们的。当《地下室手记》中的地下室人心中没了上帝之后，他既找不到生活的目标，也找不到生活的立足点，当其只能躺在地下室的床上胡思乱想，处在无根漂泊的状态难以自拔时，他是一个随风飘荡的无定存在，但仍在艰难地追寻。他是现代虚无主义者的初级形态。当他长大后要把自己想清楚的事情付诸实施时，会引发一场虚无主义的风暴。当他长大并成为《一个荒唐人的梦》中的荒唐人后，这种无根漂泊感进一步加重，以至于到了怀疑人生的意义，希望到另一个地球上去实现想法的荒唐地步。这种地步离伤害自己（自杀）只有一步之遥了。当地下室人成长为斯塔夫罗金，即那个被别尔嘉耶夫定义为"腐化的形而上学"的消极颓废者时，他变得"心若寒灰，对任何事物都没有强烈的意愿，不能在善与恶、光明和黑暗的两极之间做出抉择；他没有能力产生爱情，冷漠地对待各种思想，腻烦地对待各种思想，腻烦享乐并耗尽了一切人性的东西，他经历了淫乱腐化，厌恶一切，几乎没有清晰的话语能力。在斯塔夫罗金脸上漂亮、冷漠、僵硬的面具下面，埋葬了冷却了的激情、枯竭的精力、伟大的思想、强烈的无法抑制的人性追求"①。虚无者身上那些漂浮不定、无处扎根、心灰意冷、消极颓废、犹豫不决、异想天开，就会转化为可怕的危害性力量。

从《罪与罚》开始，经过《群魔》到《卡拉马佐夫兄弟》，拉斯科尔尼科夫、彼得·韦尔霍文斯基、伊瓦·卡拉马佐夫都为了追求公共善、追求所谓"崇高理想"甚至追求世俗利益，而杀害"没用的老太婆"、杀害曾经的同伴，甚至伤害自己的亲人，使得虚无主义从崇高价值的丧失（虚无）发展到基本价值的丧失（虚无），从而进展到一个新的、更可怕的层面，让吉莱斯皮在《尼采之前的虚无主义》一书中把狄俄尼索斯解读为一个可能突破价值底线的恶魔有了一定的理由。吉莱斯皮的提醒意味着，推崇无限创造的狄俄尼索斯精神，在上帝死后没有有效约束的前提下，那些具有超强能力之人在追求自我利益最大化的过程中就可能突破价值底线，给人类带来致命的灾难。如果他们掌握足够的

---

① 别尔嘉耶夫. 斯塔夫罗金//索洛维约夫，等. 精神领袖：俄罗斯思想家论陀思妥耶夫斯基. 上海：上海译文出版社，2009：316.

政治和经济社会资源，这种可能性就会急剧增强。所以，与普通人、末人相比，必须首先约束这些所谓"超人"。现代虚无主义与其说与崇高价值的坍塌相关，不如说首先是与这些"超人"撇开悠久历史赋予他们的有效约束而"自由地"创造新未来有关。正在失去有效约束的创造意志才更值得关注。"正是这个绝对意志的观念导致了虚无主义观念的诞生，因为如果我是任何东西，那么就像雅可比所指出的那样，上帝就什么东西也不是（即只是虚无）。于是就如最初被理解的那样，虚无主义不是人的退化的结果，也不是人难以支撑一个上帝的结果。它毋宁说是肯定一种绝对的人类意志的后果，这种意志让上帝变得多余，总而言之，让上帝死去。但是，对费希特本人来说，绝对之我不能等同于人的意志，或者作为整体的人类意志。确实，在其后期思想中，费希特实际上称这种绝对之我为'上帝'。"① 这个根植于中世纪唯名论革命的"创造者"，在传统的上帝死后有可能成为新的"上帝"，这个新的"上帝"沦为一个恶魔。它是现代性的根本问题。"在现代性的结尾，我们被带到了这个黑暗上帝的面前，而现代性被建构起来的目的本来就是要限制这个上帝。与现代性达成妥协或超越现代性的可能，依赖于我们直面这个问题的能力。"②

如果说马克思与尼采提醒我们不能只流于资产阶级的平庸，而要去进一步追求更崇高的文明目标，那么，同时期的陀思妥耶夫斯基则不遗余力地提出他的时代洞见：与其关注更高的超验与崇高价值，不如先确保最基本的价值；与其追求更新的未来，不如先挖掘和发扬已有的良善，与其想方设法确保优良潜能的实现，不如先确保负面力量的发作不能破坏良善价值和秩序。这是理性启蒙在德性启蒙面前必须注意的，这是理性启蒙必须与德性启蒙协调一致、不能孤傲和偏执的地方。启蒙必须兼顾理性和德性两个方面，才能不偏颇、不极端，才能健康和全面。

---

① Michael Allen Gillespie. Nihilism before Nietzsche. Chicago：The University Chicago Press，1995：268.

② 同①269.

第四篇
比较与延伸

第十六章　启蒙的合理定位：
马克思批判施蒂纳

　　就哲学对宗教的批判而言，青年黑格尔派的内部争论不失为一场激进启蒙运动。如何看待哲学对宗教的批判，以及连带着对国家、私有制、世俗化、原子化转向的批判，如何应对在这种批判的激进化中呈现出来的一个最麻烦的现代性问题即虚无主义？如何合理地对待启蒙？这些当今仍困围我们的难题，促使我们回溯到青年黑格尔派的内部争论，特别是马克思与施蒂纳的重要争论，以获得某种启示和教益。当然，青年黑格尔派启蒙的激进性，并不全部体现在哲学批判方面，还进一步推广到政治、经济和社会的诉求方面。

　　马克思、恩格斯对施蒂纳的批评，既是青年黑格尔派内部最重要的争论点，又是马克思、恩格斯彻底走出这一学派的根本标志。通过马克思与施蒂纳的相互批评，马克思的哲学才得以定位。如果不把独创了新学派的马克思、恩格斯算在内，在青年黑格尔派的思想家中，至今仍有重要影响的，恐怕主要就是费尔巴哈与施蒂纳两位了。鉴于费尔巴哈在受到施蒂纳的猛烈批评后几乎一蹶不振，再无新的重要作品问世，马克思与施蒂纳之间的相互批评就有了尤其重要的价值。在这个意义上，也只有通过与施蒂纳的深入对比，才能更好地分辨马克思在青年黑格尔派分化中的思想定位与路向选择。由于当时的青年黑格尔派成员争论最大的问题就是如何把宗教批判进行到底，如何进一步扩展、推进宗教批判，把一切神灵驱赶到理性之光之下予以消解。因此，我们完全可以说，马克思、费尔巴哈与施蒂纳等青年黑格尔派成员之间牵涉的关键问题，其实就是如何把启蒙进行到底的问题。启蒙是否存在边界？如果存在，它该在哪里打住？一切神灵、一切神圣的存在都该解构掉吗？都解构掉后会产生什么样的麻烦问题？怎样才能合理保持启蒙内在的张力？马克思与施蒂纳的不同选择，马克思相对于施蒂纳的合理选择，给了我们什么重要启示？通过与施蒂纳的争论，马克思如何合理定位自己？我们应该怎样定位跟施蒂纳论争的马克思？

1. 启蒙内在张力中谢林与黑格尔争论的继续

如第二章所述，哲学与宗教、理性与启示之间的争斗，系西方启蒙的核心问题所在。而青年黑格尔派在批判宗教的斗争中力图把启蒙推进的比赛，仍是康德发出出发号令的那场运动的继续。甚至当福柯后来说"现代哲学，这正是试图对两个世纪以前如此冒失地提出的那个问题做出回答的哲学"① 时，当霍克海默与阿多诺说"启蒙的根本目标就是要使人们摆脱恐惧，树立自主。但是，被彻底启蒙的世界却笼罩在一片因胜利而招致的灾难之中"② 时，我们明白，启蒙不仅是 19、20 世纪，而且是 21 世纪即我们这个时代的主题，同样是当代中国需要反思调整和进一步推进的问题，尽管在西方，宗教作为传统权威集中地构成启蒙的主要对立面，而在中国则不是。

启蒙的内在张力在西方根植于相互冲突的两种源流：古希腊哲学与《圣经》。哲学是用知识、沉思的方式，而宗教是用虔敬，即"对神性垂怜和救赎的渴求以及恭顺的爱"③ 的方式探寻最终的依据。"拒斥神话标志着哲学的原始脉动"④，虽取得了辉煌的成果，但哲学拒绝神启并没有充分根据，最后甚至导致了哲学终结的呼声不断响起。在与神启的最初争斗中，哲学最后转向了这个问题：人应该如何生活比神启更为紧迫，必须优先回答。哲学于是就成了对正确生活方式的探寻。在这种探寻中，理性是最为根本的态度与原则，理性不仅是认识能力、认识工

---

① 福柯．何为启蒙//杜小真．福柯集．上海：上海远东出版社，1998：528.
② 霍克海默，阿多诺．启蒙辩证法：哲学断片．上海：上海人民出版社，2003：1.
③ 施特劳斯．神学与哲学的相互影响//恩伯莱，寇普．信仰与政治哲学：施特劳斯与沃格林通信集．上海：华东师范大学出版社，2006：302.
④ 同③303.

具，也是一种生活态度和精神气质。

在青年黑格尔派批判宗教的启蒙比赛中，费尔巴哈曾一度领先，并被包括马克思、恩格斯在内的成员认可，但出版了《唯一者及其所有物》之后的施蒂纳自豪地认为自己冲到了最前面，超过了费尔巴哈。在他看来，替代"神"的"人"最终不能再是具有类本质的普遍者，而只能是"唯一者"。这似乎是谢林发起的用以探究具体存在（Das）为己任的肯定哲学来补充、推进理性地探究概念、本质（Was）的否定哲学这一转折的必然逻辑结论。谢林把自康德、费希特到黑格尔的哲学特别是黑格尔的哲学都视为否定哲学。这种哲学探究事物的纯粹本质，即理性、概念中的存在，因而一贯采用概念、逻辑的方式理性地探究存在，无论是思想方式还是所使用的工具，都是古老启蒙传统所惯用的理性、逻辑，谢林为了限定这种否定哲学的传统，"阐明传统的理性哲学之可能性、功能及界限，以此为他的自由哲学和启示哲学扫清障碍"[①]，而试图发展一种新的、能更好地研究具体存在、历史存在、非理性存在的肯定哲学。谢林的这种做法富有新的积极意义，但由于采取的方法还是传统哲学的方法，确立的出发点也还是"从意志出发来思考的那个超越存在的东西，那个存在的主宰"[②]，还仍然在传统本体论与神学相统一的意义上推崇最根本、最完满的存在（神），并致力于探究它对我们的显示或启示（Offenbarung），因而被当时尚未形成自己哲学的恩格斯反感。听了谢林的课后，站在青年黑格尔派立场上的青年恩格斯连写三篇文章批评不致力于理性、批判而宣扬启示的谢林。

其实当时谢林批评黑格尔只抽象、概念地展开理性，而没有把理性认知推进到具体、个别，似乎早已预示施蒂纳的结论。施蒂纳不过是把谢林的黑格尔批判、把谢林从否定哲学到肯定哲学的推进以远比谢林极端的方式完成了。谢林的肯定哲学已经预示着，当自我只是一个本质、普遍、概念之我时，理性的展开还是不完备的，只有推进到个别、具体这一层面，推进到历史、具体的当下之我时，才是更进一步的展开。黑格尔的哲学首先是逻辑学，本质、概念层面的存在是最为根本的，自然和历史只是逻辑层面的应用和展开。所以，谢林批评黑格尔的"现实世

---

① 王建军. 灵光中的本体论：谢林后期哲学思想研究. 天津：南开大学出版社，2004：87.

② 同①94.

界”即使是科学最终应当达到的那个现实世界，也只“是指我们对于这个世界已经理解把握的东西”①，即理性已把握的本质层面的东西。具体的、理性之外的偶然性、历史性、个别性的东西都不在其中。其实，他“所思考的根本不是一件现实发生的事情”，反而是最初具有的本原性存在的展现、成熟和完成，是发展过程中一切成果的汇聚，是“一切存在之具体的、最终的和最高的真理”②。

　　马克思在《黑格尔法哲学批判》中批评黑格尔不是从对象中发展自己的思想，而是按照做完了自己的事情并且是在抽象的逻辑领域中做完了自己的事情的思维样式来制造自己的对象。黑格尔要做的事情不是发展政治制度的现成的特定理念，而是使政治制度和抽象理念发生关系，使政治制度成为理念发展链条上的一个环节，这是露骨的神秘主义。③这种批评跟谢林对黑格尔的批评很相似：先有本质和逻辑，再有具体的显现、显示。“对象——这里指国家——的灵魂是现成的，它在对象的躯体产生以前就预先规定好了，其实这种躯体只不过是一种假象”，从而使得“‘观念’和‘概念’在这里是独立自在的抽象”④。如果说这是马克思所做的批判，不是恩格斯的，那么在《神圣家族》中，马克思、恩格斯批评“思辨的思维从各种不同的现实的果实中得出**一个抽象的‘果实’**”，把这个“果实”当作本质，而“具有不同特点的现实的果实从此就只是**虚幻的**果实，而他们的真正的本质则是‘**果实**’这个‘实体’”⑤，当他们批评“思辨的思维”过于推崇“果实”这个抽象概念，即凸显一般本质，把具体生动的果实视为一般本质的具体表现，从而颠倒了具体与一般、生动与抽象的关系时，恩格斯与谢林对黑格尔的批判就很一致了。当恩格斯说，把这个本质视为实体、主体，视为过程的主体就是黑格尔方法的基本特征⑥、思辨哲学“把现实的问题变为**思辨的问题**”⑦ 时，跟谢林对黑格尔的批判意思差不多。看来，创建历史唯物主义即将完成时的恩格斯再回过头来看谢林对黑格尔的批判，结论就会

---

① 谢林.近代哲学史.北京：北京大学出版社，2016：158.

② 同①188.

③ 马克思恩格斯全集：第3卷.北京：人民出版社，2002：19.

④ 同③.

⑤ 马克思恩格斯全集：第2卷.北京：人民出版社，1957：72.

⑥ 同⑤75.

⑦ 同⑤115.

很不一样。可惜，恩格斯后来再没有做这种专门的回顾。

不过，如果我们把鼓吹唯一者逻辑的施蒂纳视为强调从 Was 到 Das、从否定哲学到肯定哲学的谢林哲学的某种推进甚至是极端完成的话，恩格斯就与马克思一起再一次遭受谢林对黑格尔的批判，他与马克思对施蒂纳的批评可以视为再一次对谢林肯定哲学的某种评判。

如果说，马克思、恩格斯在从《黑格尔法哲学批判》到《神圣家族》对黑格尔哲学抽象性、逻辑在先、以逻辑和本质裁定具体现实的批判，可以跟谢林对黑格尔的批判找到诸多类似性和共同点，那么，施蒂纳的出现就给这种类似性和共同点的呈现浇了一盆冷水。这盆冷水提醒当时的马克思、恩格斯不能在凸显具体性、个别性存在的道路上走得太远，否则就会陷入荒谬的地步。施蒂纳把刚刚从批判宗教中被发现的"人"进一步解释为唯一者，不与他人具有必然关联的利己主义的个人，以此与其他人对立和区别开来，包括后来主张"现实的人"的马克思；主张按照自己的独特品行去生活，而不要强行迎合所谓普遍之我——那是寻找一种外在力量来统治自己。极端的施蒂纳把这种对个体的外部制约通通看成跟自己对立、对自我不利的东西，如果谁要说这种东西还有积极意义，那在施蒂纳看来就是尚未摆脱意识形态，这种东西是必须解除而尚未解除的孙悟空的紧箍咒。按照施蒂纳的意思，没有一般的人，从神灵、神圣中解放出来的"人"只能是每个人，也就是各不相同的"唯一者"。而对每个"唯一者"来说，如何生活对自己来说都是最紧迫的问题。而去除宗教、政治、经济、日常生活等一切领域中的"神"，让当下即是的我成为唯一的"神"、不断求变的"神"，并做到言行一致，显然就是施蒂纳推崇的彻底启蒙，也就是使每个人都变成哲学家的极端、彻底的哲学生活方式。

乍看起来，施蒂纳是要去除一切崇拜外在神灵的现象，把一切外在神灵一概看作意识形态塑造的"神"，去除一切意识形态就是要去除一切这样的神灵。去除一切外在神灵后就会把自己看作富有无限潜力的"神"。这跟立足于完满之神及其显示、启示，从永恒角度看待世界的谢林迥然不同，跟同样批评外在神灵的马克思和尼采也根本不同。马克思与尼采也同样立足于启蒙立场反对一切神灵，但是，第一，对于"神灵"中那种普遍、本质、超验维度的存在，马克思仍然认定其富有意义，并且称可以科学理论的形式合理延续和保留下来；去除一切普遍、本质、超验维度是可怕的，更是不可能的。"神灵"的关键不是普遍性的存留问题，而是无需基础和前提条件的"创造性"何以可能的问题，是有无自然和社会限制对其有效约束和如何约束的问题。第二，马克思和尼采都认为，至少现实地说，让所有人都去除一切神灵、接受完全的真理、成为完满真理的体现者和占有者，是不可能的幻想。总会有人因为特殊的利益、特定的意识形态偏见，以及社会中的各种原因而远离真理，甚至自觉拒斥真理。没有这方面的自觉意识的施蒂纳显然是力图让所有人都拒斥意识形态并拥有真理，这是早已在历史上被证伪的妄想，是极端启蒙的妄想。施蒂纳彻底消灭神灵的最后结局就是重新塑造了一个新的神灵：唯一者成为新的神灵，跟上帝一样意味着无需任何基础和前提的无限创造性。

类似的启蒙理想早在古希腊时代就存在过。施特劳斯认为，哲学以为只要有足够的知识就不需要信仰，"不需要真正的恭顺和对上帝的自由屈从"①。哲学以自己的方式克服恐惧并建立希望。是否有效要看哲学的前提是否成立，只要哲学的前提成立，理性的审判席确定无疑，那哲学是能够胜利的。但关键是启示拒绝承认这个审判席："哲学、而非神学在回避问题。哲学要求启示在人类理性的审判席前确立其要求，但启示拒绝承认那个审判席。换句话说，哲学仅仅承认那些在光天化日之下能够被所有人在所有时间把握的经验。可是，上帝曾经说过或决定过，他将居于朦胧之中。只要哲学将自身局限在回击神学家凭借哲学武器加之于哲学身上的攻击，哲学就可以稳操胜算。但是，只要哲学打算发起自己的攻击，只要哲学试图驳倒启示本身、而不是那必然不充分的启示的证据，它就自然会遭受挫败。"② 施特劳斯的意思是，哲学没有驳倒启示，启示也没有驳倒哲学。两者之间的张力结构看来还得保持下去。指望所有人都以哲学方式掌握真理，不仅不可取，还更可怕。卢梭和黑格尔也都这样认为。③ 而指望宗教替代或取消哲学，历史上的教训更为深刻。

---

① 施特劳斯. 哲学与神学的相互关系//迈尔. 古今之争中的核心问题. 北京：华夏出版社，2004：257.

② 同①.

③ 马克·里拉亦有论述。参见：里拉. 夭折的上帝. 北京：新星出版社，2010：128-129。

2. 何种启蒙：马克思与施蒂纳的不同选择

马克思选择了何种启蒙？马克思与施蒂纳谁拥护彻底、极端的启蒙？经过施蒂纳与尼采，以及韦伯与弗洛伊德，霍克海默与阿多诺所坚持的是何种启蒙？对这些问题我们无法在此做出详尽回答，但必须以此引导我们的思考。

众所周知，近代启蒙直接推动的社会运动主要是两个：对内是国民教育，对外是殖民征服——两者都是为了把文明扩展到更多人那里，拓展启蒙的边界与规模，塑造更多的合格理性人。一种种族主义倾向深刻地内在于西方近代启蒙逻辑之中。尤其在对外的殖民征服中，种族主义倾向更加明显。正如批评家所揭示的，"种族主义是启蒙科学的一个孩子。一个未被启蒙运动承认的孩子"[1]，即使康德这样的启蒙哲学家在抬高白种人、贬低黄种人和黑种人方面也并无二致。

有观点认为，马克思继承启蒙立场的表现在于，对殖民主义做了道德上的否定和历史观上的某种肯定。在他们看来，资本的伟大文明作用不免通过殖民行为表现出来。殖民行为在道德和情感上是应该予以谴责的，但从历史观的角度看，就应予以一定意义上的肯定。在表达了对印度人、中国人在感情、道德上的支持之后，马克思总是以"但是我们不应该忘记"[2]来说明，而且，在马克思的文本中，这个"但是我们不应该忘记"之后的历史观分析总是比之前的情感、道德评判篇幅要大许多。马克思的着眼点是"以全人类互相依赖为基础的普遍交往"和"把物质生产变成对自然力的科学支配"，强调"只有在伟大的社会革命支配了资产阶级时代的成果，支配了世界市场和现代生产力，并且使这一切都服从于最先进的民族的共同监督的时候，人类的进步才会不再像可怕的异教神怪那样，只有用被杀害者的头颅做酒杯才能喝下甜美的酒浆"[3]。马克思从他的历史观中得出的道理是，只有先进的生产力才能

---

① 王治河，樊美筠．第二次启蒙．北京：北京大学出版社，2011：9 - 10．

② 两处最明显的表述，参见：马克思恩格斯选集：第 1 卷．北京：人民出版社，2012：853．

③ 马克思恩格斯选集：第 1 卷．北京：人民出版社，2012：862 - 863．

为自由的实现提供充足的物质基础，而且，越是充足的物质基础，就越能为更多的人提供更多的自由时间，使更多的人得以从必然王国中解脱出来，在自己的自由王国中自由发展自己的个性和多方面的才能。在这个意义上，马克思主张，在情感、道德与生产力的冲突中，无论怎样难过，也要首选后者：

> 总之，无论一个古老世界崩溃的情景对我们个人的感情来说是怎样难过，但是从历史观点来看，我们有权同歌德一起高唱：
> "我们何必因这痛苦而伤心，
> 既然它带给我们更多欢乐？
> 难道不是有千千万万生灵
> 曾经被帖木儿的统治吞没？"①

韩国学者林志弦总结说："对于没有资本主义物质基础的地区的民族运动，他们（指马克思与恩格斯——引者注）从根本上是持否定态度的，这种态度的后面隐藏着对中东欧同样会沿着西欧的道路前进的坚信，这种坚信可以说是一种马克思主义的近（现）代化论……他们通过对印度社会的分析，认为土地私有的缺失、农业与手工业的紧密结合、村落共同体的自给自足的特征、个人无法独立于共同体等等，都是亚洲社会停滞的物质基础。因为亚洲社会内部不具有产生新的社会组织形态的内在动力，所以西欧的殖民主义能够给亚洲带来资本主义的进步。"②这显然是仅仅立足于生产力发展角度，不考虑生产力发展成果的惠及面和公平度问题，也不考虑生产力与道德、理性与德性启蒙的统一问题，是单向度理解的结果。

在启蒙塑造、传播全球性文明，在哲学与宗教的根本关系中，马克思、恩格斯是正宗启蒙的继承者、推进者和超越者。从更大的历史过程来看，正宗启蒙统括生产力与道德、理性与德性的统一，并最终致力于这种统一。在特定场合、特定阶段就具体事件做出这样或那样具体的评判，必须服从于追求这种统一的更大历史过程的视野，才能获得真实意义。否则，如果无视来自整体结构的约束，把特定场合的具体评判绝对

---

① 马克思恩格斯选集：第 1 卷．北京：人民出版社，2012：854 - 855．

② 林志弦．后殖民主义的马克思？//韩国仁荷大学与中国南京大学．第一届"中韩马克思主义研究论坛"论文集，2010：90．

化，就会得出极端偏执的结论。离开特定语境和具体事件，单就生产力维度试图得出脱离具体语境和环境的一般结论，是对启蒙逻辑的抽象理解。从这个角度来看，马克思在不同的场合和阶段所做的评判明显具有差异。在很多国家的工业化尚未展开、启蒙事业尚未正式启动的 19 世纪五六十年代，马克思立足于资本主义现代文明的全球化逻辑，在尽快启动现代化与工业化、促进经济社会发展、组建更多更成熟的无产阶级队伍的意义上，对资本主义的现代化传播做了更多的肯定，而从道德角度对殖民主义的批判居于次要地位。但这种肯定不能脱离具体历史处境进行一般化推广。后来，现代化已得到广泛传播，从生产力发展的角度肯定现代化传播积极性的立场就失去了正当性，相反，资本主义造成的盘剥、不平等却得到彰显。从生产力与道德或理性与德性统一的角度进行评价的必要性得以凸显。

在这个前提之下，马克思才反思启蒙意识形态标榜的普遍性，认为这种普遍性是以特殊冒充普遍，把一个特定阶级（资产阶级）的思想意识说成了全社会甚至全人类的普遍思想意识。但他们没有由此走到以下两个极端地步：

第一，他们没有走到完全、绝对地否定一切宗教和信仰的程度。恩格斯晚年在《反杜林论》中明确肯定了早期基督教平等观的积极意义，在《论原始基督教的历史》等著述中更进一步地明确肯定了基督教的实践价值，甚至强调"原始基督教的历史与现代工人运动有些值得注意的共同点"[1]，甚至把原始基督徒说成"纯粹由奴隶构成的当时的工人阶级"，把基督教说成"社会主义"[2]。因为两者都反抗强权与特权，争取平等。显然，恩格斯的启蒙立场不再像早期尚未创立历史唯物主义时那么简单了。早期启蒙对基督教持激进否定立场，后期则有了一定肯定。这是一种启蒙的进步，是更为合理的立场。这就使得伽达默尔关于主流启蒙主义持有一种基本前见（偏见）的批评延伸不到马克思、恩格斯这里来，使得他关于"启蒙运动的基本前见就是反对前见本身的前见，因而就是对流传物的剥夺"[3] 的看法在恩格斯这里有了反证材料。恩格斯的分析表明，即使有本质区别，前卫的启蒙也可以与古老的历史传统具

---

① 马克思恩格斯选集：第 4 卷 . 北京：人民出版社，2012：327.
② 同①.
③ 加达默尔 . 真理与方法 . 上海：上海译文出版社，1999：347.

有密切联系，不会截然对立。

第二，他也没有发展到认为任何一个阶级都是一样的，各自的思想意识都是等同的这样一种全面拥抱差异的后现代主义观念。伊格尔顿曾在分析启蒙与差异的关系时说过，"马克思主义者从来不会张狂得以为整个启蒙思想都陷入了困境，绝不会突发奇想地以为大家都要从 1972 年起开始阅读索绪尔的著作，把行动统一起来"①。这是在肯定差异（比如种族、性别和阶级等）及其作用。在赞同差异这一点上，伊格尔顿肯定、欣赏阿多诺对同一性的批判。马克思虽然不主张绝对的同一性，反而认定被过分夸张的同一、普遍、一般是以特殊冒充的，是意识形态伎俩，但是在历史主义维度上，马克思还是赞成一定限度的普遍性与同一性。启蒙有一定的共同点：教育的普及，科学的进步，以铁路、邮政、矿山等为内容的工业化，商业交往壁垒的消除，这些近代启蒙所带来的文明成果，对于所有追求自由与解放的民族来说都是一样的，都是必需的。问题在于，启蒙是不是越彻底越好？启蒙是否需要设置一种历史性的边界？也就是说，在一定的历史事件限度内，这个边界是不能随意突破的，只有随着历史情境的变化，相应的边界才能突破，并随之产生新的边界？

如果说"宗教"在这里并不是以崇拜人格神的形式出现的，而是一种对神秘、敬畏、惊异和魅惑力量的感受与信念，它超越于一般的理性解释；或者按任继愈先生主编的《宗教辞典》的说法，宗教其实就是为终极者（或超人间力量）的信念所激发并以之为核心的情感体验、思想观念、行为活动和组织制度②，那哲学与宗教的关系就没有那么简单。青年黑格尔派的宗教批判涉及的核心问题依然难解：费尔巴哈所谓替代"上帝"的"类本质"还是一种神秘、超验的存在吗？施蒂纳那力图消解"类本质"、消解一切物质偶像和精神偶像的"唯一者"还是一种神秘、超验、无限的存在吗？施蒂纳所谓自由主义崇尚的完美"国家"，共产主义崇尚的完美"社会"，甚至私有制、分工、货币这些物性存在，还属于该消除的神秘偶像吗？当时自以为批判最彻底的施蒂纳、批判施蒂纳的马克思、尔后承续和推进施蒂纳的尼采，他们三人的回答可能很

---

① 伊格尔顿. 历史中的政治、哲学、爱欲. 北京：中国社会科学出版社，1999：233.

② 参见《西方哲学英汉对照辞典》（布宁，余纪元. 北京：人民出版社，2001）以及《宗教辞典》（任继愈. 上海：上海辞书出版社，2009）中的"宗教"条目。

不相同。施蒂纳力图揭露隐藏在物质生活和精神生活中的一切神灵崇拜，从而把宗教批判从基督教贯穿到政治生活、经济生活、日常生活以及自我本身。于是，被批驳的神灵——"上帝"，就不仅仅应在基督教的狭隘意义上理解，而且应该在更普遍地存在于一切生活领域之中的广义的"神灵"意义上理解。按照海德格尔的解释，这个"上帝"就是指"超感性世界"："'上帝'和'基督教上帝'这两个名称根本上是被用来表示超感性世界的。上帝乃是表示理念和理想领域的名称。自柏拉图以来，更确切地说，自晚期希腊和基督教对柏拉图哲学的解释以来，这一超感性领域就被当作真实的和真正现实的世界了。与之相区别，感性世界只不过是尘世的、易变的，因而是完全表面的、非现实的世界。尘世的世界是红尘苦海，不同于彼岸世界永恒极乐的天国。如果我们把感性世界称为宽泛意义上的物理世界（康德还是这样做的），那么，超感性世界就是形而上学的世界了。"①

于是，上帝死了，就是说超感性世界没有作用了，没有生命力了。形而上学终结了，柏拉图主义的西方哲学终结了。于是，"就不再有什么东西是人能够遵循和可以当作指南的了"②。上帝死了，就是尼采对虚无主义的简单概括，它意味着"超感性领域成了感性领域的一种不可靠的产品。而随着这样一种对它的对立面的贬降，感性领域却背弃了它自己的本质。对超感性领域的废黜同样也消除了纯粹感性领域，从而也消除了感性与超感性之区分。这种废黜超感性领域的过程终止于一种与感性和非感性之区分相联系的'既非—又非'。这种废黜终结于无意义状态"③。

这样来看，哲学对宗教的批判就是把虚无主义的潜流挖掘出来，使之成为流淌在人间的蜿蜒曲折的江河。这也就把现代性中最为麻烦的问题暴露出来了。这可能是当年青年黑格尔派成员在内部争论时没有预料到的，至少没有预料到是如此严重的问题。

我们知道，在青年黑格尔派批判宗教的比赛中，血气方刚的学子们竞相角逐各自所达到的宗教批判的彻底性程度。把宗教批判从基督教批判拓展到政治批判、经济批判、社会批判以至于日常生活批判，也就是

---

① 海德格尔．林中路．上海译文出版社，1997：223.

② 同①224.

③ 同①216.

进一步揭示政治领域、经济领域、社会领域、日常生活领域中的众多神灵。去除这些领域中的种种神灵或偶像崇拜，就构成了理论比赛的主要内容。马克思从事的批判以此经历了上述各个领域，最后在《资本论》中谈到"物"（Ding）的本质是"事"（Sache），物化（Verdinglichung）的真相是"物象化"（或"事化"，Versachlichung）时，用过"日常生活中的这个宗教"这样的说法。① 这也就是通常所说的"拜物教"及其秘密。这种崇拜"物"的"物化"意识，充斥在人们的日常生活之中。揭示、批判其真相，是哲学—政治经济学批判的核心内容之所在。然而，必须追问的是，同样在批判物质生活和精神生活中的各种神灵、崇拜，但力图消解一切神灵崇拜的施蒂纳，为何却遭到马克思那么猛烈的批判？要知道，在当时的宗教批判中，施蒂纳是走得最远的人，也就是批判得最为彻底的人。这一点是研究专家们几乎都一致肯定的。② 如此一来，问题就来了：批判宗教最为彻底的施蒂纳却遭到马克思如此猛烈的批判，马克思要干什么？他是对施蒂纳如此彻底的宗教批判不满意？几乎可以对此做肯定回答。问题在于，他不满意什么？是不满意施蒂纳批判得如此彻底吗？联系如下事实，问题就更为严重：《德意志意识形态》对施蒂纳的批判，篇幅之长（不逊于作为批判对象的施蒂纳的著作《唯一者及其所有物》）、挖苦讽刺之猛烈（为此甚至很不客气地斥责开始对施蒂纳抱有好感的恩格斯）、如此细致（批判中竟然大段大段地引述被批判者的原文），在马克思对别人的批判中没有第二个范例。也就是说，终生从事批判的马克思一生中从没有像批判施蒂纳那么细致（几乎逐段逐段）地批判过别人。其他青年黑格尔派成员用 10 页、20 页的篇幅批判自以为超越了一切同伴的施蒂纳，而马克思、恩格斯却用了好几百页来完成批判。

既然哲学意义上的"宗教维度"就是"超感性维度"，而"上帝"是指"超感性世界"，那么在我看来，马克思对力图消除一切超感性价值，消除一切神性崇拜的施蒂纳的批判，就是对宗教批判限度的慎重思考，从而也就是对哲学批判应该存在一个限度或边界的变相承

---

① Karl Marx Friedrich Engels Werke：Band 25. Berlin：Dietz Verlag, 1972：838. 中文版请参见：马克思恩格斯全集：第 46 卷，北京：人民出版社，2003：940。

② 布朗指出，"斯蒂纳被描述为在这种发展的过程中走出最后一步的人，无论如何，马克思是这样理解的"。参见：布朗．黑格尔．北京：中华书局，2002：12－13。

认。施蒂纳把刚刚从批判宗教中发现的"人"进一步解释为唯一者、不与他人具有必然关联的利己主义的个人，并且声言必须把"神"还原为"人"（费尔巴哈所做的工作），再进一步把"人"还原为"唯一者"，马克思对此给予异乎寻常的重视。马克思经过慎重思考后得出的结论是，从"神"到"人"，再从"人"到"唯一者"，应该是经过一个漫长的历史过程才能实现的。他以历史主义的方式看待施蒂纳一下子就想解决的"简单问题"。按照迈耶（David B. Myers）在《马克思与虚无主义》一文中的划分，在个性逐步获得实现的历史过程中，依次实现的是三个阶段：第一，人区别于动物的本质，也就是追求更高目的的活动者；第二，人对自然的改造，体现在生产力和日益发达的生产关系中；第三，个性的创造性实现。从第二个层次过渡到第三个层次是最后的关键。①

3. 极端启蒙加剧虚无主义的蔓延

具体说来，通过施蒂纳的刺激，马克思发现，施蒂纳把"神"完全当下化为一种即时性的、世俗性的、离散性的、向无限的多元开放的东西，以为这就是对"神"的消解，就是彻底地去除形而上学、彻底的启蒙。殊不知，这也是对虚无主义的全面拥抱。虚无主义将降临这个世界，并全面统治这个世界，由此会引发诸多后果。从马克思批判施蒂纳出发，并以此为核心，联系同时代的尼采和陀思妥耶夫斯基，可以发现虚无主义包含三个深渊；或者说，虚无主义在三个维度上获得相应的呈现。

第一，取代原来旧神的"唯一者"除了在垄断无限创造性方面与旧神一致外，仍然是缺乏真实基础的虚幻神灵，是没有建构其真实形体的怪影或幽灵。"唯一者"经过马克思、恩格斯的揭露，仍然缺乏坚实的基础，所以还是抽象的。"抽象"并不只有虚构为普遍、永恒一种形式。那种本不具备却冒充普遍、超验、坚固且本质是传统的抽象，而缺乏坚实基础、无稳固根基的"想象"仍是新式的"抽象"，意味着一种新的

---

① David B. Myers. Marx and the Problem of Nihilism. Philosophy and Phenomenological Research，1976（2）：198.

深渊。自我标榜的高贵被消解之后，虚幻性、无根基性充分暴露，仍然是一种新的"抽象""上帝""神灵"。这是施蒂纳虚无主义面临的第一个深渊。

从社会经济基础的角度看，施蒂纳的所思所想恰恰就是德国小资产阶级软弱无力、无法改变自己贫弱生存状态的表现，就像马克思、恩格斯分析的，施蒂纳论述独自性的整个篇章"归结起来，就是德国小资产者对自己的软弱无力所进行的最庸俗的自我粉饰，从而聊以自慰。……小资产者还这样自我安慰：尽管他们作为德国人也没有自由，但是他们所受的一切痛苦已经通过自己的无可争辩的独自性而得到了补偿。还像桑乔那样，他们并不认为自由就是他们给自己争得的权力，因而把自己的软弱无力说成是权力"①。施蒂纳不过是把德国小资产者安慰自己的话夸张成了自以为新颖的思想，"还以自己的贫乏的独自性和独自的贫乏而自豪哩"②。从施蒂纳的例证可以看出，"人们每次都不是在他们关于人的理想所决定和所容许的范围之内，而是在现有的生产力所决定和所容许的范围之内取得自由的"③。缺乏生产力与生产关系实际基础的想象，反映的是德国小资产阶级的空虚和幻想。

正如尼采所言，"相信理想的世界确实存在，是那些没有生产力（unproduktiv）的人的信仰，他们其实并不愿意创造理想的世界。他们设定这个世界已经存在了，寻找手段和道路去达到它"④。保罗福音里充斥着这样的东西。没有"生产力"的人厌倦了生命，虚构单纯和绝对的理想，靠一厢情愿的奇迹与幻觉来确立意义，靠绝对的理想来掩饰生存基础的匮乏与贫瘠。不同的只是，马克思挖掘的是幻想的形体基础即社会，而尼采挖掘的则是自然。在马克思以为是社会基础缺乏（生产力水平不高、社会关系中不占优势地位、无力作为）的地方，尼采则归之于天然根基的不足，也就是强力意志的贫弱和虚化。如果让马克思和尼采分别来批评施蒂纳，他们都会说，施蒂纳缺乏坚实的根基，是小资产阶级幻想的典型。

---

① 马克思恩格斯全集：第 3 卷 . 北京：人民出版社，1960：358 - 359.
② 同①359.
③ 同①507.
④ Friedrich Nietzsche. Umwertung aller Werte：Band 2. Münschen：Deutscher Taschenbuch Verlag, 1969：434. 中译本参见：尼采 . 重估一切价值 . 上海：华东师范大学出版社，2013：525。

第二，由于施蒂纳既不依靠社会成就也不依靠更大整体的联合，陷入否定一切的极端启蒙，只是依赖空洞的自我，无法摆脱自己一度厌恶的平庸与颓废，缺乏崇高性。施蒂纳不无道理地看到，现代的民族、国家所塑造的"现代人"都是崇拜着某种"思想圣物"的、无个性的模式化存在，都是千人一面的、失去自我本质的物化存在。政治自由主义者屈从于国家和财产，社会自由主义者屈从于社会和劳动，其共同点在于没有崇高精神的追求，只有物质享受的追求。资产阶级的原则既不是先在的出身，也不是共同的劳动，而是平庸性（Mittelmässigkeit）：有一点出身、有一点劳动，也就是说，一种自身不断生息的财产。① 资产阶级如此，工人亦然。只要不追求个性、唯一性，人都会是摆脱不了平庸性的人，即没有伟大、崇高、出类拔萃的素质，没有担当和个性，很容易盲从的雷同者。如果说施蒂纳论说这种平庸性时还跟"完美的中间"（schöne Mitte）联系起来，那么，尼采在《偶像的黄昏》中就干脆在它前面加了一个"该死的"（vermaledeit）咒语，显示出比施蒂纳更厌恶平庸性的立场。② 只想休息、追求安全、不愿冒险、没有担当、不想消耗太多精神和力气等直接组合在一起，是现代常见的主流面孔。针对随处可见、"一切都是那样平庸"的状况，鉴于告别平庸并不一定成功、而可能会遭遇挫折的境况，尼采喊出了"预防平庸化。宁可衰亡！"③，也就是宁可衰亡也要跟平庸决裂的坚定立场。

施蒂纳本人反对平庸性无疑是对的，但问题不在于反对资产阶级的平庸（这一点马克思和尼采都会认同施蒂纳），而在于施蒂纳的反对方案是否有效。问题起码体现在以下两点：

其一，不与更多人组成的更大整体联系起来，个人是没有什么大出息的。必须借助和依靠社会性的成就、社会合作的力量、社会累积和历史累积的基础，"唯一者"才能站在"巨人"的肩上成就自己的某项事业。如果只靠自己，很容易被逼无奈地走向更低的目标，在个人越来越离不开现代制度和技术体系的现代社会中，孤独的个体要保持一种崇高

---

① Max Stirner. Der Einzige und sein Eigentum. Stuttgart：Philipp Reclam jun，1972：124.

② Friedrich Nietzsche. Sämtliche Werke，KSA：Band 6. München：Deutscher Taschenbuch Verlag，1999：104.

③ 尼采 . 重估一切价值 . 上海：华东师范大学出版社，2013：598，632.

的追求，所面临的各种社会困境，诸如社会资源的基础、社会支持的匮乏、最低心理认同的必需等，都可能阻碍他取得应有的成效。施蒂纳那无限的可能性空间，对于马克思来说就是无限的黑暗、无限的想象。最后充其量只有一个高高的姿态而已，甚至久而久之连个高姿态都无法保持，或陷入十足的颓废不能自拔。在这个意义上，施蒂纳是个现代犬儒主义者。对此，赫斯在《最后的哲学家》一文一开始就指出了。[①] 这是施蒂纳虚无主义面临的第二个深渊。

其二，启蒙的合理边界、范围与程度何在？不顾一切的极端启蒙，彻底消解一切可能的神圣，否定一切权威、国家、货币，把一切普遍性、约束性的存在一概视为自由的障碍，把一切权威一概视为压迫的根源和象征，把一切自然、社会、制度的物化存在都视为个人自由的对立面，正是施蒂纳走向现代犬儒主义的根本缘由所在。这跟阿多诺在《启蒙辩证法》中的担忧非常类似：放弃启蒙的辩证架构、彻底否定形而上学，是会导致相对主义和虚无主义的。

为此，马克思对启蒙的态度就不再是越激进越好的传统启蒙思路，而是从激进转向了合理。合理的意思有三：首先，不是否定一切，而只是否定缺乏根基的东西。批判与建构是一个根基重建的过程，是一个合理性论证重新构建的尝试，不是摧毁原来的一切，包括对崇高目标的确定。在这个意义上，否定和怀疑一切不是启蒙的本意，却是启蒙的偏狭或逃离。其次，根据历史的基础来确立新的合法性与合理性，把历史维度纳入合法性与合理性的界定之中。根基的批判与重建不是只考虑理论、逻辑的合理性，更要考虑实践、历史的合理性，把历史合理性纳入启蒙合理性的思考之中。缺乏历史维度、不考虑时间和过程的合理性存在都是不现实的。最后，跟形形色色的空想、幻想划清界限，比如消灭国家、私有制、分工、货币，就是这类幻想的典型表现。防止用（要否定的）特定来取代一般、普遍。

正是施蒂纳的极端提醒了马克思、恩格斯，促使他们从激进启蒙的路上折返回来，确立一种合理的启蒙，确立合理的边界、范围、程度和方式。启蒙既不能超出自然的限制，违反自然规则和规律，也不能超出既定的社会限制，违反社会规则和规律。在施蒂纳力欲展开的否定中，

---

① 赫斯．赫斯精粹．南京：南京大学出版社，2010：182.

他没有仔细思考必须否定且能否定的是哪些特定形式，无法否定、只能改变调整的是哪些。连这些都弄不清，充其量也就是个只有态度、没有实效的现代犬儒主义者，最后的结局可能除了莽撞就是颓废，或者说除了堂吉诃德就是萨宁。

　　第三，与尼采设想文化创造可以通过货币经济时代中更多价值施行的逻辑类似，具有无限创造性的"无"很容易突破底线，造成"陈腐的东西死灰复燃"，导致后来陀思妥耶夫斯基担忧的那些糟糕状况出现。历史唯物主义对施蒂纳的批判，既包含着对崇高价值虚无化引发的虚无主义的忧虑，也包含着对基本价值虚无化导致的更严重的虚无主义的忧虑。

　　在马克思、恩格斯看来，资产阶级虽平庸，但还不至于堕落至极；它代表着的那种文明和进步会由无产阶级接替并继续向前推进。但他们也明白，历史并没有注定如何，一切都需要我们的积极作为，而积极作为的前提是真切理解。施蒂纳把普遍的资产阶级法律看作唯一者自我实现的障碍。唯一者扫除这种障碍似乎只需要认清它的秘密即可做到，似乎法律关系都是一些"固定观念"、虚幻的圣物，"全部问题**只在于名称**；至于问题本身他丝毫没有接触到，因为他不知道法的这些不同形式所赖以产生的现实关系，因为他只是把阶级关系在法律上的表现看作是过去野蛮关系观念化了的名称"①。马克思、恩格斯批评他看不到法律关系、国际关系都是由于资产阶级的活动变得更加重要了，看不到随着这些关系日益重要，生产方式取得了很大进步，"它们的表现方式也变文明了"②，看不到这些关系跟分工、贸易、现代生产方式密不可分，"法律关系与由于分工而引起的这些物质力量的发展，联系得多么紧密"③，反而以为只要在头脑中消除这些观念，不理睬它、不信任它，就足以消灭它、足以使它不发挥作用。这种小资产阶级的一厢情愿不但异常天真，而且肤浅有害。它有可能给资产阶级正在取代但仍苟延残喘的封建关系创造继续生存的空间，给封建关系借尸还魂创造机会。马克思、恩格斯已发现了施蒂纳对资产阶级法律关系的普遍性、严格性的敌视中蕴含着为封建习俗开辟可能性空间的风险，这是非常令人担忧的。

---

① 马克思恩格斯全集：第3卷. 北京：人民出版社，1960：395.

② 同①.

③ 同①396.

他们由此特别强调，理想社会的构建必须寄希望于生产力的巨大发展。只有通过生产力的巨大发展，美好理想的实现才有可能。没有这种发展，将会导致普遍的贫穷，甚至陷入残酷的斗争，使陈腐的东西死灰复燃："生产力的这种发展（随着这种发展，人们的**世界历史性的**而不是狭隘地域性的存在已经是经验的存在了）之所以是绝对必需的实际前提，还因为如果没有这种发展，那就只会有**贫穷**的普遍化；而在**极端贫困的情况下**，就必须重新开始争取必需品的斗争，也就是说，全部陈腐的东西又要死灰复燃。"① 这是施蒂纳虚无主义面临的第三个深渊。

防止陈腐的东西死灰复燃，防止自以为是的"唯一者"陷入无底深渊，造成底线告急，伤害底层民众，就需要牢记马克思、恩格斯在这里的一再告诫，记住吉莱斯皮的智慧提醒：那个借助无限制的自我呼唤出来的，可能是个恶魔似的上帝，它就悄悄地站在"唯一者"的身后，俘获"唯一者"并使其为它服务，甚至唯一者就是它的化身。就像恩格斯在评价资产阶级的力量在墨西哥荡除封建力量为无产阶级的人类解放事业奠定基础、为无产阶级登上历史舞台扫清障碍并清理活动舞台时所说的那样，"刽子手就在门前"。不过不同的是，恩格斯所说的"刽子手"是加引号的，而施蒂纳的"唯一者"却完全可能是个真正的刽子手。

马克思没有去追究"全部陈腐的东西"包括哪些，会以什么方式呈现。在他的理论逻辑中，这些问题出现的机会都会随着生产方式的变更而变得越来越少。不过他提醒，条件不足不能强行革命，否则就可能出现问题。社会主义对资本主义的替代是以更加进步、积极向前推进为前提的。考虑到还有比资本主义更加落后的"人的依赖关系"的封建主义存在，"形成普遍的社会物质变换、全面的关系、多方面的需要以及全面的能力的体系"② 的第二个社会形态就不是轻易结束得了的。不具备前提条件的替代是不具有合理性的，相反，"如果我们在现在这样的社会中没有发现隐蔽地存在着无阶级社会所必需的物质生产条件和与之相适应的交往关系，那么一切炸毁的尝试都是唐·吉诃德的荒唐行为"③。不过，马克思在这里分析的是过渡到第三个社会形态所需的最基本的条

---

① 马克思恩格斯全集：第 3 卷 . 北京：人民出版社，1960：39.
② 马克思恩格斯全集：第 30 卷 . 北京：人民出版社，1995：107.
③ 同②109.

件或文明必须达到的起码高度即文明底线问题，并不是达不到时硬来、乱来能导致怎样的野蛮、最糟糕能糟糕到什么程度的问题。

4. 维护、提升超越性维度

在当代，由于以下两点理由，超越性维度、规范性维度变得越来越重要：第一，世俗化的日益发展、相对主义和虚无主义的侵袭使理想、信念变得日益缺乏，由崇高变得曲高和寡甚至被人嘲讽。在马克思那个时代，"信仰"往往是神学家的口头禅，"理想"则是空想社会主义者的口头禅。各种缺乏现实基础和严格论证的"理想""乌托邦"从不缺乏，甚至一度泛滥；面对那么多不靠谱的"理想""信仰"，马克思势必把重心放在"把信仰从宗教的妖术中解放出来""科学地论证我们的观点"方面。而现在，理想、信念被世俗化和原子主义、个人主义蚕食、洗刷得奄奄一息，就需要拯救和重建理想、信念。第二，在一个贫穷、不公正、罪恶猖獗的时代，批判理论的规范性基础一目了然、无需论证；但在一个生活日益富裕的时代，批判资本主义、批判现代性变得更为必需和重要。恰如布鲁德尼所指出的，致力于"变革社会现状"的批判理论在"现状"很恶劣时无需担忧规范性是否牢固，但在"现状"变得不那么恶劣时，这种规范性基础的构建就显得非常必要了，就"当然需要对善好社会做出相对明晰的描述。这种描述无需是细节性的蓝图……但其内容和概念结构方面应当有足够的广度和深度，以便解释为什么共产主义要优于良性的资本主义"[①]。

规范性维度的构建问题在马克思批判施蒂纳这里就表现为，要防止虚无主义及其蔓延，就需要在经验与超验、世俗与崇高（神圣）、个体性与普遍性之间保持辩证框架，以辩证法来遏制虚无主义。对此，我们已在本书第十五章做过探讨。这里我们要说的是，与晚期谢林在保持传统形而上学（观念论）架构的前提下、从完满者出发加上经验维度，以此凸显传统的本质维度所不包含的那些具体、经验、历史的存在。与那些不一定具有必然性和本质性的存在不同，马克思、恩格斯作为后观念

① 布鲁德尼. 马克思告别哲学的尝试. 北京：中国人民大学出版社，2019：381.

论哲学的代表，是从经验的、具体的存在出发，立足于自然存在与历史存在的演变逻辑，来确定超验、崇高存在的历史意蕴，从而确立一个开放性的辩证框架。

在青年黑格尔派的激进批判比赛中，大家都在暗中较劲，比较谁的宗教批判更为彻底。人身上的这个神性质素要不要当作宗教欺骗性的东西彻底否定掉？施蒂纳、费尔巴哈和马克思都参与了争论。费尔巴哈在反击施蒂纳时明确表示，这个神性绝对不能彻底否定掉。

费尔巴哈说，施蒂纳批评他废掉上帝和主词，却"把属神的东西保留下来，小心翼翼地存留了上帝的各个宾词"①，他认为这无可厚非，保留属神的东西、上帝的宾词"无可争辩"，是"应当保存"的。因为，泛神论之后的"上帝"是一切，存在于一切之中，光、力量、美、智慧、意识、爱都是上帝的表现，人和自然也是。这也就是说，人本身之中就蕴含神性，人就是一种神性存在物。所以，费尔巴哈说，"人就是人的上帝"这句话就是表明了人对自己的信仰，对自己的内在神性的向往和肯定而已。或者说肯定"人里面的超乎人的力量"没错，只是不要把自己内在的神性外化为一个脱离自己的实体，外化到"上帝"身上，而且还要凌驾于人自己之上。其实，人对神性的向往只是表明他还有渴望着的理想，那个"我现在还没有成为的、但我一直渴望成为、努力要成为的那个东西，便是我的上帝"②。应该把外化了的神性重新内化到人之中，或者还原到人本来的内在之中。费尔巴哈说，施蒂纳没有读懂的《基督教的本质》一书的核心"正在于消除本质的'我'与非本质的'我'之间的分裂，正在于把整个的人，从头到脚，加以神化、也即加以肯定和承认"③。神化就是承认"人"中含有超验的神圣维度。"人"不是随便的什么存在，而必须具有超出世俗经验的超验性质。在这个"神化"之中，就清晰地包含着对人本身神性的肯定和确认，甚至这种确认就是"个体的属神性乃是宗教之被暴露了的秘密"④ 的表达。

马克思没有像费尔巴哈那样明确表示必须在"完整的人"身上保留"神性因素"，否则就不成其为人。但是，其一，马克思仍然强调人的超

---

①　费尔巴哈哲学著作选集：下卷. 北京：商务印书馆，1984：420.

②　同①422.

③　同①423.

④　同①423.

越性维度的积极意义。对于拥护启蒙立场的马克思、恩格斯来说，"神"已死，他们不愿使用"神"这个词。我们可以把"神性质素"改为"超越性质素"。不过，与费尔巴哈确定的那种"类本质"不同，马克思、恩格斯不但以生产力、生产关系来支撑这种"类本质"，而且十分明了这种具有一定超越性的"类本质"所具有的自然基础，或者所具有的自然限制，从而在社会经济基础和自然限制两个方面约束对这个"类本质"的过度形而上想象，或者用自然内涵与社会历史内涵给予它双重的支撑，并以此牵制超越性向传统上帝方向的过渡跃迁，使之成为一种具有双重现实根基的超越性维度。在这个前提下，我们不认可马克斯·韦伯价值中立的立场，而赞同保留、维护、完善人的超越性维度的立场。

人的超越性是笛卡尔和康德的主体论背后都隐藏着的。正如丹尼尔·沙拉汉（Daniel Shanahan）所说，作为主体的自我具有一种明显的超越性："我们再一次看到了自我的一个新层次的出现：超越性的层次。这一层次无疑是通过基督的位格而间接体验到的。但是模拟自我仍然不仅把自己归结为区分善恶的固有能力，而且也归结为分享神性的潜能。"① 这种超越性主体具有区分是非的能力，向往真理的能力，以及与"神明"沟通的能力。要成为主体，就必须具有这样的质素，无产阶级作为主体也必须这样。在此意义上，我们可以接受布朗的观点：马克思、恩格斯仍然属于"把对世界的理想的描述转译为'等待实现的理念'"的青年黑格尔派，他们不可能放弃对世界的理想描述。"从施特劳斯到马克思，都感到必须要把对世界的理想的描述转译为'等待实现的理念'这样一种语言。在此发展过程中，他们也试图把黑格尔抽象的理性化思想具体化，通过把对宗教的谈论转译成对人类的谈论，把对欲望满足的谈论转译为对资产阶级社会的谈论，等等。斯蒂纳（Stirner）被描述为在这种发展的过程中走出最后一步的人，无论如何，马克思是这样理解的。这最后一步导致他超越了黑格尔的理性主义，并且否定了它。因为斯蒂纳实现了黑格尔主义的最终具体化，通过缩减黑格尔所有的范畴，使之成为一个裸露的个体自身；他不仅公然指责某种特定的概念，而且指责所有的概念。"②

所以，问题只是在于，这个"理想"或"等待实现的理念"生发于

① 沙拉汉. 个人主义的谱系. 长春：吉林出版集团有限责任公司，2009：56.
② 布朗. 黑格尔. 北京：中华书局，2002：12-13.

何处？

其二，受到施蒂纳批评的刺激，马克思也必须尽力躲避被施蒂纳判为仍在追求先验的"思想圣物"，避免自己描述和追求的理想被指责为这样的东西，但他没有像不自信的费尔巴哈那样，因此走向对"自然"和社会世俗性的更直接的默认。费尔巴哈的做法是倒退，是庸俗化。马克思的策略是，努力论证世俗的"大地"之中本来就蕴含着这个"神性质素"，它与历史发展的必然性规律直接对接在一起，就是必然规律喻示着那个发展趋向的发扬光大。所以，"理想"不是"应当"，而是有待在历史中展开的"现实的种子"："共产主义对我们说来不是应当确立的**状况**，不是现实应当与之相适应的**理想**。我们所称为共产主义的是那种消灭现存状况的**现实的**运动，这个运动的条件是由现有的前提产生的。"①《德意志意识形态》中的马克思强调，理想维度的存在被现实的社会运动本来就内含的方向替代了：不是理想而是现实本来的运行方向在导引着我们。他后来直接说，"工人阶级不是要实现什么理想，而只是要解放那些在旧的正在崩溃的资产阶级社会里孕育着的新社会因素"② 而已。

被保留在"完整的人"身上的这个"神性质素"，自然就是"人"身上的超越性质素，就是价值形而上学。如果马克思以"转移"到科学必然性规律之中的形式保留这个"超越性质素"的观点可以成立，那么，近代主体论的内涵对马克思来说就不是完全放弃，在价值形而上学方面是以新的方式继承和延续。也许马克思只是在认识论层面上告别了作为近代内在意识的形而上学，但他强调物与物的关系背后的实质是人与人的关系，实际上隐含的一个重点就是"人"身上保留和隐含着的价值形而上学含义，这层含义不能放弃。跟去掉一切"思想圣物"的施蒂纳相比，跟坚持价值中立的韦伯相比，马克思的这一特点非常明显。它表明，马克思仍然在价值形而上学方面坚持着内在性主体论，并没有完全放弃内在主体论。

看来，我们得同意施特劳斯的见解：神与哲学知识的内在冲突可能永无消解之时。某种上帝死亡之后，还有新的"神圣"（超越性）存在，而且，它在尼采、海德格尔、马克思那里都没有彻底消亡，仍以某种形

---

① 马克思恩格斯全集：第 3 卷．北京：人民出版社，1960：40.

② 马克思恩格斯全集：第 17 卷．北京：人民出版社，1963：363.

式存在下来。海德格尔指责尼采对神圣维度的消解不彻底，仍然处在形而上学之中。其实，正如迈尔指出的，海德格尔也同样如此。"死亡"就是海德格尔的"上帝"，这个"上帝"能把世俗的一切瞬间变得神圣、不一般起来。海德格尔的"存在"跟施蒂纳的"无"类似，都以可能性、创造性指向似乎没有底线和规则约束的方向，变得难以确定、令人担忧。而且，哲学永远追求不到完善的智慧。人类智慧永远是不完善的。如果施蒂纳来一个转变，不再追求完善、神圣，今朝有酒今朝醉，当下即最高，其他都是骗人的、不可靠的东西，并认定不确定的无中孕育着更多的可能性，而这种可能性把其中蕴含着的某种神圣性历史化为一次性的、转瞬即逝的，那么这是一条走得通的新路吗？

相比施蒂纳，对马克思力主的"神圣"来说，可达的与永远不可达的虽处在统一之中，但不会与现实的当下等同。所以，永远有一个神圣的理想在不可完全靠近的远处向当下招手。启蒙理性之光照向它，却永远不能照得那么光鲜明亮。如果理性之光能够把理想照得异常明亮，那它就不存在了。由此，彻底消解神圣性维度的启蒙（也就是把神圣性等同于世俗性，把神圣性当下即是化、瞬间化），不是马克思设想的启蒙，反倒是施蒂纳设想的启蒙。不能把马克思混同于施蒂纳！有观点认为，马克思是把施蒂纳的唯一者联合体理想历史主义地推远了，推到了共产主义社会。这种看法不是毫无道理，但须注意的是，仍然不能由此混同两个人的殊异之处：马克思绝不会同意，理想的社会是一种唯一者的联合体。在马克思看来，社会的普遍性维度在任何时代都是必需的，不能因为它与人之唯一性的冲突而否定它。

与马克思、恩格斯的态度和立场不同，施蒂纳的无政府主义立场主张去除一切外在的神圣性、超越性维度，只在每个与众不同的自我内部保留、确立属于自己的神圣性维度，并把一切外在的普遍性、神圣性维度一概视为意识形态的偏见和障碍。显然，这就意味着相对主义、虚无主义的全面到来，意味着组织、权威、国家皆被视为压迫的象征、自由的对立面、自我实现的障碍，意味着原子主义、破碎性的全面延展，意味着小资产阶级理想的过度泛化，更可能意味着小农、小生产者理想的美化，以及需要进一步挖掘的诸多意蕴。在下一章中我们就会看到，20世纪初无政府主义在中国的极端呈现，会造成启蒙逻辑的一种跟施蒂纳颇为不同的极端化发展。这种发展会将无政府主义的极端与偏执表达得更加明显。

施蒂纳摆脱一切偶像，其结果就是确立了一个最大的偶像，一个最虚伪、最有欺骗性的偶像——不需要任何前提条件的"无"。它可以摆脱一切物质限制和精神限制，是可以通达任何可能性、创造性的"唯一者"，它正是不折不扣的新型"上帝"、新型偶像。相反，只要不痴迷、不极端，完全可以把施蒂纳所谓物质"偶像"转化为基础，支撑和成就施蒂纳所谓精神"偶像"，从而使"偶像"转化为现实的基础和科学的理想，从而避免虚妄和空无。

承接启蒙自古就有的哲学与宗教、理性与启示间的内在张力，以及谢林探究具体存在（Das）的肯定哲学与探究概念、本质（Was）的否定哲学间的张力，立足于特殊与普遍、经验与超越间的张力结构，对施蒂纳一味张扬具体存在、否定普遍和超越维度的做法，马克思做了尖锐批评。从理性启蒙与德性启蒙统一、生产力与道德统一的角度来看，施蒂纳推进启蒙的方案是极端的，会陷入各种虚妄，招致规范性维度、理想性的丧失从而陷入虚无主义。物质偶像、精神偶像必须去除，但物质基础和精神理想必须维护。马克思对施蒂纳的批判表明，只有在合理维持特殊与普遍、经验与超越之间的张力结构的基础上，才能找到启蒙的合理方向。

第十七章 从"劳动"概念看马克思主义与无政府主义在中国的本质区别

　　启蒙如何开展，现代化如何合理推进，对于 20 世纪初的中国来说，是一个紧迫而现实的问题。这个问题的解决，直接涉及现代中国发展的前途与命运。在 20 世纪初的中国，至少从思想规模、思想影响力等方面来说，无政府主义是一个影响甚大的思想派别。

　　1921 年 7 月 6 日，罗素中国之行的最后一场演讲在北京教育部的会场举行，题目是此后中国学人一直在思考的"中国到自由之路"。它也是冯友兰先生在 20 世纪 40 年代撰写的"贞元六书"之一《新事论》的副标题。林语堂的《京华烟云》一书本是献给中国抗日士兵的，该献词最后一句"神州谁是自由民"，显然也意味着自由是那个时代中国的关键词。可自由从何而起，又是什么造就自由呢？根据唯物史观，回答只能是"劳动"。唯物史观在中国被广泛接受之前，无政府主义也曾传播"劳动""自由"，以及通过"劳动"促进自由的理念值得警惕。说得稍远一点，甚至奥斯威辛集中营的大门上方也写着"劳动造就自由"（Arbeit macht frei）的口号。如此看来，造就自由的"劳动"是需要仔细琢磨一番的。中国马克思主义理解的"劳动"是什么，与无政府主义①的理解区别何在？它至今发生了什么变化？两者间还具有

---

　　① 本章暂不区分无政府主义的派别差异，我们只是不把极端的无政府主义（比如虚无主义）纳入其中。按顾昕的说法，新文化运动中，特别是 1915 年之后，无政府主义者包括三类人：一是吴稚晖、李石曾为代表的一派人；二是刘师复在各地的追随者；三是朱谦之、易家钺、郭梦良为代表的虚无主义者。本章所说的无政府主义，包括第一、二类，而把第三类排除在外。参见：顾昕. 无政府主义与中国马克思主义的起源//许纪霖. 二十世纪中国思想史论：下卷. 北京：东方出版社，2000：406-411。

怎样的关联？

考虑到马克思主义进入中国之前无政府主义曾有一段较广泛传播的时期，而无政府主义在现代启蒙之路上更为激进和偏颇，通过与无政府主义的对比来探究历史唯物主义启蒙的合理立场，就显得富有意义。

1. 什么样的"劳动"：无政府主义 与马克思主义的论争

在发表于《中国青年》第六期（1923 年 11 月 24 日）的《中国现在的思想界》一文中，邓中夏把当时的中国思想界分为东方文化派（又分梁启超、张东荪，张君劢，梁漱溟、章行严三个派系）、科学方法派（又分胡适、丁文江一系与杨铨另一系）以及以陈独秀与李大钊为代表的唯物史观派。他认为东方文化派代表农业手工业的封建思想，科学方法派代表新式工业的资产阶级思想，而唯物史观派代表新式工业的无产阶级思想。他建议，共同主张新式工业的科学方法派与唯物史观派可以联合向代表农业手工业的东方文化派"进攻"。从邓中夏的分析中，我们可以看出现代工业劳动对于当时的中国走向富强的关键意义。可惜的是，邓中夏居然没有把他一年多前写过专文论及并力主与共产主义做出区分的无政府主义考虑进这一派别划分之中。无政府主义在当时的中国声势仍然浩大，而且还是中国现代思想史上第一个弘扬"劳动"、第一个组织劳动工会、第一个出版以"劳动"命名的期刊、第一个创办劳动大学的思想派别。邓中夏没有把这个如此重视"劳动"精神的思想派别考虑进来，是因为他没有自觉意识到共同主张"劳动"精神的这两个思想派别（无政府主义、马克思主义）的区别吗？[①] 还是出于其他原因？邓中夏忽视的这个区别对本章来说是至关重要的。

当时的无政府主义提倡"劳动神圣"、劳动与互助，以及劳动与知

---

① 按照周策纵的看法，当时人们对"马克思主义"一词的认识还很不够，达不到现在的水平。甚至"直到 1921 年共产党领导人仍然认为，马克思主义的社会主义应包括正统的马克思主义（由考茨基所代表）、修正主义的马克思主义（由伯恩斯坦所代表）、工团主义、基尔特社会主义以及布尔什维克主义（由列宁和托洛茨基所代表）"。参见：周策纵. 五四运动. 南京：江苏人民出版社，1996：338 - 339。

识分子的结合。把"劳动"看作"互助"之外的另一个人类天赋，并在这种劳动神圣的理念主导之下建立中国第一个劳动者工会，创办第一本以"劳动"命名并且专门推动劳动者事业的杂志——《劳动》，后来还办了中国第一所劳动大学，以及掀起了声势浩大的半工半读运动。作为人天生具备的自然化的禀赋，"劳动"被无政府主义者看作以独立自主为前提的。只有在此基础上，互助作为另一个自然禀赋才是可以理解的。但这样的"劳动"与马克思主义那种迈向社会化的"劳动"具有明显的区别。社会化的系统势必被无政府主义者看作对每个劳动者的压抑和强制。像施蒂纳所说的，那只是一种社会强加的职业，是一种完成后想尽快摆脱的任务，没有与游戏、闲散结合在一起。但这与社会化越来越强的发展趋向恰好相反。

在 1918 年 3 月 20 日出版的《劳动》一卷一号上，主办者喊出了它的主旨：

> 尊重劳动；
> 提倡劳动主义；
> 维持正当之劳动，排除不正当之劳动；
> 培植劳动者之道德；
> 灌输劳动者以世界智识普通学术；
> 记述世界劳动者之行动，以明社会问题之真相；
> 促进我国劳动者与世界劳动者一致解决社会问题。

众所周知，马克思主义者也高度赞美劳动，认为劳动是推动社会历史发展的基础，是揭开一切历史之谜底的钥匙。那么，马克思主义主张的"劳动"与无政府主义者主张的"劳动"有什么区别？无政府主义赞美什么样的"劳动"？

第一，无政府主义赞美的是以自由为前提和基础的劳动，即使有合作与联合，也必须以自由自愿为基本要求。自由联合、自由契约基础之上的劳动，也就是没有压迫、强制的劳动。按照无政府主义的逻辑，联合的规模、时限都取决于参与各方的意愿还是否存在。也就是说，组织可以参加，但必须以自由加入和退出为前提："到无政府主义的社会，是自由组织的，人人都可自由加入，自由退出，所以每逢办一件事，都要得人人同意。如果在一个团体之内，有两派的意见，赞成的就可执行，反对的就可以退出，赞成的既不能强迫反对的一定做去；反对的也不能阻碍赞成的执行，这岂不是自由吗?"①

在《民声》刊载的《无政府共产派与集产派之歧点》一文中，作者声言，无政府主义的目的是自由地从事生产，并"由生产者自由组合的种种团体机关，直接处理产物，依公道的法则而分配之"。作者由此批评集产派"由国家强迫人民从事于生产的劳动，而给以相当的工值"②。

什么样的劳动才没有强制、压迫呢? 恐怕只能是自给自足的农业劳动，以及自由创作的艺术劳动。现代社会大规模集约化的劳动肯定是不符合这个要求的。不过无政府主义者似乎不大重视这一点。区声白在致陈独秀的信中就说，自由联合适宜于大规模的生产事业，认为"既然有了一种自由契约，那么如果双方合意，便可联合。联合一年也可，两年也可……"③ 看来还是当时中国的工业不够发达，马克斯·韦伯所说的合理化水平自然很不够，现代社会在技术和制度两个向度上标准化、程序化、抽象化、精确化、自动化的发展趋势几乎未入无政府主义者的法眼。无政府主义者对现代社会日益加剧的合理化趋势缺乏足够的理解。所以，在他们的眼里，自由联合与大规模社会化生产并行不悖。大规模社会化生产不会成为他们主张自由联合的障碍与顾忌。有了自由联合并行不悖于社会化大生产做基础，无政府主义者就可以"自信满满"地批评马克思主义的"集产方法"了。黄凌霜在《马克思学说批评》一文中就说，他们的共产方法与马氏的集产方法有根本不同。④

在这种自由优先论的支持下，通过教育塑造新人，教育与生产劳动相结合，消除精神劳动与手工劳动、城市与乡村、体力劳动与精神劳动、工业与农业的差别，正是无政府主义的主张，也是不仅在近代中国思想史上而且在近代中国社会发展史上留下深刻印记的主张。单凭这一点，就可以看出无政府主义在中国的影响。早有学者提醒，无政府主义在中国的影响及其产生的问题一直没有得到系统的整理、研究、反省。⑤

---

① 区声白致陈独秀的三封信//葛懋春，蒋俊，李兴芝. 无政府主义思想资料选：下册. 北京：北京大学出版社，1984：566.

② 同①565.

③ 葛懋春，蒋俊，李兴芝. 无政府主义思想资料选：下册. 北京：北京大学出版社，1984：573.

④ 同③559.

⑤ 德里克. 中国革命中的无政府主义. 桂林：广西师范大学出版社，2006：28.

　　马克思主义认为，工人在某种意义上的经济自由既是事实，也是刚需，因为工人能够自由出卖自己的劳动力是现代资本主义经济运行的起始条件，也是工人由此获得起码的私有财产的起点。只有在这个起点上，才能建立工人获得真正全面的自由与解放的物质基础。布坎南曾经指出，马克思批评资本主义的理由之一就是，资本主义的私有财产权没有给工人提供足够的自由："按照马克思对古典经济学的引申，劳动者仍然未能实现财产所有权使之成为可能的最低限度的自由；劳动者仍然陷于工业无产阶级的困境，受制于资本主义生产过程的无情运作……在马克思对这种工业资本主义的分析模型中，劳动者无法获得能够提供哪怕是一种不完全的从经济关系中退出的选择权的财产……"① 布坎南的这种观点仅仅在非常狭隘的意义上才是可以成立的，即适用于资本主义发展不充分的时期。在资本主义的进一步发展中，"介入工人为一方和资本家、土地所有者为另一方之间的中间阶级不断增加"② （尽管这部分人的收入在马克思看来仍然依赖于从事生产劳动的工人创造的剩余价值，而不是企业家的利润），并不是赤贫与大富两极分化越来越严重。中间阶层的人们在财产自由方面会逐渐得到改善，特别是在劳动全球化背景下盘剥对象不断转移到落后国家，发达国家内部更是如此。在我看来，马克思看待自由的关键与其说是自我所有权，不如说是财产权；与其说是财产权，不如说是随着劳动的日趋社会化不断复杂和完善的社会关系。生产力的发展要求不断完善这种关系，而这种关系的完善会对劳动者的自由造成双重影响：既在某方面保护自由，有助于自由的实现，又在某方面阻碍自由的实现。这突出地表现为他的物象化（Versachlichung）理论，需要专门进行分析。③

　　这里我们要说的是，针对无政府主义者向往的自由自主的劳动，马克思指出，"劳动者对他的生产活动的资料的私有权，是农业或工场手工业的小生产的必然结果，而这种小生产是社会生产的技艺养成所，是培养劳动者的手艺、发明技巧和自由个性的学校"。它在前资本主义"才得到充分发展，才显示出它的全部力量，才获得完整的典型的形

① 布坎南. 财产与自由. 北京：中国社会科学出版社，2002：56.
② 马克思. 剩余价值理论：第二册. 北京：人民出版社，1975：653.
③ 刘森林. 物象化与物化：马克思物化理论的再思考. 哲学研究，2013（1）.

式"①。由于它排斥生产资料的积聚，排斥大规模社会化协作，排斥优化分工，致使"它发展到一定的程度，自己就会产生出使它自身解体的物质手段。……这种生产制度必然要被消灭，而且已经在消灭"②。马克思坚信，"孤立的、分散的和小规模的劳动向社会地组织和大规模结合的劳动过渡"③ 不但是普遍和必然的，而且是速度不断加快的。与无政府主义相比，马克思认为，法律意义上的劳动力出卖自由在生产效率上无疑是一种进步。虽然由此延伸到工人获得物质财产上的自由限度不可过高估计，但毕竟会随着生产力的不断发展产生越来越多的中间阶层，使更多的人获得解放与真正自由的物质（财产）基础。思考工人的自由与解放，必须把焦点放在这个不断社会化的，也就是不断标准化、程序化、抽象化、精确化、自动化、法制化等的社会关系系统上。这个系统能不断提升效率，促进发展，使社会获得更坚实的物质基础。而这也正是马克思的 Versachlichung 理论一直没有得到重视的一个积极方面，也是韦伯合理化、事化（即马克思的 Versachlichung）理论后来被大加发展的方面。马克思、韦伯关于 Versachlichung 的理论是一脉相承的，只是在马克思那里一直被翻译成"物化"，且被视为表征负面事实的贬义词，而韦伯那里被翻译成"事化""即事化""切事化"，并被视为中性甚至正面的褒义词。通过对物化理论的再思考，可以进一步明确马克思主义与无政府主义劳动观的区别。

　　第二，传统农业劳动更符合无政府主义设想的理想化劳动，而符合他们要求的工业劳动却不是科层制的大工业劳动。对无政府主义影响甚大的列夫·托尔斯泰就认为，土地上最好的劳动是农活。在他看来，现代的人们把"最大的奖赏给予那些最为有害的工作"④，这些工作包括警察、军队、报业和印刷业的工作。这是非常不公平的，因为这些工作没有乐趣，对身体健康、培养美好德性都没有助益。甚至现代劳动分工也被他极端地看作"只是为不劳而食作辩解"，因为现代分工体系会使一些人不劳而食，使人沦为机器，剥夺人的自由。他设想过一个欧洲人与中国人针锋相对的对话："一个欧洲人对一个中国人炫耀机器生产的

①　马克思恩格斯全集：第 43 卷. 北京：人民出版社，2016：825.
②　同①826.
③　同①529.
④　托尔斯泰. 生活之路. 北京：中国人民大学出版社，2006：126.

优越性:'它把人从劳动中解放出来。'——欧洲人说。'从劳动中解放出来也许是个巨大的灾难,'中国人说,'没有劳动就不可能有幸福。'"① 这无疑就把中国人的劳动定位于现代机器大生产的对立面上。无政府主义者听到这话肯定很兴奋,兴奋之余,接受托尔斯泰的如下观点就更容易:

> 手工劳动,特别是农活,不仅有益于肉体,也有益于灵魂。不从事手工劳动的人,往往难以用健全的头脑去理解事物。这些人在不停地思考、说话、听讲,或者阅读。头脑不得休息,激愤而繁乱。而农活是对人有益的,它除了能使人得到休息之外,还可以帮助人简捷、明快而富有理性地去理解人在生活中的位置。②

不过,托尔斯泰这位俄国导师的上述看法应该只是无政府主义者的纯粹理想。意思是,无政府主义者也希望按照这样的模式设想工业劳动,把工业劳动中的强制、机械重复、无聊通过自由联合和自愿参与退出等设想克服掉,像自由劳作的农民那样进行身心协调、劳逸结合、自由自愿的创造性劳动。而这在技术、制度方面是否可行,如何施行,他们或许想得不多。

在《劳动》月刊刊载的《劳动者言》中,作者强调劳动必须有益于民,被提及的"劳动"也就是"从事于农以生物"和"从事于工以成物"两种,且农业劳动排在首位。无政府主义者为什么推崇农业劳动与农业社会?在德里克看来,这或许是因为他们的反现代主义。③ 无政府主义也常被说成一种"对工业社会表示拒绝的思潮"④。由此看来,无政府主义的反现代主义走得更远,也更偏颇。其实,马克思反对的只是特定的、资本主义式的现代性,绝非一般的现代性。在现代性的诸多一般原则和精神上,马克思的唯物史观是坚决拥护的。马克思是把现代原则发扬光大或者改造创新意义上的现代性批评者,而不是拒斥、回撤和坚决反对意义上的现代性批评者。无政府主义才是后一种意义上的现代性批评者。在这一点上,无政府主义者反对马克思主义的原因是,在他

---

① 托尔斯泰.生活之路.北京:中国人民大学出版社,2006:128.
② 同①126.
③ 德里克.中国革命中的无政府主义.桂林:广西师范大学出版社,2006:96.
④ 杜加斯特.19世纪和20世纪之交的欧洲文化生活.北京:中国人民大学出版社,2007:217.

们看来，马克思主义者认定只有现代大工业才是有前途的，农业会随着社会工业化水准的不断提高而不断丧失重要性。当恩格斯在《德国农民战争》序言中说，小农"只有依靠工人阶级才能求得解放"，佃农"除了工人，他们还能指望谁来拯救自己呢?"，而经营小块土地的农民要摆脱高利贷的盘剥，也"只有工人阶级才能做到"①。无政府主义者肯定是不赞同的，在他们看来，马克思主义只是关心无产阶级而忽视了占世界人口80％的农民。《衡报》1908年6月28日刊载的《无政府革命与农民革命》一文就指出，无政府革命在中国实现的关键就是农民："中国农民果革命，则无政府之革命成矣。故欲行无政府革命，必自农民革命始。"② 作者从当时中国农民的团结之性、无政府之性、保存共产制、有抵抗能力四个方面论证中国农民的革命资格，强调土地公有和改良农业两大要点。

布坎南提出，马克思之所以提出用集体主义方案替代市场秩序，就是因为"对个人因进入市场交换关系而远离自给自足的个人、家庭或小社会的田园诗般的独立生活而导致失去自由过于敏感。由于这种敏感性，马克思成了由托马斯·杰斐逊和20世纪美国南方代表农民利益的人所倡导的古典政治哲学的一部分……"③ 按照这种理解，马克思也是保留了对田园诗般的自由的留恋与向往。他没有发现这种田园诗般的自由与现代社会化大工业生产之间的不相容性，在肯定社会化大生产的进步性的同时还在未来理想中保留了田园诗般的自由诉求。这样的理解肯定会引发批评，因为这样的见解恰好是无政府主义者才主张的。实际上，我们知道，马克思所说的"劳动"，是建立在现代分工基础上的社会化大生产，它必定具有"生产的社会性"。这种社会性虽然会带来物化，但这种物化带来的是社会进步。"物化"是个既表现进步性又表现批判性的概念，不能完全判定为负面的概念，因为它终归会导致生产力的更大发展，为理想社会奠基。④ 就像马克思所说，"交换延及一切生产关系，这些只有在资产阶级社会里，自由竞争的社会里，才得到充分

---

① 马克思恩格斯选集：第3卷.北京：人民出版社，2012：29-30.

② 葛懋春，蒋俊，李兴芝.无政府主义思想资料选：上册.北京：北京大学出版社，1984：158.

③ 布坎南.财产与自由.北京：中国社会科学出版社，2002：59.

④ 刘森林.重思"物化"：从Verdinglichung与Versachlichung的区分入手.哲学动态，2012（11）；刘森林.物象化与物化：物化逻辑的再思考.哲学研究，2013（1）.

发展，并且发展得越来越充分"①。我们知道，中国马克思主义理论一直保持着这种对劳动的潜力和创造力的自信。

第三，无政府主义主张的"劳动"不仅具有经济的生产性，而且更具有道德性以及审美性的理想化品质。这一点需要在下一节单独论述。

2. 理想化的"劳动"：从无政府主义到马克思主义

在《新青年》第5卷第5号上，刊载了几篇有关劳动的文章。李大钊在《庶民的胜利》一文中兴奋地谈道，第一次世界大战的胜利，就是庶民的胜利，劳工的胜利。所以，"民主主义劳工主义既然占了胜利，今后世界的人人都成了庶民，也就都成了工人。……须知今后的世界，变成劳工的世界。我们应该用此潮流为使一切人人变成工人的机会，不该用此潮流为使一切人人变成强盗的机会。凡是不作工吃干饭的人，都是强盗。强盗和强盗夺不正的资产，也是一种的强盗，没有什么差异。……照此说来，我们要想在世界上当一个庶民，应该在世界上当一个工人。诸位呀！快去作工呵！"②

而在同期刊载的《劳工神圣》一文中，蔡元培喊出了"劳工神圣"的口号，认为"此后的世界，全是劳工的世界呵"③。陈独秀随后也发现了比皇帝、官员、知识分子更贵重的人是"做工的人"："世界上是些什么人最有用最贵重呢？必有一班糊涂人说皇帝最有用最贵重。或是说做官的读书的最有用最贵重。我以为他们说错了，我以为只有做工的人最有用最贵重。这是为什么呢？……若是没有做工的人，我们便没有衣食住和交通，我们便不能生存；如此，人类社会，岂不是要倒塌吗？我所以说只有做工的人最有用最贵重。"④

在这里，陈独秀已经非常清晰地表达了唯物史观的基本原理。李大

---

① 马克思恩格斯全集：第30卷．北京：人民出版社，1995：106.

② 李大钊全集：第3卷．石家庄：河北教育出版社，1999：102-103.

③ 中国社会科学院近代史研究所．五四运动文选．北京：生活·读书·新知三联书店，1959：185.

④ 陈独秀．独秀文存．合肥：安徽人民出版社，1987：300.

钊在当时更早介绍的马克思主义的中心内容之一就是劳工主义战胜资本主义，就是弘扬劳动精神，反对不事生产。联系到中国当时的具体实际，他强调，"在别的资本主义盛行的国家，他们可以用社会主义作工具去打倒资本阶级。在我们这不事生产的官僚强盗横行的国家，我们也可以用他作工具，去驱除这一班不劳而生的官僚强盗"①。从李大钊这里得出"劳动救中国"的结论应该不会有多少误差。劳动是把握未来世界的关键和根本，抓住了劳动就抓住了一切，劳动的问题解决了，中国的问题就会迎刃而解。在这个意义上，就与劳动本体论很接近了，由此走向劳动本体论也很容易了。伯尔基（R. N. Berki）的如下所言就喻示着这种劳动本体论："非常明显，马克思的劳动概念近似模仿黑格尔的'精神'，继承了它原始创造力的特性，劳动是造物主，它是人类生活和社会的开始和终结，意识的唯一决定因素，人性和最终现实的连接，事实上它形成了最终的人类现实。"②

值得注意的是，伴随着半工半读运动，对无政府主义开始赞美的劳动而言，其意义并不仅仅局限在生产领域。诚然，无政府主义者首先看中的也是劳动的生产意义，认为"人之所以贵手劳动者，将以博得生产物也"③。但无政府主义者赞美劳动，却绝非仅仅立足于劳动的经济意义，而是进一步从道德、审美等多重意义上认可了"劳动"的价值。

完全满足这几个意义的"劳动"，往往令人想起无政府主义者主张的那种没有强制、压迫和剥削，没有发达的分工与交换，也没有世俗气的活动，差不多就是前现代社会中田园般的独立劳作。这种理想化的"劳动"很容易从生产性的意义基础上进一步衍生出道德和审美的意义。"劳动"于是就被赋予诸多功能，承担起实现诸多美好价值的历史任务。这些美好价值包括：经济意义上的价值，如物质财富的创造、充足；道德意义上的价值，如勤奋、不懒惰、积极向上；审美意义上的价值，如创造力的实现，内心愉悦和个性的实现；心理意义上的价值，如聚精会神等。

李大钊在很多问题上见解深刻，如他明言"经济上的自由，才是真正的自由"；自由与秩序相互促进并不冲突等，这些思想比当时很多人

---

① 李大钊全集：第3卷.石家庄：河北教育出版社，1999：306.

② 伯尔基.马克思主义的起源.上海：华东师范大学出版社，2007：168-169.

③ 劳动者言//葛懋春，蒋俊，李兴芝.无政府主义思想资料选：上册.北京：北京大学出版社，1984：362.

把自由视为无拘无束高明多了。在劳动问题上，他认为劳动是自由的释放、创造力的完成，幸福和喜悦充斥其中，没有苦痛、恶俗习气，却有个性的实现。1923年9月7日李大钊在上海大学所做的"社会主义释疑"的演讲中，针对无政府主义关于社会主义条件下的劳动仍然不愉快、不舒服、很辛苦，是苦事的言论，李大钊强调，劳动能使人精神愉快，人从中能获得工作的喜悦。显然，自我实现意义上的审美是他解释的"劳动"的内涵之一。他举例说，莫里斯赞美欧洲14世纪的艺术品，而鄙视现代艺术品，是"因为十四世纪的艺术品，都是那时代能感觉着'工作的喜悦'的工匠作出来的。艺术家最希望发表的是特殊的个性的艺术美，而最忌的是平凡"①。

李大钊认为，社会主义能保护艺术的个性发展，"免除工作的苦痛，发扬工作的喜悦的，那里有像现在劳动的劳苦，有怠工的现象发生！"②任何劳动都会有体力和脑力的付出，都会产生劳累和疲乏，但通过有兴趣、自觉自愿的劳动，就会有肯定性的感受，也会产生积极的意义。甚至那些富有乐趣的、创造性的活动，可能需要更多的付出，甚需要不时的休整。正如马克思所说，"真正自由的劳动，例如作曲，同时也是非常严肃，极其紧张的事情"③。马克思批评傅立叶把未来理想社会中的劳动浪漫化为纯粹的消遣。马克思指出，劳动之所以是令人厌恶的事情，是因为它始终是外在的强制劳动，不是因为不轻松："这种劳动还没有为自己创造出（或者同牧人等等的状况相比，是丧失了）一些主观的和客观的条件，从而使劳动会成为吸引人的劳动，成为个人的自我实现，但这决不是说，劳动不过是一种娱乐，一种消遣，就像傅立叶完全以一个浪漫女郎的方式极其天真地理解的那样。"④

实际上，在物象化、事化的社会关系系统不够发达之前，在现代化早期，劳动的生产性、道德性、审美性、精神治疗性都曾被人们热议和推崇。在《疯癫与文明》中，福柯就做过很好的考察。在他看来，在近

---

① 李大钊全集：第4卷. 石家庄：河北教育出版社，1999：272-273.
② 同①273.
③ 马克思恩格斯全集：第30卷. 北京：人民出版社，1995：616.
④ 同③615-616. 当然，马克思也肯定了傅立叶的贡献。他说："劳动不可能像傅立叶所希望的那样成为游戏，——不过，他能宣布最终目的不是把分配，而是把生产方式本身提到更高的形式，这依然是他的一大功绩。"参见：马克思恩格斯全集：第31卷. 北京：人民出版社，1998：108。

代主体所要求的品质中，除了理性、智慧，还有一个更重要的就是"劳动"："使禁闭成为必要的是一种绝对的劳动要求。在我们的博爱主义想辨认出某种救死扶伤的慈善印记的地方，只存在对游手好闲的谴责。"①

游手好闲和行乞，也就是无拘无束的"自由"，是这种主体性理论最为反对的行为方式之一。不但违反习惯法者、浪子、无业游民和精神病人必须强制关入禁闭所里，而且游手好闲者和行乞者也必须关禁闭，使他们不再能追求肆意的自由，而是被强制劳动和纳入秩序。这样做的理由不仅是要在能力、道德上塑造及格的行为主体，而且是要塑造经济上合格即自立自强的行为主体。现代自立主体必须要借助劳动养活自己。福柯的这句话很有代表性："凡是有劳动能力的穷人都必须在工作日干活。这样才能避免万恶之源——游手好闲，同时也使他们习惯于诚实的劳动，并能挣得维持生活的一部分衣食。"② 于是，"纯粹消极的排斥手段第一次被禁闭手段所取代；失业者不再被驱逐、被惩办；有人对他们负起责任了，国家承担了负担，但他们以付出个人自由为代价"③。

在分析圣西门时，恩格斯也指出，在高度重视劳动的那个时代，劳动者与游手好闲者的对立替代了第三等级与特权等级的对立，劳动成为最为重要的品质。"在圣西门的头脑中，第三等级和特权等级之间的对立就采取了'劳动者'和'游手好闲者'之间的对立的形式。游手好闲者不仅是指旧时的特权分子，而且也包括一切不参加生产和贸易而靠租息为生的人。而'劳动者'不仅是指雇佣工人，而且也包括厂主、商人和银行家。游手好闲者失去了精神领导和政治统治的能力，这已经是确定无疑的，而且由革命最终证实了。"④ 圣西门认为，无法通过勤奋劳动获得财产的无财产者是没有能力的，他们无法领导这个社会。如果说，从劳动者对游手好闲者的替代，可以走向资产者的主导或无产者的主导两条道路，那么，圣西门走向的无疑是前者，而马克思与恩格斯通过剩余价值理论论证了资产者的资本积累仍然是对劳动（所创造的剩余价值）的剥削，从而走向了无产者主导的道路。不管是哪条道路，在斥责游手好闲、推崇劳动方面，是基本一致的。

游手好闲之徒不能只被关禁闭而不工作，禁闭所要给他们安排工

① 福柯. 疯癫与文明：理性时代的疯癫史. 北京：生活·读书·新知三联书店，2012：48.

② 同①53.

③ 同①49.

④ 马克思恩格斯选集：第 3 卷. 北京：人民出版社，2012：781.

作。英国的教养院成了劳动院。由此，**道德要求成了经济要求，经济要求与道德要求合二为一了**："所有的强壮劳力都被用于实现最大的效益，即都被最便宜地加以利用。"这样，劳动不但具有经济意义，而且具有道德意义："按照古典时期的解释，劳动所具有的消除贫困的力量和特点，与其说是源于其生产能力，不如说更多地源于某种道德魅力。劳动的效力之所以被承认，是因为它以某种道德升华为基础。"① 根据这种道德—经济理论，懒汉是坏的，游手好闲是坏的，自由散漫是坏的，劳动即使不是很有效，但是只要它能治疗游手好闲和懒惰，那么没有利润也是合理的。福柯说，"正是在某种劳动体验中，形成了这种经济和道德交融的禁闭要求。在古典世界里，劳动和游手好闲之间划出了一条分界线。……到了古典时期，人们第一次通过对游手好闲的谴责和在一种由劳动社会所担保的社会内涵中来认识疯癫。劳动社会获得了一种实行隔离的道德权力，使它能够驱逐各种社会垃圾，就像是把它们驱逐到另一个世界。正是在劳动的神圣权利所圈定的'另一个世界'里，疯癫将取得我们现在认为属于它的地位"②。

劳动是标识道德优越的品质，不劳动的懒惰是禁闭的缘由之一。疯癫与懒惰也相通，因而都应该得到管理与约束。于是，劳动不仅是经济上必需的，也是道德上必需的。它是道德治疗的好手段："工作首先是以'道德治疗'的面目出现的。工作本身的强制力优于一切肉体强制方式。因为在工作时必须服从规定的工作时间，集中注意力，并负有做出某种成果的职责，这就使病人不能胡思乱想，否则可能有严重的后果。"③

马克思也说，勤奋、劳动作为工商阶层的文化、伦理，也作为新教精神，说明劳动绝非仅仅是创造更多剩余的经济要求，更是一种伦理要求。当弘扬"不要救济而要他们去劳动"的新型伦理甚至能战胜当时的济贫法把离开土地的无业者赶进工场时，多能凸显劳动伦理的巨大威力。马克思反对的不是这种伦理的重要意义，而是反对只把这种伦理用于工商业阶层的片面性。他看到，这种劳动伦理日益在资产阶级身上失去作用，而更多被转移给了工人阶级。他说，"新教几乎把所有传统的假日都变成了工作日，由此它在资本的产生上就起了重要作用"④。在

---

① 福柯. 疯癫与文明：理性时代的疯癫史. 北京：生活·读书·新知三联书店，2012：52，55.
② 同①57-58.
③ 同①233.
④ 马克思恩格斯全集：第43卷. 北京：人民出版社，2016：283.

工场手工业时期，工人受"个体自由，休息日应该更长"的思想影响越小，国家和资本的收益就越大。马克思不满的是，随着资本主义的不断发展，资本家越来越对工人提出勤劳的要求："在今天的社会里，勤劳、特别是**节约**、**禁欲**的要求，不是向资本家提出的，而是向工人提出的，而且恰恰是由资本家提出的。"① 现在，随着国际分工体系的变化，勤劳与禁欲的要求越来越向不发达国家与地区的工人阶级提出，越来越向不发达国家与地区进行结构性转移了。

劳动被视为治疗游手好闲、自由散漫的道德手段。近现代经济理论、社会理论从道德和伦理层面论证劳动的合理性，是对游手好闲、自由散漫的抑制和否定。但无政府主义却在这个基础上又回过头来把劳动往自由散漫的方向上推，把游手好闲、随意消遣、轻松愉快当作理想社会的规定，从而使得尼采对末人的嘲讽和批评有了现实的例证。没有理想、没有信仰、不冒风险、贪图安逸、精于计算、善于满足欲望，不再追求伟大和超越性价值，而是追求安逸、幸福、无痛苦，工作要成为消遣，财富和权力要尽可能平等，不要引发纷争与矛盾，尼采笔下的这种末人之相能满足无政府主义理想的绝大部分。与韦伯对此深深的忧虑相比，福山在《历史的终结与最后的人》中对这种人的肯定想必很契合无政府主义者的心意，但可惜与马克思的理想差距甚远。

考虑到无政府主义兴盛时期，国人所理解的"自由"多是无拘无束②，就可以理解以历史唯物主义理解的社会化"劳动"来改变懒散的

---

① 马克思恩格斯全集：第 30 卷. 北京：人民出版社，1995：244.

② 在五四时期，不用说陈独秀，就是自由主义者，"在学理层面也未必懂多少自由主义。很多人可能不过是在最直观的意义上理解自由，以为是可以不受规则约束的意思。因'五四'而地位得到迅速提升的北大学生，似乎就表现出这样的倾向"。参见：罗志田."五四"与西学：与"自由主义"相关的一个例子//童世骏. 西学在中国：五四运动 90 周年的思考. 北京：生活·读书·新知三联书店，2010：92. 马林诺夫斯基也指出，其实很多人都是在个人直观的意义上理解自由的，这样就很容易把自由理解为无拘无束，或者对约束的摆脱。这是从个体而不是整体、从直观而不是反思的角度做出的理解，往往是虚幻和经不起推敲的。参见：马林诺夫斯基. 自由与文明. 北京：世界图书出版公司，2009：第五、六章. 狄百瑞也指出了这一点。他认为，儒家本身有一定的自由传统，但它在不同时期有不同的境况，比如在明朝可能比较糟糕，"镇压异己的专制行为以明朝皇帝最为严厉"。到了五四时期，这种儒家自由传统未得到承认。自由传统被认为来自西方，"然而西方的自由思想是靠法律与人权的观念来维护的。这种广义的自由，这些 19 世纪（疑误，应是 20 世纪——引者注）20 年代晚期的年轻人还不太了解，他们满脑子充满个人自由主义，甚至于浪漫地投向无政府主义"。参见：狄百瑞. 中国的自由传统. 贵阳：贵州人民出版社，2009：137，143.

传统，以劳动救中国的主张多么合理。而以社会化大生产意义上的劳动为根基的自由论跟传统经验状态上的无拘无束的自由论相比，显然更是一种进步。

我们知道，马克思对劳动分工水平的提高抱有很高的期望，并不认为分工只会造就异化、物化，只会压制自由，而是会为人的全面发展和自由的提高提供越来越坚实的基础。他首先肯定，分工的日益专门化使得工人的劳作沦为机械重复，这不但造成了工人隶属于机器，成为追求效率的机器运作的一部分，还造成了以下后果：

第一，"变成了机器的劳动资料的运动和活动离开劳动者而独立了。劳动资料现在成为一种工业上的**永动机**，如果它不是在自己的助手——人的身上遇到一定的自然界限，即人的身体的虚弱和人的意志的力量，它就会不停顿地进行生产"①。

第二，"机器劳动极度地损害了神经系统，同时它又压抑肌肉的多方面运动，剥夺身体上和精神上的一切自由活动。甚至减轻劳动也成了折磨人的手段，因为机器不是使工人摆脱劳动，而是使工人的劳动毫无趣味"②。但是，他还接着肯定，社会化的劳动也为劳动者的全面发展提供现实基础，技术的不断进步也可以为劳动的自由拓展更多空间。社会分工和技术的不断发展，不但对劳动者的教育、技能的掌握提出了越来越高的要求，也会使得劳动者从固定、狭隘的分工中解脱出来，在越来越高的程度上走向对固定、狭隘分工的克服与超越，使得劳动者的知识、技能、素养越来越高，也越来越全面。由此，势必导致第三点。

第三，劳动技能、劳动者素质需要经常更新和提升。因而，"劳动者尽可能多方面发展能力是现代生产的普遍规律"，对于经济发展来说，"这是生死攸关的问题"③。"大工业迫使社会在死亡的威胁下用全面发展的个人来代替局部的个人，也就是用能够适应极其不同的劳动需求并且在交替变换的职能中只是使自己先天的和后天的各种能力得到自由发展的个人来代替局部生产职能的痛苦的承担者。"④

对第一点和第二点，马克思称之为物化、异化。在这方面，劳动就

---

① 马克思恩格斯全集：第 43 卷．北京：人民出版社，2016：420．
② 同①442．
③ 同①515．
④ 同①515．

与不自由、劳累、困苦、无奈、机械重复、无聊、缺乏创造性、出力流汗、机能和时间的耗费联系在一起。而第三点显示出，马克思从物化、异化的劳动中看出了一种超越它的内在必然性力量。《资本论》时期的马克思不但仍然在使用"异化"（Entfremdung）概念，而且已经开始历史地看待它，认为异化作为某种现代性的必然现象，既具有负面影响，也具有积极的正面意义，从而不再像早期那样完全消极地看待异化了。在这方面最有说服力的是"物象化"（Versachlichung）概念，它的重要性远远超出了"异化"概念，其含义主要是现代社会中的人必须由物（Ding、Sache）来标识。而在人—人关系必须由物—物关系标识的这个概念中，马克思的意思主要是，本来很正常的情况（"物的使用价值对于人来说没有交换就能实现，就是说，在物和人的直接关系中就能实现"）在现代市场社会中很奇怪地成了，"物的价值则只能在交换中实现，就是说，只能在一种社会关系中实现"①。物之物性的实现取决于人及人与物之间的关系；物的生产、交换都需要被置换成抽象的、无差别的、普遍性的劳动才能完成。而作为生产者和交换者的人，也必须借助通过了社会性考察并被认可的物来表征。首先，这是不可避免的一个过程，是"以**物**的依赖性为基础的人的独立性"这第二个社会形态的基本状况，比第一个社会形态下"人的依赖关系"有进步，并为第三个"自由个性"②形态提供基础。其次，人不再仅仅是对自身及其活动成果拥有自主性并且自由自觉活动着的主体，通过日益复杂的社会交换（交往）而把自己的社会特质显现出来也是现代人的一个应予肯定的方面，一个标示着主体的普遍性的方面。即使这个方面与标识着主体的个性和自主性的方面还存在某种冲突，还难以较好地协调一致，但现代人在现代社会中分别在不同维度上发展和延展自己的多维性、辩证性已经不可否认。于此视之，否定和阻碍主体的自主性，不能由自己决定的非自由自觉性，并不一定就是对人的摧残和否决，而只要是在社会性维度上有助于人的普遍性的实现，也是应予肯定的现代性成果，也是现代人的本质的一种实现。所以，仅仅把劳动者视为自由、个性的拥有者与承担者，是非常片面的；仅仅从这个角度把现代市场社会的普遍交换系统看作负面的，更像是浪漫主义的极端化立场。

---

① 马克思恩格斯全集：第 43 卷．北京：人民出版社，2016：77.
② 马克思恩格斯全集：第 30 卷．北京：人民出版社，1995：107 – 108.

由此，把劳动仅仅与不自由、奴隶、机械重复、无聊、劳累、困苦、无奈、缺乏创造性、机能和时间的耗费联系在一起，就不再是马克思主义的观点，而是 19 世纪以来那些拒斥例行化劳作的无政府主义者的观点。施蒂纳持有这种立场，后来的现实主义作家如福楼拜的观点，是一种标准的无政府主义观点！按照这种无政府主义的逻辑，凡劳动都是异化的活动。譬如布雷东就坚决反对工人们的劳动崇拜，讥讽他们以一种几乎宗教般的方式培养工作的观念。他把劳动看作由他人意志决定的奴役，与艺术家、科学家、哲学家的工作根本不相同。阿拉贡甚至说，工人的劳动是异化的，是放弃主体性，如同卖淫女出卖自己的贞洁和身体一样出卖自己的人格尊严："最终同意工作以维持生计的人，胆敢将其注意力和身上一切神圣的东西献给继续生活的、欲望单纯的人，将自己降为他自己，承认自己事实上是在卖淫的人。啊！银行家、学生、工人、官员、仆人，你们是投机取巧的人。我绝不会工作，我的双手洁净。"①

显然，这种贬低劳动的观点非常举似于古典思想。按照阿伦特的看法，在古希腊传统中，"劳动"（labour）与"制作"（work）及"行动"（action）是根本不同的。"劳动"是城外的奴隶从事的活动，"制作"是城市中工匠从事的活动，而"行动"则是城市中公民从事的政治、伦理性活动。只有第三种活动才是真正的人的活动，而这种活动的开展需要其他人承担那些单调、苦闷、出大力流大汗的劳动。尼采也指出，劳动的道德意义是奴隶与大众的意识赋予的，不是高贵的，贵族会认为劳动是耻辱。尼采认为，现代人过于傲慢，无法使我们感受到非凡的年代，那个年代"是在'世界历史'之前，是真实的、确定的正史，它确立了人类的性格：那时候，苦难、残酷、伪装、报复、拒绝理性总是被当作德性；反之，舒适、求知欲、平和、同情心却总是被看作危险；那时被人怜悯和劳动是耻辱，疯狂是神圣，而变化则总是被看成不道德的、是灾难的先兆"②。

于是，古典思想中关于劳动不自由、只与奴隶有关，以及后来本雅明欣赏的那种波希米亚浪荡子文化，把悠闲看作必需的，而过分劳作被

---

① 毕尔格. 主体的退隐：从蒙田到巴特间的主体性历史. 南京：南京大学出版社，2004：131.

② 尼采. 论道德的谱系. 北京：生活·读书·新知三联书店，1992：91.

看作没有品位的表现，就与马克思的思想发生了明显的对立。作为现代思想的代言人之一，马克思明显拒斥这种"一个人受奴役是使另一个人获得充分发展的手段"① 的做法。按照马克思的理论方案，田园诗般的活动的大面积拓展随着现代科层制的不断延展而变得越来越不可能。自由和解放只能实现于生产力不断发展、生产关系不断完善并直接体现为劳动时间日益缩短的历史发展过程之中，自由和解放蕴含在必要劳动时间日益缩短而自由支配时间日益增长的未来发展空间之中。

至此，应赞同邓中夏 1922 年对共产主义与无政府主义的界定："共产主义与无政府主义终极的目的没有甚么两样：无政府主义的好处，共产主义都包有；共产主义的好处，无政府主义却没有了。共产主义有目的，实行有步骤，有手段，有方法，反之，无政府主义除开他视为掌上珠，图案画，绣花衣的最美妙的理想目的以外，却空空毫无所有了。"②

3. "劳动"面貌的还原及其意蕴

第一，肯定和弘扬劳动是下层民众、中产阶级的文化理念。如上所述，对"劳动"的弘扬不是一种古典文化的传统，而是中下层民众文化的精神。即便是反映中下层民众想法的原始基督教精神，也还没有像现代文化那样赞美劳动。洛维特指出，"劳动"有两个含义。一是必需、劳累、苦难。按照基督教的传统，劳动是罪的报应和惩罚，是生硬的、讨厌的、必须服从的强制性活动，并不值得赞扬。新教才开始尊重世俗的劳动，富兰克林就是明证。市民阶级的人必须劳动，也想劳动；劳动是市民阶级的本质所在，是他们的内在品质。二是一种成就，具有独立的、建设性的意义，是一切技能、德性和愉悦的源泉。按照这样的理解，劳动不仅具有经济的意义，而且具有德性的意义和愉悦的价值。我们劳动不仅是为了谋生、满足基本需要，而且是为了成就某些类型的善，从而获得愉悦。"劳动的两种基本意义，即作为必需和劳累（molestia）和同时作为成就（opus, opera），依然表现在其词义的历史

---

① 马克思恩格斯全集：第 44 卷. 北京：人民出版社，2001：470.
② 蔡尚思. 中国现代思想史资料简编：第 2 卷. 杭州：浙江人民出版社，1982：172.

中。"① 作为成就的"劳动",已经越来越与教养合流了。在恩格斯所谓工人阶级是德国古典哲学继承人的论断中,处于很高地位的"劳动"已经不再与游手好闲、缺乏教养和文化这两点对立了,已经克服了与它们的外在对立而把它们吸收进自己之中了。"劳动"俨然已经与成就、创造、教养、崇高的理想、德性、愉悦等诸多美好的事物内在地连在了一起。

这种赞美劳动的理念被资产阶级古典经济学吸收、肯定,成为现代文化的基本理念。但应该看到,小农经济中也存在着需要改造的落后观念,比如劳动的节奏、强度、时间都是应该由个人掌控的,劳动也是偶然和随意的事情;再比如劳动还有高下之分,有些"低级"的劳动不体面、不令人向往,甚至是不得已为之的事情,是难以与教养、德性密切联系的俗事。这意味着,小农经济塑造的理念还不能很好地适应为无产阶级解放奠定基础的现代经济的本质要求,需要根据马克思主义的本质要求进行改造和提升。所以,在这个意义上李大钊说,这样的传统还需要中国马克思主义来革新,需要引入马克思主义的劳动观,来替代和淡化原来蔑视劳动的暗流。这正是中国马克思主义劳动观的价值所在。原始儒家似乎比宋明理学更加贵族化,其圣人理想离寻常百姓更远。成圣仅仅靠努力劳动是不够的,必须要进一步提升层次。按冯友兰先生的"四境界"论,劳动滞于第二境界,必须提升到道德活动的第三境界,才能更接近最高的天人合一境界。传统中那种消极、幻想性的自由观并不与劳动直接相关,而是建立在对劳动的逃避上。它把自由理解为我行我素,摆脱束缚,而不是对普遍规则的认真遵循。就此而论,随着中国经济的进一步发展,李大钊提倡的"劳动救中国"的理念仍然没有过时。虽然现在的中国早已不再处于李大钊生活的那个时代,但他的提醒仍富有意义,"劳动"不能被贬抑、嘲笑和忽视,并且需要与时俱进地更新和提升。

第二,劳动的整合性能力似乎大大弱化了。马克思的劳动观念继承自英国古典经济学。英国是一个希伯来传统浓重而古希腊传统淡薄的国家②,而且自13世纪起英国社会就已经具有个人主义和资本主义的显

---

① 洛维特. 从黑格尔到尼采. 北京:生活·读书·新知三联书店,2006:357.
② 阿诺德. 文化与无政府状态. 北京:生活·读书·新知三联书店,2002.

著特征了①。"劳动"观念在那样的社会里"根深蒂固"，基础性强。但现在时代不同了，原来与伦理学不可分割的经济学如今早已与伦理学分离了，人文色彩很强的政治经济学逐渐成了日益与自然科学靠拢的经济学，原来与道德须臾不可分的政治经济学成了不讲道德的经济学。在改革开放中逐渐具备"帝国主义"风范的经济学，其主流已经日益偏向一种经济与道德的分离论。比如经济学家樊纲从20世纪80年代末开始就主张经济学不应该谈道德。他在1989年第1期的《读书》杂志上就发表了题为《经济学不是道德说教》的文章，大约十年后在该杂志1998年第6期上又发表题为《"不道德的"经济学》的文章，力主经济不必讲道德。他认为，经济学本身不谈道德，理由如下：首先，它不对（任何）一种价值观的好坏做出评价；其次，它不研究各种道德观形成的历史，虽然不排除经济学把道德规范作为一个经济过程的"副产品"来看待；最后，经济学本身不研究如何改变道德规范。他的意思是，道德是道德学家的事，不是经济学家的事。借此轻描淡写地把经济行为的道德效果问题推给道德学家，"只是由于社会分工不同、职业分工不同，经济学不去做其他学科所做的事情罢了"②。虽然他也明白，这样做也是摆脱不了一种起码的道德前提的，即接受了性本恶的假定："经济学把自己的任务定在如何在假定'性本恶'的前提下设计出经济体制、经济政策，以使经济运行取得较好的成果。"③ 典型的就是卢卡奇所谓"专门化大师"的逻辑，通过分门别类、专门化，把问题推出去，把自己封闭起来，获得好处，获得正当性，而把问题和麻烦踢给其他学科、其他人，再借助于经济学帝国主义，此种做法的效果得以迅速扩大。这样一来，被经济学处理过、玷污了的"劳动"丧失了原本那种奠定一切、包容一切的根基性和整全性，丧失了马克思赋予它的那种包含阿伦特所谓"labour"（劳动）、"work"（制作）、"action"（行动），甚至还有亚里士多德的"沉思活动"的特性，成了一个专门化的、含义和效果被限定和压缩的具体概念，不再有奠定一切、整合一切、孕育一切、塑造一切的魄力和能力了。它能承担的只是创造物质财富，扩大生产力，并据此要求完善生产关系而已。"行动"与"沉思活动"成了"劳动"不感兴趣、

---

① 麦克法兰.英国个人主义的起源.北京：商务印书馆，2008.
② 樊纲."不道德的"经济学.读书，1998（6）：52-53.
③ 同②53.

无能为力，或加以嘲笑和极力贬损的对象。

第三，在发达社会，我们也听到了劳动社会终结的声音。高兹就把走出劳动社会说成现代意义上的"走出埃及"，认为劳动社会行将消失，而且一去不复返。他呼吁我们应有勇气接受这一点，甚至主动去埋葬它，而不要依依不舍地怀念它："'劳动'已经在意识、思想和人们的想象力中丢失了它曾经拥有的核心地位，为此我们必须学会用另外的眼光来观察它……"① 在《经济理性批判》一书中，他指出，传统的劳动乌托邦已丧失了现实性，必须放弃，"只要我们仍然有成见地滞于劳动社会的乌托邦之中，我们就仍然不能发觉和利用从目前的社会转变过程中得到的解放潜能"②。

更严重的是，随着劳动职能被定位、被压缩，它还成了帕斯卡尔所说的打发无聊的手段，成了一旦停下来就会遭受虚无主义困囿的东西："劳动社会容忍不了自主的理想世界和不必劳动的游戏文化。它惧怕自由幻想的颠覆性如同妖魔惧怕圣水。……在这样的背景下，劳动空闲时间的增多不但意味着个体的选择和塑造自由的增加，而且也意味着更大的空虚、死一般的无聊、更少的意义和目标。"③

在此情形下，"劳动"迫切需要向"实践"转化。在这个转化过程中，儒家可以为"劳动"理论注入一种有益的思想资源。"劳动"是以物为对象的活动，而"实践"才是以人为对象的活动。改造物、增加物质财富，与改造人、完善和提升人的教养，是根本不同的两回事。马克思曾经说过，"〔在古代人那里，〕财富不表现为生产的目的……人们研究的问题总是，哪一种所有制方式会造就最好的国家公民。财富表现为目的本身，这只是少数商业民族——转运贸易的垄断者——中才有的情形……根据古代的观点，人，不管是处在怎样狭隘的民族的、宗教的、政治的规定上，总是表现为生产的目的，在现代世界，生产表现为人的目的，而财富则表现为生产的目的"④。儒家的"实践"（即阿伦特的

---

① André Gorz. Arbeit zwischen Misere und Utopie. Frankfurt am Main：Suhrkamp Verlag，2000：9.

② André Gorz. Kritik der ökonomischen Vernuft. Berlin：Rotbuch Verlag，1989：24.

③ Bernd Guggenberger. Das Ende der Arbeitsgesellschaft und die Erosion des Politischen. Eine Erkundung mit Hannah Arendt//Die Zukunft des Politischen Ausblicke auf Hannah Arendt. Frankfurt am Main：Fischer Verlag，1993：99.

④ 马克思恩格斯全集：第 30 卷．北京：人民出版社，1995：479.

"行动"）恰恰就是以人为对象、目的的活动。在中国，"劳动"与阿伦特的"行动"的融合，需要中国马克思主义与儒家学说的内在融合。至于"劳动"与"沉思活动""审美活动"的进一步融合，还需要更多的思想资源的引入。

第四，最为重要的是，应该把儒家的伦常实践理念纳入中国马克思主义之中，对只重视生产劳动的传统"劳动"概念做出补充，将其提升为"实践"理念，才能使之表达出更多的文化意涵来。

从遭贬抑的下层民众的品德，发展到中下层民众力主的美德，再到道德性被去除，"劳动"概念的变迁意味着它正在丧失道德上的优越性和美学上的愉悦性，变得日益世俗、庸常。

另外，由于各种缘故，马克思主义传入中国时恰逢无政府主义传播得更为广泛之时。比如完全排斥物化、从个人绝对自由的角度解释马克思、反对主体性等，它们以马克思主义理想的形象被嫁接到"劳动"逻辑之中，使得"劳动"自身的逻辑与其承担的东西之间的鸿沟更加扩大，内在张力日益增大，从而更增加了"劳动"观念的重负，增加了"劳动"向"实践"过渡的必要性。

我们知道，马克思主义本是一种力图把先进性与大众性、自觉性与自发性内在结合起来的伟大尝试。立足于先进性的本质要求，它对自发性、当下存在提出了很高的要求，不断地要求无产阶级继承德国古典哲学传统（这一点甚至比对德国资产阶级的要求还要高）；它还不断地要求无产阶级跟最先进的生产力相联系，不能囿于自己的狭隘利益，阻碍技术、生产关系与生产力的进步。我们看到，后来的无产阶级不是总能做到这一点。这更凸显了马克思、恩格斯理论诉求的价值和先见之明。劳动与道德、伦常实践的结合，与科学技术的结合，与高贵、意义、崇高价值的内在结合，还没有完成。如果这时就滑向非道德化，变得过分世俗化，放弃对崇高价值的追求，那"劳动"主体就会陷入虚无主义，就无法成就"实践"。

狄百瑞曾说，儒家也有一种很好的自由传统：通过强调修身，由己至人，达到自我与社会、自我与天地万物的统一，要求"以敬畏之心去生产，去对待天地万物"，要求"遵守天定的道德规则"，把个人尊严、自制自律跟公共利益内在结合起来①，要求个人不是违背天意而是达到

---

① 狄百瑞.《大学》作为自由传统//哈佛燕京学社.儒学与自由主义.北京：生活·读书·新知三联书店，2001：192.

从心所欲不逾矩的境界。这与西方近代自由主义所理解的自由是基本一致的，但是绝不能等同。"西方的人文和自由教育，主要目的是释放个人自我成长的潜力，视自制自律为他人服务的前提，并不是要从所有外界约束中解放出来。"① 这些思想完全可以为中国马克思主义所吸收，毕竟马克思主义建立在对资本主义、自由主义的批判和超越上。可是，个人意志绝对自由的观念受无政府主义影响日甚。其主要表现如下：

其一，物化阻碍自由，物化完全是负面的、消极的东西。这是以施蒂纳为代表的无政府主义的思想。

其二，不经过大工业的洗礼，也可以获得自由，甚至更能获得自由。这是极端的复古派持有的观点。

其三，无高于有。朱谦之把虚无主义视为个人生存的最高境界，这与施蒂纳、海德格尔的思路基本一致。朱谦之的虚无主义的最高境界就是让每个人进而让每个物都成为自己。这恰与海德格尔推崇的思想，也就是他晚期向往的那个"本有"（Ereignis）的含义极为类似。

其四，个人高于社会，也先于社会。这类思想以各种形式侵蚀中国马克思主义，其实是以自由主义甚至无政府主义的理念来挑战马克思主义。比如把绝对的个人自由当作马克思主义的最高理想，只字不提马克思主张的个人自由是在个人与共同体的统一中才能实现和规定的。

这四点都不是马克思主义的观点，不符合马克思主义的基本立场。重思中国马克思主义与无政府主义的争论，必须牢记这一点。中国马克思主义一开始就面对无政府主义的渗透，需要在应对这种渗透中厘清自己的前提和界限。在这种厘清中，儒家被划归到东方文化派别，划归到比小资产阶级的无政府主义更"落后"的封建文化范围之中，用一种单线的进化论宣判了儒家的地位和价值，拒绝了马克思主义与儒学传统的内在结合。这是需要重新思考的。

---

① 狄百瑞.《大学》作为自由传统//哈佛燕京学社. 儒学与自由主义. 北京：生活·读书·新知三联书店，2001：191.

第十八章　合理启蒙与激进启蒙：
马克思与尼采

　　关于启蒙，以马克思为坐标寻求比较对象的话，除了康德、黑格尔等德国古典哲学家，最重要、最有意义的就是尼采了。无论是就启蒙的主要对立面是基督教，因而就批判基督教的程度和彻底性而言，还是从启蒙如何进一步向其他领域推进而言，马克思与尼采之间都存在着明显的共同点和差别。马克思和尼采共同处于德国批判基督教、推进启蒙的时代背景之中，对基督教和资产阶级的批判性态度，构成他们共同的立场。霍克海默、阿多诺曾写作以《启蒙辩证法》为题的著作，促成两位作者探究启蒙辩证法的，也主要就是马克思与尼采两位先驱。马克思与尼采共同搭建了《启蒙辩证法》的传统构架。在这些意义上，马克思与尼采的两种启蒙辩证法的关系值得深入探究。本书主要是探讨马克思的启蒙辩证法，由于我们已在多个章节研究了马克思，所以，在本章对两人启蒙观的比较探究中，我们就把稍多篇幅给予尼采。

1. 何种启蒙：定义与态度

　　马克思与尼采对启蒙理解的异同及对辩证法的不同理解，是一个很大很复杂的题目，本章仅做些初步思考。关于马克思对启蒙的态度我们已在前面各章中做了不少思考，确定他是一个合理的启蒙者，但这是在他经历了早期非常激进的启蒙批判，认识到如此激进的启蒙批判会导致何种恶果之后通过调整确立起来的。与此不同，我们在尼采那里却看不到他为自己先前异常激进的启蒙批判主动降温，在表达形式和思想内容等诸方面采取更温和、更合理的形式。从表达形式上看，似乎恰恰相反。晚期尼采的写作和表达风格更加恣意妄为，在意识到理解自己思想的人是未来的哲学家，因而为之写作的读者尚未存在，其思想和表达风格更加富有个性，更不在乎读者能否很快很好理解。当然，从思想内容上看，晚期尼采在批判形而上学方面的激进程度也有所降低，给予形而上学的思维方式及其支撑的价值追求一定的自然合理性判定，不再一概而论地激烈否定形而上学。不过，考虑到批判基督教是近代启蒙的重要内涵和基本标志，他对基督教一贯的激烈批判，很容易给人以激进启蒙甚至极端启蒙的印象。近代启蒙批判基督教虽然表面激进，其实在线性历史观念、历史是普遍史而非地区史、千年王国的世俗化等方面，以及坚信自己把握了真理因而极为虔诚甚至倾尽精力传播、应用这种真理（缺乏足够的自我反思）等方面，初期的启蒙运动与所批判的基督教一脉相承。这种一脉相承被尼采的用永恒轮回替代进步并嘲讽千年王国是虚弱无力者的妄想等思想打断。尼采的思想虽然也与基督教密切相关，但其启蒙批判的激进性超过近代启蒙这一点是非常明显的。

在启蒙批判异常激进的意义上，尼采就可以被视为一个不遗余力彻底推进启蒙批判的思想家。"通过其自我反思将启蒙运动彻底化，从一开始就是尼采的筹划的核心。"① 彻底化的启蒙还有没有一个合理性界限？尼采推崇的启蒙有没有走向极致与极端？特别是写作《查拉图斯特拉如是说》一书之后，尼采写作对准的读者对象早已不是普通人，而是未来的哲学家，这尤其给人以走向了极致、极端的印象。在很多场合，尼采反对柏拉图式启蒙，反对那种为了避免重复苏格拉底的命运让哲学屈从于高贵的谎言之下，保持一个形而上学的崇高世界，以利于民众和当局对既定秩序的维护。尼采试图揭穿一切真相，相信世界本来是非逻辑、非进步、永恒轮回式的，相信身体、肉体、意志、情感相对于精神、理性是根本的，以便去除各种幻象，解除套在人身上的各种锁链。套用后来受尼采影响甚大的《启蒙辩证法》一书的观点来说，启蒙批判的彻底性就体现在对启蒙自身的激进反思与批判上。按照这种逻辑，尼采就是启蒙批判原则的典型代表，他代表的是一种激进、彻底甚至极端

---

① 瑞斯艾．奴隶，主人，暴君：尼采的自由概念//哈佛燕京学社．启蒙的反思．南京：江苏教育出版社，2005：269.

化的启蒙精神。这种观点显然把尼采视为启蒙批判、启蒙精神的杰出代表。就像菲利普·迈耶所说，"为尼采辩护的流行做法是把他的启蒙批判尊奉为启蒙精神的一种极为彻底的贯彻"①。

但自从 20 世纪末期后现代主义流行以来，从后现代主义角度解读尼采的潮流影响很大，把尼采视为反启蒙、主张非理性主义的思想家的研究者不在少数，这种理解极力放大尼采启蒙批判的否定性、解构性意味。在尼采思想的建构性远不如解构性明显，并且建构明显依赖解构的情况下，尼采被解释成解构一切特别是解构近代启蒙精神（普遍秩序、进步观念、理性至上等）的代表。斯汤奈尔就把尼采视为反启蒙的思想家，认为"'反启蒙'一词很可能由尼采首创，并在19、20世纪之交的德国被频繁使用"②。实际上，按照我们在本书引言第一节结尾处的区分，尼采不是反启蒙，而是反思、批评启蒙运动，是反运动化的启蒙。反思运动化启蒙完全可以力主一种新的启蒙。但按照后现代主义模式的解读，解构一切、瓦解一切的冲动被视为绝对意志的结果，"这种意志不允许任何未经检验的东西存在；还可被视为不惜一切的批判思维的知性真诚，这种真诚是否能让任何东西长久存在也都是可疑的"③。它将导向一种无序世界，"在这个世界中，无人能有归属感，没有什么东西一直有效，人类理性在此情形下，不得不在一种新的艺术性中寻找救赎"④。由此，尼采甚至被看作一个现代犬儒主义者，因为他一生都在解构、批判、嘲讽传统的价值体系和为之论证的传统形而上学。如果无视尼采解构之后的建构性主张（这是现代犬儒主义明显缺乏的），也无视晚期尼采对民众形而上学的诸多肯定（这种肯定明显超过了同期的恩格斯⑤），尼采很容易被解释成一个与其本来面目差异很大的"犬儒主义者"⑥。

---

① 迈耶. 音乐的隐喻：论尼采思想中观念性与实在性的关系//孙周兴，赵千帆. 尼采与启蒙. 北京：商务印书馆，2020：68.

② 斯汤奈尔. 反启蒙：从 18 世纪到冷战. 上海：华东师范大学出版社，2021：引言 5.

③ 同①.

④ 同①69.

⑤ 对此请参见本书下一章的具体分析。

⑥ 斯洛特戴克在《犬儒理性批判》中在把尼采称为一个犬儒主义者时正确地加了引号。参见：Peter Sloterdijk. Kritik der zynischen Vernunft. Frankfurt am Main：Suhrkamp Verlag，1983：10.

其实，尼采是一个启蒙主义者还是反启蒙主义者？如果是启蒙主义者，那他是一个什么样的启蒙主义者？回答这些问题都取决于如何界定和理解"启蒙"。恰如福尔克尔·格哈特（Volker Gerhardt）所说，尼采是启蒙的对手还是一个特殊的启蒙者，取决于"以何样的启蒙概念作为讨论的基础"①。如果启蒙是指知性启蒙，把算计、产值、进步观念、肤浅的宗教批判当作这种启蒙的核心特征，那这是尼采所鄙视的，尼采肯定不是这种意义上的启蒙者，而肯定是这种启蒙的尖锐批判者。算计、"与肉身和情感相疏离的知性，肤浅的乐观主义历史观以及流于皮毛的宗教批判"②，尼采对这样的启蒙是鄙视的。如果启蒙是指智术师式的，只是为了获取利益、塑造偶像崇拜，那也是尼采所鄙视的。也就是说，这种启蒙就是通过反思占有一种固定的真理，借助这种真理的传播、应用而达到一种清晰明亮的合理性状态，建构一种完美的合理性秩序，并且以真理自居，对自己认为不符合真理的存在予以敌视和否定，尤其是这种秩序与利益关联在一起时。尼采追求的肯定不是这样的启蒙。相反，这种启蒙恰恰构成反思的对象。这样的启蒙不仅对启蒙的理解异常简单，而且没有把自身当作启蒙反思的对象，只对他者不对自身进行启蒙。虽然不是每次都会招致糟糕的结果，但足以构成防范和反思的理由。这种只对他者不对自身的启蒙态度可以表现为层次很低的启蒙，仅仅在有限的范围和程度上才是启蒙，一旦超出界限就很容易成为极端的启蒙，甚至虚假的启蒙。

如果"从对启蒙概念的一种宽广的理解出发，这幅图景就会改变"③。由此，如果我们把克服意识形态、获得自由作为启蒙的核心所在，那尼采就是这种意义上的启蒙者，而且是不遗余力予以推进的启蒙者。如果启蒙是无限的反思，不管哪种理论，不管是谁（包括自己），如果自以为占据了真理，甚至据此对其他人进行炫耀、排挤甚至压制，那就构成启蒙反思的对象，这样的启蒙尼采是承认的。只有不断反思自身的启蒙，反思自身是否越界、是否故步自封、是否自以为是地敌视和伤害他者，才是真正的启蒙。在这个意义上，尼采是启蒙思想家。或者

---

① 格哈特."自由的精神"：一个为了人类自我启蒙新未来的古老概念//孙周兴，赵千帆.尼采与启蒙.北京：商务印书馆，2020：123.

② 同①.

③ 同①124.

换个角度说，如果启蒙是指揭示真正的现实，去除意识形态，那尼采显然是真正的启蒙者。当尼采强调"要进行一项重要的启蒙，让人们以权力取代（每个生存者都追求的）个人'幸福'：'追求权力，追求更多权力'；快乐只是获得权力的一种情感征兆，一种差别意识——（——并非人们追求快乐：而是当人们达到所追求的东西时快乐出现了：快乐只是附属的，快乐并不起推动作用——）"① 时，"启蒙"就是越过庸人的"快乐""幸福"把握世界的真相，在这样的意义上，尼采当然是启蒙思想家。视野再扩大一点讲，如果我们接受霍克海默与阿多诺的主张，把西方自古以来的启蒙视为解除焦虑与恐惧的有效手段，跟宗教、神话、巫术、艺术并列的手段，那也要看这种手段取得效果之后进一步走向哪里，如果走向个体生命的自由与解放，那尼采就是揭露仅仅取得克服焦虑与恐惧的效果就足够的启蒙，力主进一步推进到追求个体生命的自由与解放层面的启蒙。在前一种启蒙的意义上，尼采是坚定的批判者；在后一种启蒙的意义上，尼采则是坚定的赞成者。如果启蒙就是从前者过渡、提升到后者，那么尼采就是一个熟知并力推启蒙的启蒙辩证法家。在这个意义上，尼采不是激进的更不是极端的启蒙者。尼采分析并揭露近代启蒙掩盖的秘密，力图呈现启蒙原本的发生基础和初心目标，揭露启蒙对自己的美化，让启蒙回到真实的根基上来，纠正自己的问题继续向正确的方向推进。

相比之下，马克思对启蒙的看法就没有那么复杂和多样。与尼采致力于从哲学角度思考启蒙不同，马克思早已把思考启蒙的视角从哲学、政治拓宽到经济和社会，致力于在一种综合的社会视角中看待启蒙。所以，对于马克思来说，除了拥护哪种启蒙、在哪种启蒙的意义上是一个启蒙思想家这个问题之外，还有一个具体到何种历史境遇、条件、前提、时机才算启蒙的问题，也就是除了考虑不同的启蒙定义之外，还有一个具体历史环境和条件的问题。马克思特别关注启蒙所处的具体历史环境，而反对讨论那些超越时代的所谓一般、普遍的问题。我们看到，马克思、恩格斯极少谈论一般的启蒙运动，他们谈论的是法国启蒙运动、德国启蒙运动、苏格兰启蒙运动。早期他们谈论的是这些启蒙运动对神学及其相应的现存政治制度的反抗和对传统形而上学的反对，并越

---

① 尼采．重估一切价值．上海：华东师范大学出版社，2013：307－308.

来越重视工业、技术、经济、社会因素的启蒙意义，而不是单纯地从思想变革角度看待启蒙运动，不是仅仅立足于思想本身来理解启蒙运动。虽然马克思也会讨论古希腊的启蒙，并调用古代启蒙的因素来支持当下德国的启蒙事业，但马克思谈论启蒙的着眼点显然是当时的德国启蒙运动以及与之对比的法国启蒙运动和苏格兰启蒙运动。如果说德国启蒙运动与法国启蒙运动的对比主要是哲学与政治的对比，那么与苏格兰启蒙运动的对比就是哲学与经济、社会的对比。后一种对比对于历史唯物主义来说更具关键性。在《德意志意识形态》中，马克思、恩格斯肯定"在 18 世纪，资产阶级所理解的解放，即竞争，就是给个人开辟比较自由的发展的新活动场所的唯一可能的方式。……这也是一个大胆的公开的进步，这是一种**启蒙**，它揭示了披在封建剥削上面的政治、宗法、宗教和闲逸的外衣的世俗意义"①。如果说这个表述对于强调经济、社会层面的启蒙还不够清晰的话，那么当恩格斯说"英国发明了蒸汽机；英国修筑了铁路；而这两件东西，我们认为，却抵得上一大堆思想"②时，意思就更明确了。对此，尼采想必是不会认同的。而对尼采的这种态度，马克思、恩格斯想必会报以嘲笑，认为这是滞于青年黑格尔派思想逻辑、想撇开社会经济的变化径直通过思想意识革命来推进和完成社会变革的一种表现。

2. 尼采对知性启蒙的四个批判

就启蒙是一种不懈的批判质疑、持续的追根究底精神而言，尼采坚定地拥护这种启蒙。尼采曾高度评价伏尔泰的怀疑主义，视之为一种启蒙精神的表现，"尼采心目中的'自由精神'之原型，正是伏尔泰（尼采的《人性、太人性的》就是献给他）这样的伟大怀疑者"③。但启蒙一旦自满于某种固定的成就，追求起安全、保险，满足于已有的智慧，以占有某些财富和智慧为荣，就会成为尼采拒斥的对象。这种追求安全、保险、固定秩序，自誉为理性的化身，满足于已有所得，以为在此

---

① 马克思恩格斯全集：第 3 卷．北京：人民出版社，1960：480.
② 马克思恩格斯全集：第 42 卷．北京：人民出版社，1979：393.
③ 吴增定．尼采与柏拉图主义．上海：上海人民出版社，2004：114 - 115.

基础上就能建立一个理想国，或者如格哈特概括的"秉持合理性至上的算计方式，与肉身和情感相疏离的知性，肤浅的乐观主义历史观以及流于皮毛的宗教批判"① 的启蒙，我们称之为"知性启蒙"。尼采对这种知性启蒙满怀鄙夷，有多个角度的批判。

第一，知性启蒙的平庸和焦虑。

知性启蒙没有长远眼光，缺乏应有的自我反思，对马克思来说是资产阶级的主场，对尼采来说也差不多是末人的立场。如上所述，马克思可能还对这种资产阶级的启蒙给予一定的历史肯定，肯定其在特定历史时期内具有进步性，只是就未来发展而言才逐步丧失其进步性，但尼采不会。

鉴于传统力量的强大，推进启蒙的形势紧迫，马克思充分发掘古希腊启蒙的力量，用于推进当时的德国启蒙事业。为此，马克思的博士论文选择力主摆脱宗教负担的伊壁鸠鲁与德谟克利特自然哲学的区别作为主题，称赞"伊壁鸠鲁是最伟大的希腊启蒙思想家"②，在他身上发现了与青年黑格尔派批判宗教相类似的思想。马克思关注古希腊启蒙的用意在于促进自己当下的启蒙事业，但尼采不同，他在对当时启蒙的反思批判中走向了对早期希腊启蒙的推崇，希望在最初的希腊启蒙中找到一个健康的原点即问题的开始。尼采更重视早期希腊启蒙，并在其中找到倾心的启蒙类型。他"进入了启蒙的早期历史。尼采正是在这段历史中不断寻找着精神上的亲近者"③，由此可以"发现在启蒙运动与其承载者，即'自由的精神'之间存在着一种紧密的关联，而后者又与尼采思想中所特有的'自我克服'的要求最紧密地联系在一起"④。强大、健康的个体自由是尼采认可的启蒙的核心，这便是"每一个体在自我克服中的启蒙"⑤。每个积极向上的个体都在不断地努力自我启蒙，"其他的'自由精神'，他跟他们在一个交互启蒙的进程中联结在一起。'自由的精神'是在对他者之当下在场的意识中进行激进的自我启蒙的，至少可以这样理解尼采的查拉图斯特拉：对他来讲最重要的就是用他的学说和

---

① 格哈特."自由的精神"：一个为了人类自我启蒙新未来的古老概念//孙周兴，赵千帆.尼采与启蒙.北京：商务印书馆，2020：123.
② 马克思恩格斯全集：第1卷.北京：人民出版社，1995：63.
③ 同①.
④ 同①124-125.
⑤ 同①125.

例证在每个理解他的人那里激发朝向激进的自我启蒙的努力"①。

早在《悲剧的诞生》一书中，尼采就谴责弘扬理性精神、借助理性精神来消除焦虑和恐惧的苏格拉底理性主义，认定这种弘扬理性精神的理性主义方法并不高贵，因为这种相信"只要万物的唯一支配者和统治者'理性'尚被排斥在艺术创作活动之外，万物就始终处于混乱的原始混沌状态"②的倾向，自己力图以"清醒者"身份谴责"醉醺醺"的诗人的立场，就是导引出古希腊虚无主义的根源。尼采后来谈到，理性成了本能、无意识的对立面，绝对的理性走向了对生命的抵制和反抗，古希腊由此走向了衰颓。如果这就是启蒙，那种启蒙的力量无疑是生命及其提升的对立面，是平庸和衰落的标志。更重要的是，苏格拉底理性主义不但标志着启蒙精神，而且也意味着一种辩证法的精神与方法。由此，苏格拉底的启蒙、理性、辩证法都向平庸和消除惧怕的手段靠拢，苏格拉底就代表着小民、平民的鉴赏力和精神，代表着高贵品位的降低、崇高精神的泯灭。"随着苏格拉底，希腊人的鉴赏力骤然转向偏爱辩证法：这里究竟出了什么事？首先，一种高贵的鉴赏力被战胜了；随着辩证法，小民崛起。在苏格拉底之前，在上流社会，辩证的风格是被人拒绝的：它们被视为低劣的风格，是出乖露丑。"③尼采称，"一个人只是在别无他法时，才选择辩证法。……在苏格拉底那里，辩证法只是复仇的一个形式？"④在此书的另一段里，尼采写道："辩证法的胜利意味着庶民（plèbe）的胜利……辩证法仅仅是那些绝望者手中的自卫手段；一个人必须要强行获得自己本身的权，否则，他不会求助于辩证法……犹太人是辩证论者，苏格拉底也是。"⑤显然，辩证法在尼采的眼里是退化的标志，是从高贵蜕化到平庸，意志力从强大退化为一般甚至低下的标志，象征着"古老的雅典天数已尽"⑥。在尼采看来，古希腊文化中最为珍贵、最为健康的悲剧文化就是因为苏格拉底理性主义文

---

①　格哈特．"自由的精神"：一个为了人类自我启蒙新未来的古老概念//孙周兴，赵千帆．尼采与启蒙．北京：商务印书馆，2020：127-128.

②　尼采．悲剧的诞生：尼采美学文选．北京：生活·读书·新知三联书店，1986：53-54.

③　尼采．偶像的黄昏．上海：华东师范大学出版社，2007：47-48.

④　同③48-50.

⑤　同③50.

⑥　同③51.

化的张扬而衰落。苏格拉底代表的是"乐观主义的科学精神"①，它与悲剧世界观是对立的。是科学乐观主义和辩证的知识冲动把悲剧挤出了自己的轨道，是"知识能改造世界，科学能指导人生"②，以及"相信一切宇宙之谜均可认识和穷究"③ 的精神消解了悲剧。显然，理性如果仅仅服务于消解焦虑与恐惧，力图避免挫折与失败，希望建构一个没有失败和挫折、无风无雨、一片祥和、只有幸福和快乐的理想国度，那就是知性启蒙的体现。

虽然尼采后来发现比这种知性启蒙立场更为简单有效的基督教世界观更值得关注和批判，但是尼采并没有因此改变对知性启蒙的基本立场，相反，却进一步强化了知性启蒙与基督教一致的看法。在《善恶的彼岸》中，尼采指出："古希腊的虔敬散发出慷慨丰盈的感恩，只有极其卓越杰出的人才与自然和生命处于这种关系之中。后来，当群氓开始统治希腊时，恐惧扼杀了宗教，并为基督教开辟了道路。"④ 知性启蒙与基督教的一致之处在于，它们都是出于弱者的焦虑与恐惧感来跟世界建立关系的，都立足于遏制和消除这种焦虑与恐惧。在这种关系中，弱者是通过理性探寻必然规律确认安全或通过委身于一个全知全能的上帝来确认安全。如果前者是"小民"的选择，是中等的策略，那么后者就是更低层次的失败者的选择，是更低层次的策略。知性启蒙虽然打着理性主义的旗号，但在规避焦虑与恐惧，力图消灭挫折与失败、建构绝对必然和安全的理想世界等方面，与基督教靠廉价信仰试图达到的目标是完全一致的。在苏格拉底与保罗之间，"启蒙""辩证法"与神灵保佑，都是聚集在一起的、功能一致的。靠消除焦虑、恐惧、挫折，靠建构绝对安全和幸福快乐的末人世界，"启蒙""辩证法""上帝"完全可以通约，成为彼此协调一致的好兄弟。尼采在《善恶的彼岸》第 46 条说，基督教对古罗马的胜利是亚洲对古希腊的迟到的胜利，是耶路撒冷对古雅典的胜利。这种胜利使基督教取代了古典趣味，塑造了一个智识和精神世界。这个世界牺牲了自由、骄傲、高贵、成功，是一个奴役、自

---

① 尼采. 悲剧的诞生：尼采美学文选. 北京：生活·读书·新知三联书店，1986：66.

② 同①76.

③ 同①78.

④ Friedrich Nietzsche. Sämtliche Werke，KSA：Band 5. München：Deutscher Taschenbuch Verlag，1999：49.

嘲、自残、失败与扭曲的世界。"启蒙运动"也是一样："'启蒙'煽起愤怒：奴隶想要无条件的东西。"① 与基督教一样，它的爱与恨都很可怕，都很极端。它要的是简单、单纯的纯粹世界，是廉价和平庸的低级趣味，否定了高贵的痛苦和悲剧的世界。

第二，知性启蒙缺乏自我反思。

由此，对知性启蒙的批判进一步延伸到对其拥护的平等、民主、进步原则的批判性拒斥。他把平等、民主跟知性启蒙、苏格拉底主义、柏拉图主义、作为大众柏拉图主义的基督教联系起来，认为它们都背离了早期希腊启蒙的崇高精神。如果说，哲学与启示宗教之争本来就是启蒙内在的张力，雅典与耶路撒冷的关系常常显得很紧张，像一张拉满的弓，那么，欧洲人"已经两次大规模地尝试过放松这张弓了，一次是通过耶稣会，第二次是通过民主启蒙：——后者实际上是借着出版自由和报刊阅读的帮助，让精神不再容易地把自己感受为'窘迫'!"② 尼采希望自由精神重新拉满这张弓，保持启蒙反思的力量。如果说帕斯卡尔致力于批评耶稣会运动，那么尼采就致力于批评民主启蒙运动。因为民主启蒙也是一种民众柏拉图主义，早晚也会像历史上的耶稣会运动一样，放松现代精神的紧张之弓。对民主启蒙运动的反思意味着尼采不认同民主启蒙运动，而不是不认同一般意义上的启蒙运动。或者说，尼采认同的是推进一种新的、符合其理念的真正健康的启蒙，一种由新哲人推动的"重估一切价值"的新启蒙运动。正如朗佩特（Laurence Lampert）所说的，"尼采的使命也是一场启蒙，即推进柏拉图之前的希腊启蒙：柏拉图曾经用民众偏见巧妙地化解了那场启蒙。尼采的启蒙是反柏拉图式的；它拒绝把'致命的'真理隐藏在'高贵的'谎言背后，而是要把启蒙的影响带入公共领域"③。当尼采在《快乐的科学》中指出"成见是'启蒙'的征兆"④ 时，他更明确地道出了他的主张：民主启蒙（即我们所谓知性启蒙）"很少能展望一个确定的未来，人们都为今天而活"⑤，它已经招致一系列的腐败和庸常，阻碍创新的一系列成见固化

---

① 尼采．善恶的彼岸．北京：商务印书馆，2015：76.

② 同①5.

③ 朗佩特．尼采的使命．北京：华夏出版社，2009：20.

④ 尼采．快乐的科学．上海：华东师范大学出版社，2007：99.

⑤ 同④100－101.

着亟待反思重建的秩序。

除了追求的价值不高，知性启蒙还不反思自身，认识不到（或没有勇气去揭示）自身之中暗含着有意美化自己的问题。真正的、永不停歇的启蒙一定是自我反思的，因为特定的启蒙必定带有局限性，不断扬弃这种局限性是启蒙继续前进的必要步骤。按照辩证法精神，没有完整、完美的启蒙；或者说，完整、完美的启蒙只能存在于无限的自我反思和自我调整之中，存在于永不停歇的过程之中。王治河、樊美筠在《第二次启蒙》中概括地总结了以往启蒙（他们称之为"第一次启蒙"）的七个局限性：对自然的帝国主义态度、对他者的种族主义立场、对传统的虚无主义姿态、对科学的盲目崇拜、对理性的过分迷信、对自由的单向度阐释、对民主的均质化理解。[①] 其实，细数起来，过去的启蒙应该也不是只有这七个局限性，还有更多。某种意义上讲，正是由于存在种种局限性，才有进一步推进、完善、提升启蒙的必要。正是由于还有缺憾与不足，进一步的启蒙才有必要。自我反思、自我批判是健康、积极的启蒙的必备特征。

对尼采来说，启蒙自我美化最根本的一点就是声称自己是一种绝对的进步。众所周知，尼采用永恒轮回取代了建立在基督教时间观之上的现代启蒙的"进步"观念。尼采心目中的新启蒙必须首先反思这种与基督教时间观念密切联系在一起的"进步"观念，这种观念坚信一种简单、绝对的进步观，把过去视为完全的黑暗，把自己启动的现代性视为绝对的进步。尼采把反思、揭露这种观念的非真实性视为继续高举启蒙旗帜的一个标志。他说，"唯有在我们在一个如此的要点上修正了启蒙时代带来的历史观之后，我们才能重新继续高举启蒙的旗帜——高举这面写着彼特拉克、伊拉斯谟、伏尔泰三人大名的旗帜。我们使反动成了一种进步"[②]。在这个意义上，启蒙是一种勇敢揭示真相，特别是揭示自身蕴含着的那些不那么美好的真相的知识诉求，是敢于自我批判、自我反思的理性精神。就像后来霍克海默、阿多诺在《启蒙辩证法》中所说的，揭示启蒙内在地蕴含着一种焦虑和恐惧的情感（启蒙本就是遏制和消除这类情感的手段），甚至进一步揭示启蒙没有完全告别神话、启

---

① 王治河，樊美筠. 第二次启蒙. 北京：北京大学出版社，2011：7-20.

② 尼采. 人性的，太人性的：一本献给自由精神的书. 上海：华东师范大学出版社，2008：43-44.

蒙之中本来就蕴含着也一直存在着神话，这也是一种启蒙，是一种更真切、更难做到的启蒙。启蒙是还原真相，澄清各种幻象。启蒙不是绝对的。认识到启蒙深深地蕴含着某些情感，世界本身并不只是理性，也是一种意志，而且不是叔本华所说的那种归于沉寂的意志，而是追求更强盛的强力意志，对尼采来说都是这个意义上的启蒙。虽然在某些情况下揭示真相非常困难，即使揭示出来在有些情况下很多人也难以接受，但揭示真相的确是启蒙的本色，揭示真相的启蒙才是真正的启蒙。揭示真相，特别是与流行意识形态不一致因而令人难受和不舒服的真相，永远是真正启蒙的目的。在这方面，尼采敢于挑战习俗和惯常，揭穿传统启蒙以理性自居，发现肉体、身体、意志对于理性、逻辑的根本性，发现原来被视为至高的、纯粹的存在原来也有一种情感的、意志的秘密，原来无条件的东西都是有条件的，原来永恒的东西现在是历史性的东西，这就是揭示真相的标准的启蒙。彼得·皮茨由此说："这难道不是启蒙的最后胜利？这种胜利不是用来非理性主义地宣告心醉神迷，而是用来洞察思维的局限，但也用来洞察思维的效率……"[①] 如果说去除意识形态幻象是解除迷信者身上的锁链，那正是尼采赞赏的启蒙的目标所在。在《人性的，太人性的》的近 1 400 个段落中，"尼采以彻底启蒙的激情探讨了所有这些以及其他许多主题，以便人类能全部或者至少部分解脱身上的锁链"[②]。锁链解除后，我们才能正确地认识到被传统启蒙否定、拒斥的很多东西其实是自然的、现实的、有益的。"启蒙只有认识并承认非逻辑、非真实、应该克服和已被克服的东西具有对人类有益的价值，才能证明自己不负全人类自我解放的使命。"[③] 就此而言，尼采就"是一个激进地继承了欧洲启蒙传统的怀疑论者、心理学家和分析家"[④]，是一个欧洲启蒙的积极而勇敢的推进者。

甚至对尼采来说，为了塑造一种积极的信仰，启蒙需要一种新神话，一种关于狄俄尼索斯的新"神话"。这就是尼采启蒙态度的吊诡之处。从一个方面看，他是理性启蒙者；从另外一个方面看，在某些意义

---

① 尼采. 人性的，太人性的：一本献给自由精神的书. 上海：华东师范大学出版社，2008：14.

② 同①16.

③ 同①13.

④ 同①7.

上，他反对彻底的启蒙所引发的可怕局面，允许普通民众信奉和使用简单的形而上学，并给予这种形而上学一定的历史合理性和心理合理性。① 尼采明白，道德、习俗都依赖于形而上学，"道德和习俗始终是必须的。他高度评价道德对于本能的塑造和第二天性的创造的力量，因此能够断言：'没有存在于道德假设中的谬误，人类就依然是动物'"②。他也"完全以他那个时代的启蒙的宗教批判风格"③ 而把宗教视为民间的形而上学。但这绝不意味着，批判基督教及其道德主义的尼采完全否定宗教、道德、习俗的正当性和合理性，所以，"尼采对于形而上学的和宗教的道德自我合法化的批判，不想触动本能塑造的事业和第二天性的成就"④。相反，尼采强调，在肯定形而上学的两种合理性方面，"必须认识到，这类观点极大地促进了人类的发展，如若没有这样一种后退运动，就会失去人类迄今为止的最佳成就。在哲学形而上学方面，我发现如今达到否定性目标者（任何肯定性的形而上学都是谬误）日多，而能后退几步者尚少。这就是说，人们到了梯子顶端后应该向外展望，而不应该执意停留在最上面的这级横木上。达到最高启蒙境界者能做到的只是摆脱、然后自豪地回顾形而上学"⑤。达到最高启蒙者并不一概否定低层次的东西，态度取决于自己站在梯子的哪一级横木上。对现实的人（而非神）而言，同时站在所有横木上观视是不可能的，没有一种立场是包含所有层次的。由此而论，尼采所说的"启蒙"是有坐标系和针对对象的。一概而论、不确定坐标和针对对象的启蒙之论，是难以确切谈论尼采的启蒙观念的。只有先确定在什么意义上针对什么人，才能确定这种"启蒙"对尼采来说是不是一种启蒙，尼采是赞成还是批评这种意义上的"启蒙"。对此，克劳斯·齐特尔（Claus Zittel）总结得好："尼采是一个启蒙者还是反启蒙者，抑或他遵守的是否是一种矛盾的或让人产生矛盾心理的态度？这种二选一和两极化的观点在我看来是不适切的。是的，尼采是一个启蒙者，但启蒙的意义对他来说已经不同于以往。他将启蒙推向极致，一直到启蒙自身认识到自己和自己的非理性动

① 进一步的分析请参见本书第十九章第二节的相关分析。
② 萨弗兰斯基. 尼采思想传记. 上海：华东师范大学出版社，2007：214.
③ 同②216.
④ 同②214 - 215.
⑤ 尼采. 人性的，太人性的：一本献给自由精神的书. 上海：华东师范大学出版社，2008：37 - 38.

机，即启蒙什么也启蒙不了。对启蒙进行的启蒙扬弃了自身……"① 启蒙不是绝对的，启蒙蕴含自身的矛盾，启蒙的真相需要揭示和说明。启蒙也不是单一的，它具有多种、多层次的含义，这才是真正的启蒙。把启蒙绝对化、简单化是尼采坚决反对的。

显然，尼采对面向普通民众的启蒙评价不高。他对这种启蒙的认可是以此种启蒙不妨碍且最好是能促生并塑造优秀个体的那种启蒙为前提的。营造一种有利于超人产生的氛围，是尼采最为看重的启蒙的基本要求。为此，尼采不惜牺牲现代性背景下的基本价值来换取。民主、平等都属于此类价值之列。西美尔认为尼采的看法是，"只有经巨大苦难的培育'才造成人类的一切上升'。所以，他才可能消除上升的载体与苦难的载体之貌似理所当然的同一性：无数人必须受难、受压迫、牺牲自我，这为个别的人创造了灵魂应具有的力量、创造性、摆动宽度等条件，人类藉此将占据其发展道路上的一个尚未踏上的阶段"②。西美尔的评价有混淆民众的幸福、快乐与超人的幸福、快乐的嫌疑。晚年尼采牺牲的肯定是超人的幸福与快乐，普通民众的幸福与快乐并不一定在牺牲之列，只要民众安于自己的自然状态，不把超人的价值强加于自己之上，符合自身自然本性的民众生存状态就是合理的、无需批判的。虽然尼采后来并不认可浪漫主义，但这种不惜牺牲经济社会价值而塑造英雄、超人的思想恐怕比德国早期浪漫派走得更远，更不在乎世俗生活和世俗价值，更具有唯美主义色彩。人文素质、圣徒意识、艺术气质在这种对知性启蒙的批判中被赋予了过高的地位，以至于超人的世俗幸福、快乐都几乎被剥夺（民众的幸福、快乐还不至于被剥夺）。就像托马斯·曼所说，对尼采的超人来说，"幸福是不可能的，唯一可能和无愧于人之为人的是一个英雄般的生活经历"③。"英雄般的生活经历"就是圣者的生活经历。圣者的生活是尼采崇尚的生活，是超越了虚无主义的有意义的生活。尼采看不上知性启蒙，与其虚无主义结局密不可分。

第三，知性启蒙的虚无主义结局。

在启蒙即揭示被掩盖的真相的意识形态意义上，真相的呈现即现代

① 齐特尔．"反思的自我否定"还是激进的启蒙？：国际尼采接受的矛盾性//孙周兴，赵千帆．尼采与启蒙．北京：商务印书馆，2020：166．

② 西美尔．叔本华与尼采．上海：上海人民出版社，2009：172．

③ 曼．多难而伟大的十九世纪．杭州：浙江大学出版社，2013：189．

虚无主义世界的呈现。启蒙照亮了世界，使得世界成了事实的世界。但事实的世界绝非静止、固定的世界，反倒是不断生成、变动着的世界。生成中的非固定性、多种可能性必须由某种理想、方向凝聚，必须有某种旗帜、组织与结构。健康的方向、理想，不健康的幻影、幻象都可以在其中起到关键作用。尼采在苏格拉底理性主义和基督教对万能之神的信仰中看到了越来越不健康的趋势，越来越经不起推敲的幻象。人无法离开某种影子、幻象生活，但影子、幻象都被正午的太阳烤化了。这"正午的太阳"就是启蒙理性。启蒙理性的光芒照亮了世界，让幻象得以呈现原本的真相，让虚妄假冒的"理想"得以呈现原本的卑劣和虚弱。在健康的理想尚未建构起来之前，影子、幻象的还原势必带来一个虚无主义的世界，这个世界的虚无性起初只是为少数健康者的意识和自我意识所察觉，尚未普及更多人。依赖于这些幻象生活的末人（最后的人）把安全、保险、舒适、占有、按部就班、庸常视为美好的价值，视为通达自由和解放的东西，甚至就是自由和解放。他们想做这个世界的主人。作为知性启蒙的批判者、真正启蒙的倡导者，尼采揭穿这种观点的非真实性和历史渊源，斥之为一种膨胀扩散的虚无主义。知性启蒙认为是解放、自由的，在尼采看来不过是幻觉和自欺；知性启蒙认为是崇高和神圣的，在尼采看来不过是虚弱者幻想出来的绝对形而上学。

这种通过传统形而上学论证、实际上反映着弱者主观想象的"理想"，在尼采那里主要就表现为三种形式：第一种反映弱者主观想象的是苏格拉底理性主义试图建构在绝对必然性规律基础上加了"绝对保险"的那种理想。知性启蒙认定现实的世界就是绝对必然性的世界。在它看来，"'现实性'在于相同的、已知的、有亲缘关系的事物的不断重复出现，在于它们符合逻辑的特性，在于相信我们能够进行计算和预计"①。如上所说，尼采认为这是面对他者世界感到惧怕的表现，是出于对未知他者的焦虑与恐惧而力欲约束、控制所惧怕对象的表现，而理性化自我和理性化世界是克服这种惧怕的双重手段。实际上，在尼采看来，"更迭替换，变动，多样性，对立，矛盾，战争"②，才是构成世界现实性的特征。按照尼采的看法，苏格拉底理性主义发展出来的科学、辩证法都是建立在这个基础之上的，它们都认定，在那个一切都是必

---

① 尼采．重估一切价值．上海：华东师范大学出版社，2013：148.
② 同①156.

然、永恒、绝对固定秩序的形而上学世界里，存在着安全、希望和保
险。这个世界在进一步的启蒙运动、工业化、现代化中所产生的冷酷、
固化、物化、异化，使得寄予人们想象的那些美好价值不断被挤压、蚕
食、消解，《启蒙辩证法》沿着尼采的思路所做的探讨，进一步揭示了
这个理想世界的冷酷性，导致了这个世界的某种坍塌，导致了现代虚无
主义世界的来临。在虚无主义的映衬下，知性启蒙的世界至多就是一个
平庸的世界，平庸的世界至多就是一个向下一个健康的新文明世界过渡
的中间地带。为了促使新世界的更早来临，尼采不时表现出对平庸化的
痛恨，甚至喊出了"预防平庸化。宁可衰亡！"① 的口号。

　　从此而论，当后期尼采认识到强力意志就是最根本的现实，发现
"来自每一个力量中心的变得更强大的意愿成为唯一的现实；不只是保
存自我，而是想占有，成为主人，变得更多，更强大"②。看到强力意
志"是我们能够向下达到的最终事实"③ 时，他就是在推进真实的启
蒙。启蒙对他来说就是认识到世界是强力意志的世界，世界原本是、未
来也应该是勇敢者、强者的世界。所以，他强烈地意识到，"要进行一
项重要的启蒙，让人们以权力取代（每个生存者都追求的）个人'幸
福'：'追求权力，追求更多权力'；快乐只是获得权力的一种情感征兆，
一种差别意识——（——并非人们追求快乐：而是当人们达到所追求的
东西时快乐出现了；快乐只是附属的，快乐并不起推动作用——）"④。
显然，这种启蒙势必导致以往那种理想的坍塌，"继启蒙运动之后不可
避免来临的是忧郁和悲观主义色彩"⑤。由此，这种意义上的启蒙者必
须勇敢地向贫乏的基督教理想宣战，"目的不是消灭它，而是要结束它
的暴政，为新的理想，为更强壮的理想让出地方……"⑥就像哈斯所说
的，作为这样的启蒙者，尼采"能够看见那些启蒙者们所看不见的阴影
的一面，这本身很难说是一种健康标志，更确切地说，这其实是标志了
一种艰难"⑦。

---

① 尼采．重估一切价值．上海：华东师范大学出版社，2013：632.

② 同①306.

③ 同①301.

④ 同①307-308.

⑤ 同①651.

⑥ 同①699.

⑦ 哈斯．幻觉的哲学：尼采八十年代手稿研究．北京：东方出版社，2011：307.

第二种反映弱者主观想象的"理想"是基督教。作为大众柏拉图主义的基督教所建构的世界，它比苏格拉底理性主义的世界更庸俗、更简陋，但传播更广、更简单有效。尼采对基督教的尖锐批判非常符合近代启蒙运动的标准范式，即激烈否定基督教。从形式上说，尼采比德国竞相比拼谁的批判更为彻底和激烈的青年黑格尔派成员更激进，他明确批判"基督教是一种典型的颓废形式，是在一个变得疲惫和没有目标的、病态的乌合之众中产生的道德腐化和歇斯底里"①。他把基督教视为虚无主义宗教，把信奉者与弱者、缺乏教养、道德化、对政治感到厌倦甚至对自己感到厌倦联系起来，认为"基督教之所以能够战胜古代，其前提并非古代的'伤风败俗'，而是它的道德化"②，坚信"基督教只是接过已经存在的反对古典理想和崇高宗教的斗争"③。当然，尼采对基督教如此激烈的批判不能理解为他在一切层面和方面否定基督教。激烈的形式应该被理解为与他力欲否定的那些层面的顽固性和艰难性直接相关。他否定的是基督教世界观过分的道德性质，基督教世界观比柏拉图主义更为简陋的传统形而上学性质，以及以传统形而上学思考和论证道德价值观的做法。因此，他对基督教道德的批判绝不意味着基督教所有的道德信条全是错误的。托马斯·曼说，尼采在批评诋毁基督教时，"显然并未感觉到确实对它们造成了伤害，而是他似乎觉得，他对它们所投出的这些最可怕的侮辱是表示尊重的一种形式。……他曾向他的朋友、音乐家加斯特解释为什么老是与基督教争论不休：这正是他真正学会认识到理想生活的最美的一段"④。如果这话有些言过其实，起码尼采自己说的这段话是非常真切的："我对道德的否定"，是否定其前提，否定其作为真理的理由，但"不用说，——除非我是一个傻瓜——，我不否认，许多被称为不道德的行为应该加以避免和抵制，或许多被称为道德的行为应该加以实施和受到鼓励，然而我认为，当我们鼓励一些行为而避免另一些行为时，我们的理由应该是一些与我们迄今为止所见到的理由不同的理由。我们必须学会不同的思维方式"⑤。

① 尼采．重估一切价值．上海：华东师范大学出版社，2013：258.
② 同①259.
③ 同①259.
④ 曼．多难而伟大的十九世纪．杭州：浙江大学出版社，2013：181.
⑤ 尼采．朝霞．上海：华东师范大学出版社，2007：139.

　　第三种反映弱者主观想象的"理想"是浪漫主义。尼采不同时期对浪漫主义有不同的评价，而且"浪漫主义"也不是一个含义很明确的词语，在不同时期、不同国家、不同派别、同一派别的不同阶段中，其含义各不相同。但总体上说，晚期的尼采把浪漫主义视为装腔作势和自我欺骗，视为为艺术而艺术、对自身愤怒、向后看而不是向前看等。当尼采说自己"突然明白了浪漫主义的本质"时，他指责浪漫主义是手段的卖弄、不真实和借用、神经质进而极度虚假，甚至是现代的"野蛮"。"浪漫主义的艺术只是失了灵的'现实'（Realität）的临时代用品。"①虽然浪漫派也谈论狄俄尼索斯，但尼采认为他们并没有说明何为真正的狄俄尼索斯，或许其反面才通往尼采不断推崇的狄俄尼索斯："全部浪漫主义艺术可以被十分富足的意志强大的艺术家翻转过来，变成反浪漫主义的东西，或者——用我的话说——变成狄俄尼索斯的东西：正如任何类型的悲观主义和虚无主义在最强者的手里只是多一个用来建造通向幸福的新台阶的锤子和工具。"②显然，我们在尼采于《悲剧的诞生》中描述的除悲剧之外的那些"在假象中获得解救"的"艺术文化"与近代的浪漫主义文化中，不难找到通约的桥梁。两者都是缺乏现实根基的艺术想象，都是在暂时的梦境中寻求一种暂时的解脱或升华。尼采显然反对这种文化，认为这仍然不是象征着陶醉、创造、担当、大爱的狄俄尼索斯文化。因而，对尼采来说，通过艺术获得解放，也只有在艺术摆脱了那不自然的精神时才是可能的。"而这种不自然的精神性，正是罗曼蒂克艺术和基督教所共有的。"③

**　　第四，知性启蒙对启蒙和启蒙者的同质化。**

　　批判基督教的尼采对依靠数量优势凌驾于质量之上的看法一直深恶痛绝。近代启蒙试图通过启蒙塑造大量标准的启蒙主体的希望，让所有"受到启蒙的人"都成为具有足够能力对公共事务做出明智的理性判断、不被偏狭的意识形态牵着鼻子走的启蒙主体，从而鼓舞和吸引更多的人。如我们在第十七章所述，这很像古希腊曾出现过的智术师发动的启蒙：把自以为掌握了的"真理"兜售给大众，塑造掌握真理、拥有智慧的同质性大众，以此消灭思想纷争，从而建构理想社会。其实他们视为

　　①　尼采．重估一切价值．上海：华东师范大学出版社，2013：607.

　　②　同①618.

　　③　哈斯．幻觉的哲学：尼采八十年代手稿研究．北京：东方出版社，2011：308.

"真理"的东西往往是局限在特定共同体内的某种"意见"，具有明显的时代性和相对性，并没有绝对性。而且，肤浅的智术师们并不明白，在很多特定情况下，有些真理是不能随便传递给理解力有限的受众的，或者说，受众接受这些"真理"是需要特定条件和前提的，在不具备这些前提或条件的情况下强行"启蒙"，可能事与愿违、适得其反。哲学追根究底的精神到了一定程度只能局限在特定的专业圈子里。哲学家个人的理性探究、自我完善与所在共同体借助历史习俗和传统维系的公共秩序应该形成层次互补、相互协调的合理关系，随便用个体信念替代共同体信念可能并不合理。真正的启蒙者应该明白自己的局限，明白接受者是需要一定前提条件才能把握和正确应用真理的。真正的启蒙者也需要谦逊，不能假装达到圆满甚至到处招摇撞骗，以半吊子冒充大师。当这样一种情况在近代启蒙时期再次出现，索雷尔有权利批评，被启蒙过的人最多不过是"半吊子的知识人"——他们不懂得更多的知识，而只是知晓一些足够他们应付自己的工作所需的基础知识而已。尼采对这种状况更加没有耐心，除了水平不够的半吊子特点，他还指出这种启蒙一贯追求的就是安全、保险、舒适、快乐，并无更高追求，更没有不带偏私的、共同的立场。所以，他们寄予希望的启蒙势必没有达到足够的高度，缺乏应有的水平。只有能够达到更高水平的启蒙才可能受到尼采的关注和肯定。在尼采看来，更高的、更健康的价值只有在少数优秀人物身上才能呈现。所以，追求大量同质化启蒙主体的那种启蒙，注定不会受到尼采的青睐，反而必定受到质疑。

在尼采的眼里，古希腊智术师（智者）的那种启蒙通过基督教、康德和实证主义一脉相承地流传下来。虽有变化，但根本之处未变。在《偶像的黄昏》"'真实世界'最终如何变成了寓言"一节中，尼采把真正世界取代、敌视感性生命世界的过程分为四个阶段：智者、虔信者、有德者信奉的真正世界作为第一个阶段，是最古老的启蒙世界，它有柏拉图主义或传统形而上学所谓真实世界的底蕴。基督教的理想世界是第二个阶段，它进一步把自己能达到的世界界定为固定、永恒、道德化的真正世界。这个真正的世界不再是现实世界，而是一个主观的理想、幻象世界，并被许诺给将来。第三个阶段是康德的立场：自在之物的世界仍然是不可认识的，现象世界被给予比以前更高的地位，判给人们用科学去把握，并因此给传统形而上学带来巨大限制，但本体世界仍然至高无上。从柏拉图主义遗留下来并由基督教延续的本质世界与现象世界这两个世界的区分，没有本质差异，只有程度差异。第四个阶段是实证主义，拒绝真正的世界及其与非真实感性世界的二分。关键是追求自由、民主、平等的现代民主启蒙仍然是基督教价值的转化与表现，而不是根本性变革，平等仍然是奴隶价值的象征。对这种传统脉络的"启蒙"，尼采是拒斥和批评的。汪民安对此做了分析后得出如下结论："对尼采来说，启蒙哲学脱胎于基督教，它根本不是西方哲学史上的一个重大的突破，它是柏拉图主义的最近的回声。它反而需要尼采来突破——而这就是尼采的工作：废除了真实世界的同时（一道），也废除了假象世界，最根本的是，废除了一个二元论的形而上学模型。将柏拉图主义、基督教和启蒙一起清算，才是尼采的目标。也正是在这个意义上，尼采说，人类的曙光和正午才会来到。事实上，尼采不仅是反柏拉图主义的先声，而且也播下了反启蒙的种子。"[1]显然，尼采反对的"启蒙"在这里就是自智术师到现代实证主义的那种"启蒙"。这种"启蒙"以真理自居，认识不到自己尚有局限、除了自己之外还有其他的视角，自傲地向公众兜售真理，把他人都看作待启蒙的对象而唯独自己不需要启蒙，对哲学与宗教、理性与启示之间的关系，抱着非此即彼、对错分明的简单态度，或者只是激进的否定与批判而没有建构，等等。如果"启蒙"不再如此，不再是追求普遍、虚假的真实世界，而是跟保护个性、差异性、创造性的酒神精神本质相关，跟追求真的"真实世界"内在相关，也就是尼采自己推崇或者后来霍克海默、阿多诺继承自尼采的不断向差异、多样性开放并且反思和批判自身的"启蒙"，那尼采对此就显然是支持和认同的。

从认识论的角度看，唯一真实的本体世界与唯一的绝对视角是对应着的。这种唯一的立场和视角是尼采坚决反对的，正是尼采认为的启蒙所批判的对象。因为它只有两种可能：一种可能是来自无所不知、无所不能的万能之神，只有神才具备这种资质和能力。与之相对应，向神看齐的信众也只有一种合理的看的立场和视角。所有的信众都是同质性的，都具有一样的立场和视角。上帝在不断地对标这种立场和视角，为尚未成熟和达标的人矫正偏差提供标准。尼采推崇的启蒙拒斥这种独一

---

① 汪民安.尼采如何对待启蒙？//孙周兴，赵千帆.尼采与启蒙.北京：商务印书馆，2020：311－312.

无二的视角。"只有一种视角性的看，只有一种视角性的'认识'"①，这是需要启蒙反思的对象。当然，从逻辑上说，拒斥了单一视角合法性之后，就面临两个问题：一是产生了所有视角都被允许的相对主义效果？二是尼采表达的这种看法是不是也是一种视角？如果是，这种视角的合法性何在？解决第一个问题的关键在于，尼采绝不赞赏所有视角都平等有效，他一生坚决反对、批判的就是弱者凭借数量优势把自己的立场和视角说成唯一的和崇高的。所以，拒斥单一视角的用意显然就是为一种更健康和高贵的视角成为一种更受推崇的视角而开路和辩护。尼采的视角理论给多种视角提供平等的可能性空间，从而产生了一种相对主义效果之后，马上就会极力限制这种效果的显现，防止这种可能性扩展。解决第二个问题的关键，就是雅各布·戴林格所指出的，如果尼采的这种观点开辟了一种视角启蒙的话，这种视角启蒙也构成自己推崇的启蒙反思的对象，"只要视角同时是启蒙的对象和方法，那么这种启蒙在本质上就是关涉自身的"②。两者综合起来，就给我们讨论尼采的视角启蒙拓展了较大的讨论空间。在这空间内，我们可以讨论什么样的视角才能是尼采推崇的那种视角；如果尼采最推崇超人视角的话，这种视角的主要特质和内容在哪里？

正如雅各布·戴林格所指出的，尼采批评吠檀多、康德的禁欲主义思想范式的"反自然天性"，以及对自己不做反思而只认定自己的范式是唯一的，断定他们所说的真理意志"本身其实就是对禁欲主义理想的信仰，是那信仰所发布的无意识的命令"③。以为自己唯一正确的恰是以缺乏自我反思和违反自然的禁欲主义为前提的，至于声称"纯粹、无欲、无痛、无时的认知主体"以及"纯粹理性""绝对智慧""认知身体"的都是缺乏基础的观念虚构，对应和要求的是一种没有任何偏私、没有任何主观性的绝对之眼，即能透视一切、看穿一切、把意志因素完全排除、把情绪完全悬置的眼睛，其实就是上帝这种幻象所具有的眼睛。因而，这种无私的全能之眼是对我们人类智能的阉割。用启蒙之眼很容易就能看穿，这毫无偏狭、超越一切具体视角的全能之眼恰恰是最

---

① 戴林格．视角的启蒙：试读尼采《论道德的谱系》第 3 章第 12 节//孙周兴，赵千帆．尼采与启蒙．北京：商务印书馆，2020：200.

② 同①.

③ 尼采．论道德的谱系．北京：生活·读书·新知三联书店，1992：126.

没有能力的无能之眼，懒惰、诉诸他人、由他人代理的虚弱和消极意志充斥其中。实际上根本就不存在这样的认知主体和认识立场，而只可能存在视角性的认识。不可能超越一切视角，不可能去除一切干扰因素，甚至不受任何一种视角的干扰，只能指望在对各种不同的视角的比较中选择更健康、尽可能全面的综合视角，或者通过容纳、聚合而达到一种更高、更全面的视角。尼采强调每个人都应该认识自身、反思自身，改变那种"'每个人都最不了解自己'，——对于我们自身来说我们不是认知者"① 的情况，"应当学会了解每一种价值评价中的视角性，比如移置、失真、各种视野中似是而非的目的……应该学会理解在任何赞同和反对中都必然具有的不公，学会理解不公与生命是不可分割的，连生命本身也是由视角及其不公决定的"②。

　　既然不存在没有视角性的完满立场，不存在覆盖一切视角的完满视角，那更健康、更高贵的那种视角得符合哪些基本规定呢？从尼采的论述中，也不难看出这种高贵视角的基本要求：首先，拒斥唯一可能、否认视角性存在的上帝立场，并从哲学上对其他视角保持一种礼貌和可允许性；其次，必须追求一种更胜一筹的立场，这种立场更有益于生命的促进，"我们越是允许更多的对于事物的情感暴露，我们越是善于让更多的眼睛、各种各样的眼睛去看同一事物，我们关于此事物的'概念'，我们的'客观性'就越加全面"③，就会越加促发生命。于是，"他不单单要提供某种阐释，而且要确定'事实要件'，这一诉求背后自然是'那放弃进行任何解释的行为（也就是说放弃强加于人、放弃修订、放弃缩编、放弃删改、放弃生搬硬套和断章取义，以及一切从本质上说属于解释的行为），所有这些加在一起恰好表达了道德的苦修主义，和其他任何一种对情欲的否定毫无二致'"④。最后，立足于"事实要件"，进行确定性的探寻。这个"事实要件"可以是一个确定的文本，也可以是一个强者或弱者的确定性事实。尼采的视角启蒙不是向一切视角、立场开放，而是向那种基础扎实（不浮夸）、积极向上（而不是沉湎于平

---

　　① 尼采. 论道德的谱系. 北京：生活·读书·新知三联书店，1992：1.

　　② Friedrich Nietzsche. Sämtliche Werke, KSA：Band 2. München：Deutscher Taschenbuch Verlag, 1999：20.

　　③ 同①96.

　　④ 戴林格. 视角的启蒙：试读尼采《论道德的谱系》第3章第12节//孙周兴，赵千帆. 尼采与启蒙. 北京：商务印书馆，2020：219.

庸、安全、保险、快乐)、勇于担当的视角开放，在一种多元共合中谋取一种确保底线但无法设定最高限度的综合视角。对没有底线的随意解释不予开放，对弱者的随意主观的想象不予认同。这一点跟马克思批评"弱者总是靠相信奇迹求得解放，以为只要他能在自己的想象中驱除了敌人就算打败了敌人；他总是对自己的未来，以及自己打算建树，但现在还言之过早的功绩信口吹嘘，因而失去对现实的一切感觉"① 是一致的。

尼采在《道德的谱系》第 3 章第 24 节中谈到了"什么都不是真的，一切都是可允许的"。陀思妥耶夫斯基对此具有跟尼采很不相同的体验和立场。通过伊凡·卡拉马佐夫这位启蒙者之口，陀氏表达了自己的担忧，上帝死后，"既然没有永恒的上帝，就无所谓道德，也就根本不需要道德"②，掌握了新的启蒙原则的新人就可以"用新的原则来安排自己的生活。在这个意义上，他是'什么都可以做的'"，因为，"既然上帝和灵魂不死总是没有的事，所以新人是可以被容许成为人神的，甚至整个世界只有他一个人也可以，而且不用说，他凭着他这种新的身份，在必要的时候，可以毫不在乎地越过以前作为奴隶的人所必须遵守的一切旧道德的界限"③。陀思妥耶夫斯基的思考昭示出，对尼采的启蒙批判来说，知性启蒙不是缺少底线，而是设定了最高限度，所以才招致尼采的不屑和批判。尼采是在知性启蒙缺乏应有的高度这一意义上展开自己的批判的。尼采没有意识到的是，知性启蒙的底线使它不至于成为突破价值底线的更严重的虚无主义，而只是缺乏崇高价值的现代虚无主义。导致价值底线被突破、基本价值坍塌的虚无主义，比崇高价值被消解进而坍塌的虚无主义更可怕，更令人担忧。在这个意义上，知性启蒙只是缺乏崇高价值，还保有基本价值，还没有堕落到招致和容忍更卑劣的虚无主义的地步。

知性启蒙势必造就普遍平均的标准人。通常这种标准人既没有崇高的追求，也没有突破底线的胆识和气量，而只会成为尼采所谓末人。"末人"本无多少贬义，它只是沿着基督教和苏格拉底理性主义的逻辑与脉络，在现代文化中发展到顶峰，在历史终结之处大规模出现的那种

① 马克思恩格斯全集：第 11 卷. 北京：人民出版社，1995：136.
② 陀思妥耶夫斯基. 卡拉马佐夫兄弟. 北京：人民文学出版社，1981：956.
③ 同②983.

标准人。"末人"之"末"与其说在德性或能力上，不如说主要是指在历史最后（末端）的完成和最普遍的流行。末人最没有个性，只在乎是否与别人一致、是否安全和冒风险、是否惬意和承担责任。只要安全、保险、安逸、有秩序保障，能按部就班、有现成路径和模式导引，幸福、快乐、不需要担当，他（她）就会欣然从之。精于计算、善于满足欲望，不再追求伟大和超越性价值，而追求安逸、快乐、知足、无痛苦，工作要成为消遣，财富和权利尽可能平等、公平，不引发纷争与矛盾，以保存生命为第一要务，无需追求崇高，也不做出牺牲，在宽容而无聊、平庸而安全、偶尔也能追求某些"伟大"中度过实实在在的一生，这就是知性启蒙追求的最终理想，"就是现代启蒙运动以来建设普遍同质世界的美好蓝图，就是'所有的国家都是自由平等的国家，而且每个国家又都由自由平等的男女所构成'"①。末人是知性启蒙的造物，是知性启蒙的结果。施特劳斯把尼采描述的这个知性启蒙的理想结局称为普遍同质的现代理想。这个理想在他看来早已露出弊端、丧失信心、陷入危机甚至已经失败，"现代西方的危机意味着普遍同质的现代启蒙理想的失败，意味着历史终结论的终结。施特劳斯认为普遍同质的现代理想是纯粹的乌托邦，是不可行的"②。按尼采的逻辑来说，与其说这个理想是乌托邦，不如说是平庸和颓废。与其嘲笑它的高调和夸张，不如去除它的过度包装和浮夸，揭示其真实的底蕴和内涵。普遍同质的存在恰恰就是上帝视角的衍生物，是打着整全、无遗漏、无偏私、绝对的名义施行的普遍平均，是毫无个性、尽量不偏狭、不想有任何遗漏、八面玲珑、左右逢源、精于计算的标准结果。在尼采的眼里，这是十足的平庸，随后就会颓废和堕落。

如此看来，我们赞同雅各布·戴林格的观点，尼采的"《谱系》第3章第12节的确在双重意义上是关于视角的启蒙：无论是从理论内容还是方法形式上看，它所宣告的认识构想都具有视角性。视角性既是它的对象，也是它的方法。尼采给我们展示的，绝非一种从所谓元视角立场出发而表述的名为'视角主义'的论题，而是一种本质上自我关涉的

---

① 杨子飞. 反启蒙运动的启蒙：列奥·施特劳斯政治—哲学研究. 北京：中国社会科学出版社，2016：28.

② 同①.

对视角的启蒙，它在视角之内，也通过视角得以完成，同时也借此对自身进行启蒙"①。通过否定整全无遗漏、唯一正确的上帝视角，展现更多视角及其多重真相，揭示整全视角蕴含着的平庸与颓废，尼采不仅仅在还原真相的意义上维护和推进启蒙，更进一步在促成一种更健康的价值和秩序的意义上推进一种更好的启蒙。启蒙在尼采这里不仅仅是批判、否定、还原真相，更是积极建构；不仅仅是呈现，更是进取。

3. 比较视域中马克思启蒙观的三个方面

霍克海默、阿多诺在《启蒙辩证法》中误读了尼采，把主张沿着实现健康、高贵价值的方向推进和改善启蒙的尼采解读成了放弃文明规则、主张弱者有罪的野蛮主张者，也就是把人类文明意义上的强健理解成了通过残酷、野蛮而完成的那种生物进化的强健。② 由此，启蒙就是回归丛林法则、主张强力意志的自然形态理论。他们所解读的尼采的启蒙辩证法，就是启蒙理性对赤裸裸的力量以及非道德主义的推崇，为了确立自己的地位和统治不惜压迫、排挤、敌视、残害甚至残酷消灭他者的那种"启蒙"，也就是堕落为残害他者、欺骗他者的"启蒙"，而不是内在地扬弃并提升自身的启蒙。以至于霍克海默、阿多诺把主张"自然"是一种更崇高、更健康的强力意志的尼采跟主张"自然"是一种千奇百怪的欲望之实现的萨德看成"一丘之貉"。其实，萨德早就放弃了启蒙、辩证法追求崇高理想的秉性，向千奇百怪的"自然"投降了，而尼采截然不同。

相比之下，马克思更加拥护启蒙的基本原则，更加谨慎地展开启蒙批判，防止批判过度和越界。我们在第一章中已分析过，马克思拥护启蒙立场，但绝不主张启蒙越激进越好。对偏执、单纯的激进启蒙，成熟的马克思抱着明确拒斥和批判的态度。与尼采相比，马克思启蒙批判及

---

① 戴林格. 视角的启蒙：试读尼采《论道德的谱系》第3章第12节//孙周兴，赵千帆. 尼采与启蒙. 北京：商务印书馆，2020：252.

② 详见：刘森林. 重新理解尼采对资产阶级道德的批判：《启蒙辩证法》中的尼采形象纠偏. 南京大学学报（哲学社会科学版），2017（3）；刘森林. 极致的启蒙还是合理的启蒙. 马克思主义与现实，2018（1）。

在此基础上确立的启蒙立场的特质值得我们在此再次加以强调。

第一，与尼采在哲学和政治层面谈论启蒙不同，马克思从哲学与政治层面进一步推进到经济和社会层面，并根据经济和社会的推进来理解思想和政治层面的启蒙。马克思早先在哲学层面看待启蒙，尔后希望把启蒙对宗教的批判推进到政治层面。

在《〈科隆日报〉第179号的社论》中，马克思十分推崇哲学的批判精神，认为"人民的最美好、最珍贵、最隐蔽的精髓都汇集在哲学思想里"[1]，由此才喊出了著名口号"任何真正的哲学都是自己时代的精神上的精华"[2]，并致力于哲学与时代相互作用，努力追求"哲学正在世界化，而世界正在哲学化"[3] 的境界。在实际工作中，他逐渐感受到"人们为之奋斗的一切，都同他们的利益有关"[4]，体会到"现实的观念没有把从自身中发展起来的现实，而是把普通经验作为定在"[5]，由此才逐渐体会到哲学真的必须重新思考。这种思考与哲学批判交叉并行。当马克思感到"德国已深深地陷入泥坑"[6]、德国"对未来没有明确的概念"[7] 时，更深深地体会到新思考的必要性，强调"新思潮的优点就恰恰在于我们不想教条式地预料未来，而只是希望在批判旧世界中发现新世界。到目前为止，一切谜语的答案都在哲学家们的写字台里，愚昧的凡俗世界只需张开嘴来接受绝对科学的烤松鸡就得了。现在哲学已经变为世俗的东西了"[8]。哲学必须深入现实，通过批判现实、改造现实而重塑自身。所以**"要对现存的一切进行无情的批判"**[9]，要把批判宗教延伸到批判政治国家。

随着青年黑格尔派因为书报检查制度的放松而对威廉四世不抱期望，加上改革派文化部部长卡尔·阿尔滕斯泰因的逝世、《莱茵报》被查封未激起民众反抗等因素，青年黑格尔派的启蒙立场快速分化。"民

---

① 马克思恩格斯全集：第1卷. 北京：人民出版社，1995：219-220.

② 同①220.

③ 同①220.

④ 同①187.

⑤ 马克思恩格斯全集：第3卷. 北京：人民出版社，2002：10.

⑥ 马克思恩格斯全集：第1卷. 北京：人民出版社，1956：407.

⑦ 同⑥415-416.

⑧ 同⑥416.

⑨ 同⑥466.

众对启蒙的消极态度使得失望情绪在青年黑格尔派中蔓延，哲学启蒙面临着巨大危机。"① 鲍威尔急切地告别实体，凸显自我意识的作用，认为被利益、热情沾染的群众靠不住，他们只能是启蒙的对象而不是同道。马克思、恩格斯在《神圣家族》里对这种传统启蒙立场进行了批判。他们赞同苏格兰启蒙运动的基本理念：每个人都有不依靠上帝和皇帝独自安排自己生活、解决自己所面临问题的能力；每个人解决自己问题的同时也往往对社会和他人做出贡献。施蒂纳虽然达不到马克思、恩格斯的水平，但在某种程度上也意识到了走出"哲学—启蒙"的必要性。"《莱茵报》的命运让施蒂纳认识到，'哲学—启蒙'不仅错误地认识了普鲁士的形象，而且高估了自己对大众的影响力。为此，他不得不通过调整理性、哲学家和大众三者之间的关系来回应'哲学—启蒙'的危机。"②他在另一个维度上宣扬了另一种激进性。他的"唯一者"比鲍威尔的"自我意识"更激进，更不食人间烟火。他们都没有达到政治经济学批判的高度。

这样一来，尚未进入政治经济学批判视野的马克思，所理解的启蒙也就局限在哲学—宗教—政治批判层面上，即使再激烈也是如此。下面这段话很典型地表明了这一点："18 世纪的法国启蒙运动，特别是**法国唯物主义**，不仅是反对现存政治制度的斗争，同时是反对现存宗教和神学的斗争，而且还是反对 **17 世纪的形而上学**和反对**一切形而上学**，特别是反对**笛卡儿、马勒伯朗士、斯宾诺莎和莱布尼茨**的形而上学的**公开而鲜明**的斗争。人们用**哲学**来对抗形而上学，这正像**费尔巴哈**在他向黑格尔作第一次坚决进攻时以**清醒的哲学**来对抗**醉熏熏的思辨**一样。"③ 以哲学为底色，启蒙批判的对象是封建制度、基督教神学和传统形而上学。不过作为启蒙批判对象的"形而上学"如果历史地看，"还是有**积极的**、世俗的内容的。它在数学、物理学以及与它有密切联系的其他精密科学方面都有所发现"④。只是后来社会发展了，"实证科学脱离了形而上学，给自己划定了单独的活动范围。现在，正当实在的本质和尘世的事物开始把人们的全部注意力集中到自己身上的

① 魏博．"施蒂纳冲击"与《德意志意识形态》的形成．国外理论动态，2021（6）：29．

② 同①30．

③ 马克思恩格斯全集：第 2 卷．北京：人民出版社，1957：159．

④ 同③161．

时候，形而上学的全部财富只剩下想象的本质和神灵的事物了。形而上学变得枯燥乏味了"①。

不过，马克思虽然在 1843 年秋的《论犹太人问题》中说"政治革命是市民社会的革命"②，"它把市民社会，也就是把需要、劳动、私人利益和私人权利看做**自己存在的基础**"③，但他还没有真正重视社会层面的启蒙，没有深入经济层面来理解启蒙。在 1843 年底至 1844 年初的《〈黑格尔法哲学批判〉导言》中，马克思还仍然强调"对宗教的批判最后归结为**人是人的最高本质**这样一个学说，从而也归结为这样的**绝对命令：必须推翻**使人成为被侮辱、被奴役、被遗弃和被蔑视的东西的**一切关系**"④，还是基本在哲学—宗教—政治的层面上运思。而正是同时期恩格斯写的《政治经济学批判大纲》，才把劳动、资本、土地、价值、交换价值、价格、商业、贸易、竞争、垄断、机器生产、工厂制度等纳入思考和研究的范围。当恩格斯的启蒙反思已进入经济、社会层面时，马克思还执着于"宗教批判"，还"试图把国家和货币作为另一种宗教来把握"⑤。对此，我们在本书引言第二节中已做过初步分析。

按照后来形成的历史唯物主义思想，启蒙更应该在经济、社会层面上理解，这个层面的启蒙比单纯思想层面的启蒙往往有效得多。恩格斯在 1847 年底的《法国的改革运动。——第戎宴会》中指出，"英国发明了蒸汽机；英国修筑了铁路；而这两件东西，我们认为，却抵得上一大堆思想"⑥。在《1844 年经济学哲学手稿》中，刚阅读了政治经济学著作的马克思也开始意识到，自然科学是一种启蒙因素，"自然科学却通过工业日益**在实践上**进入人的生活，改造人的生活，并为人的解放作准备，尽管它不得不直接地使非人化充分发展"⑦。工业化、现代化所产生出来的启蒙力量，可能比单纯的思想更有效。传统知识分子那种先通过思想变革才能在行动上改变人的观念，并不符合现代化的实际情形。实际上，在现代社会中，启蒙的效果并不一定是通过思想本身获得

---

① 马克思恩格斯全集：第 2 卷. 北京：人民出版社，1957：161 - 162.

② 马克思恩格斯全集：第 1 卷. 北京：人民出版社，1956：441.

③ 同②443.

④ 马克思恩格斯选集：第 1 卷. 北京：人民出版社，2012：10.

⑤ 柄谷行人. 跨越性批判：康德与马克思. 北京：中央编译出版社，2011：102.

⑥ 马克思恩格斯全集：第 42 卷. 北京：人民出版社，1979：393.

⑦ 马克思恩格斯全集：第 3 卷. 北京：人民出版社，2002：307.

的，更可能是通过工业的、技术的、社会的方式使生活本身发生重要改变从而推动思想的变革。为此，马克思曾批评德国庸人总试图从思想本身出发来看待思想的变化，甚至用道德评价来打击思想运动。比如德国理论家李斯特不明白"象经济学这样一门科学的发展，是同社会的现实运动联系在一起的，或者仅仅是这种运动在理论上的表现"①。再比如通过散布伏尔泰临终时放弃自己的思想试图"给启蒙运动以最沉重的致命打击"②。这都反映了对启蒙的不正确理解。

显然，马克思早期曾在哲学批判宗教的层面上看待启蒙，尔后向政治层面转化、推进，立志要把启蒙从哲学推进到政治层面，最后在社会工作实际经验的推动下，在恩格斯的启发影响下，才把启蒙深入经济、社会层面，也就是把对启蒙的理解从德国、法国推进到英国，即推进到苏格兰启蒙运动。只有在苏格兰启蒙运动中，经济变革才成为历史运动的重要原因，"经济学取代了道德和宗教。弗格森将历史的运动从'道德—宗教'领域移到了经济领域"；而"斯密对历史做出一种经济的解释，这个解释在 18 世纪的启蒙运动中广为流传"③。不能忘记的是，经济学、社会学、人类学这些学科正是在启蒙运动中产生的，特别是经济学，就主要是在苏格兰启蒙运动中产生的。恰如帕戈登所说的"启蒙运动也促使了一些学科的产生——经济学、社会学、人类学、政治学和道德哲学的某些分支。这些学科指导着我们的认知，并试图约束我们今天的生活"④。从马克思启蒙思考的发展来看，启蒙思考的层面、领域依次是哲学、宗教、政治、经济、（广义）社会。启蒙思考从哲学和政治层面拓展到经济、社会层面，是一种深化和根本性转折。马克思思考和深化启蒙的路向，跟邓晓芒在《西方启蒙的进化》一文中所总结的西方启蒙发展的路向恰好相反。⑤ 在这篇论文中，邓晓芒把苏格兰启蒙解读为自培根伊始的工具理性，法国启蒙是直观理性，德国启蒙是思辨理

---

① 马克思恩格斯全集：第 42 卷 . 北京：人民出版社，1979：242.

② 同①242 – 243.

③ 莱文 . 苏格兰启蒙运动与马克思//臧峰宇 . 启蒙、历史观与马克思主义辩证法 . 贵阳：贵州人民出版社，2017：53，57.

④ 帕戈登 . 启蒙运动：为什么依然重要 . 上海：上海交通大学出版社，2017：序 2.

⑤ 邓晓芒 . 西方启蒙的进化 . 湖北大学学报（哲学社会科学版），2021（1）. 该文表现出一种很古典的立场，似乎与邓晓芒一贯展示的现代立场很不相同。这应该是仅仅从哲学角度观视启蒙的结果。

性，凭借思辨理性达到了辩证法的德国启蒙是水平最高的。这显然是马克思要超越的观点。尼采却几乎重新回到马克思超越了的这个立场，对运动化的启蒙进行哲学反思。不过这个反思回到了从传统人文学科对经济学、社会学的蔑视和不接受；甚至蕴含着一种传统知识分子信奉的知—信—行依次决定和必然推进的理论逻辑，是一种很古典的保守立场。而马克思的历史唯物主义继承了苏格兰启蒙运动的一贯立场："无论对何种意义上的启蒙运动，经济思想都是最引人注目的"①，当然也是最重要和最基本的。任何个人，即使是最卑微的经济活动者，在追求自我利益的过程中，无需上帝的指引、皇帝的安排，就可以在解决自己所面临的问题中对现代社会做出贡献，并不是只有在花丛中散步、具备人文素养，才会对社会做出有益贡献。任何个人都有自主的能力和权利，也都可以对社会有积极的贡献与价值。这是近现代启蒙的基本立场，是以斯密、休谟、弗格森为代表的温和启蒙运动的基本主张。诺曼·莱文说与这种温和启蒙立场相比，马克思更深受以西蒙·兰盖、阿贝·马布里和摩莱里为代表并主张谴责私有财产和资本主义的启蒙运动左翼的影响②，我们对此不能同意。马克思没有在所谓启蒙运动的温和派与左翼之间做非此即彼的选择。对温和派以经济为基础评价政府和历史、经济决定文化水平的新观点，马克思明确表达赞同；而对左翼批判私有财产和资本主义的立场，他也以自己的方式表示认同。马克思的做法是，对温和派予以适度激进，对激进派则加以合理约束。过于温和、过于激进，他都反对和拒斥。

尼采是要把马克思从"哲学—宗教—政治"向"哲学—经济—社会"的启蒙推进再折返。他不但不屑于谈论经济、社会层面的启蒙，因为那是他看不上的知性启蒙，他甚至不愿在政治层面谈论启蒙，除非是"将生命的整体发展纳入考虑的政治"，也就是萨拉夸达所说的尼采的"大政治"③。他最看重的是在哲学—宗教框架内侧重心理学的哲学思考，并认为这才最深刻。如孙周兴所说，尼采的启蒙思考中存在着一种

① 罗斯柴尔德. 经济情操论：亚当·斯密、孔多塞与启蒙运动. 北京：社会科学文献出版社，2013：12.

② 莱文. 苏格兰启蒙运动与马克思//臧峰宇. 启蒙、历史观与马克思主义辩证法. 贵阳：贵州人民出版社，2017：64.

③ 萨拉夸达. 狄俄尼索斯反对被钉十字架者//刘小枫. 尼采与古典传统续编. 上海：华东师范大学出版社，2008：198.

哲学与政治纠缠不清的矛盾。他反对的知性启蒙具有鲜明的政治性，他主张的启蒙从政治上看又具有反动性和极端性，"在哲学上看，政治上的启蒙和启蒙运动必定是不彻底的、局部的、成问题的；而在政治上看，哲学上的启蒙和启蒙运动又不免沦于反动和极端（反革命、反民主、反平等之类）。我们可以把这种尼采式的启蒙悖论称为'启蒙二重性'，它同样也在当代中国知识界延续着"①。对政治—经济运动化启蒙进行哲学反思，对其种种后果提出批评，区分启蒙运动与启蒙，是尼采启蒙观的显著特点。尼采希望的、超越知性启蒙的未来新文明，必定由具有更大视野、更大担当的超人发现、创造和引领。诚然，在具有更大历史担当、不斤斤计较、作为哲学家不再被任何意识形态蒙蔽等方面，尼采寄予希望的超人与马克思寄予希望的无产阶级具有诸多类似性②，罗森甚至认为两者"本质上没有区别"③。但马克思的无产阶级是从生产方式角度来分析的，尼采的超人却仅仅从自然本能和文化品质角度来分析。马克思的无产阶级必须在生产力、生产关系中占据主导地位，在经济、社会、政治、文化上都处于最领先的地位，代表着最先进的方向。而尼采的超人不需要在经济和政治领域占据主导地位，只需要在自然本能、文化素质特别是哲学素质上具有超高的水平。尼采甚至认为，文化和大政治的革新只有在经济和政治失败之时才可能出现良机。尼采会把启蒙的深度诉诸哲学思考和心理学分析，不同意马克思把启蒙推进到经济和社会层面才算深化启蒙的做法，认为那是一种倒退。而从马克思的角度看，尼采的做法才是一种倒退，是向青年黑格尔派启蒙观的一种历史倒退，具有明显局限性。

　　尼采欣然接受高尚价值的实现以牺牲货币经济时代的众多价值甚至生命为代价，这种牺牲对他来说似乎不算什么。他以这种对货币经济深恶痛绝、毫不在乎的方式盼望着高尚价值的来临，似乎"广泛大众的苦难、受压迫和不发展只要是为上述升华付出的代价和奠定的基础，就无须加以关注"④。从尼采晚年的理论逻辑来看，西美尔的这种评价固然

---

　　① 孙周兴.尼采的启蒙悖论与中国启蒙运动//孙周兴，赵千帆.尼采与启蒙.北京：商务印书馆，2020：306.

　　② 刘森林.从"唯一者"到"超人".山东社会科学，2017（2）.

　　③ 罗森.启蒙的面具.沈阳：辽宁教育出版社，2003：283.

　　④ 西美尔.叔本华与尼采.上海：上海人民出版社，2009：171.

有混淆民众的幸福、快乐与强人的幸福、快乐的嫌疑，也就是说，尼采要牺牲的是超人本身的幸福与快乐，不是末人的幸福与快乐，但尼采看不上知性启蒙十分推崇的幸福与快乐是毫无疑问的。对于尼采推崇的英雄、超人来说，经济和狭义的政治都不具重要性，唯有文化至高无上。而这种文化显然是人文、宗教、艺术的，并不包括经济学、社会学等以追求更大效益为目标的东西。由此而论，"幸福是不可能的，唯一可能和无愧于人之为人的是一个英雄般的生活经历"①。也许托马斯·曼说的不无道理："尼采是思想史上所仅见的最完美的和最无可挽救的唯美主义者，他的前提便包含着他的狂热的悲观主义：即生命之可被解释为审美的现象，这恰恰对他，对他的生命，对他的哲学和文学作品最为适用……"②他的生命就是一场艺术表演，美妙无比，令人着迷，每个瞬间都是创造，每个瞬间都是不同的，每个瞬间都可以自我神话化；即便是悲剧，也是担当、创造、探索和勇气，从而也是壮丽和美丽的。如果对知性启蒙的反思批判是以认可这种启蒙为结局，那么的确需要我们对它进一步反思。

第二，由此出发，历史唯物主义会特别强调启蒙的特定历史条件和处境；强调根据特定历史条件来理解和推进启蒙的合理性意义，而绝不再主张启蒙越激进越好，越纯粹越好。

马克思的思维方式，关注的是当下具体的、具有现实基础的东西，他不喜欢去谈论缺乏感性根基的东西，认为那会很容易陷入抽象的形而上学。马克思更坚持现实感，不愿谈论过于宏大的历史。在启蒙问题上也是如此。按照历史唯物主义的逻辑，尼采那种超出现代史的永恒轮回观显然具有一定的形而上学嫌疑。缺乏经验基础的历史想象都是过于遥远和宏大的历史设想，马克思不予置评。在这个意义上，马克思是过于宏大的叙事的反对者，是宏大历史言说的静默者，尼采反而是这种宏大视界的主张者。我认为，马克思是在现代性框架内看待社会发展的，他拒绝离开这种具体的历史框架来谈论遥远人类历史。而尼采显然是要超越这种框架来看待人类历史，甚至将超出这种框架看待人类史视为己任。在马克思的眼里，人类能够确切把握的只是当下的历史，以及与当下发生的历史直接联系着的历史：它必须"是经验事实"，必须"具有

<hr />

① 曼.多难而伟大的十九世纪.杭州：浙江大学出版社，2013：189.

② 同①203.

同样的经验根据"①。与马克思不同，尼采喜欢谈论遥远未来的东西，明确自己的作品是写给未来的哲学家看的。对马克思根据历史唯物主义强调启蒙的条件性和历史性这一点，我们在第二章中已做过分析，这里不再赘述。

第三，马克思越来越发现启蒙是辩证的，不是清一色的进步，更不是清一色的退步，而是在某些方面积极进步的同时在另一些方面退步，既产生了积极的力量又带来了消极和令人忧虑的东西。启蒙是一个辩证现象，是一个辩证过程，充分体现了辩证法的特征。启蒙就是一个标准的辩证性存在，是个标准的辩证法现象。启蒙是双面雅努斯，具有相反的两副面孔，就像马克思于《在〈人民报〉创刊纪念会上的演说》中所说的，"在我们这个时代，每一种事物好像都包含有自己的反面。我们看到，机器具有减少人类劳动和使劳动更有成效的神奇力量，然而却引起了饥饿和过度的疲劳。财富的新源泉，由于某种奇怪的、不可思议的魔力而变成贫困的源泉。技术的胜利，似乎是以道德的败坏为代价换来的。随着人类愈益控制自然，个人却似乎愈益成为别人的奴隶或自身的卑劣行为的奴隶。甚至科学的纯洁光辉仿佛也只能在愚昧无知的黑暗背景上闪耀。我们的一切发明和进步，似乎结果是使物质力量成为有智慧的生命，而人的生命则化为愚钝的物质力量。现代工业和科学为一方与现代贫困和衰颓为另一方的这种对抗，我们时代的生产力与社会关系之间的这种对抗，是显而易见的、不可避免的和毋庸争辩的事实"②。站在一方的立场上拒斥、否定另一方，立足于一个方面完全否定另一个方面，道德主义地只要这个方面不要那个方面，都是不懂得这种历史辩证法的。唯一正确的立场与态度是，根据历史发展的程度和条件，适度地介入历史，争取跟历史这个审判官结合，做执刑者："历史本身就是审判官，而无产阶级就是执刑者。"③

从辩证法的角度来看，批判资产阶级启蒙专制、压抑本性，而立足自由和解放对差异、多样性的肯定性看法也是持一种辩证立场。马克思对差异、多样性的肯定是以对普遍性的历史认同为前提和基础的。对马

---

① 马克思恩格斯选集：第1卷. 北京：人民出版社，2012：169. 对此请继续参见：刘森林. 回归自然与超越自然：重思"自然历史过程". 哲学研究，2016（7）：3-9。

② 马克思恩格斯选集：第1卷. 北京：人民出版社，2012：776.

③ 同②777.

克思来说，"普遍性"的认定是一个需要仔细区分和讨论的问题。按照普殊同的看法，马克思早期还致力于建构普遍的一般理论，后期才逐渐认识到资本主义的历史特殊性。"对马克思的成熟期理论而言，范畴的历史特殊性具有核心意义，这标定了他与其早期作品之间的重要区别。"①如果我们还接受有一种超越特定历史阶段的一般普遍性，那么后期马克思所谓"普遍性"，其实只是相对于特定的资本主义阶段而言的次一级的"普遍性"。成熟期马克思所谓普遍性，只能理解为资本主义时期或者现代性时期的"普遍性"，绝非超历史的普遍性。这种普遍性对多样性的容纳是有限度的，一种更容纳多样性的社会主义"普遍性"才是马克思所追求的目标，这才是启蒙辩证法的一个更突出表现。对马克思来说，批判启蒙与肯定启蒙都需要保持一个辩证限度。过于后现代主义地肯定差异、多样性存在，把一切制度、既定秩序视为压迫的象征，那肯定不是马克思的态度，倒是马克思批判过的施蒂纳的态度。从施蒂纳到如今的极端后现代主义者，才会去除一切偶像，拒斥所有的总体性、本质主义和形而上学，拒斥一切等级秩序，弘扬"差异，绝对的差异，是后现代性的律令，差异搅乱了一切等级制，搅毁了一切的支配与屈从，搅毁了一切的霸权与反霸权，搅毁了一切的绝对性和同一性"②。事物本身只有差异和多样性，没有统一性、同一性秩序。这种极端立场不用说马克思，尼采都会明确反对：大量弱者、平庸者的视角能跟强者的立场具有同样的地位和价值吗？马克思在《德意志意识形态》中面对破除一切偶像、把一切普遍规矩都视为个性实现之障碍的施蒂纳时，早就表明了一种辩证的立场。根据这种立场，肯定差异绝不能破坏启蒙的普遍原则；反过来，肯定普遍的原则也不能压迫、否定差异和多样性。虽然达到一种个性与普遍性完美统一的境界殊为不易（那是未来一个完美的共同体才能接近达到的），但那作为一个历史追求的理想是具有历史价值的。也许伊格尔顿说得对，"马克思主义者从来不会张狂得以为整个启蒙思想都陷入了困境，绝不会突发奇想地以为大家都

---

① 普殊同. 时间、劳动与社会统治：马克思的批判理论再阐释. 北京：北京大学出版社，2019：161.

② 汪民安. 后现代的谱系//汪民安，陈永国，马海良. 后现代性的哲学话语：从福柯到赛义德. 杭州：浙江人民出版社，2000：导言 4.

要从 1972 年起开始阅读索绪尔的著作，把行动统一起来"①。马克思主义赞赏差异，但不至于走到以之取代和否定启蒙普遍性的程度。马克思主义是在启蒙范围内接受差异的。

马克思与尼采的启蒙批判显然存在诸多不同之处。尼采更欣赏差异原则，更批判启蒙普遍的压迫性、统治性、排他性后果，更可能为了差异而揭示启蒙普遍原则的秘密及其问题。但尼采批判的普遍原则更多跟弱者、卑劣相关，而不仅仅因为其是普遍原则。尼采的批判对准的与其说是普遍原则，不如说是不高贵、不健康、冒充的普遍性。就此而论，马克思与尼采可以在拒斥资产阶级意识形态标榜的普遍性这一点上达成一致。为了揭露问题，尼采主张回到问题发生的源初点，甚至认为这个源初点前的情况更好，而马克思显然不会这样思考问题。虽然他也经常为了弄清问题回溯历史，但回溯历史只是为了理解事情的发生和发展，以便更好地理解其当下，并诉诸未来的改造和完善。对于其历史发展中的存在，往往给予历史的合理性判定。即使是从未来角度看具有负面效应的存在，也肯定其历史进步性。比如物化虽然有遮蔽个性与自由、固化破碎性与原子化的后果，但同样具有提高效率、促进人际公平的历史进步作用，所以迫切需要一种跨学科的综合观视，而不仅是人文学科单一视角的否定。②

与马克思相比，尼采明显不喜欢辩证法。他认为辩证法是苏格拉底理性主义的拐杖，缺乏高贵性；虽然高于基督教的大众柏拉图主义，但仍属畏惧焦虑、恐惧的理性主义文化之产物，远不如悲剧文化及从中生长出来的狄俄尼索斯精神高明。虽然尼采与马克思都激烈批判基督教，不喜欢资产阶级，但是当需要一种新人来承担建构新文明的重任时，尼采选择超人，马克思选择无产阶级。无产阶级与超人的区别，不仅在于自然基础与社会经济基础的不同，更在于建构在自然根基之上的文化高贵性的不同。虽然尼采的观点其实并不都是那么极端，但各种原因导致他的写作、表达比较偏激，因而需要一种整体的、综合的阅读才能理解，仅凭只言片语，结果往往会造成偏执与极端的理解。

---

① 伊格尔顿. 历史中的政治、哲学与爱欲. 北京：中国社会科学出版社，1999：233.
② 对此请参见本书第十二章的具体分析。

4. 积极、健康地推进启蒙

尼采后期不考虑言说对象能否理解激进的言说方式，很容易给人留下固执、偏激的印象。其实，他和马克思一样力主启蒙的正确和主流方向，力主推进启蒙的积极价值，把启蒙视为一种推进更积极、更健康、更高贵价值的力量、运动、文化，解放被平庸、世俗、颓废、僵化体系抑制和否定的那些健康力量，并且同时积极创新，在现实选择中找到能够接续、承担积极启蒙传统并把它推向前进的主体力量。他们都强调主体的实践作为，强调先行者的智慧、勇敢、担当与付出，都强调在新启蒙中迈向新文明。不同的不只是马克思寄希望于无产阶级，尼采寄希望于超人，还有马克思更多付诸必然性，而尼采更多付诸可能性。

马克思和尼采都重视各种消解、蚕食启蒙的倾向，比如我们在第五章中分析过的现代犬儒主义，及其连带的现代虚无主义。马克思指出，资本以及商品、货币的敉平功能在现代性中越来越强大，它把一切价值都通约在一起，在把一切崇高的东西都敉平的同时，也可能把低俗的东西提升一下，用文明的质素和形式包装改造一下，使之具有某种可以登上大雅之堂的资格，即一种庸常的公共化和"正常化"。这样一来，一切价值的质性差异就被消解，区别只是量的不同而已。原来泾渭分明、善恶对立的双方，现在被敉平为五十步笑百步的关系了。这就为消解崇高、嘲讽神圣奠定了肥沃的现代性土壤。马克思和尼采的启蒙都是在提醒我们防止启蒙内含的这种敉平趋势。马克思对这种意义上的"犬儒主义"的提醒和批评，在当代具有了越来越大的价值。古代犬儒主义在敉平日常众多价值之后，还仍有自己的价值追求，虽然可能采取不合常规甚至不雅的外观，但是内在的非世俗追求还是有的。但现代犬儒主义就不是这样了，它不相信一切真与善，嘲讽一切善意与真诚，不只是崇高价值，就连一般价值都不信，其价值框架里只剩下一堆工具性价值。

作为跟马克思并列的 19 世纪伟大思想家，尼采常被后现代主义化，被视为一个带引号的"犬儒主义"者。[①] 其实，尼采只是在解构、批

---

① Peter Sloterdijk. Kritik der zynischen Vernunft. Frankfurt am Main：Suhrkamp Verlag，1983：10.

判、嘲讽传统价值方面跟现代犬儒主义类似，解构之后的建设是尼采力主的，却是现代犬儒主义缺乏的。他和马克思都清楚，从来没有一个统一的启蒙运动，也从来没有一支轻松前进的启蒙大军，会沿着笔直、宽阔的启蒙大道畅行无阻地迈向未来。启蒙从来都是一个辩证的事业，一个辩证性的复杂存在，牵连着诸多的复杂力量和因素，不断出现需要诉诸更大更复杂的整体性分析才会看清的宏大结局，不断出现需要积极努力才能突破的困局并走向希望。启蒙经常被截取、被利用，并在这种被截取和被利用中半途而废，甚至成为一个怪胎。现代犬儒主义就是这样一种启蒙的废品和怪胎。它是一种被过度启蒙了的对启蒙的滥用。①它具有启蒙的某些特征，经历过一定启蒙，但又没有完全接受启蒙的精神诉求。启蒙后获得的成果应该是对真理、善、美好目的之促进和接近，应该有助于启蒙事业的进一步拓展和加强。但现代犬儒主义却窃取了启蒙的某些成果，用于对自我利益的追求，甚至用于对真诚启蒙精神的嘲讽。启蒙在这里只有工具性价值，只有使用价值，本身却没有价值。通过配合、表演获得自我利益之后，启蒙就失去了使用价值，更失去了价值。这个使用价值只是短暂的灵光，只是低级的、不得不要的东西，不是心中只有它的那种崇高价值，甚至连马克思所分析的那种使用价值的地位和高度都没有。现代犬儒主义者对待启蒙的这种实用主义态度，把启蒙当作一种使用价值或工具价值。其很大特点是，意识、价值认同与选择不统一。选择它不是因为认同，而是舍不得它背后的实际好处。表面上的拥护赞成仅仅是为了获得实在的好处。得到好处后如果有不会伤及好处的某个特定场合，他完全可以对给予自己好处的一方施以嘲讽。虽然这种嘲讽常常是文雅的、委婉的，偶尔才可能是直接的、粗鲁的。在这里，身心分离是基本特点；选择只是维护"身体"，却无处安放灵魂。不过，不只是缺乏灵魂安放之处，身体也变得虚妄空无了。现代犬儒主义的灵魂渐渐丢失，除了逐利避害，它没有什么灵魂需要安放；而趋利避害是动物的基本本能，谈不上什么灵魂所系。如果它成功了，启蒙就会只剩下一堆无灵魂的物件，甚至一堆垃圾。马克思和尼采都对现代犬儒主义持一种明确反对的态度，都希望在对它的防范和拒斥中积极推进新启蒙，开拓新文明。

---

① Peter Sloterdijk. Kritik der zynischen Vernunft. Frankfurt am Main：Suhrkamp Verlag，1983：160.

　　马克思是在推进历史发展的过程中呈现和推动他的启蒙辩证法，他用经济社会生活依次开展的变化来改变、影响人，让人在一种新的生活世界中调整和改变自己，并在这种改变中与历史同步；而尼采则是在即使不是另起炉灶也是重新塑造新历史的根本转向中展现他的启蒙辩证法，他看不起现代经济生活的方式和逻辑，也不信任往往掩饰和掩盖自己不足的社会性存在，他希望在一种文化观念、文化生活的震撼性变革中把人吸引住，让人认同和就范。马克思的方式更多时候是顺其自然，只有在特定时刻才疾风骤雨；而尼采的方式始终有一种令人惊讶的效果，有一种茅塞顿开、醍醐灌顶的效果。马克思的方式是层层展露，尼采的方式则是根本的撕裂；马克思呼吁并依靠更多的同伴，尼采则更多依靠心境孤独但坚毅刚强的超强个人；马克思希望并行者都是启蒙理性的成熟者，内心有对历史发展的成熟思考并在适宜的时刻主动介入，尼采则希望并行者都有火一般燃烧着的强烈意志、都是具有狄俄尼索斯般神灵信仰的热情之人。作为启蒙者的马克思寄予希望的首先是理性智慧，作为启蒙者的尼采寄予希望的却是勇敢和勇气。无论智慧抑或勇气，都是启蒙依仗的宝贵品质，都是启蒙的力量和象征。马克思和尼采可以相互批评，更可以相互成全。

第十九章　合理启蒙的调适：
恩格斯与尼采

马克思、恩格斯与尼采都是 19 世纪伟大的思想家。学界对马克思与尼采的综合比较研究，虽然数量不多，质量高的更少，但是早已有之。而恩格斯与尼采的综合比较研究，在中外学界却一直没有见到。其实，恩格斯和尼采在批判基督教和传统道德、肯定永恒轮回、力主回归自然，以及在批判传统形而上学前提下给形而上学留出一定合理空间等方面都有不少交集，而且提出这些思想的时间也非常接近甚至吻合。两位思想家既存在诸多类似之处，更存在明显差异。在综合比较中探究他们的思想，对于深入研究恩格斯和尼采都颇有助益。

1. 激进的启蒙批判：青年恩格斯与尼采

在发表于《德法年鉴》的《评托马斯·卡莱尔的〈过去和现在〉》一文中，23 岁的恩格斯（尼采在几个月之后出生）立足于启蒙立场以肯定的语气谈到大卫·弗里德里希·施特劳斯那本被罗兰·玻尔（Roland Boer）称为"不仅是一本书，更是一枚炸弹"① 的《耶稣传》，称英国上流社会对它不理不睬，但"曼彻斯特、伯明翰和伦敦的工人却是施特劳斯这本书在英国的惟一读者"②。1864 年，20 岁的尼采也阅读了

---

① 玻尔. 尘世的批判：论马克思、恩格斯与神学. 北京：中国人民大学出版社，2019：12 - 13.

② 马克思恩格斯全集：第 3 卷. 北京：人民出版社，2002：498.

这本《耶稣传》。在 1888 年的《敌基督者》中，尼采谈到年轻时他"也曾经像所有年轻的学者一样，用精微的语文学家的聪明的慢速，尽情享受无与伦比的施特劳斯的著作，可这已经是遥远的事情了"①。两位年轻人对施特劳斯的看法非常接近，对施特劳斯关于福音传说是神话、不是真实的历史的观点都认同，虽然日后两人都认为仅仅如此还不够，必须进一步向前推进。

在评价卡莱尔时，恩格斯立足于青年黑格尔派的自我意识立场，对卡莱尔忧虑的宗教衰亡、上帝被遗忘，迫切需要在上帝死后空无的位置上替换新偶像的看法予以批评。他对英国"宗教被破坏并日益瓦解，所有普遍的人类利益彻底崩溃，对真理和人类普遍失望……旧的社会联系瓦解，到处是精神空虚，思想贫乏和意志衰退"② 的状况深有同感。他引述了卡莱尔关于上帝被忘却及其后果的这段话："我们已经忘了上帝，我们闭眼不看事物的永恒的本质，却睁眼只看事物的骗人的假象……对我们来说，不再有上帝存在了；上帝的戒律成了'最大幸福的原则'，议会的谋略……人丧失了自己的灵魂，现在开始发觉它不存在了。这是真正的病根，是全社会坏疽的中心。——宗教不存在了，上帝不存在了，人丧失了自己的灵魂，正在徒劳地寻求医治脓疮的药剂。"③

针对卡莱尔对英国社会的这种抨击，恩格斯表达了有限的认同，但对他们"抛弃了中世纪的宗教信仰，但是没有任何东西来代替它"，希望上帝死后空出的位置尽快有替代者填补这种看法予以责备，认为他看到了问题却看不到问题的根源和解决问题的关键。在恩格斯看来，卡莱尔所说的空虚早就存在，只是现在才暴露出来。空虚不是因为上帝在人们心中死去才产生的，而是上帝在人们心中滋生时、人们开始信奉上帝时就孕育和引发了。就是说，基督教一开始就是空虚的代名词。上帝本身就是虚幻的想象，上帝就代表着最大的空虚和妄想。上帝不是现实的存在，而是跟现实对立的妄想。对此，青年恩格斯完全可以与尼采达成基本共识。当尼采说上帝、天国是一种心灵想象、心灵状态，"而非某种悬于'大地之上'或者'死后'降临的东西"的时候，甚至"事实上根本就不存在基督徒。两千年以来被称为基督徒的'基督徒'是一种纯

---

①　尼采. 敌基督者. 北京：商务印书馆，2019：39.

②　马克思恩格斯全集：第 3 卷. 北京：人民出版社，2002：510，511.

③　同②503 - 504.

粹的心理学上的自我误解"① 的时候，青年恩格斯肯定会赞同。

尼采欣赏敢于直面现实，特别是勇于面对焦虑、恐惧、挫折、失败的文化，谴责逃避型的文化。从苏格拉底以理性探寻事物内部规律与秩序的理性主义文化，到基督教把解决问题的关键一概寄予万能之神，越来越简单的逃避型文化虽然越来越庸俗，却越来越"有效"，越来越受到尼采的重视。以简单便捷的方式规避掉现实，将解决问题的关键指向了一厢情愿的幻想。尼采说，"在基督教中，无论道德还是宗教都没有在任何一点上触及现实"②。凭借"神""灵魂""精神""罪""拯救"等概念，基督教虚构了一个世界，"这个纯然虚构的世界与梦境非常不同，并且相形见绌，因为后者反映了现实，而它却要扭曲、贬低、否定现实……但是一切都这样被解释了。唯独谁有动机去编造谎言来逃避现实？那些对现实感到痛苦的人。可对现实感到痛苦，这就是一种变得不幸的现实"③。这意味着，基督教是出于某种无法真正克服的困难、出于某种特定目的进行的虚构和创造，反映了信徒的苦难与可怜。对马克思、恩格斯来说，信仰宗教是由于内心的苦痛没法以现实的形式获得消解，只能通过诉诸上帝惩罚的形式获得心灵的安慰和问题的"解决"。对宗教的信仰反映了信徒在现实社会生活中的苦痛和无奈，因此才必须通过社会制度的变革来实现个人的解放和自由。对尼采来说，信徒所信仰的基督教也反映出信徒身上存在严重的问题。信教不但没有解决问题，反而恰恰就是这些问题的一种转移形式或者反映形式。"没有人可以随意地成为基督徒：无法让人'皈依'基督教，——必须要足够地病态才行……我们另一种人，有勇气健康、也有勇气去藐视的人，我们能够如何地藐视这样一种宗教啊，它教导人们去误解身体！它不愿脱离灵魂迷信！它从营养不良中弄出一项'功绩'！"④ 在表达这种观点时，尼采特别指出，基督教的忏悔和拯救训练在英国做得最为充分："我一度允许自己把全部基督教的忏悔和拯救训练（今天在英格兰可以受到最好的训练）标识为一种在一个已经备好的，也就是说在根本已经腐烂的地

① 尼采．敌基督者．北京：商务印书馆，2019：49，55．
② 同①20．
③ 同①20．
④ 同①78．

基之上、按部就班制造出来的 folie circulaire［极度压抑］。"①

青年恩格斯与尼采在宗教批判问题上的相似性一目了然。恩格斯认为，宗教是对人和大自然的剥夺，"宗教按它的本质来说就是抽掉人和大自然的整个内容，把它转给彼岸之神的幻影，然后彼岸之神大发慈悲，又反过来使人和大自然从它的丰富宝库中得到一点东西"②。对于尼采来说，上帝则是自然的对立面，"一旦'自然'概念被虚构为'上帝'的反概念，'自然的'就必定意味着'卑贱的'，——这整个虚构的世界都根源于对自然之物（——现实！——）的仇恨，都表达了一种对于现实之物深深的厌恶"③。自然是有缺陷的、非完美的、不断生成着的存在，跟完美无缺、永恒的上帝截然不同。自然最真实，上帝最虚幻。对于恩格斯来说，"其实神不过是通过人在自己的不发达意识这个混沌物质［Hyle］中对人的反映而创造出来的"④；对尼采来说，只有把人矮化、病态化、降低到一定程度，才能树立一个崇高的"神"并皈依于它。神的高大衬托的是人的渺小，神的无所不能衬托的是人的无奈和无能。对恩格斯来说，"宗教的第一句话就是谎言——或者说，宗教一开头向我们说起某种有关人的事物的时候，不就把这种事物硬说成某种超人的、神的事物吗？"⑤ 对尼采来说，"'最初的基督徒'口中的每一句话都是一个谎言，他的每一个行为都是对本能的一种扭曲，——他所有的价值、所有的目标都是有害的，然而，他所仇视的人和事却具有价值"⑥。谎言掩盖真实的不足、卑劣和缺陷，衬托的是说谎者与相信者的无奈和幻想。

不过类似之处再多也掩盖不了根本差异。坚持青年黑格尔派启蒙立场的恩格斯坚定地走向了无神论，尼采却走向了对另一种新神的推崇。恩格斯嘲笑卡莱尔没有勇气拥抱无神论，指责他力主"宗教本身必须予以恢复"⑦，即使恢复的不是传统宗教而是新宗教。卡莱尔的思想方式在恩格斯看来是从德国文学中来的泛神论，不是英国的怀疑论，没有达

---

① 尼采. 敌基督者. 北京：商务印书馆，2019：78.
② 马克思恩格斯全集：第3卷. 北京：人民出版社，2002：517.
③ 同①20.
④ 同②519－520.
⑤ 同②518.
⑥ 同①70.
⑦ 同②512.

到德国启蒙哲学的水平。所以，泛神论与基督宗教本质上是一致的，"泛神论本身就是基督教的结论，它与自己的前提是分不开的"，鉴于此，"继基督教之后，不再可能产生任何其他宗教"①。可惜卡莱尔并不明白这一点。立足于人是神的秘密和人的问题都来自社会历史的不成熟、不完善这一立场，恩格斯坚持要把人的东西都还给人，唤醒人的自觉，向宗教宣战，而毫不在意无神论的帽子。恩格斯拒斥卡莱尔的英雄崇拜、劳动崇拜，批判有神论。显然，恩格斯还是用费尔巴哈和青年黑格尔派的宗教批判来应对卡莱尔的虚无主义担忧。恩格斯用"神是什么？德国哲学就这样回答问题：神是人"② 来回应卡莱尔的宗教恢复论。

尼采批判基督教却不否定一切宗教，反而主张一种新"宗教"。"尼采则有意识地思考一种走向终结的基督教，上帝死了的基督教。"③ 与黑格尔把上帝、信仰理性化不同，尼采却从启蒙理性走向一种新精神，从而给哲学无神论以新的转向。基督教的上帝处于世界之外、之上，这是尼采不喜欢的也认为不可能的上帝，他喜欢和接受的是意味着有限创造原则和精神的"神"。"尼采反对超世界和基督教的上帝，拥护永远不断地自我创造和毁灭的世界。"④ 在这个世界中永远打不倒、永远在创造、冒险和积极追求中的就是狄俄尼索斯。基督教的传统上帝死后仍然可以追求的新神就是狄俄尼索斯。不过这种所谓"新神"不再是传统的"上帝"，如洛维特所说："尼采从一开始所追求的、最终称其为狄俄尼索斯的上帝，不是《旧约》和《新约》中的上帝，而是一个神圣的名称，表示那个永远不断自我孕育和不断自我毁灭的世界。"⑤ 这个上帝所处的世界是一个生成中的世界，上帝死了之后的这个世界很容易成为绝对偶在的世界，要把人从这样的世界中拯救出来，远离任意和强制。"谜一般破碎的人如何能够重新嵌入世界的整体中？为此，需要对人的存在进行变形。"这就是查拉图斯特拉的三种变形：骆驼顺从上帝、被动应对，即"你应该"；狮子毁灭上帝、意志自由，是一种否定和解放，

---

① 马克思恩格斯全集：第 3 卷. 北京：人民出版社，2002：519.
② 同①521.
③ 刘小枫. 尼采与基督教. 北京：华夏出版社，2014：7.
④ 同③9.
⑤ 同③8.

即"我愿意"；孩童肯定、立于大地，即"我是"。最终"赢得了永恒地自我创造与重新毁灭的狄俄尼索斯世界"①。与基督教上帝不同，狄俄尼索斯不在自己与信徒之间塑造紧密的膜拜关系，这位新神启发信徒寻求本己自我，并在寻得后悄然离开。对自然贫弱者，他也提供自由空间，不以千篇一律的抽象要求他们，而在尽力而为的空间内，鼓励他们创造和担当。

与卡莱尔的劳动崇拜相比，尼采推崇的新神狄俄尼索斯显然更具有非世俗的神圣性，不至于受到青年恩格斯的那般批评。如果考虑到狄俄尼索斯不寻求成为"信徒"膜拜的对象，对不同本能和品质的人要求并非一致，鼓励有潜能者成为不受任何意识形态蒙骗的人，青年恩格斯对此能做出一定的肯定吗？估计不容易。因为尼采只把能够达到启蒙最高成就者奖颁给极少数超人，并不包括无产阶级，恩格斯对此肯定不会赞同。但如果是晚年恩格斯，那表达赞同的可能性就会明显增加。

2. 永恒轮回与形而上学：回归自然

尼采的新神是立足于永恒轮回世界中的强者。永恒轮回的自然世界是这个新神的永恒家园。狄俄尼索斯已经看穿了资产阶级不断进步的意识形态骗局，不再沉溺于进步的线性历史观中无法自拔。不再立足于完美的神之立场形而上学地看待世界，而只立足于最为现实的自然立场看待世界，给自然一个关键和根本的地位就显得非常重要。有意思的是，几乎与尼采同时，恩格斯也在与马克思的学术分工中关注和研究自然，并论及永恒轮回。恩格斯和尼采的爱好和观点有一定重合，所关注研究的问题也有一定重叠，而且他们表达类似观点的时间也经常相近，相差不了几年。

我曾把恩格斯论及的"自然"分为三类②，其中第一类就是跟人无关的"自然"，即人还没有诞生或者诞生了也无法对它产生实质性影响、

---

① 刘小枫. 尼采与基督教. 北京：华夏出版社，2014：12，13.
② 刘森林. 恩格斯的自然辩证法是一种启蒙辩证法. 马克思主义哲学，2021（1）：69-72.

宇宙在大时空尺度中自在演化着的那种"自然"。这种"自然"的演化轨迹就是"永恒轮回"，尼采用它来替代基督教文明及其现代继承者（现代文明）所主张的"进步"观念。恩格斯论及的"永恒轮回"与"进步"之间却没有排斥否定关系。《自然辩证法》中谈及的"永恒轮回"，是指"诸天体在无限时间内永恒重复的先后相继……这是物质运动的一个永恒的循环，这个循环完成其轨道所经历的时间用我们的地球年是无法量度的"①。显然，这"永恒循环"是宇宙学意义上的，既不是历史唯物主义的"历史"，更不是历史唯物主义的"自然"。恩格斯说的"永恒循环"影响不到现代人类文明的进步，跟尼采的"永恒轮回"观念不相同。

马克思、恩格斯不愿探究太遥远、大尺度的未来，认为那是没有现实根基所以很容易陷入虚妄想象的东西。除了已发生的既定历史，历史唯物主义只研究具有现实经验根基的东西。而在这种现实经验范围内，是不存在永恒轮回的。但对尼采来说，现代文明的成就再大，也不至于能够跟随无所不知、无所不能的"上帝"走向脱离自然根基、让自然法则失效的永恒进步王国。他提醒我们，自然与历史的一致性永远不会过时，必须坚持。幻想脱离自然根基建立一个任何问题都能迎刃而解的王国，那其实就是无能弱者试图一劳永逸的幻觉。靠这种幻觉，无能弱者得以根本地规避焦虑与恐惧，把希望和问题都交给那其实并不存在的万能主体。那个万能主体起初就是虚构出来的上帝，后来随着人道主义革命而逐渐转变为作为主体的人。消除这种幻觉，基于上帝之死的历史结局开辟一种把自然和自由统一起来的新历史观，是马克思、恩格斯与尼采一致的立场。虽然创立历史唯物主义的马克思、恩格斯并没有把研究重点放在自然、自然史方面，但他们都明确肯定，人类历史的出发点是自然，自然与人、自然史与人类史密不可分，彼此相互制约；现代人类历史再发达，也终究不过体现为一种"自然历史过程"。②对此，恩格斯一清二楚，也绝对赞同。在人类产生之后，人类历史不断发展之后，自然与人就产生了一种越来越密切和复杂的相互关系，但自然仍然具有超出人类、与人无关的存在向度和意义。恩格斯所论的永恒轮回就是在这个意义上而言的。跟尼采针对的基督教世界不同，恩格斯针对的是资

---

① 马克思恩格斯选集：第 3 卷. 北京：人民出版社，2012：864.
② 详见本书第二章第一节。

产阶级意识形态把特定社会永恒自然化、实际上是为剩余价值的无限增大而不惜盘剥和榨干自然世界的进步观。

对尼采来说，不断进步的现代观念意味着一种形而上学，或立足于柏拉图主义之上的妄念。而永恒轮回意味着一种新形而上学世界观。传统形而上学无法掌握到真正现实，反而逃避、脱离现实和对立于现实，是没有能力把握现实、没有能力掌握未来的。恩格斯和尼采都拒斥传统形而上学，但恩格斯并不拒斥"进步"观念。传统形而上学意味着封闭式地建造一个简单、安全、忘却恼人之累的静谧港湾，供营造者沉湎于其中以便能够偷懒取巧、虚幻梦想（恩格斯），或摆脱恐惧、自我沉醉（尼采），甚至一蹴而就地赢得世界。

恩格斯在《自然辩证法》《反杜林论》中对形而上学做了历史与常识两个意义上的肯定。历史合理性系指形而上学在某些特定历史阶段上具有存在合理性和作用；常识合理性是指任何时期总会有部分人在某些水平层次上使用形而上学这种思维方式，在常识而非专业的范围和意义上这是难以避免、殊为正常的。值得注意的是，恩格斯的这两种看法都得到尼采的高度认同，尼采的说法是"历史合理性和心理合理性"，主要是在《人性的，太人性的》《善恶的彼岸》（也译《善与恶的彼岸》）之中表达的。有意思的是，两人发表这种观点的时间也非常接近：恩格斯的《反杜林论》写于1876—1878年，《自然辩证法》写于1873—1882年；而尼采的《人性的，太人性的》第一部写于1876—1878年，第二部写于1880年，《善恶的彼岸》则写于1884—1885年。恩格斯的名言是，"辩证思维对形而上学思维的关系，总的说来和变数数学对常数数学的关系是一样的"①。在适合学习和使用常数数学的阶段，形而上学思维方式是正当的常识。尼采的看法跟恩格斯非常接近。在他看来，形而上学首先是年轻人的思维，其次也是多数普通人（末人）的思维。在《善恶的彼岸》中，他指出，"在人年轻的时候，他只会单纯地崇拜和鄙视，不懂表达微妙感情的技巧"，没有这种技巧，径直用是或否的思维方式评价事物，"用简单地肯定和否定的方式攻击过人和事"，那肯定会付出高昂的代价。在这里，尼采把简单、形而上学与年轻联系起来，认定"年轻本身就具有伪造和欺骗的能力"，而"所有喜好中最

---

① 马克思恩格斯选集：第3卷.北京：人民出版社，2012：499-500.

坏的一种喜好，即对绝对事物的喜好，应当受到无情的愚弄和虐待，直到一个人学会了在他的情感中加入一点点技巧……"①

不仅是年轻人，作为成年人的中产阶级也是如此："我们已超越了中产阶级世界，超越了那种简单地肯定和否定的态度……"阶层划分中的第三等级在尼采眼里就更是如此了："奴隶想要的是绝对之物；他们没有细腻感情，爱便爱得深之又深，爱到痛苦与发病的程度"②。显然，跟恩格斯相比，尼采进一步扩大了正当使用形而上学思维方式的人群范围。尼采三类阶层划分中的第三类，甚至处于现代文明最后阶段大部分人都会变成的所谓"末人"（最后之人），都是形而上学思维方式的正常使用者。青年尼采可能对此种使用大加挞伐，晚期尼采却将其认定为自然和正常的。虽然形而上学思维方式的常规使用者定位于心智尚未成熟的年轻人，但"年轻人"在恩格斯这儿有更多的年龄意蕴，在尼采这儿的"年轻"却不全是自然和生理意义上的，更是心智和文明意义上的。

《善恶的彼岸》第二章一开始就谈到人们如此习惯于"神圣的简单"，喜欢非此即彼的简单世界。而在早先的《人性的，太人性的》中，尼采明确了最高启蒙的要求。在这样一个"无疑非常高级的文化阶段"，在达到了"最高启蒙境界"的阶段，"他还必须极为审慎地克服形而上学。这样的话就有必要向后倒退，即他必须理解这类观点的历史合理性和心理合理性，他必须认识到，这类观点极大地促进了人类的发展，如若没有这样一种后退运动，就会失去人类迄今为止的最佳成就"③。最高启蒙者"到了梯子顶端后应该向外展望，而不应该执意停留在最上面的这级横木上"。这个"向外"意为山外有山、不要故步自封，也要向下看看没达到这一级的人。"达到最高启蒙境界者能做到的只是摆脱、然后自豪地回顾形而上学。"④ 显然，在尼采的眼里，只有达到最高启蒙的"超人"才能完全超越形而上学，其他人都摆脱不了形而上学。在这个意义上，形而上学对很多人具有历史和心理的合理性。

由此，心智成熟、达到最高启蒙的超人，面对"形而上学"如此大

① 尼采. 善与恶的彼岸. 北京：光明日报出版社，2007：48.

② 同①52，71.

③ 尼采. 人性的，太人性的：一本献给自由精神的书. 上海：华东师范大学出版社，2008：37.

④ 同③37-38.

的使用空间，在某些场合就仍需要将其作为"面具"使用。从早先把柏拉图与柏拉图主义一同批评到后来分开批评，意识到柏拉图主义只是柏拉图本人的一个应对策略（自己并不认同其构架与观点），认识到哲人有时需要柏拉图主义的面具。把世界二分为本体与表现、超验与经验、永恒不变与不断变化、美与丑、善与恶、真与假截然对立的柏拉图主义，是哲人柏拉图使用的面具，而不是柏拉图对世界的最高认识。因为大量的民众和"年轻人"都在使用简单的形而上学，他们都在用形而上学的框架、逻辑理解话语，这一点无法改变，所以就必须从此出发，没有必要时时处处都要跟人作对。你自己不主动戴上所需的面具，别人也会给你戴上一个这样的面具。"每个深邃的心灵都需要一个面具：并且，每个深邃心灵的周围，都有一个面具在不断生长，这是由于人们不断地对他所说的每个词、走的每步路、显露出的每个生命迹象做出错误的，也就是说，肤浅的阐释。"① 可以说，尼采的社会分层与恩格斯的历史唯物主义社会分层论根本不同，恩格斯给予形而上学合理性的区间远没有尼采所给予的那么大，但恩格斯与尼采显然在形而上学具有一定合理性这一点上看法类似。

不过，相比之下，恩格斯所说的"形而上学"是一种较初级的思维方式，存在论意味很淡。这就决定了，形而上学与辩证法的区分度和关联度都很明显。而对尼采却不是如此，"辩证法"不受尼采待见。他把辩证法视为苏格拉底理性主义第二层级的方法，即理性把握不到三角形内角和等于180度那样确切的规律，退而求其次，寻求一种无限接近确切结论的方法。其内在追求仍然指向必然规律，以消除生命中本难以避免的焦虑、恐惧、挫折与失败，建立一个永恒、固定、绝对的世界。这样，尼采就把辩证法视为一种最终追求固定形而上学世界的方法，形而上学与辩证法由此趋同起来了，两者只有关联度而没有区分度。在尼采的眼里，辩证法意味着希腊人鉴赏力的降低、意味着小民崛起、意味着逃避现实和对高贵者的复仇，象征着"古老的雅典天数已尽"②。显然，与恩格斯看法不同，形而上学在这里首先是一种存在论意味很浓的思维方式，然后是一种世界观，又是一种价值观，最后是一种生存方式。尼

---

① 尼采. 善与恶的彼岸. 北京：光明日报出版社，2007：59.

② 尼采. 偶像的黄昏. 上海：华东师范大学出版社，2007：51. 尼采的进一步分析参见本书第二十章第一节。

采所说的"形而上学"其存在论意味更浓、牵涉面更广、辐射面更大。同时不可忽视的是，晚期尼采给予"形而上学"的合理性空间也更大。

3. 辩证看待历史传统

既然肯定了形而上学，那作为大众柏拉图主义的基督教，也理应得到晚期尼采相应的肯定才合乎逻辑。《论道德的谱系》最后一句话"宁可让人追求虚无，也不能无所追求"① 的立场表明，尼采给予无能、无力主动告别上帝，离开上帝便可能"无所追求"因而势必陷入空虚无聊的民众之信仰以某种自然合理性的判定：与其空虚无聊、无所追求，还不如信仰（对有能力的启蒙者来说）根基已坍塌、秘密已暴露的传统基督教要好一些。由此，针对不同禀赋、品质、能力的人分门别类地判定基督教的价值意义就顺理成章了。尼采的权力意志说不强求一种千篇一律的存在者模式，不是违反自然本性改造不同的权力意志，而是让存在者各自泰然处之。在新价值尚未被创造和传播之时，基督教对那些禀赋、品质、能力都不足的人来说可暂时维持一种有意义的自然状态。在这方面尼采与恩格斯既有区别又有一定相似性。

晚期尼采对形而上学的肯定多于恩格斯，而晚年恩格斯对基督教的肯定似乎又多于尼采。青年恩格斯曾尖锐批评基督教，其理论基础就是青年黑格尔派的自我意识论。历史唯物主义理论产生后，能有更多的资源和视角来开展这种批判，如平等、生产力视角。过分的简单和尖锐某种意义上是跟理论依据的不成熟相联系的。思想成熟后的恩格斯和尼采都对基督教和形而上学更加宽容。对尼采说，传统道德即使缺乏哲学根基，也具有文明的作用，不能因为习俗和道德内含形而上学就放弃它，"因为，道德和习俗始终是必须的。他高度评价道德对于本能的塑造和第二天性的创造的力量，因此能够断言：'没有存在于道德假设中的谬误，人类就依然是动物'"②。尼采虽然"完全以他那个时代的启蒙的宗教批评风格"③ 把基督教视为民众柏拉图主义，但民众柏拉图主义对于

---

① 尼采. 论道德的谱系. 北京：生活·读书·新知三联书店，1992：136.
② 萨弗兰斯基. 尼采思想传记. 上海：华东师范大学出版社，2007：214.
③ 同②216.

人类的文明化、防止突破野蛮底线无疑具有基本的文明论意义。跟在尼采这里必须仔细寻找才能找到对基督教的基本肯定相比，晚年恩格斯更明显地充分肯定基督教的实践价值，即使他仍然坚持批评基督教的理论错误。晚年恩格斯在撰写的三篇关于基督教的文献中，对基督教做了明显的肯定。综合来看，恩格斯的肯定基于以下几点：

第一，平等观。恩格斯认定原始基督教的平等观可以为无产阶级服务，认为无产阶级平等观的发展"起初采取宗教的形式，借助于原始基督教，以后就以资产阶级的平等理论本身为依据了"[1]。对于尼采极力鞭挞的原始基督教基于原罪的平等和作为上帝选民的平等，恩格斯认为它们可以为初始阶段尚不发达的无产阶级平等观服务。这种基督教平等观可以作为无产阶级平等观借助的资源和形式，就像可以利用资产阶级平等观所谓"平等应当不仅仅是表面的，不仅仅在国家的领域中实行，它还应当是实际的，还应当在社会的、经济的领域中实行"[2] 一样。与恩格斯相反，尼采却表达了对平等的完全不同的态度："最初的基督徒""总是为了'平等的权利'而生活、而战斗……仔细看来，他并无别的选择。一个人要成为'上帝的选民'——或者'上帝的殿'、'天使的法官'"。这都是"本身是恶的"[3]，意味着仇恨、虚伪和有害的东西。显然，这跟恩格斯对原始基督教平等观的肯定很不一样。尼采眼里的原始基督徒是软弱甚至卑劣的象征，而无产阶级在恩格斯眼里是担当世界历史使命的强者，无产阶级与强者在尼采的逻辑里无法产生关联。当然，除了对平等原则和无产阶级的定位有不同意见，尼采还进一步揭示出基督教弘扬的平等原则与其自身的组织结构并不协调一致。基督教的组织并不平等，反而是奴役与等级制，只不过是"用宗教外衣伪装自己；通过道德达到美化的目的"，所以，"命令与服从是基本事实：这是以等级制度为前提的"[4]。平等在尼采看来只是基督教打的幌子而已。

第二，经验教训与发展启示。跟尼采不一样，晚年恩格斯认为，早期基督教的组织对于无产阶级的组织建构具有一定启示。在 1894 年的《论原始基督教的历史》这篇文章中，恩格斯非常乐于比较早期基督教

①　马克思恩格斯选集：第 3 卷 . 北京：人民出版社，2012：484.

②　同①.

③　尼采 . 敌基督者 . 北京：商务印书馆，2019：70.

④　尼采 . 重估一切价值 . 上海：华东师范大学出版社，2013：487.

和无产阶级运动的相似性，甚至把原始基督徒说成"纯粹由奴隶构成的当时的工人阶级"，把基督教说成"社会主义"，只是它囿于历史原因"只能希望在彼岸世界，在天国，在死后的永生中，在即将来临的'千年王国'中实现社会改造，而不是在现世里"① 而已。他列举了欧洲初期工人运动的一些情况后，就指出"最初的基督徒的情况也是如此"，认为"最初的基督徒也像我们最初的共产主义工人支部那样，对于一切投合他们口味的东西都无比轻信，这就使我们甚至无法肯定，我们的新约中是否没有掺杂着佩雷格林给基督徒们写的'大批圣书'中的某个片断"②。原始基督教后来发展成为世界宗教的那些观念、做法、过程，都值得同样要发展成为世界性运动的工人运动研究，从中获得启示。50年前的恩格斯肯定不会乐意比较基督教和工人运动，并在这种比较中从早期基督教发展中汲取其对工人运动发展的启发、教训和经验。如果要在青年和晚年恩格斯两者之间选一个，尼采肯定会赞赏 1844 年的恩格斯，而不会认同 1894 年的恩格斯。可惜，1894 年的尼采已失去了选择能力。

众所周知，虽然两人都不喜欢现代资产阶级的平等理念和制度，但尼采由此走向了对贵族制的怀念和肯定，而恩格斯走向更进一步的无产阶级平等观。尼采甚至"反对缩减工作时间——在巴塞尔从每天 12 小时减到 11 小时；他赞成童工，在巴塞尔允许从 12 岁起的孩子每天工作 10 到 11 小时；他反对为工人组织的教育协会。当然，他指出，不能过分地推广残酷：无论如何工人得能够承受这种残酷，以便他和他的后代能好好地同时也为我们的后代工作"③。在尼采看来，"民主运动是基督教运动的继承人"④，这种运动所继承的仍然是一种相互怜悯的价值，是平庸、低俗和非崇高。因此，这种"民主运动不仅是政治组织的堕落，而且是人的堕落和衰落，即人的平庸和贬值"⑤。尼采显然主张尽力切断跟基督教传统的联系，致力于创造崭新的超人文化。尼采寄予希望的新文明不是跟基督教传统相联系，而是跟在"一种新的、更加深远

---

① 马克思恩格斯选集：第 4 卷 . 北京：人民出版社，2012：327，328.

② 同①333.

③ 萨弗兰斯基 . 尼采思想传记 . 上海：华东师范大学出版社，2007：164.

④ 尼采 . 善与恶的彼岸 . 北京：光明日报出版社，2007：152.

⑤ 同④153.

的意义上重新使用一套古老的宗教术语"① 相联系的前苏格拉底传统联系起来。尼采通过保守主义立场回到了对贵族制和贵族精神的赞许，而恩格斯则是进一步推崇比基督教、资产阶级水平更高的民主与平等。两者的相同和类似仅仅局限在对资产阶级平等的批评否定上而已。

第三，研究与传播。在攻击基督教时，启蒙运动其实也继承和利用了基督教的诸多观念和传统。基督教的一些做法值得启蒙运动学习。伊格尔顿曾指出，"基督教的突出优势就在于存在学术（神学）的版本和普通大众（信仰实践）的版本；虽然两者偶有冲突，它们仍然被一起限定在宗教组织内部"② 两个版本虽有密切联系和互动，但差异也很大。在一个版本上出现和流行的，在另一个版本上不一定合适。苏格拉底之死早已证明，大众信仰与启蒙哲学并不能完全相容，启蒙哲学要把自己掌握的一切都毫无保留地传播给大众，是会造成虚无主义的。从这种视角来看，德国观念论哲学就没有很好地解决这个问题。这种哲学没有形成两个版本和谐一致的互动局面，其晦涩和艰深阻碍了精神的传播和普及。这一点显然远不如基督教："唯心主义未能成功以一个世俗化的宗教来替代正统的基督教。"③它太晦涩，不扎根现实生活。或者说，它只是理论，难以落实到实践和生活。正因此，才导致了青年黑格尔派更加激进的宗教批判，导致了重新从现实出发建构一种新哲学理论的强烈诉求。力主从现实出发的历史唯物主义解决好这个问题，把历史与实践、高端研究与大众传播统一起来。基督教统一两者的做法对历史唯物主义具有启示和借鉴意义。

从此视角反思批判基督教，具体该对准哪里呢？

首先，自然是道德。尼采对基督教的批判首先对准其自然本能基础，揭示其心理学秘密，尔后再对准这种虚幻形而上学的道德主义改造，并以"非道德主义者"自居，痛斥传统道德的"反自然"性，认定它"是颓废的本能本身"④。而恩格斯也曾批评费尔巴哈"矫揉造作的爱的宗教和贫乏无力的道德"⑤，批评以"小人得势，君子失势"的道

① 尼采 . 善与恶的彼岸 . 北京：光明日报出版社，2007：294.
② 伊格尔顿 . 文化与上帝之死 . 郑州：河南大学出版社，2016：94.
③ 同①104.
④ 尼采 . 偶像的黄昏 . 上海：华东师范大学出版社，2007：74，73.
⑤ 马克思恩格斯选集：第 4 卷 . 北京：人民出版社，2012：248.

德史观远未达到唯物史观的水准。这一点，我们将在下一节中展开。

其次，是区分《旧约》和《新约》。尼采公开表示："我不喜欢《新约全书》……《旧约全书》就是另外一回事了，我非常敬佩《旧约全书》，在那里我找到了伟大的人、英雄的境地，还有某种地球上罕见的东西，这就是强健心灵的无可比拟的天真。更重要的是我找到了人民。"① 他认为《旧约》是"神圣的正义之书"，其中"有许多用庄严风格写成的人物、事件和言论，甚至希腊与印度的文学都无法与之相比"。而《新约》则"包含了一大堆真实的、柔弱的、陈腐的忠实信徒以及一大股渺小灵魂的气味"，适合"本身只不过是个瘦弱、温顺的家养动物，只关心家养动物之需要的"② 人欣赏。所以，尼采称"读《新约》的时候戴上手套是对的。甚至几乎是必要的，因为要靠近这么多不纯净的东西"③。在尼采看来，"'最初的基督徒'口中的每一句话都是一个谎言，他的每一个行为都是对本能的一种扭曲，——他所有的价值、所有的目标都是有害的，然而，他所仇视的人和事却具有价值"④。值得注意的是，晚年恩格斯在论述原始基督教时也非常重视《新约》、保罗这部分。通过对写于公元 67 年至 68 年的《约翰启示录》所做的典型分析，恩格斯希望探究"使原始基督教后来得以发展成为世界宗教的那种根本观念"⑤，如何通过希腊哲学走向世界、成为一种"能吸引群众"的"世界宗教"，希望从这里得到使无产阶级社会主义运动从地方性、国别性走向世界性的启示和经验，以此显示原始基督教与早期社会主义运动的相似性。

最后，对基督教的批判聚焦于其现代形态抑或全部？从早年评论卡莱尔的《过去和现在》，断言不是上帝之死而是上帝诞生才意味着空虚，到晚年把早期基督教跟工人运动相对比并肯定早期基督教各方面的借鉴和启发价值，把恩格斯批判基督教的重心定位于现代资本主义社会似乎并不困难。问题在于尼采也是如此吗？

舍勒认为尼采是错把对现代市民社会的批判挪移到基督教上去了。

---

① 尼采. 论道德的谱系. 北京：生活·读书·新知三联书店，1992：120.
② 尼采. 善与恶的彼岸. 北京：光明日报出版社，2007：78.
③ 尼采. 敌基督者. 北京：商务印书馆，2019：69.
④ 同②70.
⑤ 马克思恩格斯选集：第 4 卷. 北京：人民出版社，2012：337.

比如把怨恨作为基督教伦理的核心，是犯了将现代市民伦理混同于基督教伦理的错误。"基督教伦理的核心并非源于怨恨的土壤。另一方面，我们又认为，现代市民伦理的核心根植于怨恨。"① 同理，现代仁爱的核心才是怨恨，基督教仁爱的核心不是怨恨，而是最高者对平庸者无差异的爱。舍勒在肯定尼采关于仁爱源于怨恨的分析时，断言"他言中的恰恰不是基督教的爱，确切地说倒是现代'仁爱'的一个本质成分"②。这一点得到了洛维特的认同。他认为，"尼采自始至终不遗余力地攻击的不是教义式的基督教，而是其世俗变形：现代市民社会和道德的'潜在'基督教。尼采思考得最多的不是'上帝死了'，而是'上帝死了'阴影般的苟延残喘，是古老的基督教展现在现代世界的骗局"③。"促使并激发尼采批评的东西，不是教会和神学的基督教，而是这种基督教的世俗变形，'滑稽的骗局'：正是这一骗局显现了现代世界范围内的古代基督教。"④ 不过，这肯定富有争议。尼采批判在基督教的不同时期会略有差异，但任何时期的基督教都摆脱不了弱者的幻想或平庸者的妄念这个本质。

虽然尼采可能更喜欢激进的青年恩格斯，但恩格斯和尼采在批判基督教的大方向上没有根本差异。恩格斯希望以哲学扬弃宗教，而尼采显然把建构未来宗教的重任交给了未来哲学，认定未来宗教必须由未来哲学来奠基。如果我们把启蒙界定为揭示真相、获得真理，那恩格斯和尼采启蒙的着眼点就分别是揭示宗教的社会秘密和心理学秘密，但共同目的都是后宗教时代的真理建构和价值建构。在这种建构中，一种不再尾随宗教、为之论证的新哲学得以产生。某种意义上，德国唯心论哲学仍然是基督教神学的哲学表达；高居感觉、知觉之上的精神（Geist）被黑格尔视为最真实的存在。对恩格斯、尼采来说，这仍然是对社会生命（生产方式、现实自然）、自然生命（生成、本能、冲动等）的敌视和否定。从真正的现实出发，把现实中蕴含的那种健康、高贵、伟大、崇高的富有生命力的东西向前推进，并使之实现出来，就是思想的使命。恩

---

① 舍勒. 价值的颠覆. 北京：生活·读书·新知三联书店，1997：54.

② 同①106.

③ 洛维特. 尼采的敌基督教登山训众//刘小枫. 尼采与基督教. 北京：华夏出版社，2014：15.

④ 同③16 - 17.

格斯的未来哲学存在于政治经济学批判之中，与启蒙以来新生的经济学、社会学、政治学密切交织在一起，哲学无法单独存在。政治经济学批判革除一切神灵，追求一种既有自然根基又有社会基础的美好社会。而尼采通过批判传统形而上学走向新人文主义，他拒斥启蒙以来的经济学、社会学，认定它们所推崇的那些东西在塑造一种违反自然的存在，与原始基督教的虚妄追求一脉相承。尼采由此希望在包括哲学、艺术、宗教的人文学中重新建构一种新精神。这种新精神根植和依赖于传统人文学。狄俄尼索斯就是尼采推崇的意味着陶醉、创造、大爱的新神。对此，恩格斯肯定会予以批评。

4. 道德与自然正当

在掩盖现实、遮蔽自然、有意塑造新的（第二）自然的因素中，有一种古老的因素是（传统）道德。对此，恩格斯、尼采都高度重视。现实可能被道德掩盖着，某些道德信条可能就是为了掩盖真正的现实而建构的。由此，对这些道德的质疑、分析，就是走向真正的现实的开始。在某种意义上，恩格斯在这方面与尼采是颇为类似的，他们可以做志同道合的同伴。他们都认为，在某些情况下，道德、道德评价可能是在遮蔽真正的现实。而去除这种遮蔽后呈现的现实，即使不合乎"道德"，也具有自然正当性。

在1887年撰写的《论道德的谱系》一书中，尼采提醒我们，要"认识作为结果、作为症候、作为面具、作为伪善、作为疾病、作为误解而存在的道德，同认识作为原因、作为医药、作为兴奋剂、作为抑制物、作为毒药而存在的道德。到目前为止，这一认识既不存在也没有被看作是迫切需要的东西"①。人们不质疑道德，认为道德是正当的、自然的，没有去思考道德与人类发展、提高的关系。人们看不到他们推崇的"善"中有退化的征兆，包含着危险、诱惑、毒药和麻醉物。尼采的意思是，价值的高低只能以促进人类的提高与发展，对人类未来有所促进和助益而定。"价值高的意义在于对整个人类，包括人类的未来有所

①　尼采．论道德的谱系．北京：生活·读书·新知三联书店，1992：6.

促进、有所裨益、使之繁荣。"① 如果看不到现有的道德善中有退化、衰微的东西，那么，我们就会得到一种牺牲未来的现实观："现实的存在以牺牲未来为代价，或许现实会变得更舒适，危险性会更小，但同时也是更卑微、更低级；——倘若道德使人类永远无法到达本来是可能达到的强盛和壮丽的顶点，那正是道德的罪过？"②

比尼采早一年，1886 年恩格斯在《路德维希·费尔巴哈和德国古典哲学的终结》中批评费尔巴哈声称从感性出发研究现实，却"仅仅看到一个方面——道德"，而且极其贫乏，远不如肯定"恶是历史发展的动力的表现形式"③ 的黑格尔深刻和现实。费尔巴哈不现实，很抽象，"除了矫揉造作的爱的宗教和贫乏无力的道德以外，拿不出什么积极的东西"，没有找到"从他自己所极端憎恶的抽象王国通向活生生的现实世界的道路"④，如果把费尔巴哈看作旧唯物主义的代表，那旧唯物主义历史观充其量是立足于个人行为的道德动机，"按照行动的动机来判断一切，把历史人物分为君子和小人，并且照例认为君子是受骗者，而小人是得胜者"⑤，而不去追溯行动背后的深刻原因，不去追溯使整个民族、使广大群众行动起来的动机。同时，恩格斯批评费尔巴哈没有历史地看问题，批评他所谓道德"是为一切时代、一切民族、一切情况而设计出来的"⑥，所以非常抽象。一年后，尼采也批评道德史家"基本上不用历史的方法思维"⑦。在这一方面，两人之间明显类似。

显然，恩格斯是在提醒我们，道德与现实可能并不一致，在某些条件下，告别道德动机才能走向真正的现实。对恩格斯来说，发现社会的现实需要告别唯道德主义，戒绝用小人得势、君子失势的道德观看待历史。在评价英国侵略印度时，马克思、恩格斯告诫我们，从纯粹的人的感情上感到悲伤的事，即有道义的事，不一定是促进历史进步的事。这意味着，道德、情感虽容易与未经反思的人们产生共鸣，"自然"地获得人们的认同，但却经常掩盖真正的现实。在此，历史唯物主义意义上

---

① 尼采. 论道德的谱系. 北京：生活·读书·新知三联书店，1992：7.

② 同①.

③ 马克思恩格斯选集：第 4 卷. 北京：人民出版社，2012：243，244.

④ 同③248，247.

⑤ 同③255.

⑥ 同③247.

⑦ 同①11.

的"现实"不是别的，只能是生产力的发展、生产关系的进步及其推动的上层建筑的发展。只有超越惯常的情感、道德，才能看到这种哲学层面的"现实"。当恩格斯说"在**美洲**我们看到墨西哥已被征服，这使我们十分高兴"时，就是这个意思，因为，这会把原属于墨西哥的加利福尼亚纳入资本主义发展的轨道，从而"为**我们**民主主义者和共产主义者开辟道路"①。只要不是鼠目寸光，站在更长远的历史角度看问题就应该明白，资本主义现代化不断在为无产阶级驱动的社会主义事业奠定物质基础和社会基础，所以，应该对此予以鼓励："资产者大人先生们，勇敢地继续你们的战斗吧！……你们应该替我们扫清前进道路上的中世纪残余和君主专制。你们应该消灭宗法制，实行中央集权，把比较贫穷的阶级变成真正的无产者——我们的新战士。你们应该通过你们的工厂和商业联系为我们建立解放无产阶级所需要的物质基础。为了奖励这一点，你们可以获得短期政权。你们可以支配法律，作威作福。你们可以在王宫中欢宴，娶艳丽的公主为妻，可是别忘了'刽子手就站在门前'。"② 站在历史"门前"的无产阶级将超越鼠目寸光的"道德评价"，接替资产阶级推动历史继续前进。

而尼采更是提醒我们，西方主流道德（基督教道德）本来就是以自觉地掩饰真正的现实开始的，也是以此为特征的。基督教（尤其保罗）跟现实相对立，"基督教这样的一种没有在任何一点触及现实的宗教，一旦现实哪怕在一点上得到公正对待，就会立刻瓦解"③。基督教是跟现实的扭曲、病变直接相关的，"基督教必需疾病，大约和希腊人必需一种过度的健康类似"④，只有通过一种基督教的忏悔和拯救训练才能真正患上这种疾病，而当尼采说这种训练在英国做得最为充分时，他就跟青年恩格斯很像了。如果说马克思、恩格斯是从经济、社会的角度看待道德、情感背后的现实，那么，尼采更愿意从自然、本能、生命意志的角度看待道德、情感背后的现实。尼采说："生命本身在根本上就是占有、伤害、征服异族和弱者；以及镇压、严酷、用自己的行为对别人

---

① 马克思恩格斯全集：第 4 卷 . 北京：人民出版社，1958：513，514.
② 同①515.
③ 尼采 . 敌基督者 . 北京：商务印书馆，2019：71.
④ 同③78.

施加影响、同化以及在其程度最轻微的情况下，至少是剥削……"① 生命的成长、壮大，获得优势，提升和高贵，都不是道德不道德的事，而是力量的增长问题。提升、促进、有利于生命的东西，在尼采看来是"好的"东西，以区别于"善的"东西。而这种"力量"，显然不仅是生产力，也包括自然的、意志的、精神的力量。问题不在于"什么道德或不道德的驱使，而是因为它是活的，因为生命就是权力意志"②。按照尼采的看法，文明是不能彻底改变自然秩序的，文化只能在尊重这一自然秩序的基础上对自然予以提升。如果文明完全颠倒了自然秩序，出现文化与自然的根本对立，就意味着文化陷入了衰败，就应该予以反思和纠正；对一种新文明的呼唤就该提到议事日程上来了。在尼采看来，现代文明就已经陷入了这种境地，这就是所谓虚无主义境地。从此而论，虚无主义就是西方文明自身孕育出来的，就是这种文明本身内含的一种质素的壮大和成长而已。尼采说，上帝被什么战胜了？就是被基督教道德观念本身！上帝死在谁的手里？就是死在基督教道德信奉者手里！"基督教作为教条因其自己的道德而衰落，出于同样的原因，基督教作为道德也必然要衰亡，——我们正站在这一事件的门槛。"③

尼采认定自然本能与社会、精神是一致的。"在生物世界中发生的一切都是征服和战胜，因此所有的征服和战胜也就都意味着重新解释与重新正名"④。为了强盛者及其优秀素质、精神、文化的弘扬，从群体进化角度来看，就得对弱者的素质进行贬抑与限制。在这一点上，尼采与马克思的如下观点类似：物种进化都是以牺牲大量个体为代价的，"为了个别更强壮的人种的繁荣而牺牲大批的人——这也可能是一种进步……我特别强调这一史学方法论的主要观点，主要是因为这个观点从根本上和当前占统治地位的本能与时尚相悖"⑤。在这里，我们可以发现，尼采的这一观点与马克思在《剩余价值学说史》中所说的，物种进化都是以牺牲大量个体为代价是类似甚至一致的。当李嘉图"把无产者看成同机器、驮畜或商品一样"时，马克思还评价说，这"没有任何卑

---

① 尼采．善与恶的彼岸．北京：光明日报出版社，2007：259-260.

② 同①260.

③ 尼采．论道德的谱系．北京：生活·读书·新知三联书店，1992：134.

④ 同③56.

⑤ 同③57.

鄙之处，因为无产者只有当作机器或驮畜，才促进'生产'（从李嘉图的观点看），或者说，因为无产者在资产阶级生产中实际上只是商品。这是斯多葛精神，这是客观的，这是科学的"[①]。而西斯蒙第以个人福利为由对抗发展人类的生产力这种目的，"就是不理解：'人'类的才能的这种发展，虽然在开始时要靠牺牲多数的个人，甚至靠牺牲整个阶级，但最终会克服这种对抗，而同每个个人的发展相一致；因此，个性的比较高度的发展，只有以牺牲个人的历史过程为代价。至于这种感化议论的徒劳，那就不用说了，因为在人类，也象在动植物界一样，种族的利益总是要靠牺牲个体的利益来为自己开辟道路的"[②]。马克思在这里批评西斯蒙第缺乏唯物史观的高度和视野，却以个人福利为由对抗发展人类的生产力。西斯蒙第的这种"不理解"就是一种徒劳的伤感和前唯物史观的唯情感主义、唯道德主义。这意味着，从更大的历史进程的范围来看，一些在个体层面、很小的范围内缺乏正当性的现象，就有可能因为其必然性、不可避免性而获得一定的自然正当性，这就是社会历史发展的一种自然性。这种"自然"的确不那么"好"，不那么"善"，甚至从道德上看有时会有些残酷，但却无法避免。自然正当不同于社会正当，任何文明都力图建构自己的社会正当，约束、抵制、改变自然正当，但永远无法取消自然正当，因而所取得的成就总是有限度的。尼采对此更为重视，他提醒，一旦社会正当否定自然正当，违背自然正当，那就是虚无主义，就是文明衰微的象征。恩格斯没有尼采那么强调自然正当，而且他是在有待发展的历史进程中看待自然正当，视之为特定历史阶段不可避免的现象，但无论如何他绝不否认自然正当。因为对简单、虚幻的形而上学的拒斥意味着必然拒斥对一种完美的历史结局的信仰，永不完美的历史进程中就永远存在着某种自然正当的历史状态。

尼采反对厚今薄古，这种厚今薄古已经发展到违背自然的程度了，需要纠正。自然正当是任何一种文明都不能突破的基本底线，试图完全颠倒和改变自然正当的企图是颓废和倒退，在尼采这里也就是导致虚无主义的基本缘由。与尼采相比，马克思主张从后思索，他是进步主义者。但这不妨碍两人对发展所必需的牺牲做出肯定，对自然正当表示一定的肯定。

①　马克思恩格斯全集：第 26 卷第 2 分册 . 北京：人民出版社，1973：126.

②　同①124 - 125.

对于自然正当，恩格斯和尼采都清楚，"自然：也就是敢于像自然那样没有道德"①。自然中既有温情和和谐，更有凶残和暴虐。从宇宙进化的宏观视角看，亿万年进化确立的自然秩序自有其合理性，不可轻易改变。不能用意识形态想象的道德或其他要求遮蔽它，更不能以此替代对现实的认知和改进。这样的"自然"起着保持清醒、防止幻想的作用。站在一个自然与社会统一的更大角度看待人类之事，根本的功效就是防止他们都极力拒斥简单的形而上学，防止对人类历史进行简单的形而上学想象。如果说这种形而上学的基本特征是，设想真与假、美与丑、善与恶截然二分，由此产生一个截然不同的世界：一个世界中的所有真、善、美都和谐一致，而另一个世界所有的假、恶、丑都纷乱不已，那么，可以说这样的形而上学想象是最不（第一）自然的东西，虽然它极力想把自己变成（第二）自然。恩格斯与尼采在拒斥这种形而上学方面绝无二致，但他们由此走向的理想很不一样：尼采向往的是高贵之人掌控的等级制，而恩格斯希望的是保障更多人权益的社会主义。恩格斯借助自然正当约束住对理想的简单形而上学想象，目的在于确立一个现实的社会理想去不断追求；而尼采借助自然正当确立的高贵等级制却遭受着"生理状态的虚无主义"的内在侵袭和蚕食，虽然尼采极力避免第二、三等级的人遭受这种侵袭，只把虚无主义的秘密呈现给具有足够承担能力的超人。

综合而论，对特定社会历史境遇中形成的第二自然意义上的"自然正当"，马克思、恩格斯分三种情况区别对待之：一是道德、意识形态构造的结果，具有欺骗性。这是必须予以揭露批判的，通过揭露批判还原其非自然的真实。二是符合生产力要求的，他们对其给予历史性的肯定。三是关切到对未来的诉求，可能既含有积极的道德要求又具有积极的历史要求。对此，恩格斯与尼采都抱着期盼和积极介入的态度。

看来，恩格斯与尼采在批判基督教、肯定永恒轮回、力主回归自然、反思传统道德立场、在批判传统形而上学的前提下给形而上学留出一定的合理空间，以及批判基督教但给基督教一定程度的肯定等方面具有诸多相似性。批判基督教及其哲学基础，批判资产阶级及其意识形态是他们的共同点。但尼采的基督教批判走向了对新神狄俄尼索斯的推

---

① 尼采．重估一切价值．上海：华东师范大学出版社，2013：639．

崇，恩格斯却把无神论贯彻到底；尼采以永恒轮回解构近代以来的"进步"观念，恩格斯却把永恒轮回限定在宇宙学意义上，不让其介入现代文明的价值系统；尼采对形而上学的历史肯定与心理肯定明显多于恩格斯，但恩格斯晚年对基督教的实践意义所做的肯定似乎又多于尼采。形而上学对于恩格斯主要是一种思维方式，而对于尼采更是一种存在论和价值体系。两人虽无直接交集，却有很多思想交集，他们之间的共同话题值得我们探究。

第二十章 三种辩证法：
《启蒙辩证法》与《资本论》

在马克思、尼采和法兰克福学派（《启蒙辩证法》）那里，启蒙与辩证法都密切关联在一起。启蒙与辩证法在发展历程中总会遇到这样那样的问题，只有克服这些问题，才能获得进一步发展。在质疑基督教、批评资产阶级文化方面与马克思同样尖锐甚至更加尖锐的尼采，在批评苏格拉底式启蒙文化时也对苏格拉底式辩证法做了尖锐批评。如何回应尼采的批评，使辩证法回到正面发展的轨道，对于辩证法来说是一个非常重要的问题。霍克海默、阿多诺在《启蒙辩证法》一书中充分展现了法兰克福学派的社会批判理论的辩证法观，并在回应尼采批评的基础上使辩证法重新回到马克思的发展轨道上。这对于辩证法来说殊为重要。本章将从《启蒙辩证法》的"辩证法"概念出发，回溯到《资本论》，来反思辩证法在尼采那里遭遇的主要问题，以及霍克海默、阿多诺跟马克思如何克服这些问题并使辩证法获得完善，使现代启蒙重回正道，使启蒙辩证法重回正道。

1. 苏格拉底式辩证法的情感基础

"辩证法"在《资本论》和《启蒙辩证法》中都是极重要的概念。作为这样的概念，"辩证法"体现为一种积极的、正面的东西。一种存在或力量被纳入辩证法之中，经过辩证法的整合与调节，它势必会发挥积极的作用。但不管是在《资本论》时代还是在《启蒙辩证法》时代，辩证法都有被误解的负面形象。在《资本论》时代"辩证法"被杜林误解为"拐杖"，即一种固定、僵化、机械的模式，而马克思在《资本论》二版跋中谈到的叶·瓦·德·罗别尔提责备马克思"形而上学地研究经济学"①，辩证法成了一种"形而上学"的思维方式。尼采对辩证法的批评更加尖刻，而《启蒙辩证法》中所讨论的"辩证法"的"负面形象"恰恰就是尼采提供的。跟杜林、叶·瓦·德·罗别尔提相比，尼采的尖刻批评不仅在方法论意义上指责辩证法的"形而上学"性，还进一步在内在旨趣上指责辩证法是追求绝对、纯粹的"形而上学"。比杜林学术声望更高的尼采的指责更加值得重视。

尼采把辩证法视为非高贵者、平庸之人才会使用的一种方法和手段，是跟犹太人、平民、密切相关的东西。辩证法的接受和使用，意味着平庸战胜了高贵，"辩证法的胜利意味着庶民（plèbe）的胜利。……辩证法仅仅是那些绝望者手中的自卫手段；一个人必须要强行获得自己本身的权：否则，他不会求助于辩证法"②。所以，"一个人只是在别无他法时，才选择辩证法。……辩证法仅仅是那些不具备任何其他武器之人手中的自卫手段"③。杜林在辩证法问题上的看法类似于尼采，但并没有得到尼采的赞成。尼采把杜林看作复仇信徒，跟基督徒一样"如今在德国把道德之鼓擂得极其伤风败俗、令人作呕"，甚至是"天下第一大道德吹鼓手"④，是比反犹主义者还要严重的怨恨者。据此，杜林与尼采批评的苏格拉底式辩证法一样，都出自惧怕，并以道德自居，是典型的无力弱者。

就主流而言，"辩证法"概念在《启蒙辩证法》中是正面的。霍克海默与阿多诺并不赞成尼采对辩证法的批评，但他们也很重视尼采的这种意见，并致力于化解、回应它。尼采表明，辩证法本是苏格拉底理性文化锻造的一种方法和理论。同更能正面应对人类生命无法彻底避免的焦虑、恐惧、挫折的悲剧文化相比，苏格拉底的这种理性文化用一种理性主义方式来应对我们所处的这个复杂世界，相信这个世界是完全由严格的必然秩序规定着的理性主义世界，而意外、偶然是理性能力不足的

---

① 马克思恩格斯全集：第 44 卷. 北京：人民出版社，2001：19.
② 尼采. 偶像的黄昏. 上海：华东师范大学出版社，2007：50.
③ 同②48－49.
④ 尼采. 论道德的谱系. 北京：生活·读书·新知三联书店，1992：100.

表现，充足的理性能力必能呈现和建构起一个严密规整的必然性世界。用充足的理性来对付生命中不时泛起、无法根除的焦虑、恐惧、挫败感，甚至在人文、艺术领域也是如此。这使得"辩证法"具有了一个掩盖不了的情感秘密，一个象征着软弱无力性的情感秘密：苏格拉底式辩证法有个恐惧基础。

按尼采的看法，奉理性为神明的苏格拉底式辩证法所塑造的世界，就是一个形而上学的密不透风的世界。它只要阿波罗元素，不要狄俄尼索斯元素，"辩证法是美德常用的手艺，因为它排除了对智力的一切损害，排除了一切感情冲动"①，并以此去追求必然、按部就班、水到渠成，追求稳固、坚实的系统和程序，来保证弱者所希冀的安全。所以尼采总在问，"高级的理性在多大的程度上是走向毁灭的种族的症状，是生命的贫困化"②。程度可以探究，导致贫困化的后果却确定无疑。在这里，苏格拉底式"辩证法"与"形而上学"凝聚在一起。

跟我们熟悉的辩证法与形而上学的二元对立相比，这种批评显得有些独树一帜。不过对于尼采来说，这的确不算什么。在尼采的眼里，广受推崇的崇高与被贬斥的低级存在是隐秘地联系在一起的，甚至本质上一样，这没什么奇怪的。在《善恶的彼岸》的一开头，他就提出，"甚至有可能，这些令人尊敬的善的事物之所以具有价值，正是因为他们与那些恶的、看似与其相反的东西之间的隐秘联系，两者结合在一起，纠缠在一起——也许甚至他们本质上就是一样"③。由此，尼采主张，在二元对立中选择其一的做法是没有意义的，因为两者从哲学上看其实是一回事；两者从根本上共享一些基础性前提，并被这些前提纠缠、构建为同一种东西的两面，沿着一个肯定能找到另一个。

虽然霍克海默与阿多诺从根本上不同意尼采对"辩证法"的理解，但在《启蒙辩证法》的个别地方，霍克海默与阿多诺还是表达了对尼采批评苏格拉底式辩证法的情感基础的赞同。比如他们在该书第一节第一部分即将结束之处指出，由于致力于用一个抽象概念表达一类事物，使得这种表达既保留了对该事物的恰当认知又存在对该事物的粗暴的外在

---

① 尼采. 重估一切价值. 上海：华东师范大学出版社，2013：505-506.

② 同①507.

③ 尼采. 善与恶的彼岸. 北京：光明日报出版社，2007：5.

规定，或对该事物本有却不符合概念所蕴含的同一性的那些特质的遮蔽和否定，使得这种概念式规定都是其所是，同时又向非其所是转化。由此，总是致力于建立一个日益严密的同一性体系的苏格拉底式辩证法在认识事物的同时也难免遮蔽事物。如果说尼采批评的这种"辩证法"是从苏格拉底开始的，霍克海默、阿多诺则进一步从苏格拉底向前追溯到荷马时代，认为"这种形式在荷马史诗中已经有了长足的发展，而在近代实证科学中则达到了登峰造极的程度。而这种辩证法是软弱无力的，因为它是从那种恐惧的嘶喊，以及恐惧本身所带来的二重性和同义性特征中发展起来的"①。由于荷马描述的奥德修斯被界定为"西方资产阶级最早的一个原型"②，继承它的苏格拉底式辩证法有个恐惧的情感秘密。它所孜孜以求的严密、安全、稳固的密不透风的同一性体系，就是为了消解被隐匿起来的恐惧、焦虑。这个体系致力于封闭、安全、无风险，但最后却造就了更大的风险。这是一种辩证的自否定，一种对其所追求的目标的嘲讽和否定，本身就是一种辩证法的表现。因而，这个被隐匿的情感基础使得这种辩证法的发生、确立比较弱势。这是对尼采看法的进一步推演和使用。

　　起源于苏格拉底的理性主义文化，其"辩证法"涉及对西方文明之未来的基本判断，涉及对启蒙理性的基本立场。《启蒙辩证法》虽然尖锐地批评西方启蒙文化，但绝没有彻底否定它。批评和否定是针对它内在的、必须予以克服的问题，而对这些问题的揭示恰恰是为了认清并克服它，因而，这种（尖锐的）批评和反省本身就是一种理性批判的精神，就是明显的辩证力量之所在。追索辩证法的情感基础，显示辩证法隐含的情感秘密，对于霍克海默与阿多诺而言，是反思辩证法进一步发展所要面临的内在问题，希望通过这种反思发现阻碍发展的弊端，克服这些弊端以推动启蒙继续前进，获得良性发展的关键所在。这是辩证法自我发展过程中自我反思、自我批判的力量所在，也是辩证法自我反思和批判精神的内在表现。通过这种反思，辩证法得以保持一种内在自我反思的批判力量，即使没有外在的催促和批评，辩证法也能展开自我批评，发现自身的问题。因而，《启蒙辩证法》中对尼采的辩证法批判思想的引入不是赞成和采纳尼采的看法，而是化解、消除尼采提出的问题

① 霍克海默，阿道尔诺 . 启蒙辩证法：哲学断片 . 上海：上海人民出版社，2003：13.
② 同①前言 5.

的契机，是以马克思、黑格尔化解尼采的关键步骤。在这里，尼采的辩证法批评构成辩证法内在发展的基础、目标、契机和步骤，前提当然是找到回击尼采批评的重要资源。

下述辩证法因其情感秘密而导致传统形而上学的内在担忧，也是同样的道理。

2. 追求绝对形而上学的辩证法

在尼采对辩证法的理解中，苏格拉底式辩证法就是消除恐惧、焦虑的根本手段和工具。按照尼采对基督教的批评，深受焦虑、恐惧煎熬的基督教，必定强烈、偏执地追求绝对的安全和保险。表现在思维方式上，就势必追求一种绝对的东西。宗教柏拉图主义是借助无所不知、无所不能的"上帝"来构筑绝对安全和保险的"理想国"，而苏格拉底式理性主义（辩证法是其中的一种方法）则借助理性发现的严格、必然的秩序，甚至以随着科学的不断发展日益可用严密的数学表达式来描述的必然规律来构筑这样的"理想国"。苏格拉底式辩证法越来越追求一种严密、绝对、纯粹的理性主义系统，与不断生成着、丰富着、创造着的"现实世界"越来越有差距。跟"现实世界"相比，苏格拉底式辩证法越来越追求一个"形而上学"世界。这样一种追求也就势必导致苏格拉底式辩证法与传统形而上学的一致化，甚至使这种辩证法走向传统形而上学。在这里，传统"形而上学"不仅仅是一种思维方式，更是一种片面、绝对、僵化的理论体系。尼采的这种担心引起了霍克海默和阿多诺的深深忧虑。

霍克海默和阿多诺谈到黑格尔成功地把形象转化为抽象符号的辩证法系统，并追求绝对者，破除犹太教禁呼"上帝"之名的禁忌。"启蒙的概念"第二节第四段结束处，苏格拉底式辩证法在这里再一次受到批评反思：它"要把每个形象开显为文字"[①]，即用概念替代具体事实，并掩饰这种替代行为所隐含着的抽象阴谋。在这里，霍克海默和阿多诺强调三点：其一，辩证法由此走向真理："它教导我们从形象的性质去

---

① 霍克海默，阿多诺.启蒙的辩证：哲学的片简.台北：商周出版，2008：48.

判读对其虚伪的自白，该自白会剥夺其权力，而把它交给真理。"① 真理建立在抽象的基础上，建立在统括一切、全盘通吃的基础上。这真理是值得质疑的。这就是说，辩证法由此走向更大的整体、真理，不再拘泥于具体的形象的东西，从而变得更加理性主义系统化，变得更向往和追求形而上学，由此跟形而上学变得一致。这样的"辩证法"不是"形而上学"的对立面，而可能是密切的一致关系。其二，虽然如此，辩证法的语言不只是符号系统，它仍然关切着符号背后的事物、事件和历史，并试图予以把控、统治。它对符号背后的真实存在物的关心是建立在统治、宰制它们的基础上的，也就是只是关心这些存在物是否逃出了自己的手心，对它们的认知、把握是否合乎宰制它们的目的，那些跟宰制它们无关的性质都不会得到这种辩证法的关心。这种辩证法不会以平等的态度对待它们，只会以高高在上的态度规制它们。这样，这种辩证法就内含着一种宰制的冲动，一开始就致力于宰制的目标，并千方百计、拐弯抹角地予以实施。其三，这种辩证法仍然在追求一个绝对者、无限者甚至是神秘的不可感知者，不会关切具体形象，而是脱离开这些具体形象走向绝对、整全、不可感觉的神秘。正是由于用绝对者统括、替代和标示了一切，继承了用一神论的思维模式对待整个世界的这种思维方式。所以，在这里，他们批评黑格尔"最后把整个否定的历程（体系和历史里的全体性）的已知结果规定为绝对者，自己便触犯了诫命，而沉陷在神话里"②。"诫命"是指犹太教禁呼"上帝"之名的诫命，意味着必须承认自己生存的有限性，一生为上帝救赎倾尽全力。

犹太教开始建构一神论的"上帝"，把众多的异质性存在统括在一个"神"名之下，并全部归之于"神"，开启了对整全、绝对的坚定追求。霍克海默、阿多诺比尼采更加反感这样的统归，认定这样的统归里暗含着对众多异质性存在的否定和扼杀，以及对异质性存在权利的剥夺。他痛恨本来应该是以否定和批判为底色的辩证法跟这样的神灵整合在一起。他希望把辩证法与这种神灵诉求脱钩，还辩证法以本来的良好面目，让辩证法走向正道。按照这种理解，黑格尔显然是在被反思和否定批判之列的，因为他重新让辩证法走向了对整全和绝对的追求，让辩

---

① 霍克海默，阿多诺. 启蒙的辩证：哲学的片简. 台北：商周出版，2008：48.
② 同①48 - 49.

证法面临走向极端的危险。黑格尔在此是该受到批评的形象。他呈现出了辩证法太多绝对的方面，相信总会有一种力量保证辩证法通过否定走向最终的真理。这种过度、极端的正面塑造，显然是导致其走向自我否定的动力和契机。而这种动力和契机反过来证明了辩证法的自我调适功能与力量，靠这种功能与力量，辩证法得以自我调适，并向人们展示走向极端的恶果和可能性。当苏格拉底、柏拉图、亚里士多德孕育辩证法的时候，它就面临着走向绝对、整全、纯粹理想的可能性。辩证法对"善"的不断追求既可以被理解为不可能直接达到的对纯粹、绝对的善的永恒追求，永远不可能达到一种极致的状态，也可以理解为它可以通过某种机制达到这种状态。辩证法在古希腊刚诞生时的"历史"观念还是地区史和轮回式的，尚没有现代意义上的普遍史意涵和不断进步的线性特质，所以还没有足够的能力靠历史变迁的积累来达到纯粹、绝对状态。一旦"历史"在现代成为普遍史和线性进程，更广阔的空间和时间被整合进来，甚至某种意义上是无限的时空力量被理论地整合进辩证历程中，这个辩证历程就会获得源源不断的能量和可能性。凭借这种能量，利用这种可能性，辩证过程就会如虎添翼，产生无数具有爆发性的瞬间，向纯粹、绝对、整全的完美本质所预示出的那种形态靠近。一旦失去内在反思和批判精神，辩证法就通过这种普遍史和线性史的现代桥梁，穿过幽暗恐怖的本来不可能穿过的荒漠地带，成功地登上对岸的幸福大陆，开始陷入绝对的迷思之中难以自拔。黑格尔就代表了这种绝对追求的现代版本。

黑格尔的"历史"以及通过历史能够得以通达的"绝对者"是对犹太教的这种"禁呼"的反叛和否定：它以"直呼"、光明正大的方式宣告对绝对的追求。在这里，霍克海默与阿多诺谈到黑格尔成功地把具体形象转化为抽象符号的辩证法系统，并走向对绝对者、上帝的追求。黑格尔实际上在有限性和无限性、假神和真神、谎言和真理之间开凿了一条狭长的隧道，使得辩证法通往历史的康庄大道。由此，辩证法、绝对者通过"历史"得以勾连起来，辩证法对绝对者的追求也有了广阔的历史空间。与绝对者的勾连，对绝对、纯粹、严密的理性主义系统的追求，构成"辩证法"的又一个负面形象。通过它，由尼采肇始、霍克海默和阿多诺进一步发挥的对"辩证法"的再一次釜底抽薪式的批评显露无遗。

3. 自否定、自悖谬的辩证法

对绝对和同一的不懈追求，使得辩证法走向自否定、自悖谬。有的辩证法之所以会走向自否定，沦为形而上学，是因为它不顾一切地追求绝对、纯粹、整全，只追求正面和积极的存在，而忘记了离开相对、杂多、部分，所谓绝对、纯粹、整全根本就是不靠谱的，忘记了负面和消极的存在总是伴随着正面和积极的存在。如果失去这种辩证智慧，只是立足于绝对、纯粹、整全、正面和积极的存在，极力掩饰与它们如影随形的存在，甚至有意地取消和否定它们，那被掩饰和力图否定的东西就会浮现出来。这正是辩证法的客观力量所在，是客观辩证法不可避免的展现。尼采提醒，一神论由于内在的恐惧而拼命追求建构一个密不透风的、绝对的理性主义体系，以此确保安全和保险，使得这个体系疯狂地对异在他者实施掌控、宰制的策略，力图建构一劳永逸的封闭系统。最后，不但安全、保险无法确保，反而可能造成更大的不安全和更大的风险。按照尼采的看法，这就是基督教文明和进一步发展了的现代资产阶级文明所努力追求的主观目标和客观后果。表现在形式上，辩证法就会追求一种越来越严密、固定、封闭的形式体系，把各种可能引发挑战的存在者一概进行理性规划并纳入其中。这就势必打击辩证法的积极性，使辩证法走向其本来追求的反面，造成一种自否定和自悖谬。

这里存在着消极的辩证法与积极的辩证法的明显区分。前者是批评意义上的辩证法，系指本是高贵追求的辩证法由于内在的目的的缺陷、以及对绝对的追求而导致了反面的东西。后者是一种正面的辩证法，理性批判的潜能、自我进步、自我解决所面临难题的能力，是这种辩证法中固有的也是更为主要的含义。

就前者来说，自否定的辩证法跟排中律、自我保存内在相关。压制他者、成全自己，作为自我保存的根本原则，是一种典型的排中律原则：两者只能选择一个，不是我死就是你死，你我之间是生死存亡的关系。人和物之间也是如此，物化、理性化的系统与人之间越来越对立。于是，课堂中的逻辑推动和认可工厂与办公室里的物化（Versachlichung）："在课堂中由逻辑衍生的思考批准了在工厂与办公室中人类的物化。于是禁忌侵蚀了禁忌的力量，正如启蒙侵蚀了精神，而精神自身就是启蒙。"①抱着不是你死就是我活的态度理解两者（如人与物化系统、人与自然、人与人）之间的关系，并由此决定自己的行动，势必导致自我否定。本要排斥他者，反而可能成全他者，或由他者支配决定；本要成就自己，反而陷自己于不利之中。禁忌侵蚀了自身，启蒙侵蚀了自身，造就了自否定的结果。这就是典型的启蒙辩证法，即自否定的辩证法。人如资产阶级追求自我保存，自然也会自我保存。自然的自我保存或许更广泛、更有力量，所以，"自然作为真正的自我保存，也被那誓言要放逐自然的历程给松绑"，自然在这个过程中获得了解脱，"无论是在个体或在危难和战争的集体命运里"②。个体命运中的自然如此，集体命运中的自然也是。马克思和尼采都这样认定自然构成了人的根本基础，从个体角度和社会角度看都是如此。马克思在《资本论》中论说的把经济的社会形态的发展理解为一种自然史的过程的理论，揭示的就是除了原本的大自然（第一自然）之外社会历史发展又孕育出来的第二自然，一种类似于第一自然的自然。它同样在自我保存中，在自我利益最大化的自发竞争中成长起来，最后导致了不以人的意志为转移的自然历史进程。③

理论在追求统一性知识，相应地，实践也在追求大全。自我本来是要挣脱掉非人性力量的约束和奴役，现在却在文明化的自我重新被非人化的过程中返回了原点："完全被文明保卫的自我，被瓦解为非人性的元素，而那却是文明起初努力要挣脱的。以前人们总会害怕失去自己的名字，如今这个最古老的恐惧也成真了。"④纯自然的东西本是可怕的、野蛮的，该超越和告别的，是想想都害怕的远古记忆，现在却以新的形式回来了。启蒙导致了非理性，招致了灭亡。资产阶级节制的快乐主义，发展到了文化工业中漫无节制的快乐主义。这里的话说了一半，另一半没有说出来，但意思是很明显的。资产阶级回归自然的理想，不再是回到混沌的（无形式的）原本的自然，而是现代中庸、得过且过，不思进取的那种"自然"，也可以说是马克思说的"第二自然"，或尼采所

---

① 霍克海默，阿多诺.启蒙的辩证：哲学的片简.台北：商周出版，2008：55.
② 同①.
③ 刘森林.回归自然与超越自然：重思"自然历史过程".哲学研究，2016（7）.
④ 同①56.

痛恨的冒充的"自然"即实际上完全是资产阶级平庸的"非自然"。从荷马到现代资产阶级，"宰制世界的精神以轻舟穿过，自始它就不相信其他不够邪恶的指路星"①，也就是大家都相信实际上很邪恶的指路星。西方文明的各个阶段都在迫害神话，去除神话，消除恐惧、迷信，结果都成就了自己的反面。"而对于内在或外在自然的宰制，成为绝对的生命目的。自我保存最终被自动化了，而那些继承了理性而又害怕被剥夺继承的生产控制者，则是解雇了理性。启蒙的本质在于它有许多选项，而选择本身却是不可避免的，即宰制的必然性。"② 其实这里还应该补上一句：还有最后被宰制的必然性。因为后面跟着这么一句："人类总是必须选择臣服于自然或是让自然臣服于自我。"③ 资产阶级计算理性要照亮神话，驱除黑暗，但这阳光并不温暖，而是冰冷无比。在它的照耀下，"新的野蛮种子正在成长。在宰制的强制下，人们的劳动摆脱了神话，而在同样的宰制下，却一再落到神话的魔咒里"④。本来是要照亮世界的资产阶级启蒙，却最终导致了新的黑暗，本来是驱除恐惧的理性，却最终招致了令人恐惧的非理性结局。

有待求解或者尚未呈现求解之法的自否定，在《启蒙辩证法》中比比皆是：追求恐惧的解除最终却导致了更大的恐惧；追求知识和真理最终却导致了资产阶级的欺骗与意识形态；追求命令和统治自然最终却导致了对自然更大的依赖；追求从神话到理性的蜕变最终却导致了启蒙理性蜕变为新的神话。当初许诺的美好目标，都因为迫切需要反思、清除但仍未反思、清除的内在缺陷而变为自己的反面。这就是典型的辩证转换，是典型的辩证自否定。这是《启蒙辩证法》向我们呈现的第二种辩证法。虽然比可能走向追求绝对、纯粹的形而上学的辩证法推进了一步，但仍然是初步显露的辩证法，尚不是最终确立的辩证法。由于《启蒙辩证法》立志于批评反省这种自否定的辩证法，而这种批评反省恰恰是一种积极的辩证法，即积极的辩证力量之所在，所以，与自否定的辩证法相对立，也存在着自我揭露、自我批判，仍在积极追求自由和解放，也就是仍然可以通过对启蒙内部潜力的挖掘，把已导致负面倾向、

---

① 霍克海默，阿多诺. 启蒙的辩证：哲学的片简. 台北：商周出版，2008：56.
② 同①57.
③ 同①57.
④ 同①57.

走向危险境地的辩证法重新扭转到原来的积极方向上来的更进一步的辩证法，存在仍然相信尽管一开始就有缺陷甚至根本缺陷的辩证法的乐观主义信念。这种信念意味着，辩证法有能力从自我否定的旋涡中自我解脱出来，能够从危险之路上自我折返回来，走上富有希望的自由和解放之路。

自否定何以借助某种方法和机制实现自我蜕变？这是自否定的辩证法走向进步和积极的辩证法的关键。

在尚未获得这种方法和机制之前，资产阶级的工具理性明显体现为对辩证法的能动力量的窒息。资产阶级的精神已经变成宰制的工具，这个工具系统越是复杂精密，身体所能接触的体验就越是贫乏。现实越来越被系统化、固化，一切不合乎资产阶级理性要求的东西都被消除和遮蔽了，一切有危险的希望都被技术和管理系统封存起来了。现实成了工具理性的一统天下！"思维自限于组织和管理，无论是狡猾的奥德修斯或是幼稚的总经理，其结果是强者在支配弱者时显现的困窘。其实精神已经变成宰制以及自我宰制的工具，而中产阶级的哲学对此总是判断错误。顺服的无产阶级自神话以降的耳声，和使役者的呆滞不动差不了多少。社会的过度成熟是基于被支配者的不成熟。社会、经济和科学器具越是复杂精密（生产体系早就要身体配合器具的条件），身体所能接触的体验就越贫乏。"①感性经验被排斥、被收编、被纳入体系，使得"现实"消除新的经验和新的追求，一切都按照固有的逻辑和模式运转。以至于"使它渐渐类似于两栖动物的世界。现在，群众的退化在于无法以自己的耳朵去倾听那未被倾听者，无法以自己的手触摸那未被把握者，那是新的蒙昧形式，而取代了被打败的神话。经由全体性的、涵摄所有关系和活动的社会，人类被迫回到那与社会的发展以及自我的原理对立的方向：变成单纯的种属生物，在强制的集体性里，因为隔离而彼此相等"②。接下来这一段强调"就算是逻辑的必然性也不是盖棺定论的"，"宰制自身物化为法律和组织，因而必须自我设限。工具获得了自主性：精神的中介代理者独立于统治者的意志，而缓解了经济上的不义的直接性"③。系统已形成独立的运转逻辑，这个逻辑也不完全等同于统治者

---

① 霍克海默，阿多诺. 启蒙的辩证：哲学的片简. 台北：商周出版，2008：61.

② 同①61-62.

③ 同①62.

的主观意志。要控制一切的控制者，也"反而被一切控制"①。工具思维成了真实的主体，思维成了单纯被动的意识形态。

所以，不但起始于苏格拉底理性主义的辩证法有一个恐惧、焦虑的情感基础，并由此使得这种辩证法难免陷入对绝对、纯粹本质的追求之中，陷入自否定，而且，继承这个历史基础的现代资产阶级所追求的所谓高级的"自由"也只不过是自我保存。它在降低辩证法的目标追求，降低现代性的水平。"中产阶级的启蒙……总是难免要把自由和自我保存的活动混为一谈。"②理性、概念为了自我保存不断制造谎言，谋求利益，远离真理。把思想变成报纸标题，把艺术变为文化工业，使谎言与真理混同。

这样一来，某些高级的"辩证法"就会沦为流俗的"辩证法"。在这方面，我们可以认为，尼采反感和挑战的是那种在二元对立框架中选择某个方面是真理、具有坚实根基、合乎理性标准的传统"形而上学"观点（即使采取了"辩证"的方式）。他看到，有根基和无根基的论述，其实没有什么根本差别，因为所谓"根基"根本就不能成立。同理，合乎理性的论证与不合乎理性的论证也是一样的。因为理性的论证背后隐藏着一种更不怎么样的非理性情感，如恐惧、焦虑。所以，在传统二元结构中选择一个加以肯定、选择另一个予以否定的做法是没有道理的。尼采的选择跟马克思、恩格斯非常类似，即肯定二分框架的一般价值。③ 不过，除了二元框架之外，还有更多的论证可能性。但在更多的论证之中，还是存在优劣好坏之分的。

正如理查德·J.伯恩斯坦所言，尼采的批判存在两个阶段的策略：一是质疑哲学对基础和理性论证的寻求，二是挑战非此即彼的思维方式。不是只存在严肃的、具有理性基础的论证和相对主义的意见，而是存在多种风格和视角的论证，能促进生命、健康和高贵的就是好的。传统的思考方式要被抛弃，"取而代之的是坦率认识到不存在比想象性和诗性再描述更根本的东西。或者用尼采自己的话说：我们需要发明并尝试多重风格与视角，以便显示哪些虚构具有创造性并能增强生命，而哪

---

① 霍克海默，阿多诺. 启蒙的辩证：哲学的片简. 台北：商周出版，2008：62.
② 同①66.
③ 参见本书第十一章的相关分析。

些具有毁灭性并且是危险的自我欺骗"①。正是在尼采予以保留的这种二元对立框架和在此基础上进一步拓展的多种相互竞争的解释论证方案中，存在着霍克海默、阿多诺肯定的那种辩证法。在无法根绝的二元对立框架中，在更多的多元对立中谋求转换和可能；而且，这种二（多）元结构孕育着反讽和矛盾，也可能孕育着生机和力量。辩证法不是在二元对立中肯定其一否定另一，而是在二元结构框架以及更大更复杂的多元框架中寻求反讽、矛盾与和解。

在《资本论》中，资产阶级在追求自我利益最大化的过程中培养自己的掘墓人，而孕育、培养出否定自己的阶级（无产阶级）的自否定过程，也是典型的自否定、自悖谬，但这种自否定、自悖谬是由拯救者和克服者发现和确定的。

4. 扬弃自否定的积极辩证法

《启蒙辩证法》呈现的第一、二种"辩证法"概念是相互适应的，但与仍在追求自由和解放的积极辩证法存在着张力。两位作者如何在这种张力结构中运作，使得第一、二种"辩证法"成功地转变成第三种积极的"辩证法"呢？这是我们需要特别关注和思考的。

《启蒙辩证法》绝对没有以自否定、自悖谬作为结局。虽然国内学界对《启蒙辩证法》的解读存在很多称启蒙已死、启蒙已沦为欺骗和谎言就是《启蒙辩证法》所做的启蒙批判的最终结论的断言。正像不少人把《资本论》第一卷结尾处"资本主义社会越来越两极分化，剥夺者被剥夺"的结论当作马克思研究资本主义社会最后的结论很不合适一样，有些《启蒙辩证法》的研读者也把该书第一节最后的"启蒙在为现实社会服务的过程中，逐步转变成为对大众的彻头彻尾的欺骗"② 当作全书的最终结论，这也是非常不合适的。该书最后的结尾才是最终结论："恐惧还依然存在，谎言还在昭然过市，顽固不化。尽管欺骗不允许任何可以揭露它的真理存在，但真理仍旧在竭力反驳的过程中展现出一种否定力量；蒙蔽要想一劳永逸地驱除真理，就必须彻底剥夺掉思考的能

---

① 伯恩斯坦．根本恶．南京：译林出版社，2015：142.
② 霍克海默，阿道尔诺．启蒙辩证法：哲学断片．上海：上海人民出版社，2003：40.

力。掌握着自身并发挥着力量的启蒙本身，是有能力突破启蒙的界限的。"①也就是说，它绝对没有断言启蒙已死，反而强调对陷入自否定、自悖谬局面的启蒙的自我反思和超脱，相信"如果启蒙没有对这一倒退的环节进行反思，它也就无法改变自身的命运了"②。它强调自我反思的必要和可能，强调启蒙自我反思、自我解脱的信念。

这种信念意味着，辩证法有能力从自我否定的旋涡中自我解脱出来，能够从危险之路上自我折返回来，走上富有希望的自由大道。为何能够如此？我想原因就在于，辩证法一开始就富有两面性，能够在两个极端之间自我折返。关键是及时给它这样的提醒，及时给它一个正确的助推力，把它扭转到正确的方向上。这不是外在的推动力，而是一种不折不扣的内在推动力，一种靠启蒙者自身及时发现和及时助推的推动力。

如何从恐惧的基础和消极的自否定转向积极的希望和目标，是关键中的关键！

第一，理性批判的力量是首要的。分析与批判是苏格拉底理性主义文化的优秀特质，靠它能够揭示隐藏着、潜存着的问题，经过揭示使之昭然于天下，这些问题就会受到人们的重视，人们就会想方设法求解这些问题。《启蒙辩证法》对西方启蒙如此尖锐的批判，本身就是启蒙批判精神的象征和体现。话说得越重，意味着批判精神的分量越重。而分量这么重的批判精神揭露资产阶级启蒙内在的问题，也就意味着发现问题从而解决问题的可能性和希望仍然存在。就像奥斯本所说，"质疑启蒙正是启蒙的一个方面，而并不必然是敌视启蒙的行为"③。我们接着补充一句：质疑启蒙常常是反思、推进的环节，是辩证对待启蒙的表现。如果用是或否的简单二分法来看待这种启蒙批评，"往好里说也是不成熟，是一种有点孩子气的辩证法"，没有充分展现"针对启蒙的争论就具有辩证的特征"④ 及其高度。由此，对第一、二种"辩证法"的批判，就是第三种正面的辩证法的表现，并在此意义上成为第三种辩证法的构成环节。当马尔库塞建议霍克海默把《启蒙辩证法》的第一章结

---

① 霍克海默，阿道尔诺 . 启蒙辩证法：哲学断片 . 上海：上海人民出版社，2003：233.
② 同①前言 3.
③ 奥斯本 . 启蒙面面观：社会理论与真理伦理学 . 北京：商务印书馆，2007：18.
④ 同③20.

论部分写得更积极一些以便显得更有希望时，霍克海默在 1942 年 12 月 19 日的回信中说道，《启蒙辩证法》的第一章即将完成，"恐怕这是我写过的最艰难的文章。此外，它读上去多少是消极的，我现在试图克服这一点。我们不应该像那些对实用主义的作用感到绝望的人们那样。可是我也不情愿简单地加上些积极的段落，用悦耳的音调说'理性主义和实用主义还不是那么坏'。第一章中完成的毫不妥协的分析，本身就是对理性思想（rational intelligence）的积极作用的一种更有效的肯定，这比为了淡化对传统逻辑及其相关哲学的攻击所能做的任何辩护都更有效"①。施密特由此解释道，"只有通过对启蒙运动的历史演变进行一个无情的'否定主义'的批评，才有可能赎回启蒙运动'过去的希望'"②。如此无情地批判启蒙，本身就是为了唤醒启蒙的潜力，承继启蒙的传统，因而是启蒙的真切表现。国内的很多相关论文都把《启蒙辩证法》的启蒙观解释为启蒙已经倒退为神话、欺骗和堕落，而没有注意到该书作者说的话本身就是启蒙话语，就意味着启蒙对自己身陷囹圄的清醒认知和提醒；这话本身就是启蒙精神和力量的体现。也就是说，揭示启蒙主体的情感根基并不是为了否定、消解启蒙。在《启蒙辩证法》一书中，质疑理性与理性地进行思考之间存在着一种张力结构。该书并没有把理性思考这种启蒙精神视为已经失效，甚至视为已经完全堕落为神话、欺骗、蒙昧，反而给理性思考保留了一定的有效空间。理性思考与艺术模仿并列为仍存在拯救性力量的领域。所以，启蒙仍然没有穷尽自己的潜能，哲学还仍然富有批判性力量。在同样的意义上，当哈贝马斯认为《启蒙辩证法》过度否定了启蒙，认为启蒙已经失效、已经无路可走时，即使不是有意贬低老师，也凸显出自己的交往理性之路对老师的严重误解甚至有意的曲解。马尔库塞、哈贝马斯不明了或者有意掩饰这一点，作为同行专家是不应该的。后人如果追随他们来理解《启蒙辩证法》，更是不应该出现的失误与偏差。

　　第二，物极必反的道理也在这里起着明显的作用。当启蒙演变为欺骗、神话，它就不得不折途而返。当消除恐惧的理性主义策略招致了更

---

　　① 魏格豪斯.法兰克福学派：历史、理论及政治影响.上海：上海人民出版社，2010：426.

　　② 施密特.启蒙运动与现代性：18 世纪与 20 世纪的对话.上海：上海人民出版社，2005：导论 25.

严重的恐惧，它就不得不停下来反思为何如此，需要怎样才能回到原来的轨道。这恐怕不是什么大道理，而是再正常不过的日常智慧，是不需要多少聪明和才智，仅凭平常的生活智慧就能体会到的基本道理。而这也正是辩证法的基本含义，不只是追求真理的辩证法变成欺骗，追求消除恐惧的策略招致了更复杂难解的恐惧，消除神话的启蒙本身成了一种神话，批评宗教信仰的启蒙呈现为对理想自身更无理由的信仰。它也包括相反方向的含义：在文化工业中变成欺骗的启蒙已受到反思批判，法西斯主义制造的恐惧正在被追求正义的人们全力反抗，变为神话的启蒙也早已开始了激进的自我反思（《启蒙辩证法》这本书就是最好的代表），对（工具）理性的批评在这种自我反思中早已出场。辩证法并不总是意味着追求正面和积极价值的活动走向了自己的反面，也意味着当追求陷入反面时也能自我调整到对正面积极价值的追求上来。否则就只是单面的辩证法，最后必然失去辩证的力量。只有同时具有两个方面的转换运动，具有两个向度的自我调整，辩证法才能是全面的、双面的辩证法；辩证法所具有的复杂结构、所内生的张力，才能适时地发挥作用，维持住自己的整体结构，靠自己内在越来越复杂多变、范围越来越延展开来的互动，完成结构和方向的自我调整，而不沿着一个方向、不理会其他向度、不受内在其他力量的调配而径直走向极端，不惜自我毁灭。

极致化之后的反思及其获得的知识，是走向扭转的关键；这就是"他们终于从事物的力量那里学到如何放弃力量"①。在这个意义上，启蒙能够扭转自我：启蒙发现原初设定的控制支配事物的目标已经达成，而且问题百出时，才会意识到原本力图控制支配的自然才是发源地，应该倍加爱护，人类应该与自然和解。这时，启蒙才会成就其巅峰而又自我扬弃："当启蒙眼前的实践目标原来早已经完成，而人们也想起来，'国王们的斥候和探子也查不出什么情报'的那些国度（亦即被拥有支配权的科学误解的自然）才是发源地，启蒙便成就其巅峰而又自我扬弃。"② 培根的理想是驾驭自然，当驾驭"那个乌托邦覆盖大地"，才终于"彰显出那无拘无束的自然所拥有的强制性本质"③。自然的强制性

① 霍克海默，阿多诺 . 启蒙的辩证：哲学的片简 . 台北：商周出版，2008：67.
② 同①.
③ 同①68.

才是真实的。真正的宰制是自然发出的。马克思和尼采特别是尼采一再提醒现代人的就是这一点。霍克海默和阿多诺也在这里说那就是宰制本身，指的就是自然才是宰制者！由此，培根所期望的知识，本来是支配工具的知识，"现在便可以瓦解宰制的力量"①。但可惜的是，正当通过痛苦和挫折获得的知识可以用于重新走上启蒙大道时，知识却又陷入了欺骗与谎言的陷阱，为了利益和地位被资产阶级运作成欺骗与谎言。

如前所述，辩证法中本来就具有一种自我调适的力量：一旦走向极端化理解，就会呈现其负面性恶果，就会暴露、呈现这种极端化理解所希望的那种局面的不可能，并且还会进一步地提醒人们折返，回到正确的道路。这首先是一种客观的结构所孕育和造就出来的力量。这种客观性常常是带着痛苦代价的，对人是沉重的，是无奈的，是五味杂陈的；同时，这也是辩证法内在的主观能力。辩证法一开始就富有两面性，能够在两个极端中自我折返；关键是及时给它这样的提醒，及时给它一个正确的助推力，把它扭转到正确的方向上。要使辩证法从问题的客观呈现变为意识到、进而力欲求解问题，主动、有意识的批判反思是至为关键的。推动辩证反思的推动力不能仅仅是外在的，只有成为不折不扣的内在的、一种靠启蒙者自身及时发现和及时释放的推动力，积极、正面的启蒙辩证法才得以发生和完成。

5. 开放性辩证法对形而上学的拒斥

追求绝对容易沦为形而上学的辩证法，不但构成《启蒙辩证法》的反思对象，也是马克思在《资本论》中反思的对象。他声明，辩证法只能是批判的和革命的，不能指望有朝一日历史能达到完美和绝对的程度，而一旦人们陷入这种幻觉，那就是不折不扣的"形而上学"。所以，不仅是尼采，更早的马克思就已经充分揭示了辩证法的绝对化必然导致传统形而上学：一旦不正确地对待辩证法，它就极易蜕变为传统形而上学。辩证法与传统形而上学的融通性，是马克思和尼采都直接、充分地意识到并自觉加以提防的。只是尼采更直接地指向苏格拉底，而霍克海

①　霍克海默，阿多诺．启蒙的辩证：哲学的片简．台北：商周出版，2008：68.

默与阿多诺进一步把它追溯到更早的荷马时代罢了。

马克思显然坚定地抛弃了辩证法与那种绝对完满整体的关联，把辩证法导向一个开放的系统。在这方面最重要的转变，就是把辩证法的关注重点从语言、符号系统，转向语言、符号背后的经验、事物、事件和历史。对马克思来说，符号背后的经验、事物、事件和历史，而不是语言、逻辑、符号，才是辩证法的真实基础。这种唯物主义的存在论变革，必然导致辩证法的开放性构成唯物辩证法的内在诉求。作为辩证法基础的现实过程永远在生成，辩证法也必须永远保持开放性。同时，作为自己介入和追求的辩证过程的记录仪，辩证法对自己的目标也保持这样的开放性，就像瓦登菲尔斯所说，辩证法的开放性是一种"仍未"，意味着一种面向未来和更高目标的不确定性："整体仍未完全被确定；过程仍未达到其目标，主体和对象或主体和共同主体仍未彼此完全和解而且仍未完美地被实现。"① 这个意思，马克思在《资本论》二版跋中也有非常明确的说明："因为辩证法在对现存事物的肯定的理解中同时包含对现存事物的否定的理解，即对现存事物的必然灭亡的理解；辩证法对每一种既成的形式都是从不断的运动中，因而也是从它的暂时性方面去理解；辩证法不崇拜任何东西，按其本质来说，它是批判的和革命的。"②

可是，人们却常常舍弃辩证法的开放性，把辩证法追求的东西固化。最常见的就是把共产主义理想社会、"自由王国"理解为固定的、完美无缺的状态，一种有朝一日达到就什么也不缺、什么矛盾也没有、一切美好价值都融洽相处、一切问题都解决了的完美国度。实际上，必然王国与自由王国永远是密切联系在一起的、形影不离的关系。从来就没有一个绝对、纯粹的"自由王国"存在于唯物辩证法的尽头，等待着人们买张车票坐上通达那个"理想国"的列车去享受。如果可以这样纯粹、绝对地去设想"自由王国"，辩证法就去拥抱绝对、纯粹、固化的存在了。可惜的是，马克思的任何文本都提供不出对这种"形而上学"阐释的任何支持。马克思强调，共产主义"是那种消灭现存状况的**现实的运动**"③，不是一种达到某种状况就停滞下来、就此维持住的状态。

---

① 张庆熊. 现象学方法与马克思主义文选. 上海：上海三联书店，2014：264.
② 马克思恩格斯全集：第44卷. 北京：人民出版社，2001：22.
③ 马克思恩格斯选集：第1卷. 北京：人民出版社，2012：166.

同时，他也强调"这需要有一定的社会物质基础或一系列物质生存条件，而这些条件本身又是长期的、痛苦的发展史的自然产物"①。即使具有了社会物质基础，达到了基本的条件要求，也绝不是从此之后一劳永逸、万事大吉、无需努力和费力，而是一刻也不能停滞的、矛盾总以这样那样的形式存在的过程。正如马克思、恩格斯所说，物质生产活动，"这种活动、这种连续不断的感性劳动和创造、这种生产，正是整个现存的感性世界的基础，它哪怕只中断一年，费尔巴哈就会看到，不仅在自然界将发生巨大的变化，而且整个人类世界以及他自己的直观能力，甚至他本身的存在也会很快就没有了"②。物质生产活动总具有必然王国的特点，不能浪漫地理解为纯粹自由王国里的娱乐、消遣。把共产主义社会中的劳动理解为一种娱乐、消遣和一种纯艺术性的创造活动，劳动的压迫性、消极性、痛苦性将皆不存在，在必然王国中的那些特性皆被超越，这样的看法历来为马克思所反对。他指出，即使劳动未来成为积极的、富有乐趣的、创造性的活动，也不会表现为消遣、轻松、随意的东西。相反，"真正自由的劳动，例如作曲，同时也是非常严肃，极其紧张的事情"③。他批评傅立叶把未来理想社会中的劳动浪漫化为纯粹的消遣。他指出，劳动之所以是令人厌恶的事情，是因为它始终是外在的强制劳动，"这种劳动还没有为自己创造出（或者同牧人等等的状况相比，是丧失了）一些主观的和客观的条件，从而使劳动会成为吸引人的劳动，成为个人的自我实现，但这决不是说，劳动不过是一种娱乐、一种消遣，就像傅立叶完全以一个浪漫女郎的方式极其天真地理解的那样"④。显然，在马克思的眼里，任何社会中的劳动也不能是纯粹娱乐、消遣性的活动，都必须是严肃、认真的事情。而且，为了满足更多的人追求闲暇的需要，为了缩短劳动时间以增加劳动者自由支配的时间，劳动也必须是高效率的，需要打起精神高效完成的事情。在这个意义上，未来理想社会中的劳动反而可能是效率很高、节奏很快、强度也很大的。在劳动者结束这种劳动进入自由支配的"自由王国"之前，他们总不免于一定时间内要在"必然王国"里从事这样的劳动。也

---

① 马克思恩格斯全集：第 44 卷 . 北京：人民出版社，2001：97.
② 马克思恩格斯选集：第 1 卷 . 北京：人民出版社，2012：157.
③ 马克思恩格斯全集：第 30 卷 . 北京：人民出版社，1995：616.
④ 同③615 - 616.

就是说，"自由王国"对"必然王国"的依赖，"必然王国"对"自由王国"的奠基和支撑，即使不能说是每时每刻都会发生的，也起码可以说是每月、每年必定会发生的。参照马克思、恩格斯在《德意志意识形态》中的话来说，必然王国里的这种连续不断的感性活动和创造、生产，正是自由王国的基础，它哪怕只中断一年，自由王国就会坍塌掉。

同理，关于私有制转变为社会所有制，关于国家的消亡等，都应该杜绝极端、绝对的形而上学理解。就像伊格尔顿所说，"马克思本人其实并没有寄望于一个乌有之乡。在他构想的共产主义社会中，并没有摈弃以中央管理的方式建立国家的理念。任何一个复杂的现代文明都需要这种方式。……马克思所希望的，是作为暴力工具的国家能够消亡"①。

最后，辩证法本身具有的反体系的特质，是从立足现实的批判性品格中得来的，从拒斥对纯粹、绝对、整全的追求中自然地得来的。对此，马克思和阿多诺具有鲜明的一致性。马克思说："辩证法，在其神秘形式上，成了德国的时髦东西，因为它似乎使现存事物显得光彩。辩证法，在其合理形态上，引起资产阶级及其空论主义的代言人的恼怒和恐怖，因为辩证法在对现存事物的肯定的理解中同时包含对现存事物的否定的理解，即对现存事物的必然灭亡的理解；辩证法对每一种既成的形式都是从不断的运动中，因而也是从它的暂时性方面去理解；辩证法不崇拜任何东西，按其本质来说，它是批判的和革命的。"② 辩证法对现实的批判性理解，对美好价值不懈的追求，意味着一种志存高远、永不满足的精神，意味着它同时又具有立足现实的坚实根基，意味着它在现实性和开放性之间永恒的摇摆和追求。

走向绝对形而上学的"辩证法"、自否定的"辩证法"，以及借助自我反思迈向开放性和积极性的"辩证法"，是《启蒙辩证法》依次处理、依次反思的三种辩证法。第二种否定第一种，第三种否定第二种，前两种的出现是为了第三种的生成。第三种辩证法对前两种的批判使得前两种也成为第三种的构成环节，从而使三者融为一体。由此，尼采对辩证法的否定，黑格尔对绝对形而上学的追求，在回归马克思社会批判理论的意义上得以被克服。显然，在强调辩证法的非体系性、开放性等方面，阿多诺与马克思是非常类似的。辩证法在资产阶级那里通过营造单

---

① 伊格尔顿．马克思为什么是对的．北京：新星出版社，2011：195－196.

② 马克思恩格斯全集：第44卷．北京：人民出版社，2001：22.

纯、一厢情愿地只要宰制和安全的实践反而导致反面存在的效果，使得主观的、人为的单纯追求不可避免地招致客观的反面效果。这就是辩证法的力量：不去塑造主观辩证法，就会沦为某种客观辩证法的奴隶。不积极保持辩证智慧，就会遭受辩证法的消极强制。启蒙的历程不断地印证着、提醒着这一点。

看来，在《启蒙辩证法》与《资本论》两本著作中存在着两种启蒙辩证法，两者既有差异又有类似之处。类似之处主要表现在两者都是针对启蒙引发的矛盾、问题的反思和求解，通过这种反思和求解，发现启蒙的希望和动力所在。但马克思的启蒙辩证法更为积极，展现现代启蒙辩证过程在生产力、生产关系建构上取得的成就及由此奠基的自由、解放的可能性空间。矛盾与问题作为关注点是向着获得解决的美好前景来谈论的，辩证法是在宏大辩证过程的展开及其展现的美好可能性意义上确立的。

《启蒙辩证法》则是在法西斯主义异常猖獗的境遇下，着眼于资本主义现代性的根本性矛盾，就问题的严重性及其历史根源的长久性来谈论的。辩证法是在引发悖谬、制造自反性的意义上确立的。虽然这个自反性矛盾不是不能解决的，但在当时的确看不到立即得到解决的曙光。

把《启蒙辩证法》与《资本论》两本著作结合起来阅读，既有助于进一步深化、延展《资本论》所揭示的现代性矛盾及其效果，又有助于中和《启蒙辩证法》过度悲凉的基调，在进一步深入认识启蒙内在矛盾的基础上，找到并进一步提升启蒙内在的希望。启蒙辩证法深入揭示启蒙内在的矛盾，是为了进一步推进和提升启蒙内在的希望。这对《启蒙辩证法》与《资本论》来说都是一样的。

总之，纵观全书，启蒙是一种重新理解从而重新塑造现代人及其与世界关系的思想立场、思维方式、行事态度，一种首先重新理解自我，然后重新理解自我与世界关系的思想体系。它意味着一种新的哲学立场，也意味着一种新的科学，主要是关于人的新科学。它意味着一种新的世界观、处世方式，也意味着一种改变自我与世界的事业和工程。它要对传统、自然、社会，对每一个人及其与世界的关系进行反思和重建，并希望在这种反思和重建中构筑一个新的理想世界。"启蒙运动可以说是两千年以来影响最深远的（而且一直在进行的）知识革命"①，它已经并将继续塑造我们的世界，给我们带来或令人赞赏或令人忧虑的后果。与其他某种意义上也可定义为"启蒙"的文化相比，现代启蒙具有一种独特的精神气质：现代启蒙文化能够自我审视、自我批判，这种自我反思、宽容也应是启蒙精神气质的组成部分。在更大的时空范围内看待启蒙，我们非常赞赏斯汤奈尔的如下见解：启蒙意味着一种新的文明形式，作为一种文明形式的启蒙是具有普适性的，启蒙运动严格而论并不专属于18世纪，"这一观点认为启蒙运动是一种文明形式，从伯里克利时代的雅典到孔夫子时代的中国，这种文明属于神话消失、理性制度建立的衰落时期。因此，启蒙思想可能在任何时刻、在世界任何地方卷土重来，它是既有文化的永恒威胁"②。在这里，受到威胁的"既有文化"只是那种故步自封、冥顽不化的文化，是对自身蕴含着的那些阻碍社会进步发展的质素不加以反思和批判的文化，是传统中的偏见、迷信、独断、特权、压迫、阻碍创新等各种不合理现象，对此必须进行批判重构。而对那些有益、有生命力的既有文化，启蒙完全可以采取继承、转化、改造、发展等积极态度。这样的启蒙是理性启蒙与德性启蒙的统一，是继承和创新的统一。由此，启蒙就是不断自我反思、自我调整，并由此不断自我发展和完善的化身与象征。

当然，启蒙是一个远未结束的漫长过程，常常伴随着一系列的矛盾和斗争，并往往需要付出种种代价才能实现。启蒙内部也蕴含种种矛盾、张力甚至悖谬，需要分析、批判，需要揭露、调整和改进。启蒙时代对自然的剥削，对奴隶的压榨，对妇女、犹太人以及殖民地半殖民地人民的不平等甚至残酷对待，都意味着启蒙不是一个一蹴而就的过程，简单的线性启蒙乐观主义是没有道理的。就像雷林格所指出的，"认为启蒙时代是向着更平等、更自由的状态线性发展的观点是错误的。……如今，几乎没有人再持多数启蒙者的进步乐观主义。人们逐渐清楚地认识到，18世纪以来取得的成就需要付出何种代价……"③ 不过，毕竟自18世纪以来，"人们开始要求所有人类作为人的普遍和平等权利，用康

---

① 布拉西耶. 虚无的解缚：启蒙与灭尽. 上海：上海文艺出版社，2022：序言 xv.

② 斯汤奈尔. 反启蒙：从18世纪到冷战. 上海：华东师范大学出版社，2021：引言 55-56.

③ 雷林格. 百年启蒙. 北京：社会科学文献出版社，2022：283-284.

德的话来说，就是'不会再被遗忘'。单凭这一点，也足以让今天的我们对这个世纪（18世纪——引者注）加以关注"①。启蒙的曲折性、启蒙内含的矛盾与张力，启蒙进步所需要的斗争和所付出的代价，对18世纪资产阶级启蒙持反思批判态度的历史唯物主义心知肚明。但马克思主义对它的批判不是为了诋毁它，而是为了更好地推进它。调整、发展、推进、提升、完善才是批判的目的所在。

特别是，面对当今世界民粹主义、狭隘的民族主义、现代犬儒主义等思潮抬头的态势，启蒙文化不可替代的价值仍然值得提倡和弘扬。历史唯物主义通过启蒙批判而继承、改进、提升启蒙的立场更凸显其重要性。斯汤奈尔说得好，"正如斯宾格勒和索雷尔为了诋毁启蒙运动所说的那样，启蒙运动属于所有时代。进步可能无法继续，历史可能起起伏伏地前进，但这并不意味着人应该相信偶然或是在时间的强大力量前低头，并不意味着人应该把社会的罪恶当成自然现象，而不将其看作放弃理性的产物并接受这些社会的罪恶。想要让21世纪的人避免顺从于新的冷漠时代，启蒙运动所创造的认为个人应当参与他们的现在甚至未来这样的观念，仍旧无可取代"②。

由于启蒙具有颇大抱负，涉及诸多质素、力量和结构的调整和运作，启蒙在重新理解和塑造自我、社会、自然、历史传统时，难免触发各种力量，引发各种冲突与矛盾，形塑和衍生出多种张力。在牵涉的各方之间维持一种开放、可调整的辩证关系，是启蒙辩证法的重要特征。这种辩证关系首先是就启蒙的客观结构而言的，同时也是就主观认知而言的。前者系指一种复杂的结构关系，一种一定程度上自发调节和进化的结构；后者是应该采取的自觉的合理态度和方法。这都是启蒙辩证法本有的内涵。

虽然对以往的资产阶级启蒙多有批评，但是马克思仍然属于启蒙事业的坚定支持者，并主张将其发扬光大。如奥哈拉所说，"马克思的思想研究还是根植于关于人类有能力推动进步的启蒙思想之中。乐观主义、理性思维和对权威的怀疑都是马克思思想和启蒙思想共同涵盖的内容，所以从大体上来看，马克思主义很大程度上也遵循了启蒙运动的思

---

① 雷林格. 百年启蒙. 北京：社会科学文献出版社，2022：284.

② 斯汤奈尔. 反启蒙：从18世纪到冷战. 上海：华东师范大学出版社，2021：742.

想传统"①。马克思的启蒙辩证法主要表现在以下三个方面：一是启蒙运动撬动和促生了一系列的现代矛盾，这些矛盾驱动、影响着进一步的启蒙事业，制造着复杂的辩证结构与过程。二是理解这个辩证结构与过程，需要在传统人文学科与启蒙促生的社会科学之间维持一种辩证的平衡。三是马克思对启蒙及其进程的看法经历了一个从异常激进到相对合理的转变，坚持在批判与建构、理论与实践、理性与德性之间维持统一协调的关系，并与激进否定历史传统、激进否定建构、激进否定德性等的激进启蒙划清界限。这种启蒙辩证法不是我们在本章第二、三节中所讲的第一、二种消极的"辩证法"，即不是追求形而上学绝对世界的"辩证法"和因追求这种目标而必定陷入自否定、自悖谬的"辩证法"，而是正视矛盾、从真正的现实出发、拒斥完满和绝对的形而上学理想世界的那种积极、开放的合理辩证法。前两种"辩证法"及其蕴含的问题直接构成它反思和针对的对象。只有在这种积极的辩证法中，我们才能对启蒙及其引发的现代性世界做出积极的把握和推进。

但启蒙的辩证性并非不证自明，更非从无问题。相反，因为存在很多需要澄清的误解、遮蔽和问题，启蒙更需要辩证。通过辩证，启蒙方才得以呈现其本来的辩证面目。各种不同启蒙之间的关系、批判和建构的关系、理性启蒙与德性启蒙的关系、理想主义的反思与重建、主体性的反思与重建、自然的被贬低与解放、矛盾的理解与求解、物化结构的本质分析、对外推的捕捉与追踪、虚无主义和犬儒主义的遏制与求解、主体的自由与解放等，都是启蒙辩证法的重要内容。如何吸收浪漫主义、自由主义、保守主义、无政府主义对启蒙的合理解释，戒绝极端之见，通过对启蒙及其辩证法的合理辨析，呈现历史唯物主义的合理启蒙立场，呈现永葆开放性的启蒙辩证法，是历史唯物主义启蒙观的内在要求。

启蒙永无止境，启蒙文化总在不断完善之中。启蒙辩证法不是对困难、罪恶、落后的顺从、默认或妥协，而是理性直面和应对，是永不懈怠地寻求合理解决，是永不懈怠地抗争和努力。每一次具体的启蒙运动都可能具有这样那样的缺憾和不足，但这不是放弃和倒退的理由，而是总结、反思和继续完善的动力。"启蒙"与"启蒙运动"总是如影随形，

---

① 奥哈拉．人人都该懂的启蒙运动．杭州：浙江人民出版社，2018：244.

"启蒙"是对"启蒙运动"的反思和总结，是对总有缺陷的"启蒙运动"的完善和提升。

历史唯物主义的启蒙观就是这样，是在对以前资产阶级启蒙的反思、批评中谋求进一步的提升和完善。它也不会一帆风顺，同样可能起起伏伏，但终究不忘初心、努力进取。主要由马克思阐发的历史唯物主义启蒙观，不管是就它吸收、牵涉的思想资源来说，还是就它所正在推进的启蒙事业来说，都有进一步讨论的广阔空间，相关研究亟须深化、推进和拓展。立足中国启蒙的特殊境遇，无论开启之晚近、开展之曲折、推进之复杂、前途之光明，都需要做进一步的专题研究。马克思的启蒙观，马克思对启蒙的辩证见解，是理解当代中国启蒙、进一步推进当代中国启蒙事业所必需的重要资源，值得我们深入挖掘。

主要参考文献

中文参考文献

马克思恩格斯全集：第 1 卷．北京：人民出版社，1956.

马克思恩格斯全集：第 1 卷．北京：人民出版社，1995.

马克思恩格斯全集：第 2 卷．北京：人民出版社，1957.

马克思恩格斯全集：第 3 卷．北京：人民出版社，1960.

马克思恩格斯全集：第 3 卷．北京：人民出版社，2002.

马克思恩格斯全集：第 4 卷．北京：人民出版社，1958.

马克思恩格斯全集：第 11 卷．北京：人民出版社，1995.

马克思恩格斯全集：第 13 卷．北京：人民出版社，1962.

马克思恩格斯全集：第 17 卷．北京：人民出版社，1963.

马克思恩格斯全集：第 19 卷．北京：人民出版社，1963.

马克思恩格斯全集：第 20 卷．北京：人民出版社，1971.

马克思恩格斯全集：第 21 卷．北京：人民出版社，1965.

马克思恩格斯全集：第 22 卷．北京：人民出版社，1965.

马克思恩格斯全集：第 26 卷第 1 分册．北京：人民出版社，1972.

马克思恩格斯全集：第 26 卷第 2 分册．北京：人民出版社，1973.

马克思恩格斯全集：第 26 卷第 3 分册．北京：人民出版社，1974.

马克思恩格斯全集：第 27 卷．北京：人民出版社，1972.

马克思恩格斯全集：第 30 卷．北京：人民出版社，1995.

马克思恩格斯全集：第 31 卷．北京：人民出版社，1998.

马克思恩格斯全集：第 34 卷．北京：人民出版社，1972.

马克思恩格斯全集：第 38 卷．北京：人民出版社，1972.

马克思恩格斯全集：第 39 卷．北京：人民出版社，1974.

马克思恩格斯全集：第 40 卷．北京：人民出版社，1982.

马克思恩格斯全集：第 42 卷．北京：人民出版社，1979.

马克思恩格斯全集：第 43 卷．北京：人民出版社，2016.

马克思恩格斯全集：第 44 卷．北京：人民出版社，2001.

马克思恩格斯全集：第 45 卷．北京：人民出版社，1985.

马克思恩格斯全集：第 46 卷．北京：人民出版社，2003.

马克思恩格斯选集：第 1 卷．北京：人民出版社，2012.

马克思恩格斯选集：第 2 卷．北京：人民出版社，2012.

马克思恩格斯选集：第 3 卷．北京：人民出版社，2012.

马克思恩格斯选集：第 4 卷．北京：人民出版社，2012.

马克思恩格斯文集：第 1 卷．北京：人民出版社，2009.

马克思恩格斯文集：第 5 卷．北京：人民出版社，2009.

阿多诺．道德哲学的问题．北京：人民出版社，2007.

阿多诺．否定的辩证法．上海：上海人民出版社，2020.

阿尔布瑞顿．政治经济学中的辩证法与解构．北京：北京师范大学出版社，2018.

阿尔都塞．保卫马克思．北京：商务印书馆，2006.

阿伦特．马克思与西方政治思想传统．南京：江苏人民出版社，2007.

阿伦特．启迪：本雅明文选．北京：生活·读书·新知三联书店，2008.

阿伦特．人的条件．上海：上海人民出版社，1999.

阿诺德．文化与无政府状态．北京：生活·读书·新知三联书店，2002.

阿瑟．黑格尔的主奴辩证法与马克思学的神话．马克思主义与现实，2009（2）.

阿瑟．新辩证法与马克思的《资本论》．北京：北京师范大学出版社，2018.

埃尔斯特．理解马克思．北京：中国人民大学出版社，2008.

安东尼．历史主义．北京：格致出版社，2010.

奥尔曼．辩证法的舞蹈．北京：高等教育出版社，2006.

奥哈拉．人人都该懂的启蒙运动．杭州：浙江人民出版社，2018.

奥斯本．启蒙面面观：社会理论与真理伦理学．北京：商务印书馆，2007.

奥斯特哈默．亚洲的去魔化：18世纪的欧洲与亚洲帝国．北京：社会科学文献出版社，2016.

柏克莱，等．近代理想主义．北京：宗教文化出版社，2013.

柏拉威尔．马克思和世界文学．北京：生活·读书·新知三联书店，1980.

拜塞尔．黑格尔．北京：华夏出版社，2019.

拜泽尔．浪漫的律令．北京：华夏出版社，2019.

贝尔．资本主义文化矛盾．北京：生活·读书·新知三联书店，1989.

贝克尔．启蒙时代哲学家的天城．南京：江苏教育出版社，2005.

贝维斯．犬儒主义与后现代性．上海：上海人民出版社，2008.

毕尔格．主体的退隐：从蒙田到巴特间的主体性历史．南京：南京大学出版社，2004.

柄谷行人．跨越性批判：康德与马克思．北京：中央编译出版社，2011.

波兰尼．认知与存在．南京：南京大学出版社，2017.

波普尔．猜想与反驳：科学知识的增长．杭州：中国美术学院出版社，2003.

波特．创造现代世界：英国启蒙运动钩沉．北京：商务印书馆，2022.

波特．启蒙运动．北京：北京大学出版社，2018.

玻尔．尘世的批判：论马克思、恩格斯与神学．北京：中国人民大学出版社，2019.

伯恩斯．启蒙运动：历史、文献和关键问题．北京：商务印书馆，2021.

伯恩斯坦．根本恶．南京：译林出版社，2015.

伯尔基．马克思主义的起源．上海：华东师范大学出版社，2007.

伯格，戴维，霍卡斯．宗教美国，世俗欧洲？：主题与变奏．北京：商务印书馆，2015.

伯林．扭曲的人性之材．南京：译林出版社，2009.

伯林．现实感：观念及其历史研究．南京：译林出版社，2011.

布迪厄，华康德．实践与反思：反思社会学导引．北京：中央编译出版社，1998.

布尔乔亚．德国古典哲学．北京：人民出版社，2013.

布坎南．财产与自由．北京：中国社会科学出版社，2002．

布拉西耶．虚无的解缚：启蒙与灭尽．上海：上海文艺出版社，2022．

布朗．黑格尔．北京：中华书局，2002．

布鲁德尼．马克思告别哲学的尝试．北京：中国人民大学出版社，2019.

布宁，余纪元．西方哲学英汉对照辞典．北京：人民出版社，2001.

蔡尚思．中国现代思想史资料简编：第2卷．杭州：浙江人民出版社，1982．

曹东勃．通向犬儒之路：人类价值系统的现代嬗变//"虚无主义、形而上学与资本的逻辑"学术研讨会论文集．广州：中山大学，2011.

曹东勃．通向犬儒之路：人类价值系统的现代嬗变．现代哲学，2012（4）．

策勒．古希腊哲学史：第二卷．北京：人民出版社，2020．

陈独秀．独秀文存．合肥：安徽人民出版社，1987．

陈康．论希腊哲学．北京：商务印书馆，1990．

陈亚杰．当代中国意识形态的起源：新启蒙运动与"马克思主义中国化"的生成语境．北京：新星出版社，2009．

炊格尔．时间与传统．北京：生活·读书·新知三联书店，1991．

达朗贝尔．启蒙运动的纲领．上海：上海人民出版社，2020．

戴晖．费尔巴哈、马克思和尼采．北京：人民出版社，2015．

德贡布．当代法国哲学．北京：新星出版社，2007．

德勒兹．尼采与哲学．北京：社会科学文献出版社，2001．

德里克．中国革命中的无政府主义．桂林：广西师范大学出版社，2006．

邓安庆．伦理学术：第4卷．上海：上海教育出版社，2018．

邓晓芒．思辨的张力：黑格尔辩证法新探．北京：商务印书馆，2016.

邓晓芒．西方启蒙的进化．湖北大学学报（哲学社会科学版），2021（1）．

狄百瑞．中国的自由传统．贵阳：贵州人民出版社，2009．

笛卡尔．谈谈方法．北京：商务印书馆，2000．

蒂利希．存在的勇气．贵阳：贵州人民出版社，1998．

杜加斯特．19世纪和20世纪之交的欧洲文化生活．北京：中国人民大学出版社，2007．

杜小真．福柯集．上海：上海远东出版社，1998.

杜赞奇．全球现代性的危机：亚洲传统和可持续的未来．北京：商务印书馆，2017.

樊纲．"不道德的"经济学．读书，1998（6）.

费彻尔．马克思与马克思主义．北京：北京师范大学出版社，2009.

费尔巴哈．基督教的本质．北京：商务印书馆，1984.

费尔巴哈哲学著作选集：下卷．北京：商务印书馆，1984.

费罗内．启蒙观念史．北京：商务印书馆，2018.

冯肯斯坦．神学与科学的想象：从中世纪到 17 世纪．北京：生活·读书·新知三联书店，2019.

弗兰克．浪漫派的将来之神．上海：华东师范大学出版社，2011.

弗兰克．理解的界限．北京：华夏出版社，2003.

弗雷泽．同情的启蒙：18 世纪与当代的正义和道德情感．南京：译林出版社，2016.

福柯．疯癫与文明：理性时代的疯癫史．北京：生活·读书·新知三联书店，2012.

复旦大学当代国外马克思主义研究中心：当代国外马克思主义评论．北京：人民出版社，2009.

傅勒．马克思与法国大革命．上海：华东师范大学出版社，2016.

伽达默尔，杜特．解释学　美学　实践哲学：伽达默尔与杜特对谈录．北京：商务印书馆，2005.

盖伊．启蒙时代（上）：现代异教精神的兴起．上海：上海人民出版社，2015.

格拉切．形而上学及其任务．济南：山东人民出版社，2008.

格瑞斯沃德．亚当·斯密与启蒙德性．北京：生活·读书·新知三联书店，2021.

葛懋春，蒋俊，李兴芝．无政府主义思想资料选：上下册．北京：北京大学出版社，1984.

谷裕．隐匿的神学：启蒙前后的德语文学．上海：华东师范大学出版社，2008.

郭绍棠．权力与自由：德国现代化新论．上海：华东师范大学出版社，2001.

哈贝马斯．在事实与规范之间：关于法律和民主法治国的商谈理论．北京：生活·读书·新知三联书店，2003．

哈佛燕京学社．儒学与自由主义．北京：生活·读书·新知三联书店，2001．

哈斯．幻觉的哲学：尼采八十年代手稿研究．北京：东方出版社，2011．

哈维．跟大卫·哈维读《资本论》．上海：上海译文出版社，2014．

海德格尔．林中路．上海译文出版社，1997．

汉金斯．科学与启蒙运动．上海：复旦大学出版社，2000．

豪格．马克思主义历史考证大辞典：第1卷．北京：商务印书馆，2018．

郝亿春．从理性启蒙到德性启蒙．光明日报，2015－04－15（14）．

何干之．近代中国启蒙运动史．北京：大有书局，2022．

赫斯．赫斯精粹．南京：南京大学出版社，2010．

赫希曼．欲望与利益：资本主义走向胜利前的政治争论．浙江：浙江大学出版社，2015．

黑格尔．精神现象学．北京：人民出版社，2013．

黑格尔．历史哲学．上海：上海书店出版社，1999．

黑格尔．逻辑学：下卷．北京：商务印书馆，1976．

黑格尔．小逻辑．北京：商务印书馆，1980．

黑格尔．哲学史讲演录：第四卷．北京：商务印书馆，1978．

黑格尔．宗教哲学讲演录：Ⅱ．北京：人民出版社，2015．

胡景钟，张庆熊．西方宗教哲学文选．上海：上海人民出版社，2002．

胡塞尔．欧洲科学危机和超验现象学．上海：上海译文出版社，1988．

霍尔盖特．黑格尔导论：自由、真理与历史．北京：商务印书馆，2013．

霍克海默，阿道尔诺．启蒙辩证法：哲学断片．上海：上海人民出版社，2003．

霍克海默，阿多诺．启蒙的辩证：哲学的片简．台北：商周出版，2008．

霍耐特．物化．上海：华东师范大学出版社，2018．

霍松．启蒙与绝望：一部社会理论史．上海：上海三联书店，2018．

吉登斯．社会的构成：结构化理论大纲．北京：生活·读书·新知三联书店，1998．

吉尔比．经院辩证法．上海：上海三联书店，2000．

吉莱斯皮．现代性的神学起源．长沙：湖南科学技术出版社，2012．

加达默尔．真理与方法．上海：上海译文出版社，1999.

卡夫卡．卡夫卡全集：第四卷．石家庄：河北教育出版社，2000.

卡洪．现代性的困境．北京：商务印书馆，2008.

卡斯卡迪．启蒙的结果．北京：商务印书馆，2006.

卡西勒．启蒙哲学．济南：山东人民出版社，1988.

康德．历史理性批判文集．北京：商务印书馆，1990.

康德．逻辑学讲义．北京：商务印书馆，2010.

康德．判断力批判．北京：人民出版社，2002.

柯林武德．历史的观念．北京：中国社会科学出版社，1986.

科耶夫，等．驯服欲望：施特劳斯笔下的色诺芬撰述．北京：华夏出版社，2002.

科耶夫．黑格尔导读．南京：译林出版社，2005.

克尔凯郭尔．论反讽概念．北京：中国社会科学出版社，2005.

克尔凯郭尔文集：卷2上．北京：中国社会科学出版社，2009.

克尔凯郭尔文集：卷5.北京：中国社会科学出版社，2017.

克尔凯郭尔文集：卷6.北京：中国社会科学出版社，2013.

克朗纳．论康德与黑格尔．上海：同济大学出版社，2004.

克罗科夫．决定．上海：上海人民出版社，2016.

克罗齐．作为思想和行动的历史．北京：中国社会科学出版社，2005.

昆，延斯．诗与宗教．北京：生活·读书·新知三联书店，2005.

拉巴尔特，南希．文学的绝对：德国浪漫派文学理论．南京：译林出版社，2012.

拉德利扎尼．虚无主义和哲学：雅各比与费希特之争．济南：山东大学"望岳海外名家讲坛（第9期）"讲演稿，2022.

拉莫尔．现代性的教训．北京：东方出版社，2010.

拉沃．后凯恩斯主义经济学：新基础．北京：中国人民大学出版社，2021.

莱文．辩证法内部对话．昆明：云南人民出版社，1997.

莱文．马克思与黑格尔的对话．北京：中国人民大学出版社，2016.

莱文．苏格兰启蒙运动与马克思//臧峰宇．启蒙、历史观与马克思主义辩证法．贵阳：贵州人民出版社，2017.

朗佩特．尼采的使命．北京：华夏出版社，2009.

雷金斯特．肯定生命：尼采论克服虚无主义．上海：华东师范大学出版社，2020.

雷林格．百年启蒙．北京：社会科学文献出版社，2022.

李大钊全集：第 3 卷．石家庄：河北教育出版社，1999.

李大钊全集：第 4 卷．石家庄：河北教育出版社，1999.

李宏图．评《创造现代世界》：从"启蒙理性"到"人的科学"．(2022 - 08 - 18)．https：//www.sohu.com/a/577768148_121119371.

李普塞特．一致与冲突．上海：上海人民出版社，1995.

李章印．如何理解恩格斯的"自然辩证法"？．山东社会科学，2020 (12).

里拉．夭折的上帝．北京：新星出版社，2010.

林志弦．后殖民主义的马克思？//韩国仁荷大学与中国南京大学．第一届"中韩马克思主义研究论坛"论文集，2010.

刘森林，邓先珍．虚无主义：本质与发生．上海：华东师范大学出版社，2020.

刘森林．"上帝"之死与不死：以恩格斯评卡莱尔为中心．山东社会科学，2014 (8).

刘森林．辩证法的社会空间．长春：吉林人民出版社，2005.

刘森林．超越"自然历史过程"：也论重新理解社会发展的"自然历史过程"．哲学研究，1989 (10).

刘森林．从"唯一者"到"超人"．山东社会科学，2017 (2).

刘森林．恩格斯的自然辩证法是一种启蒙辩证法．马克思主义哲学，2021 (1).

刘森林．恩格斯与辩证法：误解的澄清．南京大学学报（哲学·人文科学·社会科学），2005 (1).

刘森林．发展的价值基础追思．哲学研究，1993 (3).

刘森林．回归自然与超越自然：重思"自然历史过程"．哲学研究，2016 (7).

刘森林．极致的启蒙还是合理的启蒙．马克思主义与现实，2018 (1).

刘森林．酒神精神对虚无主义的克服：论尼采的狄奥尼索斯形象．澳门理工学报（人文社会科学版），2022 (2).

刘森林．浪漫反讽与实践辩证法．中国社会科学，2021 (9).

刘森林．理解历史唯物主义"现实"观念的三个向度．哲学研究，2021（1）．

刘森林．历史虚无主义的三重动因．哲学研究，2015（1）．

刘森林．论马克思历史观对事实与价值冲突的两种解决．哲学研究，1992（9）．

刘森林．实践的逻辑．北京：社会科学文献出版社，2009.

刘森林．物化通向虚无吗？马克思与尼采的不同之路．哲学动态，2014（6）．

刘森林．物象化与物化：马克思物化理论的再思考．哲学研究，2013（1）．

刘森林．物与无．北京：人民出版社，2022.

刘森林．虚无主义的三个深渊．马克思主义与现实，2020（4）．

刘森林．重思"物化"：从 Verdinglichung 与 Versachlichung 的区分入手．哲学动态，2012（11）．

刘森林．重新理解尼采对资产阶级道德的批判：《启蒙辩证法》中的尼采形象纠偏．南京大学学报（哲学社会科学版），2017（3）．

刘森林．追寻主体．北京：社会科学文献出版社，2008.

刘森林．自然·自然性·自发性：再论社会发展的"自然历史过程"．哲学研究，1994（3）．

刘小枫，陈少明．索福克勒斯与雅典启蒙．北京：华夏出版社，2007.

刘小枫．灵知主义与现代性．上海：华东师范大学出版社，2005.

刘小枫．尼采与基督教．北京：华夏出版社，2014.

刘宇．论现代社会生存状态的犬儒主义倾向．教学与研究，2014（5）．

卢卡奇．理性的毁灭．济南：山东人民出版社，1988.

卢卡奇．历史与阶级意识．北京：商务印书馆，1992.

卢瑟福．经济学中的制度．北京：中国社会科学出版社，1999.

罗蒂．哲学和自然之镜．北京：生活·读书·新知三联书店，1987.

罗尔斯．政治哲学史讲义．北京：中国社会科学出版社，2011.

罗森．启蒙的面具：尼采的《查拉图斯特拉如是说》．沈阳：辽宁教育出版社，2003.

罗森．作为政治的解释学//刘小枫．施特劳斯与古典政治哲学．上海：上海三联书店，2002.

罗斯柴尔德．经济情操论：亚当·斯密、孔多塞与启蒙运动．北京：社会科学文献出版社，2013.

洛克莫尔．马克思主义之后的马克思：卢卡奇的重新发现．现代哲学，2011（4）.

洛维特，沃格林，等．墙上的书写：尼采与基督教．北京：华夏出版社，2004.

洛维特．从黑格尔到尼采．北京：生活·读书·新知三联书店，2006.

洛维特．海德格尔：贫困时期的哲学家．西安：西北大学出版社，2015.

洛维特．韦伯与马克思．南京：南京大学出版社，2019.

马尔科维奇．从富裕到实践．哈尔滨：黑龙江大学出版社，2012.

马尔库塞．理性和革命：黑格尔和社会理论的兴起．上海：上海人民出版社，2007.

马克思：剩余价值理论：第二册．北京：人民出版社，1975.

马克思．1844年经济学哲学手稿．北京：人民出版社，1979.

迈尔．古今之争中的核心问题．北京：华夏出版社，2004.

麦克法兰．英国个人主义的起源．北京：商务印书馆，2008.

曼．多难而伟大的十九世纪．杭州：浙江大学出版社，2013.

梅尼克．历史主义的兴起．南京：译林出版社，2009.

莫尔特曼．创造中的上帝：生态的创造论．北京：生活·读书·新知三联书店，2002.

南京师范大学法学院《金陵法律评论》编辑部．金陵法律评论．北京：法律出版社，2014（2）.

尼采．悲剧的诞生：尼采美学文选．北京：生活·读书·新知三联书店，1986.

尼采．不合时宜的沉思．上海：华东师范大学出版社，2007.

尼采．查拉图斯特拉如是说．北京：商务印书馆，2010.

尼采．朝霞．上海：华东师范大学出版社，2007.

尼采．敌基督者．北京：商务印书馆，2019.

尼采．快乐的科学．上海：华东师范大学出版社，2007.

尼采．论道德的谱系．北京：生活·读书·新知三联书店，1992.

尼采．偶像的黄昏．上海：华东师范大学出版社，2007.

尼采．瞧，这个人：尼采自传．北京：团结出版社，2006.

尼采．人性的，太人性的：一本献给自由精神的书．上海：华东师范大学出版社，2008.

尼采．善恶的彼岸．北京：商务印书馆，2015.

尼采．善与恶的彼岸．北京：光明日报出版社，2007.

尼采．重估一切价值．上海：华东师范大学出版社，2013.

帕戈登．启蒙运动：为什么依然重要．上海：上海交通大学出版社，2017.

帕斯卡尔．思想录．北京：商务印书馆，1995.

潘吉星．李约瑟文集．沈阳：辽宁科学技术出版社，1986.

庞蒂．辩证法的历险．上海：上海译文出版社，2009.

佩鲁．新发展观．北京：华夏出版社，1987.

皮里．尼采在二十一世纪的影响．哈尔滨：黑龙江教育出版社，2015.

平卡德．德国哲学1760—1860：观念论的遗产．北京：中国人民大学出版社，2019.

普殊同．时间、劳动与社会统治：马克思的批判理论再阐释．北京：北京大学出版社，2019.

瞿骏．天下为学说裂：清末民初的思想革命与文化运动．北京：社会科学文献出版社，2017.

齐克果．齐克果日记．台北：水牛出版社，1986.

齐泽克．意识形态的崇高客体．北京：中央编译出版社，2002.

祁克果．祁克果的人生哲学．香港：基督教文艺出版社，1990.

渠敬东．缺席与断裂：有关失范的社会学研究．上海：上海人民出版社，1999.

任继愈．宗教辞典．上海：上海辞书出版社，2009.

瑞斯艾．奴隶，主人，暴君：尼采的自由概念//哈佛燕京学社．启蒙的反思．南京：江苏教育出版社，2005.

萨弗兰斯基：叔本华及哲学的狂野年代．北京：商务印书馆，2010.

萨弗兰斯基．尼采思想传记．上海：华东师范大学出版社，2007.

萨拉夸达．狄俄尼索斯反对被钉十字架者//刘小枫．尼采与古典传统续编．上海：华东师范大学出版社，2008.

萨特．辩证理性批判．合肥：安徽文艺出版社，1998.

沙拉汉．个人主义的谱系．长春：吉林出版集团有限责任公司，2009.

尚杰．任性、悖谬与信仰：读克尔凯郭尔的《哲学片断》．世界哲学，2013（6）．

舍勒．价值的颠覆．北京：生活·读书·新知三联书店，1997.

施勒格尔．浪漫派风格：施勒格尔批评文集．北京：华夏出版社，2005.

施米特．现代与柏拉图．上海：上海书店出版社，2009.

施密特．启蒙运动与现代性：18 世纪与 20 世纪的对话．上海：上海人民出版社，2005.

施奈德巴赫．作为合理性之理论的哲学//德国哲学：第 7 辑．北京：北京大学出版社，1989.

施特劳斯．尼采如何克服历史主义．上海：华东师范大学出版社，2019.

施特劳斯．自然权利与历史．北京：生活·读书·新知三联书店，2003.

舒尔茨．德国观念论的终结：谢林晚期哲学研究．北京：中国人民大学出版社，2019.

舒衡哲．中国启蒙运动：知识分子与五四遗产．北京：新星出版社，2007.

斯宾塞．启蒙运动．北京：生活·读书·新知三联书店，2016.

斯汤奈尔．反启蒙：从 18 世纪到冷战．上海：华东师范大学出版社，2021.

孙凤城．德国浪漫主义作品选．北京：人民文学出版社，1997.

孙周兴，赵千帆．尼采与启蒙．北京：商务印书馆，2020.

索雷尔．进步的幻象．上海：上海人民出版社，2003.

索洛维约夫，等．精神领袖：俄罗斯思想家论陀思妥耶夫斯基．上海：上海译文出版社，2009.

塔克．卡尔·马克思的哲学与神话．天津：天津人民出版社，2018.

泰勒．黑格尔．南京：译林出版社，2002.

泰勒．自我的根源：现代认同的形成．南京：译林出版社，2001.

汤因比，池田大作．选择生命．北京：商务印书馆，2017.

汤因比．一个历史学家的宗教观．上海：上海人民出版社，2014.

梯利．西方哲学史．北京：商务印书馆，1995．

田辰山．中国辩证法：从《易经》到马克思主义．北京：中国人民大学出版社，2008．

童世骏．西学在中国：五四运动 90 周年的思考．北京：生活·读书·新知三联书店，2010．

图海纳．我们能否共同生存？．北京：商务印书馆，2003．

托多罗夫．启蒙的精神．上海：华东师范大学出版社，2012．

托尔斯泰．生活之路．北京：中国人民大学出版社，2006．

陀思妥耶夫斯基．卡拉马佐夫兄弟．北京：人民文学出版社，1981．

汪民安，陈永国，马海良．后现代性的哲学话语：从福柯到赛义德．杭州：浙江人民出版社，2000．

汪堂家．"启蒙"概念及其张力．学术月刊，2007（10）．

汪行福．理性的病变：对作为"启蒙的虚假意识"的犬儒主义的批判．现代哲学，2012（4）．

汪行福．现代社会秩序的道义逻辑．上海：复旦大学出版社，2013．

王汎森．思想是生活的一种方式．北京：北京大学出版社，2018．

王建军．灵光中的本体论：谢林后期哲学思想研究．天津：南开大学出版社，2004．

王南湜．恩格斯"劳动创造了人本身"新解：一个基于马克思主义哲学人类学的阐释．马克思主义与现实，2020（5）．

王治河，樊美筠．第二次启蒙．北京：北京大学出版社，2011．

韦伯．韦伯作品集：第Ⅰ卷．桂林：广西师范大学出版社，2004．

韦尔默．后形而上学现代性．上海：上海译文出版社，2007．

魏博．"施蒂纳冲击"与《德意志意识形态》的形成．国外理论动态，2021（6）．

魏格豪斯．法兰克福学派：历史、理论及政治影响．上海：上海人民出版社，2010．

温纳．自主性技术．北京：北京大学出版社，2014．

沃林．非理性的魅惑．台北：立绪文化事业有限公司，2006．

沃特莫尔．"启蒙终结"的观念．华东师范大学学报（哲学社会科学版），2022（4）．

吴增定．尼采与柏拉图主义．上海：上海人民出版社，2004．

西美尔．货币哲学．北京：华夏出版社，2007．

西美尔．叔本华与尼采．上海：上海人民出版社，2009．

西蒙．现代决策理论的基石．北京：北京经济学院出版社，1989．

郗戈．马克思的启蒙批判与当代中国的"新启蒙"．中共中央党校学报，2017（3）．

谢林．近代哲学史．北京：北京大学出版社，2016．

谢林．启示哲学导论．北京：北京大学出版社，2019．

徐贲．颓废与沉默：透视犬儒文化．北京：东方出版社，2015．

徐贲．与时俱进的启蒙．上海：上海三联书店，2021．

徐复观．论文化：二．北京：九州出版社，2014．

徐觉哉．关于"消灭私有制"的断想．中国延安干部学院学报，2019（6）．

徐前进．启蒙全球史的起源与方法：兼论哲学家的启蒙与历史学家的启蒙．世界历史评论，2019（4）．

徐瑜霞．成己中"物"的逻辑：儒家心学之于现代虚无主义的克服．广州：中山大学，2018．

许纪霖．二十世纪中国思想史论：下卷．北京：东方出版社，2000．

许纪霖．启蒙的遗产与反思．南京：江苏人民出版社，2010．

雅卡尔．我控诉霸道的经济．桂林：广西师范大学出版社，2001．

杨子飞．反启蒙运动的启蒙：列奥·施特劳斯政治—哲学研究．北京：中国社会科学出版社，2016．

伊格尔顿．历史中的政治、哲学、爱欲．北京：中国社会科学出版社，1999．

伊格尔顿．马克思为什么是对的．北京：新星出版社，2011．

伊格尔顿．文化与上帝之死．郑州：河南大学出版社，2016．

伊格尔斯．历史主义的由来及其含义．史学理论研究，1998（1）．

余明锋．尼采的末人．文汇报，2020-08-21（W02）．

俞宣孟．将形而上学进行到底．南国学术，2014（2）．

约阿斯．人之神圣性．上海：上海人民出版社，2017．

扎勒特斯基．失败的融合：狄德罗、叶卡捷琳娜与启蒙的命运．北京：东方出版社，2022。

詹姆逊．时间的种子．桂林：漓江出版社，1997．

张国刚，吴莉苇．启蒙时代欧洲的中国观：一个历史的巡礼与反思．上海古籍出版社，2006.

张立文．融突和合论：中国哲学元理．江汉论坛，2021（3）.

张庆熊．现象学方法与马克思主义文选．上海：上海三联书店，2014:

张任之．德国启蒙哲学中的"理性"．中国社会科学，2022（1）.

张西平，李颖．启蒙的先声：中国文化与启蒙运动．北京：北京大学出版社，2020.

张芝联．关于启蒙运动的若干问题//陈崇武．法国史论文集．上海：学林出版社，2000.

张志伟．启蒙的合法性危机：当代中国启蒙所遭遇的挑战．中国人民大学学报，2009（1）.

中共中央文献研究室，中共湖南省委《毛泽东早期文稿》编辑组．毛泽东早期文稿．长沙：湖南人民出版社，2008.

中国社会科学院近代史研究所．五四运动文选．北京：生活·读书·新知书店，1959.

周策纵．五四运动．南京：江苏人民出版社，1996.

邹诗鹏．唯物史观对启蒙的超越与转化．哲学研究，2008（6）.

邹诗鹏．虚无主义研究．北京：人民出版社，2016.

外文参考文献

André Gorz. Arbeit zwischen Misere und Utopie. Frankfurt am Main：Suhrkamp Verlag，2000.

André Gorz. Kritik der ökonomischen Vernuft. Berlin：Rotbuch Verlag，1989.

Axel Honneth. Schwerpunkt：Zur Sozialphilosophie der Arbeit. Deutsche Zeitschrift für Philosophie，1993（2）.

Bernd Guggenberger. Das Ende der Arbeitsgesellschaft und die Erosion des Politischen. Eine Erkundung mit Hannah Arendt//Die Zukunft des Politischen. Ausblicke auf Hannah Arendt. Frankfurt am Main：Fischer Verlag，1993.

David B. Myers. Marx and the Problem of Nihilism. Philosophy and Phenomenological Research，1976（2）.

Dieter Henrich. Die Grundstruktur der modernen Philosophie// Selbstverhältnisse. Stuttgart: Philipp Reclam jun, 1982.

Ehrhard Bahr. Was ist Aufklärung?. Stuttgart: Philipp Reclam jun, 2006.

Eike Brock, Jutta Georg. Friedrich Nietzsche: Menschliches, Allzumenschliches. Berlin/Boston: Walter de Gruyter, 2020.

Emmanuel Chukwud Eze. Race and the Enlightenment. Wiley-Blackwell: Massachusetts, 2008.

Ernst Cassirer. Die Philosophie der Aufklärung. Hamburg: Felix Meiner Verlag, 2003.

Erzsébet Rózsa. »Versöhnlichkeit« als Europäisches Prinzip, Zu Hegels Versöhnungskonzeption in der Berliner Zeit//Michael Quante, Erzsébet Rózsa. Vermittlung und Versöhnung. Münster: LIT Verlag, 2001.

Friedrich Nietzsche. Sämtliche Werke, KSA Bänden 1 – 15. München: Deutscher Taschenbuch Verlag, 1999.

Friedrich Nietzsche. Umwertung aller Werte Band 2. Münschen: Deutscher Taschenbuch Verlag, 1969.

Gertrude Himmelfarb. The Roads to Modernity: The British, French, and American Enlightenment. New York: Vintage, 2004.

Harm-Peer Zimmermann. Ästhetische Aufklärung. Würzburg: Verlag Königshausen & Neumann, 2001.

Hendrik Wallat. Das Bewusstsein der Krise: Marx, Nietzsche und die Emanzipation des.

Nichtidentischen in der politischen Theorie. Bielefeld: Transcript Verlag, 2009.

Horst Hina. Nietzsche und Marx bei Malraux. Tübingen: Max Niemeyer Verlag, 1970.

Joachim Ritter, Karlfried Gründer. Historisches Wörterbuch der Philosophie: Band 3. Basel: Schwabe & Coag Verlag, 1974.

Jochen Schmidt. Aufklärung und Gegen Aufklärung in der europäischen Literatur, Philosophie und Politik von der Antike bis zur Gegenwart. Darmstadt: Wissenschfatliche Buchgesellschaft, 1989.

Jochen Schmidt. Kommentar zu Niezsches Die Geburt der Tragödie. Berlin/Boston: Walter de Gruyter，2012.

John Robertson. The Enlightenment: A Very Short Introduction. New York: Oxford University Press，2015.

Jonathan Isreal. Democratic Enlightenment. New York: Oxford University Press，2011.

Jonathan Isreal. A Revolution of the Mind: Radical Enlightenment and Intellectual Origins of Modern Democracy. Princeton: Princeton University Press，2010.

Jürgen Hüllen. Entfremdung und Versöhnung als Grundstruktur der Anthropogie. Freiburg/ München: Verlag Karl Alber，1982.

J. Rüsen, E. Lämmert, P. Glotz. Die Zukunft der Aufklärung. Frankfurt am Main: Suhrkamp Verlag，1988.

Karl Löwith. Die Hegelsche Linke. Stuttgart-Bat Cannstatt: Friedrch Frommann Verlag，1962.

Karl Marx Friedrich Engels Gesamtausgabe（MEGA）: Zweite Abteilung. "Das Kapital" und Vorarbeiten: Band 5. Berlin: Dietz Verlag，1983.

Karl Marx Friedrich Engels Gesamtausgabe（MEGA）: Zweite Abteilung. "Das Kapital" und Vorarbeiten: Band 7. Berlin: Dietz Verlag，1989.

Karl Marx Friedrich Engels Werke: Band 25. Berlin: Dietz Verlag，1972.

Karl Marx Friedrich Engels Werke: Band 42. Berlin: Dietz Verlag，1983.

Karl Marx Friedrich Engels Werke: Band 26. 3. Berlin: Dietz Verlag，1968.

Karl Marx. Ökonomische Manuskripte 1857/58. Berlin: Dietz Verlag，1976.

Karl-Heinz Ilting. Technik und Praxis bei Heidegger und Marx// Grundfragen der praktischen Philosophie. Frakfurt am Main: Suhrkamp Verlag，1994.

Kurt Salamun. Sozialphilosophie als Aufklärung. Tübingen: J. C. B. Mohr（Paul Siebeck），1979.

Leonard P, Wessell Jr. Karl Marx, Romantic Irony, and the Proletariat. Baton Rouge: Louisiana State University Press, 1979.

Manfred Frank. Friedrich Schleiermacher Dialektik, "Einleitung des Herausgebers". Frankfurt am Main: Suhrkamp Verlag, 2001.

Manfred Pohlen Margarethe Bautz-Holzherr. Eine andere Aufklärung. Frankfurt am Main: Suhrkamp Verlag, 2001.

Manuel Knoll. Barry Stocker. Nietzsche as Political Philosopher. Berlin/Boston: Walter de Gruyter, 2014.

Martin Endres, Axel Pichler, Claus Zittel. Text/Kritik: Nietzsche und Adorno. Berlin/ Boston: Walter de Gruyter, 2019.

Max Horkheimer. Gesammelte Schriften: Band 13. Frankfurt am Main: S. Fischer Verlag, 1989.

Max Horkheimer. Gesammelte Schriften: Band 5. Dialektik der Aufklärung und Schriften 1940 – 1950. Frankfurt am Main: Fischer Verlag, 1987.

Max Stirner. Der Einzige und sein Eigentum. Stuttgart: Philipp Reclam jun, 1972.

Michael Allen Gillespie. Nihilism before Nietzsche. Chicago: The University Chicago Press, 1995.

Norman Hampson. The Enlightenment. London: Penguin Books, 1990.

Peter Kaimer. Friedrich Nietzsche als Religionskritiker. München: GRIN Verlag, 2004.

Peter Sloterdijk. Kritik der zynischen Vernunft. Frankfurt am Main: Suhrkamp Verlag, 1983.

Soung-Suk Nho. Die Selbstkritik und "Rettung" der Aufklärung. Frankfurt am Main: Europäischer Verlag der Wissenschaften, 2000.

Steven Pinker. Enlightenment Now: The Case for Reason, Science, Humanism, and Progress. New York: Viking, 2018.

Ulrich Pagel. Der Einzige und die Deutsche Ideologie. Berlin/Boston: Walter de Gruyter, 2020.

Werner Stegmaier Fridrich Nietzsche zur Einführung. Hamburg:

Junius Verlag，2011.

Wolfdietrich Schmied-Kowarzik. Die Dialektik der gesellschaftlichen Praxis：zur Genesis und Kernstrukur der Marxschen Theorie. Freiburg/München：Verlag Karl Alber，1981.

Wolfdietrich Schmied-Kowarzik. Zur Dialektik geschichtlicher Praxis. 2007 年 10 月 17 日中山大学马克思主义哲学与中国现代化研究所演讲稿.

图书在版编目（CIP）数据

启蒙的辩证：马克思启蒙辩证法的当代阐释 / 刘森
林著. --北京：中国人民大学出版社，2024.1
（当代马克思主义哲学研究文库）
ISBN 978-7-300-32321-3

Ⅰ. ①启… Ⅱ. ①刘… Ⅲ. ①唯物辩证法-研究
Ⅳ. ①B024

中国国家版本馆 CIP 数据核字（2023）第 219911 号

国家出版基金项目
"十四五"时期国家重点出版物出版专项规划项目
当代马克思主义哲学研究文库
主编 杨 耕
启蒙的辩证
——马克思启蒙辩证法的当代阐释
刘森林 著
Qimeng de Bianzheng

出版发行	中国人民大学出版社			
社 址	北京中关村大街 31 号		**邮政编码**	100080
电 话	010－62511242（总编室）		010－62511770（质管部）	
	010－82501766（邮购部）		010－62514148（门市部）	
	010－62515195（发行公司）		010－62515275（盗版举报）	
网 址	http://www.crup.com.cn			
经 销	新华书店			
印 刷	北京联兴盛业印刷股份有限公司			
开 本	720 mm×1000 mm 1/16		**版 次**	2024 年 1 月第 1 版
印 张	34.5 插页 3		**印 次**	2024 年 1 月第 1 次印刷
字 数	541 000		**定 价**	138.00 元